The Econ

L'éconon

The Economics of Providence

Management, Finances and Patrimony
of Religious Orders and Congregations in Europe, 1773- c 1930

Maarten VAN DIJCK | Jan DE MAEYER | Jeffrey TYSSENS | Jimmy KOPPEN eds

L'économie de la Providence

La gestion, les finances et le patrimoine
des ordres et congrégations religieuses en Europe, 1773 - vers 1930

Leuven University Press

Cover: The construction of the monastery of the redemptorists in Leuven, 1928 / *La construction du couvent des rédemptoristes à Leuven, 1928.*
[Leuven, KADOC]

© 2012
Leuven University Press/Presses Universitaires de Louvain/Universitaire Pers Leuven
Minderbroedersstraat 4, B-3000 Leuven (Belgium)

ISBN 978 90 5867 915 4
D/2012/1869/72
NUR: 696

GPRC
Guaranteed
Peer Reviewed
Content

boekenvak.be/gprc

CONTENTS / TABLE DES MATIÈRES

THE ECONOMICS OF PROVIDENCE

AN INTRODUCTION TO THE ECONOMIC HISTORY OF ORDERS AND CONGREGATIONS, 1773-1930

MAARTEN VAN DIJCK & JAN DE MAEYER

The finances, management and patrimony of orders and congregations are a fascinating research subject, from a political point of view as they were the subject of many political controversies, but also from a societal point of view. The subject is particularly interesting because it firmly roots these organizations within developing industrial society between 1773 and ca 1930. However, while the resurrection of the old orders and the spectacular growth of female apostolic congregations in the nineteenth century have received some attention from the perspectives of the history of religion, education, welfare and women's studies, our subject has received much less attention. The aim of this introductory chapter is to set out the past and present interest in the subject, to discuss the findings of the chapters of this volume and finally to provide a synthesis of the research by defining the economic mentality of the orders and congregations as an 'economics of providence'.[1]

THE POLITICAL CONTROVERSY

In the springtime of 1903, two Catholic members of Belgium's Parliament, Arthur Verhaegen (1847-1917) and Joris Helleputte (1852-1925), started to compile a list of the religious orders and congregations in the country.[2] By 1900 these institutes amounted to an estimated 2500 communities, the result of a century-long development of chari-

---

[1] We wish to thank Emiel Lamberts, Els Witte, Fred Stevens, Jeffrey Tyssens, Roel Degroof, Jimmy Koppen, Karel Strobbe and Kristien Suenens for their comments on earlier versions of this chapter.
[2] On these two Catholic politicians: De Maeyer and Van Molle, *Joris Helleputte*; De Maeyer, *Arthur Verhaegen*.

table, educational and religious activities[3], and the number was rising quickly due to the 'black invasion' of religious fleeing from France.[4] In June 1903 the two representatives sent all of these communities a questionnaire concerning their possessions. Verhaegen and Helleputte's stated aim was to create an overview of the property of the orders and congregations for defensive use in the event anticlericals put forward potentially damaging or false information about the religious institutes. By the end of 1904 they had detailed information on the value of the real property, as well as the ownership structure and the mortgages, of some 1700 communities.[5] While the inquiry was supported by the episcopacy, some institutes were not inclined to give the two representatives the desired information. The Jesuits and the Brothers of the Christian Schools, to name but two high-profile institutes, chose not to return the questionnaires. In the end, the episcopacy refused to give Verhaegen and Helleputte permission to divulge their results, probably hoping to let sleeping dogs lie.[6]

The presumed affluence of the orders and congregations was a favourite theme used by anticlericals in skirmishes with their opponents during the so-called culture wars of the long nineteenth century.[7] The contrast between the individual oath of poverty and the wealth of many institutes was an easy target for those wishing to attack the institutes.[8] The amassment of goods held in the so-called mortmain, the famous 'milliard des congrégations', was regularly used by politicians and the press as an effective means to stigmatize the institutes and to rally support. They asserted that the possessions of the orders and congregations were removed from the natural cycle of transactions by legacies and sales. French politicians warned that this growing mortmain was detrimental to the employment of French workers. Anticlericals demanded inquiries into the goods of the orders and congregations in 1880 and 1900 in France, and in 1884 in Belgium.[9] On several occasions the orders and congregations were the subject of widely publicized scandals concerning their - real or imagined - wealth and greed. The Jesuits in particular were accused of wresting donations from widows and of arrogating inheritances from men and women on their deathbeds, to the disadvantage of their families.[10]

The recurrent discussions also had a strong legalistic aspect. The juridical position of the orders and congregations was a major bone of contention in many countries throughout the nineteenth and early-twentieth centuries.[11] The lack of a

---

[3] *Statistique de la Belgique. Population. Recensement général du 31 décembre 1900*, II, 545-546.
[4] Cabanel and Durand, eds, *Le grand exil des congrégations religieuses françaises*. On Belgium as a refuge for French regulars, read Leplae, "'La Belgique envahie'".
[5] AAM, Fonds Conventualia: Inquiry Helleputte-Verhaegen.
[6] On 30 January 1909 the gathering of the Belgian bishops decided against the disclosure of the results of the inquiry. AAM, Archives Mercier, III, 10.
[7] Clark and Kaiser, eds, *Culture Wars*.
[8] Sorrel, *La République contre les congrégations*.
[9] An inquiry was indeed started in France in 1900. The parliamentary procedure to start an inquiry in Belgium in 1884 failed to materialise. Stevens, "Les associations religieuses en Belgique", 201.
[10] A particularly interesting and highly publicised case is described by Suenens, "Het proces-De Buck".
[11] Read the contributions on Belgium, France, Germany, Italy, the Netherlands and Switzerland in De Maeyer, Leplae and Schmiedl, eds, *Religious Institutes in Western Europe*.

legal status, a result of the French revolutionary legislation, meant that the institutes themselves could not acquire, possess or sell any property. The use of straw men, partnerships and fake sales to avoid taxes conjured up an image of unscrupulous monks. In France and Belgium a system did exist in which some types of congregations could gain official recognition.[12] But in Belgium, where the government was firmly in liberal hands between 1847 and 1884, only two hospital congregations asked for authorization during these years.[13] The attempt of a mostly Catholic government to solve the problem by providing for a legal form for charitable institutions, ended with street protests in 1857.[14] In France, it was after the Republicans came into power that the legislation became more and more restrictive. In 1880 the Jesuits were banned from France, and all non-authorized communities had to present their statutes for official recognition within three months. The events, in which a bead was drawn in particular on the role of the congregations in education, eventually led to the laws of 1901 and 1904. The law of 1 July 1901 granted a general freedom of association, but made an exception for religious congregations. The prospect of closure was held out to the non-authorized ones. A number of congregations fled France, while a number were forced to close down. The final blow followed on 7 July 1904, when all educational activities for religious men and women were prohibited.[15]

The Italian orders and congregations were confronted with similar problems after unification in 1861, since the legislation of the Kingdom of Sardinia came into force in the entire unified territory. The Sardinian legislation of 1855 had suppressed all communities except those engaged in preaching, nursing and education. In 1866 the laws of suppression went a step further by abolishing the existence of all religious institutes as moral bodies recognized by civil law. However, this law did leave the possibility open to continue communal life as private citizens without legal personhood. After the fall of Rome this legislation came into effect in the whole peninsula.[16]

RELIGIOUS INSTITUTES, ECONOMICS AND SOCIETY

While the wealth, patrimony, industry and legal position of the orders and congregations were important political themes, it is clear that the discussion between clericals and anticlericals cannot be reduced to these issues. However, incidents around the religious institutes formed important points around which the battle over church-state relations materialized. The role played by orders and congregations in charity and especially in education added to the making of a highly sensitive political issue. The fact that individuals separated themselves from their families and their nation to

---

[12] Nuyttens, *Het archief van de hospitaalcongregaties*.
[13] Art, *Kerkelijke structuur en pastorale werking in het bisdom Gent*, 52-54.
[14] Witte, "The Battle for Monasteries, Cemeteries and Schools".
[15] Durand, *La liberté des congrégations religieuses en France*; Lalouette and Machelon, *Les congrégations hors-la-loi?*; Moulinet, "La législation relative aux congrégations religieuses en France"; Lalouette, "Les lois laïques des années 1879-1904".
[16] For non-Italian language overviews: Jacquemyns, "La question des biens de mainmorte" and Colombo, "The Laws of Suppression in Italy".

join a community obeying only the bishop or the pope added to the distrust from a liberal bourgeois point of view.[17] The issue of the realities of the wealth of the orders and congregations, as well as the networks of persons involved and their links to politics, is important against this nineteenth- and early twentieth-century political background. But the economic history of religious institutes is also an interesting subject in itself. Their roles as proprietors and moneylenders, educators, innovators of accounting techniques and agricultural estate managers have been noted by economic historians. Moreover, some Italian historians have pointed out the importance of the charitable activities of the religious institutes in cushioning the effects of industrialization.[18] In a sense, the argument runs, they formed a social security system *avant la lettre*, actually making the nineteenth century's capitalistic development possible.[19]

The potential interest of an inquiry into the management, financing and building projects of religious institutes is even greater, as it allows researchers to analyse micro-environments, an approach that provides new and interesting insights into the relationship between orders and congregations and their surroundings. This relationship seems stricken by continual conflict, but as has been argued for institutes with a charitable activity in France, there was a large difference between national parliamentary politics, where conflicts were amplified and dramatized, and the local situations, where the different actors were more likely to collaborate for the benefit of charity.[20] This collaboration meant continual careful negotiations on many different elements, and involved notaries, local authorities, ecclesiastical authorities and the religious themselves. Finances are therefore no dull material. They concern the external support for the institutes, relationships with the outside world, the steersmanship of the religious and thus also power, independence and even identity.

Orders and congregations evoke an image of men and women praying behind cloistral walls. Yet this picture is wrong in many ways for the nineteenth and twentieth centuries. Of course contemplative orders existed, but in the nineteenth century the bulk of the religious were engaged in educational and charitable activities, firmly establishing them as active participants in society. These activities clearly had an

---

[17] For these themes, see Lalouette, *La République anticléricale*; Rémond, *L'anticléricalisme en France*. For the Jesuits in particular: Cubitt, *The Jesuit Myth*. It seems that the patrimony of the institutes was less of a political issue in Prussia/Germany or the United Kingdom. E.g. Gross, *The War against Catholicism* and Wheeler, *The Old Enemies*.

[18] For the references, see the contribution of Giovanni Gregorini in this volume.

[19] While we acknowledge the role of the religious institutes in charity, we would like to introduce a nuance on this point: the main victims of industrialization, the unemployed and able-bodied adult poor, did not seem to have been eligible to receive help from public assistance, and it is doubtful if they could find any support from Catholic congregations. The apostolate of the congregations was principally geared towards the 'deserving' poor - widows, orphans, infirm and elderly, although regional differences in Europe are a real possibility in this vastly underresearched subject. Read: Brandes and Marx-Jaskulski, "Armut und ländliche Gesellschaften im europäischen Vergleich", 26-27; Van Dijck and Suenens, "La Belgique charitable", 168-172 and Smith, "The Plight of the Able-bodied Poor and the Unemployed in Urban France", 150.

[20] Bec, "Le contrôle étatique des établissements privés de bienfaisance", 326 and 333. A similar argument for Belgium was made by Van Dijck and Suenens, "La Belgique charitable". See also Althammer, Brandes and Marx, "Religiös motivierte Armenfürsorge in der Moderne".

important financial side to them, as they were the main source of income for orders and congregations, except for the relatively rare contemplative communities. The families of the pupils paid tuition fees, while the local authorities remunerated the congregations for their educational and nursing tasks in public as well as their own private establishments. As previously said, the economics and patrimony of the institutes are one of the key ways to study their relationship with society. Their apostolic activities and financial, economic and organizational matters permanently linked them to the outside world. The families of the religious provided a dowry, regulars received an offering in recompense for various religious services and the religious received gifts and inheritances from families and from aristocratic or bourgeois benefactors. But this is not all: religious institutes employed people as agricultural labourers, or in other technical or maintenance functions. They engaged architects, building contractors, bricklayers, plasterers, carpenters, artists and decorators for building projects. Furthermore, conventual houses were major consumers of oil, firewood, coal, cloth, milk, beer, meat and other foodstuffs within their local communities. Indeed, a very large part of their household budget was spent on these items. To add but one more element: many orders and congregations invested in bonds and shares, thus financing both states and industrial companies, though their input in industrialization was in no way commensurable to the investments of large investment banks.

PAST RESEARCH ON THE PATRIMONY AND ECONOMICS OF ORDERS AND CONGREGATIONS

There is a long-standing interest among economic historians in the economic history of the great landed estates of the regular clergy in the later Middle Ages and in Modern Times. This is no surprise since the large abbeys formed a key constituent of the feudal economic and political system.[21] Moreover, the large estates produced a great number of sources that are useful for economic historians. Agricultural historians in particular find the sources generated by the monks' estate management interesting for their research, since not many other sources exist for this distant age.[22] The historical possibilities of the accounting sources generated much interest.[23] The development of the estates gave rise to an elaborate accounting system. The first accounting treatises originated within a monastic context.[24] Double-entry bookkeeping was pioneered by regulars and the use of the concept of opportunity

---

[21] Snape, *English Monastic Finances in the later Middle Ages*; De Valous, *Le temporel et la situation financière des établissements de l'ordre de Cluny*; Raftis, *The Estates of Ramsey Abbey*; Idem, "Western Monachism and Economic Organization"; Kershaw, *Bolton Priory*; Van Uytven and De Puydt, "De toestand der abdijen in de Oostenrijkse Nederlanden"; Van Uytven, "De Brabantse kloosters".
[22] Examples are Berman, *Medieval Agriculture*; Van Bavel, *Goederenverwerving en goederenbeheer van de abdij van Mariënweerd*; Billen, "La gestion domaniale d'une grande abbaye périurbaine"; Dupont, "Domaine forestier et ressources financières de l'abbaye de Saint-Hubert".
[23] On the subject of accounting, read some of the papers in Di Pietra and Landi, eds, *Clero, economia e contabilità in Europa*.
[24] Oschinsky, "Medieval Treatises on Estate Accounting".

costs was known in a monastic context.[25] However, the largest part of the literature concerning the period before the French Revolution has focused on the management characteristics of the large estates.[26] Despy and Duby were interested in the economic system and the profits of the Benedictine and Premonstratensian monasteries.[27] More recently, a group of authors brought together by Fiorenzo Landi has pointed to the conservative nature of investments, oriented towards insuring a stable income for the survival of the religious and their servants.[28] They argued that "Once the objective of insuring an annual intake sufficient to guarantee the upkeep of a certain number of 'family' members had been established, the practice of investing resources in order to increase economic yield became the exception and not the rule".[29] Stability, not growth or development, is therefore the central feature of the administration of the great regular estates.[30] This is not to say that innovation did not exist, but in certain cases the lack of innovation did indeed lead to the decline of some monasteries, as in the case of San Lorenzo El Escorial near Madrid.[31]

A number of studies, mostly but not exclusively on the late Middle Ages, have on the other hand stressed the agile administration and innovation of the religious institutes. Berkhofer contended that the Medieval Benedictine abbeys of Northern France were important pioneers of modern administration, regarding the deputing of responsibility and finding ways to instate accountability.[32] Similarly, Dobie argues that "the 'uneventfulness' of English monastic history in the later Middle Ages can be disputed" using an analysis of the internal management of monasteries.[33] A study of monastic consumption and market purchases of the monks of Durham by Miranda Threlfall-Holmes leads us to believe that medieval monasteries could indeed adapt very easily to changing circumstances.[34] Lamarchand tried to establish that the monasteries of Upper Normandy, while avoiding innovation, still had capitalist goals in the eighteenth century.[35]

The attention for the large estates has removed somewhat from sight the fact that by the eighteenth century monasticism in Catholic Europe had become a predomi-

[25] Llopis Agelán, Fidalgo and Méndez, "The 'Hojas de Ganado' of the Monastery of Guadalupe" and Prieto, Maté and Tua, "The Accounting Records of the Monastery of Silos".

[26] Dinet, "Les grands domaines des réguliers en France". In the Belgian context read for example Van Herck on the growth of the estate of the Belgian Premonstratensians of Drongen: Van Herck, "Het domein als bestaanszekerheid" or Simenon, L'organisation économique de l'abbaye de Saint-Trond.

[27] Despy, "Les richesses de la terre"; Duby, "Le monachisme et l'économie rurale", 392.

[28] Landi, Il Paradiso dei Monaci; Fiorenzo, ed., Accumulation and Dissolution of Large Estates of the Regular Clergy in Early Modern Europe; Landi, ed., Confische e sviluppo capitalistico; Di Pietra and Landi, eds, Clero, economia e contabilità in Europa.

[29] Landi, "Introduction" (citation 11).

[30] Idem, "Introduzione".

[31] Sanchez Meco, "Economic Analysis of a Monastic Community".

[32] Berkhofer, Day of Reckoning.

[33] Dobie, "The Development of Financial Management and Control in Monastic Houses and Estates in England".

[34] Threlfall-Holmes, Monks and Markets.

[35] Lemarchand, "Les monastères de Haute Normandie au XVIIIe siècle".

nantly urban phenomenon.[36] This was of course the result of the development of new types of religious institutes. The mendicant Franciscan orders had different economic strategies than such orders as the Benedictines.[37] The same holds for the counter-reformatory Society of Jesus, which was dependent on large gifts that were invested for interest. However, as Dauril Alden has argued, the Jesuits' economic activities did not stop there. With the expansion of missionary activities in Latin America and Asia, sugar-cane growing in Brazil and trade in Asia became important sources of income for the Portuguese Jesuits.[38] Many female contemplative institutes lived off the investments made with the dowries.[39] The variation in the sources of income is very clear in the case of apostolic religious institutes, which generated most of their income from their educational and care activities.[40] While the new kinds of institutes were less connected to the agricultural economy, most of them still had sometimes large properties that were rented out.[41] Land, rents, and interest were the central economic pillars for practically all the religious institutes. This ownership could be massive: in some parts of Europe, like Bavaria and Lower Austria, up to 20% or even 30% of the lands were owned by regulars.[42]

This economic system came to an end with the dissolutions of the religious institutes starting in the late eighteenth century. Shortly after its establishment in 1766, the French 'Commission des réguliers' was already regulating monastic life, and it dissolved several hundred monasteries. But the real start of the offensive against the orders began with the suppression of the Jesuits in 1773, decreed by Pope Clement XIV. The Josephinian church reforms in the 1780s, which aimed at making the regulars in the Habsburg territories of the Low Countries and Austria more useful, included the abolition of more than 700 contemplative houses.[43] Next, the French Revolution sequestrated church property and abolished the orders. As the Prince-Bishopric of Liège, the Netherlands, the left bank of the Rhine and parts of Switzerland were annexed, French armies exported French policy to much of Europe. The monasteries of Italy and Spain were also abolished by the implementation of the French legislation. In these countries however, the effects were more diverse. The restoration in Italy reinstated many monasteries, until these were suppressed during the *Risorgimento*. The Spanish governments' legislation in the nineteenth century hovered between more restrictive and more accommodating measures.[44]

---

[36] Beales, *Prosperity and Plunder*, 3.
[37] Bertrand, *Commerce avec Dame Pauvreté*.
[38] Alden, *The Making of an Enterprise*.
[39] Just one example: the Ursulines, like the Jesuits also a counter-reformatory institute, who were contemplative and active in education at the same time. Annaert, "Les finances des monastères d'ursulines aux 17e et 18e siècles".
[40] An interesting recent article, which stresses the profit orientation of the Cellites: Der Kinderen, "'De winst van de waanzin'".
[41] The property in Paris has been researched by Farguell, *La construction d'ensembles locatifs à Paris par des communautés ecclésiastiques sous Louis XIV* and Perluss, *Les communautés régulières d'hommes de la Rive gauche dans l'univers urbain parisien au XVIIIe siècle*.
[42] Beales, *Prosperity and Plunder*.
[43] Hasquin, *Joseph II*; Beales, *Joseph II*, vol. 2, 271-306.
[44] See the chapters of Giancarlo Rocca and Javier Fernández Roca in this volume.

The sales of national goods at the end of the eighteenth century, one of the most dramatic transfers of property in history, received much scholarly attention, though mostly on a regional level. In their synthesis, Bodinier and Teyssier counted about 850 titles on the subject. Most of the attention was focused on the extent of the national goods (of all origins, i.e. secular, regular and of the émigrés). Bodinier and Teyssier extrapolated the available information (40% of France has been studied) and found that before the Revolution the clergy (secular and regular together) owned about 5.2% of the French territory.[45] The economic effects of the redistribution of the lands and the connection with nineteenth-century economic developments are other questions being addressed.[46] A number of painstaking studies researched the identity of the buyers of national goods, but many questions remain on this point.[47]

The nineteenth century saw a resurgence of orders and congregations, with a particular flourishing of the female religious active in education and care. The restoration of the old male orders was a much slower - and incomplete - process. Worldwide by 1900, the monastic orders, the regular canons and the mendicant orders still only numbered 21% of the pre-revolutionary figures (265,000 around 1770; 57,000 in 1900). Clerks regular and societies of priests, however, with the Jesuits and Lazarists as the largest exponents, did almost attain the old figures (34,000 in 1770 and 23,500 in 1900). The greatest growth was to be found on the side of the clerical and laic congregations, both old and new ones, testifying to the vitality of this type of institute. These congregational institutes succeeded in securing a solid base in the second half of the nineteenth century and reached 53,000 members, starting from only 1500 before the Revolution.[48] In all, however, the bloom of the congregations did not compensate for the lower figures of the classic institutes. Taken together the number of male members of orders and congregations were down from 300,500 in 1770 to 133,500 in 1900.

The success of the female religious in the nineteenth century is more spectacular. Since no worldwide figures exist, we present the figures of some of the core European Catholic countries. In France the number of female religious increased from 12,343 in 1808 to 128,315 in 1901. In Belgium the growth was equally strong with an increase from 1617 religious in 1808 to 31,335 in 1900. In Prussia the women religious numbered only 579 in 1855. The numbers increased to 25,904 in 1906.[49] In Ireland the number of nuns rose from 120 in 1800 to 8000 in 1901. Taken together, the number of female religious in France, Belgium, Prussia and Ireland rose from about 14,660 at the beginning of the nineteenth century to 193,554 around 1900. The situation in Italy is difficult to compare because of the different stages of suppression. After unification, Italy counted 29,708 female religious. By 1901 this number had climbed

---

[45] Bodinier, Teyssier and Antoine, *L'événement le plus important de la Révolution*, 333.
[46] Landi, *Confische e sviluppo capitalistico*.
[47] Bodinier, Teyssier and Antoine, *L'événement le plus important de la Révolution*, 442-443 and Antoine, *La vente des biens nationaux dans le département de la Dyle*.
[48] Hostie, *Vie et mort des ordres religieux*, appendix R.
[49] Meiwes, 'Arbeiterinnen des Herrn', 77 and 308.

back upwards to 40,251.[50] Not only had the number of female religious soared. A large number of new congregations were founded after the Revolution. In Belgium most new congregations were established between 1830 and 1860. For France and Prussia the high points were 1820-1860 and 1840-1860 respectively.[51]

To a considerable extent the most impressive growth consisted of female religious institutes favouring an apostolate active in education or health care. The congregational model, representing non-enclosed, centrally organized communities of active sisters, was much more successful in the nineteenth century than the medieval model of contemplative monastic life.[52] The reason for this fall of the contemplative ideal was probably not a free choice, but was connected to economics and politics. The nationalization of the orders' and congregations' patrimony during the French Revolution took away their most important source of income. In many cases it simply was not possible to start new contemplative communities (an exception were the upper-class communities that could live off the interest from the dowries), unless some rich benefactor could be found, but these persons mostly favoured the apostolic congregations. The foundation and survival of a religious community was only possible if an income could be obtained from work. Moreover, a quick and large-scale return of the contemplative life was not politically and socially acceptable, considering the attacks against this type of community life by Joseph II and the French revolutionaries. This was reflected in the legislation that in many states only recognized female hospital and sometimes also educational congregations. A last significant element in the surge of the apostolic female congregations was the development of a capitalist-industrial system that came with large-scale social disruptions. The traditional local charitable institutions were swept away by the French Revolution. The congregations already active in these sectors before the Revolution stepped in to provide assistance through private charitable initiatives or in cooperation with the new institutions for public assistance.[53]

Two central questions for this volume derive from the growth of religious institutes against the background of a financial and legal situation that was not very encouraging in many European countries. How were these new congregations and the revival of the old orders financed? Second, in what way did they acquire the sometimes very large infrastructures needed for the educational and care activities and for their own religious community life? Some, but not many, elements can be found in the European literature. A number of local case studies and overviews of monastic life touch on elements of these questions, but a more structured discussion

[50] Langlois, "Les effectifs des congrégations féminines au XIXe siècle", 56; Tihon, "Les religieuses en Belgique du XVIIIe au XXe siècle", 32; Colombo, "The Laws of Suppression in Italy", 273 and Maria Luddy in this volume.
[51] Langlois, *Le catholicisme au féminin*, 205 and Meiwes, *'Arbeiterinnen des Herrn'*, 310-311.
[52] Some interesting reflections can be found in Viaene, *Belgium and the Holy See*, 168-203.
[53] A short note on the question of why the female congregations prospered more than the male institutes: a number of authors have argued convincingly that entering a congregation offered women opportunities not available to them if they were to marry. It seems that joining a congregation also implied a certain amount of upward social mobility; e.g. Luddy, *Women and Philanthropy in Nineteenth-Century Ireland*, 23-35.

remains remarkably absent.[54] Claude Langlois devoted a chapter of *Le catholicisme au féminin* to the subject of the congregational fortune. He discussed the extent of the wealth of the congregations, the plurality of resources, the increase in real property and finally the differences in wealth between the congregations. Bernadette Truchet has researched, for her unpublished dissertation, the settlement of the congregations in the French city of Lyon in between the French Revolution and the anticongregational laws of 1901.[55] The sequestration of the goods of the French congregations at the beginning of the twentieth century has generated some research, as has the fate of the goods owned by the Jesuits during the Spanish Second Republic (1931-1939).[56] Relinde Meiwes has given a short overview of the management and finances of German female active congregations in the nineteenth century.[57] This is about all there was up to recently.

A RENEWED INTEREST

The tradition of research into the history of the orders and congregations has been rather reticent on the subject of the finances and accumulation of patrimony.[58] This seems to be a general feature of religious history, as it was only very recently that an English-language study of the Vatican's finances was published.[59] The finances of parish priests are another not very abundantly studied question.[60] This lack of interest in the economics of religious institutes is the result of many factors. Economic activities are seen by religious historians as secondary activities to the spiritual callings of the institutes. Production, commerce and administration are seen as necessary but less-important activities not really worth studying.[61] This sacred-secular divide presupposes a constant friction between the organizational activities and the religious ones.[62] This dichotomy has been questioned by Paolo Quattrone for the Jesuits in the sixteenth and seventeenth centuries.[63] We, however, put forward the hypothesis

[54] Just two examples: Walsh, *Roman Catholic Nuns in England and Wales* and the monograph of Sister Lacroix on her own congregation: Lacroix, *La vie à Saint-André au XIXème siècle*.

[55] Truchet, *Les congrégations dans la ville*.

[56] The literature on this subject stresses the difficulties and high costs of the sequestrations: Touchelay, "La Séparation, le calvaire des finances?"; Tronchot, *Les temps de la sécularisation*; Verdoy, *Los bienes de los jesuitas*.

[57] Meiwes, 'Arbeiterinnen des Herrn', 199-216.

[58] As was noted by Landi, *Accumulation and Dissolution of Large Estates of the Regular Clergy*, 6.

[59] Pollard, *Money and the Rise of the Modern Papacy*; Klieber, "Efforts and Difficulties in Financing the Holy See by Means of Peter's Pence". Some Italian journalists and scholars had already treated this subject previously: Lai, *Finanze e finanzieri vaticani* and Felisini, *Le finanze pontificie e i Rothschild*.

[60] Foucault, "Des curés qui aiment l'argent?"; Idem, "La générosité financière du clergé au XIXe siècle".

[61] Bouchard, *Holy Entrepreneurs*, 3-4.

[62] For an interesting overview of the accounting literature on the sacred-secular divide, which however has a much broader scope than religious institutes, read Carmona and Ezzamel, "Accounting and Religion".

[63] Quattrone, "Accounting for God".

that the dichotomy became very real after 1750 because of the controversy surrounding the economics and the property of the church during the Enlightenment, the French Revolution and the Catholic-anticlerical quarrels of the nineteenth century. The debate on the sacred-secular divide might profit from a more thorough historical perspective. Another factor that may have played a role is that the disappearance of the great estates created the impression among historians that the institutes were less important in economic terms than before the Revolution. An additional and more practical reason is probably a lack of sources. Most of the archives are conserved by the institutes themselves, who in the past were not inclined to disclose accounting sources, even for the nineteenth century.[64] This attitude has, luckily, changed for the better in the last few years. The more open archival policy of the religious institutes is possibly a crucial factor in the currently rising interest in the subject.

In 2004, the international research network RELINS (European Forum on the History of Religious Institutes in the nineteenth and twentieth centuries)[65] launched an appeal to examine orders and congregations in the contemporary era from a managerial point of view. The network proposed the idea of 'religious business companies' to describe the activities of the congregations. It was noticed that there was a lack of information on the financial and economic aspects of the history of religious institutes after the French Revolution.[66] The same managerial idea was present when Barbra Mann Wall described hospital sisters in the United States as 'unlikely entrepreneurs'. She argued that hospital life was determined by the market and that the sisters clearly reacted to market stimuli.[67] Since then a number of Italian authors have published, chiefly in Italian, on the subject of the economic management of the congregations after unification.[68] These authors have described the economics as a 'rationalized charismatic economy'[69] and claimed that the ascetic life generated wealth, which was subsequently invested in a huge patrimony consisting of orphanages, schools, hospitals, hospices, churches and bank deposits.[70] They hoped to clarify the dimensions of the patrimony, the accounting systems, the management of material and human resources, the investments, the relation between the centre and the periphery of the congregation and the contacts with ecclesiastical and civil

---

[64] In the past a number of researchers have mentioned that the religious were reluctant to open up these kinds of sources: Wynants, *Les Sœurs de la Providence de Champion et leurs écoles*, 342; Molette, *Guide des sources de l'histoire des congrégations féminines françaises de vie active*, 389. Also Truchet remarks a certain discretion on the part of the institutes during her research in Lyon in the 1970s. Truchet, *Les congrégations dans la ville*, 18.

[65] <http://www.relins.eu>.

[66] De Maeyer, Leplae and Schmiedl, "Introduction", 16; Roes and de Valk, "A World Apart?", 148.

[67] Wall, *Unlikely Entrepreneurs*; Idem, 'The Pin-Striped Habit".

[68] Taccolini, ed., *A servizio dello sviluppo*; Gregorini, ed., *Religiose, religiosi, economia e società nell'Italia contemporanea*; Colombo, *Congregazioni religiose e sviluppo in Lombardia*; Salini, *Educare al lavoro*; Rocca, "Le strategie anticonfisca degli istituti religiosi in Italia". For a more extensive reference list, see the articles of Giancarlo Rocca and Giovanni Gregorini in this volume.

[69] Term taken from Séguy, "Instituts religieux et économie charismatique".

[70] Rocca, "La storiografie italiana sulla congregazione religiosa", 54 and 56-57.

authorities, keeping an eye open for the repercussions for the institutional history of the institutes, as well as the contribution to the modernization of Italy.[71]

At the Universities of Leuven and Brussels, a research project was set up to clarify the internal economic workings of the orders and congregations in the Southern Low Countries/Belgium from 1773 to 1921. The project has two complementary approaches: first, at KADOC-KU Leuven a study is being done of the patrimony, income, management, legal structure and networks of the religious institutes.[72] The Free University of Brussels (VUB) is studying the socio-political debate regarding the finances of the religious institutes and their social impact. Two workshops were held as part of the project. The first concerned the patrimony and management of orders and congregations (7-8 November 2008 at KADOC-KU Leuven); the second workshop (8-9 December 2008 at the VUB) considered the position of the religious institutes in civil society.[73]

THE FINANCES, MANAGEMENT AND PATRIMONY OF ORDERS AND CONGREGATIONS IN EUROPE, 1773-C 1930

The present volume aims to bring together the most promising new approaches and some of the classic ones to the financing, management and patrimony of the orders and congregations between 1773 and c 1930. It is based on selected papers discussed at the first workshop in Leuven, and is supplemented with a number of new chapters. The geographical scope of the volume is centred on the core Catholic countries of the time: Belgium, France, Italy, and Spain. This is supplemented with papers on Ireland, Luxembourg, Portugal and Great Britain. The chronological starting point of the volume is marked by the abolition of the Jesuits in 1773, a symbol of things yet to come. The last years of the Ancien Régime and the murky revolutionary times constitute the stepping-stone to the study of the revival of the religious institutes in the nineteenth century. The chronological starting point of 1773 has less significance for Great Britain and Ireland, although the nineteenth century also saw a renewal of the consecrated life in these countries. The Italian papers, for their part, take Italian unification and the 1866 laws of suppression as a point of departure. The end point is somewhere around 1930. In most of the countries under review a new modus vivendi between Church and State was found during the period between the wars. In France the Great War brought a rapprochement between the State and the congregations, which had borne their share of the wartime effort. In Belgium the end of the same war brought a government of national unity, which worked out a legal status for not-for-profit associations in 1921, which also benefited the orders and congregations,

---

[71] Taccolini, "Le ragioni di un nuovo impegno storiografico", 7-8.
[72] The main output of this research will be a monograph on the patrimony and finances of Belgian religious institutes between 1773 and 1921. Within the framework of this part of the project following studies have been published: Van Dijck and Suenens, "La Belgique charitable" and an overview of the literature on religious institutes: Van Dijck, De Maeyer and Henneau, eds, *Historiographie des ordres et congrégations sur le territoire des Pays-Bas méridionaux/Belgique*; Van Dijck and Dusausoit, "Hommes visibles et invisibles".
[73] The papers of this second workshop will be published at VUBPRESS.

effectively resolving this major bone of contention. The endpoint for Italy and Spain can be found a bit later. In Italy the Lateran Pact of 1929 organized the relationships between the Italian State and the Italian Church, including the position of Vatican City. In Spain the Second Republic and the subsequent civil war wreaked havoc on the Roman Catholic Church in the 1930s until Franco granted it a privileged position.

A number of different approaches to the theme of the volume are presented in the fourteen chapters. In addition to more obvious takes on the subject such as the income and apostolate of the orders and congregations, the volume reviews such elements as the legal aspects of congregational patrimony, the relationship with urbanism, management structures and accounting, influence on economic development, identity and authority. The volume starts with Preston Martin Perluss' study of monastic landed wealth in late-eighteenth-century Paris. Using the declaration to the Assemblée nationale in 1789 as a basis, the author gives an overview of the revenues and holdings of the male monasteries of Paris. Nearly 50% of the income of the Parisian men's monasteries came from their rental properties in Paris. This important urban property constituted some 13.6% of all mid-eighteenth-century Parisian residential dwellings. Using Whitehand's ideas of fringe-belt development, Perluss shows how the monasteries came into possession of their real estate as Paris developed. He then demonstrates how landownership entailed not only income, but also the incorporation of the male monasteries in the urban configuration as they engaged with the investment strategies of bourgeois families and exerted subtle power over their tenants.

The great importance of property for the income of the orders at the end of the Ancien Régime is confirmed by Bernard Bodinier's study of the abbeys in Normandy. About three-fifths of the lands possessed by the Church in Normandy at the time of the Revolution was property of the roughly 100 abbeys. Moreover, the abbeys owned many other buildings not included in this estimate: farms, mills, houses, blast-furnaces, inns, tile works and granaries. The core of this article's argument is that the renewal of the male old orders after the French Revolution was still very incomplete before it was halted by the anti-congregational laws at the beginning of the twentieth century. The number of resurrected abbeys, of which the Trappists were the most successful, remained limited and the amount of property came nowhere near that of a century earlier. The revived abbeys also differed in nature, in the sense that they could not rely on their rents to generate an income. Other sources had to be tapped.

The patrimony of the religious institutes is also the focus of the next two chapters. Bernadette Truchet's contribution takes us to the French city of Lyon, one of the earliest industrial centres of France with a strong religious dynamism. She discusses the reconstitution of the patrimony of the old and new socially useful female congregations using a governmental inquiry from the year 1900. In particular Truchet focuses on the possibilities to circumvent the problems with legal status and on the strategies of occupation of the space in the city. On this last point the author argues that the place of the first implantation was the consequence of contingent factors, while subsequent relocations were more strategically in function of the activities of the congregation. A central difference with the Ancien Régime was that practically no rental property was bought as an investment. Robert L. Philippart comes to the same conclusion in his study on the resurgence of the orders and congregations, both male and female, in the city of Luxembourg. After 1848 the religious institutes returned to the city and tried to regain their lost positions. A certain kind of symbiosis existed between the State and the active congregations, which took up educational and care activities, very often funded by the government, a pattern which returns in many other contributions. Philippart points out that the religious institutes pursued a policy of settling in the neighbourhoods of their clientele while using the opportunities of urban development as the ramparts of the fortified city were torn down starting in 1867.

The development of the patrimony is also the leitmotiv of the case study of the Adoratrices du Saint-Sacrement of Erbalunga founded on Corsica in 1863. Michel Casta discusses how the in many senses 'fragile' patrimony was constituted in different and mostly difficult steps. He points to the dependence on the local higher classes, certainly until the congregation started a boarding school. But even afterwards, the sometimes catastrophic building projects and the confiscation of their property at the beginning of the century led to continual indebtedness and dependence on some important local families. It was only in 1932 that independence was attained.

The same ambition for independence is also a central issue in the next two articles. Maarten Van Dijck discusses the ups and downs of the Belgian congregation of Saint Vincent of Eeklo. Like many other female charitable congregations, this one provided personnel for the city's hospice. The initiative for its foundation was taken by the city administration, which wanted an institution to take care of the poor elderly and infirm to help alleviate the ubiquitous poverty. By 1903 the sisters' compound consisted of the city hospice, an orphanage, wards for the aged, a farm, workplaces, rooms for boarders and a chapel. A surgical operating room was built a few years later. All in all 252 people lived within the compound. The organizational and financial entanglement of the public and private spheres inside this charitable institution and the supervision of the internal life of the congregation caused friction, and led to a search for more autonomy on the part of the sisters. The juridical, political and financial configurations in which the congregation had to operate, however, ensured that the pursuit of independence remained only partly successful. In particular, the congregation was highly dependent on the local authorities for its income.

Joy Frith presents a case study on the Community of All Hallows, an Anglican Sisterhood located in the East Anglian countryside starting from 1855. Its reason for existence was the rehabilitation of 'fallen women' in the penitentiary of the House of Mercy. Frith analyses the institutional relationship between the sisterhood and the penitentiary, focusing specifically on how the sisters negotiated the material economy of these institutions in order not only to expand and develop, but also to wrest financial control of the penitentiary from the male council in charge. The community embraced the economic virtues which Victorian gender ideology ascribed to men: business savvy, ambition, and, most importantly, independence. The responsible management of their finances enabled the sisters to assume greater control over their own lives and, in so doing, to challenge Victorian ideas about women's nature more fundamentally.

The contribution by Carmen Mangion and Maria Luddy stress the importance of finances for the embedment of female congregations in their social environment. Mangion studies the sisters of the Poor Servants of the Mother of God, who founded

and managed Providence Free Hospital of St Helens, Lancashire. Using the congregations' financial statements, her article considers how the Catholic sisters successfully
positioned themselves in the philanthropic marketplace. The sisters developed alliances with those in positions of authority in St Helens, regardless of their attachment
to the Catholic or Protestant denominations. Instead of the usual antagonism, this
essay paints a picture of cooperation out of concern for the welfare of the poor of
St Helens. As strong administrators the sisters emphasized the charitable intent of
Providence Free Hospital, integrating it into the civic and local culture of St Helens,
thus generating acceptance of and support for the hospital. Luddy explains the
support for the female religious in Irish nineteenth-century society because of their
range of services, their role in disciplining the Catholic community and their impact
on the impoverished Irish economy. The growth of the congregations in Ireland was
largely funded by the lay community through all sorts of donations, combined with
the dowries paid by the families of the nuns, granting the founders of the congregations a certain degree of freedom. Luddy argues that clerical support was critical for
the survival of the congregations. But this need for aid from clerics and bishops gave
them control over the financial affairs of the convents, a control that became more
pervasive as the century progressed.

The situation was very different for male orders like the Jesuits, which were
exempted from the bishop's authority. Xavier Dusausoit describes the foundation of
five Jesuit colleges (Alost, Ghent, Brussels, Mons and Verviers) in Belgium and their
search for a secure income and legal existence. The initial hope to work along the line
of Ancien Régime foundations, with a large starting capital investment, provided by
a 'founder' and unanimous support from the authorities, failed to materialize. Slowly
the Jesuits turned to the introduction of tuition fees for external students, which was
a novelty, and gifts from Catholic notables. Later, when the stability of the colleges
was secured, the surpluses were invested in shares and bonds. Lacking any kind of
legal authorization, the Jesuits turned to tontines and civil societies.

The chapter by José Oliveira and Maria de Fátima Brandão takes us to the Portuguese Cistercian monastery of Arouca in the years around 1800. The authors study
the available accounting documents and prescriptions. This approach produces not
only information on income and expenses, but also on the functioning of the monastery. The female monastery of Arouca was part of the congregation of Alcobaça that
grouped the Portuguese Cistercian houses. In this hierarchic structure, the officers
were accountable to the congregation through an elaborated mechanism of internal
control. The accounting books and procedures are argued to be central in the elaboration of rational management decisions, on such questions as the maximum number
of nuns that could be sustained or investments in buildings. The role played by the
accounting system in securing the monastery's long-term financial sustainability is
clarified, as are its hierarchical structure and corresponding decision-making processes.

Given the Italian interest in the subject of the economics of religious institutes,
it is no surprise that this volume contains two chapters on the developments between
the *Risorgimento* and the Lateran Pact of 1929. The paper by Giancarlo Rocca provides
a general overview of the profound effects of the laws of suppression of 1866 on the
orders and congregations. The author discusses the different ingenious ways in which

orders and congregations worked around the problems that the dissolution of their legal existence produced. The definitive loss of their patrimony also compelled the religious institutes to search for new sources of income. As in the rest of Europe, the basic economic foundations were henceforth their work in hospitals and education. However, Rocca also points to the investments of surpluses in shares and bonds as a (sometimes dangerous) way to supplement their income. Subsequently, Giovanni Gregorini focuses on the economic and organizational aspects of apostolic congregations in Northern Italy, using recent literature and in-depth research of a number of congregations. The management of apostolic congregations with many branch establishments was a complex and demanding task for the mother superiors, who had to negotiate agreements with local authorities, but also to make ends meet in the centre and in the periphery of the congregation. Gregorini stresses the importance of congregations in regional development and the promotion of social cohesion.

In the last chapter, Javier Fernández Roca studies the legal aspects of the monasteries in Spain during the difficult years from 1900 to the civil war. He analyses the strategic management of the Benedictines of Montserrat, the Piarists and the Jesuits. All three used *sociedades anónimas* (limited liability companies), but with sometimes very different outcomes. The Jesuits were first in using the formula to hide the ownership of their schools, but the transparent nature of their construction made them an easy target for confiscation. The Benedictines of Montserrat used the same *sociedad anónima*, but successfully disguised it as an agricultural company. The Piarists in turn initially did nothing, but in the end also transferred their schools to a company created by the families of their pupils. Fernández Roca concludes that the orders discussed responded nimbly to the rapidly changing and confused political events.

DEFINING THE ECONOMICS OF PROVIDENCE

In 1868, during a polemic over the patrimony of the Belgian Jesuits, Eduoard Terwecoren (1815-1872), himself a Jesuit at the college of Saint-Michel in Brussels and the editor of the periodical *Le Précis Historique*, wrote a defensive pamphlet, one of the only documents that we know of with a self-conscious reflection by a regular on the issue of the economics and patrimony of his order. Terwecoren wrote that religious institutes are not out for a profit, but to convert souls. If they undertake works to make a profit, he assures his readers, it is always with the intention to guarantee the survival of the community. He asserts that the Jesuits only owned property that they needed to work and live in. Their monumental edifices had a practical function: the education of pupils. The Jesuits only worked in these buildings, which had no other practical utility for them. The buildings were even a bad investment, with no pecuniary returns. Terwecoren moves on to stress the individual poverty of the Jesuits, by describing the individual cells and communal rooms in which they spent most of their lives working.[74] Although Terwecoren wrote his reflections during a polemic, and therefore surely underplayed the importance of the wealth of the Jesuits, a number of elements are typical for the economy of religious institutes in general.

[74] Terwecoren, *Des biens immeubles des jésuites*, 4-9.

Based on the contributions in this volume, we propose a characterization of the finances and management of the religious institutes between 1773 and 1930 as the 'economics of providence'. The idea of 'providence' has three meanings that are useful for our definition. First, providence obviously signifies frugality. The strictly organized religious life in community and limited consumption were typical features of convent life contributing to lower costs. It was this rationally ascetic character that paradoxically had the accumulation of wealth as a side effect, as Max Weber has famously pointed out. This typical life made it possible to provide labour at a price that was lower than what a married man needed to survive.[75] The cheap labour performed by female religious, as is underlined in a number of the chapters, was one of the reasons for their success.

Second, the idea of providence is connected to what was perceived by the regulars as the foresightful care and guidance of God. A number of articles point out a trust in divine care on the part of the religious. Indeed, the orders and congregations were typically supported by gifts and donations from outside at different crucial moments in their history. The most important moment of course was the founding itself, which in many instances was only possible because of gifts of money or property by benefactors of aristocratic or bourgeois descent. There is no small parallel here with the earliest monastic foundations in the Middle Ages, which were granted lands by feudal lords.[76] But later on in their history too, religious institutes were masters in receiving and generating gifts, which were needed for building projects or to make up the difference in the event of cash shortages. The discourse used by the religious on their own poverty and their dedication to the poor was useful in the elaboration of a network of trusted laics and in the generation of gifts. The apostolate working for the destitute and the education of children secured their support from their local social environment, consisting of family ties, sympathetic benefactors and the local authorities.

The third meaning of providence is foresight and the prudent management of resources. The orders and congregations needed to make sure that the ordinary revenues were enough to cover the basic needs of the religious and their residents (food, fuel, clothing, and maintenance). This meant a search for much-needed sources of income and to seize upon any opportunities that appeared. Although the institutes were constrained in their possibilities by their religious rules, the need for income meant that they sometimes undertook activities that had very little to do with the original apostolate, exposing them to external critique. In the management of resources the mother or father superiors needed to be very careful to secure the economic base for new branch establishments when the congregation was expanding. This included conducting difficult negotiations with local authorities and other parties involved, with whom smooth working relationships were usually established. The superior also needed to make sure that nothing went wrong with the property rights of the monastery or convent. Prudent management included the avoidance of risks in the long term. Most of the surpluses were invested in infrastructure for apostolate. These investments were secure and generated new income for the motherhouse. However,

---

[75] Weber, *Economy and Society*, I, 586.
[76] Duby, "Le monachisme et l'économie rurale", 383.

the investments in shares and bonds were risk bearing, something which became painfully apparent when government bonds became worthless after the Great War and banks and industrial companies collapsed in the 1930s.

The prudent management makes a comparison with family businesses worthwhile. The religious institutes were not out for a profit for the sole purpose of enrichment. As in the case of family businesses, the profits were needed to build up reserves and for investments in infrastructure. It was not the maximizing of returns on investment that was central, but the wish to enlarge the number of religious and of branch establishments. Thus growth was certainly a real motive of the apostolic congregations. The motive of growth could, and did, bring congregations into competition with each other for novices, pupils, patients, benefactors and contracts with the authorities. This competition was, however, tempered by the choice of certain geographical fields of action, the apostolic choices made and the social positioning of the order or congregation. If necessary, the bishops could be called upon to settle differences, thereby providing an ultimate arbitrator that was absent in ordinary economic competition.

The question can be asked if it is useful to use modern managerial vocabulary to describe the economic activities of the religious institutes. A number of case studies presented in this volume testify to a certain amateurism or resignation in economic affairs on the part of the religious. Perhaps it is more useful to speak of steersmanship, to indicate the use of the opportunities arising from the changing circumstances during industrialization, rather than of real management. In many instances the congregations did nothing more than react, albeit flexibly, to particular demands for services, without a particular business plan. During the nineteenth century, however, a learning process certainly took place, so that in the case of large congregations with branch establishments, we can speak of professionalization. This becomes clear from the relationships between the motherhouse and the branches and the instructions concerning the accounts. A certain amount of functional differentiation was visible, mainly in larger congregations. The bursar and the superior were responsible for the financial and legal aspects of the organization. This meant that the ordinary rank and file of the congregation could concentrate on their daily routines, actually allowing for an observable separation between economics and religion.

A crucial characteristic of the economics of religious orders and congregations is the enormous patrimony that was accumulated at the end of the period under study. The many and sometimes large convents, monasteries, orphanages, schools, hospitals, hospices and other kinds of buildings testify to the success of the orders and congregations. The patrimony had changed in scale and scope compared to under the Ancien Régime. The post-revolutionary religious institutes did not possess great estates. Moreover, their patrimony was oriented towards their apostolate. However, a certain aestheticism of the monastic life did exist, with sometimes large and lavishly decorated buildings probably meant to impress potential novices, pupils, students and their parents, paying boarders and anyone else who needed to be impressed.[77] The investments in buildings by religious institutes were simply enormous and immobilized much of the accumulated, borrowed or received capital. However, it would

---

[77] Séguy, "Instituts religieux et économie charismatique", 40.

be wrong to think that all individual religious lived lives of luxury in these edifices, while a number of them undoubtedly did. It is certain that the standards of living diverged very much between for instance small female contemplative communities, who sometimes lived in extreme poverty[78], and institutes that recruited in aristocratic or wealthy bourgeois circles.

As a final conclusion, we would like to point out to what extent the economic situation of the orders and congregations differed from the previous period. All the possessions and feudal rights that generated an income in the Ancien Régime disappeared with the French Revolution or parallel legislation in other countries. Also in a legal sense, nineteenth-century reality was not comparable with earlier times; the economic model of each order and congregation had to be reinvented from scratch. The romantic idea of continuity with pre-revolutionary foundations was clearly present in the minds of the old contemplative orders, who sometimes succeeded in re-founding an abbey on its old location. But this continuity was mostly limited to a discourse, legitimizing the nineteenth-century institutes. The loss of the patrimony obliged the regulars to look for another economic model. As said, the dominant model of the consecrated life in the nineteenth and twentieth centuries was the female apostolic congregation. The idea that finances are only a secondary consideration in the history of religious orders and congregations, without repercussions for the religious life, can safely be discarded after reading the chapters in this volume. Religious institutes are communities of religious, but also organizations with a need for structures, leadership, income and infrastructure. These elements prove to be of as great importance for the direction of the institutes as the spiritual choices.

[78] For information on the sometimes sad plight of female contemplatives, read Marcélis, "Le mode de vie des moniales contemplatives au XXe siècle" and Idem, *Femmes cloîtrées des temps contemporains.*

L'ÉCONOMIE DE LA PROVIDENCE

INTRODUCTION À L'HISTOIRE ÉCONOMIQUE DES ORDRES ET CONGRÉGATIONS, 1773-1930

MAARTEN VAN DIJCK & JAN DE MAEYER

Les finances, la gestion et le patrimoine des ordres et congrégations sont un thème de recherche fascinant, que ce soit du point du vue politique, domaine dans lequel elles ont fait l'objet de nombreuses controverses, ou du point de vue sociétal. Son intérêt particulier vient du fait qu'il ancre solidement ces organisations dans la société industrielle. Pourtant, alors que la résurrection des anciens ordres et la croissance spectaculaire des congrégations apostoliques féminines au XIXᵉ siècle ont été envisagées sous l'angle de l'histoire des religions, de l'éducation, du bien-être et des études féminines, notre thème a bien moins retenu l'attention. L'objectif de ce chapitre introductif consiste à cerner l'intérêt passé et présent manifesté pour ce sujet, à commenter les acquis présentés dans les chapitres du présent volume et, finalement, à établir une synthèse de la recherche en définissant la mentalité économique des ordres et congrégations comme une « économie de la providence »[1].

LA CONTROVERSE POLITIQUE

Au printemps 1903, deux membres catholiques du Parlement belge, Arthur Verhaegen (1847-1917) et Joris Helleputte (1852-1925), entamèrent un recensement des ordres et congrégations du pays[2]. Vers 1900, on estimait le nombre de ces instituts à 2500 environ ; elles étaient le fruit d'un siècle de développement d'activités caritatives,

---

[1] Nous tenons à remercier Emiel Lamberts, Els Witte, Fred Stevens, Jeffrey Tyssens, Roel Degroof, Jimmy Koppen, Karel Strobbe et Kristien Suenens pour leurs commentaires sur la première version de ce chapitre.

[2] À propos de ces deux hommes politiques catholiques, voir De Maeyer et Van Molle, *Joris Helleputte* ; De Maeyer, *Arthur Verhaegen*.

éducatives et religieuses [3], et leur multiplication avait été accélérée par l'« invasion noire » de religieux fuyant la France [4]. En juin 1903, les deux représentants du peuple envoyèrent à toutes ces communautés un questionnaire concernant leurs biens. Le but déclaré de Verhaegen et d'Helleputte était d'établir un inventaire des propriétés des ordres et congrégations à usage défensif, pour le cas où des anticléricaux viendraient à répandre sur ces instituts des informations potentiellement dommageables ou fausses. Pour la fin de 1904, ils auraient recueilli des données détaillées concernant la valeur réelle des propriétés ainsi que la structure de propriété et les hypothèques de quelque 1700 communautés [5]. Bien que l'enquête fût soutenue par l'épiscopat, certains instituts rechignèrent à transmettre les renseignements demandés. Les jésuites et les frères des Écoles chrétiennes, pour nommer deux des instituts les plus connus, choisirent de ne pas renvoyer le questionnaire. Finalement, l'épiscopat n'autorisa pas Verhaegen et Helleputte à divulguer leurs résultats, sans doute par peur de s'attirer des ennuis inutilement [6].

La richesse présumée des ordres et congrégations constituait l'un des thèmes favoris utilisés par les anticléricaux dans leurs escarmouches avec leurs adversaires pendant les guerres « culturelles » du XIXe siècle et du début du XXe siècle [7]. Le contraste entre le serment de pauvreté des religieux et la fortune de nombreux instituts était un argument facile pour qui souhaitait attaquer ces derniers [8]. L'accumulation de biens détenus en mainmorte, ce fameux « milliard » des congrégations, était régulièrement utilisée par les hommes politiques et la presse comme moyen efficace de stigmatiser les instituts et de recruter des partisans. Ils affirmaient que les biens des ordres et congrégations avaient été soustraits au cycle naturel des transactions par dons ou ventes. Les hommes politiques français prétendaient que cette mainmorte croissante nuisait à l'emploi des ouvriers. Les anticléricaux réclamèrent des enquêtes sur les biens des ordres et congrégations, en 1880 et en 1900 en France, en 1884 en Belgique [9]. À différentes occasions, les ordres et congrégations firent l'objet de scandales largement dénoncés dans la presse concernant leur fortune et leur cupidité réelle ou prétendue. Les jésuites, en particulier, furent accusés de soutirer de l'argent à des veuves ou de s'arroger des héritages d'hommes et de femmes sur leur lit de mort, au détriment de leur famille [10].

Les débats récurrents avaient également une forte dimension juridique. Dans de nombreux pays, la position juridique des ordres et congrégations était en effet

---

[3] *Statistique de la Belgique. Population. Recensement général du 31 décembre 1900*, II, 545-546.

[4] Cabanel et Durand, éds., *Le grand exil des congrégations religieuses françaises*. Sur la Belgique en tant que refuge pour les réguliers français, lire Leplae, « 'La Belgique envahie' ».

[5] AAM, Fonds Conventualia : Enquête Helleputte-Verhaegen.

[6] Le 30 janvier 1909, la conférence des évêques belges se prononça contre la divulgation des résultats de l'enquête. AAM, Fonds Mercier, III, 10.

[7] Clark et Kaiser, éds., *Culture Wars*.

[8] Sorrel, *La République contre les congrégations*.

[9] Une enquête fut effectivement lancée en France en 1900. La procédure parlementaire visant au lancement d'une enquête en Belgique en 1884 échoua. Stevens, « Les associations religieuses en Belgique », 201.

[10] Un cas particulièrement intéressant et largement médiatisé a été décrit par Suenens, « Het proces-De Buck ».

un sujet de discorde majeur au XIXe et début du XXe siècle [11]. Privés de statut légal par suite de la législation révolutionnaire française, les instituts eux-mêmes ne pouvaient ni acquérir, ni posséder, ni vendre de biens. Le recours à des hommes de paille, à des partenariats et à de fausses ventes faisait apparaître l'image de moines sans scrupules. En France et en Belgique, il existait un système permettant à certains types de congrégations d'obtenir une reconnaissance officielle [12]. Mais en Belgique, où le gouvernement fut cadenassé par les libéraux de 1847 à 1884, seuls deux congrégations hospitalières en firent la demande pendant cette période [13]. Les tentatives d'un gouvernement majoritairement catholique pour résoudre le problème en accordant aux institutions de charité une forme légale échouèrent face aux protestations de la rue en 1857 [14]. En France, c'est après l'arrivée au pouvoir des républicains que la législation se fit de plus en plus restrictive. En 1880, les jésuites furent bannis de France et toutes les communautés non autorisées durent endéans les trois mois présenter leurs statuts pour reconnaissance officielle. Les événements, qui étaient avant tout centrés sur le rôle des congrégations dans l'éducation, aboutirent finalement à l'adoption des lois de 1901 et 1904. La loi du 1er juillet 1901 accordait une liberté générale d'association, mais faisait une exception pour les congrégations religieuses. Celles qui ne sont pas autorisées furent menacées de fermeture. Une série de congrégations s'enfuirent de France, d'autres furent effectivement contraintes à la fermeture. Le coup final fut asséné le 7 juillet 1904, avec une loi interdisant toute activité éducative aux religieux des deux sexes [15].

Les ordres et congrégations italiens surent confrontés à des problèmes similaires après l'unification, en 1861, date à laquelle la législation du Royaume de Sardaigne fut imposée à l'ensemble du territoire unifié. La législation sarde de 1855 avait supprimé toutes les communautés sauf celles qui étaient engagées dans la prédication, les soins aux enfants et l'éducation. En 1866, les lois de suppression franchirent un pas supplémentaire en abolissant l'existence de tous les instituts religieux en tant que personne morale reconnue par la loi civile. Cette loi leur laissait toutefois la possibilité de poursuivre la vie commune en tant que citoyens privés, sans personnalité morale. Après la chute de Rome, cette législation serait étendue à toute la péninsule [16].

[11] Lire les articles concernant la Belgique, la France, l'Allemagne, l'Italie, les Pays-Bas et la Suisse dans De Maeyer, Leplae et Schmiedl, éds., *Religious Institutes in Western Europe*.

[12] Nuyttens, *Het archief van de hospitaalcongregaties*.

[13] Art, *Kerkelijke structuur en pastorale werking in het bisdom Gent*, 52-54.

[14] Witte, « The Battle for Monasteries, Cemeteries and Schools ».

[15] Durand, *La liberté des congrégations religieuses en France* ; Lalouette et Machelon, *Les congrégations hors-la-loi?* ; Moulinet, « La législation relative aux congrégations religieuses en France » ; Lalouette, « Les lois laïques des années 1879-1904 ».

[16] Pour des synthèses en langue non italienne, voir Jacquemyns, « La question des biens de mainmorte » et Colombo, « The Laws of Suppression in Italy ».

INSTITUTS RELIGIEUX, ÉCONOMIE ET SOCIÉTÉ

Si la fortune, le patrimoine, l'industrie et le statut légal des ordres et congrégations représentaient d'importants thèmes politiques, le débat opposant cléricaux et anticléricaux ne peut y être réduit. Pourtant, les incidents liés aux instituts religieux constituaient d'importants sujets de discorde dans la lutte concernant les relations Église-État. Le rôle joué par les ordres et les congrégations dans le domaine de la charité et en particulier celui de l'éducation contribuait largement à en faire un sujet politiquement sensible. Le fait que des individus se séparent de leur famille et de leur nation pour rejoindre une communauté n'obéissant qu'à l'évêque ou au pape attisait la méfiance des milieux bourgeois libéraux [17]. Le thème de la fortune réelle des ordres et congrégations, des réseaux de personnes impliquées et de leurs liens avec la politique est important dans le contexte des XIXe et XXe siècles. Mais l'histoire économique des instituts religieux est également un sujet intéressant en soi. Leurs rôles en tant que propriétaires et prêteurs, éducateurs, inventeurs de techniques comptables et gérants de propriétés agricoles ont été étudiés par les historiens de l'économie. Certains historiens italiens ont en outre pointé l'importance des activités caritatives des instituts religieux dans l'atténuation des effets de l'industrialisation [18]. Selon eux, ils constituaient un système de sécurité sociale avant la lettre, qui rendit en pratique possible le développement capitaliste du XIXe siècle [19].

L'intérêt potentiel d'une enquête sur les projets de management, de financement et de construction des instituts religieux augmente encore dans la mesure où il permet aux chercheurs d'analyser des micro-environnements, une approche qui fournit des données neuves et intéressantes sur la relation entre les ordres et les congrégations d'une part et leur environnement de l'autre. Cette relation semble avoir généré d'incessants conflits, mais comme on l'a affirmé concernant les instituts à vocation caritative en France, il y avait une nette différence entre la politique parlementaire nationale, où les conflits étaient amplifiés et dramatisés, et les situations locales, où les différents acteurs étaient plus disposés à collaborer au bénéfice des œuvres

---

[17] Sur ces thèmes, voir Lalouette, *La République anticléricale* ; Rémond, *L'anticléricalisme en France*. Pour les jésuites en particulier : Cubitt, *The Jesuit Myth*. Il semble que le patrimoine des instituts n'ait pas provoqué les mêmes remous politiques en Prusse/Allemagne ou au Royaume-Uni. Voir par exemple Gross, *The War against Catholicism* et Wheeler, *The Old Enemies*.

[18] Pour les références, voir la contribution de Giovanni Gregorini dans le présent volume.

[19] Si nous reconnaissons le rôle des instituts religieux dans le domaine de la charité, nous aimerions introduire une nuance sur ce point: les principales victimes de l'industrialisation, le chômeurs et les adultes pauvres mais en bonne santé ne semblent pas avoir été éligibles à l'aide de l'assistance publique et l'on peut douter qu'ils aient reçu un soutien quelconque de la part des congrégations catholiques. L'apostolat et les congrégations étaient principalement tournés vers la pauvres « méritants » - veuves, orphelins, infirmes et personnes âgées - même si des disparités à travers l'Europe sont très possibles dans ce domaine largement sous-exploré. Voir Brandes et Marx-Jaskulski, « Armut und ländliche Gesellschaften im europäischen Vergleich », 26-27 ; Van Dijck et Suenens, « La Belgique charitable », 168-172 et Smith, « The Plight of the Able-bodied Poor and the Unemployed in Urban France », 150.

charitables [20]. Cette collaboration était synonyme de négociations prudentes et continues sur toute une série d'éléments, impliquant des notaires, les autorités ecclésiastiques et les religieux eux-mêmes. Les finances n'ont donc rien d'un sujet ennuyeux. Elles englobent le soutien externe apporté aux instituts, leurs relations avec le monde extérieur, la gestion du domaine religieux et donc aussi le pouvoir, l'indépendance et même l'identité de celui-ci.

Les mots « ordres » et « congrégations » évoquent avant tout des hommes et des femmes priant derrière les murs de leurs monastères. En ce qui concerne les XIXe et XXe siècles, cette image est bien loin du compte. Il existait certes des ordres contemplatifs, mais au XIXe siècle, la plupart des religieux étaient engagés dans des activités éducatives et caritatives qui faisaient résolument d'eux des acteurs actifs de la société. Ces activités revêtaient pour eux une grande importance financière dans la mesure où elles étaient souvent leur principale source de revenus, sauf dans le cas des communautés contemplatives, relativement rares. Les familles ou les élèves payaient une dot, tandis que les pouvoirs locaux rémunéraient les congrégations pour leurs tâches d'éducation et de soins, que ce soit dans les établissements publics ou dans leurs propres établissements privés. Comme signalé plus haut, l'économie et le patrimoine des instituts sont l'un des meilleurs moyens d'aborder le sujet de leur relation avec la société. Leurs activités apostoliques et leurs affaires financières, économiques et organisationnelles les reliaient en permanence au monde extérieur. Les familles fournissaient une dot, les réguliers recevaient des dons en échange de divers services religieux et les religieux en général recevaient des donations et des héritages de famille et de bienfaiteurs aristocrates ou bourgeois. Mais ce n'est pas tout : les instituts employaient des gens pour labourer leurs champs ou assurer d'autres travaux techniques et d'entretien. Ils engageaient des architectes, des entrepreneurs, des maçons, des plâtriers, des charpentiers, des artistes et des décorateurs dans le cadre de leurs projets de construction. Les couvents étaient au niveau des communautés locales de gros consommateurs de pétrole, de bois de chauffage, de charbon, de tissu, de lait, de bière, de viande et autres vivres. En réalité, ces postes engloutissaient même une bonne partie de leur budget. Enfin, beaucoup d'ordres et de congrégations investirent dans des obligations et des actions, finançant donc à la fois des compagnies d'État et privées, même si leur apport à l'industrialisation n'est en rien comparable aux sommes considérables investies par les grandes banques.

[20] Bec, « Le contrôle étatique des établissements privés de bienfaisance », 326 et 333. Une étude similaire a été réalisée pour la Belgique par Van Dijck et Suenens, « La Belgique charitable ». Voir aussi Althammer, Brandes et Marx, « Religiös motivierte Armenfürsorge in der Moderne ».

RECHERCHES PASSÉES SUR LE PATRIMOINE ET L'ÉCONOMIE DES ORDRES ET CONGRÉGATIONS

Les historiens de l'économie se sont toujours beaucoup intéressés à l'histoire des vastes propriétés exploitées par le clergé régulier de la fin du Moyen Âge et des Temps Modernes. Les grandes abbayes constituaient un élément clé du système économique féodal [21]. De plus, les grandes propriétés ont produit un nombre important de sources exploitables. Les spécialistes de l'agriculture, en particulier, s'intéressent de près aux sources générées par la gestion de propriétés des monastères, d'autant que, pour ces temps reculés, les autres types de sources sont rares [22]. Les possibilités historiques des sources comptables ont suscité un vif intérêt [23]. Le développement des propriétés donna naissance à un système comptable élaboré. Les premiers traités comptables furent même rédigés dans un contexte monastique [24]. La comptabilité à double entrée fut utilisée pour la première fois par les réguliers et l'utilisation du concept de « frais occasionnels » ne leur était pas inconnue [25]. Cependant, la plus grande part de la littérature concernant la période antérieure à la Révolution française s'est concentrée sur la gestion des grands domaines [26]. Despy et Duby se sont penchés sur le système économique et les bénéfices des monastères bénédictins et prémontrés [27]. Plus récemment, un groupe d'historiens réunis par Fiorenzo Landi a mis en évidence la nature conservatrice des investissements, qui visaient à assurer un revenu stable permettant de subvenir aux besoins des religieux et de leur personnel [28]. Ces chercheurs ont affirmé qu'« une fois établi l'objectif de réunir un revenu annuel suffisant pour assurer la subsistance d'un certain nombre de membres de la 'famille', la pratique consistant à investir des ressources dans le but d'accroître le patrimoine devint l'exception plutôt que la règle » [29]. C'est la stabilité, et non la croissance ou le développement, qui représente la caractéristique principale de l'administration des

---

[21] Snape, *English Monastic Finances in the Later Middle Ages* ; De Valous, *Le temporel et la situation financière des établissements de l'Ordre de Cluny* ; Raftis, *The Estates of Ramsey Abbey* ; Idem, « Western Monachism and Economic Organization » ; Kershaw, *Bolton Priory* ; Van Uytven et De Puydt, « De toestand der abdijen in de Oostenrijkse Nederlanden » ; Van Uytven, « De Brabantse kloosters ».

[22] Quelques exemples: Berman, *Medieval Agriculture* ; Van Bavel, *Goederenverwerving en goederenbeheer van de abdij van Mariënweerd* ; Billen, « La gestion domaniale d'une grande abbaye périurbaine » ; Dupont, « Domaine forestier et ressources financières de l'abbaye de Saint-Hubert ».

[23] À propos de la comptabilité, lire aussi certains articles dans Di Pietra et Landi, éds., *Clero, economia e contabilità in Europa*.

[24] Oschinsky, « Medieval Treatises on Estate Accounting ».

[25] Llopis Agelán, Fidalgo et Méndez, « The 'Hojas de Ganado' of the Monastery of Guadalupe » ; Prieto, Maté et Tua, « The Accounting Records of the Monastery of Silos ».

[26] Dinet, « Les grands domaines des réguliers en France ». Dans le contexte belge, lisez par exemple Van Herck sur la croissance des propriétés des prémontrés de Drongen: Van Herck, « Het domein als bestaanszekerheid » ou Simenon, *L'organisation économique de l'abbaye de Saint-Trond*.

[27] Despy, « Les richesses de la terre » ; Duby, « Le monachisme et l'économie rurale », 392.

[28] Landi, *Il Paradiso dei Monaci* ; Fiorenzo, éd., *Accumulation and Dissolution of Large Estates of the Regular Clergy in Early Modern Europe* ; Landi, éd., *Confische e sviluppo capitalistico* ; Di Pietra et Landi, éds., *Clero, economia e contabilità in Europa*.

[29] Landi, « Introduction » (citation 11).

grandes propriétés régulières [30]. Cela ne signifie pas que l'innovation en était absente, mais bien que parfois, le manque d'innovation mena effectivement au déclin de certains monastères, par exemple celui de San Lorenzo El Escorial près de Madrid [31].

Une série d'études, majoritairement consacrées au Moyen Âge, ont par ailleurs mis l'accent sur la souplesse d'administration et le sens de l'innovation des instituts religieux. Berkhofer a établi que les abbayes bénédictines médiévales du nord de la France avaient été d'importantes pionnières de l'administration moderne, aptes à déléguer les responsabilités et habiles à trouver de nouvelles voies pour gérer leur comptabilité [32]. De façon similaire, Dobie prétend que l'immobilisme de l'histoire monastique anglaise de la fin du Moyen Âge peut être remis en cause sur base d'une analyse de leur gestion interne [33]. Une étude de la consommation monastique et des dépenses des moines de Durham effectuée par Miranda Threlfall-Holmes suggère que les monastères médiévaux parvinrent effectivement à s'adapter très facilement à des conditions économiques fluctuantes [34]. Lamarchand a tenté d'établir que les monastères de Haute Normandie, bien qu'évitant l'innovation, poursuivaient au XVIIIᵉ siècle des buts capitalistes [35].

L'attention accordée aux grandes propriétés a quelque peu éclipsé le fait qu'au XVIIIᵉ siècle, le monachisme était devenu en Europe catholique un phénomène principalement urbain [36]. C'était bien entendu le fait du développement de nouveaux types d'instituts religieux. Les ordres mendiants franciscains avaient recours à des stratégies économiques autres que des ordres comme les bénédictins [37]. C'était aussi le cas de la Société de Jésus, apparue dans la foulée de la contre-réforme, qui dépendait d'importants dons, investis en vue de récolter des intérêts. Néanmoins, comme Dauril Alden l'a montré, les activités économiques des jésuites ne s'arrêtaient pas là. Avec l'expansion de leurs activités missionnaires en Amérique latine et en Asie, l'exploitation de la canne à sucre au Brésil et le commerce en Asie devinrent d'importantes sources de revenus pour les jésuites portugais [38]. Beaucoup d'instituts contemplatifs féminins vivaient des investissements consentis avec les dots [39]. La variation des sources de revenu apparaît très clairement dans le cas des instituts religieux apostoliques, qui tiraient la plupart de ceux-ci de leurs activités éducatives et de soins [40]. Même si les nouveaux types d'instituts étaient moins

---

[30] Landi, « Introduzione ».

[31] Sanchez Meco, « Economic Analysis of a Monastic Community ».

[32] Berkhofer, *Day of Reckoning*.

[33] Dobie, « The Development of Financial Management and Control in Monastic Houses and Estates in England ».

[34] Threlfall-Holmes, *Monks and Markets*.

[35] Lemarchand, « Les monastères de Haute Normandie au XVIIIᵉ siècle ».

[36] Beales, *Prosperity and Plunder*, 3.

[37] Bertrand, *Commerce avec Dame Pauvreté*.

[38] Alden, *The Making of an Enterprise*.

[39] Juste un exemple: les ursulines, comme les jésuites un institut né de la contre-réforme, étaient à la fois contemplatives et actives dans l'éducation. Annaert, « Les finances des monastères d'ursulines aux 17ᵉ et 18ᵉ siècles ».

[40] Un article intéressant met en évidence la recherche de profit des cellites: Der Kinderen, « 'De winst van de waanzin' ».

directement tributaires de l'économie agraire, la plupart d'entre eux possédaient des propriétés, parfois vastes, qui étaient exploitées [41]. Le terrain, les loyers et les intérêts représentaient pour pratiquement tous les instituts d'importants piliers économiques. Ces biens pouvaient être considérables puisque dans certaines parties de l'Europe, comme la Bavière et la Basse-Autriche, 20% à 30% des terres étaient la propriété de réguliers [42].

Ce système économique prit fin à partir de la fin du XVIIIe siècle avec les dissolutions d'instituts religieux. Peu après son instauration en 1766, la Commission des réguliers réorganisait la vie monastique française et procédait à la dissolution de plusieurs centaines de monastères. Mais le début réel de l'offensive contre les ordres correspond à la suppression des jésuites en 1773, décrétée par le pape Clément XIV. Les réformes ecclésiastiques joséphines des années 1780, qui visaient à rendre les réguliers plus utiles dans les territoires habsbourgeois des Pays-Bas et d'Autriche, inclurent la suppression de plus de 700 maisons contemplatives [43]. Ensuite, la Révolution française séquestra les biens de l'Église et supprima les ordres. La principauté épiscopale de Liège, les Pays-Bas, la rive gauche du Rhin et une partie de la Suisse ayant été annexés, les armées françaises exportèrent la politique française dans la plus grande partie de l'Europe. Les monastères d'Italie et d'Espagne furent également supprimés lors de l'implémentation de la législation française, avec un impact toutefois plus variable. En Italie, la restauration entraîna le rétablissement de nombreux monastères, jusqu'à ce qu'ils soient à nouveau supprimés pendant le *Risorgimento*. Quant aux gouvernements espagnols successifs, ils oscillèrent au XIXe siècle entre mesures restrictives et plus accommodantes [44].

Les ventes des biens nationaux à la fin du XVIIIe siècle, qui représentent en fait l'un des transferts de propriété les plus spectaculaires de l'histoire, ont vivement intéressé les chercheurs, mais surtout à l'échelle régionale. Dans leur synthèse, Bodinier et Teyssier recensent environ 850 titres sur le sujet. L'essentiel de l'attention s'est concentré sur l'étendue des propriétés en question (de toutes origines, c'est-à-dire séculières, régulières et appartenant aux immigrés). Bodinier et Teyssier ont extrapolé l'information disponible (40% de la France ont été étudiés) et découvert qu'avant la Révolution, le clergé (séculiers et réguliers réunis) possédait environ 5,2% du territoire français [45]. Les conséquences économiques de la redistribution des terres et le lien avec les développements économiques du XIXe siècle ont également été étudiés [46]. Une série de recherches minutieuses ont examiné l'identité des acheteurs de biens nationaux, mais beaucoup de questions restent sans réponse à ce sujet [47].

[41] Les propriétés immobilières de Paris ont été étudiées par Farguell, *La construction d'ensembles locatifs à Paris par des communautés ecclésiastiques sous Louis XIV* et Perluss, *Les communautés régulières d'hommes de la Rive gauche dans l'univers urbain parisien au XVIIIe siècle*.
[42] Beales, *Prosperity and Plunder*.
[43] Hasquin, *Joseph II* ; Beales, *Joseph II*, vol. 2, 271-306.
[44] Voir les chapitres de Giancarlo Rocca et de Javier Fernández Roca dans le présent volume.
[45] Bodinier, Teyssier et Antoine, *L'événement le plus important de la révolution*, 333.
[46] Landi, *Confische e sviluppo capitalistico*.
[47] Bodinier, Teyssier et Antoine, *L'événement le plus important de la révolution*, 442-443 et Antoine, *La vente des biens nationaux dans le département de la Dyle*.

Le XIXe siècle se caractérise par une résurgence des ordres et congrégations, en particulier féminins et actifs dans les domaines de l'éducation et des soins hospitaliers. La restauration des anciens ordres masculins fut un processus nettement plus lent et incomplet. À l'échelle mondiale, les ordres monastiques, les canons réguliers et les ordres mendiants n'atteignaient vers 1900 plus que 21% des chiffres prérévolutionnaires (265 000 vers 1770 pour 57 000 en 1900). En revanche, les réguliers du clergé et les compagnies de prêtres, dont les jésuites et les lazaristes étaient les principaux représentants, avaient pratiquement retrouvé leur niveau antérieur (34 000 en 1770 et 23 500 en 1900). La croissance la plus forte concerne les congrégations cléricales et laïques, tant anciennes que nouvelles, constat qui prouve la vitalité de ces instituts. Ceux-ci parvinrent au cours de la seconde moitié du XIXe siècle à s'assurer une base solide et à atteindre le chiffre de 53 000 membres alors qu'ils avaient commencé avec 1500 à peine avant la Révolution [48]. Mais tout mis l'un dans l'autre, l'essor des congrégations ne compensa pas les faibles résultats des instituts classiques, puisque au total, le nombre de membres d'ordres et de congrégations chuta de 300 500 en 1770 à 133 500 en 1900.

Plus spectaculaire est le succès des religieuses au XIXe siècle. À défaut de posséder des statistiques d'échelle mondiale, nous nous limitons ici à présenter les chiffres des principaux pays catholiques européens. En France, le nombre de religieuses passa de 12 343 en 1808 à 128 315 en 1901. En Belgique, la croissance fut également forte puisqu'on observe une augmentation de 1617 religieuses en 1808 à 31 335 en 1900. En Prusse, les religieuses n'étaient que 579 en 1855. Leur nombre augmenta jusqu'à atteindre 25 904 en 1906 [49]. En Irlande, le nombre de nonnes passa de 120 en 1800 à 8000 en 1901. Au total, le nombre de religieuses de France, de Belgique, de Prusse et d'Irlande passa d'environ 14 660 au début du XIXe siècle à 193 554 vers 1900. La situation italienne est difficilement comparable en raison des différents degrés de suppression. Après l'unification, l'Italie comptait 29 708 religieuses. En 1901, ce nombre s'élevait à 40 251 [50]. Non seulement ce chiffre avait explosé, mais un grand nombre de congrégations avaient été fondées depuis la Révolution. En Belgique, la plupart des nouvelles congrégations furent établies entre 1830 et 1860. Pour la France et la Prusse, les moments forts se situent respectivement vers 1820-1860 et 1840-1860 [51].

Dans bien des endroits, la croissance la plus impressionnante concerne donc les instituts religieux féminins se consacrant à un apostolat actif dans l'éducation et les soins de santé. Le modèle congrégationnel, c'est-à-dire les communautés non cloîtrées, centralisées, de religieuses actives, remporte nettement plus de succès que le modèle médiéval de vie monastique contemplative [52]. La raison de ce déclin de l'idéal contemplatif est sans doute davantage liée aux circonstances économiques et politiques qu'à un choix spirituel. La nationalisation du patrimoine des ordres

---

[48] Hostie, *Vie et mort des ordres religieux*, appendice R.
[49] Meiwes, *'Arbeiterinnen des Herrn'*, 77 et 308.
[50] Langlois, « Les effectifs des congrégations féminines au XIXe siècle », 56 ; Tihon, « Les religieuses en Belgique du XVIIIe au XXe siècle », 32 ; Colombo, « The Laws of Suppression in Italy », 273 et Maria Luddy dans ce volume.
[51] Langlois, *Le catholicisme au féminin*, 205 et Meiwes, *Arbeiterinnen des Herrn*, 310–311.
[52] On trouve des réflexions intéressantes dans Viaene, *Belgium and the Holy See*, 168-203.

et congrégations lors de la Révolution française les avait privés de leur principale ressource. Dans de nombreux cas, il n'était tout simplement pas possible de créer de nouvelles communautés contemplatives (si l'on excepte les communautés liées à l'aristocratie, qui pouvaient vivre des intérêts des dots), à moins qu'un riche bienfaiteur ne se présente - mais ces personnes privilégiaient généralement les congrégations apostoliques. La fondation et la survie d'une communauté n'étaient possibles que si l'on pouvait tirer un revenu du travail. De plus, un retour rapide et à grande échelle de la vie contemplative n'était ni politiquement ni socialement acceptable au vu des accusations dont ce type de communautés avait été l'objet sous Joseph II et sous les révolutionnaires français. Cela se reflète d'ailleurs dans la législation de beaucoup d'États, qui ne reconnaissaient que les congrégations hospitalières et parfois les congrégations à vocation éducative. Enfin, on trouve une dernière explication significative de l'essor des congrégations apostoliques féminines dans le développement d'un système capitaliste industriel, entraînant des fractures sociales profondes. Les traditionnelles institutions de charité locales avaient été balayées par la Révolution française. Les congrégations déjà actives dans ces domaines auparavant se mirent donc à fournir de l'assistance par le biais d'initiatives charitables privées ou en collaboration avec les nouvelles institutions d'assistance publique [53].

Deux questions centrales de ce volume sont liées à la croissance des instituts religieux dans le contexte financier et juridique peu propice de plusieurs pays européens. Comment ces nouvelles congrégations et le renouveau des anciens ordres étaient-ils financés ? Ensuite, de quelle façon acquièrent-ils les infrastructures quelquefois très vastes nécessaires aux activités éducatives ou hospitalières et à l'hébergement de leur propre communauté ? Certains (rares) éléments peuvent être trouvés dans la littérature européenne. Une série d'études de cas locales et de synthèses sur la vie monastique apportent des éléments de réponse, mais on ne peut que noter l'absence de toute discussion plus structurée [54]. Claude Langlois a consacré un chapitre du *Catholicisme au féminin* au thème de la fortune des congrégations. Il s'est intéressé au volume de cette prospérité, à la diversité des ressources, à l'expansion des propriétés immobilières et, finalement, à la différence de fortune entre les congrégations. Bernadette Truchet a étudié pour sa thèse de doctorat restée inédite l'essor des congrégations dans la ville française de Lyon entre la Révolution française et les lois anti-congrégations de 1901 [55]. La séquestration des biens des congrégations françaises au début du XXᵉ siècle a généré quelques recherches, tout comme le sort des biens des jésuites pendant la Deuxième République espagnole

---

[53] Une courte note sur le fait que les congrégations féminines prospérèrent davantage que les instituts masculins: plusieurs auteurs ont argumenté de façon convaincante qu'entrer dans une congrégation offrait aux femmes des opportunités qu'elles n'avaient pas si elles se mariaient. Il semble qu'entrer dans les ordres impliquait un certain degré de mobilité sociale ascendante ; voir par ex. Luddy, *Women and Philanthropy in Nineteenth-Century Ireland*, 23-35.
[54] Juste deux exemples: Walsh, *Roman Catholic Nuns in England and Wales* et la monographie de sœur Lacroix sur sa propre congrégation: Lacroix, *La vie à Saint-André au XIXᵉᵐᵉ siècle*.
[55] Truchet, *Les congrégations dans la ville*.

(1931-1939) [56]. Relinde Meiwes a donné un bref aperçu de la gestion et des finances des congrégations féminines allemandes du XIXe siècle [57]. C'est à peu près tout ce qui a paru jusqu' à récemment.

REGAIN D'INTÉRÊT

La recherche historique traditionnelle concernant les ordres et congrégations s'est montrée plutôt réticente concernant le thème des finances et de l'accumulation de patrimoine [58]. Cela semble être un trait général de l'histoire religieuse puisque c'est très récemment seulement qu'une étude anglophone des finances du Vatican a été publiée [59]. Les finances des prêtres de paroisses représentent une autre question assez peu étudiée [60]. Ce manque d'intérêt résulte de plusieurs facteurs. Les activités économiques sont considérées par les historiens de la religion comme secondaires par rapport aux vocations spirituelles des instituts. La production, le commerce et l'administration sont jugés nécessaires, mais moins importants et pas réellement dignes d'être étudiés [61]. La division entre sacré et séculier laisse supposer une friction permanente entre les activités organisationnelles et religieuses [62]. Cette dichotomie a été mise en doute par Paolo Quattrone pour les jésuites aux XVIe et XVIIe siècles [63]. Nous pensons cependant qu'elle est devenue bien réelle après 1750 en raison de la controverse entourant l'économie et les propriétés de l'Église durant la période des Lumières, la Révolution française et les querelles entre catholiques et anticléricaux du XIXe siècle. Le débat sur la division sacré-séculier gagnerait à être envisagé de façon plus approfondie par les historiens. Un autre facteur possible réside dans le fait que la disparition des grands domaines a pu donner l'impression aux historiens que les instituts avaient moins de poids économique qu'avant la Révolution. Le manque de sources constitue probablement une autre raison, plus pragmatique celle-là, de cette désaffection. La plupart des archives sont conservées par les instituts eux-mêmes, qui ne sont pas montré très enclins, dans le passé, à donner accès aux documents

---

[56] La littérature à ce sujet met l'accent sur les difficultés et les coûts élevés des séquestrations: Touchelay, « La Séparation, le calvaire des finances ? » ; voir Tronchot, *Les temps de la sécularisation* ; Verdoy, *Los bienes de los jesuitas*.

[57] Meiwes, *'Arbeiterinnen des Herrn'*, 199-216.

[58] Ainsi que l'a noté Fiorenzo Landi, *Accumulation and Dissolution of Large Estates*, 6.

[59] Pollard, *Money and the Rise of the Modern Papacy* ; Klieber, « Efforts and Difficulties in Financing the Holy See by Means of Peter's Pence ». Des journalistes et des chercheurs italiens ont déjà abordé ce sujet: Lai, *Finanze e finanzieri vaticani* et Felisini, *Le finanze pontificie e i Rothschild*.

[60] Foucault, « Des curés qui aiment l'argent ? » et Idem, « La générosité financière du clergé au XIXe siècle ».

[61] Bouchard, *Holy Entrepreneurs*, 3-4.

[62] Pour une synthèse intéressante sur la littérature comptable relative à la division sacré-séculier, poursuivant cependant un objectif plus large que seulement les instituts religieux, lire Carmona et Ezzamel, « Accounting and Religion ».

[63] Quattrone, « Accounting for God ».

comptables, même pour le XIXe siècle [64]. Cette attitude s'est heureusement améliorée depuis peu. La politique d'archives plus ouverte des instituts religieux explique probablement l'intérêt croissant dont le sujet bénéfice en ce moment.

En 2004, le réseau international de recherche RELINS (European Forum on the History of Religious Institutes in the 19th and 20th centuries [65]) a appelé à examiner les ordres et les congrégations de la période contemporaine sous l'angle du management. Il a proposé le concept de « compagnies commerciales religieuses » pour décrire les activités des congrégations. Un manque d'information sur les aspects économiques et financiers de l'histoire des instituts religieux après la Révolution française avait été noté [66]. La même idée de management était présente lorsque Barbra Mann Wall a décrit les sœurs hospitalières des États-Unis comme des « entrepreneurs inattendus », arguant que la vie des hôpitaux étaient déterminée par le marché et que les religieuses réagissaient clairement aux stimuli de ce dernier [67]. Depuis lors, une série d'auteurs italiens ont publié, principalement chez eux, sur le sujet de la gestion économique des congrégations après l'unification [68]. Ils ont qualifié cette économie de « charismatique rationalisée » [69] et affirmé que la vie ascétique générait de la fortune, qui était ensuite investie dans un immense patrimoine constitué d'orphelinats, d'écoles, d'hôpitaux, d'hospices, d'églises et de dépôts bancaires [70]. Ils ont tenté de clarifier des points comme l'ampleur du patrimoine, les systèmes comptables, la gestion des ressources matérielles et humaines, les investissements, la relation entre le centre et la périphérie de la congrégation et les contacts avec les autorités civiles et ecclésiastiques, sans oublier les répercussions sur l'histoire institutionnelle des instituts ainsi que la contribution à la modernisation de l'Italie [71].

Les universités de Louvain et de Bruxelles ont lancé un projet de recherche visant à mieux cerner le fonctionnement économique interne des ordres et congrégations dans les Pays-Bas méridionaux et en Belgique entre 1773 et 1921. Le projet se fonde sur deux approches complémentaires : dans un premier temps, le KADOC-KU Leuven se livre à une étude du patrimoine, des revenus, de la gestion, de la structure

---

[64] Dans le passé, une série de chercheurs ont signalé que les religieux rechignaient à rendre ce genre de sources accessibles: Wynants, *Les Sœurs de la Providence de Champion et leurs écoles*, 342 ; Molette, *Guide des sources de l'histoire des congrégations féminines françaises de vie active*, 389. Truchet note aussi une certaine discrétion de la part des instituts à l'occasion de sa recherche sur Lyon dans les années 1970 ; Truchet, *Les congrégations dans la ville*, 18.

[65] <http://www.relins.eu>.

[66] De Maeyer, Leplae et Schmiedl, « Introduction », 16 ; Roes et de Valk, « A World Apart ? », 148.

[67] Wall, *Unlikely Entrepreneurs* et Idem, « The Pin-Striped Habit ».

[68] Taccolini, ed., *A servizio dello sviluppo* ; Gregorini, éd., *Religiose, religiosi, economia e società nell'Italia contemporanea* ; Colombo, *Congregazioni religiose e sviluppo in Lombardia*; Salini, *Educare al lavoro* ; Rocca, « Le strategie anticonfisca degli istituti religiosi in Italia ». Pour une liste plus large de références, voir les articles de Giancarlo Rocca et de Giovanni Gregorini dans ce volume.

[69] Terme emprunté à Séguy, « Instituts religieux et économie charismatique ».

[70] Rocca, « La storiografie italiana sulla congregazione religiosa », 54 et 56-57.

[71] Taccolini, « Le ragioni di un nuovo impegno storiografico », 7-8.

légale et des réseaux des instituts religieux [72]. La Vrije Universiteit Brussel (VUB) a entrepris l'étude du débat sociopolitique relatif aux finances des instituts religieux et de leur impact social. Deux workshops ont été organisés dans le cadre du projet. Le premier concernait le patrimoine et le management des ordres et congrégations (7-8 novembre 2008, KADOC-KU Leuven) ; le second (8-9 décembre 2008, VUB) portait sur la position des instituts religieux dans la société civile [73].

FINANCES, MANAGEMENT ET PATRIMOINE DES ORDRES ET CONGRÉGATIONS EN EUROPE, 1773 - VERS 1930

Le présent volume vise à réunir les nouvelles approches les plus prometteuses et d'autres plus classiques concernant le financement, le management et le patrimoine des congrégations entre 1773 et 1930 environ. Il est basé sur une sélection de contributions présentées lors du premier workshop de Louvain, enrichie d'une série de nouveaux chapitres. Le cadre géographique du volume comprend les principaux pays catholiques de l'époque: Belgique, France, Italie et Espagne, mais des contributions sur l'Irlande, le Luxembourg, le Portugal et la Grande-Bretagne s'y sont ajoutées. Le point de départ chronologique choisi correspond à la suppression des jésuites en 1773, symbole des événements qui allaient suivre. Les dernières années de l'Ancien Régime et la sombre période révolutionnaire constitue un tremplin pour l'étude du renouveau des instituts religieux au XIXe siècle. Cette date de 1773 est moins significative pour la Grande-Bretagne et l'Irlande, même si le XIXe siècle y fut également marqué par une renaissance de la vie consacrée. Les exposés italiens, quant à eux, prennent comme point de départ l'unification et les lois de suppression de 1866. Le point final de notre fourchette chronologique se situe aux alentours de 1930. Dans la plupart des pays étudiés, on observe pendant l'entre-deux-guerres l'émergence d'un nouveau *modus vivendi* entre Église et État. En France, la Grande Guerre avait rapproché ce dernier des congrégations, qui avaient assumé leur part dans l'effort de guerre. En Belgique, la fin du conflit en question résulta en un gouvernement d'unité nationale qui en 1921 élabora pour les associations sans but lucratif un statut légal bénéficiant aussi aux ordres et congrégations, ce qui supprimait du même coup une importante pomme de discorde. Pour l'Italie et l'Espagne, le point final se situe un peu plus tard. En Italie, les accords du Latran, en 1929, organisèrent les relations entre l'État et l'Église, y compris la position de la cité du Vatican. En Espagne, la Deuxième République et la guerre civile qui suivit perturbèrent l'Église dans les années 1930 jusqu'à ce que Franco lui accorde une position privilégiée.

---

[72] Le principal résultat de cette recherche sera une monographie sur le patrimoine et les finances des instituts religieux belges entre 1773 et 1921. Les études suivantes ont été publiées dans le cadre de ce volet du projet: Van Dijck et Suenens, « La Belgique charitable » et un survol de la littérature consacrée aux instituts religieux: Van Dijck, De Maeyer et Henneau, éds., *Historiographie des ordres et congrégations sur le territoire des Pays-Bas méridionaux/Belgique* ; Van Dijck et Dusausoit, « Hommes visibles et invisibles ».

[73] Les actes de ce deuxième workshop seront publiés chez VUBPRESS.

Une série d'approches distinctes apparaissent dans les quatorze contributions. Outre les angles de vue « évidents » sur le sujet, comme les revenus et l'apostolat des ordres et congrégations, le volume aborde des thèmes comme les aspects juridiques du patrimoine des congrégations, la relation avec l'urbanisation, les structures de management et de comptabilité, l'influence sur le développement économique, l'identité et l'autorité. Le volume débute avec l'étude de Preston Martin Perluss sur la fortune immobilière monastique dans le Paris de la fin du XVIIIᵉ siècle. Partant de la déclaration à l'Assemblée nationale de 1789, l'auteur donne un aperçu des revenus et possessions des monastères masculins de la capitale. Près de 50% des revenus de ces instituts provenaient de propriétés louées en ville. Cet important patrimoine urbain représentait au milieu du XVIIIᵉ siècle 13,6% de tous les immeubles résidentiels de Paris. S'inspirant des idées de Whitehand sur le développement de la « fringe belt », Perluss montre que les monastères acquièrent des propriétés immobilières à mesure que Paris s'étendait. Il démontre ensuite que la possession de terrain fournissait non seulement des revenus, mais intégrait aussi les monastères masculins dans le tissu urbain dans la mesure où ils utilisaient les stratégies d'investissement des familles bourgeoises et exerçaient sur leur locataires un subtil ascendant.

La grande importance de la propriété pour les revenus des ordres à la fin de l'Ancien Régime trouve confirmation dans l'étude de Bernard Bodinier sur les abbayes normandes. Environ trois cinquièmes des terres possédées par l'Église en Normandie à l'époque de la Révolution appartenaient à une centaine d'abbayes environ. Les abbayes possédaient de surcroît de nombreux bâtiments non inclus dans cette estimation : fermes, moulins, maisons, hauts fourneaux, auberges, tuileries et greniers. L'argument central de cet article est que le renouvellement des anciens ordres masculins après la Révolution française était encore très incomplet lorsqu'il fut entravé par les lois anti-congrégations du début du XXᵉ siècle. Le nombre d'abbayes ressuscitées, parmi lesquelles les trappistes étaient celle qui avait mieux amorcé le virage, restait limité et le volume des propriétés n'avait plus rien à voir avec ce qu'il avait été au siècle précédent. Les abbayes rénovées étaient aussi d'une nature autre en ce sens qu'elles ne pouvaient pas se reposer sur leurs rentes pour générer les revenus nécessaires. D'autres sources devaient être exploitées.

Le patrimoine des instituts religieux est également le thème des deux chapitres suivants. L'article de Bernadette Truchet nous emmène à Lyon, l'un des premiers centres industriels de France, également animé d'un fort dynamisme religieux. Elle commente la reconstitution du patrimoine des congrégations féminines d'utilité publique anciennes et nouvelles sur base d'une enquête gouvernementale de l'année 1900. L'auteur insiste en particulier sur les possibilités de contourner les problèmes liés au statut légal et aux stratégies d'occupation de l'espace dans la ville. Sur ce dernier point, elle affirme que si le lieu de la première implantation était le résultat de facteurs contingents, les locations suivantes étaient choisies de façon plus stratégique, en fonction des activités de la congrégation. Une différence essentielle avec l'Ancien Régime réside dans le fait que pratiquement aucune propriété locative n'était achetée en guise d'investissement. Robert L. Philippart parvient à la même conclusion dans son étude sur la résurgence des ordres et congrégations, aussi bien masculins que féminins, dans la ville de Luxembourg. Après 1848, les instituts religieux retournèrent en ville et tentèrent de récupérer leurs positions perdues. Une certaine symbiose existait entre l'État et les congrégations actives, qui travaillaient dans les domaines de l'éducation et des soins, souvent financées par le gouvernement - un schéma qui revient d'ailleurs dans beaucoup d'autres contributions. Philippart pointe le fait que les instituts religieux avaient pour politique de s'établir dans le voisinage de leur clientèle en utilisant les opportunités de développement urbain créées par la destruction des remparts de la ville, à partir de 1867.

Le développement du patrimoine est également le leitmotiv de l'étude de cas consacrées aux adoratrices du Saint-Sacrement d'Erbalunga, en Corse, en 1863. Michel Casta étudie la constitution par étapes, souvent laborieuses, de ce patrimoine « fragile » à bien des égards. Il souligne la dépendance par rapport à l'élite économique locale, en tout cas jusqu'à l'ouverture d'un pensionnat par la congrégation. Mais même ensuite, les projets immobiliers parfois calamiteux et la confiscation de leurs biens au début du siècle menèrent à un endettement et à une dépendance continue à l'égard de quelques familles importantes de l'endroit. L'indépendance ne fut acquise qu'en 1932.

Le même désir d'indépendance constitue aussi le sujet central des deux articles qui suivent. Maarten Van Dijck étudie les hauts et les bas de la congrégation belge de Saint-Vincent à Eekloo. Comme bien d'autres congrégations charitables féminines, celle-ci fournissait du personnel aux hospices de la ville. L'initiative de sa fondation avait été prise par l'administration communale, qui souhaitait une institution pour prendre soin des personnes âgées et infirmes pauvres, afin de contribuer à soulager la misère, omniprésente. En 1903, l'infrastructure des sœurs se composait de l'hospice de la ville, d'un orphelinat, de maisons pour personnes âgées, d'une ferme, d'ateliers, de chambres pour pensionnaires et d'une chapelle. Une salle de chirurgie fut construite quelques années plus tard. En tout, 252 personnes vivaient dans cette infrastructure. L'enchevêtrement organisationnel et financier des sphères publiques et privées au sein de l'institution et la supervision de la vie interne causèrent des frictions et menèrent finalement à une recherche de plus d'autonomie de la part des sœurs. Les configurations juridiques, politiques et financières dans lesquelles la congrégation devait opérer, empêcha toutefois cette quête d'indépendance d'être un franc succès. La congrégation resta étroitement dépendante des autorités locales en ce qui concerne ses revenus.

Joy Frith présente une étude de cas sur la Community of All Hallows, une congrégation anglicane implantée dans la campagne est-anglienne à partir de 1855. Sa raison d'être était la réhabilitation des « femmes déchues » au pénitencier de la House of Mercy. Frith analyse la relation institutionnelle entre la communauté et le pénitencier, en se concentrant particulièrement sur la façon dont les sœurs négociaient l'économie matérielle de ces institutions dans le but non seulement de s'étendre et de se développer, mais aussi de se soustraire au contrôle financier exercé par le conseil masculin responsable. La communauté embrassait les vertus économiques que l'idéologie des genres victorienne assignait aux hommes : intelligence des affaires, ambition, et, le plus important, indépendance. Une gestion responsable de leurs finances permettait aux sœurs de mieux contrôler leurs propres vies et, ce faisant, de défier plus fondamentalement les conceptions victoriennes relatives à la nature de la femme.

Les articles de Carmen Mangion et de Maria Luddy soulignent l'importance de l'intégration des congrégations féminines dans leur environnement social. Mangion étudie les pauvres servantes de la mère de Dieu, fondatrices du Providence Free Hospital de St Helens, Lancashire. Fondé sur les documents financiers de la congrégation, son article envisage la façon dont les sœurs catholiques se positionnèrent avec succès dans la niche du marché philanthropique. Les religieuses nouèrent des alliances avec ceux qui détenaient des positions d'autorité à St Helens, sans se soucier qu'ils soient d'appartenance catholique ou protestante. En lieu et place de l'antagonisme habituel, cet essai met en lumière un modèle de coopération et de soins au bénéfice du bien-être des démunis de St Helens. Les sœurs se comportaient en administratrices énergiques, mettant en exergue la vocation charitable du Providence Free Hospital et intégrant celui-ci dans la culture civique et locale de St Helens de manière à encourager la reconnaissance de l'établissement et son soutien par l'extérieur. Luddy explique le soutien accordé aux religieuses dans l'Irlande du XIXe siècle par les nombreux services rendus, leur rôle dans la régulation de la communauté catholique et leur impact sur une économie locale paupérisée. En Irlande, la croissance des congrégations fut largement financée par la communauté laïque à travers diverses donations, qui, combinées avec les dots payées par les familles des religieuses, procuraient aux fondatrices de congrégations un certain degré de liberté. Luddy affirme que le support clérical était également déterminant pour la survie des congrégations. Mais en même temps, ce besoin d'aide de la part du clergé et des évêques donnait à ceux-ci un droit de regard sur les affaires financières des couvents, un contrôle qui se resserra à mesure que le siècle avançait.

La situation était très différente pour des ordres masculins comme les jésuites, qui étaient exemptés de l'autorité épiscopale. Xavier Dusausoit décrit la fondation de cinq collèges jésuites (Alost, Gand, Bruxelles, Mons et Verviers) en Belgique et leur quête d'un revenu sûr et d'une existence légale. L'espoir initial de fonctionner selon le modèle des fondations de l'Ancien Régime, avec un large capital de départ fourni par un « fondateur » et le soutien anonyme des autorités, ne se matérialisa pas. Lentement, les jésuites se tournèrent alors vers l'introduction de frais de scolarité pour les étudiants extérieurs, ce qui était une nouveauté, et les dons des notables catholiques. Plus tard, lorsque la stabilité des collèges fut assurée, les surplus furent investis dans des actions et des obligations. Au mépris de toute forme d'autorisation légale, les jésuites eurent recours aux tontines et aux sociétés civiles.

L'article de José Oliveira et Maria de Fátima Brandão nous mène au monastère cistercien portugais d'Arouca aux alentours de 1800. Les auteurs étudient les documents et prescriptions comptables conservés. Cette approche procure non seulement des informations sur les revenus et les dépenses, mais aussi sur le fonctionnement du monastère. Le monastère féminin d'Arouca faisait partie de la congrégation d'Alcobaça, qui chapeautait les maisons cisterciennes portugaises. Dans cette structure hiérarchique, les officiers étaient responsables de la congrégation par le bien d'un mécanisme sophistiqué de contrôle interne. Les livres et les procédures comptables sont considérés par les auteurs comme centraux dans l'élaboration de décisions de gestion rationnelles sur des questions telles le nombre maximal de religieuses pouvant être entretenues ou les investissements dans les bâtiments. Le rôle joué par le système comptable dans la sécurisation financière du monastère à long terme a été éclairé, de même que sa structure hiérarchique et les processus de prise de décision correspondants.

Étant donné l'intérêt des Italiens pour le thème de l'économie des instituts religieux, il n'est pas étonnant que ce volume contienne deux chapitres sur l'évolution de la situation entre le *Risorgimento* et les accords du Latran en 1929. L'article de Giancarlo Rocca offre une synthèse générale des effets considérables des lois de suppression de 1866 sur les ordres et les congrégations. L'auteur commente les diverses et ingénieuses façons dont ceux-ci affrontèrent les problèmes que la dissolution de leur existence légale entraînait. La perte définitive de leur patrimoine força aussi les instituts religieux à chercher de nouvelles sources de revenus. Comme dans le reste de l'Europe, le travail dans les hôpitaux et l'éducation devint le fondement économique de ces institutions. Cependant, Rocca pointe aussi l'investissement des surplus dans des participations et des obligations comme moyen (parfois dangereux) de compléter leurs revenus. De son côté, Giovanni Gregorini se concentre sur les aspects économiques et organisationnels des congrégations apostoliques dans le nord de l'Italie sur la base de la littérature récente et d'une recherche approfondie concernant une série de congrégations. La gestion des congrégations apostoliques à multiples branches était une tâche complexe et exigeante pour les mères supérieures, qui devaient négocier des accords avec les autorités locales, mais aussi pouvoir joindre les deux bouts, à la fois au centre et à la périphérie de la congrégation. Gregorini met l'accent sur l'importance des congrégations dans le développement et la promotion de la cohésion sociale.

Dans le dernier chapitre, Javier Fernández Roca étudie les aspects légaux de la situation des monastères en Espagne pendant les années difficiles séparant 1900 et la guerre civile. Il analyse le management stratégique des bénédictines de Montserrat, des piaristes et des jésuites. Tous utilisèrent des « sociedades anónimas » (sociétés à responsabilité limitée), cela, avec des résultats parfois très différents. Les jésuites furent les premiers à recourir à la formule pour cacher la propriété de leurs écoles, mais la transparence de leur construction fit d'eux des cibles faciles pour la confiscation. Les bénédictins de Montserrat utilisèrent la même « sociedad anónima », mais déguisée avec succès en compagnie agricole. Les piaristes commencèrent par ne rien faire, puis transférèrent également leurs écoles dans une compagnie créée par les familles de leurs élèves. Fernández Roca en conclut que les ordres étudiés réagirent prestement à des circonstances politiques confuses et en évolution rapide.

DÉFINIR L'ÉCONOMIE DE LA PROVIDENCE

À l'occasion d'une polémique sur le patrimoine des jésuites belges, en 1868, Edouard Terwecoren (1815-1872), lui-même jésuite au collège Saint-Michel de Bruxelles et éditeur du périodique *Le Précis historique*, rédigea un pamphlet à la défense de l'ordre. Ce document est l'un des rares que nous connaissions à propos d'une réflexion par un régulier sur le sujet de l'économie et du patrimoine de son propre ordre. Terwecoren écrivait que les instituts religieux cherchaient non pas à faire du profit, mais à convertir les âmes. S'ils entreprenaient des travaux, assurait-il aux lecteurs, c'était toujours dans l'intention de garantir la survie de la communauté. Il affirmait aussi que les jésuites ne possédaient que ce dont ils avaient besoin pour se loger et travailler. Leurs bâtiments avaient une fonction pratique, c'est-à-dire l'éducation des élèves. Les jésuites ne faisaient qu'y travailler et ces bâtiments n'avaient aucun intérêt pratique pour eux. Ils représentaient même un mauvais investissement, sans retour pécuniaire. Terwecoren déplaçait ensuite l'accent sur la pauvreté individuelle des jésuites en décrivant les cellules et les pièces communes dans lesquelles ils passaient le gros de leur vie à travailler [74]. Quoique l'auteur ait écrit ce texte dans un contexte polémique et, de ce fait, minimisé l'importance de la fortune des jésuites, il renferme une série d'éléments typiques de l'économie des instituts religieux en général.

Partant des articles de ce volume, nous proposons de définir les finances et la gestion des instituts religieux entre 1773 et 1930 comme une « économie de la providence ». Le terme de providence a trois significations qui nous intéressent dans ce cadre. Premièrement, « providence » signifie sans aucun doute frugalité. Une vie religieuse communautaire, strictement organisée, et une consommation limitée, caractéristiques de la vie de couvent, contribuaient à réduire les dépenses. Cet caractère rationnellement ascétique avait paradoxalement comme effet secondaire l'accumulation de richesses, ainsi que Max Weber l'a brillamment montré. Ce mode de vie particulier permettait de fournir du travail à un prix moindre que ce dont un homme marié avait besoin pour survivre [75]. Le faible coût du travail fourni par les religieuses fut l'une des raisons de leurs succès, ainsi que cela a été souligné dans une série de chapitres.

Deuxièmement, l'idée de providence est liée à ce qui était perçu par les réguliers comme le soin et l'assistance prévoyante prodigués par Dieu. Une série d'articles signalent la confiance des religieux dans le fait que Dieu pourvoira à leurs besoins. Effectivement, les ordres et congrégations étaient traditionnellement aidés par les dons et donations extérieurs à des moments cruciaux de leur histoire. Le principal était bien entendu la fondation elle-même, qui dans bien des cas, n'était possible que grâce aux dons en argent ou en nature de bienfaiteurs d'ascendance aristocratique ou bourgeoise. Bien sûr, il n'y a pas de commune mesure avec les premières fondations monastiques, qui se voyaient octroyer des terres par des seigneurs féodaux [76]. Mais plus tard dans leur histoire, les instituts religieux restèrent néanmoins maîtres dans l'art de recevoir et de susciter les dons dont ils avaient besoin pour bâtir des projets ou se tirer d'affaires en cas de problèmes financiers. Le discours manié par les religieux à propos de leur propre pauvreté ou de leur dévouement aux pauvres était utile pour constituer un réseau de laïcs confiants et générer des dons. Le travail apostolique en faveur des misérables et l'éducation des enfants leur assurait le support de leur cercle social, qui se composait de parents, de bienfaiteurs acquis à leur cause et des autorités locales.

La troisième signification de providence est: prévoyance et gestion prudente des ressources. Les ordres et congrégations devaient s'assurer que leurs revenus ordinaires suffisaient à couvrir les besoins de base des religieux et de leurs résidents (nourriture, carburant, habillement et entretien). Cela supposait de chercher de

---

[74] Terwecoren, *Des biens immeubles des jésuites*, 4-9.
[75] Weber, *Economy and Society*, I, 586.
[76] Duby, « Le monachisme et l'économie rurale », 383.

précieuses sources de revenus et de saisir les opportunités qui se présentaient. Même si les instituts étaient limités dans leurs possibilités par leurs règles, le besoin de revenus les forçait parfois à entreprendre des activités qui n'avaient pas grand-chose à voir avec leur apostolat d'origine, quitte à s'exposer à des critiques extérieures. Dans la gestion des ressources, la mère ou le père supérieur devait se montrer très prudent, afin d'assurer la base économique de nouveaux établissements lorsque la congrégation était en expansion. Cela supposait de conduire des négociations difficiles avec les autorités locales et les autres parties impliquées, avec lesquelles des relations de travail fluides étaient généralement instaurées. Le supérieur devait aussi veiller à ce que rien ne tourne mal dans les droits de propriété du monastère ou du couvent. Une gestion prudente incluait d'éviter les risques à long terme. La plupart des surplus étaient investis dans des infrastructures destinées à l'apostolat. Les investissements étaient sûrs et généraient de nouveaux revenus pour la maison mère. Toutefois, les investissements dans des actions et des obligations comportaient des risques, comme cela apparut douloureusement lorsque les obligations du gouvernement perdirent leur valeur après la Grande Guerre et que les banques et compagnies industrielles firent faillite dans les années 1930.

Cette gestion prudente est tout à fait comparable à la bonne gestion des affaires de famille. Comme dans ce dernier cas, des profits étaient nécessaires pour constituer des réserves et investir dans des infrastructures. Ce n'était pas la maximisation de ces profits qui était fondamentale, mais bien l'espoir d'augmenter le nombre de religieux et de succursales. La croissance représentait donc une réelle motivation pour les congrégations apostoliques. Ce fait ne manquait pas d'entraîner une rivalité entre elles concernant les novices, les élèves, les patients, les bienfaiteurs et les contrats avec les autorités. Cette compétition était toutefois tempérée par le choix de la zone géographique visée, les options apostoliques et le positionnement social de l'ordre ou de la congrégation. Si nécessaire, les évêques pouvaient être sollicités pour trancher les conflits, un système qui procurait un arbitrage final absent de la compétition économique ordinaire.

On peut s'interroger sur l'opportunité d'utiliser un vocabulaire de management moderne pour décrire les activités économiques des instituts religieux. Une série d'études de cas présentées dans ce volume témoignent en effet d'un certain degré d'amateurisme ou de démission de la part des religieux dans les affaires économiques. Peut-être vaut-il mieux parler à leur sujet de « navigation à vue » plutôt que de réel management pour désigner l'exploitation des opportunités créées par les conditions économiques fluctuantes à l'époque de l'industrialisation. Dans beaucoup de cas, les congrégations ne firent rien de plus que réagir, il est vrai avec flexibilité, à des demandes particulières de services, sans business plan précis. Pendant le XIXe siècle, néanmoins, un certain processus d'apprentissage se mit certainement en place, si bien que dans le cas des grandes congrégations possédant de nombreuses succursales, nous pouvons parler de professionnalisation. Cela se vérifie dans les relations entre la maison mère et les succursales et dans les instructions relatives à la comptabilité. Une certaine mesure de différenciation fonctionnelle était visible, en particulier dans les grands établissements. L'économe et le supérieur étaient responsables des aspects financiers et légaux de l'organisation. Cela signifiait que la base de la congrégation pouvait se concentrer sur les routines quotidiennes et qu'il y avait une séparation nette entre économie et religion.

L'une des caractéristiques fondamentales des ordres et congrégations religieux est le patrimoine énorme accumulé à la fin de la période étudiée. De nombreux et parfois vastes couvents, monastères, orphelinats, écoles, hôpitaux, hospices et autres types de bâtiments sont là pour témoigner du succès de ces institutions. Le patrimoine avait changé en termes d'échelle et d'objectif par rapport à celui de l'Ancien Régime. Les instituts religieux ne possédaient pas de grands domaines immobiliers. De plus, leur patrimoine était orienté vers l'apostolat. Cependant, il existait une certaine esthétisation de la vie monastique, avec des bâtiments quelquefois abondamment décorés, probablement destinés à impressionner les novices, les élèves, les étudiants potentiels et leurs parents, les financiers, bref, tout qui devait être impressionné [77]. Les investissements dans les bâtiments des instituts religieux étaient tout simplement énormes et immobilisaient le gros du capital accumulé, emprunté ou reçu. On aurait cependant tort de penser, parce que c'était indéniablement le cas de certains, que tous les religieux menaient dans ces édifices une vie luxueuse. Les standards de vie différaient fortement, par exemple entre les petites communautés féminines contemplatives, dont certaines vivaient dans une extrême pauvreté [78], et les instituts qui recrutaient dans les cercles aristocratiques ou bourgeois nantis.

En guise de conclusion, nous aimerions souligner à quel point la situation économique des ordres et congrégations diffère à la période étudiée de ce qu'elle a été sous la période précédente. Tous les biens et droits féodaux qui généraient un revenu sous l'Ancien Régime ont disparu avec la Révolution française ou la législation parallèle adoptée dans d'autres pays. Au niveau légal, la réalité du XIXe siècle n'est pas comparable avec la période qui précède ; le modèle économique de chaque ordre et congrégation dut être réinventé à partir de rien. L'idée romantique de continuité avec les fondations prérévolutionnaires était clairement présente dans l'esprit des anciens ordres contemplatifs, qui parvinrent parfois à refonder une abbaye sur son ancienne implantation. Mais cette continuité se limita le plus souvent à un discours, destiné à légitimer les instituts du XIXe siècle. La perte de patrimoine obligea les réguliers à chercher un autre modèle économique. Comme nous l'avons dit, le modèle dominant de la vie consacrée aux XIXe et XXe siècles est la congrégation apostolique féminine. L'idée selon laquelle les finances ne sont qu'une préoccupation secondaire dans l'histoire des ordres et congrégations, sans répercussions sur la vie religieuse, peut être résolument écartée après lecture des articles de ce volume. Les instituts religieux sont des communautés de religieux, mais aussi des organisations nécessitant des structures, un leadership, un revenu et une infrastructure. Ces éléments s'avèrent d'une grande importance pour la gestion des instituts ainsi que pour leurs choix spirituels.

---

[77] Séguy, « Instituts religieux et économie charismatique », 40.
[78] Pour des informations sur la situation parfois triste des religieuses contemplatives, lire Marcélis, « Le mode de vie des moniales contemplatives au XXe siècle » et Idem, *Femmes cloîtrées des temps contemporains*.

Bibliography

Archives

Mechelen/Malines, Archives Archbishopric
Mechelen / Archives de l'Archevêché de Malines
(AAM)
   Fonds Conventualia: Inquiry Helleputte-
   Verhaegen
   Archives Mercier

Literature

Alden, Dauril. *The Making of an Enterprise: The Society of Jesus in Portugal, Its Empire, and Beyond, 1540-1750*. Stanford: Stanford University Press, 1996.

Althammer, Beate; Brandes, Inga and Marx, Katrin. "Religiös motivierte Armenfürsorge in der Moderne - Katholische Kongregationen im Rheinland und in Irland 1840-1930" in: Andreas Gestrich and Lutz Raphael, eds. *Inklusion/Exklusion. Studien zu Fremdheit und Armut von der Antike bis zur Gegenwart*. Frankfurt a. M., 2004, 537-579.

Annaert, P. "Les finances des monastères d'ursulines aux 17ᵉ et 18ᵉ siècles: le cas des Pays-Bas méridionaux" in: Eddy Put, M. J. Marinus and H. Storme, eds. *Geloven in het verleden: studies over het godsdienstig leven in de vroegmoderne tijd, aangeboden aan Michel Cloet*. Leuven: Leuven University Press, 1996, 253-269.

Antoine, François. *La vente des biens nationaux dans le département de la Dyle*. Brussels: Archives générales du royaume, 1997.

Art, Jan. *Kerkelijke structuur en pastorale werking in het bisdom Gent tussen 1830 en 1914*. Kortrijk: Standen en landen, 1977.

Beales, Derek. *Prosperity and Plunder: European Catholic Monasteries in the Age of Revolution, 1650-1815*. Cambridge: Cambridge University Press, 2003.

Beales, Derek. *Joseph II*. Vol. 2: *Against the World, 1780-1790*. Cambridge: Cambridge University Press, 2009.

Bec, Colette. "Le contrôle étatique des établissements privés de bienfaisance (1880-1933)" in: Bernard Plongeron and Pierre Guillaume, eds. *De la charité à l'action sociale: religion et société*. Paris: Éditions du CTHS, 1995, 323-333.

Berkhofer III, R.F. *Day of Reckoning: Power and Accountability in Medieval France*. Philadelphia: University of Pennsylvania Press, 2004.

Berman, Constance H. *Medieval Agriculture, the Southern French Countryside, and the Early Cistercians: A Study of Forty-Three Monasteries*. Philadelphia: American Philosophical Society, 1986.

Bertrand, Paul. *Commerce avec Dame Pauvreté: structure et fonctions des couvents mendiants à Liège (XIIIᵉ et XIVᵉ siècles)*. Geneva: Droz, 2004.

Billen, Claire. "La gestion domaniale d'une grande abbaye périurbaine: Forest à la fin du Moyen-Âge" in: Jean-Marie Duvosquel and Erik Thoen, eds. *Peasants & Townsmen in Medieval Europe: Studia in honorem Adriaan Verhulst*. Ghent: Snoeck-Ducaju, 1995, 493-515.

Bodinier, Bernard; Teyssier, Eric and Antoine, François. *L'événement le plus important de la Révolution: la vente des biens nationaux (1789-1867) en France et dans les territoires annexés*. Paris: CTHS, 2000.

Bouchard, Constance B. *Holy Entrepreneurs: Cistercians, Knights, and Economic Exchange in Twelfth-Century Burgundy*. Ithaca: Cornell University Press, 1991.

Brandes, Inga and Marx-Jaskulski, Katrin. "Armut und ländliche Gesellschaften im europäischen Vergleich - eine Einführung" in: Inga Brandes and Katrin Marx-Jaskulski, eds. *Armenfürsorge und Wohltätigkeit. Ländliche Gesellschaften in Europa, 1850-1930. Poor Relief and Charity. Rural Societies in Europe, 1850-1930*. Frankfurt a. M.: Peter Lang, 2008, 9-45.

Cabanel, Patrick and Durand, Jean-Dominique, eds. *Le grand exil des congrégations religieuses françaises 1901-1914*. Paris: CERF, 2005.

Carmona, Salvador and Ezzamel, Mahmoud. "Accounting and Religion: A Historical Perspective". *Accounting History*, 11 (2006) 2, 117-127.

Clark, Christopher and Kaiser, Wolfram, eds. *Culture Wars: Secular-Catholic Conflict in Nineteenth-Century Europe*. Cambridge-New York: Cambridge University Press, 2003.

Colombo, Alessandro. *Congregazioni religiose e sviluppo in Lombardia tra Otto e Novecento. Il caso delle Suore di Maria Bambina*. Milan: Università Cattolica del Sacro Cuore, 2004.

Colombo, Alessandro. "The Laws of Suppression in Italy: Characteristics and Effects" in: Jan De Maeyer, Sofie Leplae and Joachim Schmiedl, eds. *Religious Institutes in Western Europe in the 19th and 20th Centuries. Historiography, Research and Legal Position*. Leuven: Leuven University Press, 2004, 263-276.

Cubitt, Geoffrey. *The Jesuit Myth: Conspiracy Theory and Politics in Nineteenth-Century France*. Oxford: Clarendon Press, 1993.

De Maeyer, Jan. *Arthur Verhaegen 1847-1917: de rode baron*. KADOC Studies 18. Leuven: Leuven University Press, 1994.

De Maeyer, Jan; Leplae, Sofie and Schmiedl, Joachim. "Introduction: Religious Institutes in Western Europe in the 19th and 20th Centuries: An Underrated History" in: Jan De Maeyer, Sofie Leplae and Joachim Schmiedl, eds. *Religious Institutes in Western Europe in the 19th and 20th Centuries: Historiography, Research and Legal Position*. KADOC Studies on Religion, Culture and Society 2. Leuven: Leuven University Press, 2004, 7-26.

De Maeyer, Jan; Leplae, Sofie and Schmiedl, Joachim, eds. *Religious Institutes in Western Europe in the 19th and 20th Centuries: Historiography, Research and Legal Position*. KADOC Studies on Religion, Culture and Society 2. Leuven: Leuven University Press, 2004.

De Maeyer, Jan and Van Molle, Leen, eds. *Joris Helleputte, architect en politicus 1852/1925*. KADOC Artes 1. Leuven: Leuven University Press, 1998, 2 vols.

Der Kinderen, Jeroen. "'De winst van de waanzin': de financiën in de cellebroederskloosters van Diest en Mechelen in de achttiende eeuw". *Revue belge de philologie et d'histoire*, 84 (2006) 2, 365-400.

Despy, Georges. "Les richesses de la terre: Cîteaux et Prémontré devant l'économie de profit aux XIIe et XIIIe siècles". *Problèmes d'histoire du christianisme*, 5 (1974), 58-80.

De Valous, Guy. *Le temporel et la situation financière des établissements de l'ordre de Cluny du XIIe au XIVe siècle, particulièrement dans les provinces françaises*. Paris: Picard - Ligugé: Abbaye Saint-Martin, 1935.

Dinet, Dominique. "Les grands domaines des réguliers en France (1560-1790): une relative stabilité?". *Revue Mabillon*, 10 (1999), 257-269 and 362-363.

Di Pietra, Roberto and Landi, Fiorenzo, eds. *Clero, economia e contabilità in Europa: tra Medioevo ed età contemporane*. Rome: Carocci, 2007.

Dobie, Alisdair. "The Development of Financial Management and Control in Monastic Houses and Estates in England c. 1200-1540". *Accounting, Business & Financial History*, 18 (2008) 2, 141-159.

Duby, Georges. "Le monachisme et l'économie rurale" in: Georges Duby. *Hommes et structures du moyen âge. Recueil d'articles*. Paris - The Hague: Mouton Éditeurs, 1973, 381-393.

Dupont, P.-P. "Domaine forestier et ressources financières de l'abbaye de Saint-Hubert aux XVIIe et XVIIIe siècles" in: Jean-Marie Duvosquel and Jacques Charneux, eds. *Hommage à Léon Hannecart (1839-1990). Archiviste à Saint-Hubert*. Saint-Hubert: Terre et Abbaye de Saint-Hubert, 1991, 333-342.

Durand, Jean-Paul. *La liberté des congrégations religieuses en France*. Paris: Le Cerf, 1999, 3 vols.

Farguell, Isabelle Montserrat. *La construction d'ensembles locatifs à Paris par des communautés ecclésiastiques sous Louis XIV*. Thèse de l'École nationale des Chartes, 1997.

Felisini, Daniela. *Le finanze pontificie e i Rothschild, 1830-1870*. Naples: Edizioni Scientifiche Italiane, 1993.

Foucault, Pierre. "Des curés qui aiment l'argent? La fortune des prêtres des diocèses du Mans et de Laval au XIXe siècle". *Recueil d'études offert à Gabriel Désert. Cahiers des Annales de Normandie*, 24 (1992), 391-417.

Foucault, Pierre. "La générosité financière du clergé au XIXe siècle: l'exemple sarthois" in: Bernard Plongeron and Pierre Guillaume, eds. *De la charité à l'action sociale: religion et société*. Paris: Éditions du CTHS, 1995, 251-262.

Gregorini, Giovanni. *Per i bisogni dei 'non raggiunti': l'Istituto Suore delle Poverelle tra Lombardia orientale e Veneto (1869-1908)*. Milan: Vita e pensiero, 2007.

Gregorini, Giovanni, ed. *Religiose, religiosi, economia e società nell'Italia contemporanea*. Milan: Vita e pensiero, 2008.

Gross, Michael B. *The War Against Catholicism: Liberalism and the Anti-Catholic Imagination in Nineteenth-Century Germany*. Social History, Popular Culture, and Politics in Germany. Ann Arbor: University of Michigan Press, 2004.

Hasquin, Hervé. *Joseph II: catholique anticlérical et réformateur impatient 1741-1790*. Brussels: Racine, 2007.

Hostie, Raymond. *Vie et mort des ordres religieux: approches psychosociologiques*. Paris: Desclée de Brouwer, 1972.

Jacquemyns, Guillaume. "La question des biens de mainmorte. Suppression des corporations religieuses et liquidation des biens ecclésiastiques en Italie 1866-1867". *Revue belge de philologie et d'histoire*, 42 (1964), 442-494 and 1257-1291.

Kershaw, Ian. *Bolton Priory: The Economy of a Northern Monastery, 1286-1325*. London: Oxford University Press, 1973.

Klieber, Rupert. "Efforts and Difficulties in Financing the Holy See by Means of Peter's Pence. Can Ultramontanism be quantified?" in: Vincent Viaene, ed. *The Papacy and the New World Order: Vatican Diplomacy, Catholic Opinion and International Politics at the Time of Leo XIII, 1878-1903*. KADOC Studies on Religion, Culture and Society 4. Leuven: Leuven University Press, 2005, 287-302.

Lacroix, Marie-Thérèse. *La vie à Saint-André au XIXème siècle (1796-1914)*. Ramegnies-Chin: ARSA, 2007, 2 vols.

Lai, Benny. *Finanze e finanzieri vaticani tra l'Ottocento e il Novecento da Pio IX a Benedetto XV*. Milan: A. Mondadori, 1979.

Lalouette, Jacqueline. *La République anticléricale, XIXe-XXe siècles*. Paris: Seuil, 2002.

Lalouette, Jacqueline. "Les lois laïques des années 1879-1904, un long prélude à la séparation des Églises et de l'État" in: *1905. Séparation des Églises et de l'État. La réception de la loi à Lyon, en France et en Europe*. Lyon: Rencontres de Gadagne, 2006, 17-29.

Lalouette, Jacqueline and Machelon, Jean-Pierre, eds. *Les congrégations hors-la-loi? Autour de la loi du 1er juillet 1901. Actes du colloque, Malakoff-Villetaneuse, 27-28 septembre 2001*. Paris: Letouzey & Ané, 2002.

Landi, Fiorenzo. *Il Paradiso dei Monaci. Accumulazione e dissoluzione dei patrimoni del clero regolare in età moderna*. Rimini: Guaraldi, 1996.

Landi, Fiorenzo. ed. *Accumulation and Dissolution of Large Estates of the Regular Clergy in Early Modern Europe*. Rimini: Guaraldi, 1999.

Landi, Fiorenzo. "Introduction" in: Fiorenzo Landi, ed. *Accumulation and Dissolution of Large Estates of the Regular Clergy in Early Modern Europe*. Rimini: Guaraldi, 1999, 5-14.

Landi, Fiorenzo, ed. *Confische e sviluppo capitalistico. I grandi patrimoni del clero regolare in età moderna in Europa e nel Continente americano*. Milan: Franco Angeli, 2004.

Landi, Fiorenzo, "Introduzione" in: Fiorenzo Landi, ed. *Confische e sviluppo capitalistico. I grandi patrimoni del clero regolare in età moderna in Europa e nel Continente americano*. Milan: Franco Angeli, 2004, 7-23.

Langlois, Claude. "Les effectifs des congrégations féminines au XIXe siècle. De l'enquête statistique à l'histoire quantitative". *Revue d'histoire de l'Église de France*, 60 (1974), 39-64.

Langlois, Claude. *Le catholicisme au féminin. Les congrégations françaises à supérieure générale au XIXe siècle*. Paris: Cerf, 1984.

Lemarchand, Guy. "Les monastères de Haute Normandie au XVIIIe siècle. Essai d'un bilan économique". *Annales historiques de la Révolution française*, 179 (1965), 1-28.

Leplae, Sofie. "'La Belgique envahie': l'immigration des religieux français en Belgique 1900-1914" in: Patrick Cabanel and Jean-Dominique Durand, eds. *Le grand exil des congrégations religieuses françaises 1901-1914*. Paris: Cerf, 2005, 244-256.

Llopis Agelán, Enrique; Fidalgo, Esther and Méndez, Teresa. "The 'Hojas de Ganado' of the Monastery of Guadalupe, 1597-1784: An Accounting Instrument for Fundamental Economic Decisions". *Accounting, Business and Financial History*, 12 (2002) 2, 203-229

Luddy, Maria. *Women and Philanthropy in Nineteenth-Century Ireland*. Cambridge: Cambridge University Press, 1995.

Marcélis, Anne-Dolorès. "Le mode de vie des moniales contemplatives au XXe siècle. L'exemple du carmel de Floreffe". *Revue belge d'histoire contemporaine*, 25 (1994-1995) 3-4, 397-432.

Marcélis, Anne-Dolorès. *Femmes cloîtrées des temps contemporains. Mille pages d'histoire de carmélites et de clarisses en Namurois*. Diss doct. Louvain-la-Neuve: UCL, 2004.

Meiwes, Relinde. 'Arbeiterinnen des Herrn'. *Katholische Frauenkongregationen im 19. Jahrhundert*. Frankfurt a.M.: Campus Verlag, 2000.

Molette, Charles. *Guide des sources de l'histoire des congrégations féminines françaises de vie active*. Paris: Éditions de Paris, 1974.

Moulinet, Daniel. "La législation relative aux congrégations religieuses en France" in: Jan De Maeyer, Sofie Leplae and Joachim Schmiedl, eds. *Religious Institutes in Western Europe in the 19th and 20th Centuries: Historiography, Research and Legal Position*. KADOC Studies on Religion, Culture and Society 2. Leuven: Leuven University Press, 2004, 203-241.

Nuyttens, Michel. *Het archief van de hospitaal-congregaties*. Brussels: General State Archives, 1996.

Oschinsky, D. "Medieval Treatises on Estate Accounting". *Economic History Review*, 17 (1947) 1, 52-61.

Perluss, Preston Martin. *Les communautés régulières d'hommes de la Rive gauche dans l'univers urbain parisien au XVIIIe siècle*. Diss. doct. University de Paris IV, 2003.

Pollard, John F. *Money and the Rise of the Modern Papacy: Financing the Vatican, 1850-1950*. Cambridge: Cambridge University Press, 2005.

Prieto, Begoña; Maté, Lorenzo and Tua, Jorge. "The Accounting Records of the Monastery of Silos Throughout the Eighteenth Century: The Accumulation and Management of its Patrimony in the Light of its Accounts Books". *Accounting History*, 11 (2006) 2, 221-256.

Quattrone, Paolo. "Accounting for God: Accounting and Accountability Practices in the Society of Jesus (Italy, XVI-XVII Centuries)". *Accounting, Organizations and Society*, 29 (2004) 7, 647-683.

Raftis, J. Ambrose. *The Estates of Ramsey Abbey*. Toronto: Pontifical Institute of Medieval Studies, 1957.

Raftis, J. Ambrose. "Western Monachism and Economic Organization". *Comparative Studies in Society and History*, 3 (1961), 452-469.

Rémond, René. *L'anticléricalisme en France de 1815 à nos jours*. New rev. ed. Paris: Fayard, 1999.

Rocca, Giancarlo. "Le strategie anticonfisca degli istituti religiosi in Italia dall'Univà al Concordato del 1929: appunti per una storia" in: Roberto Di Pietra and Fiorenzo Landi, eds. *Clero, economia e contabilità in Europa: Tra Medioevo ed età contemporanea*. Rome: Carocci, 2007, 226-247.

Rocca, Giancarlo. "La storiografie italiana sulla congregazione religiosa" in: Giovanni Gregorini, ed. *Religiose, religiosi, economia e società nell'Italia contemporanea*. Milan: Vita e Pensiero, 2008, 29-71.

Roes, Jan and De Valk, Hans. "A World Apart? Religious Orders and Congregations in the Netherlands" in: Jan De Maeyer, Sofie Leplae and Joachim Schmiedl, eds. *Religious Institutes in Western Europe in the 19th and 20th Centuries: Historiography, Research and Legal Position*. KADOC Studies on Religion, Culture and Society 2. Leuven: Leuven University Press, 2004, 135-162.

Salini, Andrea. *Educare al lavoro. L'Istituto Artigianelli di Brescia e la colonia agricola di Remedello Sopra tra '800 e '900*. Milan: Franco Angeli, 2005.

Sanchez Meco, G. "Economic Analysis of a Monastic Community: Basic Features of the Benefits, Rights, and Privileges Pertaining to the Monastery of San Lorenzo of El Escorial [1561-1837]". *Revista Internacional de Sociologia*, 36 (1978) 26, 213-244.

Séguy, Jean. "Instituts religieux et économie charismatique". *Social Compass*, 39 (1992) 1, 35-51.

Simenon, Guillaume. *L'organisation économique de l'abbaye de Saint-Trond depuis la fin du XIIIe siècle jusqu'au commencement du XVIIe siècle*. Brussels: Hayez, 1913.

Smith, Timothy B. "The Plight of the Able-bodied Poor and the Unemployed in Urban France, 1880-1914". *European History Quarterly*, 30 (2000) 2, 147-184.

Snape, Robert Hugh. *English Monastic Finances in the Later Middle Ages*. Cambridge: Cambridge University Press, 1926.

Sorrel, Christian. *La République contre les congrégations. Histoire d'une passion française (1899-1914)*. Paris: Cerf, 2003.

Statistique de la Belgique. Population. Recensement général du 31 décembre 1900. Vol. 2. Brussels: Ministère de l'Intérieur et de l'Instruction publique, 1903.

Stevens, Fred. "Les associations religieuses en Belgique pendant le 19e siècle" in: Jan De Maeyer, Sofie Leplae and Joachim Schmiedl, eds. *Religious Institutes in Western Europe in the 19th and 20th Centuries: Historiography, Research and Legal Position*. KADOC Studies on Religion, Culture and Society 2. Leuven: Leuven University Press, 2004, 185-202.

Suenens, Kristien. "Het proces-De Buck (1864-1868). Een erfenisproces als inzet van het klerikaal-liberale conflict in België". *Trajecta*, 14 (2005) 1, 3-24.

Taccolini, Mario, ed. *A servizio dello sviluppo. L'azione economico-sociale delle congregazioni religiose in Italia tra Otto e Novecento*. Milan: Vita e Pensiero Università, 2004.

Taccolini, Mario. "Le ragioni di un nuovo impegno storiografico" in: Giovanni Gregorini, ed. *Religiose, religiosi, economia e società nell'Italia contemporanea*. Milan: Vita e Pensiero Università, 2008, 3-9.

Terwecoren, Eduoard S.J. *Des biens immeubles des jésuites*. Brussels: Vanderreydt, 1868.

Threlfall-Holmes, Miranda. *Monks and Markets: Durham Cathedral Priory 1460-1520*. Oxford: Oxford University Press, 2005.

Tihon, André. "Les religieuses en Belgique du XVIIIe au XXe siècle. Approche statistique". *Revue belge d'histoire contemporaine*, 7 (1976) 1-2, 1-54.

Touchelay, Béatrice. "La Séparation, le calvaire des finances?" in: Philippe Boutry and André Encrevé, eds. *Vers la liberté religieuse: la séparation des Églises et de l'État. Actes du colloque organisé à Créteil les 4 et 5 février 2005 par l'Institut Jean-Baptiste Say de l'Université de Paris XII-Val-de-Marne*. Bordeaux: Bière, 2006, 201-234.

Tronchot, Robert Raymond. *Les temps de la séculalisation (1904-1914): la liquidation des biens de la Congrégation des Frères des Écoles chrétiennes*. Rome: Frères des écoles chrétiennes, 1992.

Truchet, Bernadette. *Les congrégations dans la ville: leur patrimoine foncier et leurs fonctions à Lyon (1789-1901)*. Diss. doct. Lyon III, 1987.

Van Bavel, Bas J.P. *Goederenverwerving en goederenbeheer van de abdij van Mariënweerd (1129-1592)*. Hilversum: Verloren, 1993.

Van Dijck, Maarten; De Maeyer, Jan and Henneau, Marie-Elisabeth, eds. *Historiographie des ordres et congrégations sur le territoire des Pays-Bas méridionaux/Belgique - Historiografie van ordes en congregaties op het grondgebied van de Zuidelijke Nederlanden/België*. Special issue of *Revue belge de philologie et d'histoire*, 86 (2008) 3-4, 761-864.

Van Dijck, Maarten and Dusausoit, Xavier. "Hommes visibles et invisibles. Thèmes de l'historiographie relatifs aux instituts religieux masculins en Belgique (XIXe-XXe siècle)". *Revue belge de philologie et d'histoire*, 86 (2008) 3-4, 809-839.

Van Dijck, Maarten and Suenens, Kristien. "La Belgique charitable: Charity by Catholic Congregations in Rural West Flanders, 1830-1880" in: Inga Brandes and Katrin Marx-Jaskulski, eds. *Armenfürsorge und Wohltätigkeit. Ländliche Gesellschaften in Europa, 1850-1930 - Poor Relief and Charity: Rural Societies in Europe, 1850-1930*. Frankfurt a. M.: Peter Lang, 2008, 153-185.

Van Herck, Hanne. "Het domein als bestaanszekerheid: verwerving en beheer van het patrimonium" in: Johan Decavele et al., eds. *De Oude Abdij van Drongen. Elf eeuwen geschiedenis*. Drongen: Oude Abdij, 2006, 202-227.

Van Uytven, Raymond. "De Brabantse kloosters: hun politieke en sociaal-economische rol" in: Ferdinand Vanhemelrijck, ed. *Aspecten van de kerkelijke geschiedenis van het hertogdom Brabant*. Brussels: Centrum Brabantse Geschiedenis, 2002, 65-91.

Van Uytven, Raymond and De Puydt, J. "De toestand der abdijen in de Oostenrijkse Nederlanden, inzonderheid der Statenabdijen, in de tweede helft der XVIIIde eeuw. Het verslag de Külberg en de procesverbalen der abtskeuzen". *Bijdragen tot de geschiedenis, inzonderheid van het Hertogdom Brabant*, 48 (1965), 5-81.

Verdoy, Alfredo. *Los bienes de los jesuitas: disolución e incautación de la Compañia de Jesús durante la Segunda República*. Madrid: Editorial Trotta, 1995.

Viaene, Vincent. *Belgium and the Holy See from Gregory XVI to Pius IX (1831-1859): Catholic Revival, Society and Politics in 19th Century Europe*. KADOC-Studies 26. Leuven: Leuven University Press, 2001.

Wall, Barbra Mann. "The Pin-Striped Habit: Balancing Charity and Business in Catholic Hospitals, 1865-1915". *Nursing Research*, 51 (2002) 1, 50-58.

Wall, Barbra Mann. *Unlikely Entrepreneurs: Catholic Sisters and the Hospital Marketplace, 1865-1929*. Columbus: Ohio State University Press, 2005.

Walsh, Barbara. *Roman Catholic Nuns in England and Wales 1800-1937: A Social History*. Dublin: Irish Academic Press, 2002.

Weber, Max. *Economy and Society: An Outline of Interpretive Sociology*. Berkeley-Los Angeles-London: University of California Press, 1978, 2 vols.

Wheeler, Michael. *The Old Enemies: Catholic and Protestant in Nineteenth-Century English Culture*. Cambridge: Cambridge University Press, 2006.

Witte, Els. "The Battle for Monasteries, Cemeteries and Schools: Belgium" in: Christopher Clark and Wolfram Kaiser, eds. *Culture Wars: Secular-Catholic Conflict in Nineteenth Century Europe*. Cambridge-New York: Cambridge University Press, 2003, 102-128.

Wynants, Paul. *Les Sœurs de la Providence de Champion et leurs écoles, 1833-1914*. Namur: Presses Universitaires de Namur, 1984.

MONASTIC LANDED WEALTH IN LATE-EIGHTEENTH-CENTURY PARIS

PRINCIPAL TRAITS AND MAJOR ISSUES

PRESTON MARTIN PERLUSS

To the extent that landed possession precedes land improvement, the question of land ownership appears fundamental to our understanding of urban development. Cities concentrate and commingle all the motive forces driving a society: demographic, mercantile, political, financial and ideological. These elements can exert enormous upward pressure on land values, from both a monetary and usage-based perspective. The noted urban geographer, Jeremy Whitehand, in the course of his studies on urban development, has insisted upon the reciprocal relationship between land values and land use over time when taking into account the cycles of urban construction.[1] In the specific case involving pre-industrial Paris, various institutional conditions conjoined with urban development cycles, led to a situation whereby certain types of landowners became crucial decision makers in the process of urban evolution. Within the present work, one group of Parisian eighteenth-century institutional landowners, to wit Parisian monastic communities, shall be singled out for study. As we shall see, these institutions wielded significant power over urban land use. Our approach is as follows: we shall first strive to grasp the manner in which such power devolved to these religious houses; next, we shall consider the nature of their real-estate wealth; finally, we shall provide several examples to demonstrate our contention that landownership did entail power, both in its social and economic manifestations.[2]

---

[1] Whitehand, *The Changing Face of Cities*, 30-31.
[2] The following article draws upon earlier detailed research in my unpublished doctoral dissertation *Les communautés régulières d'hommes de la Rive gauche*.

RELIGIOUS INSTITUTIONS AND THE QUESTION OF URBAN DEVELOPMENT

Through the course of time, various economic agents have undertaken major real-estate construction projects in Paris. For the pre-industrial era, one need only cite the Place Royal (Place des Voges), the Ile Saint Louis or the Place Dauphine as hallmarks of organized efforts to improve the Parisian built environment.[3] Whether one considers the Crown's efforts or those founded on private initiative (such as Louis Le Barbier's subdivisions) the student of urban development is led to ask under what conditions could systematic building campaigns be implemented at a time when formal expropriation, through the tenet of eminent domain, had not yet gained force of usage.[4]

Clearly, property possession stands forth as a crucial prerequisite for any type of construction project. Students of European pre-industrial cities are well acquainted with forms of land tenure which have varied through time and space.[5] Today's freehold ownership involves a cluster of rights which in the past were distributed across a range of actors. In the case of Paris, a relatively limited number of feudal lords exercised certain rights over their respective domains (*seigneuries*) however, the ultimate owners (those who paid certain feudal dues known as *le cens*) chose whether to sell or build on their plots.[6] For present purposes our attention shall be restricted to the latter group.

Rarely did any single individual possess extensive contiguous lands for any considerable length of time.[7] This dispersion of ownership characteristic of individ-

---

[3] Ballon, *The Paris of Henry IV*.

[4] Le Barbier's projects received detailed treatment by Dumolin, "L'hôtel de la reine Marguérite", 101. For the question of eminent domain, see Lavedan, *Histoire de l'urbanism à Paris*, 183-184, only the Crown could expropriate through the exercise of *retraite* by issuing *lettres patentes* to that effect. Obviously private entrepreneurs sought undeveloped land: however it should be kept in mind that in Paris, after the Hundred Years' War, a period of major urban renewal received potent stimulus as a result of many abandoned buildings being auctioned off with the nullification of all their associated debts, i.e. their *rentes foncières*. On these latter, see Schnapper, *Les rentes au XVIe siècle*.

[5] The questions of the disassociation of ownership is addressed in Faron and Hubert, eds, *Le sol et l'immeuble*.

[6] A crucial fact concerns the nature of buildings permitted which did not depend on seigneurial authority but on royal authority. The *greffiers des bâtiments* is an example of royal officers who arbitrated litigious claims. The Parisian *lieutenant général de police* also intervened in urbanism. We have several cases where buildings were condemned as public dangers: the Dominican college's church and a private dwelling belonging to the Grand Carmes, are two examples. ANF, S 4220, Dominicans, Faubourg Saint-Germain: Property and income declaration, 1790 and Grand Carmes: Decimale declaration, January 1757; ANF, S 7496: *Déclarations décimales et déclarations remises au greffe des gens de mainmorte: Barnabites; Bénédictins Anglais, Blancs Manteaux, Carmes Billettes, Célestins*.

[7] Pierre Babelon has insisted upon the shifting ownership of Parisan real estate, "les immeubles importants ne restent pas longtemps aux mains d'une même personne ou d'une même famille. La pénurie de numéraire oblige bien souvent tel individu haut placé à accepter la vente judiciaire de sa maison pour payer ses créanciers; le cas est fréquent au moment des successions". Babelon, *Demeures parisiennes sous Henri IV et Louis XIII*, 65-67.

ual estates militated against any large-scale real-estate ownership being exercised by a mortal. The counter-examples arise from real-estate promoters who subdivided unoccupied land, but rarely built in their speculative ventures. However other types of owners did exist in pre-industrial Europe. Aside from the Crown, a significant class of landowners was formed by *les gens de mainmorte*. In its broadest sense, the term *mainmorte* (mortmain in English) applies to those institutions possessing a legal identity and thus capable of owning property and receiving inheritances. Furthermore, these mortmain institutions possessed indefinite life spans. While this class of owners, akin to modern day corporations in their legal capacity to own and exercise certain rights without a physical existence, need not have religious functions, given the intimate relationships obtaining between Church and Charity, most institutions of this sort were ecclesial. Prominent among these mortmain institutions were parish churches, chantries, chapters, Episcopal sees, colleges, hospitals as well as various confraternities or crafts guilds. In particular, among this constellation of institutions, we shall examine the Roman Catholic Church's regular orders.

Paris was particularly endowed with monasteries, convents, and kindred institutions. One should bear in mind that all of the colleges belonging to the University of Paris were equally religious institutions, albeit not all were monastic creations. In November 1789, when the Assembly abolished these pious institutions, Paris had 45 men's houses, 74 women's houses[8], 52 parish churches and 15 chapters. There were equally some 30 secular colleges. This list does not include the various hospitals.

These institutions managed their own assets and used the resulting revenues to sustain themselves and perpetuate their pious causes. Much of their wealth resulted from stipendiary endowments, in the form of interest from *rentes*, which were the near equivalent of present-day bonds; while desultory gifts and eleemosynary sources, such as those garnered from church collection boxes, remained a substantial but unpredictable source of income. The main beneficiaries of these spontaneous gifts were the mendicant orders.[9] *Rentes* were most often granted to the communities in consideration for the performance of requiem masses.

During the autumn of 1789 all monasteries and similar ecclesial institutions remitted to the Assemblée nationale lists enumerating their revenues, their expenses and their holdings. On the basis of these declarations, the men's religious houses had a global income of 2,762,176 *livres tournois*[10], of this amount, 1,320,628 *l.t.* resulted from urban rental properties. Hence, at the end of the eighteenth century, Parisian men's monasteries collectively relied on urban rental properties for nearly 50% of their total income. Nor was this urban preponderance restricted to the men's communities; the women's houses received 906,679 *l.t.* of their overall 2,028,859 *l.t.* of income from urban property, nearly 45% of their revenues. As regards the secular church, the fifteen Parisian chapters received 534,063 *l.t.* in urban rental income against a total income of 1,238,420 *l.t.*

---

[8] ANF, F 19 863: *Tableau Général des produits et charges des biens des religieuses établies à Paris, dressé par la Municipalité, dans son Département du domaine, pour les déclarations du Clergé.*
[9] Often, these gifts were in fact given in consideration for the performance of a single mass, most often low masses.
[10] Hereafter abbreviated *l.t.*

FIGURE 1

PARIS-BASED RENTAL INCOME AS PERCENTAGE OF TOTAL INCOME FOR MEN'S REGULAR COMMUNITIES ON THE PARISIAN RIGHT BANK (IN LIVRES TOURNOIS)

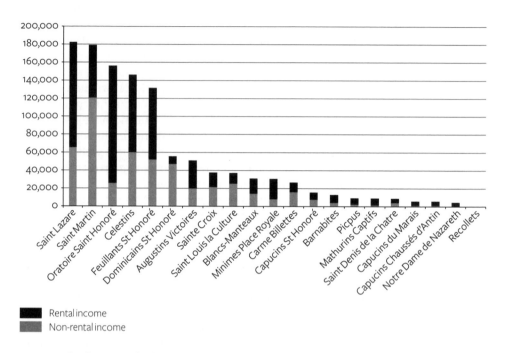

■ Rental income
■ Non-rental income

In the first graph the income for each of the 23 men's religious houses located on the Parisian Rive Droite has been plotted against the corresponding house's rental income.[11] The monasteries have been ranked in order of total revenue. As may clearly be observed, the wealthier communities relied less on urban rents for their income. But this fact should not cloak the absolute values of incomes from urban rental properties. These could be quite substantial indeed.

The two charts depict in the most manifest of manners the preponderance of Paris-based rental income within the total incomes of the men's regular communities.

As the reader might note, the Left Bank communities embraced the wealthiest monasteries in Paris. The royal abbey of Saint-Germain-des-Prés ranked foremost in wealth. The Maurist community earned some 60,000 *l.t.* from its rental property within Paris, far from a paltry sum; yet this amount appears meagre when compared to the monastery's rural income of 161,000 *l.t.* It should be further borne in mind that Saint-Germain-des-Prés was in fact a monastery whose revenue was apportioned between two beneficiaries: the commendatory abbot and the Maurist monks who formed the community.[12] In the chart below, the Jesuits' income, for which 80% origi-

[11] Included are the Barnabites and the Priory of Saint Denis de la Châtre: both located on the Ile de la Cité.

[12] At the time of the Revolution, the abbot's share (*la mense abbatiale*) was managed by the Crown through the 'Caisse des économats'.

FIGURE 2
PARIS-BASED RENTAL INCOME AS PERCENTAGE OF TOTAL INCOME FOR MEN'S REGU-
LAR COMMUNITIES ON THE PARISIAN LEFT BANK

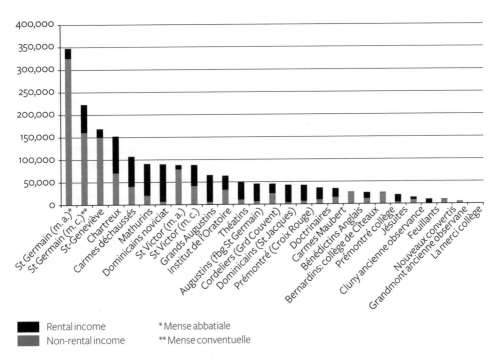

Rental income   *Mense abbatiale
Non-rental income   **Mense conventuelle

nated from their 13 Parisian rental dwellings, corresponds to the financial situation in 1760 and not 1790.[13] As the Society of Jesus was expelled from France as of 1762 and their holdings were placed in receivership, no declaration was forthcoming.

Given the weight that urban income had within the communities' finances, a natural question concerns the major traits shared by these rental properties. As to the overall number of buildings belonging to mortmain owners we have a tentative tally dating from 1749.[14] The aforesaid document lists street by street the number of buildings held by mortmain owners, the results were 3140 houses and 103 boutiques or shops. The document also inventories the total number of houses or shops in Paris at the precise figure of 23,103. Thus, if we accept these figures, 13.6% of all mid-eighteenth-century Parisian residential edifices belonged to mortmain owners. I insist on the residential dwellings, for I assume that various Crown properties were not subsumed in the aforesaid statistics. A similar figure is provided by the geographer Expilly who affirmed that in 1755, there were 23,565 houses in Paris, and that this number comprised some 538 shops; of the latter number "3140 maisons & 103

---

[13] ANF, S 7509: *Déclarations décimales et déclarations remises au greffe des gens de mainmorte: Collèges.*
[14] ANF, Q¹*1099 56: *État des maisons boutiques et échoppes dans la ville de Paris appartenant à la mainmorte jusqu'à la fin du mois d'août 1749.*

boutiques ou échoppes" belonged to hospitals or mortmain owners.[15] Pierre Babelon, citing a study by Emile Magne, affirms that in 1637 10% of the 4000 Parisian buildings then extant belonged to the King and lay communities (the city of Paris and colleges), 10% to the clergy, 6% to nobles, 7% to magistrates and 47% to other legal professions, royal officers, financiers and entrepreneurs and finally 20% to Parisian merchants and craftsmen.[16] Given the concentrated ownership of real-property in the hands of mortmain regular houses, a closer examination of these holdings seems more than justified.

PROPERTY CONFIGURATIONS

In 1789, the Parisian Left Bank men's regular communities owned some 250 rental buildings located throughout Paris. For the communities based on the Right Bank, the figure is nearly the same: a total of some 200 houses were in the hands of men's religious communities. The concentration on the Right Bank was all the greater since the priory of Saint-Martin-des-Champs owned 114 houses.[17] Nor do the foregoing statistics include the various other urban rental units such as shop stalls, apartments constituting pious retreats or storage spaces - all situated within the confines of cloisters. The communities did rent out a percentage of the cloister space to laymen, but these revenues did not compare with income generated through rentals of complete residential dwellings.[18] More importantly, as concerns the Right Bank, the 40-odd houses which had belonged to the erstwhile Celestine order, are not included; with their addition, the number of houses owned by communities on either side of the Seine would be almost at par.

The rental property which accounted for a significant share of community income was not distributed randomly throughout the city, but rather the leased houses or apartment buildings were often grouped together in clusters. Although other configurations did arise, the prevalent array of monastic real estate was the rental cluster.

We can discern two general types of clusters: either rental houses were located on land immediately adjacent to the monastic enclosure, forming a lay fringe giving on to a street delimiting the cloister's block, or they were found at a distance from the community. Obviously, isolated houses owned by communities did exist, and in most cases a single house would not be located next the community but at some distance away. The Grand Carmes owned but one house on the Right Bank on the rue du Temple, over a mile from the monastery. The Chartreux, who all told owned 36 buildings, owned a series of houses on rue Maubué (on the present-day site of the Pompidou Centre) as well as a series of aristocratic *hôtels* located at the edge of their cloister which today forms part of the Luxembourg Gardens.

---

[15] Expilly, *Dictionnaire géographique, historique et politique des Gaules et de la France*, V, 401.
[16] Babelon, *Demeures parisiennes sous Henri IV et Louis XIII*, 64.
[17] This figure includes all the houses owned by the priory, but it must be borne in mind that the menses were divided between the prior and the monks.
[18] At the moment of the Revolution, the noted cartographer Edme Verniquet was drafting his renowned Paris map in a large workroom he rented from the Franciscans in their cloister.

A variety of factors gave rise to these rental clusters. To understand these factors, however, it appears useful to study the general distribution of men's religious houses in Paris; similar arguments could apply to women's houses.

The map below shows the distribution of men's communities on the Left Bank. The crosses represent the University's monastic colleges, established as of the thirteenth century. Not surprisingly, these are almost entirely situated in a narrow zone protected by the earliest defensive wall, built circa 1210. These colleges received various amounts of land upon which their institutional buildings, destined to house students from their respective monastic orders, were built. In the thirteenth century, the Left Bank possessed a much more loosely developed urban plan than that of the mercantile Right Bank.[19] For reasons of commodity and accessibility, the colleges were all located within the same general vicinity, however the mendicant orders did respect canonical injunctions concerning the minimum spacing from one another.[20] Several of the earlier collegial foundations - Dominican, Carthusian and the Cistercian - received generous grants of land (often with seigneurial rights attached) enabling them to later build significant rental properties. However these three colleges were all situated at the limits of the built environment, if not totally outside it, thus conforming to the fringe belt theory for institutional construction which shall be explained shortly.

Outside the central zone, one may note five stars representing the major abbeys located on the Left Bank.[21]

The three main abbeys - Saint-German-des-Prés, Saint Victor, and Sainte-Geneviève-du-Mont - were all located further from the central zone in order that they might possess extensive agricultural land. All three of these institutions were founded in the High Middle Ages, and had been granted extensive landed domains both in Paris and outside. These three abbeys arose during a period of feudal institutions and greater agricultural self-reliance. The lands which these abbeys had received in the form of royal gifts were transformed from feudal tenures, through the procedure of *acensement*, into urban censives which constituted partial alienations of the landed domains; the domains thus could not be subject to constructions undertaken by the

[19] Friedmann insists on the absence of parishes on the Left Bank in the twelfth century stating that for several of the agricultural enclosures "C'est leur peuplement sous forme d'hostises qui fit seulement sentir la nécessité de les rattacher à une église". Friedmann, *Recherches sur les origines et l'évolution des circonscriptions paroissiales de Paris au Moyen Age*, 149.

[20] 500 meters was necessary to separate two communities. The papal bull *Quia plerumque* pronounced in June of 1268 set "une distance minima qui devait séparer les églises de deux ordres mendiants à l'intérieur d'une ville". Le Goff, "Couvents mendiants et urbanisation dans la France médiévale", 932.

[21] In fact there were three abbeys, one of the stars marks the Charterhouse while another represents the Mathurins, both of which, despite being later foundations, and not royal abbeys per se, had all the trappings of abbeys as regards landed endowments and royal beneficence. This cross-categorical subsumption entails no contradiction within the present context.

FIGURE 3
DISTRIBUTION OF MEN'S COMMUNITIES ON THE LEFT BANK

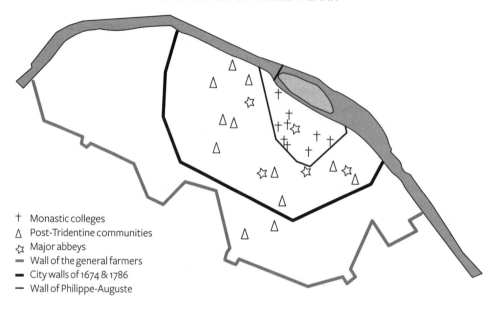

† Monastic colleges
△ Post-Tridentine communities
☆ Major abbeys
■ Wall of the general farmers
■ City walls of 1674 & 1786
— Wall of Philippe-Auguste

monasteries themselves, in contradistinction to what was the case for a large number of colleges and Post-Tridentine regular houses.[22]

Finally, the communities created during the seventeenth-century Catholic Counter Reform, the so-called Post-Tridentine communities, are indicated by triangles. These communities were entirely located outside the central zone but within the urban limits as fixed by Louis XIV. These communities received lands which in large part lay undeveloped throughout the first half of the seventeenth century.

To explain the distribution of the communities, we may call upon the ideas of fringe-belt development as expounded by J.W.R. Whitehand elaborating on the ideas of M.R.G. Conzen.[23] Whitehand insists on the uneven nature of urban development and argues cogently for an interpretation of urban land occupation which recognizes the boom-bust cycle of land development. Land located close to the urban centre will experience intensive use during land booms, e.g. during strong demand for habitation; similarly during periods of weak demand, institutions which have extensive use for land will pick up the slack and occupy terrain closer to the centre while,

[22] By *acensement* is meant the concession involving the perpetual use of land in return for a feudal due (a quitrent); the censive was the totality of allotments of land so granted by a given seigneur or feudal landlord. I insist on the idea of a partial alienation since the failure to pay the *cens* or other kindred dues, in particular the *lods et ventes* (a type of sale's tax paid to the feudal landlord when land was sold) would entail seizure. However, once alienated, the seigneur could not build on the lands: the right to build had devolved to the tenants who paid the *cens* (the censitaires). For a detailed study see Olivier-Martin, *Histoire de la coutume de la Vicomté et Prévôté de Paris*.
[23] In particular the ideas developed in Conzen's groundbreaking study *Alnwick, Northumberland*, 56-65.

during boom periods these same institutions will perforce occupy lands much further removed for the urban core.

Despite the schematic nature of the foregoing theory, it affords great heuristic value. The distribution of monasteries on the Left Bank corresponds to the general principle that stipulates the denser central zone could not be used for monastic creations in the seventeenth century. A similar argument, although not based on land prices, may be applied to the choice of land in early medieval Paris: the venerable abbeys on the Left Bank required extensive farmlands and thus they occupied sprawling domains with the respective monasteries situated at wide distances from one another.[24] The colleges took advantage of the relative undeveloped lands on the Left Bank. However, other reasons also underlay the rise of the University on the Left Bank: among the most compelling was the avoidance of diocesan control, since the Episcopal domain did not extend there. Colleges founded later in the fourteenth century would perforce occupy partially developed land.

Although we cannot readily plot the land prices in Paris during the early modern period, no stretch of the imagination is necessary to appreciate the choice of outlying lots for the Post-Tridentine monasteries: one clear example in land price increase concerns the land surrounding the Theatine church and religious community. In 1625 the famous real estate promoter Louis Le Barbier sold a parcel of land adjacent to what would become the Theatine community at 30 *l.t.* the square toise; in 1661 land from an adjoining undeveloped lot sold for 110 *l.t.* the square toise.[25] In 1780 the same land was estimated at approximately 253 *l.t.* the square toise, but this latter price certainly underestimates the true value since it constitutes only an appraisal and not a true act of sale.[26] As for rental values, M. Fosseyeux published a quotation concerning the Faubourg Saint-Germain from *Les Annales de la Cour et de Paris* pour 1697 (vol. II, 1697) which reads "l'affluence des étrangers est telle [...] que les maisons louées pendant la guerre 1000 à 1200 livres y valent maintenant 500 ecus" (3000 livres tournois).[27] Although anecdotal, this lends credence to the idea that outer zone land prices had begun to rise at the end of the seventeenth century.

The initial building campaigns which marked the early seventeenth century came to a halt with the Fronde and its associated civil disorders. Only after 1660 do we see renewed activity. In the 1680s a large amount of construction occurred. It was at that time that the novitiate of the Dominicans undertook a major construction project to build 17 aristocratic *hôtels*.[28]

The Dominicans afford an archetypal case for the cloister-edge construction, as shown in the Verniquet map: the rental properties have been built around the fringe of the monastic enclosure. Again, we insist on the fact that in this case the Dominicans built an aristocratic rental cluster which foresaw not only the general urban

[24] Part of this choice lay in the need to find high ground, protected from periodic floods.
[25] Dumolin, "Le Quai Malaquai et le Quai Voltaire".
[26] ANF, Minutier central of the Parisian notaries (M.C.), Étude XCI, 1183: Building authorization granted to the Theatines; value of non improved garden. The building cost some 215,800 *l.t.* to erect in 1779-80 and was sold for 381,000 *l.t.* in 1790.
[27] Fosseyeux, "La question des loyers aux XVIIe et XVIIIe siècles et les meublés dans les couvents et collèges", 70.
[28] Dumolin, "Les maisons du noviciat des Jacobins et leurs locataires".

FIGURE 4
SITE OF THE DOMINICAN NOVITIATE IN THE FAUBOURG SAINT-GERMAIN FROM THE
VERNIQUET MAP (1790). THE HATCHMARKED BUILDINGS REPRESENT THE RENTAL
PROPERTY

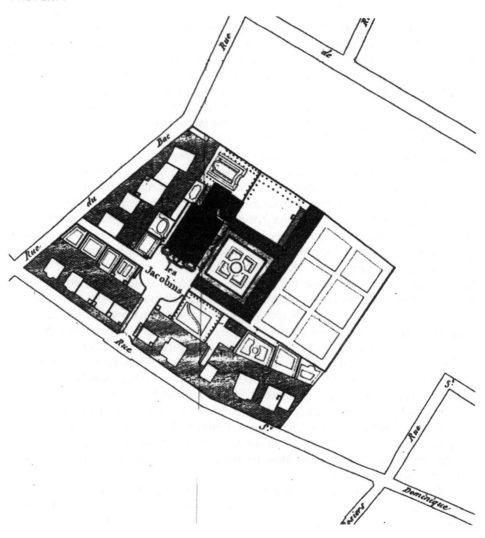

FIGURE 5
PREMONSTRATENSIAN MONASTERY AT THE CROSSROADS OF THE CROIX ROUGE
FROM THE VERNIQUET MAP (1790).

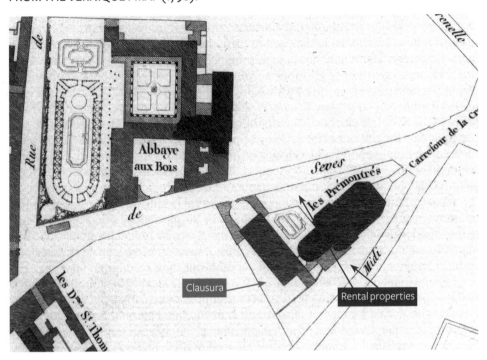

expansion but equally took advantage of the heightened demand for lodging on the Left Bank resulting from Louis XIV's transfer to Versailles.

As posited by Whitehand, during a housing boom, as intensive land use prevails, institutions, located in what had been less intensively developed zones, become embedded within residential developments that form at the fringes of the previously developed centre.[29] This fact provides a partial explanation for the rental clusters grouped around the cloisters. When the pressure for residential land became acute, lands belonging to communities situated outside the monastic enclosures were converted into residential use.

Not all the communities, however, utilized land that they had initially received. For example, the Grand Carmes on the Montaigne Sainte-Geneviève acquired most of their rental buildings after the fifteenth century: in 1789 they owned a total of 15 buildings of which 12 formed a narrow band along the edge of their cloister.[30] Similarly, the Premonstratensian monastery located on rue du Cherche-Midi and built

[29] Whitehand, *The Changing Face of Cities*, 41-44.
[30] Roux, *La Rive Gauche des Escholiers*, 89-90. The author enumerates the 10 houses which ran the length of the rue de la Montagne Sainte-Geneviève listing the names of their respective owners as described in the censier of the Abbey of Sainte-Geneviève dating from the year 1463. Only the building located at the corner of the rue de la Montagne Sainte-Geneviève and the rue des Noyers belonged to the Carmes at that time.

on land purchased in 1661, continued to acquire adjoining buildings throughout the eighteenth century.[31] In 1748 the Regular Canons purchased half of a building next to their church, located on rue de Sevres.[32] In 1774, the community purchased a further quarter of the same building.[33]

Of all potential acquirers, the mortmain communities were in the best position to eventually acquire plots juxtaposed to their cloisters as these parcels went on the market; however, these religious houses sought to erect a screen of privacy sheltering their cloisters, and did not give themselves over to the unbridled pursuit of landed wealth. As land prices rose, monastic wealth would have been hard-pressed to pursue further acquisition strategies. Urban growth led to increased development on unimproved land and these monastic landholdings became key sources of income for the communities, but the same rise in demand precluded further accumulation. We have seen how, at the end of the eighteenth century, rental revenues formed a predominant part of the overall income for religious houses; we have equally seen that urban growth brought about a major rise in demand for the fringe habitat, in particular in the western faubourgs. The decision to improve their land by constructing rental buildings resulted from both external influences, in particular, urban growth, and rising inflation which diminished the value in fixed-income type sources such as royal *rentes*, as well as from internal influences, most important of which was the lack of a sufficient number of priests to celebrate the centuries-long accumulation of masses.

A final point needs to be underscored: while a wide array of communities owned rental clusters, not all rental clusters were occupied by tenants from similar social classes. There were a range of cluster types: at the one extreme, noble manors, at the other extreme, congeries of tiny, single-room per story structures nestled against the apse of a monastic chapel, as best evidenced in the rental properties held by the Grand Carmes.[34] Between these two extremes, however, are found various types of dwellings and boutiques, perhaps the most striking example of this type is found in the 32 houses owned by the Augustines on the rue Dauphine.

The following map has as its base Vaugondy's Paris map, published at mid century.[35] The arrows indicate the rental property clusters belonging to various Left Bank monasteries.

[31] ANF, L 766, Saint-Germain des Prés: Copy of deed of sale.
[32] ANF, S 4341, Prémontrés: Deed signed before Judde (étude XLVI), 22 October 1748.
[33] ANF, S 4341: Deed signed before Delarue (étude I), 15 March 1774.
[34] The Grand Carmes razed three contiguous dilapidated buildings and rebuilt on the lot a new-style, multi-room per story structure in 1755. As a result, the social standing of the new occupants shifted upwards. ANF, M.C., XI, 586: Devis et marché, 12 August 1754.
[35] Plan by Robert de Vaugondy (1760), on one folio, engraved by Nicolas Guillaume De la Haye, "d'une netteté remarquable", according to Bonnardot, *Études archéologiques sur des anciennes plans de Paris*, 208.

FIGURE 6
MONASTIC RENTAL PROPERTIES

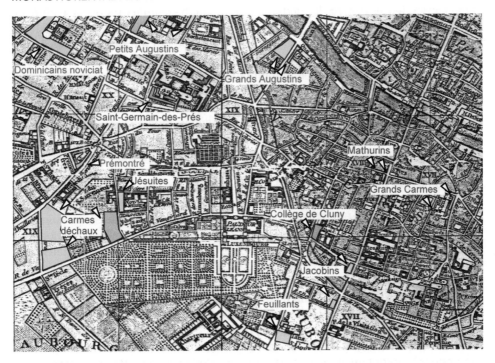

The arrows indicate the rental property clusters - whether appartmentbuildings, adjacent houses or arististocratic residences - owned by men's religious communities. The map does not pretend to be exhaustive: several noble dwellings owned by the Carthusians are not indicated, for example.

POWER AND PROPERTY

What consequences did this landed wealth have on the regular orders in Paris? What types of power did such ownership bestow? Several forces converged to furnish the monasteries with power: the rental incomes redounded to the religious houses and set them on the path to imminent prosperity which only the Revolution would ultimately frustrate. The landed wealth required capital investment; the regulars sought this capital through loans in the form of *rentes*. These loans allowed private individuals to invest their capital, thus the monasteries played a role similar to that of today's real estate investment companies. Obviously, such an investment nexus reinforced potent bonds in the pre-industrial era, bereft of today's financial markets. Beyond the purely monetary nexus, there was also the discretionary selection of tenants which ownership gave to the landlords. Such power should not be discounted. While documentary evidence is not abundant, various clues, and several blatant declarations, all support the claim that the communities, at least to a certain extent, moulded the society which dwelt within their rental clusters.

Incomes

On average, the five most thoroughly urbanized of the Counter-Reform houses - the Dominicans, the Carmes déchausses, the reformed Augustines, the Theatines and the Premonstratensians - increased their revenues by 251% between 1728 and 1790. The increase in revenues resulted largely from rental property yields. The Dominican novitiate in the Faubourg Saint Germain experienced a 73% increase in its rents; the Carmes déchaussés had almost a four-fold increase in their rental income which rose from 27,411 *l.t.* to 107,547 *l.t.* over the span of 62 years. The Oratorian fathers' rental income tripled between 1728 and 1790, rising from some 7750 *l.t.* per annum to 30,000 *l.t.* The Theatines' rental income quintupled rising from 6238 *l.t.* to 38,850 *l.t.* Premonstratensian rental incomes nearly quadrupled rising from 7950 *l.t.* to 35,417 *l.t.*

As an example of the growth in the relative weight of rental income in the overall incomes, a graph plotting the evolution in the Discalced Carmelites (*Carmes déchaussés*) overall income is instructive.[36] Paris rental incomes provided the lion's share of the revenues, however the income generated by the sale of a medicinal spirit, *eau de mélisse*, derived from citronella extract provided a non-negligible supplement.[37] Other sources included fixed income bonds - the *rentes sur l'hôtel de Ville* - whose annuities were guaranteed by the city of Paris. The Carmelites owned a farm in the Brie region which provided them with income in kind, mostly grain, and a small

---

[36] Three different sources have been used. For the years 1728, 1743, 1760 and 1766, ANF, S 7496: *Décimale* and mortmain declarations. For the years 1775 and 1781: ANF, S 3731: *État des revenus, charges, dettes actives et passives, et provisions du couvent des Carmes déchaussés de Paris au 29 avril 1775* and *État des revenus, charges, dettes actives et passives et provisions de notre convent de Paris au 30 avril 1781.* For 1790, ANF, S 3728, Carmes déchaussés: *Déclaration de 1790; baux des maisons locatives.*

[37] The Carmelite inventory drawn up in 1790 contains a lengthy description of the distillery located in the monastery's basement, ANF, S 3728, Carmes déchaussés: *Déclaration de 1790; baux des maisons locatives.* Lucien Lambeau transcribed the description in "Les Carmes déchaussés de la rue de Vaugirard".

amount of monetary rent. The Carmelites leased out the right to rent seats in their church hence the category of church seat rentals. Offerings for low masses (receipts from the sacristy) were not declared on any regular basis, but do not appear to have formed a major source of income; however other mendicant orders derived significant income from this source and the paucity of such receipts raises unanswered questions. Moreover, evidence from various ledger books suggests that the Carmelites received deposits from the faithful and functioned as a bank.

More generally, although almost all the religious houses benefited from a rise in rental incomes, the greatest beneficiaries were precisely those houses built outside the central zone during the seventeenth century, i.e. the Post-Tridentine communities. This major growth in rental incomes coincided with a long-term investment strategy. As concerns the ancient abbeys, the most impressive increase occurred with Saint-Germain-des-Prés. Rental income for the *mense conventuelle* nearly tripled rising from 24,220 *l.t.* in 1710 to 61,948 *l.t.* in 1789. The situation for the medieval monastic colleges is even more difficult to summarize: overall the colleges lacked the means to truly prosper since their rental properties were far too circumscribed. However, both

FIGURE 7
DISCALCED CARMELITES' INCOME (IN LIVRES TOURNOIS)

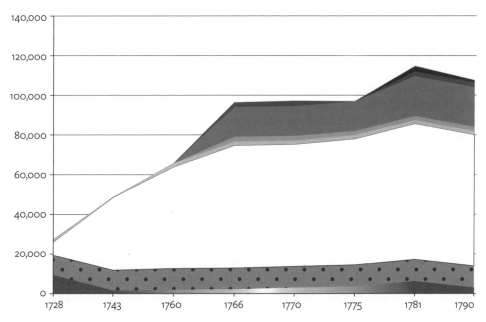

- Paris garden rental
- Reimbursement of wine excise tax
- Lemon grass medicinal liqueur
- Sacristy receipts
- Rental of Church Seats
- □ Paris Rental Income
- Annuities
- Farm at Brie Comte Robert

FIGURE 8
COMPARISON BETWEEN THE RESPECTIVE INCOMES OF THE CORDELIERS
(FRANCISCANS) AND THE JACOBINS (DOMINICANS), 1728-1790

Dominican College	1728	1744	1756	1761	1766	1783	1790	⌐ 1728 > 1790
Gross income	26,408	30,788	34,332	34,847	35,409	/	42,725	62%
Rental income	21,181	24,518	24,938	/	/	30,103	33,336	57%

Franciscan College	1701	1728	1743	1757	1778	1783	1790	⌐ 1728 > 1790
Gross income	/	14,356	8579	42,654	53,300	37,930	44,549	211%
Rental income	6000	7230	6641	19,018	23,800	19,760	21,173	193%

the Grand Augustines and the Grand Carmes did reinvest in their rental properties during the course of the century and the general rise in rents did lead to burgeoning incomes under this heading. Other colleges, such as the Dominicans, while possessing various houses, could not afford to refurbish their buildings and thus the rents did not rise as high as they might otherwise have. Property required maintenance in order to take advantage of rising rents.

For sake of completeness, figure 8 allows a comparison between the respective incomes of the Cordeliers (Franciscans) and the Jacobins (Dominicans). It should be noted as regards the Cordeliers that part of the rise in income attributable to rents resulted not from houses but from storage and office space rented inside the monastery itself.

Investments and asset management

Given the size and character of many rental properties, no stretch of the imagination is needed to appreciate their potential retail value. Six rental buildings belonging to the Theatines were estimated at 850,000 *l.t.* in 1790.[38] The Dominican novitiate's 17 *hôtels* were estimated at 1,094,474 *l.t.* And it should be borne in mind that these estimates were often undervalued: one building estimated at 65,417 *l.t.* was sold for 98,000 *l.t.* in 1791; another estimated at 102,313 *l.t.* was auctioned for 130,000 *l.t.* in June 1791.[39] The same could be said for the Carmes déchaussés whose rental property

---

[38] ANF, Q2-120. The Q2 series in the French National Archives groups together a large number of property estimations - both of the cloisters and lay rental properties - conducted in 1789 and 1790 by various architects for the municipal authorities who had been charged with the sale of the *Biens nationaux*, that is the religious real estate expropriations. The series contains a large number of ground plans for the buildings in question.

[39] Dumolin, "Les maisons du noviciat des Jacobins et leurs locataires", 32.

had risen enormously in value during the second half of the eighteenth century: in 1790 the Carmes' rental property was estimated at over 1,000,000 *l.t.*

Confronted then with these enormous values, a crucial question remains to be answered: how did the monasteries finance their construction projects? The answer is deceptively simple: in large part they borrowed. Not all major projects involved loans: Saint-Germain-des-Prés sold its seigneury of Monteclin near Bièvres to finance its 1716 construction program.[40] A similar sale, in this case of the priory of Gaussincourt, allowed the college of Cluny to construct a new rental building on rue de la Harpe.[41]

However these cases are exceptional, even some of the richest monasteries borrowed: the priory of Saint-Martin-des-Champs borrowed a huge amount of funds to build their ambitious subdivision at the beginning of the eighteenth century. The Dominican novitiate, the Theatines and the Carmes déchaussés all borrowed heavily to finance their construction projects.

The Carmes déchaussés attest to this strategy: they borrowed heavily during the period from 1720 until the 1760s. The following chart provides a long-term overview of the Carmes' indebtedness.

As one can readily see, indebtedness peaked in the 1740s. The Carmes began borrowing in the 1720s as a result of the massive depreciation of earlier *rentes* (bonds) paid by the city of Paris.[42] The loans thus obtained were used to build luxurious aristocratic residences. However, the loans were granted almost entirely by wealthy roturiers. To give one example, on June 24th 1732, the monastery paid 86,086 *l.t.* to Claude Bonneau, general contractor, and Alexandre Liepard, master carpenter, among other craftsmen, for settling the constructions costs for the 'Hôtel de

FIGURE 9
OVERVIEW OF THE CARMES' INDEBTEDNESS

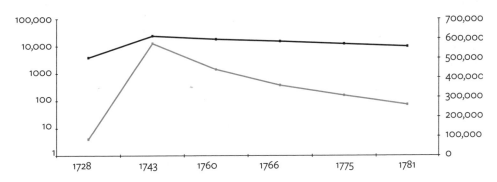

—■— Debt service payments (left hand scale)
—□— Principal outstanding (right hand scale)

[40] ANF, M.C., Étude XCI, 637, 30 July 1716.
[41] ANF, S 6415, Collège de Cluny: *Achat d'une ferme; accord entre les deux observances pour la construction d'une maison rue de la Harpe.*
[42] The loss in value resulted from the bankruptcy of John Law's System which led to a collapse in the overall government bond market.

FIGURE 10
ANNUITIES PAID BY THE CARMES DÉCHAUSSÉS IN 1766

Name	Interest payments due	Principal in livres tournois	Notary	Date of loan
M. Caxet	33 l.t. 6 sols	1000	sous seing privé	20 Nov. 1722
Missionaries in The Hague in Holland	785	29,000	actes sous seing privés	2 June 1723 and 1 June 1727
S. Leclerc	100	3000	Lauverjon	2 July 1726
Heirs of sire Guesnault	550	15,000	Aleaume	18 Nov. 1731
Missionaries in Leyden in Holland	500	12,500	sous seing privé	1 June 1736
The widow Carnot	80	2000	sous seing privé	1 March 1739
L'abbé Chevalier	480	12,000	Aleaume	1 Sept 1739
M. Henin	2104 l.t. 2 sols	52,602 14 sols	Aleaume	1 Dec. 1739
Hiers of M. Flan	600	15,000	Aleaume	
M. Simon	480		Aleaume	
M. Noël	120	3000	Aleaume	1 April 1740
Mme Sanguin	800	20,000	Aleaume	11 March 1740
Mme Charonnot	440	11,000	sous seing privé	1 June 1740
Hiers of Madame Ducroc	480	12,000	sous seing privé	1 Oct. 1740
Mme Junseau	120	3000	sous seing privé	21 Jan. 1741
Mme Crosnier	179 l.t. 3 sols 4 deniers	4300	sous seing privé	13 May 1741
Mme Dupuis	77 l.t. 13 sols	1942	sous seing privé	23 May 1742
L'abbé Maurni	300	7500	Aleaume	6 August 1742
Marquis de Saché	3000	60,000	Aleaume	20 May 1747
Mme Bourgeois	240	6000	sous seing privé	1 Oct. 1748
M. Robert	100	2000	sous seing privé	8 Nov. 1748
L'abbé Rive	200	5000	sous seing privé	15 July 1750
Demoiselles Berge	120	3000	sous seing privé	12 June 1751
Mme Agnan	220	5500	sous seing privé	6 May 1753
Heirs Masson	440	11,000	sous seing privé	1 Sept. 1753
M. Barbier	120	3000	sous seing privé	1 Sept. 1754
M. Lasnier	240	6000	sous seing privé	20 Jan. 1754
Mme Loyers	320	8000	sous seing privé	1 Oct. 1755
Mme Marchand	190 l.t. 6. sols	4758	sous seing privé	7 Feb 1756
Mme Moreau	100	2000	sous seing privé	16 Nov. 1756
M. Barré	52 l.t. 10	1050	sous seing privé	25 June 1756
M. Gaillard	133 l.t. 6	3000	Quinquet	16 Avril 1757
M. Rivard	50	1250	sous seing privé	16 June 1757
M. Reys	45	1000	sous seing privé	17 June 1757
Mme Gravailliers	315	6300	sous seing privé	17 Nov. 1757
M. Lallier	200	4000	sous seing privé	19 Dec. 1757

Mme Agnan	50	1250	sous seing privé	10 July 1758
Mme Legras	88	2000	sous seing privé	8 June 1758
M. Magu	80	2000	sous seing privé	10 Jan. 1759
Mme Viard	135	3000	sous seing privé	15 Dec. 1761
M. Fréville	320	8000	sous seing privé	1 Jan. 1766
M. Loret	160	4000	sous seing privé	1 Jan. 1766
M. Hoyau	80	2000	sous seing privé	1 June 1766
Total	**15,262 l.t.**	**359,952 l.t.**		

Monaco'.[43] The notarized document indicates the origins of the sum of 86,086 l.t.: 4000 l.t. were lent to the monastery by Anne Mesnier and Louis Leteisse, a grocer, another 6000 l.t. formed the basis of a loan by François Christumas, another 3400 came from Marie Allain, 50,000 l.t. were lent by Sebastien de la Borde, "bourgeois de Paris" and the latter's wife, Marie Geneviève Dizer, plus another 10,000 l.t. lent by Alexis Cossard, "ancien commis du roy, maître general des bâtiments".[44]

In 1766, the list of all the annuities paid by the Carmes déchaussés shows how widespread their network of creditors was (Figure 10).[45]

This investment strategy was far from unique. The Benedictine Feuillants of the Saint Bernard monastery on rue Saint Honoré had also heavily borrowed to finance the reconstruction of several apartment houses surrounding their monastery. In 1790,

FIGURE 11
DOMINICAN BOND CREDITORS IN 1728

Dominican bond creditors	Coupon payments in livres tournois	Principal in livres tournois
la Marquise de Maupertuis	3000	45,000
Monseigneur Putomme	4000	100,000
Mademoiselle de l'Artigue	2000	50,000
la Marquise de Lambert	4000	100,000
Monsieur Clusard, médecin	1130	22,600
Total		**317,600**

[43] ANF, M.C., Étude XCI, 736: Final payment (quittance) to construction workers.
[44] Ibidem.
[45] This table is based upon two different declarations: that of 1760, submitted to the Registrar of the Bureau in charge of amortizing mortmain properties (ANF, S 7496) and that of 1766, submitted to the 'Commission des réguliers' (ANF, 4AP 16). The latter series 4AP forms the collection of documents amassed by Cardinal Loménie de Brienne, archbishop of Toulouse and principal analyst for the aforesaid 'Commission des réguliers'. This collection was used by Pierre Chevallier in his study *Loménie de Brienne et l'ordre monastique*.

the Feuillants owed 81,500 *l.t.*[46] Similar debts had been incurred by the Dominican novitiate which in 1728 declared an outstanding debt comprising a principal of 317,600 *l.t.* In the vast majority of cases, the lenders were roturiers, only the Dominicans had a predominant number of nobles among the creditors, who had lent massive lump sums as we can see in figure 11.

In the case of the Feuillants, a large number of lenders were members of the regular clergy, many Feuillants themselves had invested their money in annuities paid by the monastery.

As the foregoing suggests, the Post-Tridentine communities built a number of residential complexes appealing to the noblesse. The financial methods upon which the regular communities relied called upon those well-to-do Parisians who wished to secure a return on their capital and allowed these Parisians to profit from the nobility's taste for luxurious dwellings. The monasteries borrowed from the Parisians, built their rental properties, rented in many cases to the aristocracy, paid the general contractors and master craftsmen, and ultimately reimbursed their outstanding debt. At least in most cases, for the latter point is not fully borne out in all circumstances: the Theatines amassed an enormous debt, living beyond their means and constantly borrowing against their rental property.

In certain cases, the construction costs were rapidly repaid through life-long rental agreements. The Theatines, the Decalced Carmelites, the Dominicans and the Austin Friars of the Faubourg Saint-Germain all used the life-long lease as a means to rapidly recover their investments or at least to pay the construction workers. These leases granted the lessee the right to occupy the property leased for the full length of the lessee's lifetime. In 1706, the Carmelites granted to a Mr de Seury a lifelong lease in return for 27,269 *l.t.* paid in a lump sum; to boot, de Seury received a key to the Carmelites' chapel and the right to be buried therein.[47]

Choice of tenants

Possession of rental properties bestowed great power upon the religious houses. In particular, they had the choice of tenants. What dictated their choice of tenants? In some cases, piety must have been a crucial element. We have a large number of cases where the tenants displayed pious intentions. Perhaps the most noteworthy case is that of Henri de Rouxelle, Marquis de Saché. In 1747 the Marquis de Saché signed a lifelong lease with the Carmelites for a house later known as the 'Hôtel d'Hinnisdal'.[48] The rent was set at 1000 *l.t.* per annum. The lease stipulated that the marquis would have a private passage through the cloister's wall whereby he could access to the monastery's courtyard; moreover, the marquis himself stipulated that the main altar be left visible at all times from his back window and he would install at his own cost a window in the door to the Chapel of Saint Anne. The marquis's generosity went

[46] ANF, S 4166, Feuillants Saint-Honoré: Declaration, 2 March 1790.
[47] For a detailed study of the Carmes' inhabitants, see Lambeau, "Les Carmes déchaussés de la rue de Vaugirard".
[48] ANF, M.C., Étude XCI, 839, 20 May 1747.

further: the same day on which the lease was granted, de Saché lent the monastery 60,000 *l.t.* of which 13,000 would be left as an inheritance to the Carmelites. The Marquis de Saché also lent to the Theatines when they undertook the reconstruction of a rental building; the pious marquis equally rented two buildings from the Jesuit fathers which in turn he sublet to the curate of Saint Sulpice.[49]

Similar cases of devout tenants seeking private access to monastic chapels can be found for the Feuillant novitiate, the Augustines, also known as Austin Friars, in the Faubourg Saint-Germain and for the Theatines.[50]

In general, we know little about the means by which religious houses and potential tenants came together. The fathers of the Mission, also known as the Lazarists, are reported by Germain Brice in his description of Paris to have posted bills throughout Paris during the years 1719 and 1720 offering "une retraite honnête et chrétiennne aux gens de bien qui voudraient vivre un peu à l'écart du grand monde".[51] In many cases, the monks did not need to seek out tenants: by means of sublets, only one main tenant (*le locataire principal*) was chosen to sublet the rest of the building or buildings. A example is provided by a sublet lease dating from 1760 concluded between a certain Jean Serrant, main tenant of several buildings belonging to the Grand Augustins and Jean Manuelle Delamotte, "steward of his highness the count of Cachy, ambassador to Venice for his Majesty", the King of France.[52]

We have clear cases where the choice of a main tenant depended on the transfer of the lease from the previous main tenant; moreover we have at least one clear case where key money - the term employed was *pot de vin* - was necessary to renew an existing lease.[53] While the exact conditions underlying which particular tenant entered into a community's graces remain obscure for lack of documentation, more is known about the various conditions required of tenants.

The Augustin fathers imposed a series of conditions on any main tenant who might sublet in part or in whole the building: it was forbidden to lease to "gens travaillan de marteau; comme marechaux, serruriers, chaudronniers; taillandiers; batteurs de ressort, artificiers, farceurs et joueurs de marionnettes ni permettre qu'il y ait aucune assemblée dans led. corps de logis".[54] Moreover, all tenants were required to shut their shops on the feast day of Saint Augustine.

When studying the leases and tenants occupying the monastic rental properties a fundamental question arises concerning the potential exclusion of various crafts competitors from the neighbourhood through either tacit or formal agreements

[49] Ibidem, 730, 28 January 1730.
[50] Another case concerning a pious tenant of the Royal Abbey of Val-de-Grâce is provided by Farguell, *La construction d'ensembles locatifs à Paris par des communautés ecclésiastiques sous Louis XIV*, 364. More generally, Ms Farguell reviews a large number of the rental projects undertaken by the religious houses, both men's and women's, as well as both the chapter of Saint-Germain l'Auxerrois and the Sorbonne during the seventeenth century.
[51] Cited by Michel Fleury in *Procès-verbal de la Commission du Vieux Paris*, 5 May 1975, 24-31.
[52] ANF, M.C., Étude CXIX, 373, 4 July 1764.
[53] ANF, H* 3892, 24: Receipts of the Grand Augustins for the months of July, August and September 1781. The cobbler and boot maker, Mr Chabot paid 600 *l.t.* to renew his lease; Chabot's annual rent was 1212 *l.t.*
[54] ANF, M.C., Étude LXVI, 536, 31 March 1762.

between tenant and landlord. One example is provided by a lease signed between Mme Genviève Vast, widow of Simon Louvet, a used-clothing merchant, and the Grand Carmes of the Place Maubert. The lease stipulated that the Grand Carmes would not rent to anyone exercising the same vocation as Mme Vast.[55] Similar privileges were granted to several shopkeepers renting from the Augustines on the quai des Grands Augustins. That such a restriction would be formally cast in a notarial document strongly suggests this practice was more frequent than the paucity of evidence would lead one to believe.

CONCLUSION

As institutions using land more extensively than intensively, urban religious houses - monasteries and kindred mortmain communities - were most often built on land located in fringe belts surrounding urban centres. Starting in the last two decades of the seventeenth century, when the quickened pace of urban development led to the outward growth of Paris, numerous religious communities became engulfed in the surge of built environment. The fringe belt in which the Post-Tridentine religious houses had become embedded was rapidly surpassed by urban habitations. 'Vacant' land surrounding the monasteries would be subject to increased demand for use as living space. Meanwhile, an evolution in the economic resources of these communities compelled them to take advantage of the spare land surrounding church and cloister and provide habitation to the throng of urban denizens seeking lodging on par with their social status. To finance ambitious construction projects, religious houses drew upon the credit with the mercantile classes and secured loans from the Parisian 'bourgeoisie'. Obviously, the communities reserved a sacred space for themselves within the urban matrix: there was an incompressible limit to real-estate development within the cloisters; however the considerable pressure even manifested itself in rentals within the cloister as disused rooms and buildings would be let out for administrative or storage purposes.

Given both the value of the rental properties and the extent of their cloistered terrains, the Revolution's decision to expropriate the monasteries becomes clearer. In 1789 vast swaths of land still lay undeveloped or partially developed. The institutional sites would give way to habitation. Urban pressure, reinforced by an ideological shift in government attitude towards the Church, brought about the monasteries' demise, and the final absorption of the sacred by the profane.

[55] ANF, M.C., Étude XVIII, 842, 31 July 1784: "S'obligent les R.R.P.P. Carmes de ne pouvoir louer les maisons à eux appartenantes qui sont du voisinage et du meme coté que celle présentement louée à des personnes du meme commerce que la dite Mme Louvet pendant les neuf années portées au present bail à peine de tous dépenses, dommages et intérêts."

Bibliographical annex

Aside from the works and sources cited in the text, I wish to briefly review the overall bibliography for my subject and afterwards indicate the main sources upon which my study has relied. First, for general studies, the standard work is Paul Biver and Marie-Louise Biver, *Abbayes, monastères et couvents d'hommes de Paris* (Paris, 1970) - unfortunately the work lacks comparative value and forms a series of monographic chapters with a strong anecdotal taint. More severe in approach is Emile Raunié's *Épitaphier du Vieux Paris* (Paris, 1890) completed by Hélène Verlet which comprises a 13 volume collection of funerary inscriptions and information relative to those interred within Parisian chapels. Each monastery is briefly described before a detailed enumeration is given of the tombstones. The aforesaid works provide the only systematic listing of ancient Parisian monasteries. Neither provide a thorough analysis of the material conditions attending each religious house. Information pertaining to urban real estate possessions owned by religious houses is often furnished in Berty, Legrand and Tisserand, *Topographie historique du vieux Paris* (Paris, 1866-1897, 6 vols.). The student is thus obliged to resort to monographic studies of particular monasteries and religious houses.

Note on the sources

Essentially, the sources for this study are found in the French National Archives (ANF); supplementary documentation may be gleaned from Departmental Archives of Paris. The latter is particularly rich for the Revolutionary period. In general, four types of documents are fundamental. The declarations submitted to the Parisian municipal government between November 1789 and June 1790 describe in detail the holdings, income and expenses of the different monastic communities. These documents are scattered throughout the Series S and one must consult the inventories to determine where each declaration is to be found. However, a table was drawn up to summarize the information contained in these declarations. Its call number is ANF, F19 863: *Tableau général des produits et charges des biens des religieuses établies à Paris, dressé par la Muncipalité, dans son Département du domaine, pour les déclarations du Clergé*. Two further types of documents provide invaluable information over an 80 year span: these are the declarations submitted to diocesan commissions charged with collecting the ecclesiastical tax known as the *décime*. The declarations, while not always forthright, do provide the basis information concerning the communities' holdings; another kindred document was the mortmain declarations submitted to royal officers so as to ascertain whether communities should pay a specific contribution entitled *le droit d'amortissement*. Again, these declarations specify real estate holdings and the rents paid. At the French National Archives, for the Parisian monasteries these two categories of documents have been grouped in the boxes bearing the call numbers S 7496 to S 7500. Finally, a much more heterogeneous collection of documents scattered through the H series as well as the LL series furnish the account ledgers for various communities. In particular the H* (asterisk indicates a bound ledger) series contains almost exclusively the account ledgers for the communities. Once students have perused the previous three series, a detailed study of specific accounts allows a verification of the declarations made to third parties. At the Departmental Archives, the DQ18 series contains a certain number of declarations and other documents concerning the monasteries; more importantly, the deeds of sale for monastic real estate holding that were auctioned off to private investors in 1790 are contained therein. It should, however, be borne in mind that specific aspects involving community financial engagements often are found in the Parisian notaries' Minutier central, albeit not all loans were notarized, and thus these *actes sous seing privé* escape our purview.

Bibliography

Babelon, Jean-Pierre. *Demeures parisiennes sous Henri IV et Louis XIII*. Paris: Éditions Hazan, 1991³.

Ballon, Hilary. *The Paris of Henry IV: Architecture and Urbanism*. Architectural History Foundation Book. Cambridge (MA): Massachusetts Institute of Technology Press, 1991.

Bonnardot, Alfred. *Études archéologiques sur les anciens plans de Paris*. Paris: Bibliothèque historique de la ville de Paris, 1994 (1851).

Chevallier, Pierre. *Loménie de Brienne et l'ordre monastique (1766-1789)*. Paris: J. Vrin, 1959-1960, 2 vols.

Conzen, M.R.G. *Alnwick, Northumberland: A Study in Town Plan Analysis*. The Institute of British Geographers Publication, 27. London: Georg Philip, 1960.

Dumolin, Maurice. "L'hôtel de la reine Marguérite" in: Maurice Dumolin. *Études de topographie parisienne*. Vol. 1. Paris, 1929, 101-219.

Dumolin, Maurice. "Le Quai Malaquai et le Quai Voltaire" in: Maurice Dumolin. *Études de topographie parisienne*. Vol. 1. Paris, 1929, 221-316.

Dumolin, Maurice. "Les maisons du noviciat des Jacobins et leurs locataires". Annexe au *Procès-verbal de la Commission du Vieux Paris*, séance du 23 février 1929.

d'Expilly, Jean-Joseph (abbé). *Dictionnaire géographique, historique et politique des Gaules et de la France*. Paris-Amsterdam: Desaint et Saillant, 1762-1770, 6 vols (the project remained unfinished).

Farguell, Isabelle Montserrat. *La construction d'ensembles locatifs à Paris par des communautés ecclésiastiques sous Louis XIV*. Diss. École nationale des Chartes, 1997.

Faron, Olivier and Hubert, Étienne, eds. *Le sol et l'immeuble*. Rome: École française de Rome, 1995.

Fosseyeux, M. "La question des loyers aux XVIIe et XVIIIe siècles et les meublés dans les couvents et colleges" in: *Procès-verbal de la commission du Vieux Paris*, séance du 27 mars 1920, 70.

Friedmann, Adrien. *Recherches sur les origines et l'évolution des circonscriptions paroissiales de Paris au Moyen Age*. Paris: Plon, 1959.

Lambeau, Lucien. "Les Carmes déchaussés de la rue de Vaugirard: aperçu historique sur le monastère et son domaine immobilier parisien". Annexe au *Procès-verbal de la commission du Vieux Paris*, séance du 29 juin 1918.

Lavedan, Pierre. *Histoire de l'urbanism à Paris*. Nouvelle histoire de Paris. Paris: Hachette, 1993².

Le Goff, Jacques. "Couvents mendiants et urbanisation dans la France médiévale". *Annales, économies, sociétés, civilisations*, 25 (1970) 4, 924-946.

Olivier-Martin, François. *Histoire de la coutume de la Vicomté et Prévôté de Paris*. Vol. 1-2. Paris: Éditions Cujas, 1920-1925 (reprinted in 1972 with bibliographical additions).

Perluss, Preston. *Les communautés régulières d'hommes de la Rive gauche dans l'univers urbain parisien au XVIIIe siècle*. Diss doct. University de Paris IV, 2003, 2 vols.

Roux, Simone. *La rive gauche des escholiers*. Paris: Éditions Christian, 1992.

Schnapper, Bernard. *Les rentes au XVIe siècle, histoire d'une instrument de credit*. Paris: Service d'édition et de vente des publications de l'éducation nationale (SEVPEN), 1957.

Whitehand, Jeremy W.R. *The Changing Face of Cities*. Oxford: Basil Blackwell, 1987.

DE LA RÉVOLUTION À LA SÉPARATION DE L'ÉGLISE ET DE L'ÉTAT

LE SORT DES ABBAYES NORMANDES

BERNARD BODINIER

Les abbayes normandes traversent à la fin de l'Ancien Régime une crise aux multiples facettes. Le clergé régulier est l'objet de nombreuses critiques qu'on retrouve dans les cahiers de doléances. Dans la nuit du 4 août 1789, l'Assemblée constituante abolit les privilèges, et donc ceux dont bénéficiait l'Église qui possédait seigneuries et droits féodaux. Le 2 novembre suivant, elle nationalise les biens du clergé et décide leur vente dont les modalités sont précisées dans les mois suivants. Mais elle va bientôt plus loin en supprimant les ordres monastiques (13 février 1790) puis en interdisant les vœux perpétuels, enfin en obligeant les ecclésiastiques à prêter serment à la Constitution (27 novembre 1790). Les maisons religieuses se vident alors de leurs occupants et leurs biens sont vendus.

D'une certaine façon, la Révolution fait table rase du clergé régulier. Cependant, dès la Restauration, celui-ci renaît et réoccupe d'anciens monastères. Mais retrouve-t-il sa fortune passée ? Que sont ces nouvelles abbayes normandes au XIXᵉ siècle ? Comment réagissent-elles à la loi sur les associations de 1901 et à la séparation de l'Église et de l'État de 1905 ? Rappelons que cette dernière date est, pour la France, révélatrice d'un nouveau tournant que ne représente pas 1914. Cette étude - qui ne porte que sur les abbayes [1] - repose essentiellement sur l'utilisation des archives départementales de l'Eure [2] et sur la bibliographie figurant en annexe, en particulier les nombreuses publications occasionnées par l'Année des abbayes normandes, en 1979.

---

[1] On se limitera rigoureusement aux abbayes et à leurs prieurés, en excluant donc les autres communautés religieuses - au moins aussi nombreuses que les abbayes -, ainsi que les commanderies, mais en incluant les chartreuses.

[2] Séries H (clergé régulier avant la Révolution), Q (domaines nationaux, Révolution et séparation de l'Église et de l'État) et V (clergé aux XIXᵉ et XXᵉ siècles).

UNE NORMANDIE PARSEMÉE D'ABBAYES

Des fondations médiévales pour la plupart

La première abbaye haut-normande est fondée aux Andelys par la reine Clotilde, épouse de Clovis. Au milieu du VIᵉ siècle, saint Samson crée celle de Pentale, dans la basse vallée de la Risle. Le mouvement s'amplifie aux siècles suivants mais la plupart des établissements sont détruits par les Normands. Le renouveau monastique commence dès le début du XIᵉ siècle avec les nombreuses implantations bénédictines d'hommes et de femmes. Le XIIᵉ siècle est surtout marqué par les fondations cisterciennes mais on compte également un monastère de Fontevraud et plusieurs maisons de chanoines, augustins et prémontrés. À la suite de la Réforme catholique, de nouvelles créations apparaissent, au XVIIᵉ siècle. Bénédictines ou augustiniennes, ces fondations sont uniquement féminines, les chanoinesses se consacrant aux malades et à l'éducation des filles. Fait cependant exception la chartreuse de Bourbon et Gaillon à Aubevoye, créée en 1571 par le cardinal de Bourbon, l'un des seuls ecclésiastiques d'ailleurs à procéder à une fondation depuis le Haut Moyen Âge, les autres l'étant par des seigneurs locaux, voire par les ducs de Normandie. À la fin du XVIIIᵉ siècle, la Normandie compte une centaine d'établissements à peu près également répartis dans la province, avec toutefois une plus faible densité dans la Basse-Normandie intérieure.

Les ordres les plus anciens, bénédictins et cisterciens, sont davantage implantés et les hommes deux fois plus représentés que les femmes, malgré les fondations récentes de celles-ci. Plusieurs de ces abbayes ont connu une gloire incontestable en raison de leur fondateur, de leur situation privilégiée ou de leur rayonnement spiri-

FIGURE 1
LES ABBAYES NORMANDES À LA VEILLE DE LA RÉVOLUTION

	Eure	Seine-Inférieure*	Calvados	Manche	Orne	Total
Bénédictins	15	12	12	9	8	56
dont femmes	5	3	6	2	3	19
Cisterciens	7	6	5	3	2	23
dont femmes	3	3	2	1	1	10
Augustins	3	1	1	3	1	9
dont femmes	2				1	3
Prémontrés	1	1	3	2	2	9
Fontevraud (F)	(1) 1					(1) 1
Feuillants		1				1
Chartreux	1	1			1	3
Total	**28**	**22**	**21**	**17**	**14**	**102**
dont femmes	**11**	**6**	**8**	**3**	**5**	**33**

* Aujourd'hui Seine-Maritime.

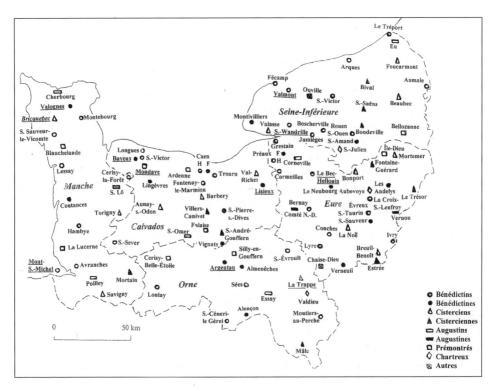

Les abbayes de Normandie du XVIIIe au XXe siècle.
La Trappe: encore en activité; Briquebec: nouvelle abbaye; Valmort: devenue abbaye de femmes.

tuel : les abbayes aux Hommes (Saint-Étienne) et aux Dames (la Trinité) de Caen, Saint-Ouen de Rouen, Le Bec-Hellouin, le Mont-Saint-Michel...

Un clergé régulier en crise

Malgré la réforme mauriste et les grandes constructions qui suivent, le clergé régulier connaît la crise. Le recrutement se tarit, surtout chez les hommes. À la fin de l'Ancien Régime, ils ne sont plus que 25 au Bec-Hellouin, deux seulement à Ivry. Seule, la Trappe, réformée par l'abbé de Rancé, compterait un effectif important, de l'ordre de la centaine de moines. Et ils sont âgés : 58 ans au Bec où deux seulement ont 26 ans. Les institutions de femmes comptent davantage de membres : 12 à Fontaine-Guérard, 27 aux Andelys et 37 à la Congrégation de Bernay. Les ordres contemplatifs de femmes sont plus touchés que les communautés se consacrant à l'éducation ou à l'hôpital. Mais leur situation n'est guère meilleure que celle des hommes en terme d'âge : 51 ans aux Andelys. Et les vocations ne sont guère nombreuses, comme le prouve le faible nombre de jeunes : la Comté de Bernay ne compte que deux jeunes sœurs (23 et 25 ans). Du coup, certains établissements, notamment ceux qui n'avaient pas été réformés par les Mauristes, disparaissent : La Croix-Saint-Leufroy en 1740,

Pacy en 1742. La Commission des Réguliers [3], créée en 1766, propose la suppression de 1 500 couvents, ce qui aboutit à la disparition de nouvelles abbayes : Grestain en 1775, Cormeilles en 1779... Leur mense conventuelle est réunie à d'autres institutions, les petits séminaires d'Évreux et Lisieux pour La Croix et Grestain, par exemple. Pacy est rattaché à Verneuil et ses bâtiments vendus à un maître de poste du lieu. Et les prieurés (une bonne cinquantaine) dépendant de ces ordres (38 bénédictins, un cistercien, six augustins, trois prémontrés, quatre chartreux) ont perdu depuis longtemps leur rôle de communauté. Ils sont devenus des annexes de leur maison-mère, des bénéfices simples, avec un prieur non résident qui se contente d'en percevoir les revenus. D'ailleurs, beaucoup de ces prieurés ont disparu : Le Bec n'en a plus que quatre sur treize et les cisterciens un sur trois. Cette situation vaut également pour d'autres prieurés dont les revenus ont été, par exemple, rattachés au collège des jésuites de Rouen.

La situation du clergé régulier laissait aussi à désirer en raison des abus, au premier rang desquels la commende qui s'est généralisée à partir du XVIe siècle. Les abbayes de la région ont été concédées à des prélats absentéistes : Le Bec connut ainsi successivement Nicolas Colbert (9 ans, en 1665, plus tard archevêque de Rouen), Roger de La Rochefoucauld, Louis Alexandre de Bourbon Condé et Yves de Marbeuf, évêque d'Autun puis archevêque de Lyon. À la veille de la Révolution, l'archevêque de Rouen était abbé commendataire de Fécamp, l'évêque d'Évreux de Lyre. Loménie de Brienne [4], après avoir été abbé du Mont-Saint-Michel, cumule l'archevêché de Toulouse, puis celui de Sens, avec les abbayes Saint-Ouen de Rouen et Saint-Wandrille, et il obtient l'abbaye de Jumièges pour son neveu de 15 ans au début de 1789. Le dernier abbé de La Noë consacre une partie des ressources de sa mense à embellir le doyenné de Bayeux qu'il habitait. Gouvernées par des prieurs, les abbayes abandonnent bien souvent la rigueur de la vie monastique. Celui de Lyre donne de somptueux dîners aux notables des environs, dans l'infirmerie, seul lieu régulier où la consommation de viande était autorisée. Enfin, certains moines se laissent gagner par les idées nouvelles, plusieurs de Bernay et de Saint-Wandrille adhèrent ainsi à la franc-maçonnerie.

Ces abus expliquent que les cahiers de doléances s'en prennent parfois violemment aux réguliers qu'on qualifie d'inutiles, oisifs, ignorants, qui se promènent en carrosses, et dont les maisons regorgent de richesses. Certains vont même jusqu'à demander la réduction du nombre des abbayes, voire leur suppression et leurs fonds employés à l'extinction de la dette de l'État. Cette violence ne semble pas partagée en Normandie où les cahiers des villages en parlent peu. Le tiers état du bailliage secondaire de Pont-de-l'Arche se contente de demander que les communautés religieuses

---

[3] Instituée sur les vœux et après enquête de l'assemblée du clergé de 1765, elle a souvent, par sa composition (autant d'évêques que de conseillers d'État mais pas de religieux) et par son œuvre, été considérée comme une agression des prélats contre le clergé régulier. Présidée par Loménie de Brienne, elle met au grand jour les tares de nombreuses maisons et contribue à la diminution du nombre des religieux en réglementant l'âge des vœux. Mais il y eut plus de réunion de petits couvents que de suppressions réelles. Elle est devenue Commission des Unions en 1780 et Bureau des Réguliers en 1784.

[4] Futur président de l'assemblée des notables en 1787 et contrôleur général des finances, il dut se résigner à convoquer les États généraux.

rentées soient tenues de former des établissements utiles et avantageux à la Nation et que les bénéficiers, auxquels le cumul sera interdit, résident sur place. Celui du bailliage d'Évreux ajoute la suppression des maisons où la conventualité ne peut être établie, leurs biens réunis aux hôpitaux, collèges et autres établissements publics.

Des lieux de pouvoir et de richesse

L'influence des abbayes se mesure à leur rayonnement spirituel, devenu médiocre on l'a dit tant par l'absence de personnalités charismatiques que par la faiblesse du recrutement. Elle s'exerce également par le patronage, de nombreux curés de paroisses étant à la nomination des abbayes, essentiellement bénédictines, qui concurrencent les évêques et les chapitres. Ainsi, dans le futur département de l'Eure, la chartreuse de Bourbon et Gaillon ne nomme que six curés, Bonport deux, alors que La Croix patronne une quarantaine de paroisses, Le Bec 75. Ce pouvoir de patronage s'accompagne le plus souvent de la perception de la dîme [5] et est souvent lié à la possession d'une seigneurie. Saint-Ouen est seigneur de Daubeuf-la-Campagne, Igoville, Poses, Saint-Pierre de-Bailleul... L'abbaye de Fécamp est titulaire de sept baronnies (Dieppe et Fécamp en Seine-Maritime, Aizier, Heudebouville et Vittefleur dans l'Eure, Hennequeville et Argences dans la Calvados)... La possession de seigneuries ajoute des revenus à ceux de la propriété foncière et immobilière mais rapporte nettement moins que ces biens ou la dîme. La seigneurie de Guiseniers, un fief de haubert, qui appartient à l'abbaye de Jumièges, consiste « en domaine fieffé et non fieffé [6] dont le chef mois est situé près l'église, rentes en grains, œufs, oiseaux, corvées d'hommes et de chevaux, à cause duquel fief mondit seigneur prince de Lorraine abbé de Jumièges a droit de juridiction en basse justice, hommes tenants, amendes, forfaitures, confiscations, droit de vingtième et (illisible) à baon, colombier à pied, garenne et tels autres qu'à tel fief appartient » [7]. L'abbé, qui présente au vicariat, perçoit encore la moitié du revenu des offrandes des oblations et sépultures, une partie des dîmes, le champart à la douzième gerbe, le second plat de viande lors des mariages... Le domaine non fieffé comprend le manoir seigneurial, une ferme et 119 ha, le domaine fieffé s'étend, quant à lui, sur 227 ha sur lesquels le seigneur perçoit un cens qui s'ajoute aux droits de mutation.

Mais, avec cet aspect, difficile souvent à quantifier, on aborde déjà celui de la fortune des établissements réguliers qu'il est difficile d'estimer, faute de sources adéquates. Pour éviter les conflits entre bénéficiaires, en 1622, un arrêt du parlement de Rouen ordonne que les revenus des abbayes soient partagés en trois tiers : la mense abbatiale, la mense conventuelle et le tiers lot, géré par l'abbé mais qui doit être consacré à l'entretien des bâtiments claustraux, ce que l'abbé néglige le plus souvent, d'où des litiges, des procès... Les revenus du Bec devaient atteindre 180 000 livres dont l'abbé touchait donc un tiers, l'abbé de Cormeilles percevait 17 000

[5] Lyre perçoit la dîme dans les 28 paroisses que l'abbaye patronne et la reçoit en tout ou partie dans 19 autres.
[6] Le domaine non fieffé (la réserve) appartient en propre au seigneur qui dispose de la propriété éminente sur le domaine fieffé (la mouvance des tenures) dont les tenanciers paient des redevances.
[7] ADE, E 429.

livres, celui de Bonport 18 000... En 1790, le revenu de l'abbaye de Lyre dépassait de peu 30 000 livres dont plus de 10 000 allaient à l'abbé qui avait dans sa mense les forges de Trizay qui rapportaient plus de 4 000 livres. Si les revenus des abbayes (et des abbés) paraissent importants à première vue, la situation financière de plusieurs établissements paraît délicate. Malgré une gestion qui semble serrée, les recettes [8] de la mense conventuelle (autour de 20 000 livres à Lyre, Bonport et Bernay) sont régulièrement inférieures aux dépenses [9]. Cette situation difficile explique qu'en 1751 le prieur de Bernay ait dû demander au chapitre le droit d'emprunter jusqu'à 10 000 livres pour faire des travaux urgents et pour « soutenir le procès intenté à Monsieur l'abbé pour en obtenir les lots et partages et pour faire homologuer au Grand Conseil et revêtir de lettres patentes la transaction » [10]. Le registre des recettes fait état de dettes accumulées au cours des années. Au 1er janvier 1784, elles s'élevaient à 26 014 livres. Deux ans plus tard, elles étaient de plus de 33 000 livres mais elles redescendent à 29 615 livres l'année suivante. L'abbé versait pourtant scrupuleusement, avançant même les échéances, une pension alimentaire de 2 750 livres par trimestre.

LA FORTUNE FONCIÈRE ET IMMOBILIÈRE DES ABBAYES À LA FIN DU XVIIIe SIÈCLE

Globalement, la propriété de l'Église [11] dans le futur département de l'Eure représente 44 540 ha (dont 7 060 de bois), soit 7,5 % de la superficie du département, et 3 500 immeubles, dont la moitié d'églises et presbytères, 411 fermes, 446 maisons de rapport, 18 manoirs ou châteaux, 79 moulins à blé, 8 halles, 5 auditoires de justice, 3 tuileries, 3 moulins industriels... Les 150 établissements réguliers disposant de biens se partagent les trois cinquièmes du patrimoine foncier de l'Église et une part importante des immeubles. Et, à l'intérieur du clergé régulier, les abbayes se taillent la meilleure part, seules les commanderies, les ursulines et quelques autres couvents réussissant à rivaliser [12]. En tout, y compris les établissements extérieurs, elles possèdent plus de 22 000 ha, soit la moitié des terres de l'Église, mais 70 % des fermes et des moulins, d'importantes étendues de bois, la grande majorité des immeubles importants...

Avec plus de 12 000 ha et nettement plus de la moitié de ce que possédaient les abbayes, l'ordre bénédictin - le plus ancien et le plus implanté - domine largement les autres. Les cisterciens devant se contenter de 5 000 ha, mais ils n'ont que sept maisons. L'abbaye du Bec-Hellouin s'impose par rapport aux autres propriétaires

---

[8] Pension versée par l'abbé qui peut ajouter d'autres gratifications, loyers de biens, rentes, vente de grains ou de bestiaux...

[9] Dépenses ordinaires de la communauté (nourriture, vestiaire, chauffage...), maladie, aumônes, rentes, gages, voyages, réparations, entretien de l'église, remboursement de dettes, procès...

[10] ADE, H 174.

[11] Toutes les données qui suivent sur la propriété ecclésiastique dans l'Eure viennent de Bodinier, *Les biens nationaux dans le département de l'Eure de 1789 à 1827* et de Bodinier, Teyssier et Antoine, *L'évènement le plus important de la Révolution.*

[12] La commanderie de Renneville possède 896 ha, les ursulines d'Évreux 575, les franciscaines de Louviers 345.

FIGURE 2
LA PROPRIÉTÉ DES ABBAYES DANS LE FUTUR DÉPARTEMENT DE L'EURE

		1	2	3	4	5	6	7	8
Bénédictins	H	10	33	10 188	135	26	8	39	diverses*
	F	5	5	1864	33	13	1	5	1 auberge
Cisterciens	H	4	3	3 767	45	2		2	2 auberges 2 tuileries
	F	3		1314	16	4		4	
Chartreux	H	1	4	1725	17	4	2		
Augustins	H	1	6	942	22	2		2	
	F	2		295	7	4		1	
Dominicains	F			780	5		1		
Fontevraud	F	1		402	3	4		2	1 auberge 1 tuilerie
Trappe	H			335	2				
Tiron	H		3	249	2				
Prémontrés	H	1	3	221	5	2		1	
Célestins**	H			178	2				
Total		**28**	**57**	**22.260**	**294**	**61**	**12**	**56**	

1. Abbayes   5. Maisons   H. Hommes
2. Prieurés   6. Manoirs   F. Femmes
3. Superf. en hectares   7. Moulins
4. Fermes   8. Autres

*5 halles, 3 moulins industriels, 2 curanderies, 2 audiences de justice, 1 auberge, un établissement métallurgique (les forges de Trizay), une auberge, une poissonnerie...
**L'ordre est supprimé en 1778 à cause de la corruption qui s'y serait développée. On vend cependant des biens à son nom sous la Révolution.

ecclésiastiques, y compris par rapport à l'archevêque de Rouen et l'évêque d'Évreux ou leurs chapitres cathédraux [13] : avec ses quatre prieurés [14], elle possède 3 132 ha, laissant loin derrière la chartreuse de Bourbon (1 243 ha), les cisterciennes Bonport et La Noë (1 204 et 1184), Saint-Ouen (1 060)... On peut encore remarquer que les cisterciens placent trois établissements dans les dix premiers, que les femmes sont reléguées aux 9e et 11e positions avec les dominicaines de Poissy et les cisterciennes de l'Estrée, que les établissements créés tardivement sont moins bien dotés, à l'exception de la chartreuse, qui avait reçu 600 acres (environ 450 ha) de son fondateur et qui accrut large-

[13] L'archevêque de Rouen possède 1 855 ha dont les 1 148 ha de la forêt de Louviers et il est abbé commendataire de Fécamp (299 ha dans l'Eure), l'évêque d'Évreux 650 ha et la commende de Lyre (911 ha), le chapitre d'Évreux 419 ha et celui de Rouen 384.
[14] Saint-Philbert-sur-Risle (112 ha), Beaumont-le-Roger (89 ha), Fontaine-la-Soret (20 ha) et Le Gros-Theil (3 ha).

FIGURE 3

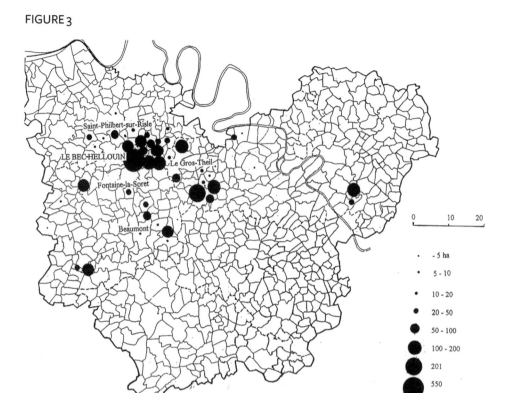

Biens de l'abbaye du Bec-Hellouin dans l'Eure, en hectares.

ment son domaine grâce à des dons ou des achats. La moitié des abbayes euroises se situent entre 200 et 500 ha, ce qui représente un revenu confortable mais à partager entre l'abbé et les religieux à qui incombent de nombreuses charges. Avec moins de 200 ha, L'Île-Dieu (189), la Congrégation de Vernon (185), Le Neubourg (180), Grestain, (165), la Comté de Bernay (73) se retrouvent en compagnie de nombreux établissements extérieurs au département. À l'échelle de la région haut-normande, l'abbaye du Bec (3 525 ha dont 393 en Seine-Maritime) est talonnée par Saint-Ouen (3 523 ha en tout, dont plus de 2 000 de bois) et approchée par Fécamp (3 124 ha dont 1 342 de bois). Arrivent ensuite Jumièges (2 170 ha), le Valasse (2 037 ha), Bonport (1 648 ha), Saint-Wandrille (1 339 ha), la chartreuse de Bourbon s'intercalant avec 1 406 ha. Huit abbayes ont de 500 à 1 000 ha, 23 de 200 à 500 ha et 9 seulement moins de 200 ha.

Ces terres sont essentiellement des labours dépendant de fermes plus ou moins importantes, mais, le plus souvent, grandes : en moyenne 154 ha par ferme pour Breuil-Benoît, plus de 100 ha pour Mortemer, 81 ha pour Le Bec-Hellouin... Mais seulement 31 ha pour Bonport et Notre-Dame de Préaux, ce qui est, cependant, nettement plus vaste que la moyenne des exploitations possédées par les paysans. On peut encore noter que toutes possèdent, en plus ou moins grande quantité, des bois : 518 ha pour la chartreuse, 463 pour Le Bec, 392 pour Saint-Ouen, 302 pour Lyre... mais

FIGURE 4

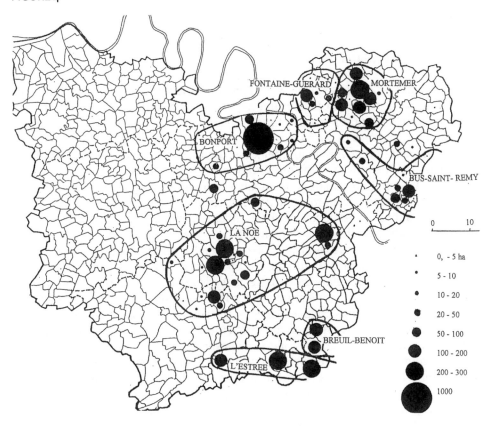

Biens des abbayes cisterciennes de l'Eure, dans ce département, en hectares.

seulement 9 ha pour Ivry, 0,5 pour la Congrégation de Vernon et rien pour Conches. Et toutes ou presque possèdent un ou plusieurs moulins, 9 pour Le Bec-Hellouin, 4 pour Lyre...

La vente du mobilier (hors matières d'or et d'argent, plombs, cloches descendues et fondues, linges confisqués pour les blessés ...) des communautés par les révolutionnaires renseigne sur la valeur de celui-ci, ainsi que sur le contenu des bibliothèques. Les sommes en jeu sont souvent faibles : 389 £ à Ivry, 875 au Breuil-Benoît, mais 15 367 à Saint-Sauveur, 16 615 à la chartreuse et 16 375 au Trésor [15].

Si les bâtiments de plusieurs abbayes sont en piteux état, la plupart disposent d'édifices récemment reconstruits lors de la réforme mauriste et donc d'excellente tenue. C'est aussi le cas de la chartreuse de Bourbon, détruite par un incendie en 1764, et reconstruite dans les années suivantes [16].

[15] Duval, *La vente des biens nationaux mobiliers dans le département de l'Eure.*
[16] Le procès-verbal d'adjudication du 23 décembre 1791 en donne une intéressante description. ADE, Q 111.

LA RÉVOLUTION LIQUIDE LE PATRIMOINE DES ABBAYES ET DISPERSE LEURS RELIGIEUX

La vente des biens des abbayes [17]

Le 2 novembre 1789, l'Assemblée nationale constituante nationalise les biens du clergé et décide leur vente. Le temps que la procédure se mette en place (inventaires, soumissions précédant l'aliénation, fixation des conditions de vente...), les premières cessions ne commencent qu'en décembre 1790. Les propriétés des abbayes sont souvent parmi les premières à affronter les enchères, dès 1791 pour la plupart, à l'exception des bois de plus de 50 ha qui sont réservés et ne seront liquidés qu'au début de la Restauration. L'objectif des Constituants était double : le bon ordre des finances (en clair, résoudre le grave problème de l'endettement de la monarchie) et l'accroissement, surtout parmi les habitants des campagnes, du nombre des propriétaires.

Les modalités d'aliénation ont varié dans le temps, pour tenir compte notamment de la dépréciation de l'assignat. On en retiendra les aspects principaux : vente aux enchères (sauf selon la loi de ventôse an IV mais il n'y alors pratiquement plus de biens dépendant autrefois des abbayes), système de crédit plus ou moins long, adjudications au chef-lieu de district jusqu'à la fin de 1795, au chef-lieu de département ensuite. Des mesures furent édictées pour favoriser l'accès à la propriété du plus grand nombre mais ne furent pratiquement pas appliquées, contrairement au morcellement des exploitations agricoles décidé en novembre 1793 mais qui ne pouvait plus guère concerner les fermes de l'Église et la mesure fut rapportée deux ans plus tard.

Avant la fin de 1795, on a liquidé près de 34 000 ha de biens d'Église dans l'Eure, soit près de 80% de ce qui fut aliéné. Un peu plus de 4 000 ha le furent pendant les deux années suivantes, l'essentiel du reste l'étant par la Restauration (3 500 ha de bois). Le constat est identique pour les immeubles : les quatre premières années, on vend près de 1 150 immeubles sur les 2 600 qui furent cédés. N'échappent à l'aliénation que quelques centaines d'hectares, par oubli ou récupération sur déchéance. La forêt de Louviers (1 148 ha), à l'archevêque de Rouen, est incorporée à la forêt domaniale voisine de Bord. En revanche, la situation est plus favorable du côté des immeubles. Les hôpitaux, une centaine de presbytères et la majeure partie des églises échappant à la vente, de même que les bâtiments réservés par l'administration. Qu'en est-il exactement pour le clergé régulier ? Il a perdu la quasi totalité de sa propriété foncière et immobilière. Les seuls biens préservés ont été affectés aux hôpitaux qui les ont reçus en indemnité pour compenser ce qui avait été vendu à leurs dépens. Ce fut le cas de l'abbaye de Verneuil et d'une parte de celle du Bec, du prieuré de Grandmont, du couvent de la Garde Châtel et de quelques autres immeubles, avec 430 ha.

Les biens des abbayes furent donc adjugés au début de la Révolution, le plus souvent sous la forme de lots importants et alors que l'assignat n'était pas encore trop dévalué. L'abbaye d'Ardenne est ainsi vendue le 12 mai 1791 à un négociant parisien pour 411 400 livres, ce qui représente une somme considérable. Celle de Breuil-Benoît

---

[17] Sur les biens nationalisés et vendus, Duval, *La vente des biens nationaux mobiliers dans le département de l'Eure*, note 11.

(avec 154 ha) trouve acquéreur pour 260 900 livres, la chartreuse de Bourbon et Gaillon avec 50 ha pour 371 000 livres. L'abbaye de La Croix, avec seulement 13 ha, atteint 18 400 livres. Les bâtiments abbatiaux ont souvent été aliénés avec la ferme attenante, voire le moulin, ce qui permit de conserver une certaine unité aux anciens domaines. Ainsi Sémillard, ancien secrétaire du roi au Grand Collège et notaire vétéran· au Châtelet de Paris, se rend acquéreur des abbayes de l'Estrée et de Breuil-Benoît, avec respectivement trois et une exploitations, 247 et 181 ha. Les modalités d'aliénation ne pouvaient que favoriser la bourgeoisie et la riche paysannerie qui s'attribuèrent les domaines les plus importants, abbayes, fermes, manoirs, moulins... Les bourgeois laissent quelques hectares aux paysans mais aucune des 24 fermes de l'abbaye de Bonport à Tostes, près de Louviers. Le fabricant lovérien Delarue obtient ainsi quatre exploitations et 211 ha, la plupart des autres allant à des manufacturiers elbeuviens. Les bâtiments communautaires ont été vendus à des acheteurs appartenant à toutes les catégories sociales, sauf au clergé lui-même [18] : des nobles, comme le général de Puisaye [19] (La Croix-Saint-Leufroy), Turreau de Linières [20] (Conches), Bereyter qui rétrocède très vite à Lecerf, ancien prêtre, député sous le Directoire (Lyre) ; des négociants : Quesnel de Rouen (Île-Dieu), Grandin d'Elbeuf (partie du Bec), Lallemant de Honfleur (Grestain) ; des hommes de loi : Gazan (La Noë) ; quelques marchands, un épicier et... des spéculateurs, à l'image de ce Cartier, boucher de Pont-de-l'Arche, qui achète pour 16 500 livres l'enclos abbatial de Bellozanne, le dépèce et en revend les restes le 6 avril 1797 à Certain pour 2 000 francs seulement.

La dispersion des religieux

Si les novices d'Ardenne sont chassés dès le 12 novembre 1789, il faut cependant attendre quelques mois pour que l'Assemblée constituante supprime les ordres monastiques (13 février 1790) puis interdise les vœux perpétuels, ce qui ne pouvait que réduire de façon drastique le nombre des religieux qu'on encourage à se disperser et à prendre l'état laïque. On accepte cependant que ceux qui veulent rester en communauté se regroupent dans quelques maisons qui leur sont affectées. En 1791, les moines du Bec décident massivement de se retirer : quatorze s'en vont, cinq déclarent vouloir garder la vie commune et deux sont indécis ; un seul des six convers souhaite rester. Les cinq moines encore présents à Mortemer s'en vont. Après avoir obligé les ecclésiastiques à prêter serment à la Constitution (27 novembre 1790), les révolutionnaires durcissent leur position en prononçant la dissolution des congrégations encore existantes (18 août 1792) et en mettant en demeure les réfractaires de quitter le territoire dans les 15 jours sous peine de déportation (26 août 1792). Du coup, la plupart des religieux qui ne l'avaient pas encore fait rentrent dans leurs familles. Quelques irréductibles s'exilent ou sont déportés. Les religieuses résistent

[18] Qui, contrairement à ce qui s'est passé en Belgique, n'a pas reçu de « bons de retraite » puisque les curés, pas les religieux, étaient devenus salariés de l'État. Les religieux belges ont souvent cédé leurs bons contre de l'argent mais ils ont cependant acheté 3 720 ha, soit 7,2% des biens vendus, dans le département de la Dyle.
[19] Futur chef de l'armée fédéraliste arrêtée près de Vernon en 1793 et l'un des responsables de l'équipée de Quiberon. Sa femme possédait le château de Ménilles dans la vallée d'Eure.
[20] Bientôt général, initiateur des colonnes infernales en Vendée.

davantage, protestent, à l'image de l'abbesse de Valognes, ce qui ne les empêche pas d'être expulsées de leurs monastères avant la fin de 1792.

À noter que pendant la Révolution et les années qui suivent, aucune abbaye n'est utilisée par l'Église, à l'exception de celle de Sées qui sert de séminaire [21] à l'évêque constitutionnel du lieu, qui la laisse vendre en 1796 à Plet de Beaupré, ancien notaire et député du Tiers aux États généraux, qui fait raser l'église. L'anglais Russell met un temps l'abbatiale d'Ardenne à la disposition de la communauté protestante de Caen.

Les vandales ne sont pas ceux qu'on croit

La nouvelle administration révolutionnaire s'est attribuée d'importants locaux autrefois abbatiaux (ou conventuels [22]). Les abbayes Saint-Sauveur et Saint-Taurin d'Évreux, qui servit aussi de salpêtrière, sont transformées en caserne (comme le couvent des sœurs de la Providence). L'abbaye du Bec est partiellement vendue, ce qui a préservé le logis édifié pour accueillir les moines refusant la réforme mauriste. L'abbaye proprement dite servira de siège à la 14e cohorte de la Légion d'honneur puis de dépôt d'étalons en 1810 et de remonte à partir de 1833, pour l'armée qui y reste jusqu'en 1940. L'église est abattue à partir de 1809, puis c'est le tour de la salle capitulaire et de la sacristie. L'abbaye de Bernay abrite la sous-préfecture et la mairie, l'église une halle au blé. L'ancien logis abbatial, devenu propriété particulière, sera acheté par la ville en 1888 pour y installer le musée. La Comté de Bernay est occupée par le collège. L'abbaye aux Hommes de Caen sert de lycée à partir de 1802 (jusqu'en 1959 où elle devient la mairie où l'on peut encore admirer la salle des gardes, le logis du roi, le grand réfectoire, le cloître...). L'abbaye aux Dames est hôtel-Dieu en 1823, hospice en 1909 (elle abrite le Conseil régional depuis 1985). Celle de Valognes est transformée en hôpital en 1810, ce qui fut aussi le sort de Notre-Dame-du-Vœu de Cherbourg, d'abord caserne. Les mairies occupent une partie des abbayes Saint-Ouen de Rouen, de Fécamp, Saint-Pierre-sur-Dives et Saint-Sever dont les églises sont rendues au culte et préservées. Montivilliers a partiellement survécu grâce à son utilisation en lycée mais l'enclos a été endommagé par le percement de deux rues. Enfin, le Mont-Saint-Michel devient prison pour les prêtres réfractaires sous la Révolution et maison centrale en 1810 (jusqu'en 1863). Il appartient toujours à l'État.

La vente des immeubles nationalisés s'est souvent accompagnée de leur destruction totale ou partielle. Transformés pour répondre à leurs nouvelles fonctions publiques, certains bâtiments furent en partie préservés, ce qui ne fut pas le cas de la plupart des autres. Leurs acquéreurs, poursuivant un démantèlement qui avait commencé sous l'Ancien Régime [23], en firent le plus souvent des carrières de

---

[21] L'ancienne abbaye Saint-Taurin d'Évreux est rendue à l'évêque, qui avait déjà récupéré le palais épiscopal, pour servir de séminaire mais en octobre 1806 seulement.

[22] Le couvent Saint-Louis de Louviers sert à l'administration de district puis de mairie, celui des ursulines des Andelys de sous-préfecture, justice de paix et prison, celui des carmélites de Pont-Audemer de sous-préfecture, gendarmerie et prison, celui des capucins d'Évreux d'école centrale du département.

[23] On a déjà évoqué Cormeilles. Les bâtiments de Saint-Vigor-le-Grand avaient été largement détruits au XVIIIe siècle par les religieux. Il n'en reste que la porterie, la maison des hôtes et une grange convertie en église par les religieuses de la Charité établies ici en 1858.

pierre [24], dont on retrouve des morceaux dans les villages environnants. Certaines abbayes ont pratiquement disparu dans leur totalité : Cormeilles, Essay, Grestain, Ivry, Longues, Mâle, Vignats... La chartreuse de Bourbon transformée en château par son acquéreur, un architecte parisien, est vendue en 1834 par ses héritiers et complètement rasée. L'abbaye de Troarn est détruite sous la Révolution et ses pierres servent à remblayer la route Troarn-Saint-Samson. Les églises sont souvent les premières victimes des démolisseurs, sans doute parce qu'elles sont peu utilisables en l'état. Leur destruction ne semble avoir choqué personne. Il est vrai que le clergé régulier n'était guère considéré favorablement, comme le montrent les cahiers de doléances plus favorables aux séculiers et aux églises paroissiales (dont certaines sont vendues également, ce qui provoqua quelques réactions mais pas de soulèvement). L'église abbatiale de Falaise est détruite dès 1797, celles de Cordillon-aux-Nonnains et Sées presque aussi rapidement. L'acquéreur de Mortemer laisse l'église s'effondrer avant d'abattre le cloître. L'abbaye de Saint-Omer est démolie à partir de 1805 ; il n'en reste que quelques vestiges, un pavillon et une ferme. De Chaise Dieu, il subsiste le corps d'entrée et un bâtiment transformé pour l'agrément.

Les acquéreurs ont parfois utilisé les locaux à des fins agricoles, comme à Longnes. Le nouvel acquéreur d'Ardenne, un industriel anglais qui l'a rachetée en 1799, transforme les lieux en un domaine agricole prospère qui est partagé en 1813 entre trois exploitations. Mais, le plus souvent, on a cherché à installer des activités industrielles dans ces bâtiments imposants. L'abbaye Saint-Martin de Sées est transformée en filature [25], comme Saint-Wandrille, Alençon, Aunay-sur-Odon (qui deviendra ensuite fromagerie), Ivry (qui brûle dès 1809) et L'Île-Dieu à Perruel, détruite aussi par un incendie, en 1886. L'abbaye de Fontaine-Guérard est achetée le 12 mars 1792 par un certain Bénard pour le compte de Guéroult, architecte du Théâtre des Arts de Rouen et du château voisin de Radepont, qui connaissait bien l'industrie textile du Lancashire et les possibilités de gros profits engendrés par les récentes inventions techniques. Il constitue donc une société au capital de 300 000 f, divisé entre onze actionnaires ; à qui il cède les terres acquises à Fontaine-Guérard. Les pierres de l'abbaye servent à construire une filature de coton qui est vendue en 1822 au baron Levasseur dont le fils fit reconstruire, en style Tudor, l'usine qui brûla en 1870 : ce sont les ruines remarquables, avec ces immenses murs de briques percés de hautes fenêtres, et ces tourelles d'escalier polygonales, qui bordent un bief de l'Andelle. L'église, le cloître et plusieurs bâtiments de l'Estrée sont abattus par leur propriétaire en 1803. Une route est ouverte à travers l'enclos. Enfin, l'imprimerie Firmin-Didot établit à la place des bâtiments de la ferme de l'abbaye de l'Estrée des ateliers et une fabrique de pâte à papier dans le moulin réédifié. L'imprimerie y fonctionne toujours.

Il convient de remarquer que ces destructions ne sont pas le fait des révolutionnaires eux-mêmes mais des acquéreurs, pourtant parfois bien pensants, qui adaptent les bâtiments à leur usage personnel ou professionnel. En revanche, la responsabilité

[24] L'acquéreur d'Ardenne s'est dépêché de vendre les pierres de taille du chantier inachevé et du colombier.

[25] Elle est de 1802 à 1834 l'une des quarante manufactures du groupe Richard et Lenoir qui y installent une fabrique de bassin (étoffe croisée dont la chaîne est de fil et la trame de coton). Les 300 métiers à tisser y emploient jusqu'à 700 ouvriers. Le banquier Lafitte la rachète en 1822.

de la Révolution est plus importante dans la dispersion des biens meubles. Les bibliothèques des abbayes furent regroupées aux chefs-lieux de district et, malgré les difficultés, largement préservées[26]. Elles constituent le fonds ancien de nos bibliothèques municipales. Une partie du mobilier a été vendue, on l'a dit, mais certains objets ont été affectés à des églises qui les possèdent encore : le mobilier de l'abbaye du Bec se retrouve dans les églises de Brionne, Boisney, Écaquelon, Malleville, La Barre, Le Bec... ; les stalles de Bonport sont dans l'église de Pont-de-l'Arche, son orgue dans Notre-Dame de Louviers qui a aussi récupéré les statues d'apôtres de la chartreuse d'Aubevoye ; des sculptures et panneaux en relief, exécutés par les religieux de Bellozanne, ornent les églises alentour.

Quelques lieux ont eu davantage de chance, leurs bénéficiaires ou acquéreurs les ayant préservés en tout ou partie. Certains bâtiments ont survécu en étant transformés en maisons d'agrément. Le manoir abbatial de Breuil-Benoît est converti en château sous le Second Empire mais il ne reste que quelques pans de murs du chœur de l'église. L'abbaye de Bellozanne est rasée, à l'exception de bâtiments des fermes et de l'église devenue chapelle du château construit en 1827. Saint-Ouen-le-Pin est rachetée en 1836 par Guizot[27] qui la transforme en château mais la rend méconnaissable. Finalement, il ne reste que quelques anciennes abbayes indemnes ou presque : Le Bec-Hellouin, La Trappe, Mortain, Valmont, Saint-Taurin, Mondaye, Bayeux, Ardenne, Saint-Wandrille, Lessay, les abbayes aux Hommes et aux Dames de Caen, le Mont-Saint-Michel... Parce qu'elles ont retrouvé assez vite des occupants, publics ou ecclésiastiques. Mais nombreuses sont celles qui ont encore de beaux restes, des ruines devenues à l'occasion source d'inspiration pour les romantiques et lieux touristiques aujourd'hui.

LE RENOUVEAU MONASTIQUE DU XIXᵉ SIÈCLE CONFRONTÉ AUX LOIS ANTICLÉRICALES

Un renouveau incontestable mais limité

Pourchassés par les révolutionnaires, moines et moniales qui veulent garder leur état se cachent. Dès que la situation semble plus favorable, certains manifestent le désir de reprendre la vie commune. C'est rarement le cas des hommes, qui avaient fui à l'étranger, abandonné définitivement l'habit religieux ou s'étaient « recasés » dans la prêtrise. Au contraire, des religieuses, restées dans la ville de leur ancienne abbaye, ne tardent pas à se regrouper, avant même la fin de la Révolution. À Verneuil, plusieurs bénédictines, qui avaient été incarcérées dans leur ancien monastère, achètent en 1797 une maison où elles demeurent jusqu'en 1825, date à laquelle elles réintègrent, par échange avec l'hôpital, leurs anciens locaux transformés en hospice. Elles s'occupent d'un pensionnat, d'une école et des déshérités. Leurs statuts, approuvés par

---

[26] Sur cet aspect voir Varry, *Sous la main de la Nation*.
[27] Alors ministre de l'Instruction publique et futur chef du gouvernement de la Monarchie de Juillet.

l'évêque et le préfet dès 1806, sont confirmés par un décret impérial, le 14 décembre 1810. Même situation à Valognes où plusieurs religieuses occupent l'Hôtel de Saint-Rémy, en attendant de pouvoir récupérer, l'espèrent-elles, leur ancienne abbaye devenue hôpital. La municipalité l'accepterait si elles devenaient hospitalières, ce qu'elles refusent. En 1810, la supérieure achète au duc d'Harcourt l'ancien couvent des capucins et s'y installe en décembre 1811. Après des travaux, la vie reprend, le pensionnat est rouvert, de même que l'accueil des personnes âgées. L'autorisation légale d'exister est donnée en 1816 et la communauté prospère. Les bénédictines de Bayeux s'installent en 1806 dans une nouvelle résidence, rue Saint-Loup, leur abbaye ayant été vendue et transformée en manufacture de porcelaine [28]. Elles y sont toujours, accueillant des expositions. Elles appelaient récemment à des dons pour sauver leur clocher construit en 1872. Plusieurs bénédictines d'Argentan se regroupent à Vimoutiers en 1822 et reviennent dans leur ville en 1830. La vie spirituelle a également rapidement repris à Mortain où de nouveaux bâtiments sont construits à partir de la fin des années 1840, à Lisieux où la future sainte Thérèse est élevée chez les bénédictines, à Saint-Vigor-le-Grand où des religieuses de la Charité remplacent les bénédictines. Parallèlement à ces retours, on assiste à l'essor de nombreuses communautés enseignantes ou hospitalières [29] et les évêques s'emploient à former des prêtres. Ainsi, les anciennes abbayes Saint-Martin de Sées (rachetée par l'Église en 1835) et Saint-Taurin d'Évreux abritent les nouveaux grands séminaires de ces deux villes.

Mais il faut attendre la Restauration pour assister aux premières véritables refondations. Obligés de fuir par la Révolution, quelques moines et moniales avaient gagné l'étranger pour continuer de mener la vie commune. Plusieurs groupes de trappistes étaient ainsi partis. Une vingtaine d'entre eux, sous la direction de dom Augustin de Lestrange [30], s'exilent en Suisse, dans l'ancienne chartreuse de la Valsainte, où ils mènent une vie ascétique rigoureuse selon de nouveaux règlements. Chassés par l'armée française qui a pénétré en Suisse en 1798, ils errent à travers l'Europe avant de revenir à la Valsainte. Furieux de leur fidélité au pape, Napoléon supprime toutes les trappes de l'Empire (1811). De Lestrange gagne alors l'Amérique où il retrouve certains de ses moines. Une vingtaine d'entre eux reviennent à la Trappe dès 1815, sous la houlette de Lestrange. Mais ils trouvent des bâtiments en grande partie détruits et le domaine dispersé entre de nombreux propriétaires. Les moines en rachètent environ 200 hectares entre 1815 et 1823 pour 160 000 f. Entrés en conflit avec l'évêque de Sées, les religieux se retirent à Bellefontaine, une fille angevine de la Trappe. Ils reviennent dans leur abbaye à la mort de Lestrange (1827), sous la direction d'un nouvel abbé, qui entreprend de reconstruire le monastère. L'église est consacrée en 1834. L'agriculture et l'artisanat sont développés, une colonie agricole pour les enfants délinquants fondée en 1854 (elle subsistera jusqu'en 1880), une chocolaterie et une imprimerie créées en 1879 et 1880. La communauté est alors prospère, comptant un maximum de 136 personnes en 1864. L'établissement connaît une alerte sérieuse en 1880 avec

[28] L'activité, qui compta jusqu'à 140 employés en 1870, se poursuivit jusqu'en 1951.

[29] Tolérées par l'Empire qui se méfiait davantage des communautés d'hommes. Par ailleurs, le Concordat de 1801 ne portait que sur le clergé séculier.

[30] Sur le personnage, Laffay. *Dom Augustin de Lestrange et l'avenir du monachisme.*

l'expulsion temporaire des moines qui reviennent très vite, reprenant ou développant leurs activités (fondation d'un orphelinat en 1885). De nouveaux et grandioses bâtiments en style gothique composite sont alors édifiés : hôtellerie (1885), église (1887-1891), cloître, chapitre et infirmerie (1891), abbatiale, salles de lecture et chapelle des reliques (1892), réfectoire (1893), portail d'entrée (1895).

Toujours en 1815, on assiste à l'arrivée de trappistines, conduites par Mme de Chateaubriand, une cousine de l'écrivain, qui s'installent dans l'ancienne abbaye de prémontrés de Mondaye. Elles y restèrent jusqu'en 1845. Des prémontrés belges, bientôt rejoints par des Français, prennent leur suite en 1858, à l'initiative d'un prêtre du diocèse de Bayeux. Les débuts sont difficiles, il faut reconstruire en partie le monastère. Les religieux récupèrent une partie de la ferme de l'ancienne abbaye. Expulsés en 1880, ils reviennent discrètement en 1894. Marie Madeleine Postel [31], qui avait fondé en 1807 la congrégation des sœurs chrétiennes de la Miséricorde destinée à l'enseignement des filles pauvres, s'installe en 1832 dans l'ancienne abbaye bénédictine de Saint-Sauveur-le-Vicomte dont les bâtiments sont complètement rénovés. Les religieuses y sont toujours, à côté des collégiens auxquels elles n'enseignent plus. Dans le même esprit, le vicaire général de Coutances rachète en 1842 ce qui reste de Montebourg et y installe les frères de la Miséricorde qu'il venait d'instituer pour propager l'enseignement catholique dans les campagnes. C'est aujourd'hui un centre de formation agricole.

Plus originale - et unique - car il s'agit d'une fondation spontanée et non de la reprise d'une ancienne maison, est la création du prieuré Notre-Dame-de-Grâce de Bricquebec le 13 juillet 1824 par le curé de Disgoville, au diocèse de Coutances. L'établissement, trappiste de la stricte observance, est érigé en abbaye par Rome en 1836.

Les restaurations ou nouvelles créations d'ordres religieux ne sont donc guère nombreuses (une dizaine) au XIXe siècle. Le manque de vocations se fait cruellement sentir, en particulier chez les hommes, et les femmes préfèrent à la vie contemplative (que pratiquent cependant des bénédictines à Verneuil et ailleurs) les institutions « utiles », qui se vouent à l'enseignement, à la charité ou aux soins. Il fallait aussi trouver des bâtiments et avoir des revenus. Pour démarrer, plusieurs établissements ont reçu l'appui financier de familles riches qui ont parfois mis à leur disposition des locaux. Mais ils ont été le plus souvent condamnés à vivre, difficilement, avec les revenus personnels et les dots des religieux ou religieuses, et les pensions versées par les élèves ou malades. Ils ont aussi bénéficié de legs, comme les bénédictines de Verneuil qui reçoivent à plusieurs reprises des sommes en argent (7 376 f en 1828, 2 000 f en 1837, 1 600 f en 1854, 12 000 f en 1856...) et des biens fonciers, ce qu'on apprend à travers les ventes de deux fermes. L'une avait été donnée par la première abbesse qui, désireuse de préserver les intérêts de sa communauté [32] en cas de nouveaux troubles, l'avait léguée à une des jeunes religieuses qui l'avait revendue à l'institution en 1818, avec l'assentiment de ses parents qui auraient pu légalement s'y opposer. Située à Marcilly-la-Campagne et estimée 79 210 f, elle est dispersée entre plusieurs acqué-

---

[31] Béatifiée en 1908 et canonisée en 1925.

[32] Elle avait également monté, toujours pour préserver l'avenir, un système de copropriété de l'abbaye avec un chanoine honoraire d'Évreux, ce qui a entraîné un conflit avec celui-ci, qui a fini par abandonner ses droits en 1817.

FIGURE 5
BILAN DES COMPTES DE L'ABBAYE DE VERNEUIL VERS 1900

Actif		Passif	
Rentes sur l'État	2 250 f	Loyers, impôts	1 900 f
Pensions viagères et autres	1 074,50	Éclairage, chauffage ...	2 058,85
Dons	1 195	Divers	1 738,40
Produits du travail de la bassecour, du jardin et des ruches	947,55		
Total	**5 467,05 f**	**Total**	**5 697,25 f**

reurs en 1846. La seconde, à Mauves (Orne), est vendue 85 200 f en 1875 : elle avait été léguée en 1817 à l'abbaye en échange de services religieux, ce qui était coutumier. Ces ventes sont destinées à amortir les dettes des religieuses, à faire des réparations, le reste étant placé en rentes à 3% sur l'État, ce qui témoigne d'une gestion serrée et peu risquée. Ces rentes constituent d'ailleurs au début du XXᵉ siècle le revenu principal de l'abbaye, qui n'a plus d'autre bien, semble-t-il, comme le signale cet état [33], malheureusement non précisément daté, qui donne, pour cinq mois, la situation financière de l'établissement.

La situation est donc déficitaire et la comptable ajoute que la communauté est endettée de 3 723,97 f. On peut constater, à travers cet exemple, que les ordres n'ont pas reconstitué leur patrimoine ou bien modestement. Rien de comparable en tout cas avec les immenses domaines d'avant la Révolution. Mais certains, comme la Trappe, ont pu engloutir d'importantes sommes dans des constructions gigantesques. Enfin, on peut noter qu'on ne retrouve pas en Normandie, à l'exception de la colonie agricole de la Trappe, des exemples d'engagement des moines en faveur du développement agricole, comme les trappistes de l'abbaye de Melleray près de Nantes et leur ferme modèle [34] ou dans la Double où les trappistes participent à l'assainissement de la région [35].

La séparation de l'Église et de l'État

Le Concordat de juillet 1801 avait pacifié le climat religieux et organisé la relation entre l'Église et l'État qui salariait les prêtres et avait un droit de regard sur la nomination des évêques. Mais il ignorait le clergé régulier dont on a vu qu'il était seulement toléré mais qui a bénéficié de la sympathie active de la Restauration ou du Second Empire. Les choses changent avec la proclamation de la IIIᵉ République.

---

[33] ADE, 74 V 1quater.
[34] Launay, « *Cruce et aratro*. Les frères de l'Instruction chrétienne de Ploërmel et l'enseignement agricole au XIXᵉ siècle », 324.
[35] Marache, « Des trappistes aux champs ».

À la fin du XIXe siècle, la progression continue de l'enseignement congréganiste, notamment dans le second degré, inquiète des Républicains laïcs déjà mécontents du soutien apporté par le clergé aux adversaires de la nouvelle République. La fortune des ordres religieux fait l'objet de supputations plus ou moins sérieuses : leur richesse immobilière aurait plus que doublé en 50 ans (mais elle était très faible un demi siècle plus tôt) et l'on dénonce l'activisme des chartreux, des assomptionnistes et des salésiens. Enfin, ils frauderaient le fisc. Bref, ils ont tout pour être de nouveau suspects. Le 15 mars 1879, Jules Ferry, ministre de l'Instruction publique, exclut du droit à l'enseignement les congrégations non autorisées. En juin suivant, les députés adoptent une loi expulsant les membres de ces institutions mais le Sénat la rejette. Le gouvernement prend alors un décret, le 29 mars 1880, qui interdit les jésuites et oblige les congrégations non autorisées à demander une autorisation. 261 maisons sont fermées et 5 643 religieux expulsés, ce qui entraîne des manifestations et la démission de magistrats refusant d'appliquer le décret. Les moines de la Trappe et de Mondaye doivent s'en aller un temps, on l'a vu. Le 9 octobre 1880, le maire de Verneuil demande l'application de la législation contre les religieuses du lieu mais il n'est pas suivi. La querelle rebondit quelques années plus tard, l'abbaye refusant de payer un impôt. Menacées de saisie par la justice, les moniales cachent des meubles. Alors c'est l'immeuble qui est visé mais l'affaire s'arrête là. Avec l'apaisement qui suit l'encyclique *Rerum novarum* de 1891 et le ralliement de nombreux catholiques au régime républicain, les congrégations ne tardent à reprendre une vie normale. En 1894, des moines bénédictins de la congrégation de Solesmes occupent l'abbaye de Saint-Wandrille que son propriétaire, le marquis de Stackpoole, avait transformé selon ses goûts post-romantiques.

L'affaire Dreyfus [36] rallume les hostilités, d'autant que l'Église a choisi le camp anti-dreyfusard. La loi du 1er juillet 1901 vise à réglementer les associations non professionnelles. Les congrégations religieuses, à la différence des autres associations, qui n'ont besoin que d'une autorisation simple, ne peuvent se former qu'après autorisation législative (article 13). Les préfets reçoivent un droit de contrôle sur les biens des institutions de leur ressort. Les membres des congrégations non autorisées n'ont pas le droit d'enseigner. Et cette défense est renforcée par la loi du 7 juillet 1904 qui interdit tout enseignement congréganiste et stipule qu'une congrégation même autorisée doit supprimer de ses statuts les dispositions relatives à l'enseignement. Il s'agit de détruire l'institution en tant que telle, mais les ex-congréganistes ont, comme tout citoyen, le droit d'enseigner : la croyance est moins dangereuse que l'institution qui la supporte.

---

[36] Du nom d'un capitaine injustement accusé d'espionnage en faveur de l'Allemagne et condamné pour haute trahison en 1894. L' « Affaire », qui dure cinq ans, divise la France en deux camps antagonistes : pour faire simple car ce n'est pas aussi tranché, d'un côté, les républicains, les laïcs, les protestants, les défenseurs des droits de l'homme et de la vérité..., de l'autre, les monarchistes, les nationalistes, les catholiques, l'armée, les antisémites... L'affaire Dreyfus, qui a fait chanceler la République, marque aussi l'irruption des intellectuels dans le débat politique. Sur cette question existe une bibliographie de plusieurs centaines de titres. On retiendra Drouin, Hélard et Oriol, *L'affaire Dreyfus* et Oriol, *L'histoire de l'affaire Dreyfus*.

L'application rigoureuse de la loi aboutit à l'interdiction de nombreuses congrégations et leurs membres sont chassés. Ne sont autorisées dans l'Eure que les hospitalières d'Harcourt et Verneuil, et les carmélites de Gravigny [37]. Les bénédictines de Verneuil sont priées par le préfet, qui a attendu 1915, de retirer de leurs statuts les articles ayant trait à l'enseignement. Leurs consœurs de Valognes sont contraintes de fermer leur pensionnat et la maison des dames âgées. Elles refusent d'abandonner les lieux mais le Conseil d'État reconnut leur communauté et elles purent donc reprendre la vie contemplative, comme plusieurs autres institutions de femmes qui bénéficièrent de la même mansuétude. Mais la plupart des communautés ne sont pas autorisées (frères, jésuites, bénédictines de l'Immaculée Conception, dominicaines de sainte Catherine de Sienne, sœurs de la Providence et de sainte Philomène de Salverte...), leurs établissements fermés, leurs membres contraints de s'en aller. Les bénédictins de Saint-Wandrille n'ont pas attendu : ils s'exilent dès 1901 en Belgique, comme les prémontrés de Mondaye, qui s'installent en 1903 tout près de Waterloo, à Bois-Seigneur-Isaac, dans ce qui est aujourd'hui la maison de retraite des prémontrés. Et ce sort frappe les autres communautés, notamment les trappistes.

Dans le prolongement de la lutte contre les congrégations qui a aggravé les tensions avec la papauté, la séparation de l'Église et de l'État est votée, sur le rapport du député socialiste Aristide Briand, par l'Assemblée le 3 juillet 1905 et promulguée le 11 décembre suivant. Des associations cultuelles sont chargées de la dévolution des biens ecclésiastiques. Les inventaires provoquent des manifestations dans l'hiver 1906 mais elles s'arrêtent dès le début du printemps et les élections qui suivent se traduisent par l'échec des conservateurs. Le pape condamne les associations cultuelles, le 10 août 1906, ce qui a pour conséquence la (nouvelle) confiscation des propriétés de l'Église dont les biens sont dévolus aux communes ou à des maisons de charité. La loi du 29 mars 1910 achèvera de liquider le patrimoine des congrégations. Les autorités dressent la liste de ce que possèdent dans chaque commune les établissements religieux. Dans l'Eure [38], on ne relève que des objets de culte, des rentes et quelques parcelles. Visiblement, les legs et les économies n'ont pas permis de reconstituer un patrimoine important. La mense épiscopale d'Évreux ne dispose, en plus des objets du culte et de rentes, que d'une propriété évaluée 20 000 francs et de 9 ha, auxquels il faut ajouter l'usufruit du château de Garambouville qui appartient au grand séminaire. Ce dernier possède en plus trois immeubles à Évreux et une ferme de 6,7 ha dans une commune voisine. Les quelques couvents sont tout aussi pauvres. Nous n'avons pas trouvé trace d'une quelconque propriété d'abbaye dans le département. Il est vrai qu'aucune n'y existait alors, en dehors de celle de Verneuil qui avait vendu ses fermes. La loi de 1905 avait prévu un délai d'un an pour l'évacuation des bâtiments ecclésiastiques, sursis qui est appliqué. L'évêché et le grand séminaire d'Évreux sont libérés par leurs occupants au bout d'une année. Il restera à leur trouver une utilisation. Ils ne sont pas encore affectés en août 1907, le maire de la ville

[37] Ces dernières, apparues en 1856, peuvent rester car elles ne donnent aucune éducation religieuse et se contentent de « préparer du pain à chanter (sic) » : « Il y a un certain nombre d'années, elles fabriquaient un genre de pâte alimentaire pour potage dont le dépôt se trouvait rue Grande 74 à Évreux. J'ignore si elles en font encore aujourd'hui ». ADE, 7 Q 23 : Rapport du 14 février 1904.
[38] ADE, 7 Q 21.

Le Mont-Saint-Michel, que le Couesnon (petite rivière se jetant dans la baie) « en sa folie mit en Normandie ».

affirmant que le budget communal ne lui permettait pas de répondre favorablement pour l'instant. Le grand séminaire de Sées, installé dans l'ancienne abbaye Saint-Martin, est vidé en 1907. Devenu hospice-hôpital en 1910, acheté par les Assurances sociales de la Seine et de la Seine-et-Oise, il sert de colonie de vacances, *aerium*, enfin d'IMP et d'Institut de Rééducation.

Après la Première Guerre mondiale, les moines et moniales reprennent possession de leurs maisons ou en ouvrent d'autres [39]. Mais les bénédictines de Verneuil ont disparu récemment [40]. Les administrations publiques installées dans les anciennes abbayes ont souvent modifié radicalement leur architecture pour répondre à leurs besoins. Les collectivités sont amenées à poursuivre un mouvement d'appropriation

[39] Les trappistes réinvestissent la Trappe où ils reconstituent un domaine agricole. Les prémontrés regagnent Mondaye dès 1921. Des bénédictins rachètent en 1931 l'abbaye de Saint-Wandrille qui avait été vendue à l'écrivain belge Maeterlinck et y font leur grand retour. L'abbaye Blanche de Mortain a longtemps servi de grand séminaire à la congrégation missionnaire des pères du Saint-Esprit. Les bénédictines de Lisieux ont racheté en 1994 Notre-Dame de Valmont. Leurs sœurs d'Argentan perpétuent le chant grégorien et participent aux manifestations musicales de la région, tout en continuant de confectionner - et d'enseigner - le point d'Argentan. Les moines bénédictins reviennent au Bec-Hellouin en 1948 et au Mont-Saint-Michel en 1966.
[40] Le 15 octobre 2003, le *Journal officiel* publiait le décret du 8 précédent abrogeant la décision impériale du 14 décembre 1810 qui avait légalement reconnu leur communauté.

de locaux abbatiaux qui, sans elles, tomberaient à l'abandon [41]. Les bombardements de 1944 ont ajouté quelques ruines supplémentaires [42].

CONCLUSION

L'Église de France traverse de bien difficiles moments sous la Révolution. Elle connaît l'apaisement avec le Concordat mais ne retrouve pas ses privilèges et ses biens, qu'il n'a jamais vraiment été question de lui rendre, pas plus que de lui verser une indemnité comme celle dont bénéficièrent les émigrés. La dispersion des moines et moniales porte un rude coup aux ordres religieux qui ont bien du mal à renaître et sont de nouveau frappés par les lois laïques de la fin du XIXe et du début du XXe siècle. Une dizaine d'abbayes, auxquelles il faudrait ajouter quelques couvents, restaurent une vie spirituelle en Normandie [43], résultat bien modeste si on le compare à la centaine d'établissements, certes souvent en crise, du XVIIIe siècle. Ce retour - qui suit fréquemment un exil en Belgique - s'est fait dans la diversité d'antan (à l'exception notable des augustins), puisque la région compte des monastères bénédictins, cisterciens (trappistes), prémontrés, tant d'hommes que de femmes. Les trappistes paraissent avoir été les plus entreprenants. Mais ces nouvelles communautés, installées à l'occasion dans leurs anciens bâtiments, n'ont pas retrouvé leur fréquentation ancienne ni un patrimoine important. Et elles ont aussi changé de nature et de fonctionnement. Alors qu'au XIXe siècle, elles se consacraient surtout à l'enseignement et aux soins des malades ou des vieillards, elles ont retrouvé le chemin de la vie contemplative, ce qui attire d'ailleurs des personnes voulant faire retraite et qu'elles accueillent volontiers. Les religieux vivaient autrefois de leurs rentes, ils travaillent désormais, retrouvant ainsi une de leurs anciennes occupations. Nécessité oblige, les établissements en sont réduits à fabriquer et vendre des objets divers dans leurs magasins et sur la « toile », comme le fait l'abbaye de Brialmont, près de Liège, qui présente aussi des produits provenant d'autres maisons. Ces productions n'ont toutefois pas atteint la célébrité de la bénédictine de Fécamp, du fromage Port-Salut ou de la bière des trappistes de Westvleteren, qualifiée par un site Internet de meilleure du monde. Pas de quoi affoler le père abbé : « Nous ne sommes pas des brasseurs, nous sommes des moines. Pour être moines, nous faisons de la bière. Pas l'inverse » [44].

---

[41] L'abbaye du Valasse, rachetée par la commune de Gruchet en 1985, abrite la Cité des Matières, qui organise des manifestations culturelles, des expositions, des colloques. Ardenne, dont la reconstruction a suscité des polémiques, est achetée en plusieurs étapes par le conseil régional de Basse-Normandie entre 1986 et 1998. Réhabilitée, elle abrite depuis cette dernière date l'Institut Mémoire des Éditions Contemporaines.

[42] Les bâtiments de l'abbaye de Falaise sont détruits, sauf un qui abrite l'école de la Trinité. Notre-Dame-du-Pré, à Saint-Désir-de-Lisieux, est bombardée en 1944 et anéantie ; elle sera reconstruite en 1959, en béton. L'abbaye d'Argentan est aussi rasée et les religieuses se réfugient à Sées jusqu'en 1958, avant de revenir dans un nouveau monastère.

[43] Mont-Saint-Michel, Trappe, Saint-Wandrille, Valmont, Le Bec-Hellouin, Valognes, Bricquebec, Mondaye, Bayeux, Lisieux, Argentan et, d'une certaine façon, Mortain et Verneuil.

[44] *Le Monde 2*, 23 août 2008, 47.

Bibliographie

Sites Internet des abbayes de la Trappe, Bayeux, Saint-Wandrille, Valognes, Brialmont.

Abbayes normandes. Catalogue de l'exposition organisée par l'Association de l'Année des abbayes normandes. Caen : Lafond, 1959.

Adura, Bernard. *Abbayes, prieurés et monastères de l'ordre de Prémontré en France des origines à nos jours.* Nancy : Presse Universitaire Nancy et Centre culturel des Prémontrés, 1993.

Bély, Lucien. *Les abbayes normandes.* Rennes : Ouest-France, 1979.

Besse, Jean-Martial. *Abbayes et prieurés de l'ancienne France. 7 : Province ecclésiastique de Rouen.* Paris : Ligugé, 1914.

Bodinier, Bernard. *Les biens nationaux dans le département de l'Eure de 1789 à 1827.* Thèse d'État, Paris I, 1988, 4 vol., typescript.

Bodinier, Bernard et Teyssier, Éric, avec la participation de François Antoine. *L'évènement le plus important de la Révolution. La vente des biens nationaux en France et dans les territoires annexés (1789-1867).* Paris : Société des Études robespierristes et CTHS, 2000.

Bonnenfant, chanoine. *Histoire générale du diocèse d'Évreux.* Paris : Picard, 1933.

Charles, Jacques; de La Conté, Marie-Christiane et Lannette, Claude. *Répertoire des prieurés et abbayes de l'Eure.* Évreux : Arch. dép. Eure, 1979.

Chevrefils-Desbiolles, Yves. *L'abbaye d'Ardenne.* Paris : IMEC éd., 2007.

Collection de monographies de l'Année des Abbayes normandes. Réalisée à l'occasion de l'Année des Abbayes par le CRDP de Rouen, en 1979 et 1980, dir. Lucien Musset. 31 numéros parus dont 24 sur les abbayes : Sées (n° 1), la Trappe (3), Bonport (4), la Trinité de Caen (6), Valmont (7), Almenêches (8), Silly-en-Gouffern (9), Ardenne (10), Mondaye (13), Montivilliers (14), Bellozanne (15), Falaise (16), Valognes (18), Fontaine-Guérard (19), Breuil-Benoît (20), Verneuil (21), Mortemer (22), Valasse (24), Saint-Évroult (25), Île-Dieu (26), Lonlay (28), Savigny (29), Saint-André-en-Gouffern (30), Bernay (31).

Dainville-Barbiche, Ségolène (de). « Les ordres religieux et la Révolution française ». *Revue d'histoire de l'Église de France*, 83 (1997) 211, 445-450.

Drouin, Michel; Hélard, André et Oriol, Philippe, éd. *L'affaire Dreyfus. Nouveaux regards, nouveaux problèmes. Actes du colloque de Rennes 2006.* Rennes : PUR, 2007.

Duval, Philippe. *La vente des biens nationaux mobiliers dans le département de l'Eure.* Maîtrise. Rouen, 1990.

Flament, Pierre. *Répertoire des abbayes et prieurés de l'Orne.* Alençon : Arch. dép. Orne, 1979.

Grévy, Jérôme. *Le cléricalisme ? Voilà l'ennemi ! Un siècle de guerre de religion en France.* Paris : Colin, 2005.

Krümenacker, Yves, éd. *Religieux et religieuses pendant la Révolution française.* Lyon : Profac, 1995, 2 vol.

Laffay, Augustin-Hervé. *Dom Augustin de Lestrange et l'avenir du monachisme (1754-1827).* Paris : Le Cerf, 1998.

Lagarde, Pierre de. *Les abbayes normandes.* Paris : éd. Albatros, 1979.

Langlois, Claude. *Le catholicisme au féminin : les congrégations françaises à supérieure générale au XIX*e *siècle.* Paris : Le Cerf, 1984.

Launay, Marcel. « *Cruce et aratro.* Les frères de l'Instruction chrétienne de Ploërmel et l'enseignement agricole au XIX*e* siècle » dans : Georges Provost et Florent Quellier, eds. *Du Ciel à la terre. Clergé et agriculture (XVI*e*-XIX*e *siècle). Actes du colloque du CHRISCO, Rennes, 14-15-16 septembre 2006.* Rennes : Presses Universitaires de Rennes, 2008, 323-334.

Marache, Corinne. « Des trappistes aux champs. Une congrégation religieuse venue seconder le comice agricole de la Double (1868-1910) » dans : Georges Provost et Florent Quellier, eds. *Du Ciel à la terre. Clergé et agriculture, XVI*e*-XIX*e *siècle. Actes du colloque du CHRISCO, Rennes, 14-15-16 septembre 2006.* Rennes : Presses Universitaires de Rennes, 2008, 285-296.

Mayeur, Jean-Marie et autres, éd. *Histoire du christianisme. 10 : Les défis de la modernité (1750-1840).* Paris : Desclée, 1997 et 11 : *Libéralisme, industrialisation, expansion européenne (1830-1914).* Paris : Desclée, 1995.

Oriol, Philippe. *L'histoire de l'affaire Dreyfus.* Paris : Stock, 2008.

Répertoire des abbayes et prieurés de Seine-Maritime. Rouen : Arch. dép. Seine-Maritime, 1979.

Siguret, Philippe. « Abbayes et prieurés du Perche ». *Cahiers percherons*, (1958) 8.

Varry, Dominique. *Sous la main de la Nation. Les bibliothèques de l'Eure confisquées sous la Révolution française.* Ferney-Voltaire : Centre international d'études du XVIII*e* siècle, 2005.

UNE RECONSTITUTION PARADOXALE ET STRATÉGIQUE

L'ENQUÊTE DE 1900 SUR LE PATRIMOINE FONCIER DES ORDRES ET CONGRÉGATIONS EN FRANCE : L'EXEMPLE DE LYON

BERNADETTE TRUCHET

LA PROBLÉMATIQUE

En France la question des biens des congrégations est un parent pauvre de la recherche en histoire religieuse [1]. Précisons plutôt que si cette question est souvent traitée pour les périodes médiévale et moderne, elle disparait quasiment de la problématique historique pour la période contemporaine, ce qui en soi est déjà une question épistémologique [2]. Il y a donc un champ spécifique à défricher, à l'intérieur même de ce champ religieux, bien qu'a priori le patrimoine foncier puisse apparaître comme un problème mineur.

Je suis partie d'une constatation d'évidence, l'importance bien connue de ce patrimoine en 1789, source de récriminations d'ailleurs dans les décennies précédant la Révolution dans une France en augmentation démographique, illustrées très souvent par la diffusion de nombreux libelles et manifestes et dont les cahiers de doléances rédigés pour préparer les États-Généraux de 1789 se feront l'écho. Il est considéré comme une réserve foncière utile à l'ensemble de la nation et partant destinée à lui revenir [3]. Ces critiques furent entendues puisque ce patrimoine fut réduit à

---

[1] Il suffit de consulter les catalogues des bibliothèques ainsi que des thèses et mémoires pour s'en rendre compte. La thèse que j'ai soutenue en 1987 était une des premières. Truchet, *Les congrégations dans la ville*. J'emploie le terme de « congrégations » seul par commodité, en fait il recouvre également les ordres religieux. Le lecteur pourra s'y reporter pour avoir une vue d'ensemble de la question.

[2] La période contemporaine est entendue au sens « français », c'est-à-dire qu'elle commence après la Révolution de 1789, même si certains spécialistes incluent cette même Révolution.

[3] Particulièrement significatif à cet égard un manifeste anonyme de 1742, de ton polémique mais se voulant argumenté, destiné au Consulat de Lyon pour lui signifier la trop grande importance de la propriété ecclésiastique. AML, 2 P 9 : Manifeste anonyme.

néant, de droit et de fait, par la Révolution en raison « de la mise à la disposition de la nation » [4] des biens du clergé séculier et des religieux le 2 novembre 1789, finalement adjugés dans le public sous le nom de biens nationaux de première origine et assortis ultérieurement de l'interdiction des vœux religieux et de la dispersion des communautés. Or à peine un siècle plus tard, une nouvelle législation, la loi de 1901 sur les associations et celle de 1904 sur l'interdiction d'enseigner aux congrégations, même autorisées, entraînent une nouvelle confiscation, motivée en principe par l'importance de la reconstitution des biens de mainmorte des congrégations, le fameux « milliard des congrégations » qui semble menacer l'État [5]. Certes tout le contentieux entre l'Église et l'État ne se résume pas à la question du patrimoine des congrégations, mais c'est un point important de la cristallisation du conflit. La richesse foncière n'est-elle pas le signe d'un pouvoir réel même si les deux (richesse et pouvoir) sont largement surestimés voire fantasmés dans le contexte anticlérical de la fin du XIXe et début du XXe siècle [6].

Le conflit entre l'État et les congrégations prend une grande ampleur en raison des spécificités françaises. Si la vague révolutionnaire à des degrés divers a submergé l'ensemble de l'Europe et son prolongement en Amérique latine, en France, d'où le mouvement était parti, les conséquences en furent les plus radicales en particulier dans le domaine religieux. La nationalisation de leurs biens fut complète et la dispersion totale. Les lois du 13 février 1790 et du 18 août 1792 les supprimant purement et simplement ne furent pas abrogées au cours du siècle mais seulement assouplies et encadrées par d'autres lois particulières qui aussi importantes fussent-elles, sont conçues comme des exceptions [7]. S'il faut attendre 1901 pour avoir une loi sur les associations, c'est en partie devant la difficulté de résoudre la question les concernant [8]. Leur situation reste donc fragile dans la période qui nous intéresse.

[4] Suivant l'expression de Talleyrand, auteur de la proposition.

[5] Ce « milliard » n'est pas sans rappeler dans le fantasme collectif français le « milliard des émigrés » qui aurait été donné à ces derniers, sous la Restauration, en compensation des pertes révolutionnaires.

[6] Rémond, *L'anticléricalisme en France*, 77-81, plus particulièrement p. 78 où est cité un extrait d'un pamphlet de Paul-Louis Courrier.

[7] Il s'agit des lois de 1817, 1825 et surtout 1852 facilitant l'autorisation. Si ces lois concernent essentiellement des congrégations féminines et actives sur le plan de l'enseignement et de l'assistance, c'est tout simplement qu'elles accomplissaient des tâches que l'État n'avait le goût ou la possibilité de remplir et que les religieuses sont politiquement moins « dangereuses » que les prêtres et religieux. Sur le régime des congrégations voir un peu vieilli Rivet, *Traité des congrégations religieuses*, 16 et suivantes et surtout la somme de Durand, *La liberté des congrégations religieuses*, plus précisément t. 3, 34-46 et 121-178.

[8] Le titre III leur est entièrement consacré, mais leur existence est soumise à un régime si drastique que les détracteurs de la loi ne se sont pas fait faute de souligner son aspect d' « exception ».

UNE RECONSTITUTION INCONGRUE ?

Cette reconstitution, trop importante ou nécessaire, selon le point de vue des uns et des autres, rapide et réelle en tout cas, ne laisse pas d'être impressionnante. D'autant que cette reconstitution est placée sous le signe d'un double paradoxe. La suite des événements révolutionnaires conduit progressivement, au cours du XIXᵉ siècle, et en France plus que partout ailleurs, à une sécularisation de la société et de l'État qui tend à repousser l'Église dans le seul domaine de la sphère privée, et parallèlement à introduire un contrôle sur sa visibilité sociale, entre autres sur l'existence et les biens des congrégations. Or en raison du concept théologique et canonique élaboré par le cardinal Bellarmin et développé jusqu'au cardinal Tarquini qui lui a donné sa forme définitive, l'Église se voit comme une « société parfaite » [9]. C'est-à-dire suivant la bonne définition qu'en donne R. Minnerath : « L'Église est comme lui [l'État] une société, souveraine, complète, indépendante, c'est-à-dire "parfaite" dans son ordre » [10]. Il est facilement compréhensible que l'Église dans cette conjoncture ait eu intérêt à développer un tel concept lui permettant de se situer en face de l'État en quelque sorte à égalité avec lui de façon à défendre ses prérogatives. Prérogatives qui pour notre propos s'étendent de la liberté congréganiste, c'est-à-dire de fonder et d'établir des ordres et congrégations selon leurs nécessités au droit de posséder et gérer des biens, sans en rendre compte à l'État. Et si à des nuances près ces dispositions se retrouvent dans les nombreux concordats signés au cours du XIXe siècle, nous retrouvons une « exception » française. En effet le concordat de 1801 signé entre Rome et Paris, ne traite absolument pas de la question des congrégations puisqu'officiellement ces dernières n'existent pas [11].

Mais cette position de l'Église est-elle aussi évidente qu'il y paraît ? Il n'est pas forcément nécessaire que des individus qui ont fait personnellement vœu de pauvreté se retrouvent, sinon selon le droit canon (puisque seule la congrégation, personne morale, est propriétaire et non les membres du groupe), du moins dans la pratique, possesseurs collectifs d'un patrimoine important. Ce refoulement du temporel qui transparait nettement dans les constitutions [12] et qui n'est pas le propre des congrégations au XIXᵉ siècle, mais celui d'une grande partie de la vie de l'Église, n'a pas peu

[9] Cardinal Roger Bellarmin S.J. (1542-1621) s'il est connu par son attitude au procès de Galilée, il fut surtout un théoricien des rapports entre l'Église et l'État par sa théorie du *pouvoir indirect* du pouvoir spirituel sur le pouvoir temporel. Au sujet de la société parfaite voir son ouvrage : *De controversiis christianae religionis*, Lyon, 1620, et du cardinal Camille Tarquini S.J. (1810-1874), professeur de droit canon au Collège Romain, plus particulièrement *Juris ecclesiastici publici institutiones*, Rome, 1862, 1ᵉʳᵉ ed. 14 éditions, traduction dans de nombreuses langues vernaculaires. C'est à ce moment que le terme fait son apparition dans les documents magistériels de l'Église. Minnerath, *Le droit de l'Église à la liberté*, 35.

[10] Ibidem, 28, cf. l'ensemble du chapitre. Cf. également Zimmermann, *Structure sociale et Église*, 25 et 48.

[11] Cela explique que les congrégations ne furent pas concernées, contrairement à ce que l'on rencontre ici ou là, par la loi de Séparation de 1905. Sur les concordats voir Minnerath, *L'Église et les États concordataires*, 217 et suivantes.

[12] Les constitutions des congrégations « lyonnaises » que nous avons consultées vont tout à fait dans ce même sens. Voir également Gautrelet, *Traité de l'état religieux*, II, 75.

contribué à l'absence de réflexion sur le rôle social du patrimoine congréganiste et à son implication éventuelle sur la vie religieuse. Le fait que la pauvreté est considérée essentiellement comme une vertu morale et individuelle ajouté au distinguo juridique entre les religieux qui ne possèdent rien et la congrégation qui possède tout, permet de faire l'impasse d'une réflexion sur la pauvreté et la propriété collective alors que la société et l'économie sont entraînées dans des bouleversements considérables [13]. Et les attaques anticléricales ne se sont pas privées de souligner le fait.

Mais surtout et c'est le second paradoxe, nous traitons d'un groupe social dont l'existence, matérialisée par une situation juridique complexe et inégalitaire, est précaire, mélange à la fois d'une méfiance réelle accompagnée d'une tolérance de fait. Pour exister officiellement, une congrégation doit être « reconnue » par l'État, et par conséquent peut posséder des biens en son nom en toute légalité. Après divers tâtonnements juridiques, une congrégation, qu'elle soit masculine ou féminine, n'a pas le droit de se constituer en tant que telle ; elle reste soumise à l'approbation de l'État, qui l'accorde par la voie législative aux congrégations masculines, et par voie de décret administratif aux congrégations féminines. Seules, cinq congrégations masculines ont pu profiter de cette disposition, alors que les congrégations féminines autorisées ont été infiniment plus nombreuses [14].

Le droit est donc qu'en France ne doivent subsister que des congrégations autorisées. Mais la réalité est différente : beaucoup d'entre elles ne le sont pas, soit que cette reconnaissance soit impossible plus particulièrement pour les congrégations masculines et contemplatives, ou qu'elles ne l'aient pas réclamé pour une raison ou pour une autre, et ce ne sont pas forcément celles qui ont le plus faible patrimoine foncier. Car si une grande part de ces possessions congréganistes est inconnue aux yeux de la loi, elle peut difficilement l'être à ceux de l'État, vu son importance.

Cette tolérance tacite tout au long du XIXe siècle à l'égard des congrégations, y compris masculines est apparemment contradictoire mais elle s'explique essentiellement par le fait que les congrégations ou du moins un grand nombre d'entre elles occupent le champ de « l'utilité sociale », le plus souvent seule justification de leur existence ; rôle qu'au moins au début du XIXe siècle l'État était dans nombre de cas incapable de remplir et dans une moindre mesure tolérées par l'opinion publique souvent favorable d'un pays resté en grande partie catholique [15]. Champ de « l'utilité sociale » qui d'ailleurs se réduira au fur et à mesure de la laïcisation et de la sécularisation de la société. Et les congrégations principalement féminines et consacrées à une œuvre sociale ont largement profité de cette tolérance, mais tolérance précaire qui peut être remise en cause à chaque instant et dont la manifestation la plus éclatante est l'explosion anticléricale de 1880, avant même celle de 1900 liée à la loi sur les associations, en partie chargée de donner un statut aux congrégations. Méfiance,

---

[13] Gautrelet, *Traité de l'état religieux*, II, 64.

[14] Les seules congrégations masculines autorisées au cours du XIXe sont : les lazaristes, les Missions étrangères de Paris, les pères du Saint-Esprit, la compagnie des prêtres de Saint Sulpice, l'institut des frères des Écoles chrétiennes. Et encore certaines ne sont pas des congrégations au sens canonique du terme.

[15] Voir à ce sujet l'enquête de 1880, sous l'autorité des préfets qui donne un état de l'opinion sur les congrégations si les décrets de 1880 étaient appliqués : ANF, 7 12320 : État de l'opinion sur l'application des décrets de 1880, dossiers départementaux (Rhône).

tolérance et autorisations dosées différemment suivant les régimes, les époques et leurs activités, tel est le lot commun des congrégations tout au long du siècle [16]. Elles se situent là devant un entrecroisement inconfortable qui oblige celles qui ne sont pas reconnues à une demi-clandestinité pour abriter leurs biens puisqu'elles ne peuvent les mettre à leur nom propre et devant ce flou, qui ne peut être que nuisible à leurs intérêts, religieux et religieuses se sont réfugiés dans la fiction juridique, comme le montre l'enquête de 1900.

Pour l'historien il y avait donc là un étonnement et une interrogation. En effet si la situation de la fin du XIXᵉ siècle est le résultat d'un siècle d'évolution, elle n'est pas à proprement parler un héritage puisque sur ce point précis du patrimoine, les congrégations sont quasiment parties de zéro [17]. Aussi pouvons-nous dire qu'il s'agit d'une histoire volontariste, puisque les congrégations ont librement choisi de se reconstituer et de la manière de le faire. Il existe un lien avec l'environnement économique et social pour pouvoir exercer efficacement son activité ; il y faut un certain espace, là aussi dépendant de l'activité. Le choix est révélateur : il n'est pas indifférent de s'installer à la ville ou à la campagne et, dans une ville choisir un quartier populaire ou résidentiel, un quartier qui se meurt ou, au contraire en expansion. Pour prendre un exemple, presque caricatural : une communauté contemplative qui s'isole dans un secteur rural reculé et une communauté de filles de la Charité œuvrant dans un quartier déshérité obéissent à deux stratégies différentes. À travers une implantation, c'est tout un rapport à la société qui est impliqué. Elle provient d'une politique foncière que conduit les besoins des congrégations ou du moins ressentis comme tels par elles-mêmes. Patrimoine résultant d'une courte évolution, à peine un siècle, mais qui est tout de même le reflet de l'histoire propre des congrégations, car il suit leur propre développement. Le patrimoine, s'il n'est pas le tout de l'histoire des congrégations est à tout le moins le révélateur d'un certain sens de leur histoire.

LA CONNAISSANCE DE CE PATRIMOINE IMMOBILIER

Pour une saisie globale du phénomène le recours aux sources publiques s'avère indispensable, les archives privées jouant un rôle de complément. En effet il faut compter sur l'obstacle non négligeable de la mémoire collective restée traumatisée par ces confiscations, la réticence française à parler de ces sujets, en dehors même du fait de la dispersion des données à travers les différentes congrégations, et de leurs archives propres, car ces dernières possèdent rarement un état des lieux précis à un moment donné et non moins rarement des séries continues.

Étant donné le lourd contentieux entre Église et État en France, en général et les congrégations en particulier nous pourrions nous attendre à une floraison d'archives

---

[16] Le II Empire (1852-1870) a été certainement la période la plus favorable.

[17] La dispersion est réelle à la différence des biens nationaux de seconde origine qui ont pu être rachetés en sous-main. Pour la ville de Lyon aucun bien congréganiste n'a été racheté par un religieux. Certes à Lyon et dans quelques autres villes de France, après la Révolution quelques biens non vendus ont pu être attribués à des congrégations mais non à leur dernier propriétaire. À Lyon un exemple unique est celui du P. Hermann qui rachète l'ancien couvent des carmes déchaux pour cette congrégation, mais en 1860 !

sur le sujet du patrimoine, or elles restent peu nombreuses, même si leur qualité compense leur rareté. C'est en 1860 seulement que nous avons la première enquête d'ensemble descendant à la fois au niveau communal et à celui de chaque congrégation, mais les préfets ont souvent été négligents dans leur réponse nuisant à sa qualité [18]. Il faut attendre 1880 et surtout 1900 pour avoir des enquêtes extrêmement précises et fiables [19]. Les dates sont significatives, elles ont été commandées et effectuées à la veille de lois particulièrement contraignantes pour les congrégations. Elles ne sont évidemment pas dénuées d'arrière-pensées politiques, leurs résultats devaient conforter les gouvernements d'alors dans la politique envisagée. Les pouvoirs publics s'intéressent au patrimoine des congrégations au moment où une partie de l'opinion républicaine le conteste fortement et les enquêtes sont une preuve a posteriori de l'importance du patrimoine, et non pas le point de départ de la polémique, la rumeur a précédé la justification : on a parlé du « milliard » des congrégations avant de le voir confirmé par les faits [20].

Bien qu'importante et remarquable, l'enquête de 1900 si elle est connue des historiens et parfois citée n'a pas été systématiquement exploitée pour ce qu'elle propose à savoir justement la connaissance de ce patrimoine [21]. Il s'agit d'un document de première main qui nous renseigne sur les possessions des congrégations au 1er janvier 1900, le gouvernement demande aux directeurs des contributions directes de chaque département un « État des immeubles possédés ou occupés par les couvents » [22].

Il s'agit d'une enquête fiscale ce qui, de prime abord, peut paraître suspect. Tout le monde, a fortiori un groupe social comme les congrégations, qui se sent menacé à chaque génération ou presque, n'est-il pas pauvre devant le fisc ? Quelques remarques préalables s'imposent : il ne s'agit pas d'une enquête d'après les déclarations des congrégations. Au contraire, le directeur des contributions directes s'est appuyé sur des sources sûres : les rôles de l'imposition foncière, eux-mêmes établis sur les matrices cadastrales et sur les hypothèques, c'est-à-dire toute une série de services qui n'ont pas l'habitude de plaisanter avec le sérieux de leurs informations. Mais l'enquêteur, c'est-à-dire l'État, ne risquait-il pas d'être la victime de sa propre législation, puisqu'il ne connait, officiellement, qu'une catégorie de congrégations, celles qui sont autorisées à posséder légalement?

---

[18] ANF, 20 735 : Enquête de 1860 sur l'ensemble des biens des congrégations (Rhône). Certes auparavant, il y eut quelques enquêtes mais ne descendant pas au dessous du niveau départemental dans le meilleur des cas, ou s'en tenant uniquement aux biens de mainmorte qui ne concernent que les biens des congrégations reconnues. Les résultats, pour intéressants qu'ils soient, sont trop généraux pour une étude précise, et ne permettent pas une vision d'ensemble de la France.

[19] ANF, C 3215 : Enquête départementale de 1880 sur les biens des congrégations (Rhône) pour 1880 et pour 1900 : ANF, F 33 209-228 : Bulletins des immeubles possédés ou occupés par les congrégations, communautés, associations religieuses en 1900.

[20] De fait l'estimation finale de l'enquête de 1900 aboutit bien à un milliard, mais il s'agit d'une estimation fiscale et non du prix du marché.

[21] Ainsi Langlois, *Catholicisme au féminin*, 667 a utilisé les tableaux récapitulatifs destinés aux parlementaires.

[22] *Circulaire de 1900 demandant l'état au 1er janvier de la même année.*

Nous venons de le voir du fait de la législation en vigueur, seules les congrégations et les communautés reconnues légalement peuvent posséder en leur nom propre leurs biens en général et leurs immeubles en particulier. Les autres, non autorisées, en sont réduites, soit à se faire reconnaitre, non pas en tant que congrégations mais soit comme associations d'utilité publique - ce n'est pas le cas général - soit à mettre leurs biens sous des prête-noms (laïcs pieux qui se prêtent à ce jeu, membres de la congrégation), sociétés civiles ou anonymes qui, sous une manière déguisée, représentent la congrégation. Or, tout cet arsenal juridique était d'une monnaie si courante que les pouvoirs publics n'étaient pas dupes [23]. Cela explique que l'enquête ait spécifié d'englober tous les immeubles, même simplement occupés par toutes les communautés, autorisées ou non, suspectés a priori d'être propriétés réelles des congrégations.

Ces précautions nous prouvent clairement que l'État a eu le souci de saisir, dans sa réalité, la propriété des congrégations qui se cachait le plus souvent derrière des façades juridiques diverses. Certes sans grande préoccupation sociologique d'appréhender le réel, mais il tenait simplement à se rendre compte de l'importance effective de cette propriété ; en tout cas, elles authentifient l'enquête aux yeux de l'historien. Cette dernière se présente sous une forme fort volumineuse et relativement peu maniable : 19 volumes reliés de plusieurs centaines de pages chacun, sans index.

Les congrégations sont rangées en deux catégories : congrégations autorisées, congrégations non autorisées, et une subdivision pour chacune des deux en congrégations masculines et féminines, à l'intérieur desquelles elles sont classées par ordre alphabétique. Pour chaque congrégation, nous avons un classement alphabétique départemental, puis communal, et enfin, immeuble par immeuble, et même cote cadastrale par cote cadastrale, car il n'est pas rare de voir plusieurs cotes pour un même bien.

Chaque portion de bien possédé ou occupé par une communauté religieuse, même si aucun des membres n'y réside, c'est-à-dire chaque cote cadastrale identifiée, fait l'objet d'un formulaire imprimé, aux rubriques extrêmement précises et nombreuses.

La première partie de l'enquête concerne l'immeuble proprement dit :
- adresse du bien considéré et nom du propriétaire, congréganiste ou autre, tel qu'il a été inscrit sur les matrices de 1900, avec l'adresse personnelle du propriétaire, s'il n'habite pas sur place
- numéro de l'article de la matrice générale
- superficie
- valeur locative
- valeur vénale
- immeuble imposé au nom de la congrégation
- montant des hypothèques
- nature
- affectation de l'immeuble.

[23] Cet arsenal juridique sera explicité plus loin.

La deuxième partie concerne les liens qui existent entre le bien considéré et une association religieuse. Le bien peut être :

- un bien possédé
  a) par la congrégation elle-même
  b) par des membres de la congrégation, auxquels la qualité de personnes interposées a été reconnue
  c) par une réunion de propriétaires (membres ou non de la congrégation) à laquelle le caractère d'association religieuse a été, ou parait devoir être, reconnu
- un bien simplement occupé et passible seulement de la taxe sur le revenu
- un bien pour lequel le fait générateur de taxes, possession ou occupation par une congrégation ou une association religieuse, n'a pu être suffisamment déterminé
- un bien possédé par une société constituée sous les formes civiles ou commerciales, à laquelle le caractère d'association religieuse a été, ou parait devoir être, reconnu.

Une troisième partie : nature et affectation des immeubles.

Une dernière rubrique traditionnelle : observations, clot ce questionnaire.

Nous voyons nettement le souci de l'enquêteur de vouloir démasquer la congrégation supposée embusquée derrière tel ou tel prête-nom.

L'enquête a été menée avec le plus grand soin, chaque rubrique pour chaque bien très exactement remplie, même si la dernière « nature et affectation des immeubles » est la plus sommaire. Les observations montrent un approfondissement certain de la question. Comme toute enquête il y a des erreurs mais en ce qui concerne Lyon, elles sont mineures et vont généralement dans le sens de la sous-estimation. Quelques sondages dans d'autres villes ou autres départements montrent la même rigueur. L'emploi d'un questionnaire unique pour toute la France homogénéise, évidemment, les résultats et autoriserait un traitement d'ensemble à partir desquels une exploitation informatique au niveau national permettrait d'avoir une base de données pour l'étude de ce patrimoine. Son intérêt est triple :

Le premier s'attache aux aspects juridiques de la question les liens entre les congrégations et leurs possessions foncières ; c'est, d'ailleurs sur ce point, qu'elle est la plus détaillée et, par là, reflète bien la mentalité de l'époque et le contexte dans lequel elle a été élaborée, il fallait à tout prix démasquer la propriété congréganiste partout où elle se trouvait, quelles que fussent les fictions légales ou paralégales.

Le second, le plus évident et le plus immédiat est l'aspect purement matériel, un aspect photographique, localisation des biens, valeur du patrimoine, importance en nombre et en superficie, répartition géographique en 1900. Devant ce panorama précis de la propriété congréganiste il est tentant de faire une enquête régressive et de saisir un siècle d'évolution en cherchant comment et pourquoi les congrégations qui avaient tout perdu à la Révolution se sont redressées de façon si spectaculaire.

Le troisième, nous permet de connaître l'usage de l'immeuble, l'activité de la communauté occupante et par là la finalité de son patrimoine.

À partir de là, quittant un domaine quantitatif ou descriptif est permise une approche qualitative du problème, puisque ce qui importe, n'est pas tant la comptabilisation des biens même si elle n'est pas dénuée d'importance que de leur donner une signification géographique, sociale, religieuse etc., et par là cette étude du patrimoine peut trouver son originalité et tenter une approche plus globale du phénomène congréganiste. L'étude de ce document prouve sa richesse, beaucoup plus que ne pourrait le faire croire sa sécheresse administrative.

UN LABORATOIRE : LA VILLE DE LYON

Ne pouvant étudier l'ensemble du territoire, j'ai pris comme laboratoire la ville de Lyon. Il m'est apparu que pour étudier la reconstitution et le développement du patrimoine entre deux liquidations une grande ville s'imposait car la densité des congrégations y est plus importante qu'en milieu moyennement urbanisé et bien entendu rural, et la recherche n'était pertinente que si l'on pouvait jouer sur un grand nombre d'entre elles. Que Lyon ait été avant la Révolution de 1789, une ville où le patrimoine congréganiste fut important à la veille de la Révolution n'est guère original en soi, c'est le cas de très nombreuses villes sous l'Ancien Régime, mais par contre qu'elle le soit restée ou redevenue l'est déjà plus. Au XIXe siècle Lyon est le lieu à la fois de reconstitution de congrégations existant avant la Révolution, lieu d'accueil de congrégations nationales et internationales, lieu de fondations de congrégations nouvelles consacrées à divers apostolat y compris missionnaires, un des points majeurs de concentration de communautés religieuses en France, et de manière générale ville d'un grand essor religieux [24]. Enfin Lyon devenant une grande cité industrielle au cours du siècle, dépassant le cadre traditionnel de la soierie, il était intéressant de voir comment les congrégations s'étaient adaptées à cette donnée. Dans le cadre de cet article je ne traiterai que de quelques aspects : les biens congréganistes face à la législation, et leur géographie.

D'après l'enquête de 1900 nous constatons que l'autorisation ne concerne, à Lyon, qu'environ le tiers des congrégations (31,7%), sur la soixantaine installée dans la ville, ce qui parait inférieur à la moyenne nationale, et beaucoup plus de congrégations féminines que masculines ce qui est logique compte tenu de la législation. Si nous raisonnons cette fois en parcelles cadastrales, sur 147 parcelles cadastrales qui correspondent à 95 biens [25], 42 seulement, soit un peu plus du quart, sont possédées légalement par les congrégations; ce sont, évidemment, uniquement celles possédées par les congrégations autorisées. Les autres, soit 71,5%, correspondent à toutes les parcelles des congrégations non autorisées, plus celles non autorisées des congrégations autorisées, dissimulées derrière une fiction juridique [26]. Sur ces 105

---

[24] Gadille, éd., *Le diocèse de Lyon*, 216-223 et 244-249.

[25] Une congrégation peut posséder plusieurs biens correspondant à ses diverses activités. Ceci est particulièrement développé dans une grande ville comme Lyon. Il est évident que j'ai éliminé parcelles et biens pour lesquels les congrégations étaient effectivement de simples occupantes ou locataires. Ce qui est le cas de nombreuses écoles publiques jusqu'en 1870, ou paroissiales ainsi que de dispensaires. Nous avons également éliminé de notre propos la congrégation des sœurs hospitalières de Notre Dame de Pitié, soignantes des hôpitaux de la ville, « hors sol ». En effet, toute leur vie communautaire y compris le noviciat se passe dans les murs mêmes des hôpitaux qui ne leur appartiennent pas. De même une dizaine de biens n'ont pas été pris en compte, simples appartements en immeubles dont la superficie n'est pas indiquée.

[26] En effet, pour tel ou tel bien, pour des raisons diverses une congrégation autorisée a pu préférer garder sa liberté.

parcelles, 31 sont en société et tout le reste est en prête-nom, souvent des membres de la congrégation ou de leur famille. C'est donc à une large majorité que ce dernier est utilisé ; une fois sûre de la ou des personnes qui en tenaient lieu, la congrégation n'avait pas la contrainte du droit des sociétés ; à l'inverse, se posait la question de la succession, car même en prenant toutes les garanties, un testament n'est jamais à l'abri d'une contestation [27]. Nous n'avons pu déterminer une véritable politique de couverture légale. Une même congrégation peut utiliser des modèles différents pour chacun de ses biens, et même pour un même bien quand il est composé de plusieurs parcelles ! Le poids des circonstances semble déterminant. Mais surtout il est intéressant de noter, que sur ces mêmes 105 parcelles dans 53,5% des cas, l'administration reconnaît une congrégation derrière la forme légale ; elle possède un faisceau de présomptions en faveur de cette hypothèse, mais n'a pas les preuves juridiques suffisantes pour l'établir.

En conclusion, concernant les parcelles non autorisées ce n'est que dans 22% des cas, à peine plus d'un cinquième, que l'écran juridique n'a pas joué son rôle, c'est-à-dire que l'administration peut facilement prouver que le bien considéré est de fait « congréganiste » malgré le paravent du propriétaire légal. Pour le reste, dans un quart des cas, proportion non négligeable, il le joue pleinement et, enfin, dans plus d'un cas sur deux, l'État pressent une congrégation mais n'arrive pas à le prouver. Ainsi, la façade juridique n'est pas dénuée de toute utilité puisque agissant et s'implantant au vu et au su de tous, l'État ne peut démasquer les congrégations dans les quatre cinquièmes des cas.

À Lyon la Révolution est à peine terminée que les congrégations se reconstituent. Il y a progression globale, sur le long terme du siècle même si le rythme n'est pas homogène.

Si nous visualisons cette propriété par des cartes qui établissent des coupes de 20 en 20 ans [28], nous constatons un investissement progressif et continu de l'espace urbain tout au long du siècle, à la fois par la diffusion mais aussi par la densification soutenue par la croissance régulière des congrégations, puisque le personnel congréganiste augmente parallèlement [29]. Si nous examinons en 1900 la localisation de l'ensemble des biens (établissements et essaimages), nous constatons qu'aucun quartier de Lyon n'échappe à cette reconquête fut-ce modestement, comme le quartier de Moulin à Vent, tout au sud de la Guillotière, en limite communale encore dominé par les crues du Rhône et où significativement les frères de St Jean de Dieu ont installé leur asile d'aliénés [30].

---

[27] De fait nous n'avons trouvé trace que peu de procès, mais de fait ils ont pu être plus nombreux. Cependant nous n'avons pas trouvé un seul bien « rendu » à son propriétaire légal.

[28] Cartes 1 à 6. La carte 1 permet une localisation des différents quartiers de Lyon. Elles ne tiennent compte que de l'établissement principal et non des essaimages (établissement autres que le principal d'une congrégation donnée). En dehors des enquêtes principales dont nous avons parlé (voir supra) en les recoupant avec d'autres sources (ADR, série V : Enquêtes et renseignements divers ; archives privées et ouvrages sur l'« histoire » de chaque congrégation), nous avons pu reconstituer l'investissement progressif de l'espace lyonnais au cours du XIXe siècle.

[29] Phénomène général pour la France. Pour une analyse plus fine concernant les seules congrégations féminines voir Langlois, « Les effectifs des congrégations féminines ».

[30] Carte 7.

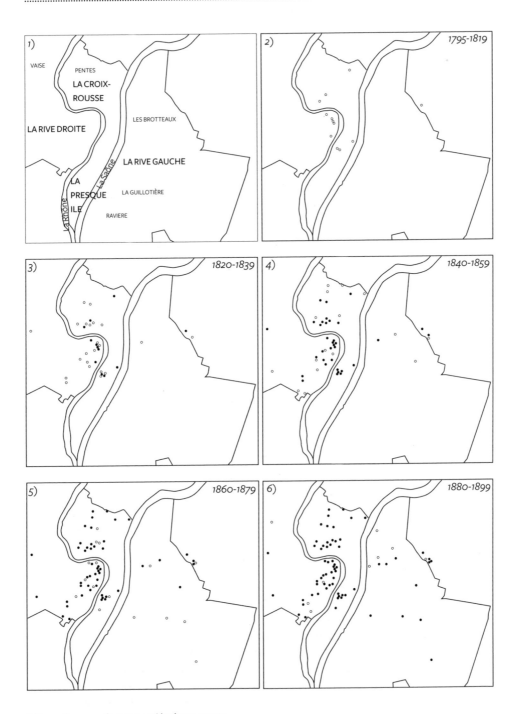

○ *Nouvelles congrégations et déménagements*
● *Congrégations déjà installées*

Établissement principal et essaimages
Superficie: ○ +5 ha ○ 1 - 2 ha ∘ 10 - 50 are
○ 2 - 5 ha ∘ 50 are - 1 ha ∘ -10 are

Cependant, si cette répartition est largement diffuse sur le territoire urbain, elle l'est de façon inégale. Nous constatons tout d'abord une conquête en direction de l'est au-delà de la Rive gauche du Rhône mais avec un certain retard sur la dynamique urbaine qui pousse la ville à annexer en 1851 le faubourg de la Guillotière [31], en effet à partir de la seconde moitié du XIXe siècle le quartier de la Guillotière s'industrialise et à la fin du siècle sa partie la plus au nord, les Brotteaux, est progressivement conquise par une nouvelle bourgeoisie qui y construit hôtels particuliers et immeubles cossus. Par contre nous voyons une concentration accentuée sur la Rive droite de la Saône bien que la vie économique et sociale délaisse ce quartier. La prépondérance de la Rive droite de la Saône, à la fois pour les établissements et la superficie est écrasante (41% des établissements et 42% de la superficie), avec une concentration sur la colline de Fourvière, ce que j'ai pu appeler un « ghetto » religieux [32]. Le foyer de la Croix-Rousse, centré sur l'ancien domaine des chartreux, apparaît plus modeste

[31] Ainsi que les deux autres qui ceinturent la ville : la Croix-Rousse et Vaise.
[32] Truchet, *Les congrégations dans la ville*, 412.

(respectivement 24% et 18%) [33]. Encore plus modeste est celui d'Ainay sur un espace très restreint (7,3% pour les établissements mais seulement 1,2% de la superficie). Alors que la Presqu'île, même si son importance décline à la fin du siècle, reste à la fois le siège de l'administration (mairie, préfecture) [34], le lieu décisionnel financier et économique (banques, bourse et chambre de commerce), et demeure le quartier résidentiel de l'aristocratie et de la bourgeoisie traditionnelle plus particulièrement depuis la fin du XVIIIe siècle dans le secteur d'Ainay, conquis sur la zone de confluence du Rhône et de la Saône.

Sur l'ensemble de la Rive gauche du Rhône se dissémine un peu plus du quart des établissements (27%) et pour la superficie 38%, mais l'Hôpital St Jean de Dieu déjà cité en est responsable car à lui seul il occupe presque le septième de la totalité de la superficie totale congréganiste et fausse quelque peu la statistique.

L'examen de la superficie de la taille des divers établissements nous fait découvrir un grand nombre de possessions de taille moyenne, voire médiocre, compte tenu du genre de vie des religieux et d'activité qui se déroulent sur place : 40% des immeubles ont moins de 50 ares, et même le tiers (14% du total) est en dessous de 10 ares. Tandis qu'à l'inverse à peine plus d'un établissement sur 5 dépasse les 2 ha et à peine plus de 5% les 5 ha. Il s'agit bien entendu dans ce dernier cas d'immeubles avec jardin conséquent, jardin d'agrément et jardin potager qui peut permettre une certaine autarcie pour les fruits et légumes.

Nous observons une ville où l'implantation conventuelle est spécifique, largement répandue sur les rives droites du Rhône et de la Saône, avec une focalisation sur certains points déterminés (Ainay, collines de Fourvière, et de la Croix-Rousse) en face d'une Rive gauche relativement délaissée et dans laquelle la taille moyenne des établissements est relativement faible.

UNE STRATÉGIE À L'ŒUVRE

Comme nous avons pu l'entrevoir l'histoire de l'implantation de chaque congrégation est unique, dépendant à la fois de circonstances externes : politique nationale, locale, diocésaine, disponibilités du marché foncier etc. et aussi internes, c'est-à-dire provenant de la congrégation elle-même, son but, ses finances, son personnel etc. Mais, au-delà des circonstances variables et contingentes de l'une à l'autre, nous pouvons essayer d'aller au-delà de ces éléments factuels, car cette localisation et ses modalités ne sont pas entièrement le fruit du hasard et des circonstances.

[33] De fait quelques communautés religieuses au début du XIXe siècle ont pu acheter des anciennes cellules de moines à des acquéreurs de biens nationaux, ou leurs successeurs. L'exemple le plus frappant est celui de l'ancienne chartreuse installée à la Croix-Rousse. Ainsi la congrégation des sœurs de St Joseph qui occupe encore les lieux mais dans des bâtiments qui ont fortement évolué au cours du temps !
[34] Cette dernière déménage significativement en 1890 de l'autre côté du Rhône. Pratiquement à la même date les Facultés s'installent également dans le même secteur, dans des bâtiments comme celui de la Préfecture édifiés à leur usage, alors qu'elles occupaient jusqu'alors... un ancien bien national congréganiste, l'ancienne abbaye bénédictine féminine de St Pierre, au nord de la Presqu'île.

La modeste taille des établissements peut s'expliquer par le fait de l'environnement urbain qui augmente les prix, et aussi une certaine pression foncière dans une ville en expansion démographique et économique tout au long du siècle. Que les établissements les mieux lotis en superficie se situent sur les marges, là où la densité urbaine et les prix sont moins élevés, comme le montre de façon presque caricaturale l'exemple de St Jean de Dieu déjà évoqué n'a rien d'étonnant. La concentration à proximité du sanctuaire de Fourvière, ne s'explique pas uniquement par le désir de se rapprocher d'un lieu de pèlerinage connu dans la France entière et cher au cœur des catholiques lyonnais, mais il s'agit d'une zone souvent difficilement constructible, d'un accès difficile et où les congrégations peuvent facilement se développer sans grande concurrence. En effet sur un périmètre réduit autour de la basilique (une petite centaine d'hectares) Fourvière a été le lieu d'accueil d'une vingtaine de couvents qui occupent un tiers environ de la superficie considérée. Les activités de ces congrégations sont peu tournées vers les besoins du quartier et pour cause, mais orientées en grande partie vers la vie interne de la congrégation concernée. La moitié de ces établissements sont ou des communautés indépendantes ou des maisons-mères et il est significatif alors que Lyon compte peu de congrégations contemplatives (8), 3 soient installées dans ce secteur : les religieuses de l'Adoration de Jésus Hostie, les carmélites et les visitandines. Cette concentration donne évidemment une physionomie particulière au quartier où la maison religieuse n'est plus seulement une maison à caractère spécifique enkystée en quelque sorte dans le tissu urbain mais vraiment un élément constitutif, d'où l'impression de ghetto non seulement parce que l'implantation foncière est importante mais surtout parce que les couvents n'ont guère l'occasion de se tourner vers un extérieur proche, puisqu'ils forment l'ossature même du quartier.

Mais il ne faudrait pas l'interpréter systématiquement comme un repli général des congrégations sur l'entre-soi et un mépris du monde, même si cette tendance a fortement existé dans l'Église, n'oublions pas dans le *Syllabus* l'anathème le plus connu : « l'Église peut et doit transiger avec le monde moderne » [35] car de fait les établissements en très large majorité se consacrent à l'enseignement et à l'assistance et ils essayent de se situer près de leur « clientèle » et si comme nous avons pu le constater par l'examen des différentes cartes les congrégations déménagent au cours du siècle, c'est justement pour se rapprocher de leur clientèle et/ou être situées dans un lieu qui correspond mieux à leur activité ou genre de vie.

L'examen des deux cartes suivantes montre une certaine distorsion entre les lieux de la première implantation de l'établissement principal et ceux relevés en 1900 : augmentation de la Rive gauche et de Fourvière au détriment de la Croix-Rousse et de la Presqu'Île [36]. On peut émettre l'hypothèse, souvent confirmée par des études au cas par cas que le premier lieu est le fruit des circonstances alors que celui de l'implantation définitive est celui de l'ajustement à la situation.

Quelques exemples indiquent la tactique. Deux congrégations nouvelles prenant acte des conditions difficiles des ouvriers engendrées par la révolution industrielle

---

[35] Le *Syllabus*, catalogue des erreurs modernes dressé à la suite de l'encyclique *Quanta cura* de Pie IX date du 8 décembre 1864.
[36] Cartes 8 et 9.

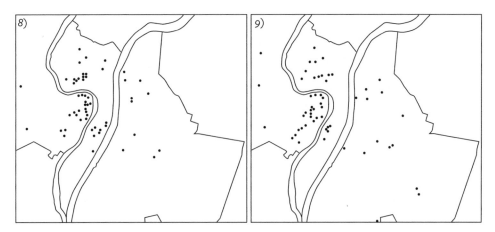

Première Implantation au cours du siècle   Implantation en 1900 (établissement principal)
(établissement principal)

et veulent se mettre à leur service : les petites sœurs de l'Assomption et les sœurs du Prado s'installent directement à la Guillotière, là où se trouve le prolétariat de ce type [37]. Les jésuites se sont réinstallés dès qu'ils l'ont pu dans la capitale des Gaules et ont choisi le quartier d'Ainay, assurés de se trouver à proximité d'élèves potentiels [38], or à la veille de la loi sur les associations ils ouvrent un superbe second collège, aux Brotteaux là où une nouvelle bourgeoisie issue en partie de la révolution industrielle investit le quartier et où s'est ouvert quelques années auparavant un second lycée public de garçons. De fait la localisation représente un enjeu pour « contrôler » la jeunesse. Cette concurrence entre enseignement, dans ce cas public et privé, joue aussi en interne, même si ce n'est pas pour les mêmes raisons, car les congrégations veulent défendre leur pré carré. Ainsi les dames de l'Assomption qui dans ce même quartier ont établi un pensionnat en 1883 se plaignent à l'archevêque de ce que les religieuses de Nazareth en 1892 veulent en faire autant car elles craignent une baisse d'effectifs, le public visé étant le même [39].

De cette tactique efficace j'en veux pour preuve a contrario le faible nombre d'échecs, c'est-à-dire de congrégations qui après une première installation disparaissent du paysage urbain. Nous n'en avons trouvé que deux : les religieuses de N.D. d'Afrique qui installées vers la fin du siècle ont déjà quitté la ville en 1898 et les petites servantes des Pauvres Malades, fondation lyonnaise d'une œuvre semblable à celle des petites sœurs de l'Assomption, qui ne durèrent qu'une vingtaine d'années, de 1862 jusqu'aux environs de 1880. Il est vrai que leur déménagement de la Guillotière

[37] Les petites sœurs de l'Assomption ont été fondées à Paris, en 1865, par le père Pernet, religieux des augustins de l'Assomption. Le père Chevrier a fondé les pères du Prado et les sœurs du même nom à Lyon dans les années 1860. Les dates de fondation correspondent au développement de la première révolution industrielle en France, sous le Second Empire.
[38] Ainay est le lieu de résidence privilégié de la noblesse et de la vieille bourgeoisie d'Ancien Régime.
[39] Les dames de l'Assomption ont été fondées en 1839 par Marie-Eugénie Milleret de Brou, pour l'instruction des filles de la grande bourgeoisie et de la noblesse, comme les religieuses de Nazareth en 1822.

à Fourvière n'était guère propice à leur activité, preuve de l'importance d'une bonne localisation. Si nous descendons au niveau des essaimages je n'ai trouvé que quatre fermetures, certes par définition les vaincus laissent peu de traces, mais de toutes façons elles représentent un phénomène marginal. Nous pouvons affirmer qu'au-delà des histoires particulières il y a bien stratégie globale et dynamique certaine.

Autre caractéristique, ce patrimoine n'est nullement spéculatif, à la différence de ce qui se passait sous l'Ancien Régime, dans la mesure où nous ne trouvons pratiquement pas de biens loués pour en toucher un revenu, et dans ce cas le plus souvent il s'agit d'une situation transitoire. Par exemple, lorsqu'en 1843 les religieuses du Cénacle achètent une maison près de Fourvière, elle est en partie occupée par un marchand d'objets de piété qu'elles auront quelques difficultés à faire partir. Ainsi ce patrimoine est le support correspondant aux activités et au genre de vie des congrégations. Distribué dans tous les quartiers suivant une géographie sélective, il est le fruit d'une politique foncière réfléchie et peu hasardeuse, sous l'apparent foisonnement des essaimages et fondations, même si les difficultés pour l'acheter ou le construire et le développer n'ont pas toujours été simples.

UN FINANCEMENT COMPLEXE

Passons sur les difficultés inhérentes à la recherche d'un local adéquat ou du moins le moins inadéquat possible communes à tout un chacun, particulier ou collectivité [40]. En effet les congrégations construisent rarement, surtout lors d'une première implantation, ex nihilo. La première implantation n'est souvent qu'un modeste immeuble voire un simple appartement, le plus souvent mal adaptés à une communauté religieuse. Et le premier souci est d'établir la chapelle, dans la plus belle pièce. Ce n'est qu'après un laps de temps plus ou moins long que la congrégation se lance dans des constructions, grandissements, modifications donnant lieu à un bâtiment spécifique marquant le paysage urbain [41].

Je ne m'attarderai pas non plus sur le cas le plus simple : celui du déménagement pour lequel le prix de vente du premier bien sert à financer le second. Certes il peut arriver qu'un bien soit donné directement à la congrégation, et même par l'État, soulignant une fois de plus son ambivalence envers les congrégations ! Il faut relativiser le fait, car il ne s'est produit que deux fois sous le Premier Empire au profit des frères des Écoles chrétiennes et les sœurs de St Charles alors que l'État avait le souci de développer l'enseignement primaire, complètement désorganisé par la Révolution, sans avoir tous les inconvénients [42]. Un état non daté récapitulant, quoiqu'avec de nombreuses lacunes, les acquisitions des biens acquis entre 1825 et 1859, indique

[40] On en trouve quelques récits dans les archives privées des congrégations comme dans le *Récit de nos origines*. AP Cénacle: Récit de fondation, manuscrit, fin du XIXe siècle. Les religieuses du Cénacle furent fondées au XIXe siècle à Lalouvesc dans l'Ardèche pour animer des retraites spirituelles.

[41] Ces constructions typées concernent essentiellement l'établissement principal de Lyon.

[42] Ces deux congrégations furent fondées au XVIIe siècle pour l'instruction des enfants des classes populaires. St Charles est une création lyonnaise. Ces congrégations avaient l'avantage d'avoir un personnel formé.

la part respective des acquisitions proprement dits et des bâtiments donnés [43]. Ces derniers représentent 40% en valeur de l'ensemble et il est probable que même les acquisitions directes au moins en partie aient été facilitées par des dons « manuels » littéralement de la main à la main mais qui ne laissent guère de trace pour l'historien.

Mais si le don de tout ou partie d'un bâtiment peut apparaître a priori comme une bonne affaire, il faut nuancer car il n'est pas forcément en bon état et ne convient pas toujours, ce qui entraîne des tensions avec le donateur, comme parmi d'autres le Cénacle en a fait l'expérience malheureuse dans les années 1840 [44]. Et dans certains cas la congrégation bénéficiaire a revendu le bâtiment et le produit a été réinvesti dans un achat plus conforme à ses besoins [45].

Mais dans la majorité des cas, les congrégations en sont réduites à trouver par elles-mêmes les modalités de financement. Théoriquement les renseignements auraient dû nous être fournis par l'étude des budgets et comptes des congrégations, malheureusement nous n'en avons trouvé que quelques uns conservés au hasard des dossiers, à l'exception du Refuge St Michel où nous avons une série quasi continue de près d'un siècle [46]. L'examen de cet ensemble, même partiel montre que l'excédent des recettes, les comptes jonglent souvent dans un équilibre précaire, ne permet pas de financer une acquisition intégrale ; ce qui n'exclut pas que certains travaux d'amélioration ou d'agrandissement n'aient pu être financés par ce biais, mais cette source de revenus est insuffisante pour expliquer l'ensemble de l'expansion patrimoniale [47].

Lors d'une acquisition d'un bien les congrégations autorisées sont tenues de fournir à l'administration l'origine des liquidités servant à l'achat, même si la description en est succincte les dots apparaissent souvent en bonne place, cette utilisation est d'ailleurs confirmée par une lettre de la supérieure des ursulines qui affirme au préfet en 1846, « le produit des dots a servi aux achats » [d'une maison] [48]. Utilisation d'autant plus surprenante que les canonistes spécifient que les dots ne doivent pas être intégrées au patrimoine de la congrégation, mais relativement fréquente dans la mesure où a contrario les biographies, récits divers font l'éloge de supérieures ou de maitresses de novices, ne regardant que les qualités de la postulante et non sa dot ! En dehors même des dots, il est fait appel à la fortune personnelle des congréganistes,

---

[43] ADR, V 257 : Enquêtes et renseignements divers. Cet état ne concerne que quelques congrégations reconnues, il ne peut être considéré comme un sondage représentatif.

[44] AP Cénacle : Récit de fondation, manuscrit, fin du XIXe siècle.

[45] Comme les petites sœurs des Pauvres qui revendent assez mal d'ailleurs une maison reçue en legs en 1872 et dont le prix de vente servira pour moitié à l'agrandissement de leur maison de la Croix-Rousse. ADR, V 271 : Enquêtes et renseignements divers. Cette congrégation tient des maisons pour personnes âgées sans ressources.

[46] Dossiers épars dans ADR, V et AML pas de série continue. AP Refuge St Michel. Congrégation fondée à Lyon au début du XIXe siècle pour le relèvement des « filles tombées ». À cette exception près, les archives des congrégations nous sont restées fermées sur ce point.

[47] Nous avons un exemple précis d'acquisition partielle pour la congrégation St Joseph. ADR, V 271 : Enquêtes et renseignements divers.

[48] ADR, V 274 : Enquêtes et renseignements divers. « Le produit », c'est-à-dire le capital d'après le contexte.

ou de leur famille [49]. Les témoignages de ce type, nombreux tendent à prouver que les apports individuels quelque soit la forme prise étaient nécessaires à l'équilibre financier et aux investissements du groupe.

Mais les congrégations ne peuvent vivre uniquement de leurs propres fonds, même augmentés de ceux de leurs membres ; il leur faut faire appel aux dons dont la collecte peut prendre des formes variées. En effet informel ou bien structuré, comme le rappelle un rapport de 1819 concernant les filles de la Charité « tous les établissements propres de la Congrégation sont soutenus par des Associations de Messieurs ou Dames » [50] pratiquement chaque congrégation possède un réseau de soutien et de bienfaiteurs. Même si toutes à l'instar des capucins n'ont pas la chance d'avoir parmi eux une famille importante de banquiers, comme celle de la « Veuve Guérin » [51]. Sont également lancées des souscriptions qui permettent d'agrandir le cercle des donateurs réguliers. Le Refuge St Michel a recueilli plus de 157 000 fr. ainsi qui ont servi à la construction d'une chapelle. Des quêtes exceptionnelles sont également organisées. Même si tous les fonds recueillis ne sont pas forcément utilisés à cette fin patrimoniale, ils y ont contribué.

Nous avons également dépouillé les legs reçus par les congrégations officiellement enregistrés par l'administration tout au long du siècle. Ils représentent 10% de l'estimation du patrimoine selon l'enquête de 1900 [52]. Chiffre qui peut paraître faible mais l'enregistrement ne concerne que les legs et non les dons, et uniquement ceux en faveur des congrégations autorisées. Grâce toujours aux Archives du Refuge St Michel, nous avons pu comparer les dons et legs réellement reçus à ceux qui furent répertoriés. Or les legs « officiels » ne représentent que 5% du total, même si le Refuge n'est pas entièrement représentatif de toutes les congrégations, cette distorsion n'en reste pas moins significative. En outre les sources de l'époque, récits de fondation, biographies diverses, enseignements tirés des archives etc. mettent en exergue la figure du donateur. En dépit d'un effet de rhétorique, ces renseignements corroborent ce que les données chiffrées fragmentaires nous indiquent : l'importance des dons comme élément primordial de la constitution du patrimoine.

Malgré la conjugaison de sources différentes elles ont souvent des difficultés à trouver la totalité des liquidités nécessaires à une acquisition, recourant alors à des payements échelonnés. Cependant nous n'avons pas trouvé un seul exemple de bien revendu en raison d'une impossibilité de payement, preuve d'une gestion rigoureuse.

S'il n'y a pas un modèle unique de financement, force est de constater que les congrégations dans une société en pleine mutation industrielle, dans laquelle par leurs œuvres elles se sont investies restent encore largement tributaires d'une économie traditionnelle du don et du contre-don par l'échange de biens matériels contre des biens spirituels [53].

---

[49] Nombreux témoignages en ce sens, ainsi la supérieure de la communauté de l'Adoration Réparatrice obtient la permission de consacrer son héritage à la construction du couvent de Lyon.
[50] ADR, V 257 : Enquêtes et renseignements divers.
[51] Une des principales banques d'affaires lyonnaises.
[52] ADR, OP : Dons et legs (1795-1901) non classés.
[53] Prières, messes pour les bienfaiteurs, satisfaction ou souhait réel de faire la charité etc.

CONCLUSION

Un patrimoine important s'est reconstitué patiemment, plus important de génération en génération, non sans heurts, le concept de « l'utilité sociale » ayant été la
brèche grâce à laquelle les congrégations ont pu s'engouffrer dans les mailles du filet
d'une législation hasardeuse. Piégées dans une attitude de défense devant la société,
retranchées dans la sphère du spirituel, elles n'ont pas su ou peut-être plus exactement n'ont pas pu élaborer une doctrine en ce domaine du patrimoine, et prises
par l'urgence des besoins elles ont géré finalement leur patrimoine suivant les principes du temps, c'est-à-dire le libéralisme, pourtant si fortement décrié par ailleurs.
Les congrégations jouant sur une double demande et un double discours : ad extra,
tenant le langage de l'utilité sociale et ad intra celui de la charité évangélique, ont
su drainer à leur profit un patrimoine, investi dans le social et le spirituel. Axées sur
la reconquête et traumatisées par la tourmente révolutionnaire, malgré les efforts
de renouvellement de la vie religieuse les congrégations n'ont pas vu que le monde
évoluait et, que la société moderne s'élaborait en dehors de l'Église lui contestant le
rôle qu'elle voulait jouer, et la marginalisant du même coup. Le monde « plein » des
congrégations allait vite devenir un monde « trop plein ». Dans ce contexte, que l'édifice juridique fragile, sur lequel elles avaient édifié leur reconstitution, et qui s'était
maintenu grâce à la tolérance tacite des gouvernements successifs, s'effondre de par
la volonté d'un autre moins favorable et les congrégations subiront de plein fouet le
choc des lois de 1901 et 1904, destinées dans l'esprit sinon du législateur, du moins
d'un certain nombre d'hommes politiques, à leur porter un coup fatal et partant aux
biens de mainmorte qu'elles possédaient. Mais l'Histoire ne repassant jamais deux
fois les mêmes plats, cette nouvelle dispersion n'aura pas et de loin l'ampleur de la
première.

Bibliographie

Sources principales

Archives privées de congrégations (AP).
Lyon, Archives départementales du Rhône (ADR)
    OP Dons et legs (1795-1901) non classés.
    V 257, 271, 274 : Enquêtes et renseignements
    divers.
Lyon, Archives municipales de Lyon (AML)
    2 P 9 : Manifeste anonyme.
Paris, Archives nationales de France (ANF)
    C 3215 : Enquête départementale de 1880 sur les
    biens des congrégations (Rhône).
    F 7 12320 : État de l'opinion sur l'application
    des décrets de 1880 ; dossiers départementaux
    (Rhône).
    F 20 735 : Enquête de 1860 sur l'ensemble des
    biens des congrégations (Rhône).
    F 33 209-228 : Bulletins des immeubles
    possédés ou occupés par les congrégations,
    communautés, associations religieuses en 1900.

Littérature

Bellarmin, Roger. *De controversiis christianae
    religionis*. Lyon, 1620.
Durand, Jean-Paul. *La liberté des congrégations
    religieuses*. Paris : Cerf, 1999, 3 vol.
Gadille, Jacques, éd. *Le diocèse de Lyon*. Paris :
    Beauchesne, 1983.
Gautrelet, François-Xavier. *Traité de l'état religieux,
    ou notions théologiques sur la nature de cet état
    et les devoirs qu'il impose*. Lyon : Périsse frères,
    1861[4], 2 vol.
Langlois, Claude. *Le catholicisme au féminin. Les
    congrégations françaises à supérieure générale
    au XIXᵉ siècle*. Paris : Cerf, 1984.
Langlois, Claude. « Les effectifs des congrégations
    féminines au XIXᵉ siècle : de l'enquête
    statistique à l'histoire quantitative ». *Revue
    d'histoire de l'Église de France*, 60 (1974) 164,
    39-66.

Minnerath, Roland. *Le droit de l'Église à la liberté.* Paris : Beauchesne, 1982.

Minnerath, Roland. *L'Église et les États concordataires.* Paris : Cerf, 1983.

Rémond, René. *L'anticléricalisme en France de 1815 à nos jours.* Paris : Fayard, 2007.

Rivet, Antoine. *Traité des congrégations religieuses.* Vanves : Action populaire, 1944.

Tarquini, Camille. *Juris ecclesiastici publici institutiones.* Rome, 1862.

Truchet, Bernadette. *Les congrégations dans la ville, leur patrimoine foncier et leurs fonctions à Lyon (1789-1901).* Thèse en lettres Université Lyon III, Jean Moulin, 1987, 3 vol.

Zimmermann, Marie. *Structure sociale et Église. Doctrines et praxis des rapports Église-État du XVIIIᵉ siècle à Jean-Paul II.* Strasbourg : CERDIC, 1981.

LUXEMBOURG 1789-1914 : ENTRE CIEL ET TERRE

....

LE MANAGEMENT HABILE DES ORDRES ET CONGRÉGATIONS

ROBERT L. PHILIPPART

Alors que les recherches foisonnent sur les ordres et congrégations d'Ancien Régime, l'historiographie des communautés religieuses du XIXᵉ siècle s'est surtout consacrée aux activités sociales des sœurs [1] et des pères installés à Luxembourg et aux biographies de leurs fondateurs [2]. Les questions relatives à la gestion des fortunes ne sont évoquées qu'en marge des études. Le travail des communautés qui s'exilaient à Luxembourg suite au *Kulturkampf*, puis au combat laïciste demeure largement méconnu. La thèse de doctorat de l'auteur [3] de cet article fut le premier travail à s'interroger sur une logique de spéculation immobilière et de souci urbanistique développé par les différentes communautés établies à Luxembourg. Des archives lacunaires, perdues ou éparpillées, inaccessibles ou mal inventariées expliquent largement le manque d'études à quoi s'ajoute aussi une certaine discrétion pour un sujet touchant aux relations entre l'État et l'Église. Pourtant, les archives des Travaux Publics ou de la ville de Luxembourg permettent d'avoir des précisions sur un terrain où jusque-là régnait un certain flou. En ce sens, cet article se propose de dresser un premier état des connaissances et d'inciter à la poursuite des recherches. Il porte un regard nouveau sur les relations entre l'État et l'Église, soulignant que les deux pouvoirs peuvent agir en confiance et complémentarité et dépasser les clivages idéologiques et philosophiques de leur époque.

Pour faire comprendre cette évolution, il faut d'abord faire un constat de la situation au lendemain de la Révolution française. Certes, il s'agissait pour l'Église, et plus particulièrement les communautés religieuses de reconquérir le terrain perdu

---

[1] Vasco Daniel, *Les congrégations féminines françaises de vie active dans le Grand-Duché de Luxembourg*.
[2] Leyder, *Die religiös politischen Verhältnisse in Luxemburg*.
[3] Philippart, *Luxembourg, de l'historicisme au modernisme*.

dans la tourmente révolutionnaire, mais les acteurs étaient conscients que pour cela il fallait se montrer utile à la société et s'arroger le soutien des masses populaires et des élites de gouvernance. Cette prise de conscience de s'investir dans le social peut être considérée comme phase de décollage. Pour ne pas tomber dans l'activisme, il fallait se spécialiser pour ne pas se concurrencer. Ensuite, on comprendra la structure des revenus et l'implication des autorités civiles. S'ensuit une stratégie dans l'immobilier qui concerne la mise en place et l'expansion d'infrastructures de travail. La dernière partie de l'article souligne à quel point l'investissement dans le foncier suit l'étalement de la ville hors de ses remparts démantelés à partir de 1867 et se fonde en même temps sur une recherche de proximité des populations qu'on voulait servir.

LES EFFETS DE LA RÉVOLUTION FRANÇAISE

L'intégration de la ville de Luxembourg au département des Forêts de la République française entraîna la suppression de cinq ordres religieux et de dix refuges d'abbayes implantés dans la cité. Étaient visés par ce décret les couvents des pères franciscains, des capucins, des dominicains, des jésuites et des bénédictins. L'hospice St Jean fut attribué au bureau des pauvres de la ville. Le couvent du St Esprit avait déjà été supprimé en 1783. L'État confisqua aussi les refuges des abbayes d'Orval, du St Esprit, d'Echternach, le grand et le petit refuge de St Maximin de Trèves, les refuges des abbayes de Munster, de Marienthal, de Clairefontaine, de Differdange et de Bonnevoie. La majorité de ces maisons se trouvait dans un bon état. La plupart était vendue à des bourgeois fortunés, qui les transformaient en exploitations commerciales ou artisanales. D'autres furent récupérés pour les besoins de la forteresse ou de la municipalité [4]. Ces confiscations laissaient de profondes marques dans la mémoire collective.

Alors que les ordres contemplatifs sont interdits, les congrégations de Sainte Elisabeth, implantée à Luxembourg depuis 1671, et de Notre Dame de Luxembourg, existant depuis 1627 [5], pouvaient survivre, sous forme laïcisée. Elles étaient autorisées, la première à s'occuper des orphelins et davantage encore des malades, la seconde à enseigner. L'État ne pouvait se passer de leurs services. La ville allait même loger tant les dix sœurs de Ste Elisabeth que les neuf sœurs de la congrégation Notre Dame.

Les activités d'infirmerie, de soin des malades et de surveillance des orphelins aux qu'elles s'adonnaient les sœurs de Sainte Elisabeth, étaient soumises à la loi du 7 octobre 1796 qui conservait aux hospices civils la jouissance de leurs biens, rentes et redevances. Des commissaires vérifiaient les comptes, la nomination des employés, les fournitures d'aliments. Les comptes devaient être approuvés par l'administration communale [6]. La ville soutenait activement le fonctionnement de l'hospice civil en lui accordant des subsides, dont la valeur augmenta ou diminua suivant les urgences dues à une épidémie [7]. De 1796 à 1807 les sœurs laïcisées et dispersées de la congrégation

---

[4] Koltz, *Baugeschichte der Stadt und Festung Luxemburg*, I, 358-379.
[5] ARSS : Annales de la communauté de Ste Sophie de 1808 à 1817.
[6] Ruppert, *Code politique et administratif du Grand-Duché de Luxembourg*, 399.
[7] Franz, *Die Stadtgemeinde Luxemburg*, 113-114.

Notre Dame, actives dans l'enseignement des jeunes filles, donnaient cours dans des maisons privées. En 1807, Mgr Jauffret, évêque de Metz, fonda l'association des dames de la Providence ou de Sainte Sophie, dans le but d'y réunir les religieuses des différents ordres que la Révolution avait rejetées dans le monde. Les anciennes religieuses de la congrégation entrèrent dans cette association. À partir de 1808, elles reprirent leur œuvre sous le nom de dames de Sainte Sophie de Charleville [8]. Leur maison fonctionnait à partir de 1817 en toute indépendance de toute supérieure générale étrangère.

1842 MARQUE LE DÉCOLLAGE DES ORDRES ET CONGRÉGATIONS

L'Église catholique souffrait de l'héritage du gallicanisme et du joséphisme d'Ancien Régime. Le concordat de 1801 et les articles organiques annexés, refoulaient l'Église dans une position de musellement et de subordination à l'État. Cette situation arrangeait bien la bourgeoisie dont l'appartenance au milieu libéral ou même libre-penseur était manifeste [9]. Jusqu'en 1842 le nombre de sœurs était limité à dix par congrégation. Elles devaient renouveler leurs vœux tous les trois à cinq ans [10].

Or, l'Église ne pouvait accepter ni cette « tabula rasa » de la Révolution, ni ce musellement, et voulait regagner à sa position d'Ancien Régime [11]. Une politique habile, proche du pouvoir et des fortunes, réussit à ce que quinze communautés religieuses s'établirent à Luxembourg-ville au cours du XIXe siècle [12]. De 19 sœurs au lendemain de la tourmente révolutionnaire, le nombre des religieux actifs en ville frôlait au moment de l'éclat de la Première Guerre mondiale les 360 personnes [13]. Le nombre des prêtres actifs sur l'ensemble du territoire national oscillait entre 1900 et 1925 entre 439 et 432 personnes [14].

Cette évolution n'aurait été possible sans la création, en 1840, du vicariat apostolique de Luxembourg avec à sa tête, Mgr Jean-Théodore Laurent, nommé en 1842. Son objectif était d'attirer à Luxembourg des ordres et congrégations susceptibles de réveiller la foi. Il voulait mettre en place une éducation religieuse du peuple et garantir le soin des malades, des infirmes et des handicapés mentaux. Les

[8] Harpes, *Vieilles demeures nobiliaires et bourgeoises de la ville de Luxembourg*, 153.
[9] Hellinghausen, « Ultramontanisme et libéralisme au Grand-Duché », 57-58.
[10] Leyder, *Die religiös politischen Verhältnisse in Luxemburg*, 38.
[11] Hellinghausen, « Ultramontanisme et libéralisme au Grand-Duché », 57.
[12] Aux congrégations Notre Dame de Luxembourg et de Ste Elisabeth ayant survécues à l'Ancien Régime s'ajoutaient les ordres des rédemptoristes, jésuites, du Sacré Cœur de Jésus, des dominicains, les frères assomptionnistes, les congrégations des sœurs franciscaines de la Miséricorde, de la Doctrine chrétienne, des sœurs de St Joseph, de Charles Borromée, du Carmel, des dominicaines, des franciscaines de Milwaukee, les sœurs du Bon Pasteur.
[13] Cette estimation se fonde sur les signatures des statuts des différentes communautés, les chiffres partiellement publiés aux *Kirchlicher Anzeiger*, les travaux historiques consultés, le nombre de cellules prévues sur les plans des couvents construits au cours de la période étudiée.
[14] *Évolution du clergé catholique 1870-2008*, 15.

communautés religieuses devaient occuper le vide créé par la Révolution [15]. Laurent mit tout en œuvre pour réussir ses ambitions. Or, la voie du succès était parsemée d'embûches. Le tempérament du vicaire apostolique était à l'origine de nombreuses tensions avec le pouvoir en place. Il dut quitter le pays en 1848. Néanmoins, il réussit l'essentiel de son programme : dès 1842 les congrégations pouvaient accepter des novices sans restrictions. Cette liberté fut la plus importante de toutes, car elle garantit l'expansion. Pour Mgr Laurent, les sœurs pouvaient même être d'origine étrangère, pourvu qu'elles soumettent leurs statuts au souverain, et qu'elles observent les lois de l'État [16].

Or, le statut juridique des communautés religieuses demeurait flou pendant plusieurs années. La constitution de 1841 ne reconnut pas la liberté d'association, laissant les congrégations dans l'incertitude la plus complète quant au maintien ou à l'abrogation des dispositions antérieures à 1830. Celles de 1848, 1856 et 1868 ne dissipaient pas toute ambiguïté, tantôt elles exceptent les « corporations religieuses » de la liberté d'association, tantôt elles suppriment celles-ci. Enfin, toute corporation religieuse dut être autorisée par une loi [17]. À défaut de ou dans l'attente d'une reconnaissance, les pères et sœurs devinrent actifs devant le notaire en leur nom personnel pour acquérir, à titre personnel ou en copropriété [18], des propriétés pour le compte de leur communauté religieuse respective. Pour ne pas rencontrer des problèmes avec le gouvernement, ces dignitaires religieux n'achèteront que de main privée [19].

Voulant éviter toute assimilation à une corporation, les pères rédemptoristes, en 1851, se passèrent de toute reconnaissance officielle et s'organisaient sur base du droit général de libre association [20]. Ils préféraient régler leurs affaires par le biais de l'Association Sainte Famille qu'ils avaient fondée en 1852 comme confrérie de droit canon dans le but de combattre la sécularisation [21]. Les sœurs franciscaines se firent reconnaître en 1855 comme corporation religieuse [22]. La congrégation Notre Dame jouit des droits civils à partir de 1857 [23]. Celle des carmélites constituée en 1872 sous le nom d'Union de Sainte-Zithe pour les Servantes Chrétiennes érigée en congrégation en 1875, fut agréée en 1886, à la veille d'ambitieux projets de construction [24]. La requête en reconnaissance des sœurs de Ste Elisabeth se fit en 1893, suite à un débat houleux à la Chambre des députés. Pendant une certaine période, il suffisait d'informer le gouvernement pour être en règle avec la constitution [25]. Les sœurs de

[15] Trausch, *Le Luxembourg à l'époque contemporaine*, 99.
[16] Wynants et Paret, « Les religieuses de vie active », 218.
[17] Thill, *Documents et textes relatifs aux constitutions et institutions politiques luxembourgeois*, 41.
[18] ANL, Minutier central des notaires, Arnold Schaack, répertoire 1896-1903. Sept pères dominicains acquièrent un terrain à Hollerich en vue d'y construire une église.
[19] Barthel, *Mutter Maria Dominika Klara Moes*, 223.
[20] Leyder, *Elisabeth Duffaing*, 183 ; Zobel, *Festgabe zum 25 jährigen Jubiläum der heiligen Familie*, 7.
[21] Weis, « Zum hundertjährigen Bestehen des Redemptoristenklosters in Luxemburg », 55 ; Zobel, *Festgabe zum 25 jährigen Jubiläum der heiligen Familie*, 18.
[22] Ludmann, « Mutter Franziska und die Zivilbehörden », 33.
[23] Harpes, *Vieilles demeures nobiliaires et bourgeoises de la ville de Luxembourg*, 46-47.
[24] *Geschichte und Tätigkeit des regulierten dritten Ordens*, 57.
[25] Rauch, « Une épopée de la foi, la genèse du Carmel du Cents », 1 ; Weber, *La condition juridique des congrégations religieuses au Grand-Duché de Luxembourg*, 331.

la Doctrine chrétienne géraient à partir de 1912 l'école normale comme institution privée [26]. Une solution définitive au problème de reconnaissance ne fut trouvée qu'en 1915, respectivement 1928 lorsque la loi sur les sociétés commerciales autorisa les couvents et congrégations à se constituer en sociétés anonymes, respectivement en sociétés sans but lucratif [27].

SE SPÉCIALISER POUR NE PAS SE CONCURRENCER

Les autorités communales en charge de la bienfaisance publique et de l'instruction manquaient de ressources, alors que l'État libéral préférait investir dans le développement économique [28]. Elles privilégiaient ces missions aux congrégations de vie active et aux institutions de charité privées qui trouvaient dans le domaine de l'instruction de base et de la santé leur terrain de prédilection.

La loi sur l'enseignement primaire de 1843 et celle sur l'enseignement secondaire (1848) donnaient à l'école publique un caractère confessionnel. Cette situation appela une plus forte présence de clergé, de sœurs et de pères actifs dans l'enseignement. L'obligation scolaire promulguée en 1881 renforça encore le besoin en enseignants. Pour y parvenir, Mgr Laurent avait trouvé en 1846 [29], des pères rédemptoristes autrichiens actifs dans les missions paroissiales. Les remous sociaux de 1848 précipitèrent leur installation en 1851. Les pères assumaient les rôles d'auxiliaires pour le clergé séculier, de prédicateurs et de directeurs spirituels pour les laïcs [30]. Ils s'occupaient par ailleurs de la formation de la jeunesse masculine, dont les élèves de l'athénée, les séminaristes, les étudiants des progymnases de Diekirch et d'Echternach, les soldats du bataillon luxembourgeois, les apprentis-artisans. Ils assuraient encore la formation des membres des différentes congrégations [31]. Les congrégations de femmes, à leur tour, prirent en charge l'éducation des jeunes filles.

Le Roi Grand-Duc Guillaume II demanda aux autorités luxembourgeoises d'accorder des facilités aux sœurs de congrégations françaises, pour leur permettre d'enseigner au Luxembourg. L'État sollicita ainsi la maison mère des sœurs de la Doctrine chrétienne à Nancy pour envoyer à Luxembourg des Lorraines pratiquant le français ou l'allemand. Il exigea encore que la maison mère de Nancy préparait des Luxembourgeoises à enseigner au Grand-Duché. Les sœurs poursuivaient une double mission : former des enseignantes et assurer l'instruction de la jeunesse. La création de l'école normale d'instituteurs en 1843 avait incité les sœurs de la Doctrine chrétienne à faire fonctionner une école normale avec pensionnat pour aspirantes institutrices [32]. En 1855 elles prenaient en charge l'École normale des institutrices,

[26] *Die Kongregation der Schwestern der christlichen Lehre*, 58.
[27] ACT, Matrice cadastrale des propriétés foncières à bâtir et non bâties, communes de Luxembourg, Eich, Rollingergrund et Hollerich.
[28] Philippart, *Luxembourg, historicisme et identité visuelle d'une capitale*, 133.
[29] Weis, « Zum hundertjährigen Bestehen des Redemptoristenklosters in Luxemburg », 53.
[30] Zobel, *Festgabe zum 25 jährigen Jubiläum der heiligen Familie*, 10.
[31] Ibidem, 8.
[32] Wynants et Paret, « Les religieuses de vie active ».

définitivement constituée [33]. En 1891, le ministre d'État, Paul Eyschen leur demanda de mettre en place une école ménagère avec section agricole pour jeunes filles. 14 à 15 sœurs encadraient quelque 98 élèves. La nouvelle loi scolaire de 1912 prolongeait la scolarité obligatoire de six à sept ans et introduit les « cours post-scolaires ». Les sœurs se montraient flexibles et offraient dès la rentrée 1918 ce type de formation, ainsi que des cours préparant aux diplômes de maîtresses d'ouvrage manuel et d'enseignement ménager [34]. La congrégation enseignait à partir de 1859 dans 25 localités du pays et comptait quelque 51 fondations [35].

Les sœurs actives dans l'enseignement se gardaient bien de ne pas concurrencer les congrégations actives dans le secteur des soins médicaux ou de la charité. Ces dernières profitaient de la généralisation de la pensée hygiéniste qui mit en avant le souci de la santé publique. Elles réalisaient que les soins des personnes fragilisées permettaient d'évangéliser les masses ; elles pressentaient le besoin du gouvernement de disposer d'une population en pleine force de travail pour servir l'économie [36]. Les sœurs de Sainte Elisabeth et de Saint François se partageaient ainsi le monde que représentent les malades, les infirmes, les aliénés, les orphelins, les prisonniers, dont le gouvernement ou une commune allait lui confier le service. La loi les autorisa par ailleurs à ouvrir par elles-mêmes des hospices, refuges, pensionnats ou orphelinats ou de desservir de tels établissements appartenant à des particuliers [37]. Chaque congrégation sélectionnait sa clientèle-cible. Elles assuraient la direction de l'économat, la surveillance ou l'infirmerie au sein des infrastructures sociales de l'État ou de la municipalité [38]. L'assurance maladie (1901) obligatoire des ouvriers, progressivement étendue aux autres couches sociales, leur permit de se lancer dans l'exploitation d'hôpitaux privés [39]. Leurs internats ou cliniques fonctionnaient sans le recours à la constitution de sociétés en commandite par actions ou d'établissements d'utilité publique [40].

À l'hospice civil, quelque 13 sœurs de Ste Elisabeth s'occupaient en 1860 des 145 malades et invalides [41]. Une douzaine de sœurs prit soin des 54 à 114 vieilles personnes vivant à l'hospice de la Fondation Jean-Pierre Pescatore, appartenant également à la ville [42]. La congrégation gérait encore l'hospice central et l'orphelinat de l'État [43]. Les sœurs de Ste Elisabeth se mirent encore au service de l'évêché en assurant les services domestiques et d'infirmerie aux quelque 135 à 250 étudiants installés au Convict [44]. À la Maison des Œuvres elles s'occupaient des jeunes filles, de la charité maternelle,

[33] Rupprecht, *Logements militaires à Luxembourg*, 389.
[34] « École privée Fieldgen, historique ».
[35] Wynants et Paret, « Les religieuses de vie active », 225.
[36] Philippart, *Luxembourg, de l'historicisme au modernisme*, II, 1101-1109.
[37] Loi du 3 avril 1893. *Mémorial. Journal Officiel du Grand-Duché de Luxembourg*, 20 (1893), 215.
[38] Ruppert, *Code politique et administratif du Grand-Duché de Luxembourg*, 1179.
[39] Hess, « Jean-Pierre et Rodolphe Brimmeyr », 474.
[40] *Annuaire des sociétés par actions du Bas-Rhin, du Haut-Rhin, de la Moselle, du Luxembourg, du territoire de la Sarre*, 809 ; Majerus, *L'État luxembourgeois*, 336-338.
[41] Holzmacher, « Das Bürgerhospiz », 21.
[42] *Fondation J.-P. Pescatore*, 44.
[43] Koltz, *Baugeschichte der Stadt und Festung Luxemburg*, II, 206.
[44] « 75 Jahre bischöfliches Konvikt », 33.

du cercle de lecture [45]. Elles se lancèrent dans les soins des malades et incurables en ouvrant une clinique à la place du Théâtre, puis au boulevard Joseph II. Au plateau du Rham elles géraient l'école des sourds-muets, un orphelinat (170 enfants en 1891), un home pour personnes âgées [46]. En dehors de la capitale, cette congrégation gérait encore une maison de retraite à Bettembourg [47], assurait la surveillance et l'infirmerie à l'hospice des aliénés de l'État à Ettelbruck et exploitait pour le compte de leurs municipalités respectives les hospices à Remich et à Diekirch [48].

Les sœurs franciscaines s'étaient spécialisées dans le soutien aux pauvres, aux prostituées, aux prisonniers, aux orphelins et assuraient les soins des malades à domicile. Elles assuraient encore la formation des jeunes ouvrières (Jeunes Économes) et exploitaient leur clinique « St Joseph », et l'hôpital ophtalmologique « St François ». L'institution comporta 30 lits, dont deux gratuits pour les indigents. La congrégation dirigea encore des orphelinats à Itzig (1865) et à Grevenmacher et tenait des filiales près de Liège (1894), à Mersch (1889), à Clervaux (1890), à Dalheim (1894) et à Hollerich (1912) [49]. L'évolution du nombre de sœurs fut impressionnante, et s'explique par le rang social qu'occupaient les religieuses à l'époque. Une carrière suivie au sein d'une congrégation assura aux femmes une formation plus poussée et leur garantissait l'exercice d'une profession à caractère social.

Les communautés venues s'installer à Luxembourg dans la foulée du *Kulturkampf*, respectivement du combat laïciste, étaient moins impliquées dans la vie sociale et locale. Les pères jésuites venus d'Exaeten s'occupaient essentiellement de la rédaction de leur revue *Stimmen aus Maria Laach* qu'ils éditaient en Allemagne. Ils n'intervenaient qu'occasionnellement comme prédicateurs à la cathédrale. Les franciscaines de Milwaukee, dépendant de la maison de Strasbourg, et les pères du Sacré Cœur venus de Coblence ouvraient à Luxembourg des scolasticats [50]. Subsidiairement, ces pères travaillaient comme assistants dans les paroisses locales. Les sœurs de St Joseph de Bourg en Bresse étaient mieux intégrées comme elles s'occupaient de la formation des jeunes filles des ouvriers des usines et manufactures de la périphérie nord de Luxembourg non couverte par l'action des congrégations établies en ville [51].

Leur choix en faveur de Luxembourg comme lieu d'établissement était favorisé par le caractère libéral des constitutions de 1856 et 1868 qui garantissaient la liberté des cultes, celle de leur exercice public, la liberté de manifester ses opinions religieuses. Le bilinguisme de la population indigène, la liberté de réunion, et l'appartenance du Grand-Duché à l'union douanière des États allemands, la transformation de la ville-forteresse de Luxembourg en capitale politique et épiscopale, jouaient en faveur

[45] Rupprecht, *Logements militaires à Luxembourg*, 70-71.
[46] Koltz, *Baugeschichte der Stadt und Festung Luxemburg*, II, 204-205.
[47] Eischen et Dondelinger, *Bettembourg à la Belle Époque*, 19.
[48] Wynants et Paret, « Les religieuses de vie active », 223.
[49] Rupprecht, *Logements militaires à Luxembourg*, 75, 417.
[50] Krier, « Das Schriftstellerheim der deutschen Jesuiten in Luxemburg » ; Malget, *Bischof Johann-Joseph Koppes*, I, 48.
[51] Commission culturelle de l'Archevêché de Luxembourg - Conférence nationale des religieuses du Luxembourg, *Pour que l'homme vive*, 94.

Hôpital St François

de leur implantation. Le raccordement ferroviaire de la capitale à ses pays voisins fut un autre avantage pour ses ordres, dont l'objectif n'était que de s'installer à titre provisoire. Les activités des communautés autochtones ne les intéressaient guère.

LES REVENUS

L'implantation des instituts religieux dans la ville de Luxembourg n'était possible qu'avec des ressources stables. Les activités des instituts religieux généraient une source de revenus importants, souvent subsidié par l'État. Mais les ressources n'étaient pas limitées à l'enseignement et aux activités d'assistance. Les dotes, le mécénat, les donations et legs et les recettes du patrimoine mobilier et immobilier, dans un brassage typique pour chaque institut, contribuaient à la survie et le développement des instituts. L'ensemble de ces recettes permirent tant aux sœurs qu'aux pères rédemptoristes [52] d'assurer leurs services sociaux à titre gratuit aux plus démunis.

Les dotes que les religieux devaient verser à leur communauté servaient de ressources de base [53]. Les statuts des congrégations et ordres conservent aux sœurs et pères la propriété des biens, meubles, rentes et obligations qu'ils possèdent ou pourront acquérir. Leurs statuts publiés au journal officiel *Mémorial* signalent qu'à leur décès, ces propriétés reviennent à la communauté religieuse sans que les héritiers des sœurs ou pères décédés y puissent prétendre un droit quelconque [54].

À côté de ces revenus, les congrégations bénéficiaient encore de recettes ordinaires que l'État, la municipalité ou les assurances sociales leur versaient en contrepartie des services publics, respectivement de l'enseignement et des activités assurés dans le secteur de la charité. La participation générale de l'État ou de la municipalité au fonctionnement de leurs services, évitait aux sœurs, respectivement aux pères d'être officiellement reconnus comme salariés publics. Ainsi, l'État réserva chaque année une part de son budget aux sœurs de la Doctrine chrétienne en contrepartie de leur engagement dans le domaine de l'enseignement. Les administrations communales assuraient aux institutrices religieuses un modique logement meublé [55]. Notons que les sœurs de la Doctrine chrétienne ne touchaient que 75% du salaire des institutrices [56]. Les services publics assurés par les ordres et congrégations furent soumis à un contrôle étatique, respectivement municipal dont dépendait le versement des fonds publics.

De même, la rétribution des congrégations actives dans les domaines de la santé et du social fut réglée par une indemnité « à déterminer par le Gouvernement » [57].

---

[52] Pendant l'épidémie du choléra, les rédemptoristes assuraient le soin des malades à domicile. Zobel, *Festgabe zum 25 jährigen Jubiläum der heiligen Familie*, 7.

[53] Malget, « Sozial und Erziehungsaufgaben als Herausforderung der Zeit und die Antwort von Orden und Kongregationen », 83-85.

[54] Loi du 3 avril 1893. *Mémorial*, 20 (1893), 213.

[55] Ruppert, *Code politique et administratif du Grand-Duché de Luxembourg*, 1231-1233.

[56] Commission culturelle de l'Archevêché de Luxembourg - Conférence nationale des religieuses du Luxembourg, *Pour que l'homme vive*, 93.

[57] Ruppert, *Code politique et administratif du Grand-Duché de Luxembourg*, 1179.

Leurs internats et cliniques privées (Ste Elisabeth, St François, St Joseph, Ste Zithe) travaillaient dans la rentabilité grâce à l'introduction des lois sur les assurances obligatoires maladies, accidents, vieillesse et invalidité [58], mais aussi grâce au règlement de police sur les cimetières. Celui-ci permit aux hospices, hôpitaux et œuvres de charité de bénéficier directement d'une partie des recettes perçues sur les taxes de concessions temporaires ou à perpétuité accordées sur les sépultures [59]. Pour l'ensemble de leurs prestations, les sœurs touchaient une indemnité *in globo*. Le droit canonique réservait l'entretien financier et les soins médicaux des religieux à leurs communautés respectives. Même si les sœurs travaillaient pour le compte d'institutions publiques, les prisons, l'orphelinat, l'institut des sourds-muets ou les hospices, elles n'en pouvaient être des salariées. Dans le cadre de la gestion de leurs propres cliniques ou internats, les religieuses n'intervenaient pas non plus dans la comptabilité comme « masse salariale ». Elles faisaient partie des frais de fonctionnement généraux, leur travail, proprement dit, était offert à Dieu [60].

Les sœurs ayant fait des vœux de pauvreté cherchaient à maximiser leurs ressources pour assurer un maximum de services au prochain. Les traitements des autres membres du personnel, qui n'avaient pas fait ces vœux, y compris celui de l'aumônier, étaient clairement arrêtés [61]. Par son souci de qualité de services à offrir, l'État avait tout intérêt à encadrer le travail des religieux par du personnel formé, dont des instituteurs et professeurs.

À leur tour, les sœurs de la congrégation franciscaine de la Miséricorde se laissaient indemniser sur base d'une gratification annuelle que la ville leur devait verser en contrepartie des soins gratuits portés à domicile aux pauvres tombés malades. La participation financière de la commune se justifiait ainsi comme service public aux pauvres. Les bourgeois qui profitaient des soins des sœurs étaient appelés à leur verser une indemnisation [62]. Elles vivaient encore des indemnités que l'État leur paya du fait de la surveillance des femmes détenues aux prisons de l'État (1851), de la gestion de l'internat des sourds-muets (1891) [63]. La ville les dédommagea encore pour le travail à l'œuvre de la crèche (1898) et les soutint pour les services d'accouchements.

Au-delà de ces « participations au fonctionnement », les autorités publiques accordaient encore des subventions extraordinaires. Elles finançaient en partie la formation du personnel et l'acquisition du matériel de travail dans les cliniques des congrégations [64]. L'État allait jusqu'à offrir aux sœurs le financement de voyages d'études à l'étranger pour perfectionner leurs connaissances en relation avec leurs missions sociales [65]. Le bureau de bienfaisance de la ville aidait matériellement les sœurs franciscaines par des médicaments, la literie, la nourriture pour les orphelins [66].

---

[58] Herchen, *Manuel d'histoire nationale*, 252.
[59] Ville de Luxembourg, *Règlement de police sur les cimetières*, 8-9.
[60] Frère Gérard, rédemptoriste, témoignage en novembre 2005.
[61] Ruppert, *Code politique et administratif du Grand-Duché de Luxembourg*, 1411.
[62] Erasmy, « Ein Leben für die Armen und Kranken », 172.
[63] « Bei unseren taubstummen Kindern im St Antoniusheim », 47.
[64] Vasco Daniel, « Le fruit d'un long travail commun », 20.
[65] *Die Kongregation der Schwestern der christlichen Lehre*, 92.
[66] Leyder, *Elisabeth Duffaing*, 199.

Les autorités publiques avaient tout intérêt à soutenir un service de qualité offert au plus bas prix de la main d'œuvre. En cas d'insuffisance de ces ressources, l'État ou la commune pouvaient verser des subventions, pour autant que ces revenus soutiennent directement leur mission [67].

Enfin, ni l'État ni la municipalité n'exigeaient la mise à disposition par les congrégations et ordres de l'ensemble des infrastructures qu'ils devaient exploiter. Bien au contraire, les autorités civiles leur mirent à disposition les immeubles logeant les hospices, l'école normale, l'école des sourds-muets [68], les écoles primaires. Il en allait de même pour les écoles de couture, école du dimanche et orphelinat, que les sœurs exploitaient pour le compte de bourgeois bienfaiteurs [69].

Le caractère ferme d'une mère ou d'un père supérieur et leur réseau social peut susciter des recettes supplémentaires et développer les revenus ordinaires. Mgr Laurent nomma Hildegarde de Lassaulx, supérieure de l'hospice d'Echternach des sœurs de Charles Borromée, comme supérieure générale des sœurs de Ste Elisabeth. Originaire de la haute bourgeoisie elle connaissait bien les autorités publiques. Hildegarde sut stabiliser les assises financières de la congrégation. Elle parvient à encaisser une participation régulière des autorités publiques aux frais de fonctionnement, sans pour autant porter la charge d'entretien des infrastructures que les autorités mirent à sa disposition [70]. Elisabeth Dufaing, supérieure des sœurs franciscaines était la fille du receveur de l'hospice civil [71]. Elle maîtrisait bien les rouages sociaux nécessaires au bon développement des activités de sa congrégation. Le père rédemptoriste Zobel réussit à s'entourer de juristes, avocats à la Cour, de notables, professeurs et d'hommes politiques, qui lui assuraient des revenus et lui facilitaient l'exercice de ses missions [72]. De par sa mission particulière - former les jeunes filles et pourvoir le monde économique en travailleurs formés - les sœurs de la Doctrine chrétienne furent proches des milieux dirigeants, industriels et d'affaires. Derrière ces figures de caractère se cache souvent le directeur spirituel des congrégations et ordres. Il opère dans l'ombre.

La loi de 1846 sur la bienfaisance autorisa des recettes en provenance d'immeubles, de rentes et de collectes, de souscriptions ou d'établissements de troncs dans les lieux publics. Celle de 1893 assimila même la congrégation des sœurs hospitalières de Ste Elisabeth aux établissements de bienfaisance publique pour tout acte d'acquisition et d'aliénation de tous biens meubles et immeubles [73]. Rapidement, les sœurs devinrent actives dans l'expédition de lettres de requêtes pour susciter des dons tant en liquide qu'en nature [74]. Le mécénat devint une source de recettes importantes : le bourgeois catholique se considérait comme un philanthrope engagé,

[67] Ruppert, *Code politique et administratif du Grand-Duché de Luxembourg*, 276-277 et 1411.

[68] ANL, Travaux Publics, N°566.

[69] La demoiselle Tock et la baronne de Gargan mirent des propriétés à disposition des sœurs franciscaines pour assurer une formation aux enfants de milieux défavorisés. Mersch, « Charles-Joseph de Gargan », 530 ; Koltz, *Baugeschichte der Stadt und Festung Luxemburg*, III, 79.

[70] Vasco Daniel, « Le fruit d'un long travail commun », 17.

[71] Erasmy, « Ein Leben für die Armen und Kranken », 171.

[72] Zobel, *Festgabe zum 25 jährigen Jubiläum der heiligen Familie*, 11.

[73] Loi du 3 avril 1893. *Mémorial*, 20 (1893), 215.

[74] *Die Kongregation der Schwestern der christlichen Lehre*, 67.

liant le devoir de charité à son rang social. Les membres de l'Association de la Sainte Famille s'obligeaient à verser chaque mois 10 cts de leurs revenus pour faire bénéficier les orphelins et les apprentis-artisans de milieux défavorisés d'une bonne formation professionnelle et morale [75]. La bourgeoisie consentait tant aux droits d'inscriptions à l'enseignement que recevaient ses enfants qu'aux frais pour les soins reçus en cas de maladie. De même, le logement à l'internat et à l'hospice était soumis à des droits d'inscription pour les bourgeois.

La proximité des milieux dirigeants se soldait par des donations et legs d'immeubles, meubles et de rentes, respectivement des ventes à prix avantageux. La famille Kemp-Hentges relaissa aux sœurs de Ste Elisabeth des terres et immeubles à Bettembourg qui leur permirent d'y ouvrir une maison de retraite [76]. La veuve Marguerite Pescatore-Beving avait légué à la congrégation des sœurs franciscaines des terres et bâtiments qui lui permirent d'ouvrir des orphelinats à Itzig (1865) et à Grevenmacher [77]. Une parente du Dr Delvaux qui travailla à la clinique St Joseph, finança une nouvelle salle d'opération, une autre donatrice soutint financièrement l'équipement de la clinique ophtalmologique. Marguerite Pescatore-Beving finança encore le mobilier, le linge et l'équipement de la cuisine à la clinique St François [78]. Le père Zobel bénéficiait du soutien de la veuve du bourgmestre Scheffer pour la construction de l'église et des bâtiments conventuels des pères rédemptoristes. Des donations et collectes permettaient de financer l'ameublement et le décor de l'église. Les noms des donateurs furent fièrement divulgués comme appel à suivre l'exemple [79]. La demoiselle Clesse relaissa aux sœurs franciscaines son immeuble à la rue du Curé avec l'obligation d'y poursuivre l'œuvre des « Jeunes Économes » (école de couture) [80]. L'hospice civil de la ville comptait quelque 50 donateurs au cours de la période 1810 à 1934 ! Sa fortune se composait, outre ses liquidités, de près de 200 ha de terres sises à Luxembourg et à la campagne [81]. Certains malades ou mourants étaient prêts à céder aux sœurs soignantes une partie de leur fortune pour « le salut de leur âme ».

La mendicité pratiquée par la congrégation des franciscaines de la Miséricorde constitue un autre type de recettes. De caractère transitoire, elle fut rapidement abandonnée, car le soin des malades rapporta davantage, et favorisait la mise en place de services réguliers et professionnels [82]. Outre leurs recettes en provenance de l'Association Sainte Famille, les pères rédemptoristes bénéficiaient encore de l'offrande récoltée lors de 1200 missions paroissiales et 2700 retraites organisées dans le pays. D'autres recettes leur provenaient des indulgences accordées dans le cadre du statut spécifique dont bénéficie leur église comme centre national de confession.

[75] Zobel, *Festgabe zum 25 jährigen Jubiläum der heiligen Familie*, 47.
[76] Eischen et Dondelinger, *Bettembourg à la Belle Époque*, 19.
[77] Rupprecht, *Logements militaires à Luxembourg*, 75 ; *Die Kongregation der Schwestern der christlichen Lehre*, 135.
[78] Vasco Daniel, « Le fruit d'un long travail commun », 35 ; Heiderscheid, « Vor 100 Jahren wurde die erste Klinik am Fischmarkt eröffnet », 135.
[79] Wirion, « Les familles Scheffer et Seyler », 154.
[80] Koltz, *Baugeschichte der Stadt und Festung Luxemburg*, III, 79.
[81] Holzmacher, « Das Bürgerhospiz », 21.
[82] Leyder, *Elisabeth Duffaing*, 150.

Les pères tiraient encore des revenus de l'exploitation de leurs convicts pour garçons à Diekirch, Echternach et Luxembourg et du fonctionnement de leur bibliothèque populaire [83].

Tous les ordres et congrégations vivaient d'une combinaison de sources de revenus spécifique à leur institut. Par exemple, les carmélites vivaient des revenus tirés de l'accueil, du logement, de la protection, de l'instruction et du placement de jeunes domestiques originaires de la campagne, du logement de servantes pensionnées (neuf en 1893), de l'offrande à leur chapelle ouverte aux habitants du quartier, de travaux de broderie rélaisés pour le clergé séculier [84]. Le financement des soins des malades par les assurances sociales les encouragea à ouvrir, dès 1921 l'hôpital Ste Zithe [85]. De 2 sœurs en 1872, la congrégation passa à 37 en 1922 [86]. Les sœurs de Sainte Sophie vivaient de l'inscription aux cours pour jeunes filles, de dons et legs, mais aussi de versements d'indemnités de la ville et de l'État.

SE LOGER ET CRÉER SES INFRASTRUCTURES DE TRAVAIL

Le patrimoine immobilier fut corollaire des besoins, mais aussi de la capacité de développer les recettes. Le préfinancement par emprunt de différents projets ne se faisait qu'en fonction d'une situation financière stable et saine. La fortune amassée permit aux communautés religieuses d'ouvrir des hospices, refuges, pensionnats et orphelinats privés qui venaient compléter les infrastructures mises en place par l'État, respectivement la municipalité. L'établissement sur le site de Luxembourg fut le premier défi. Cinq scénarios permettent d'illustrer leur implantation.

L'absence d'héritier directe encourage les legs et les ventes à prix avantageux : les sœurs de Ste Sophie s'installèrent ainsi d'abord à la Côte d'Eich à l'hôtel du provicaire Henri-Dominique de Neunheuser [87]. Mgr Nicolas Adames, successeur de Mgr Laurent, n'appela les pères rédemptoristes qu'au moment où les questions relatives à leur logement et propriétés étaient clarifiées. Il avait trouvé en la veuve du bourgmestre François Scheffer, décédé sans laisser d'enfants, une dame prête à vendre, dans des conditions très favorables, une partie de son jardin. Ainsi, le père Ambroise Zobel arrivé d'Autriche le 7 décembre 1851, put signer, en tant que personne privée, l'acte notarié avec la veuve Scheffer déjà le 3 janvier suivant [88].

Le deuxième cas de figure rencontré fut celui du bourgeois bienveillant. Sa générosité allait de la simple mise à disposition de son bien jusqu'à la location à prix modique. En 1810, la congrégation de Ste Sophie s'installait à l'ancien refuge de l'abbaye de Munster, dont la propriétaire, Mme de Gerden venait de décéder. Son héritière le mit gracieusement à la disposition des sœurs. Le professeur de l'athénée

---

[83] Weis, « Zum hundertjährigen Bestehen des Redemptoristenklosters in Luxemburg », 55-58.

[84] *Die Tertiar-Karmeliterinnen in der Herz-Jesu-Pfarrei Luxemburg-Bahnhof*, 3-9.

[85] « Die Tertiarkarmeliterinnen und das Gesundheitswesen im Bahnhof Luxemburg ».

[86] *Geschichte und Tätigkeit des regulierten dritten Ordens*, annexe « Uberblick über den ganzen Orden ».

[87] Harpes, *Vieilles demeures nobiliaires et bourgeoises de la ville de Luxembourg*, 153.

[88] Wirion, « Les familles Scheffer et Seyler », 154.

Pierre-Dominique Joachim· accepta de loger les quatre pères rédemptoristes arrivés à Luxembourg. Ils terminaient le bail des sœurs franciscaines qui venaient de quitter les lieux. Elisabeth Dufaing, fondatrice des sœurs franciscaines de la Miséricorde, spécialisées dans les soins à domicile et Louise Augustin prirent un trois pièces en location au quartier populaire du Grund [89].

Nous constatons que le paiement d'un loyer n'est consenti que pendant une période de transition. Les rédemptoristes quittent leur appartement dès qu'ils peuvent entrer en possession de leur nouvelle propriété. Les sœurs franciscaines n'acceptent la location que pendant leur phase de lancement. D'autres cas peuvent être évoqués. Les sœurs de Ste Elisabeth acceptaient de louer la Maison des Œuvres dans la perspective du rachat de celle-ci [90]. En attendant la construction de leur école ménagère au Fieldgen, les sœurs de la Doctrine chrétienne louaient la villa Simonis (Hollerich) comme lieu d'enseignement [91].

Le troisième cas de figure illustre le soutien des autorités publiques. Celui-ci souligne la confiance dans le bon fonctionnement des congrégations. La ville logeait les sœurs de Ste Elisabeth à l'hospice St Jean, puis à partir de la conversion de celui-ci en prison des femmes (1843), à l'ancien couvent des clarisses que la municipalité venait d'acquérir en 1842 pour l'exploiter comme nouvel hospice [92]. L'État relaissa en 1820 aux chanoinesses de St Augustin [93] l'ancien refuge qu'elles occupaient depuis dix ans, et qu'il venait d'acquérir de main privée. Les sœurs franciscaines pouvaient s'installer à la maison Gellé gracieusement mise à disposition par la ville [94]. L'État assura, à la prison, le logement des sœurs qui s'occupaient des détenues [95].

Le quatrième cas de figure est plus rare, car il présuppose une fondatrice fortunée : la congrégation des carmélites lança sa mission à partir de la maison d'Anne Bové, cofondatrice de la congrégation (rue Philippe II) [96]. La fondatrice de l'ordre des dominicaines, Clara Moes, s'installa dans une ferme appartenant à sa famille.

Les quatre premiers scénarios observés concernent la cession de l'usufruit sur une propriété, la prise en location, l'acquisition pure et simple. Dans le cinquième scenario les infrastructures de travail furent directement acquises en propre régie. Les congrégations et ordres en devenaient les propriétaires, alors que les autorités publiques et les assurances sociales couvraient largement les frais d'entretien. Dans ces cas, l'État ne parvenait pas à exercer de contrôle sur ces propriétés, tout comme il ne parvenait pas à contrôler ni les nonnes, ni les sœurs dans l'exercice de leurs missions. Pour se lancer dans l'exploitation de leur clinique, les sœurs de Ste Elisabeth acquièrent d'abord, en 1899, la clinique privée du Dr Schumacher [97], puis,

---

[89] Rupprecht, *Logements militaires à Luxembourg*, 27, 201.

[90] Commission culturelle de l'Archevêché de Luxembourg - Conférence nationale des religieuses du Luxembourg, *Pour que l'homme vive*, 52.

[91] *Die Kongregation der Schwestern der christlichen Lehre*, 92-93.

[92] Schmitt, « L'aumônerie de la prison des femmes au Grund/Luxembourg » ; Pauly, « 700 Jahre Hospice civil in der Stadt Luxemburg », 16.

[93] Koltz, *Baugeschichte der Stadt und Festung Luxemburg*, I, 459.

[94] Leyder, *Elisabeth Duffaing*, 150.

[95] Erasmy, « Ein Leben für die Armen und Kranken », 173.

[96] Rupprecht, *Logements militaires à Luxembourg*, 153.

[97] Vasco Daniel, « Le fruit d'un long travail commun », 23.

en 1900, la propriété de Rodolphe Brimmeyr [98]. Les sœurs franciscaines achetèrent en 1860 de main privée, et sur base d'emprunt, l'ancien couvent des dominicains au marché aux Poissons, qu'elles ne tardèrent pas à transformer en hôpital [99].

L'Association de la Sainte Famille gérée par les pères rédemptoristes réunit au bout de 5 ans quelque 5000 membres. L'obole mensuelle versée par les membres leur avait assuré des revenus stables. Le père provincial Masson autorisa ainsi les pères à Luxembourg d'investir dès 1858, 100.000 francs dans la construction de leur église et la construction de leur premier couvent. L'argent fut investi en 1864 dans un nouveau couvent avec internat et bibliothèque, puis dans son agrandissement (1878) [100]. En parallèle les pères assuraient aux apprentis qu'ils encadraient un revenu modeste, une prime au terme de leur formation, l'habillement [101].

Les exemples peuvent être multipliés. Les sœurs de la Doctrine chrétienne achetaient des terrains pour construire (1894) leur école ménagère avec section agricole pour jeunes filles. 52 élèves suivaient alors les classes ménagères, les cours préparatoires à l'école normale et les cours de couture [102]. Le succès de l'entreprise les obligea d'agrandir l'établissement en 1906. Le prolongement de la scolarité obligatoire et l'introduction des « cours post-scolaires » poussaient les sœurs à agrandir leurs infrastructures et internat une nouvelle fois [103]. La demande croissante en services sociaux obligea, à leur tour, les carmélites à investir dans leurs infrastructures de travail : logements pour domestiques, lieux d'accueil et hôpital pour malades et accidentés des industries établies dans le sud de l'agglomération de la capitale [104].

Le caractère hautement représentatif et démesuré de leurs couvents par rapport aux fondations locales, laisse supposer que les pères venus s'installer à Luxembourg dans la foulée du *Kulturkampf*, puis du combat laïciste, visaient à investir dans la pierre les fonds qu'ils ramenaient de leurs pays de provenance. Leurs activités sur le plan local ne leur assuraient que quelques revenus subsidiaires, qui ne suffiraient jamais à financer leurs couvents, même en tenant compte de quelques recettes de rentes et loyers sur des fonds sis dans leurs patries [105].

UNE HABILE POLITIQUE IMMOBILIÈRE

Tant les pères rédemptoristes, que les congrégations actives dans les missions sociales se considéraient comme successeurs naturels des couvents supprimés par la Révolution française. Ils tâcheront de récupérer le « territoire perdu » dans la vieille ville (la ville haute). Le père Zobel acquit en 1852 quelque 56,73 a du jardin de l'ancien

---

[98] Hess, « Jean-Pierre et Rodolphe Brimmeyr », 474.
[99] Heiderscheid, « Vor 100 Jahren wurde die erste Klinik am Fischmarkt eröffnet », 135.
[100] Weis, « Zum hundertjährigen Bestehen des Redemptoristenklosters in Luxemburg », 55-58.
[101] Zobel, *Festgabe zum 25 jährigen Jubiläum der heiligen Familie*, 7.
[102] Etringer, « Vom werden und wachsen des Bahnhofviertels ».
[103] « École privée Fieldgen, historique ».
[104] « Die Tertiarkarmeliterinnen und das Gesundheitswesen im Bahnhof Luxemburg ».
[105] Krier, « Das Schriftstellerheim der deutschen Jesuiten in Luxemburg », 257.

couvent des pères capucins [106]. La congrégation Notre Dame s'installa en 1810 à l'ancien refuge de l'abbaye de Munster, et ne tardait pas à acquérir en 1895 encore celui du couvent de Differdange [107]. Leur propriété exclusivement située sur des anciennes terres religieuses s'élevait à 31,6 a [108]. Les sœurs de Ste Elisabeth installées d'abord à l'ancien hospice St Jean, puis à l'ancien couvent des clarisses, rachetaient en 1911 l'ancien refuge du couvent de Marienthal pour y loger leur « Maison des Œuvres » (16,40 a) [109]. La congrégation franciscaine installa l'hôpital St François à l'ancien couvent des dominicains [110].

Toutefois, les « terres reconquises » au centre ville s'avéraient insuffisantes par rapport à la croissance des ordres et congrégations et le rayonnement de leurs activités. Seule la propriété des pères rédemptoristes était suffisamment spacieuse pour réaliser des agrandissements successifs. Du temps de la forteresse, ce terrain vague avec baraque était situé à l'écart des flux et toujours à l'ombre des remparts, du réservoir d'eau et de la caserne de la Porte Neuve [111]. Jusqu'en 1867, sa libre jouissance fut grevée des contraintes de l'administration militaire [112].

Pour les congrégations en quête d'espaces supplémentaires, les relations avec la bourgeoisie catholique locale facilitaient l'acquisition d'immeubles voisins pour élargir leurs propriétés. L'agrandissement des infrastructures passa par deux phases : une optimisation des locaux existants par des réaménagements intérieurs, voire même des exhaussements, suivi de l'intégration des propriétés voisines. Ce fut particulièrement le cas des sœurs franciscaines qui achetaient la maison contiguë à l'immeuble Gellé qu'elles occupaient [113]. Ensuite, après avoir rehaussé l'ancien couvent des dominicains de deux étages (1895), elles acquéraient progressivement les immeubles attenant cet immeuble logeant leur clinique ophtalmologique [114]. Les sœurs poursuivaient encore cette politique sur ce site dans les années 1920/30. L'expansion se poursuivit. Les sœurs franciscaines se portaient en 1903 acquéreurs, grâce à des emprunts, de la maison Constance Michaelis située en face de leur clinique, pour y aménager leur deuxième maison de soins. En 1911, elles y annexèrent la maison Hannon-Court [115].

La congrégation Notre Dame poursuivait la même politique d'annexion des propriétés voisines [116]. Pour exploiter au mieux leur terrain, elles agrandissaient le refuge de Differdange en 1902/04 d'une nouvelle aile offrant des salles de classes supplémentaires [117]. Leur politique d'extension fut toutefois arrêtée par l'État, qui

---

[106] ACT, Matrice cadastrale des propriétés foncières à bâtir et non bâties, commune de Luxembourg.
[107] Rupprecht, *Logements militaires à Luxembourg*, 374.
[108] ACT, Matrice cadastrale des propriétés foncières à bâtir et non bâties, commune de Luxembourg.
[109] Koltz, *Baugeschichte der Stadt und Festung Luxemburg*, I, 375-376.
[110] Vasco Daniel, « Le fruit d'un long travail commun », 32.
[111] ANL, Travaux Publics, N°658.
[112] Ludmann, Ulrich et Gerard, *Klosterkirche Sankt Alfonsus Luxemburg*, 3.
[113] Heiderscheid, « Vor 100 Jahren wurde die erste Klinik am Fischmarkt eröffnet », 134.
[114] En 1897 les sœurs achetaient la maison Beyer donnant sur la rue Large. « Le marché aux Poissons à la Belle Époque », 168 et 196.
[115] Vasco Daniel, « Le fruit d'un long travail commun », 32-33, 35.
[116] Donkel, *Die Kirche in Luxemburg*, 127.
[117] Thill, *La Congrégation Notre Dame à Luxembourg*, 24.

commença à acquérir les propriétés voisines dans la perspective de relier le viaduc à la Côte d'Eich [118]. Ne pouvant s'étendre par l'annexion d'immeubles voisins, les carmélites exhaussèrent la maison Bové de deux étages [119].

Lorsque les congrégations ne pouvaient plus s'étendre sur place, elles acquéraient plusieurs immeubles dispersées sur le territoire de la vieille ville. Le chanoine Léonard Suhs, aumônier commun aux sœurs de Ste Elisabeth et de St François, acquit grâce à des dons généreux et un emprunt auprès de la mère supérieure des sœurs de Ste Elisabeth, la maison Mohr de Waldt à la rue du St Esprit. De 1853 à 1860 elle servit d'orphelinat, de maison d'acueil pour postulantes, novices et professes. À partir de 1856 l'immeuble hébergea encore l'école pour jeunes ouvrières [120]. Les franciscaines géraient encore l'école de couture « Jeunes Économes » à la rue du Curé [121]. Dès avril 1899, les sœurs de Ste Elisabeth s'établirent à la ville haute, à la place du Théâtre où elles ouvrirent leur première clinique [122]. Elles aussi, poursuivaient l'acquisition d'autres immeubles au centre ville, pour ouvrir à la rue Notre Dame un home pour jeunes filles (1911).

La concentration de la fortune immobilière des ordres et congrégations sur la ville haute, et non pas sur les villes basses, suit le mouvement centrifuge du pouvoir politique et économique que subit la ville peu avant la tombée de ses remparts [123]. L'urbanisation des anciennes friches militaires par le gouvernement avait relié la ville à la campagne. L'agglomération prit ses contours. On pressentait bien son extension ultérieure. La gare centrale réunit dans sa périphérie immédiate l'industrie et les quartiers populaires. D'immenses propriétés privées y étaient disponibles pour être converties en terrains industriels. Des quartiers résidentiels émergeaient d'anciennes roseraies et de labours à l'ouest et au nord, à Belair et au Limpertsberg. Plus la ville s'étale, plus les ordres et congrégations suivent le mouvement. Il fallait profiter de la conversion de la ville forteresse en ville ouverte pour délocaliser des services et assurer leur proximité aux nouvelles populations. L'ouverture d'un internat épiscopal à la périphérie nord (Limpertsberg), en 1858, marqua une année clé dans la politique immobilière des ordres et congrégations.

Le fait d'encercler la ville en expansion d'un cordon de dix couvents s'étalant du Limpertsberg à la gare centrale ne fut certainement pas un hasard. Les milieux catholiques qui soutenaient ordres et congrégations étaient fortement impliqués dans les affaires et étaient bien au courant des évolutions qui se dessinaient, surtout dans une petite ville où les protagonistes se connaissaient bien. Les architectes sollicités, Alphonse Kemp, Pierre Funck, Charles Arendt et Jean-Pierre Koenig étaient les plus en vue et les plus proches des autorités publiques. Enfin, ceux qui suggéraient aux sœurs et aux pères d'acheter des terrains poursuivaient des objectifs de spéculation évidents. C'étaient de gros propriétaires terriens, des jardiniers, des rosiéristes, des

[118] AVL, LU IV/2 11 D, N°1169.
[119] Rupprecht, *Logements militaires à Luxembourg*, 153.
[120] Rauchs, « Clinique du Sacré-Cœur », 56 ; loi du 18 décembre 1855 concernant l'association des sœurs de Charité E.F. Dufaing et consors dans : *Mémorial*, A, 31 (1855), 244.
[121] « *Jeunes Economes* », 23.
[122] Philippart, « L'histoire de la maison Schumacher », 16.
[123] Franz, *Die Stadtgemeinde Luxemburg*, 355.

agriculteurs, des entrepreneurs de construction [124]. Un couvent, une école, un hôpital sert de moteur au développement urbain. Leur calme a une valeur économique bien supérieure au bruit et à la fumée des industries. Écoles et hôpitaux attirent enseignants et médecins, assurent des services de proximité [125]! La présence des pères du Sacré Cœur encouragea la ville à acquérir des terrains attenants à leur propriété pour y construire un hôpital [126]. En relaissant à vil prix une partie de ses terres aux sœurs et pères, on se faisait reconnaître comme bienfaiteur, tout en vendant au mieux ses parcelles attenantes aux communautés religieuses.

Cet immense demi-cercle à l'ouest de la capitale se divise en deux zones : au nord et à l'ouest, le Limpertsberg et Belair (derrière le parc) servant plutôt de terre d'asile aux couvents exilés, au sud, le quartier de la gare qui attirait les congrégations actives dans le social.

Les zones rurales, proches de la ville, Limpertsberg et Belair furent prisées, et certaines propriétés n'étaient vendues que d'une communauté religieuse à l'autre. Lorsque Mgr Adames transférait en 1872 son internat du Limpertsberg au convict, plus proche de la ville, il revendait ses 2 ha de propriété aux frères de la Miséricorde de Dieu exilés de Coblence [127]. Retournant en Allemagne en 1888, ceux-ci trouvaient comme acquéreurs les sœurs de St Joseph de Bourg en Bresse [128]. La ferme familiale de Clara Moes qui accueillit les premières sœurs dominicaines en 1861, était située au Limpertsberg. Clara Moes quitta le pays en 1882, faute de reconnaissance par l'Église locale, mais ne vendait pas sa propriété. De retour de Belgique en 1886, suite à des troubles socio-politiques, elle s'installa avec sa communauté sur ses anciennes terres qu'elle porta à 4 ha [129]. La communauté, reconnue par le pape en 1890 était passée à 65 sœurs de nationalités diverses [130]. Les prêtres du Sacré Cœur de Jésus, qui à leur tour venaient de s'exiler d'Allemagne en 1895, avaient acquis, au Limpertsberg, un bosquet et jardin d'une contenance de 65 a [131]. Leur succès dans la promotion du catholicisme social auprès des couches ouvrières, les obligea à construire un second bâtiment sur le terrain [132]. À leur retour en Allemagne en 1921, ils revendaient leur propriété aux sœurs de Ste Elisabeth qui y établirent un home pour enfants [133].

---

[124] Philippart, *Luxembourg, de l'historicisme au modernisme*, I, 404 et II, 859.
[125] ANL, Forteresse 1775-1917, N°427.
[126] Ibidem, Travaux Publics, N°625.
[127] Hengen, « Das bischöfliche Konvikt zu Luxemburg ».
[128] « Geschichtliches über das Pensionat St Joseph (Marienhof) » ; Rasque, « Limpertsberg, Luxemburgs 'quartier latin' », 91.
[129] ACT, Matrice cadastrale des propriétés foncières à bâtir et non bâties, commune de Luxembourg, section Limpertsberg ; « Das Kloster 'Mater Misericordiae' », 24-26 ; Barthel, *Mutter Maria Dominika Klara Moes*, 220-225 ; Malget, « Ein Tag dem Dank und dem Gedenken gewidmet », 12.
[130] « Vorbereitungen zur 100 Jahr-Feier der Konsekration der Kirche im Dominikanerinnenkloster », 8 ; Weitz, « Die Dominikanerinnen von Limpertsberg », 1.
[131] ACT, Matrice cadastrale des propriétés foncières à bâtir et non bâties, commune de Luxembourg, section Limpertsberg.
[132] <www.dehon.it>.
[133] « Le Kannerland au fil de l'histoire », 63 ; Kunnert, « Historischer und kultureller Limpertsberg », 7 ; A(ssociation) L(etzebuerger) K(annerland), « Seit 70 Jahren eine Stätte für Kinder auf Limpertsberg », 20.

Aussi illustratif pour le nord de la ville est la ferme achetée par les pères dominicains allemands en 1901 au quartier de Belair [134]. Ils la revendaient au cours de la Première Guerre mondiale aux sœurs du Bon Pasteur [135]. En 1919, les sœurs franciscaines leur rachetaient la propriété tout en la portant à 6,5 ha [136]. En y construisant leur maison mère, elles y concentraient tous leurs effectifs pour mieux organiser leur travail et libérer leurs maisons en ville. Celles-ci servaient désormais à l'exercice de leurs activités sociales. Les franciscaines avaient encore acquis en 1912 un terrain de quelque 50 a situé proche de l'axe routier Arlon-Luxembourg, des écuries grand-ducales et de la gare des marchandises du chemin de fer régional Luxembourg-Echternach [137]. Cette propriété allait accueillir l'institut des sourds-muets [138]. Leurs propriétés à Belair n'ont jamais été cédées par la suite [139]. Les sœurs de Milwaukee retournant en 1911 à Strasbourg, louaient leur maison aux frères assomptionnistes chassés de leur province française [140]. Ils y établirent leur noviciat et séminaire. De 1914 à 1919 les lieux furent occupés par des soldats allemands, puis français [141].

Si donc ces propriétés sont restées dans les mains des religieux, les couvents des pères jésuites (2,33 ha) et des sœurs de Milwaukee (Wisconsin) (5,72 ha) installés depuis 1897, respectivement 1903 [142], au Limpertsberg, furent revendus tous les deux, le premier en 1910, le second en 1919 à l'État qui y installa l'École d'artisans, respectivement l'École normale [143]. Ce furent des bâtiments prestigieux, construits pour 29 à 44 pères jésuites, respectivement offraient 1300 m² de surface habitable aux sœurs de Milwaukee [144].

La congrégation de Ste Elisabeth saisit l'opportunité d'acquérir au quartier du parc, la propriété Brimmeyr (46,11 a) [145]. Même si leur clinique à la place du Théâtre

[134] Les pères dominicains allemands avaient étés appelés par les dominicaines du Limpertsberg pour évangéliser la population du quartier de la gare en plein développement. En 1892, ils étaient retournés dans leur pays, faute de novices. Mgr Jean Koppes racheta leur couvent occupant un terrain de choix de 94,20 a, qui se trouvait près de l'avenue de la Gare, l'axe majeur qui conduit en ville. En 1901 les dominicains étaient de retour à Luxembourg. Malget, « Die Dominikaner am Bahnhofsviertel ».

[135] Malget, « Die Dominikaner am Bahnhofsviertel ».

[136] ACT, Matrice cadastrale des propriétés foncières à bâtir et non bâties, commune de Hollerich, section Merl-Belair.

[137] Philippart, *Georges Traus*.

[138] « Bei unseren taubstummen Kindern im St Antoniusheim », 46.

[139] Mersch, « Deux branches de la famille Brasseur ».

[140] Schmitt, « Das Luxemburger Priesterseminar auf dem Gebiet der Pfarrei Rollingergrund », 87.

[141] « Einquartierung » et *Compte-Rendu des séances à la Chambre des députés*, séance du 25 juillet 1919, 4066 ; Kunnert, « Historischer und kultureller Limpertsberg », 7.

[142] Chassés d'Allemagne, suite à l'interdiction de l'ordre des jésuites (1872), les pères jésuites s'étaient installés à Tervueren, puis à Exaeten avant de s'implanter à Luxembourg ; les sœurs franciscaines de Milwaukee, dont la maison provinciale se trouvait à Strasbourg, s'étaient établies à Luxembourg dans la foulée du combat laïciste et plus particulièrement de la loi Waldeck-Rousseau et de l'action d'Émile Combes à l'encontre des ordres et congrgégations. Castello, *Papstgeschichte*, 288 ; Krier, « Das Schriftstellerheim der deutschen Jesuiten in Luxemburg », 256.

[143] *Compte-Rendu des séances à la Chambre des députés*, séance du 25 juillet 1919, 4065.

[144] ANL, Travaux Publics, N°590.

[145] ACT, Matrice cadastrale des propriétés foncières à bâtir et non bâties, commune de Luxembourg ; Hess, « Jean-Pierre et Rodolphe Brimmeyr », 474.

Ancien Schriftstellerheim des Pères SJ vendu à l'État pour servir d'École d'Artisans.

pouvait être agrandie, le terrain était trop petit pour accueillir encore un nouveau couvent pour quelque 45 sœurs. Comme pour les sœurs franciscaines, l'expansion des activités de la congrégation exigeait une centralisation de ses effectifs dans une nouvelle maison mère. Le gouvernement avait veillé à ce que le quartier « au-delà du parc » offrit la plus haute qualité de vie à une population fortunée [146]. La perception d'octroi montre que l'avenue E. Reuter fut une des artères les plus fréquentées [147]. Si la clinique St Joseph des sœurs franciscaines s'adressait directement à une population ouvrière, les 50 lits et les 2 salles d'opération de la clinique Ste Elisabeth étaient destinés à la clientèle fortunée des nouveaux quartiers à l'ouest de la ville. Paul Funck fut chargé en 1911 d'en dresser les premiers plans. L'architecte de la ville, Nicolas Petit finit par réaliser le projet [148]. En déménageant en 1917 du Paffenthal au boulevard Joseph II au bord du parc, l'hospice civil pouvait augmenter sa capacité, face à une démographie en croissance [149]. La construction de la clinique soutenait les ambitions du gouvernement de trouver des acquéreurs pour ses terrains touchant à la propriété des sœurs [150].

L'implantation des congrégations des sœurs franciscaines et de Ste Elisabeth dans les quartiers émergeants à l'ouest de la ville, et touchant plus particulièrement aux propriétés de l'État, respectivement de l'hôtelier Jean-Pierre Brasseur, souligne leur souci d'investir leurs fonds dans l'immobilier [151]. La politique spéculative tant du gouvernement que de Brasseur ne fait qu'augmenter la valeur de leurs terrains.

[146] ANL, Forteresse 1775-1917, N°270.
[147] Ville de Luxembourg, *Rapports administratifs*, 1874-1919.
[148] Philippart, *L'historicisme à Luxembourg*, 113.
[149] Lech, *Geschichte und Arbeitsfeld der Hospitalschwestern von der hl. Elisabeth*, 33.
[150] ANL, Forteresse 1775-1917, N°389.
[151] Mersch, « Deux branches de la famille Brasseur », 48-51.

Les ordres et congrégations qui s'établissent au quartier de la gare poursuivaient tous un but social. Leurs activités requièrent la proximité de la ville et du chemin de fer, mais aussi un lieu calme, à l'écart des zones industrielles. Le chemin de fer rassemble en un point unique les personnes et élèves qu'ils accueillent, alors que la ville leur assure les débouchés nécessaires. Leur politique d'acquisition de propriétés est identique à celle des franciscaines et des sœurs de Ste Elisabeth. Seule la périphérie peut assurer des terrains d'une étendue correspondant à leurs besoins. Bordant à leur tour les domaines de l'État, qui attendent leur aménagement, ces propriétés ont été acquises sans exception de main privée. Elles touchent à de grandes propriétés de spéculateurs immobiliers. La surface de leurs terrains permet d'accueillir un grand nombre de personnes, d'assurer le bon déroulement de leurs activités, et de garantir l'expansion à l'avenir.

La politique d'implantation des congrégations des religieuses tertiaires du Mont Carmel (sœurs de Ste Zithe) et des sœurs de la Doctrine chrétienne rentrait bien dans les visées du gouvernement. Celui-ci suivait une politique très habile d'enclavement de ses domaines au plateau Bourbon. Jouxtées d'une part, par les quartiers commerciaux autour de l'avenue de la gare, il fallait réserver d'autre part, la partie ouest à des établissements favorisant la naissance d'un quartier résidentiel de qualité. Ainsi, l'industrie restait cantonnée autour de la gare, et les domaines de l'État se présentaient au mieux pour recevoir un urbanisme noble et à rendement économique élevé [152].

Les sœurs de Ste Zithe achetaient ainsi en 1887 des terrains longeant le chemin rural qui forma la frontière entre les communes de Luxembourg et de Hollerich, et qui devint la rue Ste Zithe en 1905. Situé sur le territoire de la commune de Hollerich, et en bordure des terrains domaniaux du plateau Bourbon, ce site de 1,37 ha [153] accueillit dès 1888 leur couvent. En 1889, la congrégation est rejointe par quatre sœurs carmélites venant des Pays-Bas. Leur maison fut adossée à celle des sœurs de Notre-Dame du Mont Carmel, la chapelle servant aux deux communautés de l'ordre des carmélites déchaussées.

Les sœurs de la Doctrine chrétienne quittaient rapidement la villa qu'elles louaient à Charles Simonis-Hoffmann, directeur d'une fabrique de tabacs à Alger [154] (1891), pour s'installer au « Fieldgen », site bien moins pollué par la fumée et le bruit que celui du Muhlenweg. Acquise en 1893 et 1894 des mains de l'entrepreneur de construction Betz [155], cette propriété d'une contenance totale de 1,29 ha ne pouvait que valoriser ses terrains limitrophes [156]. Il la céda à vil prix, en raison du caractère pierreux des terres qui devaient accueillir non seulement le pensionnat et l'école ménagère, mais encore la section agricole de l'établissement comprenant une petite ferme pour les travaux pratiques [157].

[152] *Compte-Rendu des séances à la Chambre des députés*, séance du 9 mai 1879, 1163 et svtes.
[153] ACT, Matrice cadastrale des propriétés foncières à bâtir et non bâties, commune de Hollerich.
[154] Arrêté grand-ducal du 17 mars 1908 qui autorise l'établissement de la société anonyme « Le tabac du globe » et en approuve ses statuts. *Mémorial*, 15 (1908), 133.
[155] Etringer, « Vom werden und wachsen des Bahnhofviertels », 69.
[156] Didier, « L'École du Fieldgen commémore les 100 ans de son existence », 427.
[157] Etringer, « Vom werden und wachsen des Bahnhofviertels ».

La pensée spéculative semble culminer avec la politique des pères dominicains. Ils acquièrent en mai 1901 des terrains de 20 a, respectivement de 63,85 destinés à leur servir de jardin. Depuis 1893 déjà l'Administration des Travaux Publics projetait de faire traverser cette propriété par l'avenue de la Liberté et d'y aménager en partie la future Place de Paris. Les sept pères dominicains de nationalités diverses estimaient pouvoir échanger leur propriété contre un îlot que l'État possédait entre l'avenue de la Liberté, le boulevard de la Pétrusse et la rue Henri Heine et donnant sur un espace prévu par les autorités civiles pour la construction d'une église de quartier. Les négociations avec le gouvernement n'aboutissant pas, les pères se décidaient de vendre à prix fort leurs terrains donnant désormais sur la plus prestigieuse artère de la ville à l'entrepreneur Glesener [158]. Rappelons que la recette fut aussitôt réinvestie, dans une ferme à Belair à partir de laquelle ils desservaient leur chapelle publique à la rue de Strasbourg (quartier de la gare) [159].

CONCLUSION

Il faut bien distinguer deux types d'ordres et de congrégations établis à Luxembourg : ceux actifs dans le domaine du social, et ceux venus chercher asile dans un pays neutre. Les congrégations sont largement majoritaires. Les communautés actives dans le social se répartissent soigneusement les champs d'activités pour ne pas se concurrencer. Elles assurent un service public en permanence pour le compte de l'État, respectivement de la municipalité. Les congrégations consacrent une large part de leurs activités à la formation des jeunes filles, des femmes en détresse, pour lesquelles la société n'a guère réservé de place. Les pères rédemptoristes constituent leur pendant pour la jeunesse masculine en difficultés. Les ordres masculins interviennent encore comme assistants des prêtres. À une époque encore marquée par des épidémies telle le choléra, le soin des malades acquiert une importance grandissante et culminant dans l'ouverture d'hôpitaux privés. Avec la généralisation des soins, grâce à la mise en place des assurances sociales, les sœurs se répartissent le marché des malades suivant l'appartenance sociale des patients. Les autorités civiles mettent à disposition des infrastructures pour les soins des orphelins, des infirmes, des aliénés, des prisonniers. Parmi les communautés cherchant à Luxembourg une terre d'exile, certaines restent occupés à des activités aucunement en relation avec leur nouvel lieu d'implantation, alors que d'autres prêtent main-forte, là où le besoin se ressent le plus fort, sans toutefois vouloir prendre racine. Ils sont dans une position d'attente, et décident d'investir leur fortune dans le foncier.

Comme les sœurs et pères étrangers prédominaient dans les ordres et congrégations établis, on peut admettre que les modes de financement de ces institutions étaient calqués sur des expériences faites dans leurs divers pays de provenance. Le gouvernement affiche une neutralité de façade. D'un côté, il se montre rigoureux et intransigeant face à l'évêché perçu comme incarnation du pouvoir ecclésial qui se partage avec lui un même territoire de gouvernance. D'un

[158] ANL, Forteresse, N° 380.
[159] Malget, « Die Dominikaner am Bahnhofsviertel », 242.

autre côté il reconnaît ouvertement le caractère de service public de l'œuvre sociale de l'Église. Il est conscient que la mise à disposition d'infrastructures et de subsides pour couvrir en partie les frais de fonctionnement, revient moins cher que d'organiser et de financer intégralement la bonne marche d'hospices, de refuges, d'hôpitaux et d'écoles. Le professionnalisme des communautés qui apportent leur propre obole - dont le travail offert à Dieu - le décharge de la « bienfaisance ». Il peut se consacrer entièrement au développement de l'économie.

Saisissant cet intérêt, le gouvernement s'est laissé conseiller par le vicaire apostolique, puis l'évêque, les chanoines, les directeurs spirituels des communautés. Ainsi, il s'est rapidement défait des contraintes gênantes de la République, sans cependant renoncer à un droit de contrôle sur les activités qu'il cofinançait : il a supprimé la limitation du nombre de religieux par communauté, il a autorisé la venue de missionnaires étrangers, il a ouvert l'enseignement public à une dimension religieuse. La reconnaissance des ordres et congrégations comme personnalité civile était, malgré quelques protestations, une formalité. L'État a offert le cadre de travail, voire même le logement aux religieux ; il a assumé les frais de formation de ceux et celles qu'il a mis au service de ses hospices et prisons, de l'école ménagère. L'État les a carrément incités à l'aumônerie des prisonnières, à l'organisation des soins à domicile, à la formation des institutrices. En organisant les soins médicaux à base exclusivement privée, la législation témoigne d'une immense confiance dans la gestion financière et dans la qualité des services offerts par les congrégations ! À côté de l'exploitation des internats, ce fut un marché très lucratif pour celles-ci.

La bourgeoise, qui par voie d'élections censitaires constituait le parlement et le gouvernement si favorable au soutien financier des activités sociales des communautés religieuses, soutenait encore en privé les activités des congrégations et des ordres. Cette participation allait du simple droit d'inscription à l'école ou à l'internat, au versement permanent de fonds pour soutenir la formation de la jeunesse défavorisée ou au paiement des soins reçus en cas de maladie. Dons, legs et rentes viennent parfaire les revenus. Les communautés feront travailler leur fortune, en investissant dans de nouveaux projets, en spécialisant les services, en ouvrant des « antennes » en ville et à la campagne. Comme les sœurs ne sont pas des salariées, l'État n'a guère d'emprise sur elles. Il doit toujours agir à travers la mère supérieure. La bienveillance de l'État face à cette forme de management encourage l'entrée au service des sœurs. Aux yeux de l'État, ce sont des filles qui bénéficient ainsi d'une formation et peuvent exercer une profession au profit de la collectivité. L'expansion est donc logiquement inscrite dans les affaires.

Comme milieux politiques, d'affaires et catholiques s'entremêlent constamment dans une ville de petite taille, il est évident que la politique immobilière des communautés religieuses marche au pas des grandes orientations du gouvernement en matière d'urbanisme. Les communautés actives dans le social s'implantent en bordure des domaines de l'État réservés à l'aménagement urbain et de terrains appartenant aux plus grands spéculateurs fonciers privés de la ville. Leurs maisons servent à valoriser les nouveaux quartiers en émergence. Les communautés étrangères qui retournent dans leur pays d'origine revendent généralement leurs biens soit à l'État, soit à d'autres communautés religieuses, jamais à des spéculateurs privés. Les propriétés restent ainsi toujours en mains de collectivités.

Bibliographie

Archives

Luxembourg, Administration du Cadastre et de la Topographie (ACT)
Matrice cadastrale des propriétés foncières à bâtir et non bâties, communes de Luxembourg, Eich, Rollingergrund et Hollerich.
Luxembourg, Archives de l'Archidiocese de Luxembourg
Kirchlicher Anzeiger. Luxembourg, 1915.
Luxembourg, Archives nationales de Luxembourg (ANL)
Travaux Publics, no 380, 566, 590, 625 et 658.
Forteresse 1775-1917, no 270, 389 et 427.
Minutier central des notaires, Arnold Schaack, répertoire 1896-1903.
Luxembourg, Archives des religieuses de Sainte Sophie (ARSS)
Annales de la communauté de Ste Sophie de 1808 à 1817.
Luxembourg, Archives de la ville de Luxembourg (AVL)
LU IV/2 11 D, no 1169.

Périodiques luxembourgeois

Bulletin des questions sociales (ALOSS), 10 (2001).
Bulletin de la Société des Sciences médicales, 1989.
Die Warte, 21/1529 (1989), 13/2183 (2007) et 32/2237 (2008).
Lëtzebuerger Sonndesblad, 16 (1980) et 4 (1992).
Hémecht, 1 (1994).
Luxemburger Marienkalender 1953. Luxembourg : Saint-Paul, 1952.
Luxemburger Wort, 227 (1980), 96 (1989) et 217 (1989).
Mémorial, journal officiel, A, 31 (1855); C, 20 (1893) et 15 (1908).
Nos Cahiers, 1 (1991).
Ons Stad, 13 (1983), 18 (1985) et 58 (1998).

Articles et monographies

« 75 Jahre bischöfliches Konvikt, einige Auszüge aus der Chronik der Anstalt ». *Luxemburger Marienkalender, 1948.* Luxembourg : St Paul, 1947.
« 100 ans de sécurité sociale au Luxembourg ». *Bulletin des questions sociales*, 10 (2001).
Annuaire des sociétés par actions du Bas-Rhin, du Haut-Rhin, de la Moselle, du Luxembourg, du territoire de la Sarre. Strasbourg : Société Générale Alsacienne de Banque, 1926.

A(ssociation) L(ëtzebuerger) K(annerland). « Seit 70 Jahren eine Stätte für Kinder auf Limpertsberg ». *Lëtzebuerger Sonndesblad*, 4 (1992).
Barthel, J.P. *Mutter Maria Dominika Klara Moes.* Düsseldorf, 1926.
« Bei unseren taubstummen Kindern im St Antoniusheim » dans : *Luxemburger Marien-kalender, 1953.* Luxembourg: Saint-Paul, 1952.
Castello, Gaston. *Papstgeschichte.* Zurich, 1946.
Commission culturelle de l'Archevêché de Luxembourg - Conférence nationale des religieuses du Luxembourg. *Pour que l'homme vive : les congrégations de vie apostolique au Luxembourg.* Luxembourg, 1995.
Compte-rendu des séances de la Chambre des députés. Séance du 9 mai 1879, 13 novembre 1893 et 25 juillet 1919.
« Das Kloster 'Mater Misericordiae' von der Gründung bis zur Gegenwart » dans : *Dominikanerinnen in Luxemburg-Limpertsberg.* Luxembourg, 1989.
Didier, Marie-Clémence. « L'École du Fieldgen commémore les 100 ans de son existence le 15 octobre 1991 » dans : *60e anniversaire du Syndicat des Intérêts locaux Luxembourg-gare.* Luxembourg, 1991.
Die Kongregation der Schwestern der christlichen Lehre und ihr wirken in unserm Land. Luxembourg, 1937.
Die Tertiar-Karmeliterinnen in der Herz-Jesu-Pfarrei Luxemburg-Bahnhof. Luxembourg, 1972.
« Die Tertiarkarmelitinnen und das Gesundheitswesen im Bahnhof Luxemburg » dans : *60e anniversaire du Syndicat des Intérêts locaux Luxembourg-gare.* Luxembourg, 1991, 227-231.
Donkel, Emil. *Die Kirche in Luxemburg von den Anfängen bis zur Gegenwart.* Luxembourg, 1950.
« École privée Fieldgen. Historique ». <www.epf.l.> (30 septembre 2011).
« Einquartierung ». *Luxemburger Zeitung*, 14 août 1914.
Eischen, Victor et Dondelinger, Henri. *Bettembourg à la Belle Époque.* Luxembourg, 1992.
Erasmy, M.-L. « Ein Leben für die Armen und Kranken ». *Luxemburger Marienkalender 1980.* Luxembourg, 1979.
Etringer, Norbert. « Vom werden und wachsen des Bahnhofviertels » dans : *Cinquantenaire du Syndict des Intérêts locaux Luxembourg-gare 1931-1981.* Luxembourg, 1981, 67-71.
Évolution du clergé catholique 1870-2008. Luxembourg : STATEC, 2009.

Fondation J.-P. Pescatore, célébration du 150ᵉ anniversaire du décès du bienfaiteur de la ville. Luxembourg, 2008.

Franz, Norbert. Die Stadtgemeinde Luxemburg im Spannungsfeld politischer und wirtschaftlicher Umwälzungen (1760-1890). Trierer Historische Forschungen. Trier, 2001.

Geschichte und Tätigkeit des regulierten dritten Ordens unserer lieben Frau vom Berge Karmel und der hl. Mutter Theresia. Luxembourg : Saint Paul, 1922.

« Geschichtliches über das Pensionat St Joseph (Marienhof) » dans : 100 Joër Porkiirch Rolléngergronn. Luxembourg, 1989, 101-104.

Harpes, Jean. Vieilles demeures nobiliaires et bourgeoises de la ville de Luxembourg. Luxembourg : Éditions du Centre, 1959.

Heiderscheid, André. « Vor 100 Jahren wurde die erste Klinik am Fischmarkt eröffnet » dans : Luxemburger Marienkalender 1967. Luxembourg, 1966.

Hellinghausen, Georges. Selbstverständnis und Identität einer Zeitung. Luxembourg, 1998.

Hellinghausen, Georges. « Ultramontanisme et libéralisme au Luxembourg après 1840 » dans : Le choc des libertés. L'Église en Luxembourg de Pie VII à Léon XIII (1800-1880). Bastogne : Musée diocésain Piconrue, 2001, 57-64.

Hencks, Pierre. Restauration et rénovation de notre église. T. 7. Luxembourg, 2009.

Hengen, Jean. « Das bischöfliche Konvikt zu Luxemburg unter seinem ersten Direktor Johann Bernard Krier » dans : 125ᵉ anniversaire du Convict épiscopal de Luxembourg. Luxembourg : Saint-Paul, 1997, 21-35.

Herchen, Arthur. Manuel d'histoire nationale. Luxembourg, 1952.

Hess, Jos(eph). « Jean-Pierre et Rodolphe Brimmeyr » dans : Biographie nationale. Luxembourg, 1952, 474.

Holzmacher, Gaston. « Das Bürgerhospiz ». Ons Stad, 13 (1983), 20-21.

« Jeunes Économes ». Jarhundertfeier des Werkes 1850-1950. Luxembourg, 1950.

Koltz, Jean-Pierre. Baugeschichte der Stadt und Festung Luxemburg. Luxembourg : Buck, 1944-1951, 3 vol.

Krier, Emile. « Das Schriftstellerheim der deutschen Jesuiten in Luxemburg ». Hémecht, 1 (1994), 255-267.

Kunnert, Jemp. « Historischer und kultureller Limpertsberg ». Ons Stad, 18 (1985), 2-7.

Lech, Fr. Geschichte und Arbeitsfeld der Hospital-schwestern von der hl. Elisabeth. Luxembourg : Saint-Paul, 1921.

« Le Kannerland au fil de l'histoire » dans : Kannerland Lampertsbierg 1921-1996. Luxembourg, 1996.

« Le marché aux Poissons à la Belle Époque » dans : L'Église St Michel a 1000 ans. Luxembourg, 1998.

Leyder, A(nne)-M(arie). Die religiös-politischen Verhältnisse in Luxembourg und die Gründung der Kongregation der Franziskanerinnen von der Barmherzigkeit. Mémoire de maîtrise. Trier, 1977.

Leyder, A(nne)-M(arie). Elisabeth Duffaing. Luxembourg, 1980.

Ludmann, René. « Mutter Franziska und die Zivilbehörden ». Luxemburger Wort, 227 (1980).

Ludmann, Ulrich et Gerard. Klosterkirche Sankt Alfonsus Luxemburg. S.l., s.d.

Majerus, Pierre. L'État luxembourgeois. Luxembourg : Saint-Paul, 1977.

Malget, Jean. Bischof Johann-Joseph Koppes. T. 1. Luxembourg, 1997.

Malget, Jean. « Die Dominikaner im Bahnhofsviertel um die Jahrhundertwende » dans : Luxembourg-gare, vie religieuse, sociale et culturelle. Luxembourg, 1998, 235-244.

Malget, Jean. « Ein Tag dem Dank und dem Gedenken gewidmet, zur Jahrhundertfeier der Konsekration der Kirche der Dominikanerinnen auf Limpertsberg ». Luxemburger Wort, 217 (1989), 12.

Malget, Jean. « Sozial und Erziehungsaufgaben als Herausforderung der Zeit und die Antwort von Orden und Kongegationen ». Nos Cahiers, 1 (1991).

Mersch, Jules. « Charles-Joseph de Gargan » dans : Biographie nationale. T. 2. Luxembourg, 1969, 530.

Mersch, Jules. « Deux branches de la famille Brasseur » dans : Biographie nationale. T. 19. Luxembourg, 1971, 48-51.

Neuman, H. « Note sur la législation concernant l'assurance obligatoire des ouvriers contre les maladies et les accidents dans le Grand-Duché de Luxembourg ». Congrès international des accidents du travail et des assurances sociales. Cinquième session tenue à Paris du 23 au 30 juin 1900. Bruxelles, 1901, 227-260.

Pauly, Michel. « 700 Jahre Hospice civil in der Stadt Luxemburg, ein Hospital für die Armen ». Die Warte, 32/2237 (2008).

Philippart, Robert L. Georges Traus, architecte 1865-1941. Fondation d'Architecture et d'Ingénierie. Luxembourg, 2009.

Philippart, Robert L. « L'histoire de la maison Schumacher ». Die Warte, 13/2183 (2007).

Philippart, Robert L. L'historicisme à Luxembourg. Luxembourg, 1989.

Philippart, Robert L. *Luxembourg, de l'historicisme au modernisme, de la ville forteresse à la capitale nationale*. Louvain-la-Neuve - Luxembourg : Éditions Ilots, 2006, 2 vol.

Philippart, Robert L. *Luxembourg, historicisme et identité visuelle d'une capitale*. Luxembourg : Saint-Paul, 2007.

Rasque, Fritz. « Limpertsberg, Luxemburgs 'quartier latin' » dans : *Harmonie municipale Luxembourg-Lamperbierg 1908-1958*. Luxembourg, 1958.

Rauch, Valentine. « Une épopée de la foi, la genèse du Carmel du cents ». *Die Warte*, 21/1529 (1989).

Rauchs, E. « Clinique du Sacré-Cœur ». *Bulletin de la Société des sciences médicales du Grand-Duché de Luxembourg*, 1989.

Ruppert, Pierre. *Code politique et administratif du Grand-Duché de Luxembourg*. Luxembourg, 1908.

Rupprecht, Alphonse. *Logements militaires à Luxembourg 1794-1814*. Luxembourg: Krippler-Muller, 1979.

Schmitt, Michel. « Das Luxemburger Priesterseminar auf dem Gebiet der Pfarrei Rollingergrund » dans : *100 Joër Porkiirch Rolléngergronn*. Luxembourg, 1989.

Schmitt, Michel. « L'aumônerie de la prison des femmes au Grund/Luxembourg » dans : *Le choc des libertés. L'Église en Luxembourg de Pie VII à Léon XIII (1800-1880)*. Bastogne : Musée diocésain en Piconrue, 2001, 214.

Thill, Jean. *Documents et textes relatifs aux constitutions et institutions politiques luxembourgeois*. Luxembourg, 1972.

Thill, Jean. *La Congrégation Notre Dame à Luxembourg 1627-1927*. Luxembourg, 1927.

Trausch, Gilbert. *Le Luxembourg à l'époque contemporaine*. Luxembourg, 1975.

Vasco Daniel, Luis. *Les congrégations féminines françaises de vie active dans le Grand-Duché de Luxembourg de 1840 à nos jours*. Mémoire de maîtrise. Strasbourg, 2002.

Vasco Daniel, Luis. « Le fruit d'un long travail commun, l'histoire de la Fondation François-Elisabeth » dans : *Hôpital Kirchberg*. T. 1. Luxembourg: Fondation François-Elisabeth, 2006.

Ville de Luxembourg. *Rapports administratifs*. Luxembourg, 1874-1919.

Ville de Luxembourg. *Règlement de police sur les cimetières*. Luxembourg, 1880.

« Vorbereitungen zur 100 Jahr-Feier der Konsekration der Kirche im Dominikanerinnenkloster ». *Luxemburger Wort*, 96 (1989).

Weber, Paul. *La condition juridique des congrégations religieuses au Grand-Duché de Luxembourg depuis la Révolution française*. Rome: Gregoriana, 1954.

Weis, W(ilhelm,). « Zum hundertjährigen Bestehen des Redemptoristenklosters in Luxemburg » dans : *Luxemburger Marienkalender 1953*. Luxembourg: Saint-Paul, 1952.

Weitz, Paul, « Die Dominikanerinnen von Limpertsberg ». *Lëtzebuerger Sonndesblad*, 16 (1980).

Wirion, L, « Les familles Scheffer et Seyler » dans : *Biographie nationale*. T. 3. Luxembourg: Victor Buck, 1971.

<www.win.dehon.it> (site Internet Prêtres du Sacré-Cœur de Jésus).

Wynants, Paul et Paret, Martine. « Les religieuses de vie active » dans : *Le choc des libertés. L'Église en Luxembourg de Pie VII à Léon XIII (1800-1880)*. Bastogne: Musée diocésain en Piconrue, 2001, 215-228.

Yegles-Becker, Isabelle. « Parcs et espaces verts, l'inventeur du promeneur ». *Ons Stad*, 58 (1998), 11-16.

Zobel, Jean-Ambroise. *Festgabe zum 25 jährigen Jubiläum der heiligen Familie*. Luxembourg, 1877.

LE PATRIMOINE FRAGILE DES BÉNÉDICTINES D'ERBALUNGA, 1862-1932

MICHEL CASTA

La communauté religieuse dont il sera question ici n'existe plus aujourd'hui. Établie en 1862 et installée dans la paroisse d'Erbalunga en Corse, à une dizaine de kilomètres au nord de Bastia, cette communauté de bénédictines a été pendant un peu plus d'un siècle une congrégation singulière dans le paysage religieux insulaire en raison de sa double vocation contemplative et enseignante. Elle est partie de rien, sinon de la volonté de quelques ecclésiastiques corses d'ouvrir une nouvelle maison religieuse dans l'île et de l'installation de quelques religieuses issues du monastère de Pradines dans la Loire, et, pour mener à bien ses projets religieux et éducatif, elle a constitué un patrimoine foncier et immobilier. Ce patrimoine est certes modeste au regard de la richesse supposée de congrégations [1] ; il est cependant exceptionnel en Corse où rares sont les ordres religieux propriétaires. C'est donc la formation et la gestion de ce patrimoine qui nous intéressera ici.

Pour cela, il est possible de s'appuyer sur les archives maintenant déposées au monastère des bénédictines de Rouen, car le monastère d'Erbalunga a définitivement fermé ses portes en 2004, faute de recrutement et après avoir abandonné ses fonctions d'enseignement depuis plusieurs décennies. Ces archives sont constituées d'une documentation variée mais relativement peu abondante et lacunaire compte tenu des près de 150 ans de l'existence de la communauté [2]. Cependant, les archives économiques sont plus fournies pour la période des années 1880 aux années 1910, et elles nous ont donc paru suffisamment abondantes pour répondre à la question de la constitution et de la gestion du patrimoine foncier et bâti qui permet à la communauté

---

[1] Voir Sorrel, *La République contre les congrégations*.
[2] Dominique Verdoni, qui a consulté les archives in situ avant la fermeture définitive du couvent en 2004, établit le même constat. Verdoni, « De 7 à 14 ans », 477.

d'exercer ses deux principales missions de prière et d'éducation entre 1862 et le début des années 1930.

S'INSTALLER : LA (RE)CONSTITUTION D'UN PATRIMOINE IMMOBILIER ?

Le nouveau temps des congrégations

La chronologie de l'installation en Corse des congrégations religieuses après la Révolution française fait apparaître de manière frappante une période particulièrement faste au cours de l'épiscopat de Mgr Casanelli d'Istria [3]. Lui attribuer à lui seul les mérites de ce nouvel élan religieux serait excessif car son long épiscopat, de 1835 à sa mort en 1869, correspond à la période du grand élan religieux du XIXe siècle compris entre la monarchie de Juillet et les premières années de la Troisième République. Le prédécesseur de Mgr Casanelli d'Istria, Mgr Sebastiani, avait tenté de faire venir des congrégations dans l'île, souvent en vain, à l'exception des congrégations enseignantes (frères des Écoles chrétiennes, sœurs de Saint-Joseph de Lyon) qui doivent contribuer au relèvement de l'éducation dans l'île tout en contribuant à l'œuvre de francisation.

Les oblats de Marie-Immaculée, fondés par Mgr Mazenod, font relative exception puisqu'ils sont la première congrégation non enseignante autorisée à s'installer en Corse dès 1836 pour, d'une part, tenir le grand séminaire que l'évêque souhaite rouvrir, d'autre part, prêcher des missions paroissiales. Mais il faut attendre 1852 pour voir les autres congrégations s'installer, officiellement du moins : franciscains capucins et observants, jésuites, dominicains, clarisses et quelques autres parmi lesquelles les bénédictines. L'évêque n'est pas le seul à agir en faveur de l'installation de ces congrégations. Le retour des clarisses à Bastia, par exemple, doit beaucoup à l'action de l'influent abbé Rigo dans le milieu des notables de la ville. Mais, et Claude Langlois le relevait fort justement dans sa somme sur les congrégations féminines, jusqu'en 1860 le diocèse d'Ajaccio ne possède aucune congrégation religieuse propre [4]. Les bénédictines d'Erbalunga vont en faire office.

Le choix de cette congrégation n'est pas dû au hasard car les liens avec la Corse sont anciens, quoique d'abord indirects. En effet, Thérèse de Bavoz, fondatrice de l'abbaye de Pradines, dans le département de la Loire, put y établir dans un premier temps la congrégation Saint-Charles de Lyon, communauté de dames charitables, par autorisation de l'archevêque de Lyon, le cardinal Fesch, oncle de Napoléon. Le cardinal, peu avant son exil à Rome en 1814, accepta de transformer la communauté en congrégation indépendante [5]. Celle-ci prend alors le nom de congrégation des bénédictines du Très Saint Cœur de Marie, dont les statuts sont approuvés par Rome

---

[3] Ortolan, *Diplomate et soldat*, 420-423 ; Casta, *Mgr Casanelli d'Istria*, 30-34.
[4] Langlois, *Le catholicisme au féminin*, 427.
[5] Gadille, éd., *Le diocèse de Lyon*, 221.

SITE IDEAL POUR RETRAITES, VACANCES ET SEJOURS DE REPOS

Dans un cadre merveilleux préparé par la Providence, favorisant le recueillement et l'élévation des âmes vers le Seigneur, le Monastère est un Centre de paix et de rayonnement spirituel, de prière liturgique et d'adoration eucharistique, dont bénéficient les groupes de Retraitants : Prêtres, Membres de l'Action Catholique ; ainsi que les hôtes divers, surtout dames, jeunes filles, qui y sont accueillis volontiers en toutes saisons. Le climat de Corse offre en hiver les mêmes bienfaits de plein air qu'en été.

★ On trouve aussi au Monastère un **Centre de Culture Artisanale et Artistique** par son atelier d'**Art galtique** en liaison avec les Ateliers de Corbara et de Sermano sous la direction des Pères Dominicains de Corbara

PROJETS POUR L'AVENIR

★ L'insuffisance des locaux oblige à refuser beaucoup de monde tant l'hiver que l'été. La reconstruction de l'aile démolie permettrait un accueil plus large.

★ Voulez-vous participer à l'œuvre du Monastère ? qui est d'étendre le rayonnement de l'Eglise en favorisant le développement tant spirituel qu'intellectuel pour la plus grande gloire de Dieu.

★ Une ASSOCIATION, sans règles astreignantes, DES AMIS DU MONASTERE est en train de se former.

★ Nous pouvons vous renseigner dès maintenant sur les buts qu'elle se donne et sur les conditions qu'elle propose.

★ Et pouvons vous donner aussi tous autres renseignements que vous désireriez.

MONASTERE
DES
BENEDICTINES
D'
ERBALUNGA
CORSE

Centenaire de la fondation
1862 - 1962
célébré solennellement
en juillet 1963

Prospectus à l'occasion de la célébration du centenaire du monastère des bénédictines, 1963, recto.
Imprimerie Costa, Bastia.
[Collection privée]

en 1830. Elle adopte la règle de saint Benoît et, pour « répondre aux besoins de la société », se consacre à « l'éducation des demoiselles » [6].

C'est dans ce monastère de Pradines que les trois nièces de l'évêque d'Ajaccio, Mgr Casanelli d'Istria, entrèrent en religion, après avoir quitté leur île natale. Ce furent elles qui, à l'invitation de l'évêque, revinrent en Corse pour y fonder le monastère des bénédictines d'Erbalunga, suivant en cela le vœu de Thérèse de Bavoz de voir essaimer des monastères autonomes [7]. Après Pradines, d'autres communautés sont instituées à Cuire (département du Rhône) en 1831, à Jouarre (Seine-et-Marne) en 1837, et, après la mort de la fondatrice, à Saint-Jean-d'Angely (Charente-Inférieure) en 1839, à Chantelle (Allier) en 1849.

La dimension diocésaine de la congrégation des bénédictines d'Erbalunga est rapidement perceptible à son recrutement. Les deux tiers des religieuses sont originaires de la Corse, les autres viennent du continent français, quelques-unes d'Italie continentale et de Sardaigne. Les fondatrices sont les trois nièces de l'évêque d'Ajaccio, et l'une d'elle, Marie-Victoire Casanelli, devient la première abbesse. Trois autres abbesses originaires de Corse lui succèderont rapidement, Marie-Jeanne Culioli (1869-1870), Assomption Lota (1870-1871) et Bernardine Aicardi (1872-1874), avant que, en raison des désordres qui règnent dans la communauté, l'abbesse d'une autre fondation (Saint-Jean d'Angely) au départ de Pradines, Mme de Vougy (1874-1883) ne reprenne le monastère en main. Lui succèderont, pour la période qui nous intéresse, deux autres abbesses originaires du continent, Julie Guillaume (1883-1923) et Marie Huchon sa nièce (1923-1951) qui, comme celles qui l'ont précédée, mourut en charge.

Faire appel aux congrégations religieuses permet certes de se doter des moyens pour mener à bien des ambitions pastorales d'évangélisation et d'éducation chrétienne. Mais il reste à donner les moyens de s'installer et de vivre. Ainsi, pour fonder le petit séminaire d'Ajaccio, l'évêque avait taxé au dixième du traitement les prêtres du diocèse ; pour rénover le couvent des franciscains de Corte en vue d'en faire une maison pour les retraites spirituelles, les prêtres diocésains avaient été taxés au vingtième. Mais les ressources propres du diocèse ne permettaient pas de financer l'installation des congrégations religieuses. Ce sont donc les particuliers et les communes qui vont rendre possible leur implantation.

Le retour des congrégations anciennes

L'arrivée des congrégations religieuses correspond à un double mouvement, venant de deux aires : d'une part, ce que l'on pourrait appeler le retour des congrégations anciennes, implantées en Corse avant la Révolution, rattachées aux provinces italiennes ; d'autre part, l'arrivée des congrégations françaises fondées au XIXe siècle.

Au premier courant se rattachent principalement les franciscains, capucins et observants, auxquels se joignent une maison de jésuites et un couvent noviciat de dominicains. Bien qu'ils ne soient pas officiellement autorisés à s'installer, la présence de moines franciscains est attestée dès le début de la Restauration : ce sont des capucins logeant dans leurs anciens couvents de Bastia et de Saint-Martin de Lota

---

[6] Buenner, *Madame de Bavoz*, 569 ; Jean-Marc, « Thérèse de Bavoz ».
[7] Roche, « Le rôle de l'abbesse dans la restauration monastique au XIXe siècle », 299.

où ils doivent partager les bâtiments rachetés par la commune avec l'instituteur, des observants occupant leur ancien couvent de Farinole [8].

Au fil du siècle une douzaine de couvents, sur les plus de quatre-vingt d'Ancien Régime, sont ainsi réinvestis par les ordres anciens, bénéficiant des facilités que leur accordent les communes ou les particuliers devenus propriétaires [9]. L'évêché peut également jouer de son influence et participer à la restauration des couvents. En 1855, les franciscains s'installent à Pino, dans le couvent Saint-François, propriété de particuliers ; l'évêque contribue à la restauration des bâtiments et fait bâtir à ses frais des appartements pour y séjourner lors des visites pastorales. Le même type d'opération est mené à Corte dans l'ancien couvent franciscain, propriété d'Ernest Arrighi de Casanova, duc de Padoue (1814-1888), alors ministre de l'Intérieur, qui le cède gracieusement au diocèse. Nous avons vu comment le financement de la réfection du bâtiment a été réalisé par la levée d'une taxe au vingtième sur le traitement du clergé diocésain. La bénédiction de la première pierre a lieu le 4 novembre 1863, mais l'édifice n'est pas achevé à la mort de l'évêque en 1869. La maison de retraite spirituelle pour les ecclésiastiques n'ouvrit pas, mais le bâtiment hébergea pendant quelques années le petit séminaire de Corte tenu par les oblats de Marie-Immaculée.

Ces quelques exemples - et d'autres pourraient être cités, ne font qu'illustrer le fait que les anciennes congrégations religieuses rétablies en Corse ne sont pas propriétaires des bâtiments qu'elles occupent et qu'il n'y pas eu de (re)constitution de patrimoine immobilier. L'expulsion des congrégations à la suite de la loi de 1901 n'entraîna donc pas de confiscations, puisqu'elles n'étaient pas propriétaires des bâtiments qu'elles occupaient.

L'arrivée des congrégations françaises

Les bénédictines d'Erbalunga se rattachent au deuxième courant des congrégations, celles nouvelles et originaires de la France, dont l'implantation est facilitée par les autorités civiles dans la mesure où elles contribuent à la francisation de l'île. En fait, il s'agit principalement de congrégations enseignantes parmi lesquelles, en premier lieu, les frères des Écoles chrétiennes à partir de 1805, suivis des sœurs de Saint-Joseph à partir de 1824 et des filles de Marie à partir de 1838. Ces congrégations s'installent dans les villes et dans les bourgs ; elles occupent le plus souvent de nouveaux locaux, soit réaffectés, soit construits spécialement pour ces écoles, plus rarement d'anciens locaux conventuels urbains [10].

[8] Letteron, « Détails historiques sur les monuments religieux de l'ancien département du Golo ».
[9] Par exemple, en 1853, le révérend père Anselme Martinelli est chargé de rétablir l'ordre franciscain en Corse. La commune d'Oletta rachète au gouvernement le couvent Saint-François ; l'évêque invite la municipalité à rendre le bâtiment aux religieux qui y établissent un noviciat. Le 1er juillet 1859 la résidence des jésuites ouvre à Bastia. Cette installation est prévue depuis 1844, la municipalité étant prête à mettre à disposition le couvent Saint-Joseph, mais l'offre n'a pas été agréée par le gouvernement suspicieux à l'égard des jésuites. Ortolan, *Diplomate et soldat*, 420-423.
[10] Notamment : frères des Écoles chrétiennes dans l'ancien collège des jésuites d'Ajaccio, dans le couvent Sainte-Élisabeth des tiercelines de Bastia ; oblats de Marie-Immaculée dans le couvent Saint-François de Corte, devenu maison pour les retraites ecclésiastiques puis petit séminaire ; école privée Paoli dans le couvent Saint-François de Morosaglia.

La commune de l'Île-Rousse prend en charge l'école des filles de Marie en louant d'abord une maison, puis en construisant une école. À Olmeto, la commune loue une maison pour les sœurs, puis entame la construction d'un nouveau « couvent », d'ailleurs resté inachevé. En 1905, les sœurs sont recueillies par une particulière, Mlle Galloni d'Istria, qui ouvre l'école Sainte-Élisabeth. À Cervione, en 1846, un groupe de particuliers fait appel aux filles de Marie pour fonder une école de filles, mais faute de soutien financier permanent les sœurs partent en 1874. À Vico enfin, sans doute avec le soutien personnel de l'évêque, l'école est d'abord installée dans une maison louée en 1857, puis dans un bâtiment neuf en 1864. Après l'expulsion des congrégations, l'école devient Institution Jeanne d'Arc en 1907 [11]. Bâtiments municipaux ou bâtiments particuliers, les congrégations enseignantes ne possèdent donc rien en propre. Tout au plus mettent-elles leurs personnels au service des communes.

Souvent en France, le patrimoine immobilier constitué au fil du XIXe siècle a fait la richesse des congrégations religieuses [12]. Les bénédictines venues de Pradines s'installent au contraire dans un diocèse où les congrégations sont particulièrement démunies. Elles font toutefois exception en constituant un patrimoine immobilier par l'acquisition de terrains à Erbalunga, hameau de la commune de Brando, puis par la construction de bâtiments monastiques et scolaires [13].

CONSTRUIRE ET FINANCER

Les projets religieux et éducatifs

Alors que la fondatrice du monastère de Pradines avait tout fait pour rétablir la règle bénédictine dans la stricte observance, la congrégation du Très Saint Cœur de Marie formée à Erbalunga conserve la règle associée à la vie contemplative et ouvre un pensionnat trois ans après sa première installation. Les raisons qui conduisent à cette ouverture restent vagues : s'agit-il de se conformer à un projet initial ou d'une nouvelle orientation souhaitée par l'évêque, car il n'est pas fait mention d'une école lors de l'inauguration du monastère ? Ou s'agit-il de répondre à une attente formulée par les bienfaiteurs ? Ou est-il tout simplement question de fournir des ressources à la congrégation ? Toujours est-il que le pensionnat ouvre en 1865 [14]. L'éducation des jeunes filles restera, jusqu'à la fermeture définitive du pensionnat en 1963, une des grandes affaires du monastère.

Dans un premier temps, et pendant près de vingt-cinq ans, le pensionnat est installé dans une aile du monastère construit pour les religieuses (1862-1865) [15],

---

[11] ADA : Note dactylographiée « À l'origine de la présence des sœurs marianistes en Corse ».

[12] Langlois, Le catholicisme au féminin, 394.

[13] ABR, Couvent d'Erbalunga, Titres de propriété : Délibération du conseil municipal de Brando, sur la vente d'une propriété San Silvestro appartenant à la fabrique de Sainte-Marie de Brando à Victoire Casanelli, pour 4 000 F, décembre 1865.

[14] Selon les registres de 1865, les pensionnaires sont âgées de 7 à 20 ans ; les deux tiers ont moins de 13 ans.

[15] Les archives de cette première construction manquent.

Les bâtiments du monastère : sur la droite, le bâtiment conventuel ; à l'arrière de ce bâtiment, la chapelle en croix latine et le clocher à l'entrée de la nef : à gauche, le pensionnat ouvert en 1899, dont l'aile effondrée en 1916 n'a jamais été reconstruite. Carte postale, 1962.

tout en étant séparé de l'espace qui leur est réservé par des accès distincts. Pour faire face à la demande de la bourgeoisie bastiaise et des environs, il est décidé en 1883 de construire un nouveau bâtiment, à quelques mètres à l'ouest du premier ; les pensionnaires vivront désormais séparées des sœurs. Les travaux commencent en 1889 et le bâtiment est inauguré en 1899. Dans le même temps, il est décidé de construire une chapelle accolée à la partie nord du monastère. La construction commence en 1885, l'église du Sacré-Cœur est sacrée en 1887 sous le vocable du Sacré-Cœur de Jésus et l'autel est consacré en 1890.

La durée des travaux de construction du pensionnat et de l'église est plutôt longue, sans n'avoir rien d'exceptionnel ; elle est surtout le signe des difficultés qu'ont eu les religieuses à collecter les fonds nécessaires. Cependant, elles ne font pas renoncer l'abbesse, Julie Guillaume (sœur Gertrude), et Marie Huchon (sœur Marie Raphaël), sa nièce, directrice du pensionnat, qui, en 1899, lancent également le projet d'ouvrir un orphelinat destiné également aux enfants des classes défavorisées [16]. Fort de l'expérience acquise avec la gestion du pensionnat, le F. Gibbal, bénédictin du monastère Sainte-Magdeleine de Marseille, qui a suivi la construction des deux précédents bâtiments, le pensionnat et l'église, est à nouveau sollicité pour préparer les plans. Le projet ne verra cependant pas le jour.

Au cours de ses premières années, le monastère s'est rapidement développé, tout en restant d'une taille modeste. De sept religieuses qui arrivèrent en 1862, l'effectif

[16] Il est question d'ouvrir le nouvel établissement aux enfants dès l'âge de cinq ans et de les éduquer jusqu'à l'âge de vingt ans.

est passé à trente en 1883. Le pensionnat nouveau peut accueillir une soixantaine d'élèves. Le projet d'orphelinat est prévu pour quatre-vingts filles. Il s'agit donc d'un ensemble de dimension modeste, en comparaison des établissements des autres congrégations féminines établies en Corse. Les sœurs de Saint-Joseph sont 69 à Ajaccio, 56 à Bastia, et 197 au total dans leurs 8 écoles corses ; les filles de Marie sont 46 à Ajaccio et 76 dans leurs quatre établissements implantés dans l'île. Mais il s'agit là de congrégations enseignantes. Pour une autre comparaison, rappelons les 24 religieuses au monastère des clarisses à Bastia [17].

Des revenus propres à la communauté

Dans une lettre au juge d'instruction, rédigée peu après la dissolution de la congrégation en septembre 1901, l'abbesse, Julie Guillaume, fait un rapide historique de la construction du monastère pour en souligner le lourd passif financier [18]. L'exercice est certainement très convenu, certes. Il n'en souligne pas moins les arrangements par lesquels la congrégation constitue et gère son patrimoine. L'abbesse rappelle les premiers temps de la communauté quand les premières religieuses arrivées en Corse furent installées dans une maison louée de la famille de l'armateur Valery [19]. Elle souligne aussi qu'elles ne bénéficièrent pas d'aide de la part de l'évêque et que les constructions faites au fur et à mesure le furent grâce à trois principales sources de financement : les dots, les dons, les « prêts » [20].

Cette manière de présenter les ressources est certainement réductrice, évitant de mentionner les possibles ressources provenant de propre activité [21]. On pourra notamment s'étonner qu'il ne soit fait aucune référence aux flux financiers générés par le pensionnat. L'augmentation du nombre d'élèves a certainement permis l'accroissement des ressources ... et des dépenses bien sûr. À la fin du XIXe siècle, le prix de la pension est de 500 à 550 F. Au prix fixe de la pension s'ajoutent les frais de blanchissage, les leçons particulières de latin, de gymnastique, de piano ou de dessin [22]. Le projet d'orphelinat prévoyait une dépense annuelle par élève de 650 F

[17] ADA : *Ordo diocésain*, 1883.
[18] ABR, Couvent d'Erbalunga, Affaires concernant la liquidation : Lettre de Julie Guillaume au juge d'instruction, 10 novembre 1901.
[19] Selon les documents, il est fait également mention de la location d'une maison appartenant à une grande famille de notables bastiais, les Caraffa.
[20] ABR, Couvent d'Erbalunga, Affaires concernant la liquidation : Lettre de Julie Guillaume au juge d'instruction, 10 novembre 1901.
[21] Claude Langlois distingue quatre séries de ressources : deux extérieures, deux propres aux congrégations. Les premières sont constituées d'une part des quêtes, dons manuels, offrandes dont bénéficient également les œuvres paroissiales, d'autre part des subventions et des dons et legs. Les secondes que Claude Langlois estime majoritaires, sont formées de la participation des sœurs (frais de noviciat, dot, revenus de la fortune personnelle, voire partie de cette fortune) et du revenu de leur propre activité. Langlois, *Le catholicisme au féminin*, 352-371.
[22] Verdoni, « De 7 à 14 ans », 492. L'établissement préparait au brevet élémentaire, au brevet supérieur et, à partir de 1935, au baccalauréat. Pour une histoire plus complète du pensionnat, les archives manquent cependant.

au minimum, « nécessaire à mon avis, pour couvrir les frais classiques de nourriture, vêtements et autres » [23].

Ce sont les dots des premières religieuses, et peut-être des novices, qui ont en partie permis l'ouverture du monastère et plus tard celle du pensionnat, lorsque la communauté s'est élargie. Il y avait encore, au moment de la dispersion, vingt-trois religieuses [24]. L'abbesse précise que le montant total des dots revendiquées lors de leur départ du monastère était de 60 000 F. Quelques sœurs adressèrent des lettres d'abandon de dots en faveur de Julie Guillaume, ce qui permet d'en connaître leur montant, 2 000 F pour Lucie Pieve, fille d'un propriétaire ; 2 200 F pour Catherine Bonetti ; 3 700 F pour Théodora Marini, fille de propriétaire ; 4 000 F pour Agathe Marie Luciani, fille d'un propriétaire et d'une fileuse. Mais d'autres mentions indiquent des dots bien plus importantes : 14 270 F pour Marie Raggio ; 15 400 F pour Marie Depierrefeu ...

Parmi les autres ressources propres du monastère, le produit du domaine constitue un apport dont il n'est pas possible d'estimer le montant. Dans l'inventaire établi en vue de la vente des biens de la congrégation en 1908, il est fait allusion à ce que pouvaient être les ressources agricoles de cette propriété d'une dizaine d'hectares (11,8 ha selon les documents de l'adjudication) sur laquelle se trouvaient, outre du maquis et des bois de chênes verts sur les hauteurs, des terres cultivables - alors en jachère -, des châtaigniers, oliviers, figuiers et d'autres arbres fruitiers, un jardin, le tout étant partiellement irrigué grâce à la présence de réservoirs. Un prospectus destiné aux parents des pensionnaires vante la « nourriture saine et soignée fournie en grande partie par les produits de la ferme ». Dans un des lots de la vente de 1908, sont incluses les cinq vaches qui servaient à l'alimentation des religieuses et des pensionnaires. Une correspondance mentionne également l'envoi de flacons de fleurs d'oranger, « produits de votre industrie si spéciale et si renommée » [25]. On ne trouve cependant aucune mention d'un atelier de fabrication.

Mais, conclut l'abbesse pour expliquer la situation financière du monastère en 1901, les constructions n'ont été possibles « qu'avec de grandes privations : on mange parfois de pain d'orge et d'herbes sauvages bouillies », prend-elle soin de préciser. À l'évidence, si les ressources propres de la congrégation permettaient de subvenir aux besoins, elles ne suffisaient pas pour construire les trois principaux bâtiments. D'où le nécessaire recours aux dons et aux subventions.

[23] ABR, Couvent d'Erbalunga, Dossier relatif à la construction d'un orphelinat de la Marine : Projet d'une œuvre pour l'éducation des jeunes filles du monde, 1899.
[24] La communauté éclate effectivement. Une partie des religieuses choisissant l'exil, particulièrement en Belgique, les autres se contentant de « l'exil fictif », faisant le choix de devenir des « sœurs costumées en laïques ». Lanfrey, « Expatriations et sécularisations congrégationistes », 191.
[25] ABR, Couvent d'Erbalunga, Affaires ecclésiastiques : Lettre reçue de Weimar, 21 février 1896 ; Dossier relatif à la construction d'un orphelinat de la Marine : Projet d'une œuvre pour l'éducation des jeunes filles du monde, 1899. Au XIXe siècle, la surface consacrée à la culture des arbres fruitiers dans le Cap corse quadruple, notamment avec le développement de la culture du cédrat. Voir Simi, *Précis de géographie de la Corse*, 212.

Les dons et les subventions

Ce sont bien des ressources extérieures qui ont permis l'essentiel du développement de l'établissement. En premier lieu, il s'agit de dons d'origines les plus diverses et de montants fort variables, de 2 F à 5 000 F. Pour la construction de l'église, plus de 33 000 F ont été ainsi collectés en 1884 et 1889, provenant d'un peu plus de cinquante donateurs parmi lesquels se trouvent des ecclésiastiques et des laïcs insulaires et continentaux [26]. Plus de deux tiers des dons pour la construction de l'église proviennent de Corse et un tiers de la région de Bastia. C'est dire l'importance de la proximité des œuvres et des donateurs qui les font vivre. Faut-il préciser encore que ce sont surtout quelques familles qui se distinguent : on trouve ici une première fois les noms des Gregory et des Cagninacci, dont il sera question plus loin. Pour le reste, il s'agit de personnes contactées par des réseaux de connaissances et d'instituts religieux : la Grande Chartreuse, l'abbaye de Solesmes (l'abbaye d'hommes Saint-Pierre), le monastère Sainte-Cécile (l'abbaye de femmes de Solesmes également), etc.

Une dizaine d'années plus tard, en 1896-1897, c'est grâce à un réseau très personnel que l'abbesse Julie Guillaume peut aller quêter en Autriche où elle rencontre plusieurs membres de la maison impériale, auprès de qui elle a été introduite par un cousin et vraisemblablement la comtesse Pozzo di Borgo. L'archiduchesse Marie-Thérèse rendra d'ailleurs visite au monastère en 1897 [27]. La modeste communauté se trouve alors en relation avec le gotha européen, ce qui ne lui permet pas pour autant de sortir de ses difficultés financières. Elle a alors recours à des mécènes notoires. Le monastère bénéficie ainsi des largesses de la comtesse de Béarn, collectionneuse et mécène [28]. Julie Guillaume sollicite également Alfred Chauchard, homme d'affaires et collectionneur d'art, connu pour son immense fortune aussi bien que pour sa générosité [29]. Ne le connaissant pas, elle s'adresse à lui par ouï-dire : « L'écho m'est parvenu, Monsieur, de vos nombreux bienfaits, et j'ose vous implorer en faveur d'une île pauvre et abandonnée où votre nom sera béni. Si vous jetez un regard de compassion sur de petits orphelins, nous leur apprendrons à prier pour vous » [30]. Les archives ne disent pas si Alfred Chauchard a répondu favorablement à l'abbesse.

En marge de ces dons, notons également les demandes de subventions, notamment pour le projet d'orphelinat lancé en 1899. Soutenue par divers élus locaux et insulaires, Julie Guillaume adresse au ministère de l'Agriculture une demande de subvention de 250 000 F, à accorder par la commission du Pari mutuel. Elle reconnaît

---

[26] Neuf séculiers dont l'évêque d'Ajaccio. ABR, Couvent d'Erbalunga, Affaires ecclésiastiques : Liste de donateurs, 1884-1889.

[27] L'archiduc Charles-Louis de Habsbourg, héritier de la couronne à la suite de la mort de Rodolphe (1889), fils de François-Joseph 1er, meurt en 1896. En 1873, il avait épousé en troisième noce Marie-Thérèse de Bragance, infante du Portugal, mère de six enfants dont François-Ferdinand, assassiné en 1914.

[28] Martine-Marie-Pol de Béhague, comtesse de Béarn (1869-1939), épouse puis divorcée de René-Marie-Hector de Galard de Brassac de Béarn.

[29] Alfred Chauchard (1821-1909), fondateur et propriétaire des magasins du Louvre, collectionneur de peintures anciennes et modernes.

[30] ABR, Couvent d'Erbalunga, Dossier relatif à la construction d'un orphelinat de la Marine : Lettre à Alfred Chauchard, 7 août 1899.

que le montant reste approximatif et surévalué car, écrit-elle, le devis s'élève à 205 097 F mais « nous avions demandé 250 000 F pour avoir une petite provision »[31]. Si le dossier se présente de manière incomplète et peu rigoureuse au vu des règles administratives, observons cependant que l'abbesse s'est efforcée de faire jouer les réseaux d'information et les ressorts d'influence. La même démarche prévaut quand, pour le même projet, elle tente d'organiser une loterie dans la salle des fêtes du Trocadéro et d'obtenir l'accord du directeur des Beaux-Arts, Étienne Goujon, sénateur de l'Ain[32].

« Nos chers bienfaiteurs »

Dès les premiers temps de la congrégation, le monastère se développe grâce à ses bienfaiteurs qui appartiennent à quelques familles de notables bastiais. Les Gaudin en premier lieu, puisque le notaire Gaudin est désigné comme « bienfaiteur du monastère » dans le procès-verbal d'installation de la nouvelle abbesse en novembre 1862, ainsi que le docteur Gaudin tandis que son épouse est marraine de l'abbesse. On retrouvera cette famille intervenant pour la défense des intérêts des religieuses après leur expulsion en 1907.

Les Gavini sont également présents, en la personne de Sampiero (1823-1875), conseiller général de Campile, futur député bonapartiste au Corps législatif, membre de la loge de la Parfaite Harmonie du Grand Orient de France. Son épouse, Marie Brigitte est la seconde marraine de l'abbesse ; elle est l'une des filles de Sébastien Piccioni, armateur et maire de L'Île-Rousse. Parmi les premiers bienfaiteurs on trouve aussi les noms des familles de notables bastiais, les Valery et les Caraffa notamment.

À partir des années 1880, d'autres noms passent au premier plan et reviennent constamment jusqu'aux lendemains de l'expulsion. Il s'agit des familles Gregory et Cagninacci mentionnées plus haut. La première est une famille de marchands bastiais connue depuis le XVIIIe siècle. La dévote, épouse de Joseph Gregory, figure parmi les plus généreuses donatrices pour la construction de l'église, tandis que son petit-fils Sébastien, banquier, président de la chambre de commerce de Bastia, contribue au rachat du monastère en 1908.

L'histoire des frères Cagninacci est particulièrement intéressante puisque leurs œuvres pieuses se sont développées à leur retour d'Amérique. Ils ne se contentèrent pas de construire leurs maisons d'« Américains », ainsi que l'on appelait ceux qui avaient fait fortune outre-Atlantique et revenaient au pays. Ils eurent leurs œuvres pieuses : la construction de la nouvelle église de leur village d'origine, Figarella ; Jean-Nonce facilita l'installation des franciscaines missionnaires de Marie dans le couvent Saint-Hyacinthe, à Santa Maria di Lota ; Toussaint fut le principal bienfaiteur des bénédictines.

---

[31] Ibidem : Lettre au préfet de la Corse, 10 septembre 1899. Dans une lettre au ministre de l'Agriculture, 25 décembre 1899, l'abbesse précise que la demande de subvention est supérieure au devis car, « comme il sera nécessaire d'avoir quelque chose en provision pour la mise en activité, j'ai cru devoir porter le tout à 250 000 F ».

[32] Ibidem : Lettre au directeur des Beaux-Arts, 7 août 1899.

À propos des familles bienfaitrices, et pour clore sur ce point, deux précisions peuvent encore être apportées : la première concerne les femmes qui, bien que l'on perçoive pas toujours nettement leur rôle du vivant de leurs époux, poursuivent leur action bienfaitrice après leur mort. La seconde remarque porte sur la reconnaissance sociale acquise par ces dons. Plusieurs donateurs et non des moindres acquièrent des titres pontificaux en raison de leurs œuvres parmi lesquelles les bénédictines d'Erbalunga sont les bénéficiaires. Ainsi trouvons-nous Jean Nonce Cagninacci commandeur de l'ordre de Saint-Grégoire le Grand en 1884 puis comte romain à titre héréditaire en 1888 ; son frère Hyacinthe accède aux mêmes distinctions en 1894 et en 1901. Sébastien Gregory est fait comte romain en 1897.

Parmi les bienfaiteurs comme parmi les notables qui soutiennent les projets des religieuses, les traditionnelles lignes de rupture politique n'interviennent pas ou peu. Le projet d'orphelinat bénéficie du soutien et de l'intervention des députés républicains de la Corse : Emmanuel Arène, Marius Giaccobi, Toussaint Malaspina. Jean Nonce Cagninacci est lui-même conseiller général sous l'étiquette radicale-socialiste.

L'endettement chronique

En dépit des ressources propres et des dons, il fallut faire appel à l'emprunt. Les prêteurs furent en grande partie les mêmes que les bienfaiteurs. Les pièces de comptabilité font apparaître les sommes très importantes que la congrégation emprunta auprès notamment des Cagninacci, mais elles ne sont pas suffisamment cohérentes pour rendre compte de l'endettement effectif, puisque certaines créances ont pu être remboursées par de nouveaux emprunts, sans compter de probables abandons de dettes.

Quelques séries indiquent cependant les difficultés dans lesquelles se trouvent les comptes de la congrégation. Ainsi un emprunt devant notaire de 20 000 F contracté auprès de Toussaint Cagninacci en 1887 pour la construction de l'église donna lieu à une prise d'hypothèque en 1891 car aucun versement n'avait pu être effectué à cette date. À partir de 1895 les premiers versements ont lieu et après avoir versé au total 12 200 F, il restait encore à rembourser 7 800 F, ce qui revenait à accorder un prêt sans intérêt, à une époque où le taux du crédit était de l'ordre de 3% l'an.

En 1901, Julie Guillaume estimait les dettes du monastère à 120 000 F et le montant total des dots à restituer à 60 000 F [33]. Quelques religieuses engagèrent une procédure auprès du liquidateur pour recouvrer la leur ; d'autres rédigèrent, comme déjà mentionné, des lettres d'abandon de dot en faveur de Julie Guillaume. La liquidation reconnaîtra finalement 16 000 F de dots.

Les créances réclamées auprès du liquidateur sont plus importantes puisqu'il les estime d'un montant de 138 500 F. Parmi les créanciers, on retrouve la liste de nombreux bienfaiteurs qui ont largement contribué à la construction du monastère et de l'église : la famille Cagninacci (pour une somme de 81 000 F, soit 58% du total), la famille d'une des religieuses (12 500 F), des laïcs et un ecclésiastique ... Toussaint

[33] ABR, Couvent d'Erbalunga, Affaires concernant la liquidation : Lettre de Julie Guillaume au juge d'instruction, 10 novembre 1901.

Cagninacci fait valoir ses droits de nouveau propriétaire en tant que détenteur d'un prêt hypothécaire remboursable dans un délai de dix ans, mais faute d'avoir renouvelé l'hypothèque, l'administration estime que ce prêt s'apparente à un don déguisé et rejette donc la requête.

Ce qu'escomptent ces créanciers, ce n'est pas tant de mettre la propriétaire en difficulté que d'empêcher la confiscation et d'empêcher la vente des biens. La même attitude est adoptée à la suite des inventaires des biens paroissiaux en 1905 : les donateurs particuliers d'un meuble d'église (statue, vase sacré ...) ou d'un bien cédé à la fabrique en revendiquent *in fine* la propriété, parfois même au nom d'un parent décédé, pour qu'il échappe à la « confiscation » ... Tout cela en vain.

La mise en vente des biens de la congrégation dissoute donne lieu à de nouvelles transactions où interviennent d'autres facteurs de la seule logique financière. Les mises à prix successives ne cessent d'être revues à la baisse. Ainsi le premier lot, formé de l'ancien monastère, de la chapelle et du nouveau monastère, sur une parcelle de plus de 5 ha, est initialement mis à prix 120 000 F le 22 mai 1908, puis, faute d'acquéreur, à 80 000 F le 8 juillet, puis encore à 48 000 F le 8 août ; le second lot, formé d'une parcelle agricole de 6 ha, ne trouve guère preneur à 10 000 F, ni à 6 000, avant d'être mis à prix 2 000 F. Cette réticence à procéder au rachat des biens ecclésiastiques n'est pas exceptionnelle, bien au contraire. De nombreux bâtiments religieux ont été rachetés au XIXe siècle par des particuliers en vue de les restituer aux communautés religieuses, ce qui était faire œuvre pieuse. Au contraire, ceux qui les rachèteraient pour leur usage personnel seraient tout simplement maudits pour avoir accompli un tel acte sacrilège.

Les mises à prix ayant baissé, les enchères restent cependant modestes. Les biens sont acquis le 8 août 1908, à l'occasion de la troisième adjudication, par les frères Gregory et trois membres de la famille Cagninacci, Toussaint, la comtesse Laure, veuve de Jean, et Hyacinthe. Le jour même, ils décident ensemble de revendre les bâtiments à Julie Guillaume pour un montant de 79 800 F. Ce sont donc les familles traditionnellement bienfaitrices du monastère qui permettent aux religieuses de le racheter, en leur accordant aussi un nouveau prêt.

Il n'est guère possible de trancher sur les intérêts ou les arrangements ainsi accordés. Tout au plus peut-on relever que les accords financiers trouvés entre Julie Guillaume et la famille Cagninacci, Toussaint particulièrement, relevaient d'une relation personnelle plus complexe puisque la congrégation assurait aussi l'éducation des filles et des nièces de Toussaint. Ces relations personnelles et financières évoluent très rapidement après la mort, la même année 1923, de Toussaint Cagninacci et de Julie Guillaume. Marie Huchon succède à sa tante à la tête du monastère, emprunte à la famille de Toussaint à nouveau une forte somme d'argent, au moins 35 000 F, pour finir de payer le pensionnat et le rachat du monastère.

Pourtant, tout change alors dans la gestion financière. Julie Guillaume pendant quarante ans avait déployé une énergie considérable pour bâtir et pour payer ces constructions, nous l'avons vu. Les finances de la congrégation restaient alors enfermées dans une infernale spirale de l'endettement. Marie Huchon adopte au contraire, et non sans difficulté, un plan de remboursement. Les méthodes de gestion ne sont plus les mêmes : l'abbesse réussit à liquider la dette en quelques années, commençant par payer les intérêts accumulés, puis amortissant la dette elle-

FIGURE 1
L'ENDETTEMENT TOTAL DE MONASTÈRE (EN FRANCS)

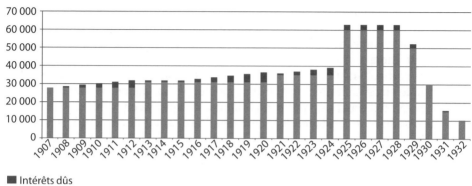

■ Intérêts dûs
■ Dette

même ... mais grâce au soutien financier de l'abbaye bénédictine de Jouarre [34]. Un chapitre financier se clôt alors en 1932. La congrégation gagnait alors une relative indépendance, ce qui était en partie sa raison d'être : elle restait propriétaire de ses bâtiments et de son domaine ; elle ne dépendait plus directement de ses bienfaiteurs laïcs, même si elle dut compter sur la solidarité ecclésiastique. Des quatre maisons issues de Pradines, elle était, dans les années 1920, de loin la plus modeste, avec seulement 13 religieuses quand les autres en avaient entre 38 à Saint-Jean d'Angely et 94 à Pradines même [35].

CONCLUSION

« Patrimoine fragile » avons-nous dit pour parler des biens des bénédictines d'Erbalunga. Patrimoine fragile en raison des difficultés financières avec lesquelles il est constitué au départ puis reconstitué après 1908. Il l'est aussi au sens matériel. L'adjudication du « couvent des bénédictines d'Erbalunga », prévue le 22 mai 1908 permet de faire l'état des biens immobiliers de la congrégation. Les malfaçons constatées sur le bâtiment du pensionnat inauguré en 1899, fait l'objet d'un procès en 1903 et les réparations sont estimées à 32 000 F en 1908. En 1916, une aile du bâtiment du pensionnat s'effondre et le bâtiment reste inutilisé pendant près d'une vingtaine d'années avant d'accueillir à nouveau des pensionnaires. Il conserve les traces de ces malfaçons jusqu'à nos jours ... mais il ne sert plus après 1963. Et depuis quelques

---

[34] « Monastère des bénédictines du Saint-Sacrement. Erbalunga (Corse) », 11.
[35] « Les bénédictines du Saint Cœur de Marie », 296. En 1951, la congrégation trop peu nombreuse est aidée par les bénédictines du Mas Grenier et est agrégée à l'institut des bénédictines adoratrices du Saint-Sacrement, renouant alors la filiation avec la congrégation fondée en 1653 par Catherine de Bar (sœur Machtilde du Saint-Sacrement).

années les grandes bâtisses sont vidées des religieuses qui les occupaient encore. Ce sont désormais des projets immobiliers et touristiques qui convoitent le site.

Sans prétendre avoir épuisé l'étude du cas des bénédictines d'Erbalunga, il est possible de formuler quelques remarques de portée plus générale. La première porte sur le caractère empirique de la gestion du patrimoine. L'état des documents comptables témoigne autant de la conservation des archives de la congrégation que du mode d'administration des biens. La profusion de notes et de carnets est à l'image de la passion de Julie Guillaume pour le développement et le rayonnement du monastère ; la rigueur de sa nièce Marie Huchon bien déterminée à résoudre l'endettement du monastère permet de suivre, au moins dans les grandes lignes l'évolution annuelle des comptes. Mais, à l'évidence, bien des pièces manquent, détruites ou perdues, et l'enquête devrait être continuée avec les archives administratives et fiscales.

La seconde remarque porte sur le poids du contexte économique et sociologique de la constitution du patrimoine dont la source est principalement extérieure à la congrégation. Claude Langlois a montré le poids déterminant des fondatrices de congrégations issues de la noblesse ou de la bourgeoisie au lendemain de la Révolution [36]. À Erbalunga, c'est du côté des laïcs qu'il faut aller chercher l'élan financier. Ce sont des notables qui permettent la fondation du monastère et l'entretiennent pendant une grande partie de la période. Ils font œuvre pieuse en agissant ainsi tout en plaçant la congrégation dans une relation de dépendance économique. Quand l'indépendance est acquise, c'est grâce à un nouveau soutien financier, congréganiste celui-là, et au prix d'un appauvrissement qui conduit le monastère, après la Seconde Guerre mondiale, à s'affilier à la congrégation du Saint-Sacrement et à demander l'aide financière de l'évêché.

Au cours d'un peu plus de ce demi-siècle, la personnalité des abbesses et celle des donateurs, les modes de manifester son appartenance religieuse et son rang social, la conjecture économique et l'évolution des fortunes familiales dessinent la singularité du patrimoine des bénédictines d'Erbalunga.

Bibliographie

Archives

Ajaccio, Archives diocésaines (ADA)
   Note dactylographiée « A l'origine de la présence des sœurs marianistes en Corse ».
   Ordo diocésain, 1883.
Rouen, Archives bénédictines (ABR), Couvent d'Erbalunga
   Affaires concernant la liquidation.
   Affaires ecclésiastiques.
   Dossier relatif à la construction d'un orphelinat de la Marine.
   Titres de propriété.

Littérature

Buenner, Denys. Madame de Bavoz, abbesse de Pradines de l'ordre de Saint-Benoît (1768-1838). Lyon : Emmanuel Vitte, 1961.
Casta, François-J. Mgr Casanelli d'Istria, évêque d'Ajaccio. Ajaccio : Évêché d'Ajaccio, 1969.
Jean-Marc, mère (OSB). « Thérèse de Bavoz, fondatrice et première abbesse de Pradines, 1768-1838 ». Les amis des monastères, 117 (1999), 27-32.
Lanfrey, André. « Expatriations et sécularisations congrégationistes » dans : Patrick Cabanel et Jean-Dominique Durand, éd. Le grand exil des congrégations religieuses françaises, 1901-1914. Paris : Cerf, 2005, 183-197.

[36] Langlois, Le catholicisme au féminin, 273 et suiv.

Langlois, Claude. *Le catholicisme au féminin. Les congrégations françaises à supérieure générale au XIXe siècle*. Paris : Cerf, 1984.

« Les bénédictines du Saint Cœur de Marie ». *Bulletin de Saint-Martin et Saint-Benoît*, (1924), 292-296.

Letteron, Louis-Auguste, éd. « Détails historiques sur les monuments religieux de l'ancien département du Golo détruits depuis trente ans ou qui ont reçu une autre affectation, par F.O. Renucci ». *Bulletin de la société des sciences historiques et naturelles de la Corse*, 83-84 (1887), 45-103.

« Monastère des bénédictines du Saint-Sacrement. Erbalunga (Corse) ». *Les amis des monastères*, 37 (1979), 10-13.

Ortolan, Théophile. *Diplomate et soldat, Mgr Casanelli d'Istria, évêque d'Ajaccio (1794-1869)*. Paris : Bloud et Barral, 1900.

Roche, Catherine. « Le rôle de l'abbesse dans la restauration monastique au XIXe siècle. L'exemple de Madame de Bavoz à travers l'abbaye de Pradines » dans : Nicole Bouter, éd. *Les religieuses dans le cloître et dans le monde des origines à nos jours*. Saint-Étienne : Université de Saint-Étienne, 1994, 287-302.

Simi, Pierre. *Précis de géographie de la Corse*. Collection Corse d'hier et d'aujourd'hui. Bastia : Société des sciences historiques et naturelles de la Corse, 1981.

Sorrel, Christian. *La République contre les congrégations. Histoire d'une passion française (1899-1904)*. Paris : Cerf, 2003.

Verdoni, Dominique. « De 7 à 14 ans. Chronique de l'éducation d'une jeune fille entre 1865 et 1965 au pensionnat d'Erbalunga » dans : Jacques Fusina, éd. *Histoire de l'école en Corse*. Ajaccio : Albiana, 2003, 477-498.

FROM WORKHOUSE TO CONVENT

THE SISTERS OF SAINT VINCENT
AND PUBLIC CHARITY IN EEKLO, 1830-1900

MAARTEN VAN DIJCK

Between 1830 and 1860 many old religious orders were resurrected and even more new congregations started to operate in Belgium. Most of these new congregations consisted of women religious active in education or care for the elderly, ill and orphans. Since the French Revolution, funding for these activities had ordinarily come from the municipalities bearing responsibility for the public charitable institutions. This left many congregations partially or completely dependent on the local public authorities to perform their charitable apostolate. In many cases they were subordinate to and supervised by both municipal and national authorities. The organizational and financial entanglement of the public and private spheres inside the charitable institutions and the supervision of the internal life of congregations caused frictions and often led to a search for more autonomy on the part of the sisters. The evolution of the Sisters of Saint Vincent de Paul of Eeklo towards more independence forms the narrative with which to explore the legal, financial and political environment in which the charitable congregations had to operate in nineteenth-century Belgium. The Sisters of Saint Vincent of Eeklo are a typical example for many of the small female hospital congregations that started in the context of the economic and social disruption in the first thirty years after independence. This legal and financial environment had important consequences for the development of the congregation. The pursuit of independence by the sisters remained only partially successful. Not even in the supposedly most secluded part of the Church, the religious institutes, was the separation of Church and State complete.

AN EMPIRE BY INVITATION[1]

The number of religious men and women soared after the Belgian Revolution of 1830. Before that date, legal restrictions prevented any large-scale revival of religious orders and congregations. Under a decree of 18 February 1809, only the hospital congregations, seen as socially useful by Napoleon Bonaparte, could be granted legal personality by the government. The Belgian constitution of 1831 guaranteed the freedom of association, which was gratefully used by old orders to resurrect themselves and by the founding figures of new congregations. The fact that the constitution did not provide for legal personality for the religious institutes proved to be a limited, but annoying, impediment to the development of religious institutes.[2] On the eve of the Revolution, Belgium counted around 3,000 religious. By 1856 that number had risen to 13,036.[3] Three basic characteristics of the revival of orders and congregations can be outlined. First, it was to a large extent a female phenomenon.[4] Based on the results of the population census we can conclude that men never made up more than 20% of the total number of religious in the second half of the century. By the end of that century, the number of men dropped even farther to about 16%. Second, the revival predominantly consisted of female religious involved in education, health care and charity. The contemplative orders were strongly outnumbered by the active congregations. Less than one in ten of the women was living according to a purely contemplative rule. Just over 50% of all sisters were active in education. Roughly another 40% were employed in health care and charity.[5] Within this last category, almost half of the sisters also held a school for the poor. The fact that their apostolate was concerned with care for the ill, elderly and young contributed to the success of the female congregations.

The third characteristic of the revival of orders and congregations was the strong geographical concentration of the resurging female congregations in the west of the country. The censuses of 1846 and 1856 situated about 45% of all female religious in the provinces of East and West Flanders. Many other sisters can be found in the adja-

---

[1] Viaene, *Belgium and the Holy See*, 177.

[2] Stevens, "Les associations religieuses en Belgique".

[3] Viaene believed that the total number of religious in 1856 was higher than at the end of the Ancien Régime. Viaene, *Belgium and the Holy See*, 170. This is not correct for two reasons. First, Viaene used a nineteenth-century government estimate of 12,000 religious at the end of the Ancien Régime. This number is too low according to Tihon, who estimated the number of religious in 1787 between 13,130 and 15,749. Tihon also points out that it is difficult to use 1787 as a year of reference, because the Austrian government of the Belgian provinces had just abolished 163 monasteries in the four years before that date. Tihon, "Les religieuses en Belgique", 20-21. Second, Viaene includes beguines in his number of religious for the year 1856 (14,853). But beguines cannot be considered as regulars. Moreover, since the figure for the end of the Ancien Régime does not include beguines, I leave them out of the figure for 1856 (13,036). What *is* true, is that the number of women religious did reach the level of 1787 by 1856. I will discuss these numbers more in full in my book on the economics of religious institutes in Belgium between the French Revolution and the first World War.

[4] This was also true in the neighbouring countries, see Meiwes, 'Arbeiterinnen des Herrn'; Langlois, *Le catholicisme au féminin* and Alkemade, *Vrouwen XIX*.

[5] For a detailed analysis of the numbers of female religious in Belgium, see Tihon, "Les religieuses en Belgique".

cent districts of the neighbouring provinces of Antwerp, Brabant and Hainaut, though a more thorough inspection of the regional differentiation on the district level would be welcome. The female active congregations were thus strongly concentrated in the more densely populated, and poorest, part of the country. A connection between the revival and social conditions was made by contemporary observers like Edouard Ducpétiaux (1804-1868), a social scientist with a Catholic background and the general inspector of prisons and charitable institutions. He noticed that "The religious institutes have multiplied especially in the provinces of East and West Flanders, where, as we know, the greatest number of poor and the greatest needs exist."[6] Ducpétiaux thought that the surplus population in these districts found a possible outlet in joining the religious congregations, where they could invest whatever capacities they had in charitable works.[7]

The poverty in the west of the country was indeed extreme. The demise of the traditional linen industry after 1830, which had provided more than 300,000 people with an income, was accompanied by the fragmentation of agricultural land and rising rents due to population pressure. In the 1840s the potato blight caused rising food prices, condemning many to a life of poverty. In the 1840s and 1850s the number of people in the worst-hit areas seeking public assistance increased to more than 50% of the population.[8] However, public assistance was in no way sufficient to alleviate more than the worst excesses.[9] During the French Revolution the old charitable institutions of the Ancien Régime, controlled by the Church, were replaced by public institutions. The decree of 16 Vendémiaire of the year V (7 October 1796) established the legal basis for the administration of the hospices. If so desired the local authorities could appoint a civil hospices commission that was responsible for the administration of the charitable foundations and for poor people who needed permanent care - the sick, elderly, disabled and orphans. The commissions would administer the institutions for the relief of the infirm poor. The decree of 7 Frimaire of the year V (27 November 1796) ordered the establishment of a charity bureau responsible for the needy at home and for the administration of the so-called goods of the poor in every administrative canton. In the Dutch period, this became mandatory for all municipalities.[10] By 1830 public charity was still underdeveloped. Not many municipalities started up a hospice as this was beyond the financial means of many localities. Some studies thus point to the void in the area of charity left by the French Revolution or

---

[6] Ducpétiaux, *La question de la charité et des associations religieuses en Belgique*, 227.

[7] "Les associations religieuses sont, si nous pouvons nous exprimer ainsi, les grands déversoirs où s'écoule le trop-plein de la société pour féconder le domaine de la charité." Ducpétiaux, *La question de la charité et des associations religieuses en Belgique*, 171-172.

[8] Ibidem, 301-302 and Idem, *Mémoire sur le pauperisme dans les Flandres*, 16.

[9] The public charitable institutions were mostly used by the poor as a temporary shelter or as a means to complement other survival techniques. See Lis, Soly and Van Damme, *Op vrije voeten?*; Lis and Soly, "Total Institutions and the Survival Strategies of the Labouring Poor in Antwerp"; Van Damme, "Arbeid en armenzorg".

[10] For an overview of the legislation on public charity: Van De Perre, "Public Charity and Private Assistance in Nineteenth-Century Belgium", 94-99 and Verschaeren, *Burgerlijke godshuizen*, 31-88.

to the absence of a social policy altogether by the liberal state.[11] This 'no man's land' was then conveniently occupied by the activities of the female congregations. This interpretation goes back to the explanatory memorandum of the Catholic politician Alphonse Nothomb (1817-1898), as the Minister of Justice the architect of the failed bill on charitable foundations. He noted in 1856 how insufficient public charity was, and how private charity on the contrary commanded endless resources.[12]

In my opinion it is more accurate to state that public charity and the charitable activities of congregations took off together.[13] The organization of public charity by the municipalities accelerated when the social environment worsened in the 1830s and 1840s. Many local authorities looked to religious congregations to deliver personnel to take care of the elderly, sick, orphans and poor children. As Maria Luddy noted for Ireland, the "nuns in essence were supporting the existence of a cheap welfare system".[14] The cheap labour of the sisters was in great demand with the local administrators of charity. This created opportunities for the congregations to flourish, but it also had some drawbacks as I will show.

Schematically congregations were involved in public charity in three different ways. First, the charity bureau could ask sisters to take care of the needy sick at home. Learned overviews of administrative law by liberals even recommended the services of the sisters to the local administrators of charity. Charles de Brouckère and François Tielemans praised making use of the assiduity of the Sisters of Mercy of Ghent as a cheap solution.[15] In many places the *sœurs noires* were active in this area. Second, the civil hospices commissions could engage the sisters' labour. The commission could start up a public hospice with sisters as employees or managers, as they cost much less than lay personnel. Or local authorities could choose not to establish a public hospice, but to place elderly poor, sick, and orphans in a private institute, practically always founded and led by female congregations. The commission would pay a

---

[11] Viaene, *Belgium and the Holy See*, 174; Art, *Kerkelijke structuur en pastorale werking in het bisdom Gent*, 44. More generally, Deferme argues that a liberal political culture in these years inhibited the formulation of a social policy on the national level. Deferme, *Uit de ketens van de vrijheid*. In my opinion it is fair to state that the central government did not undertake many activities in the area of social policy. It should, however, be pointed out that the legislation of the French revolutionary period decentralized the responsibility for the care of the poor to the municipal authorities. There are major exceptions, however. During the height of the crisis in 1845-1848 when the central government sponsored the efforts of local governments and invested heavily in infrastructural projects to create temporary jobs. Food policy can also be seen as a form of social policy. See in this respect Vanhaute, "'So Worthy an Example to Ireland'", and Van Dijck, *De wetenschap van de wetgever*, 150-171.

[12] "Exposé des motifs. Établissement de bienfaisance", *Chambre des représentants. Documents*, no 88, 29 January 1856, 682.

[13] Some examples from the countryside of the province of West Flanders are given in Van Dijck and Suenens, "La Belgique charitable", 174-178.

[14] Luddy, *Women and Philanthropy in Nineteenth-Century Ireland*, 50.

[15] Charles de Brouckère (1796-1860) was a liberal politician, former Minister of Finance and of the Interior, Mayor of Brussels and political economist. François Tielemans (1799-1887) had been a member of the provisional government and had served as Minister of the Interior. He was politically marginalized because of his republicanism. De Brouckère and Tielemans, "Bureaux de bienfaisance ou de charité", 484.

daily allowance for each person placed in a private congregational institution. Most large cities had public hospices, with sisters as employees, before 1830. As already mentioned, for financial reasons not many institutions of this type were present in the countryside before this time. The lack of resources was one reason why the elderly poor had been contracted out to whoever was willing to take care of them at the lowest price. This old practice was very common in rural communities of East and West Flanders.[16] Because of the wish to put an end to the sometimes severe abuses resulting from the allocation of the elderly poor and because of the rising number of people looking for shelter, temporarily or permanently, new commissions for civil hospices were set up in different municipalities.

Third, the organization of primary education and in particular that of poor children was important in the financial and institutional entanglement of local authorities and congregations. The law of 1842 on primary education obliged every municipality to organize a primary school. Between 1851 and 1872 around 25% of the female teachers in the municipal schools were sisters. If certain conditions were met, the local authorities could choose not to start a municipal school, but adopt and finance a private school. In the same twenty years after 1851 the share of sisters in the total number of female teachers in adopted schools grew from 74% to almost 92%. But even completely private schools could count on some amount of subsidies or daily allowance per child, since the fifth article of the law on primary education stated that all poor children were entitled to education free of charge. In private schools the proportion of sisters in the total of all female teachers rose from 50% to 73% between 1851 and 1872.[17] The many work schools, offering a basic practical education mostly for orphans, started by congregations (165 were managed by congregations by 1850, up from only a handful fifteen years before), could also count on state subsidies based on the 1842 law.[18]

The characterization of the revival of female religious congregations as an empire by invitation thus seems very much appropriate. The local authorities' need for cheap and reliable personnel created a demand for women religious. In this constellation women who aspired to a religious life and socially engaged parish priests found a charitable infrastructure and financial possibilities to fund their congregations.[19] Public charity, poor schools and adopted schools provided a public space for female congregations to flourish. Not many other financial options were available for female congregations, but to lean against the broad shoulders of the national and especially the local authorities. An important opportunity to achieve complete financial independence was the starting up of boarding schools for girls. But boarding schools were the privilege of female congregations with a higher social profile. The majority of the female religious in East and West Flanders were Sisters of Mary or of Saint Vincent

[16] Vercauteren, "De zorg voor de behoeftige ouderen te Antwerpen", 273.
[17] Lory, *Libéralisme et instruction primaire*, 209-232.
[18] D'Hoker, "De werkscholen en de leerwerkhuizen", 168.
[19] Read on the motivation of the sisters the very pertinent passages in Luddy, *Women and Philanthropy in Nineteenth-Century Ireland*, 23-35. For an analysis of the role of the parish priest in the foundation of many female congregations, see Art, *Kerkelijke structuur en pastorale werking in het bisdom Gent*, 63-65.

de Paul, recruited from among the common people.[20] The education of most of these sisters was not broad enough for them to give French lessons. The rule of the Sisters of Saint Vincent de Paul of Eeklo, for instance, stated that the sisters should be in good health, know to read and write a little, and most importantly, be able to do needlework.[21] Other activities like farming, taking in boarders or the production of lace in congregational schools (écoles dentellières) could only provide a partial income. Gifts and legacies of socially and/or religiously motivated laypersons were almost always needed to buy a piece of real property or to do some structural alterations to a building. The dowry was only a sporadic source of income, except for large congregations. The only way to survive for the average female congregation was to proliferate activities that generated an income. Some congregations were able to evolve away from their 'humble' beginnings to more 'exclusive' activities (boarding schools).[22]

THE FOUNDATION OF THE SISTERS OF SAINT VINCENT OF EEKLO AND THE ENTANGLEMENT WITH THE MUNICIPALITY OF EEKLO

After the previous section it should not be a surprise that the story of the foundation of the congregation of the Sisters of Saint Vincent de Paul of Eeklo starts with an initiative of the local administrators of charity. From the beginning the sisters where encased by the local charitable institutions of the small city of Eeklo, close to the Dutch border in the north-west of the country. The foundation laid out the problems for the congregation in the next 60 years of its existence.

In 1830, Eeklo had 8,350 inhabitants, mostly active in agriculture and the city's industrial sector. Many labourers worked in the textile industry, a sector that continuously lost ground after 1830. The attempts of the local entrepreneurs to cut costs meant lower wages for the labourers. Because Eeklo was close to the Dutch border it lost a part of its hinterland with Belgian independence, and was affected by the subsequent closing of the border due to protectionist measures. However, the city remained an important local market for cattle, grain and other foodstuffs. The demographic evolution of Eeklo reflected the economic situation. Population growth remained limited in the first 50 years after independence. Around 1880 the population had grown only slightly, to approximately 10,500 inhabitants. Even after that date the number of inhabitants only grew at a very moderate rate, reaching 13,500 on the eve of the First World War. The number of poor people helped by public charity usually hovered between 500 and 800.[23] In times of hardship like the 1845-1848

---

[20] On the social background of the religious institutes, see Mertens, "Vrouwelijke religieuze roepingen" and Paret and Wynants, "La noblesse belge dans les ordres religieux et les congrégations".
[21] Rule of 16 November 1840. AZKJ, XI. 2.1 Regelgeving.
[22] Art, *Kerkelijke structuur en pastorale werking in het bisdom Gent*, 74-76. I believe that Art underestimates the importance of the financial support by the local governments, though his emphasis on the dependence on different activities to generate an income is a correct appreciation.
[23] Buyck, *De geschiedenis van Eeklo*, 400-404, 410 and 421.

crisis, the number of people dependent on welfare swelled to 25% of the population (c. 2,200 people). However, this number reflected the financial capacities of the charity bureau more than the real numbers of the needy. In 1846 about 1,900 additional people were given a job by the temporary industrial committee set up with funds from the central government.[24]

At independence, only a charity bureau functioned in Eeklo. The city did not instate a civil hospices commission. Confronted with the poverty problem, the members of the charity bureau repudiated the practice of allotting elderly poor to the lowest bidder in 1835.[25] An opportunity was created when the capital of about 142 small donations (7,103 Belgian francs) that the charity bureau had invested became available. At first the bureau looked for a solution in the construction of six small houses where the poor could live with minimal supervision. The charity bureau changed its plans after a circular letter of the governor of East Flanders dated 25 September 1835, promoting the idea of charitable workhouses to reduce the numbers of beggars.[26] The town council decided on 4 November 1835 to go ahead with a workhouse to prevent mendicancy. The old and infirm would be housed in this new hospice and would work according to their physical abilities, in the interest of the hospice.[27]

The idea seemed to pine away until in May 1837 a house of the church fabric on Krommewal street (now Raamstraat) became available. With a projected budget of 5,316 francs, the charity bureau rented the house from the church fabric on 1 July 1837. The workhouse/hospice (atelier de charité) would be led from day to day by a governing committee (bestuurscommissie) consisting of the mayor, the parish priest, the district commissioner and a member of both the charity bureau and the town council. The intention was to shelter the elderly women and poor orphans of the city. The workhouse would also provide work for a number of families. The governing committee would buy raw materials for these families to produce yarn.[28]

Up to this point there was no mention of sisters being employed in the workhouse. According to Friar Minor Antonellus Verschuere, the hagiographer of many female congregations, the new mayor of Eeklo, the fervent Catholic and benefactor of the congregation Karel Stroo (1793-1873), and the parish priest of Eeklo Petrus Joseph Dhondt (1769-1851) contacted the Sisters of Saint Vincent de Paul of Zele. This congregation sent one sister and two novices to staff the new hospice of Eeklo, starting from 7 August 1837.[29] Why these two individuals looked for sisters so far (about 40 km) from Eeklo is not clear. An internal historical study conducted by the congregation of Saint Vincent of Eeklo in the early 1940s concluded that it might not have been possible to find sisters nearby. Many congregations had just started working and could not spare even a few sisters. An acute shortage of callings of competent sisters

---

[24] *Verslag over het bestuur en den toestand van de zaken der stad Eecloo op 1 october 1849*, 9.

[25] Session of the Town Council of Eeklo, 15 April 1835. Cited in De Smet, "De Heilig Hartkliniek te Eeklo", 187-188.

[26] On this circular letter, see De Ridder, *De l'enseignement professionnel dans ses rapports avec l'enseignement primaire en Belgique*, 6.

[27] AZKJ, XI, 1.2 Stichtingsaangelegenheden.

[28] De Smet, "De Heilig Hartkliniek te Eeklo", 185-194.

[29] Verschuere, *De Zusters van den H. Vincentius a Paulo te Eekloo*, 10.

was felt practically everywhere. The fact that Stroo had good contacts with the mayor of Zele, Karel Fruit, is a likely connection. The first sister, the Dutchwoman Marie Meyers (Sister Stanislas), became the first superior of the congregation. By the end of the year the charity bureau had placed nine elderly women and seven orphans in the workhouse.[30] The congregation's rule was approved by the bishop of Ghent on 16 November 1840. The congregation was recognized as a hospital congregation by the government on 31 December 1844, granting the sisters corporate personality.

The next element in the setting up of the hospice and thus also of the congregation was the will of the young and wealthy tobacco producer and former member of the charity bureau Charles Louis Misseghers (1801-1838). In his will of 2 March 1838 he left the charity bureau 10,000 Belgian francs to be used to buy a property and/or construct the necessary buildings for the hospice. On 7 November 1838 the charity bureau bought almost 77 ares for 3,000 francs on Brugsestraat (now Koning Albertstraat) from baron Kervyn de Lettenhove, a member of an important Catholic political family. A new hospice was built on this piece of land with the bequest from Misseghers, the already mentioned capital of the charity bureau, and a subsidy of 1,000 francs from the town council. The sisters, orphans and elderly women moved to the new location in June 1840.[31]

The congregation did not expand spectacularly during the rest of the century in terms of branches and numbers. Only one branch establishment was set up in 1849 in Buggenhout. The house there, the property of the Benedictine monks of Affligem until the French Revolution, was already resold to the Sisters of Saint Vincent de Paul from Deinze on 4 April 1854, probably to finance building activities in the motherhouse in Eeklo.[32] The number of members of the congregation increased only slowly to 30 sisters in 1880. Before the First World War the congregation never had more than 40 members.

It is not clear why the number of sisters did not expand further. One element is the number of resignations from the congregation. It is a documented fact that before the war, 34 sisters left the congregation (out of a total of 101 novices).[33] One of the reasons for this high number of resignations was most likely the personality of Superior Marie Meyers, who seemed to have suffered under the strain of leading the congregation and hospice. Moreover, she did not feel appreciated by the local community of Eeklo.[34] From complaints of the sisters to the bishop of Ghent it appears that she had a difficult character and complained a lot. She was also accused of incurring too many luxurious expenses for herself. In the last years of her life she suffered

[30] AZKJ, XI. 1.2 Stichtingsaangelegenheden.

[31] Buyck, *De geschiedenis van Eeklo*, 423; De Smet, "De Heilig Hartkliniek te Eeklo", 197-202.

[32] Zuster Jozefa, *Geschiedenis van de congregatie der zusters van de H. Vincentius a Paulo te Buggenhout*, 5-7.

[33] AZKJ, XI. 4.1 Inschrijvingsregister van de postulanten Eeklo 1837-1956.

[34] ABG, Fonds Kloosters, Eeklo - Zrs. Sint-Vincentius I, 1 and 30: Letter of Superior Marie Meyers to the bishop of Ghent, 24 January 1846.

from rheumatism and needed much care. As long as the superior was alive, the sisters thought, no new novices would arrive.[35]

Another element that could have played a role in the slow rise of the number of sisters, besides the difficult living conditions in the first years, was the competition with other congregations for novices. Three other congregations were active in Eeklo: the Sisters of Mercy of Jesus and Mary ran a school, Onze-Lieve-Vrouw Ten Doorn, where 80 sisters were employed in 1898. Their school provided a natural recruiting ground that the sisters in the hospice did not have. In 1893 the contemplative Clarisse sisters started a convent in Eeklo with 20 sisters by the end of the century. Next, the Sisters of the Holy Philippus Neri started a school in 1878 and a clinic for mentally ill women in 1903.[36] Other congregations were also active in the nearby villages of Zomergem, Assenede, Sint-Laureins and Lovendegem, and competed for novices in the same neighbourhood as the Sisters of Saint Vincent of Eeklo. Most of the sisters were recruited locally. More than 50% of the sisters active in the hospice in Eeklo were from within the province of East Flanders. Practically all the others were born in the adjoining provinces of West Flanders and Antwerp.

It is possible that the sisters did not actively pursue a policy of growth of the numbers of sisters and branches. The evolution of the number of sisters seems to have been connected with the needs of the hospice. This is also what drove the investments made to extend the grounds and buildings around its nucleus, the property of the charity bureau, since 1840. Funded by the sisters, the town council, collections in the city and Karel Stroo, the central benefactor of the sisters, a large complex was built on the grounds of the charity bureau and contiguous parcels bought by the sisters. The whole complex consisted of the hospice itself, a chapel, a lazarette, a sickbay, quarters for the orphans, old women (and after 1858 also old men), a garden, a farm and farmlands, etc. The whole establishment was valued at 140,000 francs by the sisters in a report to the bishop of Ghent in 1889.[37] This assessment was on the low side, for they had bought a number of lands in 1866 for 146,000 francs. In 1927 the buildings and grounds were valued at 987,350 francs.[38] The whole property measured about 25 hectares in 1903.[39] According to city documents 272 persons lived in the complex in 1899: 35 sisters, 32 sick, 80 elderly persons (51 men and 29 women), 69 orphans, 21 paying boarders and 35 servants and farm labourers.[40]

The foundation of the workhouse of charity of Eeklo left the sisters in a difficult position. The different names used in official and church sources indicates as much. The first constantly speak of the 'workhouse of charity' or the 'hospice of Eeklo'. The

---

[35] "Van moeder haar moeylyk en klagtig karakter Monseigneur zal ik niet spreken en wij hebben dat meer dan veertig jaren verdragen, ook niet van haere overtolligheden en uitzondering in kostelyke kleederen huisgrief en maaltyden...". ABG, Fonds Kloosters, Eeklo - Zrs. Sint-Vincentius II, 54: Sister Colette Marie to the bishop of Ghent, 4 December 1888.

[36] Buyck, *De geschiedenis van Eeklo*, 435.

[37] ABG, Kloosters Bezoeken 2: Relatio status domus 1889.

[38] Ibidem, Fonds Kloosters, Eeklo - Zrs. Sint-Vincentius II, 58: Declaration of moveable and immovable property of the vzw Gesticht van den Heiligen Vincentius a Paulo te Eeklo, 30 March 1927.

[39] AAM, Kloosters generalia 25/2, Zusters Sint Vincentius, Eeklo.

[40] *Verslag door het college van burgemeester en schepen aan de gemeenteraad. Dienstjaar 1898-1899*, 27.

An overview of the main building with the chapel and a part of the surrounding gardens. S.d.
[AZKJ, XI. 8.1 Postcards]

second referred to the hospice as the institution of the Sisters of Saint Vincent de Paul. Two different realities were interconnected in the same intersection. Moreover, the sisters initially worked in a clearly subordinate position. The governing committee clearly was in charge of the hospice, as it employed the sisters for 300 francs plus board and lodging. The committee organized the work in the hospice and determined where the raw material would be bought and the produce sold. The committee also solely decided on the acceptance of the needy in the hospice. The superior could not send anybody away without prior permission. Furthermore, in the beginning it was the committee that had to submit the accounts of the hospice to the town council of Eeklo.[41]

None of the parties involved were satisfied with the existing situation. The town council of Eeklo was confronted with the high costs of running the hospice. It was obliged by law to finance any deficits of the charity bureau. The cost of maintaining the poor inside the hospice appeared to be considerably higher than expected. The work done inside the hospice did generate some income, but not as much as was hoped for. Moreover, the 'putting-out system' that provided the poor at home with work proved to be loss-making. The members of the governing committee were even accused of mismanagement.[42] As early as 1840 the putting-out system was discontinued.[43] Only because of gifts and a yearly subsidy from the town council of 1,000

[41] De Smet, "De Heilig Hartkliniek te Eeklo", 191-193.
[42] Ibidem, 196-197.
[43] In the accounts of the governing committee there is no trace of production outside the hospice after 1840. AZKJ, XI. 3.5.1 Rekeningen van herstelde werken.

francs did the hospice remain profitable up to 1844, if only barely after 1840. Starting in 1844, when the first convention between the sisters and the charitable authorities was signed, the city subsidies stopped. In addition, the number of gifts dropped after the initial starting phase. In the years 1844-1847 the hospice made a total loss of 7,993 francs, which was covered by the sisters. In 1849 the town council accepted this amount as a debt to the sisters. In 1848, 1849 and 1853 new deficits showed up in the accounts. The care for the poor weighed down very heavily on the budget of the city of Eeklo. In 1880 the town council complained that half of the city budget was used for public charity. According to the municipal authorities this seriously limited the possibilities of investments in infrastructure and beautification of the city.[44]

The sisters were even less happy with the situation. Mother Marie Meyers felt that her freedom of movement was restricted in the existing situation. Her ultimate goal was independence from the local authorities: "Remaining dependent on the worldly authorities can bring us nothing but frequent interruptions, and concerns and distress about worldly matters".[45] From the beginning, the obligation to report their expenditures raised difficulties for the sisters. In 1838 the governing committee asked Marie Meyers to produce receipts for her expenses in the hospice.[46] The committee had to be notified if the sisters exceeded any item in the budget. The committee also demanded that the sisters would have to be more frugal.[47] The opinion of the sisters was that the supervision of the authorities did not take into account the specificity of the internal life of the congregation. The sisters claimed that they did not have enough time to make up the accounts. Moreover, the sisters contended that many charitable persons would not be willing to support the congregation if the sisters had to report their accounts to the town council.[48] These difficulties prompted Mayor Stroo to disband the governing committee on 7 January 1845, to guarantee "the peace and wellbeing of the sisters".[49] The committee, however, had to be reinstated in 1848 after the Ministry of Justice pointed out to the town council that the supervision of the hospice was a task for the local authorities.[50]

[44] *Verslag over het bestuur en den toestand der gemeentezaken dienstjaar 1879-1880*, 11.

[45] "Het afhankelijk blijven van het wereldlijk bestuur, kan niets anders voortbrengen, als gedurige ruststoringen, tijdelijke vreze en bekommernissen." ABG, Fonds Kloosters, Eeklo - Zrs. Sint-Vincentius I, 36: Letter to the bishop of Ghent, s.d. (October 1846).

[46] AZKJ, XI. 3.5.1 Bouwaangelegenheden: Letter from Mayor Stroo to the governing committee, 26 March 1840.

[47] Ibidem: Letter from Mayor d'Huyvetter to Superior Marie Meyers, 25 August 1849.

[48] ABG, Fonds Kloosters, Eeklo - Zrs. Sint-Vincentius I, 40: Note, probably by Marie Meyers, on her opposition to the obligation to report on the accounts, s.d. (between October 1846 and December 1846).

[49] Ibidem, Eeklo - Zrs. Sint-Vincentius I, 31: Letter from Mayor Temmerman to the dean of Waarschoot (24 October 1846).

[50] Decree of 16 Messidor year VII and art. 84 of the municipal law of 1836. ABG, Fonds Kloosters, Eeklo - Zrs. Sint-Vincentius I, 49: Letter from Governor De Cock to the town council, 29 November 1847.

THE DIFFICULT ROAD TOWARDS MORE INDEPENDENCE

Many congregations were squeezed into what they felt was an uncomfortable position vis-à-vis the authorities. The recognized hospital congregations in particular found themselves supervised by the local public charity authorities and the Ministry of Justice. Many of them were employed in public hospices on the basis of a convention with the local administrators. A number of cases of a pursuit of more independence from this entanglement are known, most famously the Augustine Hospital Sisters of Brussels, but also the Canonesses of Turnhout, who even renounced their official recognition in an effort to escape government supervision. The first problem (and a serious one) was the obligation for recognized congregations to render their accounts to the Ministry of Justice once every year. Article 15 of the decree of 18 February 1809 that imposed this obligation had not been enforced since the revolution, until the Catholic Minister of Justice Jules d'Anethan (1803-1888) tried to reinstate it at the end of 1844.[51] The bishops invoked the decision of the provisional government of 16 October 1830, which excused the hospital congregations from the supervision of the accounts. D'Anethan desisted from his initiative, but his liberal successors would try again. The second problem was that many recognized congregations were confronted with a legal limitation of the number of members allowed, causing difficulties for rapidly expanding congregations. These administrative measures and the legally stipulated supervision of public charity by the local authorities caused a number of frictions. D'Anethan had already instated a more restrictive interpretation of the legal framework for the recognition and functioning of the hospital congregations, in principle excluding any educational activities as we shall see. When the liberal Minister of Justice François de Haussy (1789-1869) explicitly excluded congregations active in education from the privilege of legal personality - a privilege in principle indeed only granted to hospital congregations, but in reality its attribution had been quite liberal until the middle of the 1840s - some congregations lost their recognition and all the real property they had bought using this legal personality. Jan Art interestingly remarks that not many congregations applied for recognition after 1847 because the bishops no longer saw any advantages in recognition.[52]

The case of Eeklo is one of a very slow and only partial disentanglement from the public sector, causing much friction. I will follow the sisters of Eeklo up to around 1900. Legal impediments and a difficult financial situation prevented a quick and smooth privatization. I believe the large number of administrative difficulties with the congregations was a factor contributing to the growing polarization between liberals and Catholics in the 1850s, after the differences over education and the question of charitable foundations.[53] The many lawsuits concerning the property of some

[51] AMJ DC, Box Congrégations hospitalières, Comptes + AG comptes: Discussion forme et obligation depot.
[52] Art, *Kerkelijke structuur en pastorale werking in het bisdom Gent*, 53-54.
[53] For an English-language introduction to the genesis and development of the political quarrels between Catholics and liberals in Belgium, see Witte, Craeybeckx and Meynen, *Political History of Belgium* and Witte, "The Battle for Monasteries, Cemeteries and Schools".

orders and congregations, including high-profile cases involving the Jesuits and the Premonstratensians, added to the rousing of public sentiment.[54]

The impossible convention

Both the local charitable authorities of Eeklo and the sisters wished for more autonomy for the congregation in leading the city hospice. Very quickly the idea surfaced to hand over the hospice to the congregation on the basis of a convention between the charity bureau and the sisters. The first version of the convention, agreed upon on 27 January 1844, contained the following elements: the public hospice would be rented to the sisters for a very low price for a period of 99 years. The sisters would be responsible for the buildings and the care of the poor. They would be completely financially responsible for the hospice. The charity bureau would place elderly people and orphans in the hospice and pay a certain amount of money per day to the congregation for taking care of them. The sisters would be allowed to take in boarders and run a school for girls, to provide for financial security. No mention was made of the governing committee in the convention, which implies an emancipation from the local authorities. The sisters lost their subsidy, but would be relieved of the obligation to submit their accounts to the town council.[55]

The convention of 1844 was never approved by the Ministry of Justice. However, it was implemented to a large extent by the local authorities. The reasons why the Ministry of Justice did not ratify the convention sound very legalistic. They were a consequence of the organization of public charity by the French Revolution, the decree on the hospital congregations of 18 February 1809 and the municipal law of 1836.

The convention was sent to the Ministry for approval on 3 February 1844.[56] The Catholic governor of East Flanders Léandre Desmaisières (1794-1864) reacted first in September 1844. He contacted the bishop of Ghent to point out that since the sisters of Eeklo did not have the advantage of legal personality, the convention could be legally contested. The governor suggested that the congregation apply for

---

[54] Fred Stevens gives an overview of a number of important legal cases in Stevens, "Les associations religieuses en Belgique", 198-200. A much talked-about lawsuit in which the Jesuits were accused of hunting legacies is described by Suenens, "Het proces-De Buck". The Jesuits lost the castle of Grambais given to them by Abbé de Sébille d'Amprez in a legal case at the beginning of the 1850s. Malou, *De la liberté de la charité en Belgique*, 77. The buildings of their secondary school in Turnhout had to be re-purchased as part of a settlement during a legal case in 1872-1873. The Premonstratensian canons of Averbode were engaged in a lawsuit throughout the 1860s in which the property of their abbey was contested by the family of a deceased canon. These and other cases will be discussed in Van Dijck, *The Management, Finances and Patrimony of Religious Orders and Congregations in Belgium, 1773-1921* (provisional title).
[55] ABG, Fonds Kloosters, Eeklo - Zrs. Sint-Vincentius I, 13: Convention between the charity bureau of Eeklo and the Sisters of Saint Vincent de Paul of Eeklo, approved by the town council of 27 January 1844.
[56] Ibidem, 14: Sisters to the bishop of Ghent, 1 March 1844.

official recognition.[57] The sisters subsequently sent a formal request to be granted legal personality to King Leopold I on 24 October 1844. The answer of the services of Minister d'Anethan contained a number of observations that had to be attended to before the congregation could be recognized. Most of them touched only on small but invasive details concerning the functioning of the congregation, like the ownership of a deceased sister's clothing. The fundamental problem, however, was the mention of paid educational activities by the sisters in the draft version of the statutes of the congregation. The Ministry deemed that a recognized hospital congregation's first assignment under the decree of 1809 was charity and not education. If any educational activities were organized, they would have to be free of charge and aimed at poor children.[58] With these changes, which were reluctantly accepted by the bishop of Ghent, who pointed out that the lack of a paid school would put the sisters in a difficult financial position, the statutes of the congregation were approved on 31 December 1844.[59]

The first step towards the approval of the convention had thus been taken. However, the following step entailed additional problems. On 2 October 1846, the minister informed the sisters that he would approve the convention, but only if a stipulation was inserted in the last article of the convention, article 21, to oblige the sisters to present their accounts to the charity bureau of Eeklo every year. According to the interpretation of the minister, the recognized hospital congregations were public institutions supervised by the government. The government therefore had to assure the financial stability of the operation. By the end of the month Marie Meyers announced that she would not accept this condition, because it stood for a continuation of the dependence on the local authorities. The bishop of Ghent suggested a compromise that consisted of ending the obligation to present the congregation's accounts, but it introduced the obligation to inform the town council of the gifts and legacies of over 800 francs that the congregation had received.[60] In a response dated 4 January 1847, d'Anethan replied that he could not approve the convention unless all gifts and legacies were declared. The sisters answered that they would not sign the amended convention. At this point Marie Meyers even threatened to leave the hospice with her sisters.[61]

[57] ABG, Fonds Kloosters, Eeklo - Zrs. Sint-Vincentius I, 16: Governor of East Flanders to the bishop of Ghent, 21 September 1844.

[58] AMJ DC, Box Congrégations hospitalières, Statuts III, dossier St. Vincent de Paul, Eeklo: Request by the sisters to King Leopold I on 24 October 1844 and letter from Minister d'Anethan to the governor of East-Flanders on 26 November 1844.

[59] AZKJ, XI. 7. Briefwisseling met het bisdom: Letter of the bishop of Ghent to Superior Marie Meyers, 4 December 1844. For the recognition of the congregation, see *Bulletin officiel des lois et arrêtés royaux de la Belgique*, (1844) 2, 808-813.

[60] AZKJ, XI. 3.4 Verslagen gemeentebestuur, 25: Letter from Governor Desmaisières to the town council of Eeklo, 2 October 1846; letter from Marie Meyers to the town council, 23 October 1846; letter from the town council to Marie Meyers, 3 November 1846. See also ABG, Fonds Kloosters, Eeklo - Zrs. Sint-Vincentius I, 25: Letter from d'Anethan to the governor, 2 January 1845.

[61] ABG, Fonds Kloosters, Eeklo - Zrs. Sint-Vincentius I, 44 and 46: Letter of the Ministry of Justice to the governor, 4 January 1847 and letter from the bishop to the governor, 5 February 1847.

The convention was not confirmed by d'Anethan before the arrival of the new liberal government of Charles Rogier on 12 August 1847. This was not due to any lack of effort on the part of the sisters and Mayor Stroo, who engaged the Catholic representative of Eeklo in Parliament, Désiré Lejeune (1805-1865), to put pressure on d'Anethan. In the weeks immediately before 12 August the minister eventually agreed to approve the convention, but he and his administration failed to locate the dossier. The copy of the dossier that was hastily requested from Governor Desmaisières and the bishop of Ghent reached Brussels too late.[62] The policy of the new government, the first one-party government that succeeded previous unionist (liberals and Catholics together) ones, was more hostile towards the congregations.[63] The final blow to the convention came from the liberal Minister of Justice François de Haussy. His interpretation of the existing legislation was that the decree of 1809 did not give the sisters the authority to sign such a convention. Besides, the direction of the public hospice could not be handed over to a religious corporation. The town council had to reinstate the governing committee of the hospice as quickly as possible to conform to the existing legislation.[64] This whole incident has some consequences for the interpretation of politics concerning the congregations. While the Catholic Minister d'Anethan's attitude towards the congregations was still quite benevolent, the congregations were already having to cope with a more legalistic interpretation of the French decrees. Even after three years d'Anethan had not approved the convention. His liberal successor De Haussy's policy after 1847 was stricter and less benevolent. The difference was not so much real in terms of the interpretation of the French decrees, but a question of style. This difference in style, however, was interpreted as a hostile act by the church hierarchy.

The subsequent attempts in 1852, 1863 and 1871 to emancipate the congregation by means of a convention or the sale of the hospice to the sisters did not succeed, because of legal problems, ill will on the part of the Ministry, or both. A new convention was concluded between the charity bureau and the congregation on 4 February 1852. It was sent to the Ministry of Justice for approval, but again the reaction was not positive. Sister Marie Meyers pleaded with the liberal Minister Charles Faider (1811-1893) to approve the convention, stating that it was impossible to continue with the hospice in the current material circumstances. The number of gifts and legacies left to the hospice had decreased, because, stated Meyers, the benefactors did not want to leave their money in the hands of the town council. She hoped that the benefactors would become more open-handed if the hospice became independent. Moreover, the charity bureau did not have the money to pay for the necessary buildings. At a certain point the charity bureau and the town council proposed to sell the hospice to the sisters for the very low price of 10,000 francs. Minister Faider, who was also a famed

[62] AZKJ, XI. 3.5.1 Bouwaangelegenheden: Letter of Désiré Lejeune to Mayor Stroo on 28 July 1847; ABG, Fonds Kloosters, Eeklo - Zrs. Sint-Vincentius I, 47: Letter of the bishop of Ghent to the governor, 2 August 1847.
[63] Lamberts, *Kerk en liberalisme in het bisdom Gent*, 452-453; Simon, *Le cardinal Sterckx et son temps*, 547; Witte, "The Battle for Monasteries, Cemeteries and Schools".
[64] ABG, Fonds Kloosters, Eeklo - Zrs. Sint-Vincentius I, 49: Letter from the governor to the town council, 29 November 1847.

jurist, disapproved of the convention and of the sale. According to him, both would imply the cession of the authority invested in the local administrators of charity by article 6 of the law of 16 Thermidor of the year VII: the commissions for the public hospices were responsible for the management of the patrimony of the poor and the supervision of the poor in the hospices. Article 84 of the municipal law of 1836 acknowledged that the local authorities were vested with the supervision of public charity. The renting out of the hospice to the sisters for longer than 30 years was prohibited by article 619 of the civil code. Faider suggested that the town council use the convention between the commission of the public hospices of Brussels and the local hospital congregation as an example. In the hospice of Sint-Jan in Brussels, the Augustine sisters were merely employees in a publicly administered hospital. Faider added that the charity bureau did not have the authority to negotiate a convention. The city of Eeklo should have a separate commission for the public hospice.[65]

As before, however, the key elements of the convention were implemented by the charity bureau and Superior Meyers. A new convention was entered into between the charity bureau and the sisters on 18 June 1863. This time the liberal governor of East Flanders Edward De Jaegher (1806-1883) did not even forward the request for approval of the convention to the minister. He did not see any new elements that could make the minister reconsider it. De Jaegher rejected the convention with the same arguments as Faider ten years before.[66] The next step in the juridical tragicomedy took place in 1871 when the infrastructure of the hospice had become too small. Superior Meyers proposed that the congregation undertake a new building project on the grounds of the hospice. Alternatively, she was prepared to buy the hospice from the charity bureau. While the charity bureau spoke out in favour of selling the hospice, this time the Catholic mayor Everard doubted if there were any good reasons for the town council to accept the proposition. He asked the charity bureau how much the sisters wanted to pay for the hospice and what alternative destination favourable to the poor of the city would be given to the money that would become available. The fact that no reaction can be found in the archives suggests that the price offered by the sisters was too low. The city council did give the sisters the possibility to build on the property of the charity bureau.[67]

The problems experienced by the sisters with the approval of the convention and the possible purchase of the hospice were typical for the legal framework in which the hospital congregations had to operate. The French legislation in particular was intended for the management of public charity, and was not adapted to the new situation that came into existence after Belgian independence. Congregations that had started to work inside or on the verge of institutions of public charity and wanted

[65] AZKJ, XI. 3.4 Verslagen gemeentebestuur: Letter from Superior Meyers to the Minister of Justice, 28 August 1853 and letter of Minister of Justice Charles Faider to the governor, 3 September 1853.
[66] SAE, S 1 - 01/03 Bestuursvergaderingen. Beraadslagingen: Session of the governing committee of 13 August 1863. That the convention was at least partly implemented is confirmed in AZKJ, XI. 3.4 Eigendomsovereenkomsten van zrs met congr.: Report of Superior Meyers to Bishop Dellebeque, 20 May 1869.
[67] AZKJ, XI. 3.5.1 Bouwaangelegenheden: Letter from Superior Meyers to the town council, 25 March 1871; excerpt of the meeting of the town council of 24 June 1872; letter from Mayor Everard to the charity bureau, 4 January 1873.

to develop autonomously in their own direction were confronted with government institutions that tried to uphold these laws. It was only at the end of the century that a more accommodating attitude was adopted. In 1893 a new convention was made and a semi-official step was taken towards complete autonomy. The annual report of the town council in 1894 mentioned that the governing committee had ceased to function. In 1897 the report noted that the hospice was now a private institution, which was led by a religious congregation, where the local authorities could not exercise much authority.[68] I found no statement of the reasons for this change in attitude. Two factors could have contributed to it. First, after an election victory in 1884 Catholics continued to control the government until the First World War. Second, the local authorities finally complied with the official directives. Between 1871 and 1893 the governing committee tacitly changed its name to commission of the public hospice, eliminating one of the most important legal impediments for the functioning of the convention.[69]

Financial dependence of the congregation

While the hospice had silently become a private institute led by the congregation, emancipated from supervision by the administrators of public charity, the financial dependence on these authorities remained. The threats sometimes uttered by the sisters to leave the hospice were in fact not very realistic because the financial possibilities outside the symbiotic engagement with the local authorities were limited.[70] The congregation did not have the financial leeway to radically distance itself from the municipal institutions. The accounts from the years 1837-1853 indicate a complete financial dependence on the charity bureau. The sporadic accounts around 1900 show that the sources of income had somewhat diversified, but the income provided by the local authorities remained essential for the survival of the congregation.

The accounts starting from 1840 give a clear image of the regular income of the hospice.[71] The sums received from the local authorities were evidently by far the most important. In 1840-1844 the town council provided a yearly subsidy of 1,000 francs. This hovered between 13 and 17% of total income stated in the accounts. After 1847 the town council made up for all the losses of the hospice. In 1851 this constituted almost 21% of the total income of the hospice, in 1853 only 9%. The sum paid by the charity bureau for the care for the elderly, the ill and the orphans gained in importance as the number of people in the hospice increased from 16 at the end of 1837 to 86 by 1850.[72] In 1849 it was as high as 59% of total income. In 1851 and 1853 it was on average 46%.

---

[68] *Verslag door het college van burgemeester en schepenen aan de gemeenteraad 1893-1894* and *1896-1897*, 24.

[69] SAE, S 1 - 01/03 Bestuursvergaderingen. Beraadslagingen: Session of the governing committee of 19 July 1894. In the report of the session it becomes apparent that the members of the commission of the civil hospice, themselves did not know when the name changed.

[70] ABG, Fonds Kloosters, Eeklo - Zrs. Sint-Vincentius I, 1: Report on the situation of the congregation, probably as a reaction to a letter from the bishop on 15 March 1851.

[71] AZKJ, XI. 3.5.1 Rekeningen van herstelde werken: Accounts of the hospice 1840-1844, 1849, 1851 and 1853.

[72] De Smet, "De Heilig Hartkliniek te Eeklo", 241.

On several occasions the congregation complained about the amount paid per day by the charity bureau of Eeklo. The sisters considered the daily amount they received too low (0,3 francs per diem for the needy, 0,15 francs for the orphans and 0,6 francs for the ill between 1852 and 1893).[73] However, compared to other hospices in the province of East Flanders these amounts seem to be quite average.[74]

Gifts and alms for the hospice and donations for the curbing of mendicancy made up 62% of the income in 1840. In 1841-1843 this amounted to around 40% of the total. This form of income was of course highly variable. By 1849 the gifts and alms were reduced to an insignificant 3% or less. The high number of gifts in the early years of the hospice can probably be explained by the enthusiasm for the new institution in Eeklo and the hopes it brought to improve the social plight of the population, or simply the hope of keeping the beggars off the streets. The decreasing importance of gifts could be a symptom of the weariness of the population with the yearly demands for support on behalf of the hospice. Superior Meyers thought that citizens might not want to donate to the hospice out of fear that their gifts would be made public.[75]

Another source of income was the work done in the hospice. Sewing and spinning thread were the first activities undertaken, and later the production of lace became more important. In 1851 and 1853 these activities yielded respectively 21% and 29% of the total income of the hospice. It appears that the orphans were used as a workforce, since the Royal Decree of 31 December 1842 put 900 francs at the disposal of the hospice for the organization of a manufacturing school for the orphans. The Minister of the Interior expressed concern that the production of lace would only add to the already existing glut in the market, depressing the prices even further.[76] He suggested to the sisters that they produce leather gloves for a manufacturer in Brussels. The accounts show that the business proposal from the Brussels manufacturer was not accepted. Instead the beaten track of lace production was walked, indicating perhaps a lack of spirit of enterprise or of capabilities on the part of the sisters.[77]

Many congregations found a source of income in taking in elderly paying boarders and in educating pupils. The first trace of a limited number of boarders is found in the accounts starting from 1851. It represented less than 3% of total income. After this date income from boarders became more significant as the number of boarders increased. By the end of the century 21 paying boarders lived in the hospice.[78] A number of female congregations made money by giving secondary schooling to the

[73] ABG, Fonds Kloosters, Eeklo - Zrs. Sint-Vincentius I, 10: Complaint of bishop to mayor, 19 December 1843. See also De Smet, "De Heilig Hartkliniek te Eeklo", 220-222.

[74] For a comparison with other institutions in East Flanders, see De Haerne, *Tableau de la charité chrétienne en Belgique*, annexe H.

[75] AZKJ, XI. 3.4 Verslagen gemeentebestuur: Letter from Superior Meyers to the Minister of Justice, 28 August 1853.

[76] The competition of this kind of charitable institutions with private companies was minimized by, for instance, Canon and Catholic Representative to the House Désiré De Haerne (1804-1890). However, he did concede that lace schools did provide for competition "like any factory to any other factory". De Haerne, *Tableau de la charité chrétienne en Belgique*, 56-57.

[77] AZKJ, XI. 7 Contacten met kerkelijke, religieuze en officiële instanties: Royal Decree of 31 December 1842 and letter from Governor De Schiervel to the town council, 6 January 1843.

[78] *Verslag door het college van burgemeester en schepen aan de gemeenteraad. Dienstjaar 1898-1899*, 27.

Sisters with a group of orphans of various ages. S.d.
[*AZKJ, XI. 8.1 Postcards*]

daughters of bourgeois families in boarding schools. The educational activity of the Sisters of Saint Vincent in Eeklo remained necessarily limited when the Minister of Justice d'Anethan restricted this activity of the congregation to poor children in 1844. But it was not only the minister who deprived the young congregation of a potentially important source of income. The competition from another congregation was certainly as important. The Ten Doorn institute in Eeklo of the Sisters of Charity of Jesus and Mary protested against any more up-market educational activities by the sisters in the hospice. On the instigation of the Sisters of Charity, the bishop of Ghent limited the educational activities in the hospice to the schooling of the poor at an elementary level. The Sisters of Saint Vincent were not allowed to give any French lessons, which were particularly profitable.[79]

The early accounts do not give a complete insight into the finances of the sisters. The dowries are not mentioned, as the accounts only reflect the situation of the hospice and not the congregation. The rules of the congregation, however, give more information on the theoretical dowry. In principle each new postulant had to pay a dowry of 1,000 francs, though the postulants could be relieved of this obligation.[80] The money from the dowries was used to invest in real property, for instance in the

---

[79] ABG, Fonds Kloosters. Eeklo - Zrs. Sint-Vincentius I, 22: Letter from Sister Maurice to the bishop of Ghent, 27 December 1844.
[80] AZKJ, XI. 2.1 Regelgeving: Rule of 16 November 1840.

branch establishment of the congregation in Buggenhout.[81] Other purchases were made in the 1850s.[82]

It is not clear if the sisters kept any books after 1853. It is quite possible that they did not. Superior Meyers' complaint that she did not have enough time to keep books indicates as much. When Clemence De Smet (Mother Ignatia Maria) took over as superior of the congregation in 1889, not much changed. The new rule of 23 December 1892 did not mention any obligation to keep the books, though it did state that the superior had to skilfully govern the congregation at a profit. A model annual account for the year 1899 provided by an unknown source, possibly the diocese, is found in the archives.[83] The accounts of 1899, 1903-1905, 1912-1913, 1916, and a partial account of 1917 still exist in the archives of the congregation. The accounts cannot be considered a management instrument. There is no way of finding out which departments operated at a profit and which did not. Any cash left in the money chest from the previous year was considered as income of the current year. This meant that sometimes, like in 1905 and 1912, the congregation was operating at a loss, most likely without the sisters noticing. Moreover the accounts contained mistakes, omissions, and double counts. The accounts can however be used as a way to ascertain the different sources of income and their relative importance. The years of the First World War are left out of the analysis.

The most important conclusion is that a diversification of the income had taken place by the end of the century. However, the dependence on the charity bureau was still very high. The payments by the charity bureau for the elderly poor, orphans and sick still made up 36.4% of the total income of the congregation. Other important sources of income were now the paying boarders (17.3%), the sales of the produce of the farm (10.9%), interests of the congregation and the sisters (10.8%) and needlework (6.5%). Other sources of income were less important. The rents from leases only made up 1.1% of the income, while alms constituted 2.4%. The income from education had completely dwindled away. A source of income that was on the rise and that would prove to be important for the future of the congregation was the hospital, which provided 3.8% of the income in the years studied. The origin of the hospital activities can be traced back to the founding years when contagious diseases like cholera swept through the country. The sisters received tribute from the Minister of the Interior for their courageous care in 1849.[84] The sickbay built in 1857 slowly developed into a hospital for paying patients. In 1911 an operating room was built. However, it was only in the interbellum period that the hospital became the most important division of the congregational activities.

---

[81] AZKJ, XI. 3.5.1 Bouwaangelegenheden: Undated note written as a reaction to questions put to Superior Marie Meyers by the bishop of Ghent on 15 March 1851 and ABG, Fonds Kloosters, Eeklo - Zrs. Sint-Vincentius I, 42: Letter from Superior Meyers to the bishop of Ghent, 19 December 1849.
[82] Purchases that I was able to verify in RAG, Depot Notaris De Keukelaere I te Eeklo: Notary acts of 23 April 1856 and 16 May 1857 before Notary Antonius Aernaut of Eeklo. Other purchases are mentioned in an internal research on the title deeds of the congregation in the 1890s. I was not able to verify the contracting parties in these cases. AZKJ, XI. 3.5.7 Financiële verrichtingen: Letter to Father Salesius, 22 January 1894.
[83] AZKJ, XI. 2.1 Regelgeving and 3.5.6 Bankverrichtingen.
[84] AZKJ, XI. 3.5.1 Bouwaangelegenheden: Letter from Minister of the Interior Charles Rogier to the congregation, 29 April 1851.

Following Jan Roes and Hans de Valk, the question can be asked if the congregation can be considered to be a religious business company.[85] Were the sisters out for a profit and was the diversification of income a deliberate move to make more money? The lack of management instruments to take fundamental decisions indicates that the sisters were not very interested to know which activities made a profit and which did not. On the contrary, accounts were probably not kept between 1853 and 1899. The accounts that do exist were poorly kept, a phenomenon typical for many if not all comparable female religious institutes before the end of the century. Based on these documents it would have been impossible for the sisters to have any clear picture of the costs occasioned by their different activities, and hence their productivity or profitability. It seems that the choice of most activities closely reflected the apostolate of the congregation and probably also the aptitudes of the sisters. Because of the low social profile of the congregation this was likely to be needlework or farming.

On the other hand, starting from the 1860s money was invested for interest, as in many other congregations. In 1867 and 1868, the sisters of Eeklo bought shares of the 'Banque crédit foncier et industriel', which was part of the empire of the Catholic banker André Langrand-Dumonceau. The large investment of 45,600 francs proved to be a very bad one indeed, when the empire collapsed shortly afterwards.[86] The central reason for the diversification, in my view, was that the subsidy paid by the charity bureau was not high enough to cover all expenses, in particular food and housing. This forced the sisters to look for other sources of income. From the accounts a congregation emerges that tried to earn money in many different ways, including investments in shares and bonds, as a means to survive. Because the hospital congregation of Eeklo was not part of a larger congregation, there was no motherhouse that could step in to cover any temporary shortages. Larger congregations of the type of motherhouse with many branches were certainly more stable in financial terms because of the mutual solidarity.

How, then, if the financial situation of the congregation was never very bright, did the congregation manage to acquire its enormous patrimony, which was designated by the bishop of Ghent as the most beautiful in his diocese in 1857?[87] What is indeed an outstanding characteristic of the economics of the sisters is the overriding importance of the investments in the infrastructure of the convent itself. However, the support needs to be mentioned of one positively pivotal benefactor for the history of the congregation, without whose help the congregation would never have been able to build such an infrastructure. Karel Stroo, the mayor of Eeklo in 1830-1831 and 1836-

---

[85] Roes and de Valk. "A World Apart?", 148.

[86] AZKJ. XI. 3.5.6 Bankverrichtingen. André Langrand-Dumonceau (1826-1900) was a major figure in the Belgian and indeed European financial world in the 1860s. He found support for his projects within the highest echelons of the church hierarchy and of Belgian politics. Langrand-Dumonceau aspired to build a Catholic financial network to 'christianize' capital. To the delight of many liberals, fraudulent practices were exposed in 1868, causing the collapse of his financial institutions. Jacquemyns, *Langrand-Dumonceau*.

[87] "Ik aerzel niet zulks te zeggen, dat het gasthuis van Eecloo met zyne byhoorigheden en afhankelykheden, van nu af reeds een der schoonste van myn bisdom en zelfs van België is, eindelyk, dat het op weg is, om een der best ingerigte van de katholyke wereld te worden". *Huldeboek aen den ridder K.-F. Stroo*, 19-20.

1846, financially supported the sisters on different occasions. Stroo was an unmarried wealthy grain merchant and landowner. In 1835 he was elected senator for Eeklo, but he never sat in Parliament. On the occasion of the consecration of the hospice chapel in 1857, which Stroo had paid for, the bishop of Ghent named Stroo as one of the top three benefactors in his diocese. Moreover, Stroo rented around 23 hectares 64 ares of agricultural land to the sisters for the very low price of 120 francs per year. This enabled the sisters to produce their own food for the hospice. The bishop bestowed the title of spiritual father on Stroo on 11 August 1855, which is a remarkable title for a layperson.[88] In his last will of 6 March 1865, Stroo left all the clothing, furniture and books in his two houses in Eeklo and in Ghent to Marie Meyers.[89]

Stroo's most important deed, besides the financing of the chapel, was the sale for 146,000 francs of 29 hectares and 83 ares to six sisters of the congregation on 18 May 1867.[90] The sale consisted of different parcels contiguous to the hospice, an orchard, a garden, agricultural land and a farm.[91] The sale coincided with the moment that Stroo started to live in the hospice, among the orphans. Stroo had given his own house in the centre of Eeklo to the Friars Minor in 1866, who started a new monastery there.[92] Some lots from the 1867-sale were leased out to different farmers in Eeklo. The rents were only received by the sisters starting from the day Stroo died, on 23 January 1873.[93] This fact suggests that Stroo arranged some kind of annuity system with the sisters. While he sold the parcels to the sisters, he still received the rents from the leases up to his death. It was probably part of the bargain that he lived in the hospice, where the sisters took care of him. It is not unreasonable to think that the sisters never had to pay for the purchase.

After Stroo died in 1873, the network of the sisters remained limited to the bishop, their spiritual father (after the 1860s always a Friar Minor of Eeklo) and some local families. But none of these families had the financial means, nor the connections that Stroo possessed before them. Moreover, the sisters had to compete with other congregations for attention. The wealthy manufacturer and local politician Eduard Neelemans, for instance, chose, because of family ties, to finance a new monastery of the Clarisse

[88] *Huldeboek aen den ridder K.-F. Stroo*, 19-20, 37 and 44.
[89] AZKJ, XI. 1.2 Testament Ridder Stroo en slotrekening na zijn begrafenis.
[90] Stroo had previously tried to set up a construction that guaranteed the sisters that they could keep on renting the property at a low price after his death. On 8 April 1862 Stroo signed a deed before the Catholic Notary Jules Lammens (1822-1908), one of the founding figures of the ultramontane journal *Le Bien Public* and the Conference of Saint-Vincent de Paul of Ghent, by which he donated these 23 hectares to the governing committee of Eeklo. The deed stipulated that the congregation should be allowed to rent the grounds for 120 franks more or less indefinitely. This was refused by the liberal Minister of Justice Victor Tesch (1812-1892) in a letter on 18 June 1862. Tesch considered the deed an illegal gift to a religious congregation. Subsequently Stroo retracted his gift. SAE, S 1 - 01/03 Bestuursvergaderingen. Beraadslagingen: Sessions of the governing committee of 14 April 1862 and 27 November 1862.
[91] AZKJ, XI; 3.5.7 Financiële verrichtingen. The original deed is not present in the archives of Notary Jules Lammens. A note is inserted where the notary act should be: "deed 18-5-1867 sale by Stroo to different persons. At Snoeck's.". RAG, IIIe depot Neve.
[92] Verschuere, *De Minderbroeders te Eekloo*, 106.
[93] AZKJ, XI. 4.2. Register met notities i.v.m. pacht, aandelen en leningen: Lease by De Lange, Van Hoorebeke and Maenhout.

sisters in Eeklo in 1893.[94] It is possible that the slow development of the congregation was the consequence of this limited network. It took the sisters twenty years to find new benefactors in the Bovyn and Everard-Van Hoorebeke families. In 1893 a new house for the orphans and a grotto was built with the financial support of the family Bovyn.[95] Between 1899 and 1911 the Widow Everard-Van Hoorebeke gave about 17,000 francs for special intentions. These benefactors did not, however, provide the massive support that Stroo had given. A liquidity problem experienced in 1916 indicated that no easily accessible provisions existed to cushion any out-of-the-ordinary events. When the sisters were in urgent need of money in 1916 to manage the taxes that accompanied the transfer of property titles from three old sisters to a number of younger ones, the donation of 20,000 francs by Julienne Bovyn was gratefully welcomed.[96]

CONCLUSION: A CASE OF PRIVATIZATION OF PUBLIC CHARITY

The case of the sisters of Saint Vincent of Eeklo is a strong one to prove that the boom of female active congregations, the vast majority of all orders and congregations after 1830, cannot be understood as a solely religious phenomenon. It was to a large extent financially and organizationally connected to the system of public charity and the education of the poor that was hurriedly set up as economic and social conditions deteriorated and mendicancy became a large-scale problem in the west of the country. There were exceptions: the orders and congregations that recruited in the higher bourgeoisie and aristocracy and/or set up French boarding schools could subsist outside the structures of public charity. But the majority of the congregations were small-scale Sisters of Mary or of Saint Vincent de Paul, active in the lower segments of education and charity. In Eeklo this entanglement of the public and private spheres was very clear. The hospice was set up by the charity bureau of Eeklo. The sisters were invited by members of the town council. The congregation's work was funded by the local charitable authorities. Even the property of the parcels of lands and the buildings of the hospice was divided over the two parties.

Church and state touched each other within the charitable institutions, but did not have the same goals. The supervision of the work and accounts of the sisters led to frustrations on the part of the sisters who craved for the independence to freely organize the internal life of the congregation. The laws of the country upheld by the Ministry of Justice concerning the organization of public charity and the recognition of the hospital congregations stood in the way of a quick emancipation of the congregation. Neither the conventions, nor the proposals to sell the hospice were ever accepted for legal reasons. In the early 1890s the town council silently ended the supervision of the hospice. But even then, the financial dependence remained strong. Only in 1946 were the sisters able to buy the original parcel upon which the hospice was built.

[94] Van Hulle, *Een leven achter kloostermuren*, 15-29.
[95] Verschuere, *De Zusters van den H. Vincentius a Paulo te Eekloo*, 22-23.
[96] "Geld welke zeer nodig was om de ontbinding der Maatschappij Lammens te laten geschieden, die maar juist op tijd vereffend was, daar de drie laatste zusters kort nadien gestorven zijn." AZKJ, XI. 3.5.8 Fundatieboek bestuur v. Moeder Iganatia (vanaf 1889).

Bibliography

Primary sources

Unpublished primary sources

Brussels, National State Archives, Archives Ministry of Justice, Department of Cults (AMJ DC)
Congrégations hospitalières. Comptes + AG comptes. Discussion forme et obligation depot.
Congrégations hospitalières. Statuts III, dossier St. Vincent de Paul, Eeklo.
Eeklo, Archives City of Eeklo (ACE)
S 1 - 01/03 Bestuursvergaderingen. Beraad-slagingen.
Ghent, Archives Diocese Ghent (ADG)
Fonds Kloosters, Eeklo - Zrs. Sint-Vincentius I and II.
Kloosters Bezoeken 2. Relatio status domus 1889.
Ghent, Provincial State Archives of Ghent (PSAG)
Notary Antonius Aernaut. Depot Notaris De Keukelaere I te Eeklo.
Notary Jules Lammens. Depot Notaris Neve III.
Ghent-Oostakker, Archives Zusters Kindsheid Jesu (AZKJ)
XI. Zusters Sint-Vincentius à Paulo, Eeklo.
Mechelen, Archives Archbishopric Mechelen (AAM)
Kloosters generalia 25/2.

Published primary sources

Bulletin officiel des lois et arrêtés royaux de la Belgique. (1844), 2.
De Brouckère, Charles and Tielemans, François. "Bureaux de bienfaisance ou de charité" in: Charles De Brouckère and François Tielemans. *Répertoire de l'administration et du droit administratif de la Belgique.* Vol. 3. Brussels: Weissenbruch, 1836, 481-486.
De Haerne, Désiré. *Tableau de la charité chrétienne en Belgique ou Relevé des œuvres de bienfaisance dues principalement à l'usage des libertés inscrites dans la constitution belge de 1831.* Brussels: Fonteyn, 1857.
Ducpétiaux, Édouard. *Mémoire sur le paupérisme dans les Flandres.* Brussels: Hayez, 1850.
Ducpétiaux, Édouard. *La question de la charité et des associations religieuses en Belgique.* 2nd edition, Brussels: Goemaere, 1859.
Huldeboek aen den ridder K.-F. Stroo, geestelyken vader van het klooster van den H. Vincentius a Paulo, te Eecloo. Ghent: De Busscher, 1863.

Verslag over het bestuur en den toestand van de zaken der stad Eecloo op ... Afterwards: *Verslag door het college van burgemeester en schepen aan de gemeenteraad. Dienstjaar ...* Eeklo: Town Council of Eeklo.

Secondary literature

Alkemade, A.J.M. *Vrouwen XIX. Geschiedenis van negentien religieuze congregaties, 1800-1850.* 's-Hertogenbosch: Malmberg, 1966.
Art, Jan. *Kerkelijke structuur en pastorale werking in het bisdom Gent tussen 1830 en 1914.* Kortrijk: UGA, 1977.
Buyck, Roger et al. *De geschiedenis van Eeklo: Eeklo 750 jaar.* Eeklo: Taptoe, 1990.
Deferme, Jo. *Uit de ketens van de vrijheid. Het debat over de sociale wetgeving in België, 1886-1914.* Leuven: Leuven University Press, 2007.
De Ridder, R. *De l'enseignement professionnel dans ses rapports avec l'enseignement primaire en Belgique.* Brussels: Lebègue, 1883.
De Smet, Erik. "De Heilig Hartkliniek te Eeklo 1837-1987. Kroniek van honderdvijftig jaar bejaarden- en ziekenzorg in het Meetjesland". *Appeltjes van het Meetjesland. Jaarboek van het Heemkundig Genootschap,* 37 (1986), 185-248.
D'Hoker, Mark. "De werkscholen en de leerwerk-huizen". *Revue belge d'histoire contemporaine,* 10 (1979) 1-2, 165-181.
Jacquemyns, Guillaume. *Langrand-Dumonceau: promoteur d'une puissance financière catholique.* Brussels: Institut de Sociologie Solvay, 1960-1965, 5 vols.
Lamberts, Emiel. *Kerk en liberalisme in het bisdom Gent (1821-1857): bijdrage tot de studie van het liberaal-katholicisme en het ultramontanisme.* Leuven: Universitaire Uitgaven, 1972.
Langlois, Claude. *Le catholicisme au féminin. Les congrégations françaises à supérieure générale au XIXe siècle.* Paris: Cerf, 1984.
Lis, Catharina; Soly, Hugo and Van Damme, Dirk. *Op vrije voeten? Sociale politiek in West-Europa 1450-1914.* Leuven: Kritak, 1985.
Lis, Catharina and Soly, Hugo. "Total Institutions and the Survival Strategies of the Labouring Poor in Antwerp, 1770-1860" in: Peter Mandler, ed. *The Uses of Charity: The Poor on Relief in the Nineteenth-Century Metropolis.* Philadelphia: University of Pennsylvania Press, 1990, 38-67.

Lory, Jacques. *Libéralisme et instruction primaire 1842-1879: introduction à l'étude de la lutte scolaire en Belgique.* Louvain-la-Neuve: Bibliothèque de l'Université, 1979.

Luddy, Maria. *Women and Philanthropy in Nineteenth-Century Ireland.* Cambridge: Cambridge University Press, 1995.

Malou, Jean-Baptiste. *De la liberté de la charité en Belgique.* Brussels: Goemaere, 1854.

Meiwes, Relinde. *'Arbeiterinnen des Herrn'. Katholische Frauenkongregationen im 19. Jahrhundert.* Frankfurt am Main: Campus Verlag, 2000.

Mertens, Rita. "Vrouwelijke religieuze roepingen tussen 1803 en 1955. Casus: de congregatie van Zomergem en de Zomergemse vrouwelijke religieuzen". *Revue belge d'histoire contemporaine.* 9 (1978), 419-479.

Paret, Martine and Wynants, Paul. "La noblesse belge dans les ordres religieux et les congrégations, 1801-1960". *Revue belge d'histoire contemporaine,* 30 (2000) 3-4, 493-539.

Roes, Jan and de Valk, Hans. "A World Apart? Religious Orders and Congregations in the Netherlands" in: Jan De Maeyer, Sofie Leplae and Joachim Schmiedl, eds. *Religious Institutes in Western Europe in the 19th and 20th Centuries: Historiography, Research and Legal Position.* Leuven: Leuven University Press, 2004, 135-162.

Simon, Aloïs. *Le cardinal Sterckx et son temps (1792-1867).* 2: *L'Église dans l'État.* Wetteren: Scaldis, 1950.

Stevens, Fred. "Les associations religieuses en Belgique pendant le 19e siècle" in: Jan De Maeyer, Sofie Leplae and Joachim Schmiedl, eds. *Religious Institutes in Western Europe in the 19th and 20th Centuries: Historiography, Research and Legal Position.* Leuven: Leuven University Press, 2004, 185-202.

Suenens, Kristien. "Het proces-De Buck (1864-1868). Een erfenisproces als inzet van het klerikaal-liberale conflict in België". *Trajecta,* 14 (2005) 1, 3-24.

Tihon, André. "Les religieuses en Belgique du XVIIIe au XXe siècle. Approche statistique". *Revue belge d'histoire contemporaine,* 7 (1976) 1-2, 1-54.

Van Damme, Dirk. "Arbeid en armenzorg. Elementen voor het historisch onderzoek naar de functies van de openbare armenzorg in België gedurende de eerste helft van de negentiende eeuw". *Handelingen van de Koninklijke Zuidnederlandse Maatschappij voor Taal- en Letterkunde en Geschiedenis,* 39 (1985), 209-233.

Van de Perre, Stijn. "Public Charity and Private Assistance in Nineteenth-Century Belgium" in: Inga Brandes and Katrin Marx-Jaskulski, eds. *Armenfürsorge und Wohltätigkeit. Ländliche Gesellschaften in Europa, 1850-1930. Poor Relief and Charity. Rural Societies in Europe, 1850-1930.* Frankfurt am Main: Peter Lang, 2008, 93-123.

Van Dijck, Maarten. *De wetenschap van de wetgever. De klassieke politieke economie en het Belgische landbouwbeleid.* Leuven: Leuven University Press, 2008.

Van Dijck, Maarten and Suenens, Kristien. "La Belgique charitable: Charity by Catholic Congregations in Rural West Flanders, 1830-1880" in: Inga Brandes and Katrin Marx-Jaskulski, eds. *Armenfürsorge und Wohltätigkeit. Ländliche Gesellschaften in Europa, 1850-1930. Poor Relief and Charity. Rural Societies in Europe, 1850-1930.* Frankfurt am Main: Peter Lang, 2008, 153-185.

Vanhaute, Eric. "'So Worthy an Example to Ireland': The Subsistence and Industrial Crisis of 1845-1850 in Flanders" in: Cormac Ó Gráda, Richard Paping and Eric Vanhaute, eds. *When the Potato Failed: Causes and Effects of the Last European Subsistence Crisis, 1845-1850.* Turnhout: Brepols, 2007, 123-148.

Van Hulle, Marc. *Een leven achter kloostermuren... 100 jaar Arme Klaren in Eeklo (1893-1993).* Eeklo: Taptoe, 1993.

Vercauteren, Gregory. "De zorg voor de behoeftige ouderen te Antwerpen in de negentiende eeuw". *Revue belge d'histoire contemporaine,* 31 (2001) 1-2, 253-281.

Verschaeren, José. *Burgerlijke godshuizen, burelen van weldadigheid, commissies van openbare onderstand en openbare centra voor maatschappelijk welzijn: organisatie, bevoegdheden, archiefvorming.* Brussels: Algemeen Rijksarchief, 2001.

Verschuere, Antonellus. *De Zusters van den H. Vincentius a Paulo te Eekloo (1837-1937).* Tielt: Lannoo, 1937.

Verschuere, Antonellus. *De Minderbroeders te Eekloo, 1649-1949.* Mechelen: Sint-Franciscus-Drukkerij, 1949.

Viaene, Vincent. *Belgium and the Holy See from Gregory XVI to Pius IX (1831-1859): Catholic Revival, Society and Politics in 19th Century Europe.* Leuven: Leuven University Press, 2001.

Zuster Jozefa. *Geschiedenis van de congregatie der zusters van de H. Vincentius a Paulo te Buggenhout, 1854-1954.* Turnhout: Proost, 1954.

Witte, Els. "The Battle for Monasteries, Cemeteries and Schools: Belgium" in: Christopher Clark and Wolfram Kaiser, eds. *Culture Wars: Secular-Catholic Conflict in Nineteenth Century Europe*. Cambridge-New York: Cambridge University Press, 2003, 102-128.

Witte, Els; Craeybeckx, Jan and Meynen, Alain. *Political History of Belgium from 1830 Onwards*. Antwerp: Standaard, 2000.

ACCOUNTING FOR SOULS

ANGLICAN SISTERS AND THE ECONOMIES OF MORAL REFORM IN VICTORIAN ENGLAND

JOY FRITH

"Day after day brings to the doors of the House of Refuge, some poor fallen woman, anxiously yearning to leave their life of sin and misery, and to enter upon the path of penitence and virtue; and day after day sees them returning back, despairing and heartbroken, to their abodes of guilt, because the houses already established are too small to receive them."[1]

The East Anglian countryside is unspectacular: it rolls and plunges occasionally, but is, for the most part, unrelentingly flat. The area to the north of the village of Ditchingham, located approximately fifteen miles south-east of Norwich, is no exception but for a singular dramatic feature. As you approach from any direction your gaze is drawn upwards to the piercing spires and stately rooftops of the convent of the Community of All Hallows. Although cleverly disguised by thickets of trees and a recessed elevation, this complex of buildings bears witness to nineteenth-century monastic life in all its Gothic splendour. The magnificent chapel which stands at the heart of the Community testifies not only to the centrality of spirituality in the sisters' lives, but also to the material power which this religious order wielded by the latter part of the century. While these buildings were not the original site of the Sisterhood - a modest farmhouse in nearby Shipmeadow, today known as 'Nunnery Farm' - collectively, they represent the successful expansion of All Hallows and the enterprising spirit of the foundress of the religious order, Lavinia Crosse.[2]

---

[1] Community of All Hallows Archives (CAHA): First Annual Report of the House of Mercy, 1855.
[2] I would like to thank the Community of All Hallows for its hospitality and generosity during the undertaking of this research. I am also grateful to the members of the Conference on Patrimony, Business and Management of Religious Orders and Congregations in Europe, 1789-1918, KADOC, University of Leuven, Belgium, November 2008, for their comments and suggestions on this article.

SIN, MORAL REFORM AND IDENTITY POLITICS

In the summer of 1854, the Shipmeadow Penitentiary, a home for the rehabilitation of fallen women, opened in response to local demand.[3] Administered by an all-male council of clergy and members of the local elite, and staffed by a small group of pious middle-class women, Lavinia Crosse among them, the penitentiary aimed to restore the spiritual and moral health of women whose virtue had been lost.[4] According to the Norwich City Mission, the need for rescue work in the vicinity was urgent, declaring "the prostitution in our City has been painfully proverbial".[5] Such work was central to the task of moral reform within the Church of England at midcentury, and was readily embraced by its supporters. Within this context, the newly-established Anglican sisterhoods provided a particularly propitious means of facilitating moral reform: here the 'pure' would cleanse the 'polluted' souls in their care, restoring not only their spiritual health, but also their social utility.[6] By 1852 the Church Penitentiary Association and two Anglican sisterhoods were devoted to this work.[7] From their inception in 1845, however, sisterhoods attracted considerable controversy and were the subject of widespread debate, derision, and deprecation. This hostility was in part due to the association of monasticism with both the Roman Catholic Church and the Oxford Movement, whose members sought to restore Catholic traditions within the Church of England.[8] As such, many observers in England considered sisterhoods as 'Romish' in disguise and an affront to family life and Victorian gender ideals, a view prevalent within the Anglican hierarchy. Few, however, could contend that the services performed by Anglican sisterhoods did not respond to a growing need within industrial society.[9]

Without the fallen, and the imperative for their redemption within Victorian culture, Lavinia Crosse's inspiration to establish a religious order at the Shipmeadow

---

[3] See "A Proposal for the Establishment of a Female Penitentiary in Norfolk or Suffolk", 1853.

[4] The category 'fallen women' encompassed both those women who engaged in sexual activity prior to marriage as well as actual prostitutes. For analyses of the fallen and their reformers, see Anderson, *Tainted Souls and Painted Faces*; Mahood, *The Magdalenes* and Prochaska, *Women and Philanthropy in Nineteenth-Century England*.

[5] NRO SO 154/2/1: Annual Report of the Norwich City Mission, 1853, 7.

[6] The applicability of sisterhoods for this work was the subject of Carter's *Is it Well to Institute Sisterhoods in the Church of England for the Care of Female Penitents?* Carter's text was redolent with discourses of purity and pollution. Social utility was achieved as reformed penitents were often sent to work as domestics.

[7] The Church Penitentiary Association was established in London in 1852 to administer and fund the work of moral reform. It provided funding for the penitentiaries at Clewer and Wantage, which, with All Hallows, were the principal Anglican sisterhoods devoted to this work at midcentury. See Prochaska, *Women and Philanthropy in Nineteenth-Century England*: "In Streets and Dens of Vice", 188, where the author notes a "phenomenal upsurge in interest in the mid-Victorian years" in rescue and Magdalen homes.

[8] See Nockles, *The Oxford Movement in Context*; Paz, *Popular Anti-Catholicism in Mid-Victorian England* and Yates, *Anglican Ritualism in Victorian Britain*. Such traditions included the wearing of vestments, rituals of incense burning and the revival of male and female monastic orders.

[9] The origins and development of Anglican sisterhoods are examined by Allchin, *The Silent Rebellion*; Anson, *The Call of the Cloister* and Mumm, *Stolen Daughters, Virgin Mothers*.

penitentiary may never have come to fruition. Crosse believed that a sisterhood provided the most effective means of facilitating the work of moral reform.[10] The clandestine establishment of the Community of All Hallows at the end of 1855, undertaken without the knowledge of the penitentiary's administrative council, however, caused considerable consternation among both council members and the local community when its existence came to light.[11] Within a culture which perceived the religious life as both exotic and potentially dangerous to Protestant ideals, the relationship between the religious order, led by its Superior, Lavinia Crosse, and the penitentiary, administered by the council, required careful negotiation. The response generated by the Community's formation reveals the tension that existed among British society throughout the nineteenth century between the form and function of the religious life: while sisters' unpaid labours for Church and society were welcomed, their radical, seemingly independent lifestyles beyond familial, and even clerical authority were not.[12]

Through its 'success' in rehabilitating fallen women within a context of Christian morality the Community of All Hallows thrived and was recognized as contributing in a meaningful way to society.[13] To a significant extent, the spiritual and moral infrastructure of rehabilitation relied upon the physical and material infrastructure of the Community. All Hallows' sustained growth rate - of sisters and penitents - could not have been achieved without a concomitant extension in its premises: dormitories needed to be constructed, workrooms set up, a chapel erected, gardens and grounds embellished. Infrastructure played a key role not only in the functional lives of the women of All Hallows, but also in their spiritual development. Such an establishment was costly: "this cannot be a cheap charity", the penitentiary's 1861 Annual Report exclaimed.[14] So how did a small group of Anglican sisters in the East Anglian countryside manage to prosper?

This study analyses the complex relationship between the Sisterhood and the penitentiary discursively and in practice. It focuses specifically on how the sisters negotiated the moral, spiritual, and material economies of these institutions in order not only to develop a dynamic monastic culture, but also to wrest control of the penitentiary from the male council in charge. All Hallows did not prosper as a result of an influx of devoted women to the religious life, but rather as a result of the ways by which the sisters capitalized on discourses of moral reform and sexual regulation in

[10] [Crosse], *The House of Mercy at Shipmeadow, near Beccles.*

[11] For a detailed analysis of the Community's formation and the controversy it generated, see Frith, *Anglican Sisterhoods and the Politics of Victorian Identity.* On becoming aware that the women of the penitentiary had established a sisterhood, a number of prominent councillors subsequently resigned. The controversy received substantial coverage in the *Norfolk Chronicle*, October-November 1856.

[12] Throughout the nineteenth century, sisterhoods received spiritual guidance from the clergy and were governed by a Rule, but they were not controlled directly by the Church hierarchy.

[13] Related studies of reform work in Anglican and Roman Catholic orders include: Clear, *Nuns in Nineteenth-Century Ireland*; Luddy, "Prostitution and Rescue Work in Nineteenth-Century Ireland" and Mumm, "Not Worse than Other Girls".

[14] CAHA: 7th Annual Report of the House of Mercy, 1861.

Scudamore Memorial Wing of the Community of All Hallows, Ditchingham, Norfolk.

order to justify the Community's continual and costly expansion.[15] Ideas about the nature of identity were crucial to this process. 'Fallen women' and 'Anglican sisters' were both constructed identities, and in the discourse of Christian rehabilitation, the identification of one group relied on that of the religious other. The identities of both sisters and penitents were often presented in a paradoxical manner, based upon a precise relationship between personal devotion and public utility. As the Community motto, "always praying, always working" expressed, the balance between prayer and work was central to the culture of All Hallows. The publicly sanctioned work of rehabilitating the fallen led to the evolution of the penitentiary at Shipmeadow into a religious sisterhood; it also facilitated and justified the individual evolution of rescue workers into religious sisters. Yet these transformations, and the religious

[15] On moral and sexual regulation, see Walkowitz, *Prostitution and Victorian Society*; Fout, ed., *Forbidden History* and Weeks, *Sex, Politics, and Society*.

order's continual development, could not have been accomplished without a strong sense of the value of the religious life to the work of moral reform. At the same time, they depended upon a specific understanding of the moral and spiritual superiority of middle-class women to their working-class contemporaries. The division between prayer and work was thus highly class-specific, structured by the sisters' ability to utilize their collective moral authority as middle-class reformers and capitalize not only on the sins of the fallen, but on the labour of their redemption as well.[16]

Identity politics also structured the institutional character of the Sisterhood and the penitentiary. Victorian philanthropy was a serious business and its success at All Hallows depended on a carefully constructed discourse of social and moral obligation.[17] The business-like nature of the reports of the House of Mercy, as the penitentiary was styled, had a substantial impact on how the public identity of All Hallows was framed. These reports also demonstrate clearly the nature of the relationship between the Community of All Hallows, a religious order, and the House of Mercy, an institution for moral reform: because the reform of the morally 'corrupt' generated greater public interest than the support of the morally 'pure', the public identity of the Sisterhood became subsumed under that of the House of Mercy.[18] Not only did the sisters help to craft this identity, but also they exploited it to their advantage. As the earlier excerpt from the First Annual Report of the House of Mercy reveals, expansion was fashioned through a precise orchestration of discourses of Victorian philanthropy in which the material needs of the Sisterhood and its operations were met by appealing to the assumed needs of the fallen. By framing all appeals in terms of the potential benefit to the penitents, and by maintaining a low public profile, the sisters utilized the spirit of Christian duty not only to create a flourishing enterprise, but also to subvert some of the dominant ideologies of the time concerning the relationship among women, power, self-determination, and virtue.[19] The work of rescuing and rehabilitating fallen women was used not only to justify and legitimate the existence of the religious order at All Hallows, but also the expansion of Community facilities and, in turn, the expansion of the sisters' corporate power.

[16] On the class politics of reform work, see O'Brien, "Lay-Sisters and Good Mothers" and Higginbotham, "Respectable Sinners".

[17] Victorian philanthropy is examined by Davidoff and Hall, *Family Fortunes*; Jordan, *The Women's Movement and Women's Employment in Nineteenth Century Britain*; Prochaska, *The Voluntary Impulse*; Idem, *Women and Philanthropy*.

[18] See Mason, *The Making of Victorian Sexuality*.

[19] See Poovey, *Uneven Developments* for an analysis of the operations of virtue in the development of middle-class identity. For contemporary discussions of virtue, see, for example, James, *Female Piety*.

THE POWER OF EXPANSION: COMMUNITY BUILDING AND ITS EFFECTS

The financial operations of the House of Mercy were controlled by the council which had overseen its establishment and included such ecclesiastical luminaries as the Bishops of Winchester and Oxford, the Archbishop of Canterbury, as well as members of the aristocracy. Annual contributions from the Church Penitentiary Association (CPA), to whose guidelines it was expected to adhere, were critical to the House's initial success. Throughout the nineteenth century, the primary source of funding, however, stemmed from donations and annual subscriptions to the penitentiary. Donations to the House were sent to the council, not the sisters. This source of income accounted for over 75% of the institution's revenue and derived primarily from the fund-raising efforts of the sisters, associates, and local clergy, the latter of whom periodically would raise special collections for the sisters in their parishes. The active work of philanthropy was a gendered process: men sat on committees; women's involvement was hands-on.[20] Although the council may not have been experienced in institutional administration, Victorian gender ideology determined that the finances of the House, though not the actual work of operating it, were under the purview of men. According to historian Frank Prochaska, "the running of a philanthropic society could be compared to the running of a family: men were to provide the intelligence and direction, women 'the better heart, the truer intuition of the right' and not least the unflagging industry that kept the institution together".[21] Part of the 'intelligence' provided by the council involved ensuring that the All Hallows penitentiary did not accrue debt. Here, they failed spectacularly. As such, supporters of the institution were engaged in a continual battle to solicit financial contributions which would ensure the penitentiary's success.

Successful fundraising at the House of Mercy depended on fashioning the identity of the institution within the discourses of philanthropy, fallenness, and gender ideology.[22] As spokesman for the House of Mercy, the Reverend W. E. Scudamore was required to be a tireless yet creative fundraiser. As Prochaska points out, "Innovation, audacity, and personal flair have always been the hallmarks of charitable money making and never more so than in the nineteenth century".[23] In his sermons, pamphlets and public letters to friends, Scudamore never missed an opportunity to engage the collective consciousness of would-be donors and patrons. Nor did he shy away from explicit accounts of the finances of the House, stating "The moral effect of a false economy in these matters would obviously be very bad".[24] From the outset,

---

[20] See Lewis, *Women and Social Action in Victorian and Edwardian England*, 10. See also Davidoff and Hall, *Family Fortunes*.

[21] Prochaska, *Women and Philanthropy*, 17. Internal quotation, as cited by Prochaska, is from Parker, *A Sermon on the Public Function of Woman*.

[22] See Maynard, *Victorian Discourses on Sexuality and Religion* and Anderson, *Tainted Souls and Painted Faces*.

[23] Prochaska, *The Voluntary Impulse*, 60.

[24] CAHA: 7th Annual Report of the House of Mercy, 1861.

his appeals always were framed in terms of the benefits which would accrue to the penitents - and thus to society - as a result of expansion. Specifically, he drew upon Victorians' sense of Christian duty to the helpless to create a relationship between the infrastructure of the House of Mercy and the welfare of its inhabitants.

Rescue work at the All Hallows' House of Mercy involved an intensive two-year programme in which the penitent was required to surrender completely, in body, mind and spirit, to a strict regime of rehabilitation. The process of moral reform was structured around a daily routine of prayer, training for domestic service, spiritual instruction, and recreation, all conducted within an atmosphere of supervised silence. To a certain extent, the penitents' routine mirrored that of the sisters, as their lives too were structured by devotional practices, silent meals, and, in the case of lay sisters, domestic labour.[25] Ultimately, the goal of such work was to effect the spiritual salvation of each penitent, with confirmation into the Church representing the highest form of achievement for the Sisterhood.[26]

Such a regime required not only substantial material resources, but also adequate space for sisters and penitents to undertake the varied work of rehabilitation. Within a few years of operation, the penitentiary outgrew its premises in Shipmeadow and a larger site in the nearby village of Ditchingham was obtained. The relocation provided both the sisters and the penitents with homes of their own and spacious, private grounds. Moreover, in contrast to the small Shipmeadow house, the new premises at Ditchingham allowed the sisters to develop their own monastic culture centred upon a stately Gothic chapel. Significantly, however, accounts of the move emphasized how the new location benefited the work of moral reform, rather than the culture of monasticism. These accounts relied upon discursive manipulations of spirituality, sexuality, and salvation in relation to the identities of sisters and penitents. In his published appeal of 1857 for funds to facilitate the move, Scudamore utilized discourses of fallenness to situate the need for relocation in terms of the health of the penitents. Such women, he explained, "require a pure and invigorating air to repair their shattered health".[27] Thus, the purification of souls depended upon the provision of pure air.[28] As the "imperfect ventilation and inconvenient construction" at the Shipmeadow house restricted the number of penitents to a maximum of fifteen, the quality and the quantity of the work suffered, and a new house on a "healthy site" was required. Unless nearly £1000 was raised, he explained, "to build a new house on a healthy site", the work would soon be forced to stop. With the publication of William Acton's *Prostitution* that same year, announcing the thousands of women in London alone in need of reform, Scudamore's readers may indeed have

---

[25] See Mumm, "Not Worse than Other Girls", 538.

[26] The first group of penitents received confirmation into the Church in 1854.

[27] Scudamore, *An Account of the Penitentiary at Shipmeadow*, 23. Lavinia Crosse published her own account of the Community's work at this time. Proceeds from its sale went to the House of Mercy building fund. [Crosse], *The House of Mercy at Ditchingham, near Beccles*.

[28] Fresh air, a good diet, and 'bodily relaxation' were essential to the rehabilitation process: "ask ourselves, how we should like to be confined to a walk round the largest square of London?", John Armstrong inquired in "The Church and her Female Penitents", 73.

been impressed by his appeals.[29] The relocation of the penitentiary, however, was an arduous process: construction was plagued by defective tiling, smoking chimneys, and frequent flooding. Church Penitentiary Association donations decreased in the wake of the Sepoy Rebellion as the penitentiary received only £70 for the maintenance of inmates in 1858.[30] The following year, however, the sisters were granted £200 for their new home allowing construction to continue. In total, almost £2500 was raised to complete the project.

On St Michael's Day, September 29, 1859, the new House of Mercy was officially opened, representing a significant achievement for the Community. The opening ceremonies included an address by the Bishop of Ely and a collection of over £200, an indication, according to Scudamore, of "the strength and genuineness of those feelings by which the whole assembly appeared influenced and affected".[31] Supporters of the House were no doubt affected by the sermon which Scudamore had prepared especially for the occasion entitled *She Hath Done What She Could*. Gazing upon the solid redbrick structure, in which the forces of purity battled those of sin, he rhapsodized on all that had been done, and all that was yet to be achieved: "A City of Refuge has been built, to which, as we may humbly hope, for ages yet to come, many a poor conscience-stricken sinner will flee from safety from the avenger of her sins. This is 'the crown of our rejoicing'. 'It is meet that we should make merry and be glad', exulting in hope over the dead who shall be alive again, over the lost who shall be found."[32]

Scudamore's sermon celebrated the coming together of the pure and the fallen within the restorative, life-giving powers of the penitentiary. In so doing, he solidified the relationship between Sisterhood and penitentiary: "we believe that a Sisterhood composed of earnest women, who, subject to God's will, have no desire or aim on earth beyond the work which they have chosen, affords the best human agency for the conversion and Christian training of the female sinner".[33] In contrast to the maternal discourse used to introduce the sisters during the House of Mercy's formative stage, depictions of these women now emphasized their non-maternal nature. As such, both Scudamore and the *Norwich Chronicle*, which seemed to have lost its earlier venom toward the Sisterhood, took pains to characterize the sisters primarily as workers. The newspaper spoke of "an organised community of women not bound by any promise of perpetual service, but freely devoted to their work, and looking for nothing beyond it".[34] This promotion of non-maternal female roles, particularly in a monastic capacity, reveals the potential for alternative discourses of womanhood within Victorian gender ideology.[35] Ideals of motherhood were indeed hegemonic, but they were not exclusive: those who could not, or would not, be mothers, were

[29] Acton, *Prostitution Considered in Its Moral, Social, and Sanitary Aspects*.
[30] Church Penitentiary Association reports noted that the rebellion within the British Army in India, known as the 'Indian Mutiny', had diverted resources from rescue work.
[31] CAHA: 6th Annual Report of the House of Mercy at Ditchingham, 1860.
[32] Scudamore, *She Hath Done What She Could*, 4.
[33] Ibidem, 13.
[34] *Norfolk Chronicle*, October 8, 1859.
[35] On the radical potential of spirituality within Victorian gender ideals, see Taylor, "Religion, Radicalism, and Fantasy" and Yeo, ed., *Radical Femininity*.

sanctioned as workers. The identity of the sisters was legitimized through their public function to society: because these women were positioned as seeking nothing beyond their work, the tension between women's commitment to family and charity which generated controversy throughout the century was negated.[36] Significantly, however, while Scudamore positioned the sisters as tools of God, the *Norwich Chronicle* stressed the liberty of the sisters' lifestyle. The sisters' identity thus was fashioned upon the paradoxes of Victorian gender ideology: women's private submission to God was translated into a publicly-condoned sphere of independence.

Both the religious life of the sisters and the work of moral reform benefited from the new buildings and surrounding grounds. However, in public accounts of the new site, these benefits were positioned primarily in relation to the work and the penitents. Thus Scudamore explained that the effects of the new site were "found not only to conduce to the greater comfort of the inmates, but are also [...] to facilitate discipline and promote order".[37] His sermon at the opening of the Ditchingham House of Mercy rejoiced at the fruits of subscribers' generosity by demonstrating the blessings of the new facilities. The new House of Mercy was mapped out as a "City of Refuge", a spiritual landscape for the practices of moral rehabilitation, in which "a desert under the withering breath of sin might bloom as Eden, the home of innocence, the 'garden of the Lord!'".[38] While the effects upon the penitents were immediately obvious, those which accrued to the sisters, were presented only as they affected their work. Thus the site, complete with garden, would be a place of spiritual refreshment for the sisters: "It is good that they should be able to rest under the shadow of their own trees, and at times to turn their eyes from faces marred by sin to the beauty of the herb and flower."[39]

The correlation between the physical landscape of the House of Mercy and the well-being of the penitents reveals itself most dramatically in reference to the spiritual aspects of rescue work. Although functional, secular buildings could not instil the type of reform perceived as most conducive to the penitents' ultimate rehabilitation: for this a house of worship was required. After all, as Scudamore declared, the penitentiary was ultimately "a school of spirituality". By 1862, the lack of a proper chapel was proving harmful to the work of reform, as the sisters explained: "the crowded and close chapel in particular has an effect detrimental to the spiritual as well as physical welfare of the inmates".[40] Two years later, after a concerted campaign raised over £1000, the completion of the chapel fulfilled the needs of the House: "the inmates assemble in a Chapel deserving of its name, beautiful in proportion and design, spacious in dimensions, and suggestive in every feature of the high purpose for which it has been erected and adorned".[41] That same year, a 'License to Celebrate

---

[36] For a discussion of this tension, see Summers, "A Home from Home", 58.

[37] CAHA: 7th Annual Report of the House of Mercy, 1861.

[38] Scudamore, *She Hath Done What She Could*, 19.

[39] Ibidem, 16. On the restorative powers of gardening, see Gates, *Kindred Nature*, 189: "It is a place to which we can repair to restore ourselves".

[40] CAHA: 8th Annual Report of the House of Mercy, 1862.

[41] CAHA: 11th Annual Report of the House of Mercy, 1865. See also Scudamore, *A Few Words to the Friends of the Penitent*, 3. Samuel Wilberforce, the bishop of Oxford, delivered a sermon at the opening of the chapel in October, 1864.

Divine Service in the Female Penitentiary or House of Mercy' was granted by the Bishop of Norwich for the chapel.[42] Unsurprisingly, the annual report for that year noted that the effects on the spiritual welfare of the penitents were immediate: "One happy result has been a marked increase of reverence and devotion in the penitents; and, we scarcely need add, a corresponding improvement in their general conduct and character."[43] The fact that the sisters could also now assemble for daily prayers and much-needed spiritual sustenance in the chapel went unmentioned in the report.

Both discursively and in practice, the completion of the chapel illustrates the relationship between the physical infrastructure of the Community and the economies of moral reform. The building of the chapel, while advantageous in the long term, adversely affected the immediate work of the House of Mercy. During construction, the Community published a special Annual Report which included a detailed account of the expenses involved in the actual work of moral reform. Annual expenses for each penitent, including the cost of food, clothing, and fuel, were all itemised.[44] Expenses were directly correlated with success: as each departing penitent received a new outfit and transportation to her new place of residence, success in rehabilitation brought increased costs. In an effort to combat the assumption that the penitentiary was a local institution, the report noted the geographical diversity of the backgrounds of the women who received rehabilitation, emphasizing the national character of the work. A chart demonstrated that since the start of the work, just over half the penitents had come from Middlesex, nearly a quarter hailed from Norfolk, while the remainder was distributed throughout the country. The report announced "There is no part of the country, therefore, to which we are not fairly entitled to look for support, and it is earnestly hoped that this claim will be more fully recognised, especially by the charitable inhabitants of London, from which city so large a proportion of our inmates is derived".[45] Nor could the House rely on the continued munificence of the Church Penitentiary Association. "Oppressed by the increased number of the objects of its bounty", it had to decrease the amount of its annual grants, the report explained.[46] With this diminished support, the following year the sisters announced that applicants for reform were being rejected. Rather than emphasize the drain on resources created by the chapel's construction and its negative impact on the work of moral reform, the report apportioned blame to society at large, and to Londoners in particular. More significantly, penitents themselves were held responsible for the cost of their successful rehabilitation, and in this way, were also responsible for the inability of the House of Mercy to expand its operations. The cost of completing the chapel - financially as well as morally - was considerable. Yet, while it jeopardized the work of reform temporarily, it served an invaluable and permanent function for the Sisterhood. Not only did the chapel with its piercing spire and capacity of over a hundred publicly symbolize the power and strength of this emerging Community, it helped define the identity of its members as women religious and shape their rela-

[42] NRO, DN/CSR/4. John Thomas Pelham was the bishop of Norwich (1857-1893).
[43] CAHA: 11th Annual Report of the House of Mercy, 1865.
[44] CAHA: 8th Annual Report of the House of Mercy, 1862.
[45] Ibidem.
[46] Ibidem.

Chapel of the Community of All Hallows, Ditchingham, Norfolk

tionship with God, and may have contributed to an increase in professions at All Hallows.[47] Even more significantly, the chapel reveals the extent to which this Sisterhood - composed of only five members at this date - manipulated the discourses of fallenness and Christian obligation not only to advance the religious life in profound and dramatic ways, but also its own collective power.[48]

The completion of the chapel in 1864 represented the beginning, rather than the culmination, of the Community's development. By 1865, the House expanded to include east and south wings, which completed the cruciform plan of the buildings. Again, expansion proved costly not only in a material sense, but for more contro-

[47] Significantly, the Community witnessed a surge of professions following the chapel's completion: nine sisters were professed between 1867 and 1871. CAHA: Profession Roll.
[48] According to the 1861 Census, the Community consisted of four 'sisters of mercy', only two of whom were professed at this date. Sister Frances, the fifth, was not recorded in the census. NRO 1230/48-73: Census of 1861.

versial reasons as well. During the progress of the renovations, fears surrounding "the presence of a large body of workmen" impeded the work of reform. The sisters explained: "From our former experience and that of others, we had also learnt that the excitement and irregularities, to which such work must give rise, are a very serious and often fatal hindrance to the reformation of the inmates."[49] One can only imagine the effects that a crew of workmen might have on a group of women - sisters and penitents - for whom sexuality was officially sublimated but yet pervaded the air. In order to prevent potential 'excitement', all but the most-trusted penitents were temporarily transferred to other houses of refuge. Thus, when expansion, in the form of male construction workers, threatened to hinder the work of reform, the presumed weaknesses of the penitents were held responsible.

The ways in which the identity of the sisters was crafted was as crucial to expansion at All Hallows as was that of the penitents. In *A Few Words to the Friends of the Penitent*, designed to raise £400 in construction costs, Scudamore crafted his appeal expressly in terms of the sisters' peace of mind in relation to their work: "The question is, then, who will help to put the finishing stroke to this work of many years? Until that is done, the charity is crippled, and those who conduct it have a source of care from which, for their work's sake, more even than their own, it is most needful that they should be set free."[50] The debts accrued during the House's completion continued to hinder the work of reform. The 1866 Annual Report noted that all further applicants were to be refused until the debt had been cleared. As penitents often were sent to the House on the recommendation of sponsors, only penitents who were paid for, at a rate of £25 per annum, would therefore be received.[51] The clearance of debt, like the presence of the garden, was presented in terms of how it would advantage the work, and thus indirectly the sisters. Through such a technique, Scudamore avoided representing the sisters as needy of support in their own right. Rather, they were portrayed as instruments through which the work of reform, if properly funded, could be achieved. This manner of representation drew upon ideas concerning the dependency of fallen women, expressed in economic terms, but not that of the sisters. An important distinction was thus made regarding the ability of the sisters to support themselves and their need to support others.

The politics of philanthropic fund raising were structured by a discourse of social obligation and Christian duty.[52] By tapping into the moral sensibility of Victorian society, and suggesting the responsibility shared by all toward its endeavours, the Sisterhood and its works made substantial gains. Subscription lists demonstrate that the charity did in fact attract a diverse range of supporters. Each report printed a detailed list of individual donors and the amount of their gift, in an effort not only to reward the generous, but also to publicly shame the neglectful and the parsimonious. Donors and subscribers cut across all social classes and walks of life, from

---

[49] CAHA: 10th Annual Report of the House of Mercy, 1864.

[50] Scudamore, *A Few Words to the Friends of the Penitent*, 4.

[51] CAHA: 12th Annual Report of the House of Mercy, 1866. Members of the council as well as associates of the Community sponsored penitents.

[52] See Prochaska, *Women and Philanthropy*, esp. the chapter entitled "The Power of the Purse".

former penitent Fanny Crisp to Prime Minister William Gladstone.[53] The sisters were listed as frequent donors, along with many of their families.[54] Official days, such as the patronal festival of the Community on All Souls Day, were crucial in generating revenue. At the formal opening of the completed House in 1865, a large gathering was held in celebration. While an impressive £407 was raised, over £300 had come from those not in attendance. This slight on the House did not go unnoticed in the Annual Report: "very many of our best friends and most valued supporters were unavoidably kept away through the unfortunate concurrence on the same day of two important gatherings in Norwich".[55] Accordingly, the Community reinforced that the presence of influential patrons at such events was as significant as their material contributions.

THE EXPANSION OF POWER AND THE MEANINGS OF INDEPENDENCE

Expansion enabled the Sisterhood to wield a greater degree of power over the House of Mercy materially as well as morally and spiritually. Following the completion of construction, the discursive identity of the House of Mercy as an institution became increasingly shaped by material rather than moral and spiritual concerns. Unlike the earlier reports, which provided regular though sparsely detailed accounts of 'graduating' penitents, reports after 1865 became almost entirely consumed by financial concerns. The 1866 report failed to mention the out-going penitents at all. Ironically, although the completion of the buildings had been undertaken ostensibly to secure the future of the rescue work, the financial problems which this expansion created seriously undermined the work. The sisters, however, refused to let the financial situation of the House impair the work of moral reform, or the monastic culture they had so carefully developed. Rather, dissatisfied with the council's financial management of the House, the sisters asserted their identity as businesswomen, wresting economic control out of the council's hands.[56] So authoritative was the Sisterhood in this regard that it brought about the demise of the council altogether.

In accordance with Victorian gender and monastic ideals, the sisters had avoided involving themselves publicly in their institution's finances. In an anonymous published appeal of 1857, Lavinia Crosse had appeared to seek women's assistance more from their prayers and their needle than through their purse.[57] Although asking for money from others directly was beyond her scope, she did, however, request that associates work to raise funds through donations and subscriptions. Officially, she

---

[53] A group as varied as Miss Cozens, former superintendent of the Shipmeadow penitentiary, Lord and Lady Manners, former penitents, and many council members gave frequently and generously.
[54] Sister Elizabeth's munificence was not confined to All Hallows: in 1881 *Penitentiary Work in the Church of England* reported that she founded a house of mercy in rural Essex at a cost of £10,000.
[55] CAHA: 11th Annual Report of the House of Mercy, 1865.
[56] For related analyses of the enterprising spirit of monastic women sisters, see Bradley Warren, *Spiritual Economies* and Walsh, *Roman Catholic Nuns in England and Wales*.
[57] [Crosse], *The House of Mercy of Shipmeadow, near Beccles*, 5.

maintained a cool exterior toward material concerns, reportedly asserting "Why be anxious about funds? It is God's work. He will provide. Effort is necessary and care, attention, and economy, but not anxiety."[58] In the wake of the debt accrued in the construction of the buildings at Ditchingham, however, financial anxiety mounted. As such, Crosse set out to effect change. According to the annual reports, the interest which had accrued on unpaid bills was hampering the House's material welfare. In order to remedy this problem, in 1867 the Superior assumed responsibility from the council for paying the bills. The 1868 report acknowledged that the change "has led to considerable saving; as those who have to provide, know better the means that will be at their disposal, are more free to choose their market, and are able to secure all the benefit of prompt payment".[59] The following year it was confirmed that not only was the Sisterhood now paying its own bills, but also that it had completely assumed control of the institution's finances to "great advantage". The effects of careful financial planning and 'prompt payment' were revealed in 1869: "The year closed without debt; and as the coals laid in for the whole winter were paid for at time of delivery, the present year is to some extent indebted to the good management of the last."[60] That the Sisterhood was not averse to implicitly criticizing the financial acumen of the male council in a public forum, while extolling its own skill in this capacity, testifies to the ways in which these women utilized their collective identity as moral reformers to defy contemporary gender ideals. Ultimately, the sisters refused to leave the finances of the House of Mercy in the hands of a group of men whom, they believed, were financially inept. The ability of the sisters to manage the finances of the House in a responsible manner enabled them to assume greater control of their work and, in so doing, to challenge Victorian ideas not only about the nature of women's involvement in charitable enterprise, but of women's nature more fundamentally.

The financial takeover, however, was only the first step in the consolidation of power by the sisters. On May 7, 1872 the council was formally dissolved leaving complete control of the House of Mercy in the hands of the Sisterhood. The circumstances surrounding the transfer of power, "a subject of much anxious deliberation", speak to the broader politics of social reform in the latter part of the nineteenth century.[61] Although the sisters were clearly dissatisfied with the manner in which the council had been administering the House of Mercy, the language of the transfer of power as it appeared in the annual reports drew upon the gendered discourse of philanthropy. Thus, the 1872 report explained, "It had been for some time thought by several Members of the Council that the Institution had now arrived at such a stage of maturity that the system of management, which had fostered its growth, was no longer needed, or even expedient."[62] The council's failure to manage the finances of the House of Mercy competently was responsible for its demise, yet the transfer

[58] CAHA: Sayings of the Mother Superior, nd. The cultural milieux of mother superiors is examined in Stone, *Constraints on the Mother Foundresses.*
[59] CAHA: 14th Annual Report of the House of Mercy, 1868. For a relevant analysis of eighteenth-century women as household managers, see Vickery, *The Gentleman's Daughter.*
[60] CAHA: 15th Annual Report of the House of Mercy, 1869.
[61] CAHA: 18th Annual Report of the House of Mercy, 1872.
[62] Ibidem.

of power was represented as the natural outcome of the relationship between the council and the institution which had now 'matured' sufficiently to be able to exist independently. The familial language reinforced Victorian gender ideals by giving due recognition to the men's role in "foster[ing]" the institution. Due recognition to the women who had facilitated the institution's maturity was absent from the report.

In order to promote the dissolution of the council, a series of resolutions was passed further indicating how the transfer of power was justified. The language of the resolutions reveals that the council's demise was as influenced by the 'maturity' of the institution as by the 'maturity' of some of its members: "Whereas the necessary Buildings of the House of Mercy are now complete for 30 penitents, and the Institution fully established, and the business of the Council thereby greatly lessened, and whereas there has been for some years such a diminution of attendance at the prescribed Meetings of the Council, that its functions have been latterly in a great measure suspended [...] and whereas owing to the death of several of the Trustees of the House and Site, it has become necessary that a new Deed of Trust should be prepared [...] be it resolved, second, that [...] by the written assent of three-fourths of the existing Council, the said Council be dissolved and cease to exist."[63]

Thus, flagging levels of commitment, decreased responsibility, and death were the real reasons behind the council's inability to properly manage the affairs of the House of Mercy. The Sisterhood, having established a reputation as morally and financially responsible, took advantage of this situation to expand its authority. Hereafter, the property of the penitentiary was administered by a group of trustees - former council members - in connection with the Sisterhood.[64] All annual subscriptions and donations were sent to the Mother Superior and the sisters served as treasurers. The business of accounting - not only for souls, but also for the sisters' future - lay in their own hands. While the takeover by the Sisterhood was not represented officially in terms of a power struggle, eleven women had succeeded in bringing about the demise of a thirty-one member male council of prominent ecclesiastical and establishment figures which had vehemently refused to accept the Sisterhood when its establishment had been made public in 1856. That these women did so from within a system of female monasticism not officially sanctioned by either society or the established Church, renders their accomplishment all the more exceptional.

Upon the dissolution of the council, the material welfare of the House improved markedly, but for different reasons.[65] Community records reveal that the manner in which revenue was derived at the House of Mercy had undergone a substantial change since the sisters assumed financial control. Primarily, this change involved an increase in the ways in which the penitents contributed to their own upkeep. As part of the process of reform, as was the custom at other houses of mercy run by sisterhoods, the penitents engaged in laundry work in addition to serving as domestics

---

[63] Ibidem.

[64] Community statutes were revised in 1884 in order to "put the Community on a legal standing as a corporate body and enable us to hold property". CAHA: Chapter book, October, 1917.

[65] CAHA: 19th Annual Report of the House of Mercy, 1873. Although the 1873 report recorded the continuance of old debts, financial problems were attributed to the "death of many long-time benefactors".

at the convent.[66] The expansion of the House in 1865 had included enlarged laundry facilities and shortly after the sisters assumed financial control, they explained how laundry work contributed to the moral and material welfare of the House: "the enlargement of the laundry has also contributed to this good result. The earnings have been considerable, and the moral effect of providing more regular work and industrial training for the penitents, has been so great, that it alone would have justified that long deferred improvement."[67] Ten years later, however, such work was problematised: "The moral effect of work in a large laundry is not so good as that of some less remunerative kinds of labour. It withdraws the penitent a longer time than we could desire from higher influence and training, and makes it more difficult for us to exercise a close and constant supervision. But the choice lies between making more money and receiving fewer applicants. We have preferred the former alternative, though it condemns us to labour at a comparative disadvantage."[68] In electing to choose the money-making alternative over that of more spiritual methods of reform, the House of Mercy at All Hallows in a sense 'sold out' to the commercial pressures of philanthropic work. While prayer and reflection brought spiritual rewards, materially, they were not lucrative. By contrast, throughout the 1880s the revenue derived from the laundry contributed substantially to the total income of the House. In 1880, for example, laundry earnings amounted to £233 of the £782 that was raised for the year. By 1888, they had risen to £306 while total revenue fell to £748. By comparison, the annual grants from the Church Penitentiary Association for those years were £58 and £66 respectively.

Although important purely in financial terms, laundry work at the House of Mercy had a greater significance as to how it affected the identity of the penitentiary and the penitents. Referred to in its formative stage as "not a cheap charity", the House of Mercy, although not completely self-sufficient, had evolved into a sustainable enterprise thanks to a large extent to the labour of its inmates. Despite the economic depression which hit Norfolk in the 1880s, the constant pleas for financial aid which characterized previous annual reports are absent in the reports for that decade, which proudly displayed the institution's lack of debt. In terms of how the penitents were portrayed, the effects of the laundry were also important. Laundry work was exhausting, unfulfilling, and often dangerous. Not surprisingly, penitents often took advantage of this type of work in order to rebel. As the All Hallows' publication *East and West* explained, "Many are the articles which have to be replaced,

---

[66] On contemporary discourses surrounding the politics of laundry work in the reform of penitents, see the debates between T.T. Carter and John Armstrong. In addition to music and recreation, Armstrong advised needlework as an appropriate pasttime for the penitents. Laundry work, which was a common feature in many existing penitentiaries, he dismissed as "an employment particularly unsuited to the spiritual advancement of the inmates, but pursued, we suppose, because it *pays* the best". Carter disagreed, favouring active laundry work over the sedentary nature of needlework, which, in his opinion, could lead to "evil conversation". See Armstrong, "The Church and Her Female Penitents", 66. Italics in original. For recent analyses of this practice, see Luddy, "Prostitution and Rescue Work in Nineteenth-Century Ireland"; Mumm, "Not Worse than Other Girls" and Mahood, "The Wages of Sin".

[67] CAHA: 15th Annual Report of the House of Mercy, 1869.

[68] CAHA: 25th Annual Report of the House of Mercy, 1879.

because of a bad scorch or even a decided burn, from having been either thrown in temper or pushed in carelessness against a hot iron."[69]

Laundry work, however, served another purpose than character formation: in its ability to enable the penitents to 'support' themselves financially in the rhetoric of rescue work, it contributed to a more positive public representation of these women, and may even, according to Community accounts, have enhanced their own self-worth. *East and West* explained the nature of this controversial relationship: "If the girls think they are earning something towards the maintenance of the House, they feel happier."[70] Those penitents who, "for want of health or other reasons, [we] re debarred from the work of the laundry", were described as jealous of those in the laundry. These women were said to have declared that they did not feel that the work they did - mending and sewing - was as valuable as that which brought in a cash payment, whereas "the laundry girls earn their bread and butter". In the annual reports, prior references to the complete dependency of the penitents on the sisters were replaced by the declaration that "the inmates can to a great extent maintain themselves by their own work".[71] That the Sisterhood derived the primary benefits from the work of the penitents as laundresses cannot be disputed. The sisters' ability to innovate and take advantage of the labour of their charges reveals the complexity of their relationship to Victorian gender ideals. Just as genteel Victorian wives depended upon the physical labour of their working-class servants in order to perform the work of domesticity in a successful manner, so too did the sisters rely upon the labour of the penitents, not only to facilitate the work of moral reform, but also to sustain the development of the religious life and the various operations of the Community.[72] Although the sisters capitalized on the spiritual, moral, and economic dependence of their 'fallen sisters' in order to achieve their own independence, significantly, to a certain extent this independence was premised on the publicly-proclaimed financial independence of fallen women as well.

CONCLUSION

The expansion of the Community of All Hallows was, to a large extent, fashioned by the discourses which prevailed around the identities of women religious and fallen women. The power dynamics among the sisters, the penitents and the men 'in charge', hinged upon these constructed identities and were based upon ideas of class, gender, and virtue. Throughout the nineteenth century, female power derived ideologically from the virtue ascribed to feminine nature. However, in order to survive in the public world of philanthropy as well as the relatively private world of monasticism, the identity of Anglican sisters needed to extend beyond that of piety, chastity, and submis-

---

[69] *East and West*, All Saints, 1890.
[70] Ibidem.
[71] CAHA: 33rd Annual Report of the House of Mercy, 1887. Capitalised in original for emphasis.
[72] By the 1880s, Community operations had expanded to include class-based schools, an orphanage, a hospital, and a farm, in addition to the House of Mercy. Residents - penitents, pupils, sisters and staff - numbered over a hundred.

sion to encompass those virtues which Victorian gender ideology ascribed to men: chiefly, ambition, business savvy, and, most importantly, independence. The sisters who operated the House of Mercy at All Hallows needed to be as adept at preparing financial statements as they were at rehabilitating the fallen. While their virtue as middle-class women gave the original sisters the opportunity to 'rescue' and educate fallen women, their skill and proficiency in the business of philanthropy allowed them to win greater independence over their own lives. This independence, however, together with the Sisterhood's expansion throughout the nineteenth century, could not have been achieved without the unpaid labour of fallen women, whose own enforced enterprise brought prestige and capital to the House of Mercy. The ways in which the sisters negotiated Victorian identity politics in their own lives demonstrate the extent to which female monasticism capitalized on rather than rejected class and gender norms in its regulation of the fallen. The relationship between female monastic culture and feminism at All Hallows, as it was both practiced and understood discursively, thus was highly ambiguous.

Bibliography

Archival Sources

Community archives
Ditchingham (Norfolk), Community of All Hallows Archives (CAHA)

Community publications
All Hallows Centenary, 1855-1955.
East and West.
Sister Violet. *All Hallows: Ditchingham. The Story of an East Anglian Community.* Oxford: Becket Publications, 1983.

Public archives
Norwich, Norfolk Record Office (NRO)
Records of the Church Penitentiary Association. Annual Report of the Norwich City Mission. 1861 Census. NRO 1230/48-73.

Nineteenth-century newspapers and periodicals
Church of England Monthly Review.
Churchman's Gazette.
The Nineteenth Century.
Norfolk Chronicle and Norwich Gazette.
Norwich Mercury.
Penitentiary Work in the Church of England.
Quarterly Review.
Seeking and Saving: A Monthly Journal of Home Mission and Penitentiary Work.
Westminster Review.

Primary Sources

A Few Words to Servants about the Church Penitentiary Association. Oxford: Church Penitentiary Association, 1854.
A Lady [Lavinia Crosse]. *The House of Mercy at Shipmeadow, near Beccles.* Oxford-London: J. H. and J. Parker - Norwich: T. Priest, 1857.
A Proposal for the Establishment of a Female Penitentiary in Norfolk or Suffolk, in Connection with the Church Penitentiary Association. Norwich: Charles Muskett, 1853.
Acton, William. *Prostitution Considered in Its Moral, Social, and Sanitary Aspects, in London and Other Large Cities, with Proposals for the Mitigation and Prevention of Its Attendant Evils* [1857]. Ed. Peter Fryer. New York: Frederick A. Praeger, 1969.
Armstrong, John. *An Appeal for the Formation of a Church Penitentiary.* London: John Henry and James Parker, 1849[2].
Armstrong, John. *Essays on Church Penitentiaries.* Ed. T.T. Carter. London: John Henry and James Parker, 1858.
Armstrong, John. "The Church and her Female Penitents" in: John Armstrong. *Essays on Church Penitentiaries.* Ed. T.T. Carter. London: John Henry and James Parker, 1858.
Carter, Thomas Thelluson. *Sisters of Mercy in the Church of England.* London: Joseph Masters, 1850.

Carter, Thomas Thelluson. *Is it Well to Institute Sisterhoods in the Church of England for the Care of Female Penitents?* London: Rivington & Co., 1853².

[Crosse, Lavinia]. *The House of Mercy at Ditchingham, near Beccles*. Oxford-London: J.H. and J. Parker, 1859².

[Greg, William Rathbone]. "Prostitution". *Westminster Review*, 53 (1850).

James, John Angell. *Female Piety: Or, the Young Woman's Friend and Guide Through Life to Immortality* [1853]. New York: Robert Carter & Brothers, 1865.

Penitentiary Work in the Church of England. London: Harrison & Son, 1873.

Scudamore, W.E. *An Account of the Penitentiary at Shipmeadow. In a Letter to the Reverend James Davies, Vicar of Abbenhall, Gloucestershire, by the Chaplain*. London: Rivingtons - Norwich: Thomas Priest, 1857.

Scudamore, W.E. *A Few Words to the Friends of the Penitent on Behalf of the House of Mercy at Ditchingham*. 1865.

Scudamore, W.E. *She Hath Done What She Could: A Sermon Preached at the Opening of the House of Mercy at Ditchingham on St. Michael's Day, 1859*. London-Oxford: J.H. and J. Parker, 1860².

White's Guide to Norfolk 1855.

Wilberforce, Samuel. *On Penitentiary Work: Two Sermons Preached at the Opening of the Chapel, St. Mary's Home, Wantage*. Oxford: J.H. & James Parker, 1861.

Secondary Sources

Allchin, Arthur M. *The Silent Rebellion: Anglican Religious Communities 1845-1900*. London: SCM Press, Ltd., 1958.

Anderson, Amanda. *Tainted Souls and Painted Faces: The Rhetoric of Fallenness in Victorian Culture*. Ithaca-London: Cornell University Press, 1993.

Anson, Peter F. *The Call of the Cloister: Religious Communities and Kindred Bodies in the Anglican Communion*. Rev. and ed. A.W. Campbell. London: SPCK, 1964.

Bradley Warren, Nancy. *Spiritual Economies: Female Monasticism in Later Medieval England*. Philadelphia: University of Pennsylvania Press, 2001.

Casteras, Susan. "Virgin Vows: The Early Victorian Artists' Portrayal of Nuns and Novices". *Victorian Studies*, 24 (1981) 2, 129-160.

Clear, Caitriona. *Nuns in Nineteenth-Century Ireland*. Dublin: Gill & Macmillan, Ltd., 1988.

Cooper, Robyn. "Definition and Control: Alexander Walker's Trilogy on Women" in: John C. Fout, ed. *Forbidden History: The State, Society, and the Regulation of Sexuality in Modern Europe*. Chicago: University of Chicago Press, 1992, 211-234.

Davidoff, Leonore and Hall, Catherine. *Family Fortunes: Men and Women of the English Middle Class, 1780-1850*. Chicago: University of Chicago Press, 1987.

Ede, Janet and Virgoe, Norma, eds. *Religious Worship in Norfolk: The 1851 Census of Accommodation and Attendance at Worship*. Norfolk: Norfolk Record Society, 1998.

Foucault, Michel. *The History of Sexuality*. 1: *An Introduction*. Transl. Robert Hurley. New York: Random House Inc., 1985.

Fout, John C., ed. *Forbidden History: The State, Society, and the Regulation of Sexuality in Modern Europe*. Chicago: University of Chicago Press, 1992.

Frith, Joy. *Anglican Sisterhoods and the Politics of Victorian Identity*. Manchester: Manchester University Press, forthcoming.

Gates, Barbara T. *Kindred Nature: Victorian and Edwardian Women Embrace the Living World*. Chicago: University of Chicago Press, 1998.

Gilchrist, Roberta. *Gender and Material Culture: The Archaeology of Religious Women*. London: Routledge, 1994.

Higginbotham, Anne R. "Respectable Sinners: Salvation Army Rescue Work with Unmarried Mothers, 1884 -1914" in: Gail Malmgreen, ed. *Religion in the Lives of English Women, 1760-1930*. London: Croom Helm, 1986, 216-233.

Jordan, Ellen. *The Women's Movement and Women's Employment in Nineteenth Century Britain*. London-New York: Routledge, 1999.

Kitch, Sally L. *Chaste Liberation: Celibacy and Female Cultural Status*. Urbana-Chicago: University of Illinois Press, 1989.

Lewis, Jane. *Women in England 1870-1950: Sexual Divisions and Social Change*. Brighton: Wheatsheaf Books Ltd., 1984.

Lewis, Jane. *Women and Social Action in Victorian and Edwardian England*. Aldershot: Edward Elgar, 1991.

Luddy, Maria. "Prostitution and Rescue Work in Nineteenth-Century Ireland" in: Maria Luddy and Cliona Murphy, eds. *Women Surviving: Studies in Irish Women's History in the Nineteenth and Twentieth Centuries*. Dublin: Poolbeg Press, 1989, 51-84.

Mahood, Linda. *The Magdalenes: Prostitution in the Nineteenth Century*. London: Routledge, 1990.

Mahood, Linda. "The Wages of Sin: Women, Work and Sexuality in the Nineteenth Century" in: Eleanor Gordon and Esther Breitenbach, eds. *The World is Ill-Divided: Women's Work in Scotland in the Nineteenth and Early-Twentieth Centuries*. Edinburgh: Edinburgh University Press, 1990, 29-48.

Mason, Michael. *The Making of Victorian Sexuality*. Oxford: Oxford University Press, 1994.

Maynard, John. *Victorian Discourses on Sexuality and Religion*. Cambridge: Cambridge University Press, 1992.

Mort, Frank. *Dangerous Sexualities: Medico-Moral Politics in England since 1830*. London: Routledge and Kegan Paul, 1987.

Mumm, Susan. "'Not Worse than Other Girls': The Convent-Based Rehabilitation of Fallen Women in Victorian Britain". *Journal of Social History*, 29 (1996) 3, 527-547.

Mumm, Susan. *Stolen Daughters, Virgin Mothers: Anglican Sisterhoods in Victorian Britain*. London: Leicester University Press, 1999.

Nead, Lynda. *Myths of Sexuality: Representations of Women in Victorian Britain*. Oxford: Basil Blackwell, 1988.

Nockles, Peter B. *The Oxford Movement in Context: Anglican High Churchmanship, 1760-1857*. Cambridge: Cambridge University Press, 1994.

O'Brien, Susan. "Lay-Sisters and Good Mothers: Working-Class Women in English Convents, 1840-1910" in W.J. Sheils and Diana Wood, eds. *Women in the Church*. Studies in Church History 27. Oxford: Basil Blackwell, 1990, 453-465.

Parker, Theodore. *A Sermon on the Public Function of Woman*. Boston, 1853.

Paz, D.G. *Popular Anti-Catholicism in Mid-Victorian England*. Stanford: Stanford University Press, 1992.

Poovey, Mary. *Uneven Developments: The Ideological Work of Gender in mid-Victorian England*. London: Virago, 1988.

Prochaska, Frank. *Women and Philanthropy in Nineteenth-Century England*. Oxford: Clarendon, 1980.

Prochaska, Frank. *The Voluntary Impulse: Philanthropy in Modern Britain*. London: Faber and Faber, 1988.

Rowell, Geoffrey. *The Vision Glorious: Themes and Personalities of the Catholic Revival in Anglicanism*. Oxford: Oxford University Press, 1983.

Sachs, William. *The Transformation of Anglicanism: From State Church to Global Communion*. Cambridge: Cambridge University Press, 1993.

Stone, Hope Campbell Barton. "Constraints on the Mother Foundresses: Contrasts in Anglican and Roman Catholic Religious Headship in Victorian England". Ph.D Diss. University of Leeds, 1993.

Summers, Anne. "A Home from Home: Women's Philanthropic Work in the Nineteenth Century" in: Sandra Burman, ed. *Fit Work for Women*. New York: St. Martin's Press, 1979, 33-63.

Taylor, Barbara. "Religion, Radicalism, and Fantasy". *History Workshop Journal*, 39 (1995), 102-112.

Vickery, Amanda. *The Gentleman's Daughter: Women's Lives in Georgian England*. New Haven-London: Yale University Press, 1998.

Walkowitz, Judith. *Prostitution in Victorian Society: Women, Class and the State*. Cambridge: Cambridge University Press, 1980.

Walsh, Barbara. *Roman Catholic Nuns in England and Wales, 1800-1937: A Social History*. Dublin: Irish Academic Press, 2002.

Weeks, Jeffrey. *Sex, Politics and Society: The Regulation of Sexuality since 1800*. London: Longman, 1989[2].

Wilberforce, Samuel. *On Penitentiary Work: Two Sermons Preached at the Opening of the Chapel, St. Mary's Home, Wantage*. Oxford: J.H. & James Parker, 1861.

Yates, Nigel. *Anglican Ritualism in Victorian Britain, 1830-1910*. Oxford: Oxford University Press, 1999.

Yeo, Eileen Janes, ed. *Radical Femininity: Women's Self-Representation in the Public Sphere*. Manchester: Manchester University Press, 1998.

DEVELOPING ALLIANCES

FAITH, PHILANTHROPY AND FUNDRAISING IN LATE-NINETEENTH-CENTURY ST HELENS

CARMEN M. MANGION*

"An institution which within four years from its birth can attract to so unattractive a spot as St Helens a Cardinal, a Peer of the realm, an ex-Viceroy of India and a Cabinet Minister, and which, at the same time, can win the aid and sympathy of the leaders of the local community, must possess, in an unusual degree the germs of vitality and promise. This is what the Providence Free Hospital has achieved: and, as this Hospital bids fair to fill an important place in the history of our town's philanthropy".[1]

In 1882, Providence Free Hospital opened its doors to the citizens of the town of St Helens, Lancashire and entered the philanthropic marketplace. It was one of the many voluntary hospitals that populated the developing urban landscape of nineteenth-century Britain yet despite its provincial, industrial and 'unattractive' setting, it invited both local and metropolitan attention. It was also a Catholic hospital, founded and managed by an English religious congregation of sisters, the Poor Servants of the Mother of God.[2] At a time when anti-Catholicism was an integral component of nineteenth-century British culture, the integration of a Catholic institution into civil society was a rare event. Although the Catholic Relief Acts of

* I wish to express my gratitude for permission to use material from the Archdiocesan Archives of Liverpool (AALi), the Central Congregational Archives of the Poor Servants of the Mother of God (SMG) and the St Helens Local History and Archives Library (SHA). I wish to thank the archivists Meg Whittle, Paul Shaw and Vivien Hainsworth for their assistance during my visits, and most importantly, for their support after these visits when they graciously responded to my many questions. I am very grateful to Caroline Bowden, Sue Hawkins, Pat Starkey and the editors of this collection who offered valuable feedback at various draft versions of this chapter. And lastly, I am indebted to the Economic History Society and the Scouloudi Foundation who funded my visits to the archives in Liverpool and St Helens.
[1] "The Providence Free Hospital", *St Helens Lantern*, October 1887.
[2] Hereafter also referred to as the Poor Servants.

1778 and 1791 and the 1829 Catholic Emancipation Act removed many of the legal impediments faced by Catholics, cultural forms of anti-Catholicism continued to exist. Robert Klaus reminds us of the assortment of 'anti-popery ferment' including lectures, burning of the pope in effigy and economic sanctions (particularly affecting the Irish and converts from Protestantism).[3] Diana Peschier's *Nineteenth-Century Anti-Catholic Discourses: The Case of Charlotte Bronte* (2005) describes the virulent anti-Catholicism that was rife in nineteenth-century Britain and that ran through fiction and pamphleteering. This chapter suggests, however, that anti-Catholicism was not so pervasive. Despite the public aversion towards Catholicism which was well represented in the nineteenth-century press and has been well-developed in the historiography of religion in nineteenth-century Britain, Providence Free Hospital garnered the support of all classes, and importantly, both Catholics and Protestants.[4]

Catholic involvement in hospital provision in nineteenth-century England has been largely ignored in the published histories of health care despite the establishment of at least forty Catholic hospitals and convalescent homes in nineteenth-century England and Wales.[5] Most provided long-term or convalescent care but Providence Free Hospital was one of the small cohort which provided general medical care. All but a handful of these hospitals were managed by Catholic women religious (sisters and nuns).[6] Historians have largely framed the role of Catholic women religious within normative gendered understandings of the nature of femininity locating them as 'carers'. This chapter will look at another aspect of their position in the health care field by considering their efforts in light of scholarship on nineteenth-century hospital management and administration, thereby focusing on the integration of faith, philanthropy and fundraising and acknowledging their influence in the philanthropic marketplace.

This essay will use a comparative framework, examining both Providence Free Hospital and nearby St Helens Cottage Hospital, which despite its provident nature, was an indirect competitor in the philanthropic hospital marketplace.[7] This methodology allows for a more nuanced assessment of the place of Catholic health care in the competitive medical market. The sources examined are newspaper articles as well

[3] Klaus, *The Pope, the Protestants, and the Irish*, 215-219.

[4] Arnstein, *Protestant Versus Catholic in Mid-Victorian England*; Klaus, *The Pope, the Protestants, and the Irish*; Norman, *Anti-Catholicism in Victorian England*; Paz, "Anti-Catholicism, Anti-Irish Stereotyping, and Anti-Celtic Racism in Mid-Victorian Working-Class Periodicals"; Wallis, *Popular anti-Catholicism in mid-Victorian Britain*; Wheeler, *The Old Enemies*.

[5] Sioban Nelson has published a chapter on British women religious and health care in *Say Little, Do Much* but focuses primarily on Anglican women religious.

[6] The research for this chapter is part of my ongoing project on Catholic medical care in nineteenth-century Britain.

[7] In the nineteenth century, the majority of hospitals were voluntary hospitals supported by charitable contributions often in the form of subscriptions and donations. A much smaller number of hospitals were provident hospitals, reliant on payments by patients (either payment for services or a subscription scheme). Cottage hospitals developed in smaller towns and rural areas particular after the 1850s and were also dependent primarily on voluntary contributions although this was not the case with St Helens Cottage Hospital. Henry Burdett (1847-1920), the great nineteenth-century hospital promoter, compiled statistics on sixty of these hospitals and reported they averaged 15-25 beds per hospital. By 1900, there were 300 cottage hospitals in Great Britain. Cherry, "Change and Continuity in the Cottage Hospitals", 273.

as annual reports, correspondence and committee meeting minutes from both hospitals. Press coverage gives an indication of the public perception of both hospitals whereas the internally created materials such as the correspondence and committee meeting minutes, represent the administrative functioning of the hospital. The annual reports, distributed to benefactors, are somewhat problematic sources as they are distinctly promotional in nature. However, they reveal important information about how both hospitals operated and how they promoted themselves to the citizens of St Helens. The first part of the essay compares the funding of both hospitals. Using the results of this analysis, it considers how the sisters of the Poor Servants of the Mother of God, who founded and managed Providence Free Hospital, developed alliances with local Catholics and Protestants and fashioned a symbiotic relationship between themselves and those in positions of authority in St Helens. Next, this essay examines how public events shaped the relationship between Providence Free Hospital and the citizens of St Helens. The Poor Servants were active participants in the competitive world of philanthropic funding where they 'managed' their benefactors, subscribers and donors and the local elite of St Helens.[8]

The Poor Servants of the Mother of God were, by most measures, a successful congregation in nineteenth-century England and Wales. They were founded in London in 1869 by convert Frances Margaret (Fanny) Taylor (1832-1900) and by the turn of the century, after only 31 years in existence, they were well established with 199 sisters in 15 convents, 10 in Britain, 3 in Ireland and 2 on the continent. Their philanthropic ventures in nineteenth-century Britain included orphanages, night schools, refuges for penitents, parish visiting and, of course, Providence Free Hospital. Fanny Taylor, who became Mother Magdalen, was crucial in her role as Mother General to the direction of this religious institute, from its founding in 1869 when she was 37 until her death in 1900.[9] As the youngest of ten children of Anglican clergyman Reverend Henry Taylor (1777-1842) and his wife Louisa Mary Jones (1793-1869), she had a fairly secure childhood in a provincial middle-class family. After her father's death in 1842, the family moved to St John's Wood, London where Fanny, along with her elder sisters, was influenced by the Oxford Movement. Fanny was involved in numerous charitable activities including the works of the Anglican sisterhood of the Sisters of Mercy of the Holy Trinity (Devonport).[10] In 1854, she joined Florence Nightingale's team of ladies who nursed in the Crimea and while there converted to Roman

---

[8] In this article, the term elite will refer to those who wielded economic, political and social power in St Helens.

[9] Nuns and sisters typically acquired a religious name after formally entering religious life. Fanny Taylor took the name Mary Magdalen of the Sacred Heart. As founder of the Poor Servants of the Mother of God she became the Mother General, a role she retained for the remainder of her life. Subsequent Mother Generals were elected by the religious institute for a set period of time, often three to six years. The rules for elections and eligibility were documented in the institute's rule and constitutions.

[10] Devas, *Mother Mary Magdalen of the Sacred Heart (Fanny Margaret Taylor)*, 1-23. Devas notes that Taylor was a member of this Anglican sisterhood, but this appears unlikely as there is no record of her entry in the congregation's archives. Many thanks to Paul Shaw for sharing with me his unpublished paper "Report on information on the Taylor family and their link with Miss Sellon's Sisterhood" (March 2006).

Catholicism.[11] When she returned to London, she managed the Taylor family household for her mother, organized and taught in a ragged school, supervised and edited two prominent Catholic periodicals, *The Lamp* (1862-1871) and *The Month* (1864-1865), and authored popular Catholic fictional and non-fictional texts. As a result of these experiences, she brought a practical and well-honed set of management skills and spiritual beliefs to the Poor Servants of the Mother of God. In December 1881, twelve years after the initial foundation of the congregation, the Poor Servants were encouraged by the Jesuits to open a convent in St Helens; the next year they established the Providence Free Hospital to meet the needs of the growing Catholic community.

THE INDUSTRIAL TOWN OF ST HELENS

Located twelve miles north of Liverpool, St Helens was a heavily industrialized town with a well-developed local government by the 1880s. John Bartholomew's *Gazetteer of the British Isles* credited the town's rapid growth to: "the canal and railway systems, which connect it with extensive coal-beds in the vicinity, and with the Mersey. It has large alkali, copper-smelting, and iron works, but is best known for the mfr. of glass, which is carried on to a great extent in all its varieties."[12] Coal had been mined from nearby Sutton since the sixteenth century. Glass manufacturing, an important industry by the early eighteenth century, became a significant part of St Helens industrial base after the founding of the British Cast Plate Glass Manufacturers in 1773. Copper and iron foundries were in place by the early nineteenth century. From 1828, Josias Gamble manufactured washing soda, acids and alkalis in his chemical works. By mid-century, St Helens's bustling industrial economy included 15 glassworks, 11 chemical works and 35 collieries.[13] These developments were orchestrated by a cohort of self-made industrialists which included the Pilkingtons, Greenalls, Gambles and Kurtzs - these family names appeared often on lists of town alderman, benefactors and committee members of both Providence and St Helens Cottage Hospital.

As these industries developed and the numbers of manufacturing facilities increased, the population of St Helens expanded from 7,573 in 1801[14] to over 63,037 by the time the Poor Servants arrived in St Helens in 1882. In the next twenty years it was to increase by another 27,000 to 90,761.[15] Despite being considered a "traditionally Catholic stronghold", this population was not predominantly Roman Catholic.[16] Extant religious worship figures are problematic sources for determining the religious make up of the town, but they do give a sense of the principal religious denominations.

[11] Her experiences of the Crimea were recounted in [Taylor], *Eastern Hospitals and English Nurses*.
[12] Bartholomew, *Gazetteer of the British Isles*, 689.
[13] Forman, *Self-Portrait of St Helens in the 1920s*, 12-13.
[14] Routledge, *The Pictorial History of the County of Lancaster*, xxxvi.
[15] St Helens population figures from the 1881 and 1901 Census include the areas of Eccleston, Parr, Sutton, Windle and St Helens. The population of England and Wales in the same time period had increased threefold, from 9.2 million to 26.0 million.
[16] Barker and Harris, *A Merseyside Town*, 174. Barker and Harris noted that the 'lords of the manor' of three of the four townships in St Helens were Catholics: the Gerards and Cothams of Windle, the Ecclestons of Eccleston and the Orrells of Parr.

The figures from the religious worship census of 1851 (Table 1) indicate a significant Church of England constituency and a strong Wesleyan presence.[17] Passionist missioner Dominic Barberi's visit in 1849 was said to have "spurred on the forces of Catholic revival" but results of the 1851 religious census noted only 1,282 Catholic worshipers on census Sunday.[18] Three years later, George Routledge in *The Pictorial History of the County of Lancaster* noted "many Irish" in St Helens and estimated about four thousand Catholics.[19] This increase in the number of Catholics may be due to increased migration in the three years since the 1851 religious census, but 'leakage' was an acknowledged Catholic concern and it was also likely that many St Helens Catholics had not attended church services on census Sunday.[20] Evidence of the 'Catholic revival' and evangelization can be found in the two decades after 1851 when three Catholic churches were built: St Anne's in Sutton in 1853, St Joseph's at Peasley Cross in 1862, and Holy Cross in St Helens in 1862. Catholic educational institutions expanded also. The Sisters of Notre Dame de Namur located a convent in St Helens in 1858 and opened an elementary school that by 1890 was teaching 3,880 students.[21] The Sisters of Mercy arrived in 1869 and established infant, girls' and boys' schools as well as a reformatory for girls.[22] The Catholic population continued to increase, and by 1910, St Helens Catholic population topped 24,000.[23]

[17] On the last weekend in March, 1851, a religious census was held in England and Wales which was meant to measure church attendance, the number of sittings in each place of worship and the number of churches and chapels belonging to each denomination. The census methodology for collecting this data was flawed so the results of this census are used with some caution. It is likely the figures for the number of Catholics attending services underestimate the number of Catholics in England and Wales in 1851. Klaus suggests that the total was likely between 700,000 and 800,000. Klaus, *The Pope, the Protestants, and the Irish*, 7; Ell and Slater, "The Religious Census of 1851", 46.

[18] Fletcher, *Black Gold and Hot Sand*, 142. Nicholas Wiseman (1802-1865), later Cardinal, invited the Italian Congregation of Discalced Clerks of the Most Holy Cross and Passion of Our Lord Jesus Christ (simply known as the Passionists) to England in 1841 as missioners. They were led by Dominic Barberi (1792-1849) until his death in 1849.

[19] Routledge, *The Pictorial History of the County of Lancaster*, 99.

[20] Lucas, "The Leakage of the Catholic Church in England"; Currey, "The 'Leakage' from the Catholic Church in Great Britain"; Fitzpatrick, "A Curious Middle Place", 30.

[21] Julie Billiart (1751-1816), along with Francoise Bin de Bourdon (1756-1838) established the Sisters of Notre Dame in 1804. Billiart intended this congregation to devote itself "to the education of the poor of the most abandoned places". Britain was considered one of those 'abandoned places' and in 1843 six Sisters of Notre Dame de Namur founded their first convent in Penryn, two miles northwest of Falmouth in Cornwall. By 1848, this convent had relocated to Clapham and from here, the congregation expanded to sixteen convents in England and Wales by 1900, more than half in the north-west of England. In 1856, they opened Our Lady's Teacher Training College in Liverpool, an important training ground for Catholic schoolteachers. Just over 850 women were professed as Sisters of Notre Dame de Namur in the nineteenth century and this band taught in a number of educational institutions including poor schools, industrial schools and boarding schools. Linscott, *Quiet Revolution*, 31, 150; Mangion, *Contested Identities*, 44-45.

[22] The Irish Sisters of Mercy, founded in 1831 by Catherine McAuley (1778-1841) established their first English convent in Bermondsey, South London in 1839. By 1900, 101 convents were in existence in England and Wales and at least 1,340 women were professed as Sisters of Mercy. The sisters' 'works of mercy' were wide-ranging, and included education, nursing and catechism. Sullivan, *Catherine McAuley and the Tradition of Mercy*; Mangion, *Contested Identities*, 44-45.

[23] "Liverpool".

TABLE 1
RELIGIOUS WORSHIP IN ST HELENS AND ENGLAND & WALES, 1851

Denomination	St Helens	%	England & Wales	%
Church of England & Ireland	14,341	74.1	4,939,514	47.4
Wesleyan methodists	2,941	15.2	2,370,460	22.8
Roman Catholics	1,282	6.6	365,430	3.5
Baptists	215	1.1	910,082	8.7
Other	567	2.9	1,833,904	17.6
Total	**19,346**	**100**	**10,419,390**	**100**
Total population	**39,221**		**17,927,609**	
Attending services	**49.3%**		**58.1%**	

Source: Mann, Religious Worship in England and Wales, 106.

Irish immigration to St Helens was noteworthy after 1837; they formed one of the four distinct groups of industrial workers in St Helens. The Irish, along with highly-skilled glassmakers (many of whom were from Scotland), Lancashire colliers and other Lancashire workers, were, according to local historians Barker and Harris, unlikely to mix. They describe a hierarchy of industrial workers with the glassworkers at the top and the Irish at the bottom.[24]

With the growth of manufacturing came the development of St Helen's civic infrastructure. The town hall, first constructed in 1839 and then rebuilt on a grander scale in 1876, was the hub of St Helens civic activities. Public meetings, church bazaars and musical concerts were held here.[25] A police force was established in 1840, a market hall was built in 1851, the first local newspaper published in 1853 and a public library was opened in 1876. Administratively, St Helens was incorporated as a municipal borough in 1868 and achieved parliamentary representation in 1885.[26]

Despite these elements of 'progress', the local environment of St Helens was nothing less than noxious. *The Pictorial History of the County of Lancaster* noted that "All sides of the place exhibit tall chimneys and dense smoke; the chemical works around exhale sulphurous vapours, and many of the inhabitants have their houses out of the town in consequence."[27] Twenty-five years later, the environment had not improved. Gerard Manley Hopkins, the Jesuit and English poet, remarked after a visit to St Helens in 1879: "I was yesterday at St Helens, probably the most repulsive place in Lancashire or out of the Black Country. The stench of sulphuretted hydrogen rolls in

[24] Barker and Harris, *A Merseyside Town*, 70-89.
[25] Ibidem, 296, 410.
[26] Bartholomew, *Gazetteer of the British Isles*, 689. The Municipal Corporations Act (1835) encouraged the uniformity of local governments through the development of a system of municipal boroughs governed by town councils elected by ratepayers.
[27] Routledge, *The Pictorial History of the County of Lancaster*, 100.

the air and films of the same gas form on railing and pavement."[28] This deadly pollution was not simply hazardous to the environment but also perilous to the human population. Workers at Leblanc soda works inhaled escaping gases that caused their teeth to decay, burnt their clothes and sometimes caused vomiting and fainting.[29] The devastating explosion at the Haydock colliery in 1878 led to over two hundred deaths in the mines.[30] The explosion at Kurtz's Chemical Works in 1899 shook the entire town of St Helens killing five and injuring eleven. So, in addition to disease, unhealthy diets, overcrowded housing and poor sanitation that were part and parcel of nineteenth-century urban living, the noxious pollution and dangerous working conditions in the factories of St Helens made it imperative that the health care needs of the growing population be addressed.

Despite this deleterious industrial environment, until 1873 only one facility, a workhouse infirmary located four miles out of St Helens in Whiston, existed to care for those struck down by illness or industrial accidents. The first general hospital, St Helens Cottage Hospital, opened in 1873 in a three-room structure with nine beds. Its first staff included Matron Martha Walker and four trainee nurses, orphan girls from Whiston. The men working in the local factories paid a subscription or a daily rate for hospital and nursing services.[31] This hospital's nineteenth-century expansion was measured; by 1883, it held thirty beds for male patients and by 1885, space was set aside for the wives and children of the factory workers; in 1894 another fifty beds were added.[32]

St Helens second general hospital was opened quietly in 1882 by the Poor Servants of the Mother of God in two rooms in their convent. It initially held wards only for women and children, cohorts not provided for by St Helens Cottage Hospital before 1885. A year later, the sisters transformed their community room and refectory into a men's ward and rented 34 George Street, across the road, to use as their own convent.[33] But the hospital soon outgrew even these enlarged premises and the difficulties of finding an appropriate site were not resolved until Mother Marie Anne (Catherine Kohl), the superior of the St Helens convent of Notre Dame de Namur provided the crucial link between Anna M. Walmesley, the Catholic owner of Hardshaw Hall and Mother Magdalen.[34] Hardshaw Hall, located just under 300 yards north of the Jesuit church of the Holy Cross, occupied a "vast stretch of barren waste-land" that could (and would) be developed further.[35] And, as the former home of the Walmesley-Cothams, an 'Old Catholic' family, it provided the connection to prominent Catholic

[28] SHA, St Helens Biographies Series 1 A 51: Typescript letter from Gerald Manley Hopkins to Robert Bridges, 8 October 1879.

[29] Barker and Harris, *A Merseyside Town*, 283.

[30] *Times*, 8 June 1878, 11; Winstanley, *Weep Mothers Weep*.

[31] SHA, A 31.4 (P): V.L. Hainsworth, "A History of St Helens Hospital", 1990, 1.

[32] SHA, SHH/3-4/1: *St Helens Cottage Hospital Eleventh Annual Report*, 1883, 3-4; *St Helens Cottage Hospital Thirteenth Annual Report*, 1885, 3; *St Helens Cottage Hospital Twenty-Second Annual Report*, 1894, 3-4.

[33] SMG, III/SH (pt) C.L., 7-8: "St Helens Diary or Annals, 1882 to 1884".

[34] This is just another example of the effectiveness of convent networks as argued in Mangion, *Contested Identities*, 173-174.

[35] SMG, IIF/38/2/1/5: "Some reminisences [sic] of the early days of the Providence Free Hospital".

benefactors. Generations of family members became consistent supporters of Providence Free Hospital donating much needed funds and goods, spearheading various fundraising efforts and becoming members of the Hospital Management Committee.[36]

That both hospitals succeeded in attracting funding and expanding their facilities was a credit to the management of the hospitals and the townspeople of St Helens. Hospitals had a voracious appetite for funds and the competition for resources was fierce. Hospital managers needed to be creative in expanding and developing their sources of funding especially as the population of a small industrial town like St Helens consisted primarily of those labouring in the local factories. The annual reports of both Providence Free Hospital and the St Helens Cottage Hospital contained unremitting pleas for funds. Subscribers and donors, small and large, had to be constantly charmed, coaxed and cajoled into making donations. Hospital expansion led to additional pressures for funding as more beds meant an increase in operating expenses. Although each hospital had a different primary source of income, they both competed for funds and attention in the St Helens's philanthropic marketplace.

By 1900, both hospitals were very similar in size. Providence Free Hospital had 62 beds and the St Helens Cottage Hospital held 80 beds. Although smaller, Providence had a higher occupancy rate than the Cottage Hospital, with approximately two-thirds of the beds occupied as compared to the latter's 40% occupancy rate. Each provided approximately 14,000 patient days and the average stay per patient was similar and ranged from 31 to 36 days. The patient base, however, was distinctly different. Over half of Providence Free Hospital patients were women and children; this cohort provided only one-third of St Helens Cottage Hospital patients. Male Providence Hospital patients, often employed by local factories, were more likely to be working-class men who were unable or unwilling to pay the monthly subscription required for St Helens Cottage Hospital. Staffing of the hospitals were similar, with Providence having seventeen sisters, nurses and servants compared to the Cottage Hospital's sixteen nurses and servants.[37]

The similarities in hospital figures make the analysis of revenues that follows straightforward. Using medical historian Keir Waddington's revenue categorizations, hospital receipts will be allocated to one of three categories: paying patients; direct philanthropy in which fundraising efforts benefited a particular hospital; and income from properties and investments.[38] Using these groupings of receipts, the next section of this essay will explore the funding of both Providence Free Hospital and the St Helens Cottage Hospital in order to examine the philanthropic sources and strategies of both hospitals.[39]

[36] The Hospital Management Committee was formed in 1887. For more on the significance of the Committee see Mangion, "Medical Philanthropy and Civic Culture".

[37] The 1901 census listed fourteen sisters, two nurses and one servant. It has not been possible to identify the exact role of each sister in the hospital but it is likely that the sisters functioned as nurses, administrators, laundry workers and domestic servants.

[38] Waddington, *Charity and the London Hospitals*, 60. Waddington defines two additional types of funding not generated by either hospital: income from the hospital's function as a medical institution (medical schools fees, nursing training school fees, etc.) and loans.

[39] Although this analysis is based on financial statements included in the annual reports for the year ending 31 December 1900, the pattern of receipts being discussed remained consistent since the opening of both hospitals except where mentioned in the text.

ST HELENS COTTAGE HOSPITAL FUNDING SOURCES

St Helens Cottage Hospital was founded in 1873 when several local factory owners purchased an empty building on three acres of land and renovated it into a hospital. These actions were both benevolent and self-serving; these manufacturers sought to maintain a healthy and productive workforce. Despite these philanthropic beginnings, from the onset the hospital was a commercial enterprise. The hospital was organized as a provident hospital, with patients paying for their medical and nursing care. Payment for hospital services was commonplace in North America and Europe but most hospitals in England were voluntary hospitals and even at the end of the nineteenth century, many were hesitant to adopt payment schemes.[40] In 1884, the *Lancet* described paying hospitals as the "modern philanthropy of commerce" and was unambiguous in its disapproval of this pairing of philanthropy and commerce. Opposition stemmed from fears that first, paying patients would encourage subscribers to withdraw support; second, it would discourage the poor from entering hospitals and thus deprive hospitals of clinical material; and third, it would represent a break with hospitals' voluntarist ethos.[41] While these concerns may have been relevant for a metropolis such as London with numerous hospitals competing for hospital funds, the situation at St Helens, with its two general hospitals, one which was provident and the other which was charitable, provided for a competitive environment, as will be described below, distinctive from the metropolis. The Cottage Hospital successfully balanced its philanthropic and commercial mix of funding.

When the nine-bed St Helens Cottage Hospital opened in 1873, patients paid a shilling a day for hospital care but this income stream was insufficient for maintaining its daily operations. In 1876, Matron Martha Walker suggested a penny-a-week subscription which was believed to be the "only means by which regular and sufficient income can be guaranteed".[42] This provided a stable cash flow and by 1900, workers from thirty factories paid weekly subscriptions which provided, as can be seen in Table 2, approximately 69% of the revenues of St Helens Cottage Hospital.[43] Another 4% of the revenue stream came from patients who paid for the hospital services they received.

The Cottage Hospital also solicited funds through direct philanthropy (annual subscriptions, annual donations, collections at the works and charity events) but the significance of these sources of funding diminished during the next two decades, dropping from 31% to 12% of funding from 1873 to 1900. This gradual decline accelerated slightly in 1898 with the receipt of the Garton legacy which will be discussed below.

[40] Waddington, *Charity and the London Hospitals*, 87. However, by the early twentieth century, contributory schemes became much more significant to hospital funding and, according to Steven Cherry, represented a "widening of philanthropic, voluntarist tradition". Cherry, "Before the National Health Service", 317.

[41] *Lancet*, 1 (1884), 363.

[42] SHA, SHH/3-4/1: *St Helens Cottage Hospital Fourth Annual Report*, 1876, 4.

[43] Ibidem: *St Helens Hospital Twenty-Eighth Annual Report*, 1900, 14. Five factories of which four were collieries and one a glass manufacturer made up 70% of the weekly subscriptions.

TABLE 2
PROVIDENCE FREE HOSPITAL AND ST HELENS COTTAGE HOSPITAL, RECEIPTS
COMPARISON, 1900 (IN POUNDS)

	Providence Free Hospital	% of total	St Helens Cottage Hospital	% of total
Paying patients				
Weekly subscriptions at works	0	0	1,658	68.7
Payment for services	0	0	101	4.2
Direct philanthropy				
Weekly subscriptions	340	26.1	0	0
Annual subscriptions	187	14.3	179	7.4
Annual donations	162	12.4	50	2.1
The Convent, Brentford	114	8.8	0	0
Hospital Sunday	0	0	50	2.1
Property and investments				
Laundry receipts	501	38.4	0	0
Other items	0	0	3	0.1
Interest and dividends	0	0	372	15.4
Total receipts before extraordinary item	**1,305**	**100**	**2,413**	**100**
Legacy	0		1,000	
Total receipts	**1,305**		**3,413**	

Source: SHA, SHH/3-4/1: St Helens Hospital Twenty-Eighth Annual Report, *1900, 15; SMG, III/SH (pt):* Report of Providence Free Hospital, *1900, 33.*

The third source of direct philanthropy, the Hospital Sunday Fund, was always rather negligible; donations ranged from a high of £90 to a low of £50 in 1900 which amounted to 8% at its highest percentage contribution to just above 2% in 1900.[44] Typically, receipts from Hospital Sunday are categorized as Indirect Funding, as they benefited multiple hospitals, but in St Helens, this fund only benefited St Helens Cottage Hospital and is thus included in this case study as Direct Funding. When the Hospital Sunday Fund was instituted in 1876, the Cottage Hospital was the only

[44] The development of the Hospital Sunday Fund, where a collection was made in churches on one weekend of the year for the benefit of local hospitals, became an annual event in Birmingham in 1859 and developed into an important form of income for hospitals nationally. See Cherry, "Beyond National Health Insurance", 462.

hospital in St Helens. Nine churches (out of at least twenty-five in the surrounding area of St Helens) participated in the Sunday sermons that were preached on behalf of the hospital and the receipts that year amounted to £64 9s. This source of funding proved contentious after 1885 when the Providence Free Hospital requested a portion of the Hospital Sunday receipts. The Hospital Committee of St Helens Cottage Hospital which managed the Hospital Sunday drive responded rather disingenuously that as the Hospital Sunday collections were always made for the Cottage Hospital, they could not ask that the funds be transferred to another hospital.[45] Catholic Church contributions, which had ranged from £3 to £18 before 1885, dropped off significantly. The proceeds from the Hospital Sunday Fund remained a point of tension between the two hospitals. In 1892, the annual report from the Providence Free Hospital General Committee stated: "It is, however, a matter of great regret to the Committee, that the Institution has not yet been permitted to share in the collections made at the Parish Church, and certain other places of Divine Worship in St. Helens, on what is known as 'Hospital Sunday', and whilst the committee feel that this is a matter which must be left to the kindly sentiments of those whose duty it is administer the funds, they cannot help thinking that the public, from whom the contributions are obtained, would strongly approve of the Committee's appeal being acceded to, and that, in such event, there is every probability the amount of the offertories would be so increased, that although the Providence Hospital would be benefited, no other Institution would be prejudiced."[46] It is difficult to know exactly what to make of this incident especially as mention of the Sunday Fund disappears after this comment. It seems likely that this conflict reflected more the intense competition for funding rather than an example of sectarian tensions. Participation of St Helens churches and chapels had never been particularly enthusiastic and contributions from all religious denominations were decreasing even before this incident. By 1900 only six churches contributed a total of £50.[47]

Legacies, the last source of income for St Helens Cottage Hospital, were strongly encouraged as they could bolster investment and thus provide a regular flow of interest income.[48] The legacy from the estate of Anne J. Garton of Southport was significant and delivered over £27,405 9s 3d in consolidated annuities to St Helens Cottage Hospital.[49] The initial payment of £1,000, received in 1900, has been categorized in Table 2 as an extraordinary item. Legacies are, in Waddington's schema, categorized as direct philanthropy. However, in this analysis, the Garton Legacy, of which £1,000 was received in 1900, will be ignored as legacies were not predictable sources of

[45] SHA, SHH/1/1: Minute Book August 1883 to February 1895, 12 July 1887. This is the only mention of the Sunday Fund issue in extant Cottage Hospital records.

[46] SMG, III/SH (pt): *Report of the Providence Free Hospital*, 1892/93, 6.

[47] SHA, SHH/3-4/1: *St Helens Hospital Twenty-Eighth Annual Report*, 1900, 15.

[48] Waddington, *Charity and the London Hospitals*, 64.

[49] SHA, SHH/3-4/1: *St Helens Hospital Annual Report*, 1899, 3-4. Anne J. Garton of Southport (formerly of St Helens) left her estate worth £34,000 to the 'St Helens (Lancashire) Infirmary'. There was no institution in St Helens with that name and both Providence Free Hospital and St Helens Cottage Hospital, as well as several family members, claimed this legacy as their own. The executors applied to the Court of Chancery which awarded the bulk of the estate to St Helens Cottage Hospital. Providence Free Hospital received £6,000 of the legacy in 1901.

income and inclusion of this sum in this analysis would distort the typical pattern of receipts. The interest and dividends from these annuities is categorized as income from property and investments and provided over 15% of the receipts in 1900.

Despite St Helens Cottage Hospital's position as a provident hospital, one-third of its income came from direct philanthropy. Such a large percentage represented a significant source of income which made the Cottage Hospital a serious competitor in the St Helens's philanthropic marketplace.

PROVIDENCE FREE HOSPITAL FUNDING SOURCES

Providence Free Hospital, as a voluntary hospital, relied heavily on direct philanthropy to fund hospital operations. Approximately 53% of revenues were voluntary weekly subscriptions, annual subscriptions and annual donations (see Table 2). These subscriptions, annual and weekly, were not left to chance. Committee Member Aloysius Williams mapped St Helens out into small areas and in 1900, his team of 109 young women and 6 young men canvassed the streets of St Helens collecting weekly subscriptions for Providence Free Hospital.[50] Many of the collectors were factory workers or daughters or sons of general labourers who worked in the local factories. Collecting for the hospital was for some a family activity; in 1900, 53% of the collectors were siblings.[51] Such working class support reflected what Geoffrey Finlayson has described as "citizenship of contribution".[52] The collectors were no doubt encouraged, not only by altruism but also by the public recognition they received from the hospital and the local community. In 1892, a grateful Mother Magdalen rewarded collectors with a repast of tea and sweets catered by local confectioners, the Misses Ashcroft of Duke-street. Later that evening, collectors were feted by local town councillors and members of the Hospital Committee at a dance in the town hall.[53] It is noteworthy that these celebrations were not held in Catholic spaces. They were located in public civic places and represented the inclusion of a Catholic institution by the town's civic and industrial elite.

Individual and corporate donors provided another 14% of receipts in the form of annual subscriptions. Seven local companies donated 45%, or £85 of the annual subscriptions. The remaining 55% of the annual subscriptions came from 54 individual subscribers who donated sums large and small. By far the greatest monies, 84% or £87 were donated in the names of male subscribers.[54]

[50] SMG, IIF/38/2/1/5: "Some reminisences [sic] of the early days of the Providence Free Hospital"; III/SH (pt): *Report of Providence Free Hospital*, 1900, 10-13.
[51] SMG, III/SH (pt): *Report of Providence Free Hospital*, 1900, 10-13. Derived from the section of the annual report entitled "House to house collectors and amount collected by each" and the 1901 census.
[52] Finlayson, *Citizen, State, and Social Welfare in Britain*, 68.
[53] SHA, A31.4: St Helens Hospital Newspaper Cuttings, "The Providence Free Hospital. The Collectors' Re-Union", 31 December 1892 (cutting does not specify newspaper). It was also noted that the costs of the entertainment were defrayed by the "Mother-General of the Order at Brentford, no portion of the hospital funds being touched for the purpose".
[54] SMG, III/SH (pt): *Report of the Providence Free Hospital*, 1900, 25-27. Calculated from the "List of Subscriptions and Donations".

Also included in the annual subscriptions were the proceeds from charitable events. Providence Free Hospital was the catalyst and benefactor of a wide variety of fundraising efforts including charity cricket matches, football matches, cycling parades and the usual bazaars. One such fundraising event, the 'Monstre [sic] Gathering of Cyclists' held in 1892 and organized by the Lowe House Cyclists' Club, was supported by Mayor F.R. Dixon-Nuttall, members of the town council and the 'leading local gentry'. The grand procession was led by the St Helens Public Brass Band, followed by the Lowe House Cyclists Club members and unattached riders. This was not simply a local gathering; cyclists from Liverpool, Warrington and Rainhill joined the group as they meandered through the main thoroughfares of St Helens and thousands joined the parade. This 'Grand Display' featured the great and the good of St Helens riding their bikes and dressed as characters such as Robinson Crusoe and his man Friday, Sir Walter Raleigh, Mephistopheles as well as an array of Briton peasants, Chinamen, minstrels and jesters.[55] This event generated £85 for Providence Free Hospital. Its financial success, and likely the enjoyment of participants and spectators alike, led to several more cycling fundraising events in the nineteenth century. It is impossible to determine the religious denomination of the participants, yet it is significant that these events were not noted in the press as Catholic events. They were free of denominational references.

Annual donations, of which there were 61 in 1900, amounted to another 12% of the funds. This revenue stream included some very large amounts from corporate benefactors such as £35 from United Alkali and £25 from Pilkington Brothers. Many of these corporate donors also contributed to St Helens Cottage Hospital. Unlike subscriptions, annual donations were one-off contributions and could not be depended on annually, but the list of donors was remarkably consistent year after year. Workmen's groups also made annual donations to Providence Free Hospital. Workers from the Collins Green and Bold colliery donated a generous £44 9s 3d in 1900 but most annual donations were small amounts such as the Kurtz's Chemical Works collection of £3 4s 6d in 1896. Even small donations from patient families were considered significant enough to acknowledge publicly. The 1895 annual report noted a donation of £2 15s from the son of one patient and the father of another patient donated £1.[56]

Non-financial donations were also important for the funding of voluntary hospitals. These could reduce operating costs or provide special indulgences for patients. The back section of each annual report included a list of "Presents given to the hospital". Here, Mr Burke's gift of a bottle of whiskey was listed alongside the Salvation Army's contribution of flowers.[57] Gifts came from all classes of St Helens's citizens. The annual reports noted that "Presents in kind are often brought by the poor", acknowledging the offerings of the working classes.

These forms of direct philanthropy, weekly and annual subscriptions, charity events and annual donations contributed 53% to the funding of Providence Free Hospital. They were a significant contribution and represented the support of the various members of the St Helens community, young and old, individual and corpo-

---

[55] "The Cyclists' Carnival", *St Helens Newspaper*, 15 October 1892.
[56] SMG, III/SH (pt), *Report of the Providence Free Hospital*, 1895, 14-15.
[57] Ibidem, 26-27.

rate, workers and industrialists, Catholic and non-Catholic, supporting an institution that in a very short time had become an important component of the medical marketplace. Voluntarism was integral to all classes in society in St Helens and was important to the funding of Providence Free Hospital. Subscribers, donors and volunteers achieved some sort of recognition, their donations or voluntarism duly noted in the annual reports or local press. Significantly, Providence Free Hospital was supported by a broad spectrum of benefactors, subscribers and donors, both Catholics and Protestants, which linked it firmly to the local community.[58]

These types of direct philanthropy did not generate enough to fully fund hospital expenditures. Two additional funding sources were necessary, both derived from the Poor Servants own contribution. First, the mother house in Brentford subsidized the hospital's operations. This amount varied year to year ranging from £43 to £217 (6 to 15% of all receipts) depending on the success of other fundraising efforts. In 1900, the donation was £114 which amounted to approximately 9% of all receipts. Second, the Poor Servants also contributed the profits from their laundry which in 1900 amounted to £501, 38% of all funding. The convents of the Poor Servants of the Mother of God often used their own labour to subsidize their charitable activities. They not only did the washing for the hospital, but also for private families, shipping lines, schools and colleges. Laundries were managed as business enterprises and new technology, such as the purchase of a steam laundry in 1877 in Roehampton, was utilized to improve efficiency.[59]

This analysis of the funding of Providence Free Hospital and St Helens Cottage Hospital has highlighted the nature of the funding sources of both entities. St Helens Cottage Hospital was a provident hospital, relying on both payments from local workers and generous benefactors to fund its operations. Providence Free Hospital relied primarily on direct philanthropy for its funding but the sisters contributed significantly through donations from the mother house and the proceeds of the laundry. This reflected the sisters' commitment to the hospital, not simply as a provider of medical care but also as a vehicle to meet the spiritual needs of Catholic patients.

Convents and the enterprises they managed needed to be financially solvent.[60] Providence Free Hospital continually sought to increase its direct philanthropic funding and relied on both Catholic and non-Catholic contributions. As non-Catholics were an important source of financial support, the relationship between Providence Free Hospital and the citizens of St Helens was nurtured and shaped to encourage funding through the use of public events which will be explored in the next section.

---

[58] Pickstone, *Medicine and Industrial Society*, 6. Pickstone argues that voluntary hospitals in and around Manchester were pre-eminently community institutions.

[59] SMG, I/B1 C.B., 27: "Annals of the Congregation of the Poor Servants of the Mother of God Mary Immaculate in England", 1877, 27.

[60] Walsh, *Roman Catholic Nuns in England and Wales*, 115.

PUBLIC EVENTS

Catholic patronage was always a prominent factor in the development of Providence Free Hospital. The support of two generations of the 'Old Catholic' Gerard family was particular noteworthy in the nineteenth century. Robert Tolver Gerard, Lord Gerard (1808-1887), was patron of Providence Free Hospital from the Hospital Committee's inception in 1887 until his death shortly thereafter. The new Lord Gerard, William Canfield Gerard (1851-1902), became patron at his father's death. This Lord Gerard's wife, Lady Mary Emmeline Laura Milner Gerard (1854-1918) was involved in many charitable causes in St Helens but was especially visible in her endorsement of Providence Free Hospital. She was considered instrumental in the organizing of the very profitable grand bazaar in the St Helens Town Hall in 1896 that made £1300[61]; she visited the hospital on most Christmas Days bringing "cheery messages to the patients as well as creature comforts" and she regular attended annual meetings.[62] Major fund-raising activities were often supported by additional members of the Catholic aristocracy including the Duchess of Norfolk[63], the Dowager Duchess of Buccleuch[64], the Dowager Duchess of Newcastle[65], the Countess of Denbigh[66] and the Countess of Newburgh[67].

Although Catholics were important in the funding of this hospital, from its early beginnings Providence Free Hospital promoted its availability to all creeds and thus encouraged Protestant financial support. Statements of religious inclusiveness were intrinsic to most hospital appeals[68] but such appeals were represented as indicative of the generosity and openness of Protestant medical establishments towards those of other faiths or ethnicities. This case study of Providence Free Hospital highlights a Catholic medical establishment which cared for patients without regard to religious denomination and which actively solicited Protestant financial support.[69]

When Providence Free Hospital first opened its doors in the Poor Servants convent on George Street, it identified itself as Holy Cross Hospital and was linked

---

[61] This sum was used to pay off the debt of the hospital and to build boundary walls, a lodge and gates. SMG, St Helens Reference File: Letter from Joseph B Leach, Chairman of Committee and Treasurer of the Bazaar Fund to the public, 16 April 1896.

[62] Obituary of Mary Emmeline Laura Milner Gerard, Lady Gerard. *St Helens Newspaper*, 22 February 1918.

[63] Lady Flora Hastings (1854-1887) in 1877 married Henry Fitzalan Howard, 15th Duke of Norfolk (1847-1917). The Norfolks were the premier Catholic peers in the realm.

[64] Lady Charlotte Anne Thynne (1811-1895) upon her marriage to Sir Walter Francis Montagu Douglas Scott (1806-1884), became Duchess of Buccleuch in 1829. A convert to Catholicism, she was a prodigious supporter of the Poor Servants of the Mother of God until her death in 1895.

[65] The Dowager Duchess of Newcastle, born Henrietta Adela Hope (1843-1913) married the future Duke of Newcastle, Henry Alexander Pelham-Clinton (1834-1879) in 1861. Upon his death, she converted to Catholicism.

[66] Mary Berkeley (1842-1901) married Rudolph William Basil Feilding (1823-1892), later 8th Earl of Denbigh in 1857. Feilding was a convert and the Berkeleys were an 'Old Catholic' family.

[67] Maria Sofia Massani Bandini (1830-1898) became Countess of Newburgh after her husband Sigismondo Nicola dei Principi Giustiniani-Bandini (1818-1908), succeeded as 8th Earl of Newburgh in 1877.

[68] Waddington, "Grasping Gratitude", 182-183.

[69] My current research on nineteenth-century Catholic health care has identified many other Catholic institutions which also served the medical needs of both Catholics and Protestants.

to the nearby Jesuit church of the same name. The *First Annual Report* for the Holy Cross Hospital began with a quote from *The Month*, a prominent Catholic magazine. The quote outlined the importance of the care of the sick in hospitals as "works of charity" and criticized existing hospitals as places where a Catholic patient would have to pay "too dearly on account of dangers to his spiritual well being". Readers of the report were warned: "There is the loneliness of a soul with the gift of faith, yet not perhaps untarnished by sin, in the midst of the professors of a different religion, and the despisers of Catholicism, and the contagion of heresy, however unconscious made only more dangerous by the ignorant zeal and active benevolence of those who have been taught it as truth."[70] This annual report appears directed towards a Catholic readership. The language referring to "heresy" and the "ignorant zeal" of non-Catholics would likely have offended potential Protestant donors and discouraged non-Catholic patients. Yet, problematically, the sisters had always intended the hospital to care for both Catholics and Protestants. The sixth of six 'Conditions of Admission' listed in this annual report indicated that "No distinction as regards religion is made in receiving patients".[71] It seems unlikely that this was a conscious effort to reduce denominational tensions and integrate non-Catholics. Rather, this was consistent with Catholic understanding that charity should be given irrespective of the faith of the recipient.[72]

The next annual report was published after the hospital relocated to Hardshaw Hall in September 1884. Holy Cross Hospital was renamed Providence Free Hospital and this change was explained on the cover of the annual report as a means to "avoid confusion with the Church of [sic] Holy Cross". In the body of this report, Providence Free Hospital was no longer identified as a "Catholic Hospital" but was categorized as a "Free Hospital". This both located it as part of the St Helens community and distanced it from an exclusive Catholic identity. The sisters were not denying the Catholic ethos of the hospital, but were advancing a more inclusive tone. It commended "that admirable institution" the Cottage Hospital at Peasley Cross and distinguished itself, not as a competitor, but as a charitable institution reliant on the "generosity" of the St Helens community. The report noted that the citizenry of St Helens would "not be backward in giving their aid to the work" and were "free from unworthy prejudice".[73] This rebranding of the hospital and the collaborative tone of the message in the first few pages of the annual report was significant. This did more than "avoid confusion" with the Jesuit church. Providence Free Hospital was re-created self-consciously as a local, charitable institution, one more likely to appeal to a wider variety of benefactors, subscribers and donors, and especially Protestant ones. At the same time, its message was more welcoming to non-Catholic patients. Sisters managed and worked in the St Helens laundry and it seems likely they employed local women also.[74]

[70] SMG, III/SH (pt): *Holy Cross Hospital, First Annual Report*, 1883, 1.
[71] Ibidem, 2.
[72] For more on this see Mangion, "Medical Philanthropy and Civic Culture".
[73] SMG, III/SH (pt): *First Report of the Providence Hospital*, 1884, 13-15.
[74] SMG, Necrology Book I: 1872-1945, 40-41, 119. References in necrologies were made to "laundry sisters" indicating the sisters worked in the laundries which were operated by convents in Beaumont, Clongowes, Streatham and Roehampton. In Streatham and Roehampton, 'penitents' also worked in the laundries.

Mother Magdalen was probably aware of the benefits accrued from a strong community presence. In the first years of its existence, Protestant donations to Providence Free Hospital were not forthcoming. One Methodist reporter noted that "the Lady Superior at Brentford, secured some large subscriptions from outsiders [...]. But Protestants of St Helens have done little for institutions [sic]."[75] This situation was short-lived. Mother Magdalen noted in her 1886 correspondence with the bishop of Liverpool Bernard O'Reilly that "St Helens possessed no free Hospital whatever therefore our little attempt to help the sick poor became popular in a rapid & unexpected manner & this is why we receive so much help from the Protestants". Mother Magdalen was clear from the beginning that "No appeal is made by the Committee to Catholics but to the town in general" and as a result "the greater part of the money given is by Protestants."[76]

Mother Magdalen and the sisters tapped into community support for hospital funding by organizing public events that were identified not as Catholic events, but as local events, thereby incorporating the Catholic and community identity of Providence Free Hospital. The July 1884 grand opening celebrations of Providence Free Hospital were designed not simply to celebrate the opening of a Catholic local hospital, but also to integrate the hospital into the local civic infrastructure. The festivities began on Sunday, 14 September, with a High Mass preached by Fr Augustus Dignam (1833-1894) of the Holy Cross Church. In the afternoon, Henry Edward Manning (1808-1892), Cardinal Archbishop of Westminster, delivered an address to a meeting of scholars and later that evening preached to the congregation of the Holy Cross Church which "filled the church to overflowing". His visit from the capital stimulated great interest; one press article noted the "large crowds of people anxious to see and hear his Eminence".[77] He was the pre-eminent Catholic prelate in Britain and noted for his public speaking on social welfare but he was also a representative from the metropolitan centre.

The celebration continued to Monday and began with a spectacle of 2,450 school children carrying "multitudinous banners" and girls with coloured sashes and wreathes followed by the official opening of Providence Free Hospital at noon by Cardinal Manning. This was attended by members of the local Catholic clergy and "a strong muster of medical practitioners and a large company of ladies and gentlemen of different denominations" which included Lord Gerard, the mayor of St Helens and other civic dignitaries and citizens. The St Helens Newspaper and Advertiser noted the three banners prominently placed in the doorway of the hospital proclaimed "Welcome" along with the name of Pope Pius IX and "God save the Queen". In these banners, the Poor Servants displayed proudly both their religious identity as Catholics and their national identity as loyal supporters of Queen Victoria. The address read to Cardinal Manning by Father Dignam on behalf of the Poor Servants noted "there are

---

[75] "The Visit of the Marquis of Ripon to St Helens", St Helens Newspaper, 29 August 1885.
[76] AALi, Chancellors' Records, Series 8, IV: Letter from Mother Magdalen (Fanny) Taylor to Bishop Bernard O'Reilly, 20 December 1886.
[77] "Cardinal Manning in St Helens", St Helens Newspaper and Advertiser, 20 September 1884; Holmes, More Roman Than Rome, 176-177; Pereiro, "Who Are the Laity?", 169; Walsh, Roman Catholic Nuns in England and Wales, 350; Aspden, Fortress Church, 8.

Providence Free Hospital with new wing (c 1887).
[*SMG, IIG,1/3*]

many Protestants among these kind friends - men and women - who take a deep and charitable interest in us and in our work because they love the poor". Here, the Poor Servants signalled their place in the local community and their 'common Christianity' with Protestants. In this discourse, Protestants and Catholics appeared unified in their concern for the poor and their charitable interest in Providence Free Hospital. At the end of the ceremony, all were invited to visit the hospital wards and patients.[78]

Providence Free Hospital continued to generate interest and publicity which brought it to the attention of potential benefactors in both the local and national press. On the one-year anniversary of the hospital, Liberal statesman George Frederick Robinson, Lord Ripon (1827-1909) was invited by Mother Magdalen to visit St Helens to encourage financial support of Providence Free Hospital. *The Times* noted that the hospital had not received the kind of local support necessary and Ripon's task was to encourage local subscribers and donors.[79] His public prominence as a member of both the Palmerstone and Gladstone Cabinets was an important credential. Other speakers that day included Mayor Thomas Cook, Colonel David Gamble and Henry Seton-Karr (1853-1914), who later that year became St Helens first Member of Parliament. The meeting was conveniently timed as it was in the midst of St Helens's first parliamentary campaign so both Liberal and Conservative candidates shared the stage with Lord Ripon.[80]

Two years later, the growing number of patients signalled the need for further expansion. The new wing, built and funded by Catholic benefactors Peter and Ellen Middlehurst, opened on 19 October 1888. A builder by trade, Peter Middlehurst superintended the building phase until his death on 28 January 1888; then Ellen Middle-

[78] "Opening of Providence Hospital", *St Helens Newspaper and Advertiser*, 20 September 1884. For more on Providence Free Hospital and the rhetoric of 'common Christianity' see Mangion, "Medical Philanthropy and Civic Culture".

[79] "Lord Ripon at St. Helen's", *The Times*, 16 September 1885, 12. Lord Ripon was the first Roman Catholic since Catholic Emancipation in 1829 to achieve high office; he served in every Liberal government until his death. Denholm, "The Conversion of Lord Ripon in 1874", 111; Rossi, "Lord Ripon's Resumption of Political Activity", 61.

[80] "The Providence Hospital, St Helens", *St Helens Reporter*, 29 August 1885.

hurst "faithfully carried out his plans" under the superintendence of James Pilking-ton. This expansion meant an increase from five to seven wards - three for men and four for women; Providence Free Hospital now held sixty beds. The foundation stone of the new annex in October 1887 was laid by Frederick Arthur Stanley (1841-1908), Lord Stanley of Preston.[81] This civic event included local dignitaries Duncan McKech-nie, the mayor of St Helens as well as Henry Seton-Karr, Member of Parliament, vari-ous medical men and 'friends of the Hospital'. Lord Stanley opined: "We know that there can be no higher Christian kindness, in the broadest sense of the word, than to take part in assisting in the desire of those who render aid to the helpless or to the injured (Cheers). This is the work in which we have been engaged today. I would ask you, in whatever form you may accord with the proceedings of the day, to testify your regard for the Sisterhood who have done such a great and noble work, to those who have supported this Institution, and especially to Mr and Mrs Peter Middlehurst as the donors of this new wing. May it long be blessed to the alleviation of sorrow and of suffering; may it lead to the unity of Christian charity with profession [sic] skill in which it seems to me religion and science go hand in hand (hear, hear) - and as they help they even borrow one from the other."[82] Lord Stanley, a Protestant and at the time President of the Board of Trade, highlighted the 'broadest' sense of 'Chris-tian kindness'. In referring to the united efforts of both Catholics and Protestants in supporting the work of Providence Free Hospital, he was acknowledging the local community's high regard for the Poor Servants who managed the hospital.

This speech, like many others that supported Providence Free Hospital, was published in the local papers. The sisters and Hospital Committee actively utilized the print media to enhance the hospital's visibility. Reports on charitable events, Hospital Committee meetings as well as information from annual reports frequently appeared in the press. In addition, annual reports, distributed to benefactors, were crucial to the legitimacy of Providence Free Hospital as a charitable venture. Each report began with a letter from the Hospital Committee and another from the sisters. The Committee's letter offered a glimpse into the present and future, and attended to the financial. The sisters' letter focused on the human side of hospital life: they offered vignettes of the lives of those who had entered the hospital, reinforcing both the respectability and poverty of the patients and demonstrating their membership to the local community. Statistics appeared throughout the annual report and were a testament to the utility of the hospital. The list of committee members, subscribers, both corporate and individual, medical doctors and clergymen reinforced the connec-tion of Providence Free Hospital to not only the cultural elite of St Helens, but also to the factory labourers who were loyal subscribers. Annual reports and published subscription lists were all used to publicize the generosity of benefactors, subscribers and donors. The language of the annual reports was inclusive. The success of Provi-dence Free Hospital was the success of the local community; it was not the success only of Catholics.

---

[81] Frederick Arthur Stanley, 16th Earl of Derby, and in 1886, Lord Stanley of Preston, held several government posts and became Governor General of Canada from 1888 to 1893.
[82] "Providence Free Hospital: Laying the Foundation Stones of the New Annexe", *St Helens Newspa-per and Advertiser*, 8 October 1887.

Mother Magdalen Taylor used these public events and print media to not only maximize the exposure of the hospital and attract funding but to integrate it into St Helens social and civic life. She herself, although not a visible participant in these activities (and it is unlikely she or any of the sisters would have been in physical attendance), managed these events with the foresight of a capable administrator. These proceedings were meant to celebrate the charitable intent of the hospital, to promote the interdenominational support of the hospital and, of course, to increase the revenues of the hospital.

CONCLUSION

The manufacturing town of St Helens provides a sizable locale from which to examine the interaction between Catholics and Protestants and their relationships in the philanthropic marketplace. Instead of the usual study which forefronts anti-Catholicism, this chapter outlines cooperation, even camaraderie, amongst those divided by religious beliefs, but united by a 'common Christianity' and a concern for the welfare of the poor of St Helens. The Poor Servants of the Mother of God operated a successful voluntary hospital that provided medical care for over 6,000 patients between 1882 and 1900, many of whom would have had no other alternative but the workhouse infirmary. The sisters' first aim was undoubtedly to provide hospital space where Catholics could receive the spiritual ministrations of their faith while undergoing medical treatment. To achieve this objective, they integrated Providence Free Hospital into the local community, providing hospital services to both Catholics and non-Catholics; their efforts were supported by Cardinal Manning as well as the local Jesuits. At a time of undeniable anti-Catholic sentiment, this sort of cooperation appears exceptional. Perhaps this represents, as Edward Norman has argued, a waning of the "No Popery" hostility amongst those "within educated opinion".[83] It is difficult to know how much Protestant support derived from the working classes. Extant sources are more likely to privilege larger Protestant donations than smaller ones and religious affiliation of prominent individuals is more readily discernable. My ongoing research on Catholic health care suggests that Protestant support was not all that uncommon for this type of philanthropic enterprise.

Catholic women religious involved in health care were not simply 'carers'. They were strong administrators who used local social and political leadership to develop their medical objectives and expand their congregation's mission to provide health care services for those unable to afford the fees of the nearby Cottage Hospital. Voluntary hospitals were, according to J. Stephens, the "natural appendages" of civic society and in this "age of charitable societies" hospitals were a very prominent example of institutional philanthropy.[84] The sisters emphasized the charitable intent of Providence Free Hospital by promoting the community and interdenominational nature of the hospital as well as by recognizing the deserving nature of the poor who were

[83] Norman, *The English Catholic Church*, 22.
[84] Waddington, "Subscribing to a Democracy?", 357, from J. Stephen, *Essays in Ecclesiastical Biography*, 382.

patients. They integrated Providence Free Hospital into the civic and local culture of St Helens through charity events and public spectacles that celebrated the development of the hospital. Philanthropy and philanthropic relationships were an important aspect, not only of the survival of institutions like the St Helens Cottage Hospital and Providence Free Hospital, but also of the social and cultural life of St Helens. The charitable relationship between donors and charitable institutions as well as the status given to the benefactors had social and political implications.[85] Providence Free Hospital, in the nineteenth century, became the property of all religious and social groups.

Bibliography

I wish to express my gratitude for permission to use material from the Archdiocese Archives of Liverpool, the Central Congregational Archive of the Poor Servants of the Mother of God and the St Helens Local History and Archives Library.

Primary sources

Brentford Middlesex, Central Congregational Archives of the Poor Servants of the Mother of God (SMG)
I/B. Foundation Documents, Annals and related documents.
IIF/38. Generalate files on houses and properties: St Helens.
III/SH. House and Institutional records: St Helens, Providence Free Hospital annual reports, 1883-1901.
Internal printed compilation: "Necrology Book I: 1872-1945" (1956).
Liverpool, Archdiocesan Archives of Liverpool (AAL)
Chancellors' Records, Series 8, III, Male & Female Religious Orders.
Chancellors' Records, Series 8, IV, Male & Female Religious Orders.
St Helens, Local History and Archives Library (SHA)
SHH/1 1. Minute book August 1883 to February 1895.
SHH/1 2. Minute book March 1895 to March 1904.
SHH/3. St Helens Hospital annual reports. 1873-1901.
SHH/4-7 4.1. St Helens Hospital endowment fund ledger 1875 - c1905: Statistics of expenditure, income, number of patients etc 1901.
A 31.4 (P). V.L. Hainsworth, "A History of St Helens Hospital".
A.31.4. St Helens Hospital Newspaper cutting
1 A 51. St Helens Biographies Series

Secondary sources

Arnstein, Walter L. *Protestant Versus Catholic in Mid-Victorian England: Mr. Newdegate and the Nuns*. Columbia: University of Missouri Press, 1982.
Aspden, Kester. *Fortress Church: The English Roman Catholic Bishops and Politics 1903-1963*. London: Gracewing, 2002.
Barker, T.C. and Harris, J.R. *A Merseyside Town in the Industrial Revolution St Helens 1750-1900*. London: Frank Cass & Company, 1959.
Bartholomew, John. *Gazetteer of the British Isles: Statistical and Topographical*. Edinburgh: Adam and Charles Black, 1887.
Cherry, Steven. "Change and Continuity in the Cottage Hospitals c1859-1948: The Experience in East Anglia". *Medical History*, 36 (1992), 271-289.
Cherry, Steven. "Beyond National Health Insurance: The Voluntary Hospitals and Hospital Contributory Schemes - a Regional Study". *Social History of Medicine*, 5 (1992), 455-482.
Cherry, Steven. "Before the National Health Service: Financing the Voluntary Hospitals, 1900-1939". *The Economic History Review*, 50 (1997), 305-326.
Currey, John. "The 'Leakage' from the Catholic Church in Great Britain". *The Irish Ecclesiastical Record*, 12 (1891), 914-927.
Denholm, Anthony F. "The Conversion of Lord Ripon in 1874". *Recusant History*, (1969), 111-118.
Devas, Francis Charles. *Mother Mary Magdalen of the Sacred Heart (Fanny Margaret Taylor): Foundress of the Poor Servants of the Mother of God 1832-1900*. London: Burns Oates & Washbourne, 1927.
Ell, Paul S. and Slater, T.R. "The Religious Census of 1851: A Computer-Mapped Survey of the Church of England". *Journal of Historical Geography*, 20 (1994), 44-61.

[85] Kidd, "Philanthropy and the 'Social History Paradigm'", 180.

Finlayson, Geoffrey. *Citizen, State, and Social Welfare in Britain, 1830-1990.* Oxford: Clarendon Press, 1994.

Fitzpatrick, David. "A Curious Middle Place: The Irish in Britain, 1871-1921" in: Roger Swift and Sheridan Gilley, eds. *The Irish in Britain 1815-1939.* London: Pinter Publishers, 1989, 10-59.

Fletcher, Mike. *Black Gold and Hot Sand: A History of St Helens.* Lancaster: Carnegie Publishing, 2002.

Forman, Charles. *Self-Portrait of St Helens in the 1920s: Industrial Town.* London: Granada Publishing, 1979.

Holmes, J. Derek. *More Roman than Rome: English Catholicism in the Nineteenth Century.* London: Burns and Oates, 1978.

Kidd, Alan J. "Philanthropy and the 'Social History Paradigm'". *Social History,* 21 (1996), 180-192.

Klaus, Robert J. *The Pope, the Protestants, and the Irish: Papal Aggression and Anti-Catholicism in Mid-Nineteenth Century England.* New York-London: Garland Publishing, 1987.

Linscott, Mary. *Quiet Revolution: The Educational Experience of Blessed Julie Billiart and the Sisters of Notre Dame de Namur.* Glasgow: Burns, 1966.

"Liverpool" in: *The Catholic Encyclopedia.* New York: Robert Appleton Company, 1910. <http://www.newadvent.org/cathen/09314a.htm> (31 May 2009).

Lucas, Edward. "The Leakage of the Catholic Church in England: Its Remedy". *The Month,* 57 (1887), 176-189.

Mangion, Carmen M. *Contested Identities: Catholic Women Religious in Nineteenth-Century England and Wales.* Manchester: Manchester University Press, 2008.

Mangion, Carmen M. "Medical Philanthropy and Civic Culture: Protestants and Catholics United by a 'Common Christianity'" in: Susanne Malchau Dietz, ed. *Proceedings - The First Danish History of Nursing Conference.* Denmark: Dansk Sygeplejehistorisk Museum, 2009, 107-122.

Mann, Horace. *Religious Worship in England and Wales: Abridged from the Official Report.* London: George Routledge and Co, 1854.

Nelson, Sioban. *Say Little, Do Much: Nurses, Nuns, and Hospitals in the Nineteenth Century.* Philadelphia: University of Pennsylvania Press, 2001.

Norman, Edward R. *Anti-Catholicism in Victorian England.* London: Allen and Unwin, 1968.

Norman, Edward R. *The English Catholic Church in the Nineteenth Century.* Oxford: 1984.

O'Brien, Susan. "'Terra Incognita': The Nun in Nineteenth-Century England". *Past and Present,* 121 (1988), 110-140.

Paz, D.G. "Anti-Catholicism, Anti-Irish Stereotyping, and Anti-Celtic Racism in Mid-Victorian Working-Class Periodicals". *Albion,* 18 (1986), 601-616.

Pereiro, James. "Who Are the Laity?" in: V. Alan McClelland and Michael Hodgetts, eds. *From Without the Flaminian Gate: 150 Years of Roman Catholicism in England and Wales 1850-1900.* London: Darton, Longman & Todd, 1999, 167-191.

Peschier, Diana. *Nineteenth-Century Anti-Catholic Discourses: The Case of Charlotte Bronte.* London: Palgrave Macmillan, 2005.

Pickstone, John V. *Medicine and Industrial Society: A History of Hospital Development in Manchester and its Region, 1752-1946.* Manchester: Manchester University Press, 1985.

Presland, Mary. *St Helens: A Pictorial History.* Chichester: Phillimore, 1995.

Prochaska, F.K. *Philanthropy and the Hospitals of London: The King's Fund, 1897-1990.* Oxford: Clarendon Press, 1992.

Rossi, John P. "Lord Ripon's Resumption of Political Activity 1878-1880". *Recusant History,* 10 (1971), 61-74.

Routledge, George. *The Pictorial History of the County of Lancaster.* London: Routledge, 1854.

Sullivan, Mary C. *Catherine McAuley and the Tradition of Mercy.* Dublin: 1995.

[Taylor, Frances M.]. *Eastern Hospitals and English Nurses: The Narrative of Twelve Months' Experience in the Hospitals of Koulali and Scutari.* London: Hurst and Blackett, 1856.

Waddington, Keir. "'Grasping Gratitude': Charity and Hospital Finance in Late-Victorian London" in: Martin Daunton, ed. *Charity, Self-Interest and Welfare in the English Past.* London: UCL Press, 1996, 181-202.

Waddington, Keir. *Charity and the London Hospitals, 1850-1898.* London: Boydell Press, 2000.

Waddington, Keir. "Subscribing to a Democracy? Management and the Voluntary Ideology of the London Hospitals, 1850-1900". *English Historical Review,* 118 (2003), 357-379.

Wallis, Frank H. *Popular anti-Catholicism in Mid-Victorian Britain.* Lewiston (New York): Edwin Mellen Press, 1993.

Walsh, Barbara. *Roman Catholic Nuns in England and Wales, 1800-1937: A Social History.* Dublin: Irish Academic Press, 2002.

Wheeler, Michael. *The Old Enemies: Catholic and Protestant in Nineteenth-Century English Culture.* Cambridge: Cambridge University Press, 2006.

Winstanley, Ian G. *Weep Mothers Weep: The Wood Pit Explosion, Haydock, 1878.* Staining, Blackpool: Landy Publishing, 1989.

'POSSESSED OF FINE PROPERTIES'

POWER, AUTHORITY AND THE FUNDING OF CONVENTS IN IRELAND, 1780-1900

MARIA LUDDY

Penal legislation enacted in Ireland in the seventeenth and eighteenth centuries limited Catholic access to education, the professions, and property and placed restrictions on the practice of their faith.[1] Due to intermittent harassment the Catholic Church was relatively disorganized and remained structurally weak until the reorganization of the nineteenth century.[2] The last decades of the eighteenth century however, saw a revival in Catholicism, a revival in which the Catholic laity played a distinct role evidenced by the beginnings of the expansion of native religious foundations and the rise of men's and women's philanthropic endeavours. While the penal laws prevented the endowment of Catholic charities and education, many Catholic philanthropists worked round the legislation. Thus Nano Nagle, for example, later founder of the Presentation Order of nuns, began voluntarily, and illegally, to educate the poor in Cork city in the 1750s.[3] At the same time in Dublin, Teresa Mulally also began to educate poor Catholic girls[4] and Edmund Ignatius Rice formed the Catholic teaching order of Christian Brothers in 1802.[5] From the eighteenth century an identifiable Catholic middle class began to emerge. It was the Catholic merchant and professional classes who first began to challenge their inferior political status under Protestant rule[6], and men and women of these classes spearheaded the Catholic charitable and philanthropic revival.

---

[1] Wall, *The Penal Laws.*
[2] Connolly, *Religion and Society in Nineteenth-Century Ireland.*
[3] Walsh, *Nano Nagle and the Presentation Sisters*, 44-55.
[4] Savage, *A Valiant Dublin Woman.*
[5] Keogh, *Edmund Rice and the First Christian Brothers.*
[6] See Wall, "The Rise of the Catholic Middle Class in Eighteenth-Century Ireland"; Whelan, "The Regional Impact of Irish Catholicism"; Idem, "The Catholic Community in Eighteenth-Century County Wexford"; Cullen, *The Emergence of Modern Ireland.*

In this article my intention is to explore the financial support of convents from about 1780 to 1900 and to assess the ways in which the sources of funding changed over time. The money made available to convents influenced the status of communities, made it possible to extend their welfare work and had a direct bearing on the power and authority of female religious in Ireland. The generation of funds was often controlled and managed by women religious themselves through a variety of mechanisms. Until the 1860s it is evident that sisters were able, on the whole, to maintain considerable control over their financial affairs. However, after the 1860s increased clerical authority limited the independence of female religious communities, including their financial independence.[7]

FUNDING CONVENT EXPANSION

In 1750 there were four religious orders of nuns, with twelve houses in Ireland. By 1800 that had grown to eighteen houses and six orders, and 120 nuns; in 1851 that number had increased to 1,500 nuns residing in 95 convents.[8] By 1901 there were 35 religious orders or congregations consisting of about 8,000 nuns living in 368 convents. The same census year recorded 4,600 male Church workers (including priests and Christian Brothers) in Ireland.[9] This increase occurred at a time when the Irish population itself had declined from the 6.5 million noted in the 1841 census, to 3.3 million recorded in the 1901 census. There was thus an extraordinary expansion of female religious communities throughout the nineteenth century. In 1800 nuns made up approximately 6% of the Catholic Church's workforce; by 1851 they comprised about 38% and were 64% of the Catholic workforce by the end of the nineteenth century.[10] It was not until the post-Famine period that convent expansion made a considerable impact on Irish society but most of the new congregations had been formed in the pre-Famine period. The Ursulines arrived in Cork in 1771. Presentation convents were formed from 1775. The Brigidine Sisters were established in 1807 by the Bishop of Kildare and Leighlin. The Sisters of Charity were founded in 1815 by Mary Aikenhead. The Loreto Sisters were established in 1820 by Frances Ball and the Sisters of Mercy by Catherine McAuley in 1831.[11] A large number of European communities, such as the French Sisters of the Good Shepherd, and the St Louis Sisters, also established houses in Ireland. The Catholic revival, as witnessed in the spread of charitable organizations, philanthropic work, religious orders and congregations, had a regional bias, being located in the wealthier provinces of Munster and south Leinster, and penetrating into the poorer regions of the south-west and Connacht later. Most convents were

---

[7] It is very difficult to access the financial accounts of the various religious communities that operated in Ireland in the eighteenth and nineteenth centuries. Many of the communities are suspicious of those trying to glean information on such issues, but actual figures have been provided here where such were available.

[8] Fahey, "Nuns and the Catholic Church in Ireland", 7.

[9] This included 1,159 Christian Brothers and 3,441 priests.

[10] Magray, *The Transforming Power of the Nuns*, 9.

[11] Clear, *Nuns in Nineteenth-Century Ireland*, 48-53.

Good Shepherd Convent, group of nuns by A. H. Poole Studio Photographer.
[*The Poole Photographic Collection. Courtesy of the National Library of Ireland*]

established in an urban setting, which allowed more individuals to donate funds. Convents were thus enabled to provide a number of services that met the needs of the wider community. The heaviest concentration of nuns was in Dublin, the capital city and the largest urban area in the country. Ulster was the last province to benefit from substantial Catholic benevolence or philanthropy, not because it lacked wealth, but rather because it was more strongly Protestant than other regions of the country. How was such an expansion possible in such a short space of time?

In 1836 Angelina Gould joined the Presentation Order bringing with her a fortune of £60,000.[12] While Gould's dowry was exceptionally large it brings to light the significant financial impact that women of means had on establishing, support-ing, and sustaining convent expansion in nineteenth-century Ireland. While a suffi-cient number of recruits was an essential component for the viability of a convent, it was more important that convents be financially secure. The extent and pace of convent expansion in nineteenth-century Ireland thus raises interesting questions about how funds were raised for these convents, and how their growth was sustained. The expansion of convent networks depended on the existence of a Catholic business and middle class, and the location of convents maps the geographical strength of those classes.

[12] Ms Annals Presentation Convent, Youghal.

Work by Mary Peckham credits the expansion of the conventual movement in Ireland in the early nineteenth century to the "wealth, drive and personal goals of women". She also argues that it was aided by the kinship and friendship ties which existed between female religious and their lay and clerical supporters. Without doubt close personal friendships and family networks lay at the heart of convent expansion and the relationship between lay philanthropic women and female religious. Male support, however, was also essential in establishing religious communities of women and all founders of convents had to ensure clerical support to aid their survival.[13] Much of the financial support for convents from the late eighteenth century onwards came from women, particularly women of the emerging middle classes.[14] A large number of women who joined the communities in the early nineteenth century were from merchant families and they brought substantial sums of money to the convents they entered. The founders of Irish native communities in the late eighteenth and early nineteenth centuries were also themselves from wealthy backgrounds. Nano Nagle, founder of the Presentation community, was from a prominent Catholic family and her uncle, Joseph Nagle, her main benefactor, was one of the wealthiest men in Cork.[15] Mary Aikenhead, who formed the Sisters of Charity in 1815, was also from a wealthy background. Her father was a physician, while her mother was a member of an important Catholic merchant family in Cork. Catherine McAuley, founder of the Sisters of Mercy, later the largest congregation in the country, was left a substantial residence and a fortune of £25,000.[16]

Nano Nagle, who brought the Ursuline Order to Cork in 1771, was claimed to have an annual income in excess of £6,000 per annum. It was from this income that she built two small houses, which formed part of the new Ursuline convent. She also provided them, over a number of years, with a sum of £2,000 to assist in their work.[17] The Ursulines opened a boarding school for the daughters of wealthy Catholics, their rule of enclosure preventing them from supervising the poor schools that Nagle had intended they manage. In consequence Nagle established, in 1775, the Society of the Charitable Instruction, which later became the Presentation Order of nuns.[18] Lay women also supported these communities in a myriad of ways. Denis O'Brien, who died in 1814, left a 4,000-acre estate in Rahan, county Offaly and £50,000 to his daughter, Maria. Maria O'Brien was an active philanthropist and had endowed the Presentation convent in Rahan, which she later entered, in 1822. Archbishop Murray of Dublin paid £2,300 for Rathfarnham House and forty acres of land for what was to become the first convent of the Institute of the Blessed Virgin Mary (or the Loreto Order as it was known in Ireland). Having undertaken a novitiate in the Bar Convent in York, Teresa Ball, Ignatia Arthur and Baptist Terry returned to Dublin to establish that community in 1821.[19] Ball's father had made his fortune as a silk merchant. A Miss

---

[13] See Magray, *The Transforming Power of the Nuns*; Luddy, *Women and Philanthropy*, chapter 2.
[14] See Clear, *Nuns in Nineteenth-Century Ireland*; Magray, *The Transforming Power of the Nuns*.
[15] "An outline of the lineage and virtues of our respected foundress". Ms Annals, South Presentation Convent, Cork. Clarke, *The Ursulines in Cork*, 3.
[16] Sullivan, *Catherine McAuley and the Tradition of Mercy*, 10.
[17] Clarke, *The Ursulines in Cork*, 34.
[18] Raughter, "A Discreet Benevolence", 476-479.
[19] A Loreto Sister, *Joyful Mother of Children*, 57-89.

Helena Heffernan was the principal benefactor of the Convent of Mercy in Limerick when it was opened in 1838. In 1858 she settled a large estate on the Limerick community that the sisters then leased to various tenants.[20] Anna Maria Corballis (whose two sisters had entered religious communities) founded the Presentation convent in Mountmellick in 1854 with £1,000, and £400 a year annual income, which she inherited on her father's death in 1833.[21] Margaret Aylward, who, after a number of failed novitiates, eventually established what was to become the Sisters of the Holy Faith in 1859, was a member of a wealthy Waterford merchant family. These women, many of whom had been involved in philanthropic enterprises before engaging with religious life, used their personal resources to establish and maintain their convents and lay Catholic women remained substantial benefactors to these communities throughout the nineteenth century.

However, not all wealthy women who eventually established convents had originally set out to do so. In this instance the case of Catherine McAuley is informative. McAuley had not intended to establish a religious community along the lines of the congregation of the Sisters of Charity organized by Mary Aikenhead in 1815. McAuley had been left a fortune of £25,000, and a residence Coolock House, including its furniture and plate, by her adoptive father, William Callaghan in 1822.[22] Having worked in a poor school in Dublin she decided to set up an institution that would provide shelter and training to young girls. The home opened in Baggot Street, Dublin, in September 1827. When McAuley took up permanent residence in Baggot Street in 1828 the home had a population of 500 and was also taking in women for the refuge. McAuley's helpers, one of whom was her cousin, another the daughter of Daniel O'Connell, lived in a community bound by both their charitable work and by religious vows, which they had taken privately. There was much opposition to these ventures from the inhabitants of the neighbourhood, who feared an influx of poor women into their fashionable street, and there was also a measure of hostility from the Catholic clergy to their work. Because of its structure this community of women, though established on a religious basis, remained outside the control of the church hierarchy. A public appeal for funds for the work of the women opened the way for attack. In 1829 one priest berated McAuley for attempting to usurp male prerogatives and deemed it inappropriate for women to engage in finance, philanthropy or business.[23] A Canon Kelly accused McAuley of encroaching on the work of the Sisters of Charity, previously established in 1815. By 1830 Kelly suggested to McAuley that Archbishop Murray intended handing over the work to the Sisters of Charity, with McAuley being allowed to remain within the convent as a lay woman. This, in fact, forced her to accede to the clergy's wishes. "I never intended", she stated later in life, "founding a religious congregation, all I wanted was to serve the poor since that seemed to be what God expected of me".[24] The inability of McAuley to continue in her work

[20] Sullivan, *Catherine McAuley and the Tradition of Mercy*, 131.
[21] Ms Annals Presentation Convent, Mountmellick, County Laois.
[22] It remains unclear whether McAuley was legally adopted by the Callaghans. She was about fifteen years old when she moved in with the Callaghan family. For details of McAuley's life see Sullivan, *Catherine McAuley and the Tradition of Mercy*, passim.
[23] Bolster, *Catherine McAuley in her Own Words*, 17-30.
[24] Quoted in Ibidem, 30.

outside the structure of a formal religious congregation underlines the power that the Catholic clergy exerted over groups of philanthropic women. It is also evidence of the fact that wealthy women were in danger of losing control over their charitable enterprises if the local hierarchy did not support their work. Although her case may be an exception it is significant that the few groups of Catholic lay women who did organize outside the structure of the Church always sought the support of clerics and do not appear to have organized without their approval.[25] Another issue that arises from McAuley's case is that the Catholic hierarchy was keen to channel wealth, and especially the wealth of Catholic women, into convent enterprises. Some women, like Mary Aikenhead for example, believed that more than individual philanthropy was necessary in order to overcome the poverty of the people and the only acceptable form of communal activity for them was to form a religious congregation funded and supported by the Catholic community.

While many of the early founders of religious congregations in Ireland used their wealth to form convents, their familial and class connections also assisted in convent expansion. Lay women and men, especially of the middle classes, were of enormous benefit to religious congregations. In 1831, for instance, Mary Aikenhead and four Sisters of Charity moved into a newly-built convent in Sandymount. The cost of building the convent had been met by a bequest of £500 from the Earl of Fitzwilliam to Mrs Barbara Verscoyle, a close friend of Aikenhead's. Verscoyle along with the bequest provided another £700 to the convent.[26] It has been estimated that between 1800 and 1868, 218 convents (including schools) had been built at a cost of £1,061,215 or an average of £4,867 per convent in 26 of the 28 dioceses of the country.[27] Much of the funding for these services came from the Catholic middle class. In Cork, in 1824, the Sisters of Charity received a sum of £2,650 from Miss Mahony, whose family owned a woollen mill in Blarney, to establish a convent in the city.[28] The Sisters of Mercy opened a convent in Carlow in 1836 with funds of £7,000 that had been left by a local shopkeeper for that purpose.[29] In the 1840s Margaret Molloy of New Ross left her house and premises to her brother, Peter, for an eventual Mercy convent in that town. He added £1,200 to the bequest and left it all in his will for the foundation.[30] In 1854 a wealthy Belfast businessman, James Duffy, left £1,000 for the establishment of a convent where poor children might secure education. This bequest helped establish the Sisters of Mercy in that city.[31] Richard Devereux, an uncle of the Reverend Mother of the Good Shepherd Convent in Cork City, provided more than £4,000 to the Good Shepherd community in Ireland. In 1865, when the Clonmel Presentation community

[25] Luddy, *Women and Philanthropy*, 24-26.
[26] RSC: Ms Annals of the Sandymount Convent, I, 206.
[27] Larkin, "Economic Growth, Capital Investment, and the Roman Catholic Church in Nineteenth-Century Ireland", 874.
[28] Archives of the Sisters of Charity, Millltown, Dublin: Typescript Annals, II, 35-36. See also DDA, Murray Papers, File 30/8, folder Irish Bishops: Letter from John Murphy to Daniel Murray, 24 October 1824.
[29] Degnan, *Mercy Unto Thousands*, 196-197.
[30] DDA, Murray Papers, File 30/8, folder Irish Bishops: John Murphy to Daniel Murray, 24 Octobre 1824; File 32/3, folder Ordinary: Rev. P. Murphy to Daniel Murray, 20 May 1847.
[31] Ms Annals Sisters of Mercy, Belfast.

was engaged in building new schools, a Miss Catherine Burke, who died intestate, left an estate valued at £2,800 which came to her three sisters who were members of the community.[32] In 1897 the Sisters of St Louis made a new foundation after an old bachelor friend of one of the sisters willed a house, 25 acres and £4,500 to the congregation.[33] Benefactors also assisted convents in other ways. Anna Maria O'Brien had married a wealthy Catholic merchant in 1805. With friends she established an orphanage for girls in Dublin and purchased a house in Harold's Cross to which the orphanage was removed and handed over to the care of the Poor Clares.[34] O'Brien also established a House of Refuge in Dublin in 1809 which was handed over to the care of the Sisters of Charity on their foundation in 1815.[35] O'Brien was a confidant of Archbishop Murray of Dublin and also the sister of Frances Teresa Ball, founder of the Loreto Congregation in Ireland. Another wealthy Catholic women, Sarah Atkinson, whose two sisters were members of the congregation of the Sisters of Charity, substantially aided the work of female religious by donating funds and establishing enterprises later handed over to nuns.[36] What is evident here is that benefactors provided considerable funds to convents consistently throughout the century. Often there was a familial link to the gift or bequest, but at times business people donated funds for the provision of services, such as schools, for the benefit of the wider community. In particular instances individuals, such as Maria O'Brien, could influence and assist a large number of congregations by providing not only funding but a previously established charitable enterprise which was handed over to the congregation's care. The handing over of charitable enterprises to communities of nuns became a feature of lay Catholic philanthropy in nineteenth-century Ireland.[37]

THE SIGNIFICANCE OF DOWRIES

The numbers of women who wished to join religious communities was a significant factor in their expansion. Over the century literally thousands of Irish women desired to spend their lives in convents. Not all women who applied were successful. For instance, of the 1,348 actual entrants to the Sisters of Charity for the period 1812 to 1900, a total of 535 women left the congregation for various reasons, including ill health or a realization that community life was not for them.[38] What is not recognized in these figures is that many thousands more attempted to enter communities but were unsuccessful. The majority of those who were successful brought dowries with them. Dowries were a particularly important aspect of convent finances and were pivotal in securing the financial viability of a community and often instrumental in establishing a branch convent. The Canon Law on dowries was modified numerous

[32] Ms Annals Presentation Convent, Clonmel, County Tipperary, 1813-1970, 1 vol.
[33] Magray, *The Transforming Power of the Nuns*, 29.
[34] Butler and Butler, "Mrs John O'Brien".
[35] Ibidem.
[36] Luddy, *Women and Philanthropy*, 37-38.
[37] Ibidem, passim.
[38] RSC: Ms "Alphabetical catalogue of entrants, 1812-1900".

times and by the end of the nineteenth century rules appear to have been utilized as guidelines in most convents. It was suggested that it was ideally up to the local bishop to decide what amount might be required for a dowry, unless the approved rules of a community specified such amounts. Again, by the end of the nineteenth century there was flexibility in how dowries might be disposed of, and it was recommended that they should be utilized "according to the circumstances of time and place, and the custom or usual practice of the Institute".[39]

The actual sum of a dowry varied enormously amongst individual communities. Dowries reflected the social status of the religious community and orders such as the Dominicans or the Faithful Companions of Jesus required substantial amounts from their choir sisters. Catherine McAuley expressed some concern over the meaning attributed to dowries by clerics and lay people. In 1838, when the Convent of Mercy in Limerick was being established McAuley noted that "it is quite novel to see those who have the smallest means most afraid to join, in which they are encouraged by the priests, who say if this breaks up as three other communities have done, they would be nuns, but what House would take them in without support, as they never could be regarded like full subjects".[40] The fear here is that these sisters would not be accorded status as choir sisters if the Limerick convent were to fail and they were sent to another community. Thus the provision of dowries and the size of the dowry was a sign of status that had to be publicly recognized by the rank of choir sister.

However, large dowries could come to any convent, though this was often an exceptional rather than common occurrence. For instance, a Limerick business family, the Arthurs, had a daughter who entered the Loreto convent in Rathfarnham in Dublin with a dowry of £35,000.[41] Frances Sweetman brought a dowry of £1,000 to the Sisters of Charity in 1819. Smaller, though still substantial, amounts were common in the early years of foundations when dowries could reach in the region of £500 pounds. Between 1815 and 1834 dowries for choir sisters in the Sisters of Charity ranged, on average, between £200 and £400.[42] The average dowry of women professed as choir nuns in the Galway Mercy convent from the 1840s to 1857 was £375, and the lowest sum was £200.[43] In 1864 Sr Mary Joseph Coyne entered the Presentation Convent in Fethard with a dowry of £600 and a pension of £30 per annum.[44] In the Mercy convent in Belfast dowries at the end of the nineteenth century averaged over £300 per entrant.[45] Dowries were not always required of an entrant but the convent did have to have enough money to support its community. Thus the admission of very wealthy women allowed some leeway for the entrance of women without substantial, or in some cases, any dowry. The aristocrat Lucy Clifford brought a sum

[39] Devine, *Convent Life*, 59.
[40] Letter from McAuley to Sister Teresa White, 2 October 1838 in Neumann, ed., *Letters of Catherine McAuley*, 139-410.
[41] Bane, *The Bishop in Politics*.
[42] RSC: Ms notebook "Income from Sisters and expenditure to 1834", file 1/C/25.
[43] Clear, *Nuns in Nineteenth-Century Ireland*, 87.
[44] Ms Annals Presentation Convent, Fethard, County Tipperary.
[45] O'Connell, *Convents in the North of Ireland*, 79.

of £4,000 when she entered the Mercy community and this allowed the convent to support a number of other novices.[46]

There were cases where dowries were disputed. Eliza O'Beirne entered the Ursuline noviceship in 1843 and her property was to be £700, £500 of which was to be paid by her brother before her profession and £200, and noviceship expenses, by her sister. When Eliza was professed her siblings provided £100 for her noviceship expenses and bonds, bearing interest rates of 5%, for the remainder. Eliza was sent to Demerera, in British Guiana, in 1847 and her brother claimed he was no longer liable for the debt. The Ursulines discussed the matter at considerable length in Chapter and decided not to take it to law. This was at the height of the Famine and it was believed that the Sisters would lose much public support if they went to law over a dowry.[47]

Dowry amounts declined in the post-Famine period and averaged £200 to £300 by the end of the century. K.H. Connell noted that farming families, who were paying rents of between £30 and £40 per annum were providing dowries of between £300 and £400 to their daughters either to marry or enter a convent.[48] The Sisters of the Holy Faith, established in 1859, did not at first and unusually for an Irish religious community, require dowries from their entrants. Ada Allingham, one of their first entrants did bring a fortune of £1,000 with her. While there had never been a stipulation for a dowry to this congregation in the early years, by 1889 most entrants to the Sisters of the Holy Faith were expected to bring at least £100 with them. The absence of a dowry was not an inhibition to acceptance but even those who did not have a dowry were expected to pay for the clothing that they were given in the community and this, by the 1880s, could cost up to £14.[49] A Good Shepherd Sister who became a choir sister postulant in Limerick in February 1892 brought a pension of £12 and 10 shillings. She also paid £10 for her reception and profession expenses. When professed in September 1892 her pension was increased to £25 and her dowry was £250.[50] Women who made unsuccessful novitiates and left convents had portions of their dowries returned to them. One woman, on leaving the Good Shepherd convent in Limerick in 1869 received a sum of £71 2s 10d, her novitiate fee, less £1 17s 2d, which had been deducted for stockings, shoes and boots.[51] Sometimes convent finances could be precarious. The importance of individual dowries can be seen in one instance that occurred in Clonmel. When, in 1817, the Presentation Order was asked to establish a convent in Thurles, Mother Peter Ronan, being an experienced sister, was expected to go. However, her pension of £40 per annum was too valuable to the community to give up and another nun, with a smaller dowry, was sent instead.[52] Convent entrants could also bring more than money or property with them to a community. Catherine

[46] DDA, Murray Papers, File 33/12, undated folder, Nuns: Undated letter Lord Clifford to Archbishop Murray.
[47] Kelly, *The Sligo Ursulines*, 85-87.
[48] Connell, "Peasant Marriage in Ireland", 504.
[49] Prunty, *Lady of Charity*, 130.
[50] GSA, Register of Financial Agreements with Novices, 1872-1892.
[51] GSA, Novitiate Agreements and Expenses, 1852-.
[52] Ms Annals Presentation Convent, Clonmel, County Tipperary.

Hayes, who entered the Presentation community in Carrick-on-Suir in January 1816, is stated to "have brought a considerable property [...] and being highly educated she contributed largely to the running of the schools".[53] The work of convents ranged so widely by the end of the nineteenth century that women who entered could become teachers, or nurses, and were able to be placed in institutions or schools where government funding was available to provide salaries. Thus a smaller dowry and the potential to take on a salaried profession allowed for less well off recruits to enter a community.

The requirement of a dowry, however, had been and still was an important part of women's ability to enter religious life. Consider, for example, Anne M. Sargent, who was the daughter of a "gentleman of wealth and position in Waterford". Raised a Protestant, Sargent was converted to Catholicism and met with a great deal of family opposition when she announced her intention to join the Presentation community in Waterford. Her father refused to provide the necessary dowry and Edmund Rice, the founder of the Christian Brothers, met Sargent's expenses initially. In 1810 she went as a postulant to the convent in Cork. By this time her father had agreed to pay £500 as a dowry, but the money was not ready when the time came for Sargent's profession. Sargent then completed a third novitiate in Clonmel and was finally professed in 1816, after her father relented. Sargent was later elected superior of the convent and it was she, as Sister M. Magdalen, who led a foundation to Manchester in 1835. Sargent, who played a major role in the development of the Clonmel community, was obviously a serious and determined candidate for the religious life, yet without a dowry it took her nine years to be professed.[54] Likewise Mary Donnelly could not proceed to her profession with the Loreto Order until her brother John provided a bond of £500.[55]

Interest on sums brought as dowries was used to support the community; the capital was not expected to be utilized until the sister who brought it to the community had died. If she left the community the money was to be returned to her. It is clear however, that dowries were sometimes expended and requests for the return of dowries often caused problems. In the Loreto community for instance, Frances Ball noted that "With respect to the dowries of the Sisters professed here, some of the members claimed what they gave on departing to another house of the Institute. Catherine Hogan [...] asked and obtained leave to go to India with her sister Charlotte. Said Catherine wrote to the Holy Father, Gregory XVI, from Calcutta, soliciting to have her dowry of £500 returned to her. After residing here 15 years, her dowry was expended building this church; her sister Charlotte's £500 went towards purchasing our organ. Gregory XVI referred this case to our Archbishop, Most Rev. Daniel Murray, who decided against Catherine and Charlotte Hogan; both were equipped for India, their passage paid."[56] In this instance, at least, it is clear that the capital

---

[53] Ms Annals Presentation Convent, Carrick-on-Suir, County Tipperary.

[54] For Sargent's story see Normoyle, *A Tree is Planted*, 303-304; Ms Annals Presentation Convent, Clonmel, County Tipperary, 1813-1917; "Presentation Roots", typescript copy Annals South Presentation Convent, Cork, 12, 14.

[55] ALA: Frances Mary Teresa Ball, Rathfarnham, to Sir, 22 August 1855. Along with the £500 Donnelly also brought an annual sum of £39.4s.6d to the convent for her life.

[56] ALA: Letter from Frances Mary Teresa Ball, Rathfarnham, to M. Mary Teresa, 21 January 1859.

Presentation Convent, Cashel, Co Tipperary by Robert French, The Lawrence Photograph Collection.
[*Courtesy of the National Library of Ireland*]

sum had been utilized by the community but Ball believed that the sisters had been sufficiently reimbursed for the funds they had brought with them. It is evident also that dowries were sometimes paid in instalments. In one Dublin community a dowry of £500 had been "promised" but the family were "only paying £25 per annum".[57] It is likely that other families were also paying in instalments.

THE CONNECTION WITH GOVERNMENT FUNDING

Dowries diminished in size as the century progressed and this allowed women from less wealthy backgrounds to enter religious life. The ability with which various religious communities were able to make use of government funding in the provision of education or nursing, for instance, provided an extra and often necessary source of income that allowed less wealthy women to make careers in religious communities. The introduction of a national system of education in 1831 had been intended to provide non-denominational education at primary level to Irish children. Each religious denomination managed its own schools but in order to secure government aid it had to follow particular rules regarding the teaching of religion and the use of textbooks. The Irish bishops cautiously welcomed the system, though some like Archbishop McHale of Tuam, refused to allow any of the schools in his diocese to accept

[57] Cited in Keenan, *The Catholic Church in Nineteenth-Century Ireland*, 234.

financial aid from the government.[58] The National Board, which ran the system, could make grants for buildings, and provide grants to existing schools for the payment of teachers. The Sisters of the Holy Faith remained independent of the national system and utilized a network of wealthy supporters to raise funds for the schools they ran in the city of Dublin. However, by the late 1850s, 75% of all convent primary schools were attached to the National Board.[59] By 1890, 301 convent schools were attached to the Board accounting for about 4% of all national schools in the country. While this number might appear small many more children attended convent schools than lay-run national schools and average attendance rates were also much higher. Convent schools were also a major source of attracting new recruits to the community. Nuns were cheaper to employ than lay teachers and their average salary was about £13 while that of a lay teacher was about £37. However, nuns, because they did not, or would not, sit the state examinations required for classification as salaried teachers, were paid on a capitation basis per pupil.[60] Given the numbers of children who attended their schools the figure earned could be substantial. The Presentation convent in Cashel, County Tipperary, earned between £80 and £100 per annum from the Board in the 1860s.[61] Such income helped to maintain many convents in the late nineteenth century.

The provision of boarding schools for the wealthier Catholic families provided substantial funds to some convents. Advertisements in the *Catholic Directory* show that a 'young lady's' education in St Mary's Convent Boarding School in 1848 cost £30 per annum and among the items the girls needed to bring with them was "a knife, silver fork, and tea spoon".[62] By 1880 costs were no longer advertised and interested parents were informed that "terms &c., can be known on application to the convent".[63] The Dominican Order managed at least nine second-level boarding schools in the nineteenth century. Communities had to be careful of where they established such schools. The Dominicans, for instance, opened a boarding and day school when they moved to Sion Hill in Dublin in 1840. They charged a fee of £50 and soon recognized that this was more than the middle-class could afford. The student population remained small until the fee was reduced to £30 in 1846 which saw an "influx of pupils, while the school still retained its character for being select".[64]

The use of government funding extended into other areas of their work. Convents also engaged in nursing, and while they opened and managed their own hospitals they made direct use of government funding by gaining access to workhouse hospitals. From 1838 the local rates funded the establishment of 130 (later increased to 163) workhouses around the country to cater for the needs of the destitute. Nursing, which

---

[58] The *Irish Catholic Directory* (1882), 198 noted in its returns for the Tuam diocese that "this is the only diocese in Ireland in which none of the schools conducted by religious orders are under state control or derive public grants for their support".
[59] Clear, *Nuns in Nineteenth-Century Ireland*, 107.
[60] Raftery and Parkes, *Female Education in Ireland*, 51.
[61] Ms Annals Presentation Convent, Cashel, County Tipperary.
[62] *Catholic Directory* (1848), n.p.
[63] *Irish Catholic Directory* (1880), n.p.
[64] Cited in Kealy, *Dominican Education in Ireland*, 86.

had long been portrayed as a branch of domestic life, was taken out of that sphere by nuns and placed firmly in the public domain through the establishment of their own hospitals, but primarily by the duties they undertook in workhouse hospitals. In 1861 the Limerick board of guardians was the first to win permission from the poor law commissioners to allow nuns to nurse in their workhouse hospital.[65] It was never easy for nuns to gain access to workhouse hospitals. There were a number of reasons for this. Often boards of guardians were made up of Protestant members who feared that nuns would interfere with the religion of any Protestant inmates. The fact that nuns did not engage in night duty was also a deterrent. Nuns were to make a greater impact on workhouse hospitals after the 1870s when boards of guardians, previously the preserve of the Protestant gentry, began to be dominated by Catholic, and nationalist, guardians. By the end of the nineteenth century roughly half of the workhouse hospitals were staffed by nuns, primarily Sisters of Mercy.[66]

One of the reasons nuns were successful in gaining entry to the workhouse hospitals was that they worked cheaply. In 1884 the Ennis Board of Guardians spent some time discussing the possibility of employing two nuns and paying each of them twenty or thirty pounds a year. Eventually it was pointed out that if two nuns were appointed more would come with them to form a community.[67] Accepting a low salary was, in a number of instances at least, a strategy used by nuns to make them more acceptable to a board of guardians. For instance, Mother M. Joseph Perry of the Ennis Community asked advice from the Sisters of Mercy in Limerick about securing access to the workhouse infirmaries. She was informed that "In order not to increase the prejudices of those hostile to the movement Rev. Mother Moore [the Reverend Mother in Limerick in 1861] avoided raising difficulties about things not absolutely important, especially about money matters, a point on which opponents expressed fears. We could not get into the hospital at all except as paid nurses. So she named the low salary of 20 pounds per annum, refused to take the rations that would have been given, but accepted coal and light. Since [then] we have found that it would have been a great convenience to have taken milk."[68]

From 1858 and 1868 convents could make use of government funding for maintaining children in reformatory and industrial schools. By 1891 there were 51 industrial schools, and 70 by 1900, which could cater for 8,422 children. Convents managed 22 of these institutions, catering for more than 3,000 girls. By the end of the first decade the government was funding these institutions to the tune of £91,340.[69] Throughout the period convents were adept at utilizing government funding for their work and gaining entrance to government-funded institutions, such as the workhouse hospitals, by providing their services at charges deemed acceptable, or cheap, by the authorities.

---

[65] See Luddy, "Angels of Mercy".
[66] *Workhouse Infirmaries in Ireland in which Nuns were Employed in any Capacity in 1903*, lix.
[67] For the discussion regarding the entry of the Mercy Sisters to the Ennis workhouse see *Clare Journal*, 8 and 15 May, 5 and 19 June, and 3 July 1884.
[68] Quoted from the Annals in O'Brien, *The Sisters of Mercy of Ennis*, 70-71.
[69] *Annual Reports of the Inspector of Reformatory and Industrial Schools 1870-1880*.

THE ALLIANCE WITH THE PUBLIC

However wide ranging their work in publicly funded institutions nuns also engaged in an extensive level of welfare provision that was funded by the public through donations, subscriptions or bequests. For instance, many of the orphanages they ran were not supported by the government but were instead funded by the families of the orphans, charity sermons, bequests or donations from the wider public. Even providing small sums for convent work strengthened the alliance between sisters and the communities they were serving. Bazaars, subscriptions, charity balls, and charity sermons were among the many ways used by convents and their lay supporters to raise funds for their work. Lay women played a vital role in organizing and contributing to such events. For instance, a two-day bazaar held in the convent grounds at Fethard in 1867 realized £500 in aid of building a new convent. Similarly in 1901 a Golden Jubilee Fund raised to celebrate the golden jubilee of a sister realized £191.[70] Accounts for the Presentation convent in Ballingarry, County Tipperary, give some indication of the receipts and expenditure of a busy convent in small-town Ireland. The income for the year 1881 amounted to £272 18s 11d, with funds of £50 coming from results fees (paid by the government for schoolchildren passing examinations), interest on money in the bank came to £78, while £31 19s came to the community from the letting of land. These nuns kept an account of their expenditure, which in 1881 included spending £6 10s on porter, £5 15s 3d on eggs, £47 17s 7d on meat, £15 on doctors and £7 and 3½d on milk and butter.[71] In the same convent dividends from shares amassed over £86 in 1879, while in 1887 shares in the Great Southern and Western Railway yielded £41 13s 3d. In the same year the interest available from dowries amounted to £79.[72] Lay individuals also provided funds to convents for particular items. For instance a raffle to support the work of the Sisters of Mercy in Navan prompted the donation of a heifer from the local cattle dealers and the raffle realized £90 for the community.[73]

Convents also met with substantial financial difficulties when lending to the public. The Ursuline Sisters in Sligo for instance provide one such example. On the advice of the local bishop the Sisters had lent money to what they later claimed were "gentlemen of encumbered notoriety". The bishop decided that there was a need to go to court on the matter and the sisters informed their solicitors to take proceedings, which began in 1845. One of the 'gentlemen' involved, Oliver John Dowel Grace, owed the community £800, together with interest and legal expenses. But it was only in 1854 that the money was repaid. At the same time a sum of £700 was owed to the community by Mr ffrench [sic], though it is unclear if this sum was ever repaid.[74] The Presentation nuns in Waterford lent £1,200 to the MP Thomas Wyse at 6% only to lose the entire amount when mortgages on his property were foreclosed.[75] The Carmelites in Tallow experienced similar problems when they accepted a bond from

[70] Ms Annals Presentation Convent, Fethard, County Tipperary.
[71] Ms Annals Presentation Convent, Clonmel, County Tipperary.
[72] Ms Annals Presentation Convent, Ballingarry, County Tipperary.
[73] *Drogheda Argus*, 14 February 1875.
[74] Kelly, *The Sligo Ursulines*, 85-87.
[75] Cited in Keenan, *The Catholic Church in Nineteenth-Century Ireland*, 234.

a 'gentleman' at 5% for £1320.[76] In all these instances the sisters were intending to make the most of their finances and sought the best returns for their community. Few convents had enough money to lose in these ways though some communities were quite wealthy. Convents that ran boarding schools for the daughters of the Catholic middle classes tended to do well financially. The Ursulines in Cork were able, with their profits, to buy an estate valued at £30,000.[77] Some convents became substantial landowners; others invested in stocks and shares.

From the mid-nineteenth century some convent communities diversified into small-scale industries. The Presentation Sisters in Youghal began a lace-making industry in 1847, which at one stage employed 120 women. In Ballaghadereen the Sisters of Charity employed 30 girls in a hosiery, shirt-making, needlework and a laundry enterprise. Mother Mary Arsenius, of the Sisters of Charity, opened a woollen mill in Foxford, County Mayo, with financial assistance from the Congested Districts Board. The factory became the major employer in the region.[78]

Alms for the destitute, provided by small donations, served the function of allowing even the poorer classes to contribute something to the welfare of the destitute in society. The distribution of alms by sisters reflected both their authority and status within society. The Sisters of Charity established a convent in Kilkenny in August 1861. Part of their mission was to visit the sick and poor in their own homes. In 1861 the community received £44 10s 9d for the poor and dispersed £32 5s 4d. In 1861 the amount received was £156 5s 6d, with £148 17s 6½d expended, and in 1863 they received £162 5s 8d and spent £167 14s 8d.[79] Similarly, the same congregation distributed alms amounting to £767 13s 10d from their convent in Upper Gardiner Street, Dublin, in 1860. The sick poor received £285 10s 6½d, while £341 3s 11d was distributed as money or food to the poor who came to the convent.[80] After the 1850s in particular the charitable and welfare work of nuns became the public face of private philanthropic enterprise. Many lay Catholic charities, especially those established by lay women, were eventually handed over to the care of nuns.[81] Nuns were believed to have the time and personal abilities to manage such charities. Because convents utilized financial resources from their different enterprises to support all aspects of their work many charities, which had been managed by the laity and suffered through financial or managerial neglect, survived and were thus sustained as part of the Catholic welfare network. From the 1860s it was convents that dominated the public face of Catholic charity and welfare, and it was through their welfare work that they bound the Catholic population to the Church.

[76] Ibidem.
[77] Ibidem, 235.
[78] Glynn, "Irish Convent Industries"; Gildea, *Mother Mary Arsenius of Foxford*, 91-123.
[79] RSC: Ms Annals of the Convent of Our Lady of the Annunciation, Kilkenny.
[80] DDA, Cullen Papers, section 333/6, file Nuns, 1860: "Number of persons and families relieved in the Convent of the Sisters of Charity, Upper Gardiner Street, 1860".
[81] Luddy, *Women and Philanthropy*, chapter 2.

CLERICAL INFLUENCE ON CONVENT FINANCES

It is as yet unclear how decisions were made regarding such things as investments or the borrowing of money. The superior of a convent was charged with the duty to "administer the goods of the convent" and act "to buy and sell and manage things in a manner becoming the community, according to its prudent judgement".[82] The bursar, one of the more senior positions of authority within the convent, had to "attend to the necessary expenses of the convent".[83] In relation to the financial care, that is the provision of life's necessities, the bursar was encouraged to be "liberal rather than stingy, so that no one may want anything". The bursar could dispense alms from the convent but she could not give away any of the goods of the convent without the express permission of the superior.[84] It is likely that convent superiors sought advice from their bursars regarding investments. It is also likely that many women, whose own wealth often came from family businesses, or connections, had some insight into how to invest money, whether it was in the building of convents, purchasing land or investing in stocks and shares. It is also likely that they sought advice on surplus income from trusted clerics. It is not yet possible, however, to provide a thorough explanation of how convents acted as financial investors, or whether investments were made on the advice of the laity or members of the clergy.

While convents had access, in general, to funds they were not always fully in control of how those funds might be spent. The support of clergymen was often vital for the survival of, particularly the early, religious communities. Clergymen offered spiritual guidance, but they also offered practical support. Clerics, whether bishops or priests, could interfere as much or as little as they liked in convent affairs. Dr Slattery, the bishop who had jurisdiction over the Thurles Presentation convent, was adamant that the expenditure of the convent should not exceed its income. "So particular was he", noted the convent annalist, "that, with the exception of diet and clothing, he forbade the smallest outlay without his special leave".[85] The Bishop of Kildare and Leighlin, Dr Francis Haly, would not permit a woman to enter the Sisters of Mercy community in Carlow because she lacked, in his opinion, a sufficient dowry. The same woman later entered the Kinsale Mercy community in 1845, and after went on to found communities in the United States.[86] Fr Peter Daly, who had been designated as the ecclesiastical superior of the Mercy community in Galway city, imposed strict regulations on dowries for those entering the community. In the 1840s he was insisting on a dowry of £600 per entrant, a sum that was deemed excessive by Catherine McAuley. When the local bishop agreed to a woman entering the community with a dowry of £200 he was overruled by Daly. Daly himself was a wealthy individual and managed two parishes within Galway. In 1848 the Sisters of Mercy in the city had entrusted him with £1,250, which went missing. In 1852 they handed over their account book to him and he purchased property with money that the sisters had given

---

[82] Devine, *Convent Life*, 271.
[83] Ibidem, 280.
[84] Ibidem, 281-282.
[85] Ms Annals Presentation Convent, Thurles, County Tipperary.
[86] Sullivan, *The Correspondence of Catherine McAuley*, 268.

to his care. Daly refused to return the money or the account book. In 1855, Bishop McEvilly allowed the Sisters to consult a solicitor on the matter. Daly was taken to court and the Sisters won their case. It came to light that Daly had used £4,000 of their money to build a church.[87] Whatever the outcome it had taken the community more than ten years to have their money returned.

In the early years of the century nuns were allowed a certain degree of freedom in their establishments because the Catholic Church had yet to reorganize itself into the authoritative body it was later to become. The founders of the native Irish communities were formidable women who were able to persuade, cajole and manipulate support from clerics. The biographies of founders remind us of their humility, self-sacrifice and sanctity. We are informed of the constant questioning by these founders of their abilities to carry out their work. The language of biographies, the apparent obsequiousness to bishops or members of the clergy however, is often a strategy of compromise that allowed nuns to develop their work without undue interference. Bishops and priests of course, realized the importance of the work of nuns to the Catholic Church, but nuns and their work became accountable to the church hierarchy and not to the public. Convents furnished accounts of their work to the bishops, providing statistics of those under their care, or the number of sick visits they made in a year, together with a financial return of their expenditure on relief or other expenditure.

CONCLUSION

The preconditions for the establishment of a convent were a Catholic community, which was willing to fund and support it, and women who were willing to join. Close connections existed between convents and their funders, whether as family members, friends and the wealthier strata of Catholic middle-class society. Mary Peckham Magray has shown that nuns in nineteenth-century Ireland played a pivotal role in the formation and construction of Irish Catholic society, and through their welfare networks and educational provision instilled Catholic values and virtues into the population.[88] Nuns were to have a profound impact on Irish society, in terms of socializing the Catholic majority to a revitalized Catholic Church, and teaching the tenets of the Catholic faith to a population which, in pre-Famine times at least, tended to pay little heed to the doctrines of the Church. The authority of religious communities derived from a number of sources. Convent expansion provided a very large number of single women, most often from the wealthy middle class, with the opportunity of engaging in socially useful work at a time when women generally were denied such opportunities. Because of their welfare and educational work nuns had a high social status in nineteenth-century Ireland. For the families of these women providing a dowry was an investment in the life of their daughters and also a symbol of their trust in the care these religious communities would provide for their children. The range of services provided to a town or an area of a city by religious communities again won

[87] Mitchell, "Father Peter Daly".
[88] Magray, *The Transforming Power of the Nuns*.

the support and allegiance of the poor, and the middle classes who understood that convent education and welfare was also a means of disciplining the Catholic community. The funds raised and expended by convents also meant that they had an impact on the local economy, an important point especially in small-town Ireland where goods had to be provided to the convent. While female religious built substantial convents and chapels there was little about their wealth, or financial management, that was ostentatious. The general belief within the Catholic community was that the money given to convents was used for the benefit of the wider community.

The expansion of the conventual movement in Ireland owed a great deal to the financial support provided for them by the lay community, whether in the form of pennies paid through collections or the hundreds and thousands of pounds donated in bequests and as gifts. Convent expansion was also aided by the kinship and friendship ties which existed between female religious and their lay and clerical supporters. However, clerical support was essential for the founding and survival of religious communities of women.

If convents managed a degree of freedom from clerical control in the pre-Famine period, that control became more pervasive as the century progressed. Clerics and bishops often controlled the financial affairs of convents. After mid-century clerics gradually gained ultimate control over convents. They had the power to interfere as much or as little as they wished. While convents might have lost some control over their finances they did not lose public support or prestige. Their authority, which had grown from the late eighteenth century, remained undiminished in Ireland until very recently.[89]

Bibliography

Primary sources

Dublin Diocesan Archives (DDA)
  Murray Papers.
  Cullen Papers.
Good Shepherd Archives, Dublin (GSA)
  Register of Financial Agreements with Novices, 1872-1892.
  Novitiate Agreements and Expenses, 1852-.
Loreto Abbey, Rathfarnham, Dublin (ALA)
  Typescript Letters from Frances Mary Teresa Ball.
  Typescript Annals.
Presentation Sisters
  Ms Annals, Presentation Convent, Ballingarry, County Tipperary.
  Ms Annals, Presentation Convent, Carrick-on-Suir, County Tipperary.
Ms Annals, Presentation Convent, Cashel, County Tipperary.
Ms Annals, Presentation Convent, Clonmel, County Tipperary.
Ms Annals, Fethard Presentation Convent, County Tipperary.
Ms Annals, South Presentation Convent, Cork.
MS Annals, Presentation Convent, Thurles, County Tipperary.
Ms Annals, Presentation Convent, Mountmellick, County Laois.
Ms Annals, Presentation Convent, Youghal.
Religious Sisters of Charity, Generalate, Dublin (RSC)
Ms 'Alphabetical catalogue of entrants, 1812-1900'.
Ms notebook 'Income from Sisters and expenditure to 1834', file 1/C/25.

---

[89] Scandals were reported from the 1990s revealing how children had been abused, physically, sexually and emotionally, in Catholic institutions, including those managed by convents, from the foundation of the State in 1922.

Ms Annals of the Convent of Our Lady of the Annunciation, Kilkenny.

Ms Annals of the Sandymount Convent, Dublin.

Sisters of Mercy

Ms Annals, Sisters of Mercy, Belfast.

Published primary sources

Annual Reports of the Inspector of Reformatory and Industrial Schools 1870-1880.

Catholic Directory later Irish Catholic Directory. Dublin, 1848-1882.

Neumann, Sr. Ignatia, ed. Letters of Catherine McAuley. Baltimore: Helicon, 1969.

Sullivan, Mary C., ed. The Correspondence of Catherine McAuley, 1818-1841. Dublin: Four Courts Press, 2004.

Workhouse Infirmaries in Ireland in which Nuns were Employed in any Capacity in 1903, Showing for Each Infirmary the Number of Nuns so Employed, and the Amount Paid to them by way of Salaries. London: House of Commons, 1903 [cd. 1694].

Newspapers

Clare Journal, 1884.

Drogheda Argus, 1875.

Secondary sources

A Loreto Sister. Joyful Mother of Children: Mother Frances Mary Teresa Ball. Dublin: M.H. Gill & Son, Ltd., 1961.

Bane, Liam. The Bishop in Politics: Life and Career of John McEvilly. Westport, County Mayo: Westport Historical Society, 1993.

Bolster, Sr. M. Angela. Catherine McAuley in her Own Words. Dublin: Dublin Diocesan Office for Causes, 1978.

Butler, B. Bayley and Butler, Sr. Katherine. "Mrs John O'Brien, her life, her work, and her friends". Dublin Historical Record, 33 (December 1979-September 1980), 141-156.

Clarke, Sr. Ursula. The Ursulines in Cork, 1771-1996. Cork: Ursuline Convent Blackrock, 1996.

Clear, Caitriona. Nuns in Nineteenth-Century Ireland. Dublin: Gill & MacMillan, 1987.

Connell, K.H. "Peasant Marriage in Ireland: Its Structure and Development since the Famine". Economic History Review, 14 (1962) 3, 502-523.

Connolly, Sean. Religion and Society in Nineteenth-Century Ireland. Dundalk: Dundalgan Press, 1985.

Cullen, L.M. The Emergence of Modern Ireland: 1600-1900. Dublin: Gill & MacMillan, 1981.

Degnan, Sr. Bertrand. Mercy Unto Thousands. Dublin: Browne & Nolan, 1958.

Devine, Rev. Fr. Arthur. Convent Life; or, The Duties of Sisters Dedicated in Religion to the Service of God Intended Chiefly for Superiors and Confessors. London-Dublin: R. Washbourne, 1904.

Fahey, Tony. "Nuns and the Catholic Church in Ireland in the Nineteenth Century" in: Mary Cullen, ed. Girls Don't Do Honours: Irish Women in Education in the 19th and 20th Centuries. Dublin: Women's Education Bureau, 1987, 7-30.

Gildea, Rev. Dennis. Mother Mary Arsenius of Foxford. Dublin: Burns Oates & Washbourne, 1936.

Glynn, Joseph A. "Irish Convent Industries". New Ireland Review, 1 (1894), 236-244.

Kealy, Maire M., OP. Dominican Education in Ireland, 1820-1930. Dublin: Irish Academic Press, 2007.

Keenan, Desmond. The Catholic Church in Nineteenth-Century Ireland: A Sociological Study. Dublin: Gill & Macmillan, 1983.

Kelly, Sr. M. Dominic. The Sligo Ursulines: The First Fifty Years, 1826-1876. Sligo: n.p., 1987.

Keogh, Daire. Edmund Rice and the First Christian Brothers. Dublin: Four Courts Press, 2008.

Larkin, Emmet. "Economic Growth, Capital Investment, and the Roman Catholic Church in Nineteenth-Century Ireland". American Historical Review, 72 (1967) 3, 852-884.

Luddy, Maria. "'Angels of Mercy': Nuns as Workhouse Nurses, 1861-1898" in Greta Jones and Elizabeth Malcolm, eds. Medicine, Disease and the State in Ireland, 1650-1940. Cork: Cork University Press, 1999, 102-117.

Luddy, Maria. Women and Philanthropy in 19th Century Ireland. Cambridge: Cambridge University Press, 1995.

Magray, Mary Peckham. The Transforming Power of the Nuns: Women, Religion & Cultural Change in Ireland, 1750-1900. New York: Oxford University Press, 1998.

Mitchell, James. "Father Peter Daly (c.1788-1868)". Journal of the Galway Archeological and Historical Society, 39 (1983-1984), 27-114.

Normoyle, M.C. A Tree is Planted: The Life and Times of Edmund Rice (Congregation of Christian Brothers). Waterford, 1976.

O'Brien, Sr. Pius. The Sisters of Mercy of Ennis. Ennis: Congregation of the Sisters of Mercy, 1992.

O'Connell, Marie. *Convents in the North of Ireland from the Mid-Nineteenth to the Mid-Twentieth Centuries*. Unpublished M.A. thesis, Queen's University, Belfast, 1992.

Prunty, Jacinta. *Lady of Charity, Sister of Faith: Margaret Aylward 1810-1889*. Dublin: Four Courts Press, 1999.

Raftery, Deirdre and Parkes, Susan M. *Female Education in Ireland, 1700-1900: Minerva or Madonna*. Dublin: Four Courts Press, 2007.

Raughter, Rosemary. "A Discreet Benevolence: Female Philanthropy and the Catholic Resurgence in Eighteenth-Century Ireland". *Women's History Review*, 6 (1997) 4, 465-487.

Savage, R. Burke. *A Valiant Dublin Woman: The Story of George's Hill*. Dublin: M. H. Gill & Son, 1940.

Sullivan, Mary C. *Catherine McAuley and the Tradition of Mercy*. Dublin: Four Courts Press, 1995.

Wall, Maureen. *The Penal Laws*. Dundalk: Dundalgan Press, 1961.

Wall, Maureen. "The Rise of the Catholic Middle Class in Eighteenth-Century Ireland". *Irish Historical Studies*, 11 (1958), 91-115.

Walsh, T.J. *Nano Nagle and the Presentation Sisters*. Dublin: M.H. Gill & Son, 1959.

Whelan, Kevin. "The Catholic Community in Eighteenth-Century County Wexford" in: Thomas P. Power and Kevin Whelan, eds. *Endurance and Emergence: Catholics in Ireland in the Eighteenth Century*. Dublin: Irish Academic Press, 1990, 129-170.

Whelan, Kevin. "The Regional Impact of Irish Catholicism, 1700-1850" in: W.J. Smyth and Kevin Whelan, eds. *Common Ground Essays on the Historical Geography of Ireland*. Cork: Cork University Press, 1988, 253-277.

LES JÉSUITES ET L'ARGENT

FONDATION ET GESTION DE CINQ COLLÈGES JÉSUITES BELGES AU XIXᴱ SIÈCLE (ALOST, GAND, BRUXELLES, MONS ET VERVIERS)

XAVIER DUSAUSOIT

Le père Henri Fonteyne fût surnommé par ses collègues jésuites « l'anneau d'or ». En effet, né en 1746, il était entré dans la Compagnie en 1764 et, après la suppression de son ordre, il fut brièvement prêtre du diocèse de Bruges. Cependant, dès 1786, il rejoignit la Russie où la Compagnie de Jésus était autorisée à survivre. Lorsque le pape eût officiellement rétabli l'ordre des jésuites en 1814, Fonteyne devint le supérieur des pères des Pays-Bas faisant ainsi le lien par sa personne entre l'ancienne et la nouvelle Compagnies[1].

Avant son décès, qui survint en 1816, Fonteyne conseillait à ses jeunes collègues : « étudiez sans cesse l'ancienne Compagnie, lisez l'histoire de ses premiers temps ! »[2]. S'il ne faut pas exagérer outre mesure l'influence qu'il a pu avoir, ses conseils sont fort représentatifs de la mentalité des jésuites du début du XIXᵉ siècle pour lesquels la volonté d'en revenir aux pratiques de leur ordre abattu en 1773 était un objectif essentiel. Ces religieux ne voulaient guère entendre parler de déclin à propos de la Société de Jésus au XVIIIᵉ siècle : pour eux, l'ancienne Compagnie avait été mise à bas par les forces du Mal et ils feraient tout pour rétablir son ancienne grandeur. C'est donc à un ordre en partie mythifié que ces « nouveaux » jésuites du XIXᵉ siècle se référeront pour renouveler son histoire, ses pratiques et ses statuts. Comme souvent, ces hommes avanceront dans leur siècle en regardant vers le passé (tout au moins vers ce qu'ils croient être le passé) et ce n'est que face à l'échec ou aux

---

[1] Henri Fonteyne (Bruges 1746-Destelbergen 1816), entré dans la Compagnie en 1764, prêtre diocé-sain après 1773, il réintégra la Compagnie de Jésus à Dunabourg. Il recruta des novices en Hollande pour les agréger à la Compagnie en Russie. Supérieur des jésuites hollandais et belges en 1814, il tenta désespérément d'ouvrir un séminaire à Roulers de 1814 à 1816. Deneef et Dusausoit, *Les jésuites belges*, 337.

[2] Ibidem.

difficultés rencontrées, qu'ils renouvelleront leurs façons d'agir. Ces considérations générales pourraient s'appliquer à bien des aspects de la vie de la province belge de la Compagnie de Jésus au XIXe siècle mais elles sont particulièrement repérables pour le problème qui nous occupe ici : la gestion financière et matérielle des collèges belges de 1831 à 1914.

L'IDÉAL DE L'ANCIENNE COMPAGNIE ET LA PEUR DE L'ANTICLÉRICALISME

Les jésuites belges - appelons-les ainsi même avant 1830 - se tourneront donc vers leurs devanciers des XVIe, XVIIe et XVIIIe siècles pour fonder des collèges et pour assurer ensuite leur survie. Nous allons voir quels modèles ils pouvaient puiser dans les siècles précédents. Cependant, ce passé faste mais lointain, était concurrencé dans leur esprit par un passé proche, beaucoup moins rassurant, mais dont il fallait tenir compte avant d'entreprendre de créer des écoles. Sans remonter aux massacres de prêtres par les révolutionnaires français, la période supposée favorable de la Restauration avait été un temps d'épreuves pour les jésuites dans plusieurs pays dont le Royaume-Uni des Pays-Bas et la France. Les pères belges tenteront aussi de tirer des leçons de ces difficultés rencontrées dans ces deux pays de 1815 à 1830.

Voyons tout d'abord quel était l'idéal proposé par leur passé lointain et quelles étaient les précautions que le passé proche semblait leur imposer depuis 1815.

Au niveau de la fondation matérielle des collèges, l'ancienne Compagnie recommandait grosso modo d'atteindre deux objectifs : obtenir une « fondation » et réunir un appui à peu près unanime des « autorités » autour d'un projet scolaire. Une « fondation », dans le jargon jésuite, signifiait un apport extrêmement important de capitaux venant d'une personne, le « fondateur » ou la « fondatrice ». Ce capital serait tellement conséquent qu'il permettrait non seulement d'acquérir les terrains, de construire les bâtiments, de rassembler le matériel mais aussi de maintenir une somme placée en biens mobiliers ou immobiliers susceptible de pourvoir à l'entretien du collège et de ses occupants *ad vitam aeternam*. Inutile de dire que, sous l'Ancien Régime, tous les collèges ne bénéficieront pas d'une telle générosité. Le deuxième objectif - celui du soutien presqu'unanime des autorités - devra alors remplacer le premier plutôt que s'y ajouter [3].

Sans refaire ici l'histoire de la Compagnie de Jésus d'avant 1773, il est nécessaire de rappeler que les jésuites ont souvent suscité de vives oppositions à l'intérieur même de l'Europe catholique. Cependant, les créations de collèges devaient se faire dans un contexte local dans lequel les forces d'opposition étaient largement surpassées par les forces favorables aux révérends pères. Il est d'ailleurs arrivé que, dans le cas contraire, des fondations d'écoles soient postposées voire annulées. Parmi les « forces » que les jésuites voulaient avoir de leur coté, on peut évidemment retenir les souverains du pays, chez nous les rois d'Espagne (puis les Habsbourg d'Autriche) ou leurs représentants. Viennent ensuite le magistrat urbain et les autorités épiscopales.

---

[3] Voir notamment ce que dit, à propos du collège de Bruxelles, en 1604, Pilette, « Le collège et la ville partenaires emblématiques ».

La noblesse, les autres congrégations religieuses, les corporations ont aussi leur importance. Dans le cas où un futur collège bénéficie d'une fondation (au sens jésuite du terme), les acteurs importants au niveau local ou au niveau des Pays-Bas viendront apporter une contribution matérielle, disons accessoire, et surtout leur appui moral. Au contraire, s'il n'y a pas de fondation, les différents groupes cités plus haut devront amener cinq, dix ou vingt apports en capital pour permettre l'ouverture d'une école. Souvent, ces sommes d'argent ne seront suffisantes que pour lancer le collège ; son fonctionnement ultérieur sera soumis aux aléas de nouvelles générosités [4].

Notons qu'en échange, la Compagnie de Jésus s'engageait à offrir un « enseignement public » - entendez par là un enseignement gratuit - et que le modèle de l'école jésuite d'Ancien Régime était donc celui d'un collège d'externes. À toute règle ses exceptions : les jésuites créèrent aussi, plus rarement, des pensionnats appelés « convicts » pour lesquels les familles payaient bien évidemment un minerval assez élevé [5].

Les jésuites belges du XIXe siècle connaissaient ces anciennes pratiques et ils tenteront de les ressusciter même si, soulignons-le encore, ils se référaient à un passé reconstruit et en partie mythifié. Ils avaient aussi vécu les difficiles recommencements de la Compagnie aux Pays-Bas depuis 1814 et ils savaient bien qu'avant 1830, ils n'avaient connu que des échecs.

Sous le règne de Guillaume Ier des Pays-Bas, trois tentatives de création de collèges « crypto-jésuites » avaient successivement échoué. Un collège proche de l'esprit ignatien avait été fondé à Alost en 1814 par le futur chanoine van Crombrugghe et il avait fonctionné dix ans avant d'être fermé par le gouvernement [6]. Deux autres tentatives d'écoles dirigées officieusement par des jésuites avaient été rapidement interdites : à Culemborg, en Gueldre en 1818 et à Beauregard, près de Liège, en 1823 [7]. Les premières communautés de la Belgique indépendante n'avaient donc comme modèles de réussite que des exemples étrangers.

[4] Le panorama le plus complet - même s'il est succinct - des circonstances de fondations des collèges des Pays-Bas reste l'ancien ouvrage de Poncelet, *La Compagnie de Jésus en Belgique*, 1-38 mais il existe des études locales pour certains collèges. Outre le livre de Stenuit, éd., *Les collèges jésuites de Bruxelles*, citons Wellens et Cauchies, « L'établissement et les débuts de la Compagnie de Jésus à Mons » et De Brouwer, *De Jezuïeten te Aalst*, I.

[5] Voir Put, éd., *Les jésuites dans les Pays-Bas et la principauté de Liège*, 41-43.

[6] De Brouwer, *De Jezuïeten te Aalst*, I, 275-292. Constant-Guillaume van Crombrugghe (Grammont 1789-Gand 1865), né dans une famille de notables très catholiques. Pensionnaire des Pères de la Foi à Saint-Acheul de 1802 à 1809. Séminariste puis prêtre en 1812. Vicaire à Heusden. Supérieur du collège épiscopal d'Alost (1814-1825). Collaborateur du *Catholique des Pays-Bas*. Membre du Congrès National pour Alost. Collaborateur et co-propriétaire du *Constitutionnel des Flandres* (« journal catholique aristocratique »). Chanoine honoraire depuis 1829. Examinateur synodal, président de la commission diocésaine d'instruction chargée de l'organisation de l'enseignement catholique dans les Flandres. Pressenti comme évêque de Gand lors de la démission de Mgr Van de Velde, il est écarté comme trop ouvertement conservateur. Fondateur des congrégations des joséphites et des Dames de Marie. Nommé archidiacre en 1863 et doyen de la cathédrale Saint-Bavon. Voir Garcia Chavez, *Constant-Guillaume van Crombrugghe* ; Pieraerts et Desmet, *Vie et œuvres du Chanoine van Crombrugghe*.

[7] Sur ces deux tentatives et sur la Compagnie de Jésus semi-clandestine de cette époque, voir Brouwers, *Le rétablissement de la Compagnie de Jésus en Belgique*.

Le pensionnat Saint-Michel fut une des premières constructions majeures des jésuites belges. Il nécessita de très gros investissements que l'on finança grâce aux dons et aux prêts de la noblesse et de la bourgeoisie. En arrière-plan, l'église de la Chapelle.
[ABML]

À cet égard, les jésuites belges sont fortement intégrés dans la sphère d'influence culturelle française car c'est vers le Sud qu'ils puiseront leurs sources d'inspiration. La France de Louis XVIII et de Charles X n'a pas été très favorable à la Compagnie de Jésus. Les pères se voient notamment interdire d'enseigner, tout au moins officiellement. La solution imaginée par l'ordre ignatien et par ses amis au sein de l'épiscopat résidera dans la création de faux séminaires épiscopaux qui sont en fait de vrais collèges jésuites. Cette pratique du paravent épiscopal pour protéger une institution ignatienne sera un des deux grands enseignements que les pères belges crurent pouvoir tirer de l'expérience française [8]. L'autre consistant à opter désormais pour la formule du pensionnat. Pour le général Jan Roothaan, par exemple, l'internat est la panacée universelle. Il sera forcément une réussite financière puisqu'on suppose que les importants minervals demandés seront acquittés par un nombre élevé de pensionnaires (le pensionnat devant toujours être complet). C'est aussi une arme politique de première importance : on frappera à la tête en formant dans ces internats les enfants des élites et les élites de demain. Enfin, la Société de Jésus qui ne dispose que de modestes effectifs (et elle ne peut prévoir son développement ultérieur), pourra les consacrer à éduquer le public le plus choisi que l'on puisse

[8] Gontard, *L'enseignement secondaire en France*, 135-137 ; Delattre, *Les établissements des Jésuites en France*, I, 203-219.

trouver en exerçant sur eux une influence profonde (24h sur 24 et presque 365 jours par an) [9].

Dans les Pays-Bas, la réussite la plus connue des jésuites français porte un nom : Saint-Acheul. Ce petit séminaire, fondé près d'Amiens, a accueilli la crème de la noblesse légitimiste française mais aussi des centaines de pensionnaires belges (par exemple, les frères Malou, le futur ministre des Affaires étrangères Vilain XIIII, etc.) [10]. L'établissement est donc non seulement connu des jésuites mais aussi de tout un public scolaire potentiel dans la noblesse et la haute bourgeoisie des Pays-Bas.

ALOST, LE « SAINT-ACHEUL FLAMAND »

Lorsque la révolution de 1830 survint, les jésuites virent évidemment que de nouvelles libertés allaient exister au niveau scolaire. Ils restaient cependant prudents : la situation pouvait se retourner, l'anticléricalisme et l'anti-jésuitisme pouvaient flamber dans la Belgique nouvellement indépendante. Les autorités romaines de la Compagnie étaient encore plus circonspectes et pouvaient difficilement croire que les jésuites retrouveraient une situation vraiment favorable après une révolution.

Une première possibilité de réintégrer le monde de l'enseignement s'offrit à Alost à l'automne 1830. Nous ne pourrons évidemment refaire toute l'histoire des établissements dont nous allons parler mais nous mettrons en relief trois points particuliers : la recherche des moyens nécessaires à l'ouverture d'un collège, le statut juridique de celui-ci et la gestion financière de l'école après son ouverture.

Le cas alostois était particulièrement alléchant au niveau symbolique car il concernait les anciens bâtiments du collège des jésuites d'avant 1773. Une parfaite restauration pouvait donc être opérée sur un plan matériel. Confiée pendant quelques années à l'abbé van Crombrugghe, l'école avait ensuite été transférée à un directeur laïc hollandais et elle avait complètement périclité [11]. Une grande partie du conseil communal alostois voulait revenir au bon temps du collège religieux. L'évêque de Gand, Mgr Van de Velde, était soucieux de voir redémarrer un enseignement catholique à Alost. Un vaste soutien, pour ne pas parler de consensus, commençait

---

[9] Jan Roothaan (Amsterdam 1785-Rome 1853), issu d'une famille calviniste, entré dans la Compagnie en Russie en 1804, il devint supérieur général en 1829. Il publia, entre autres, une nouvelle édition de la *Ratio Studiorum* en 1832. Sur l'appréciation du général à propos des pensionnats, voir notamment ARSI, Assistensia Angliae. Provincia Belgica. Registre-Minutes, II 1842-1856 : Roothaan à Spillebout (recteur de Gand), 25 avril 1843.

[10] Jean-Baptiste Malou (Ypres 1809-1864), futur évêque de Bruges et Jules Malou (Ypres 1810-Woluwé-Saint-Lambert 1886), futur ministre des Finances et chef de cabinet. Le comte Charles Vilain XIIII (Bruxelles 1803-Leut 1878) sera aussi parlementaire catholique, ambassadeur et journaliste.

[11] De Brouwer, *De Jezuïeten te Aalst*, I, 293-300.

à se dégager : un des objectifs requis sous l'Ancien Régime était déjà plus ou moins rempli [12].

Il existait cependant une certaine opposition à Alost. Elle ne concernait pas les orangistes, très affaiblis dans cette ville « patriote », ni les libéraux [13]. En effet, à ce moment, l'axe de division parmi les patriotes alostois ne passait pas tellement entre libéraux et catholiques mais parmi ceux-ci entre conservateurs et démocrates inspirés par les écrits de Lamennais [14]. Il semble bien que ces démocrates aient envisagé de confier le collège communal aux frères de l'Instruction Chrétienne de Ploërmel, dirigée par le frère de Lamennais, Jean-Marie. Mais après de vifs débats, la ville d'Alost décida d'approcher l'évêque de Gand pour y faire venir les jésuites. Il est intéressant de noter que les deux chevilles ouvrières de cette décision, dans le monde politique alostois, ont été Henri Lefebvre et Benoît Bruneau, deux personnalités libérales de la ville [15].

Sans entrer dans les diverses péripéties qui ont conduit à un accord, examinons le contenu juridique et financier de celui-ci. Visiblement, les jésuites sont très inquiets de rentrer dans le monde de l'enseignement et ils se protègent derrière trois paravents [16]. Premier paravent : le collège d'Alost est et reste une école communale, propriété de la ville qui continuera à jouer son rôle de propriétaire. Deuxième paravent : ce collège communal est confié à l'évêque de Gand pour en faire une sorte

[12] Ibidem. Nous pensons cependant que la relation la plus complète de ces épisodes se trouve dans notre thèse de doctorat (Dusausoit, *Les collèges jésuites*, 51-58). Mgr Jean-François Van de Velde (Boom 1779-Gand 1838), évêque de Gand (1829-1838), fondateur de nombreux collèges et petits séminaires. Initiateur de l'Université catholique de Louvain. Tiraillé entre les tendances catholiques-libérales, démocrates et ultramontaines, il semble avoir donné des gages tantôt à l'une, tantôt à l'autre partie.

[13] Sur la situation politique à Alost, en 1830-1831, voir Witte, « De revolutiedagen van 1830 in Aalst ». Contrairement à ce qui s'était passé à Gand où les orangistes favorables à Guillaume Ier demeuraient puissants, l'opinion publique à Alost avait basculé largement dans le camp « patriote belge ».

[14] Félicité Robert de Lamennais (Saint-Malo 1782-Paris 1854). Prêtre (1816), champion du traditionalisme, il fut amené par haine du gallicanisme de la Restauration à proclamer que l'Église devait se détacher des pouvoirs établis et faire cause commune avec la liberté. Il fonda le journal *L'Avenir* dans lequel il préconisait la séparation de l'Église et de l'État. Condamné par Rome (encyclique *Mirari Vos* de 1832), il répliqua en publiant les *Paroles d'un croyant* (1834) qui faisait de l'Évangile une prophétie révolutionnaire. Député d'extrême-gauche en 1848, il chercha à réconcilier l'Église et les idées démocrates.

[15] Henri Lefebvre (Alost 1790-1851), rentier, membre du Conseil de Régence (1824-1830) et leader de l'opposition interne, vice-président de la Commission administrative (1830-1831), vice-président de la Réunion patriotique centrale du district d'Alost associée à la Réunion centrale de Bruxelles, membre suppléant du Congrès national (1830-1831), échevin d'Alost 1831-1833, commissaire d'arrondissement (1833-1851), conseiller provincial libéral du canton d'Alost (1836-1847), candidat malheureux aux législatives de 1835. Adrien-Benoît Bruneau (Enghien 1805-Uccle 1894). Avocat au barreau de Termonde (1827-1861), rédacteur-en-chef de l'hebdomadaire libéral *Het Verbond van Aelst* (1848), administrateur de sociétés de chemin de fer, de carrières et de charbonnages. Conseiller communal d'Alost (1830), conseiller provincial libéral (1836-1838), député permanent de Flandre orientale (1839-1847), candidat malheureux aux législatives de 1843 comme libéral « modéré et gouvernemental », député libéral d'Alost (1847-1857), député libéral de Soignies (1866-1870).

[16] Pour le texte intégral de cette convention, voir De Brouwer, *De Jezuïeten te Aalst*, II, 12.

de petit séminaire épiscopal. Troisième paravent : l'évêque confie cette école à des prêtres dont un certain nombre sont jésuites mais le directeur est un séculier, l'abbé Bruno Van Dorpe [17]. Ce n'est qu'après quelques mois que Van Dorpe et les autres séculiers se retireront pour laisser entièrement la place aux jésuites.

Financièrement, les pères croient avoir conclu l'accord idéal. Ils reçoivent pour 30 ans un collège (leur ancien collège) mais la ville, qui en est propriétaire, le remettra en état, l'équipera, l'entretiendra en échange d'un loyer modéré et de la possibilité de pouvoir placer gratuitement quelques élèves sur les bancs de l'école. L'évêque, non seulement protège les jésuites mais leur verse une subvention. La noblesse et les notables de la région apporteront aussi leur contribution sous la forme de dons en nature ou en espèces. Le consensus est quasi complet puisqu'on retrouve parmi les donateurs les personnalités catholiques démocrates qui ont visiblement choisi de s'entendre avec les jésuites et de contribuer à la réussite du collège qui doit être un des atouts importants de la petite ville [18]. Enfin et surtout, l'accord des autorités romaines a été obtenu facilement car le collège est essentiellement un internat qui se voit confier tout le nord du pays comme terrain d'action (le sud étant réservé à Namur, deuxième collège en train de s'ouvrir) [19]. La cause semble entendue. Alost deviendra le Saint-Acheul des Flandres. Les 600 francs apportés par chaque pensionnaire feront du collège une « vache à lait » de la province belge de la Compagnie, puisque, bien évidemment, ils ne manqueront pas d'être nombreux.

Chronologiquement, nous devrions passer à l'ouverture des autres collèges et à l'examen des formules juridiques et financières qu'ils adoptèrent pour vivre et prospérer mais il nous a paru opportun de dire ce qu'était devenu le collège d'Alost dans les décennies ultérieures car cette évolution expliquera en bonne partie pourquoi les autres établissements des jésuites adopteront d'autres solutions.

Quelques années seulement après l'ouverture d'Alost, les jésuites déchanteront. À partir de 1840 et pendant plus de 15 ans, il est question de fermer l'école et Rome est à deux doigts de prendre la décision [20]. Par ordre croissant de difficulté, quels

[17] Bruno-Benjamin-Augustin Van Dorpe (1801-1889), vicaire à Courtrai, il est nommé principal (officiellement de mars 1831 à 1832, date de la création de la province belge des jésuites ; officieusement, il est directeur spirituel des élèves à partir de mai 1831). Il sera nommé ensuite directeur du séminaire Sainte-Barbe à Gand en septembre 1832. Spécialiste de la collaboration avec les jésuites, Van Dorpe leur transmit aussi cet établissement avant d'être nommé vicaire du Sinaï près de Lokeren. Défenseur de la Constitution jusqu'en 1832, il changea sa position après *Mirari Vos*. Nommé vicaire à Gand, il devint finalement curé de Waarschoot.
[18] Sur les relations entre les différentes classes sociales alostoises et le jésuites, voir, par exemple, ABSE, Sint-Jozef Aalst, C100 : Consultes de la maison d'Alost depuis le 26 septembre 1831 jusqu'au 12 août 1857 ou la correspondance contenue dans SAA, Bundel Sint-Jozefscollege.
[19] Sur le collège de Namur, voir notamment Joset, « L'origine des Facultés de Namur ».
[20] ARSI, Assistensia Angliae. Provincia Belgica. Registre-Minutes, I 1832-1842 : Roothaan à Franckeville (provincial), 31 mai 1842 (refus de toucher aux statuts des maisons d'Alost et de Gand) ; Roothaan à Franckeville, 17 août 1844 (le général demande à ce qu'on trouve des solutions face à la diminution du nombre d'élèves) ; Roothaan à Matthys, 27 août 1844 (même objet) ; Roothaan à Matthys, 23 avril 1846 (refus de la fermeture proposée par la consulte de province) ; Roothaan à Matthys, 21 septembre 1847 (décision définitive de garder Alost) ; ARSI, Provincia Belgica. Epistolae 1002 (1843-1852), Belg. 2-III-9 : Broeckaert à Roothaan, 28 avril 1847 (sur les raisons de garder Alost) et Belg. 2-I, 12 : Matthys à Roothaan, 31 août 1847 (sur les raisons de fermer Alost).

sont les problèmes ? Tout d'abord, la Ville d'Alost, propriétaire d'un bien en location, se révèle très pingre, elle rechigne à effectuer travaux et réparations sans parler d'investissements supplémentaires ou d'achat d'immeubles qui permettraient au collège d'être plus à l'aise et de bénéficier d'un meilleur environnement. Ensuite, l'appui financier qui aurait pu venir de l'évêché et des notables catholiques de la région s'avère tout à fait marginal. Enfin et surtout, la solution-miracle du pensionnat est passablement catastrophique [21]. Les internes sont peu nombreux et la Compagnie de Jésus a en fait créé une concurrence entre ses propres établissements : le collège de Bruxelles a ouvert un pensionnat très select et surtout les jésuites français exilés sont devenus la coqueluche de l'aristocratie grâce à leur internat de Brugelette, en Hainaut [22]. Alost, peu attractive pour ce type de familles, est en déficit, la province jésuite doit y injecter de l'argent. Les jésuites se trouvent confrontés à une règle de gestion fondamentale d'un pensionnat. Un tel établissement crée chaque année des frais fixes très importants et incontournables ; en dessous d'un certain nombre de pensionnaires, ils ne sont pas couverts par les minervals, au-delà, chaque nouvel élève représente pratiquement un bénéfice net. Or, à Alost, ce chiffre-limite n'est jamais atteint [23]. Dès lors, d'où viendra le salut ?

D'abord de l'obstination des recteurs du collège qui refuseront de voir mourir le premier collège jésuite de Belgique (argument auquel Rome est sensible), ensuite des élèves externes [24]. Ce sont eux qui feront finalement peu à peu gonfler les effectifs d'Alost et qui apporteront, grâce à leur petit minerval l'apport financier indispensable à sa survie. Parmi ces élèves qui ne logent pas à l'école, signalons la catégorie intermédiaire et très rentable des demi-pensionnaires car ils occasionnent très peu de frais supplémentaires pour un minerval deux fois supérieur à celui des externes [25].

Pour en terminer avec Alost, disons encore qu'au point de vue de son statut, la solution de 1831 ne durera pas éternellement. Commençons par un non-événement mais un non-événement étonnant : en 1857, année de la fameuse « loi des couvents », il fallut renouveler la convention liant la ville au collège alors que, depuis 1848, la commune est dirigée par une majorité libérale [26]. Or, le bourgmestre et les échevins libéraux, renouvelèrent la convention qui les liaient aux jésuites, et ce, pour 27

---

[21] Sur la situation financière d'Alost, la faiblesse des dons des bienfaiteurs, le petit nombre de pensionnaires, voir ABSE, Sint-Jozef Aalst, C 91 : *Catalogus benefactorum. Benefactorum collegii Alostani ab anno 1831* ; C 100 : Consultes de la maison d'Alost depuis le 26 septembre 1831 jusqu'au 12 août 1857 ; C 101 : *Diarium collegii Alostani inceptum anno 1831*.

[22] Nous parlerons plus loin du pensionnat Saint-Michel, de Bruxelles. Sur Brugelette, Delattre, *Les établissements des jésuites en France*, I, 974-976.

[23] Sur l'évolution globale du nombre d'élèves et la répartition entre internes et externes, voir Dusausoit, *Les collèges jésuites*, 61. La situation du collège de Mons montrera assez clairement plus loin que ce chiffre se situe aux alentours de 200 élèves.

[24] Sur les débats entre Rome et la Belgique, le lecteur se reportera aux références de la note 20.

[25] Nous reparlerons plus longuement de ces demi-pensionnaires pour les collèges de Gand et de Bruxelles.

[26] Le gouvernement unioniste dirigé par le catholique Pierre De Decker tenta de faire voter une loi permettant les dons et legs à des « associations charitables ». Devant la perspective de voir rétablie la mainmorte ecclésiastique, l'opinion libérale se mobilisa et, dans certaines localités, comme Mons, de véritables émeutes s'en prirent à certains ordres religieux, dont les jésuites.

années supplémentaires. Seuls deux conseillers communaux s'abstinrent, et même si l'on sait qu'ils représentaient l'aile la plus avancée des libéraux alostois, ils ne dirent pas un mot pour refuser le principe-même de cet accord entre les jésuites et les autorités communales libérales [27]. En 1885, cette fois sous une administration communale catholique, les jésuites cherchèrent à rompre ce mariage avec la ville et le très compréhensif bourgmestre de l'époque leur vendit, à prix d'ami, les bâtiments du collège [28].

Dès lors, le collège devint une propriété privée et, comme cela fut souvent pratiqué, un système complexe de propriétaires multiples associant plusieurs jésuites et leurs parents fut mis sur pied pour garantir la mainmise de la Compagnie de Jésus sur un bien qui ne pouvait officiellement pas être le sien et ce jusqu'à la loi organisant les a.s.b.l. après la Première Guerre mondiale [29].

GAND OU L'INVENTION DU MINERVAL

Même si beaucoup d'éléments intéressants devraient être évoqués pour la reprise par les jésuites du collège de Gand, nous ne retiendrons que les points financiers juridiques et financiers qui rapprochent ou qui différencient cette école de celle d'Alost.

Grand point commun : le collège Sainte-Barbe sera un séminaire épiscopal confié aux jésuites par l'évêque de Gand, le premier directeur paravent sera le même qu'à Alost, l'abbé Bruno Van Dorpe [30]. Autre point commun : l'ordre ignatien s'empare d'une école au détriment du clergé de tendance démocrate. Mais cette fois, les démocrates n'agitaient pas un projet encore vague, ils dirigeaient effectivement le petit séminaire depuis de nombreuses années [31]. Les jésuites les évinceront et

[27] De Brouwer, *De Jezuïeten te Aalst*, II, 20-21. Les débats du conseil communal ne sont que très partiellement cités par cet ouvrage, voir plutôt : SAA, Vergaderingen gemeenteraad 20 : Conseil communal du 12 janvier 1857 et mettre les réactions du personnel communal en rapport avec l'analyse de Liebaut, « De gezagsconcentratie in het arrondissement Aalst », 19, 105 et 107.

[28] Dusausoit, *Les collèges jésuites*, 68 ; De Brouwer, *De Jezuïeten te Aalst*, II, 22-23 ; ARSI, Provincia Belgica. Epistolae 1006 (1884-1894, pars 2, domicilia), Belg. 5/I,19 : Van Reeth (provincial) à Anderledy (général), 19 février 1885 (le provincial parle d'un prix de 120 000 francs pour une valeur réelle de plus de 200 000 francs, il croit aussi au possible retour au pouvoir des libéraux (au niveau local ou au niveau national ?)).

[29] De Brouwer, *De Jezuïeten te Aalst*, II, 22-23. Ces jeunes jésuites sont Joseph-Marie Cooreman (Gand 1861-Calcutta 1918), entré dans la Compagnie en 1879, missionnaire en Inde ; Paul Cooreman (Gand 1863-Hambanota, Ceylan 1919), entré dans la Compagnie en 1882, missionnaire à Ceylan depuis la fin de sa formation. Leur mère Maria Hovaere décéda en 1901. Emile Dutry (Gand 1873-Liège 1922), entré dans la Compagnie en 1892 et Paul Dutry (Gand 1876-Jauchelette 1948), entré dans la Compagnie en 1893.

[30] Un petit livre a été écrit à propos du collège de Gand et, en particulier, de sa reprise par les jésuites : Brouwers, *De jezuïeten te Gent*.

[31] Cette lutte avec les catholiques démocrates est particulièrement décrite dans Lamberts, *Kerk en liberalisme in het bisdom Gent* et, précédemment, par Haag, *Les origines du catholicisme-libéral en Belgique*.

transformeront une école peu fréquentée en un établissement-phare du paysage gantois. On imagine quel pouvait être le ressentiment à leur égard.

Ceci nous amène aux différences. Le large consensus alostois n'existe absolument pas à Gand lorsque, en 1833, il est question de confier Sainte-Barbe aux jésuites. La Ville de Gand est dirigée par les orangistes qui ne leur sont en aucune façon favorable ; de plus, dans le camp « patriote belge », les catholiques démocrates qui se voient enlever une école qu'ils dirigeaient vont mener une opposition feutrée mais résolue. Financièrement parlant, le seul apport tangible annuel sera une subvention épiscopale annuelle de 5000 francs [32]. Par conséquent, le collège de Gand sera le théâtre d'une grande innovation pour les jésuites : demander un minerval aux élèves externes.

Bien évidemment, cette affirmation peut étonner : faire payer les externes s'est pratiqué depuis longtemps dans bien des écoles. L'innovation est interne à la Compagnie de Jésus mais elle est d'importance et elle va opposer violemment les autorités romaines et les responsables de la province belge. Le général Roothaan, pendant des mois, refusera cette idée en s'appuyant sur les traditions de l'ordre et sur ce qu'il appelle l'« unicité de pratiques des collèges d'Europe ». Il s'agit en effet de maintenir le principe de l'« enseignement public » gratuit tel qu'il se pratiquait depuis le XVIe siècle. En outre, accorder aux Belges une dérogation à cette règle ouvrirait la porte à d'autres demandes dans d'autres pays. En face, les jésuites belges, fortement appuyés par l'évêque de Gand, savent que des opportunités extraordinaires existent dans la jeune Belgique indépendante pour développer de nouveaux apostolats scolaires. Mais il faut saisir rapidement ces occasions. On sait par ailleurs que la reprise de Sainte-Barbe n'est pas qu'une initiative scolaire mais aussi une possibilité politique d'évincer le clergé démocrate. Les pères belges chercheront donc des biais, suggérant de demander un minerval pour les frais annexes (bibliothèque, manuels, chauffage, etc.), proposant de présenter le minerval aux parents comme une exigence de l'évêque. Finalement, en 1834, ils demanderont un minerval de 25 francs et obtiendront a posteriori l'approbation du général mis devant le fait accompli [33]. La

[32] Ce renseignement sur les finances du collège de Gand, comme les autres qui seront évoqués plus loin, se trouve dans la riche documentation comptable de l'école. ABSE, Sint-Barbara-Gent, Finances 4, C 47/4 : Journal comptable du Collège Sainte-Barbe 1838-1858 ; Livre du mois 1900-1905 ; Journal 1858-1877.

[33] ABSE, Sint-Barbara-Gent, Dossier Stichting van het college I : Lettre de Van Lil à Mgr Van de Velde, 13 août 1834, rapportant les paroles du général face aux tentatives conjointes du provincial et de l'évêque de Gand. Dans les archives romaines, pratiquement chaque lettre de cette période envoyée de Gand ou concernant Gand revient sur la délicate question du minerval. ARSI, Provincia Belgica. Epistolae 1001 (1833-1842), Belg. 1-IV, 3 : Minute de la consulte provinciale sur la reprise du collège de Gand, 5 août 1833 (où l'on demande déjà à l'évêque de remplacer le minerval interdit par une contribution financière de sa part); Belg. 1-IV, 9 : Van Lil à Roothaan, 13 août 1833 (le provincial propose un minerval perçu par un prêtre séculier et non par les jésuites) ; Belg. 1-IV, 10 : Van Lil à Janssen, 20 octobre 1833 (le provincial plaide longuement (deux pages) pour un minerval sans lequel il faudrait renoncer aux collèges « publics » (d'externes)) ; Assistensia Angliae. Provincia Belgica. Registre-Minutes, I 1832-1842 : Roothaan à Van Lil, 24 octobre 1833 (le général refuse catégoriquement le minerval, préfère l'unité de pratiques des collèges d'Europe à l'ouverture d'un nouveau collège mais propose d'autres pistes pour sélectionner les élèves) ; Provincia Belgica. Epistolae 1001 (1833-1842), Belg. 1-IV, 11 : Van Lil à Roothaan, 9 décembre 1833 (retour sur la question du minerval) ; Assistensia Angliae. Provincia Belgica. Registre-Minutes, I 1832-1842 : Janssen à Van

légendaire obéissance jésuite est donc mise à rude épreuve mais, finalement, Rome a accepté que les responsables locaux aient pu trouver le moyen de « faire du fruit » (ici sur le plan scolaire) en bousculant un peu la tradition.

Au regard de l'histoire de l'ensemble des autres collèges de Belgique, cette initiative représente le salut. Ajoutons, en ce qui concerne Sainte-Barbe, que le nombre d'élèves augmentera rapidement (200 en 1850, 300 en 1853, 350 en 1855) et que le minerval passera à 60 francs dès 1839 (ouvrons une rapide parenthèse pour dire que cette augmentation visait à sélectionner socialement les élèves, à l'origine trop « populaires » de l'avis des jésuites. En 1843, les demi-pensionnaires payant 360 francs de minerval annuel seront à la fois une manne financière et un nouveau public choisi). La riche documentation comptable du collège permet de comprendre ce qui va se passer. La subvention épiscopale représentait 45% des rentrées en 1838, les jésuites faisaient alors flèche de tout bois (la location des chaises de la chapelle représentait alors 6% des rentrées) [34]. Mais avec un minerval, augmenté de surcroît, et une population scolaire en plein essor, le collège allait devenir bénéficiaire dès 1843. L'argent venant des élèves représentera 80% des recettes en 1853 (la part du subside épiscopal tombant à 14%). Ces bénéfices accumulés pouvaient évidemment servir pour de grosses réparations, pour de nouvelles constructions, pour des achats de terrain mais, en attendant, il sera investi dans des valeurs mobilières (actions et obligations) selon ce que nous appellerions aujourd'hui une politique de placements éthiques. À l'époque, cela signifie investir dans des emprunts des puissances catholiques (États pontificaux, Autriche, Espagne) avec des variations d'investissements en fonction de la ligne politique de certains États : ainsi, après 1850, la France de la loi Falloux et de Napoléon III devient un lieu d'investissement « politiquement correct » [35]. Au niveau des actions de sociétés commerciales, une étude pourrait être menée pour vérifier qu'il en allait de même pour celles-ci.

Disons pour en terminer avec Gand que les investissements, immobiliers cette fois, consentis par les jésuites pour agrandir ou rénover leur collège les rendaient un peu mal à l'aise car ils étaient effectués dans des bâtiments qui ne leur appartenaient pas. La protection offerte par le statut de séminaire épiscopal s'accompagnait d'ailleurs par une surveillance un peu trop étroite de la part des évêques de Gand alors que ceux-ci avaient progressivement supprimé leur subvention à Sainte-Barbe. La solution trouvée à Alost s'appliquera donc aussi à Gand : en 1887, les pères

---

Lil (le secrétaire de la Compagnie esquisse une solution de compromis : faire payer officiellement pour des frais annexes mais rien au-delà) ; Roothaan à Van Lil, 19 juillet 1837 (le général reste pour sa part intransigeant sur ses positions) ; Provincia Belgica. Epistolae 1001 (1833-1842), Belg. 1-IV, 11 : Vandermoere (recteur de Gand) à Janssen, 15 septembre 1839 (le recteur détaille tous les frais annexes qu'on pourrait « tarifer » : domestiques, chauffage, matériel, bibliothèque, programmes, prix, cours de langues modernes) ; Assistensia Angliae. Provincia Belgica. Registre-Minutes, I 1832-1842 : Janssen à Van Lil, 11 octobre 1834 (le secrétaire accepte la solution mais en excluant les cours d'anglais qui ne peuvent absolument pas rentrer dans le plan d'études).

[34] L'évolution du nombre des élèves et la situation financière de l'école sont détaillées dans notre thèse : Dusausoit, *Les collèges jésuites.*, 81-85. Pour le détail, on se référera au journal comptable évoqué en note 32.

[35] ABSE, Sint-Barbara-Gent, Finances 4, C 47/4 : Journal comptable du Collège Sainte-Barbe 1838-1858 ; Livre du mois 1900-1905 ; Journal 1858-1877.

rachèteront les bâtiments de Sainte-Barbe qui deviendra un collège purement jésuite, officiellement possédé par cinq jeunes jésuites [36].

BRUXELLES ET MONS : COLLÈGES INDÉPENDANTS

Si l'adoption du minerval pour les externes a été une grande innovation gantoise, l'ouverture du collège de Bruxelles, en 1835, s'accompagnera elle aussi de nouveautés porteuses d'avenir pour l'ensemble des collèges des jésuites belges.

Le cadre général ne correspond plus du tout au consensus trouvé à Alost. Sans parler des orangistes, Bruxelles est dominée par des libéraux très peu favorables aux jésuites même s'ils ne gêneront pas, à l'époque, leur liberté d'enseigner. L'archevêque de Malines, Mgr Sterckx, n'est pas favorable à un collège ignatien et il fera ce qu'il peut pour en empêcher l'ouverture. Les jésuites ne seront donc soutenus que par une minorité catholique et personne, à Bruxelles, ne leur fournira d'école clé sur porte comme à Alost ou à Gand. Ils devront par conséquent acheter des bâtiments, les équiper et faire fonctionner un collège avec de l'argent qu'ils devront trouver ici ou là [37]. Ajoutons qu'une nouvelle fois, le richissime fondateur qui viendrait résoudre tous les problèmes ne se présentera pas.

Par conséquent, il leur faudra attendre : plus de deux ans se passeront entre l'installation à Bruxelles des deux premiers pères et l'ouverture du collège Saint-Michel. Ils devront aussi rassembler les dons d'une trentaine de personnes et d'institutions favorables à la Compagnie. Certaines familles nobles (au premier rang desquels le comte de La Serna et la famille de Mérode), certaines congrégations religieuses, de nombreux hommes politiques catholiques brabançons, des bourgeois donneront

---

[36] ARSI, Provincia Belgica. Epistolae 1006 (1884-1894, pars 2, domicilia), Belg. 6-X, 52 : Van Reeth à Anderledy, 18 juillet 1887 ; Brouwers, *De jezuïeten te Gent*, 180-181. Compte avait été tenu des transformations, rénovations et achats faits par les jésuites. Le changement de position de l'évêque de Gand est difficilement explicable : désir de garder une bonne collaboration avec les jésuites ? Souci de maintenir l'unité du monde catholique gantois et de garantir la stabilité du collège ? Pressions d'amis de la Compagnie comme l'évêque coadjuteur, Mgr De Battice, ancien élève de Sainte-Barbe et très favorable à celui-ci ? Les jeunes jésuites « propriétaires » seront : Jules Verest (Rupelmonde 1858-Gand 1941), entré dans la Compagnie en 1884, surtout connu comme auteur d'un manuel de littérature devenu un classique dans une grande partie des écoles catholiques de Belgique. Il écrivit aussi de nombreux articles sur la question scolaire et l'avenir des humanités classiques. Il a 29 ans en 1887 et est étudiant à Louvain. Charles de Temmerman (Sint-Kornelis-Horebeke 1857-Turnhout 1930), entré dans la Compagnie en 1877, ordonné prêtre en 1891. 30 ans en 1887, il est alors à Anvers. Théodule de Temmerman, frère du précédent, professeur à Turnhout en 1887 ; Arthur Vermeersch (Ertvelde 1858-Eegenhoven 1936), docteur en droit, en théologie et en droit canon. Professeur de droit canon et de théologie morale au scolasticat de Louvain. De 1918 à 1934, il professa les mêmes matières à la Grégorienne de Rome. Il fit beaucoup pour ouvrir les milieux catholiques aux problèmes sociaux, à la démocratie chrétienne et au mouvement flamand. Il a 29 ans en 1887 et est étudiant à Rome.

[37] Les circonstances d'établissement des jésuites à Bruxelles en 1833-1835 ont été publiées dans Dusausoit, « L'implantation du collège et du pensionnat ».

chacun de 1000 à 20 000 francs de l'époque [38]. Grâce à cela, ils acquerront, à prix d'ami, la moitié de l'hôtel de Hornes avant de recevoir l'autre moitié et ils pourront ouvrir leurs deux premières classes avant que, là aussi, les minervals d'externes et le grand nombre de ceux-ci n'assurent rapidement la pérennité du collège [39].

Point commun avec Gand : pour des raisons plus sociales que financières, le minerval sera rapidement augmenté pour limiter l'accès du collège et empêcher l'arrivée massive d'élèves issus de familles d'artisans ou de la domesticité. Bruxelles est cependant plus cher que Gand, parti de 60 francs, le minerval montera vite à 100 francs [40]. Porté par l'augmentation rapide du nombre de ses élèves externes et demi-pensionnaires, le collège Saint-Michel se plaindra parfois de bien des maux mais il ne sera jamais question de fermeture comme à Alost ou, nous allons le voir, à Mons [41].

Avant de quitter Bruxelles, relevons encore deux innovations que les jésuites belges y ont initiées. Une innovation financière tout d'abord avec le recours pour financer le collège et, plus tard, le pensionnat Saint-Michel, à des prêts de particuliers. Les milieux sollicités furent les mêmes que ceux des donateurs mais plutôt que de recourir encore à la générosité de leurs « amis », les pères leur proposèrent une « bonne affaire » grâce à des taux un peu plus intéressants que ceux du marché et, disent-ils, grâce à une plus grande sécurité au niveau du remboursement. Bien évidemment, entre le prêt et le don, il existera des solutions intermédiaires : prêt sans intérêt, éventuel renoncement au remboursement, etc. [42]. L'autre innovation est juridique. Saint-Michel n'étant ni un collège communal ni un séminaire épiscopal, il fallut, pour l'organiser, avoir recours à une formule permettant de contourner l'impossibilité pour une congrégation de posséder des biens. Cette solution fut celle de la société civile : une dizaine de jésuites, chargés de responsabilités locales ou provinciales, furent officiellement les actionnaires propriétaires de l'établissement dont on décrit les diverses activités dans l'acte notarié [43]. Précision caractéristique du XIXᵉ siècle : le but officiel du collège Saint-Michel est donc de réaliser des bénéfices.

Nous dirons peu de chose du collège de Mons sinon pour préciser que c'est une sorte de petit frère de son homologue bruxellois. Même milieu politique hostile (il l'est

---

[38] Ibidem. Comte Pierre de La Serna-Santander, comte de Laguna y Temenos (Bruxelles 1806-1887), issu de la vieille noblesse de Biscaye, fils de don Carlos (conservateur de la Bibliothèque de Bourgogne et administrateur des hospices de Bruxelles sous l'Empire, renvoyé en 1814 pour son soutien aux insurgés espagnols). Pierre est naturalisé belge en 1839, il soutient cependant les carlistes espagnols. Administrateur des Charbonnages de la Vallée du Piéton. Éligible au Sénat. Châtelain à Jumet. Les Mérode sont essentiellement les fils de la comtesse Marie, Félix, Werner et Henri, tous trois parlementaires catholiques du Brabant. Félix sera plusieurs fois ministre.

[39] La première moitié est achetée en 1835 au comte de Lallaing, nommé diplomate en Autriche ; l'autre sera donnée par le baron de Coullemont de Watervleet, frère d'un jésuite décédé.

[40] ABSE, Saint-Michel-Sint-Jan-Berchmans, carton n°34 : Registre des inscriptions, année 1840.

[41] Le chiffre-clé de 200 élèves est dépassé dès 1840 et celui de 300 en 1850.

[42] Dusausoit, Les collèges jésuites, 106.

[43] ABSE, Saint-Michel-Sint-Jan-Berchmans, carton Histoire du collège de Bruxelles : Acte de Constitution de la Société civile « collège Saint-Michel » (1843). Parmi les pères actionnaires de cette société civile (et dans celles des autres collèges ayant adopté cette forme juridique), on trouve un grand nombre de jésuites issus de familles de banquiers, d'armateurs, de gros commerçants. Est-ce un hasard dû à la composition sociologique habituelle de la province belge ou a-t-on voulu rassembler un grand nombre de personnalités ayant « l'habitude des questions d'argent » ?

Un groupe de cavaliers (guides) devant le collège Saint-Michel en construction à Etterbeek. Les jésuites y consacrèrent une forte somme d'argent économisée depuis longtemps et le montant d'un héritage d'un jésuite, fils de banquier (vers 1904-05).
[*ABML*]

encore plus à Mons qu'à Bruxelles) ; une aide de l'évêque, Mgr Labis, mais qui est assez ponctuelle ; une création d'école dès lors assumée par la seule Compagnie de Jésus ; des dizaines de donateurs apportant des aides relativement modestes ; la solution juridique de la société civile. Deux différences notables cependant [44]. D'une part, le temps nécessaire pour surmonter les obstacles entre l'arrivée des jésuites à Mons et l'ouverture du collège Saint-Stanislas sera considérable : 11 ans, de 1840 à 1851. D'autre part, la difficile survie financière de l'école pendant 15 ans du fait de l'impossibilité d'atteindre la barre fatidique des 200 élèves qui semble être le niveau requis pour que ce genre d'école vive sans trop de problèmes. La province, qui choisit finalement de laisser subsister Saint-Stanislas, doit y injecter de l'argent pendant de nombreuses années par l'intermédiaire des visites à Mons de M. Gaspard Moeremans, frère d'un jésuite bien connu à l'époque mais aussi commissaire de la Société générale de Belgique [45].

Finalement, vers 1865, l'école pourra respirer. 200 élèves auront pu être attirés en ses murs malgré la haine dont les jésuites sont l'objet parmi de nombreux habitants

[44] Dusausoit, « Voici la voix qui crie dans le désert (Mc 1,3) ».
[45] ABML, Mons Communauté, *AMDG Diarium Residentiae Montensis*, achat le 27 octobre 1853 de la maison Coyaux pour 17 000 francs par l'intermédiaire de M. Moeremans. Le *Diarium* signale la venue de M. Moeremans les 20 novembre 1854, 30 septembre 1856, 3 novembre 1856 et 24 septembre 1857. À partir de 1857, la province accorde une aide annuelle de 4000 francs à Saint-Stanislas. Gaspard Moeremans (Bruxelles 1792-1876) était propriétaire d'une brasserie et commissaire de la Société générale de 1830 à 1875. Son frère, le P. Henri Moeremans, est le fondateur du pensionnat Saint-Michel. Gaspard Moeremans est un collaborateur attitré des jésuites dans le domaine des transactions financières. Nous avons aussi rencontré des notaires « habituels » de la Compagnie comme le Bruxellois, Me Van Mons, mais il serait intéressant de découvrir si les pères ont des conseillers attitrés dans ou en dehors de l'ordre pour toutes questions juridico-financières.

de la région [46]. Une généreuse donatrice, la mère du Révérend père Criquelion, viendra aussi apurer les anciennes dettes grâce à un don assez exceptionnel. Il est intéressant de noter que ce don a été rendu possible par la fortune considérable de feu M. Criquelion, un ingénieur enrichi dans l'industrie charbonnière [47].

VERVIERS, FRUIT DE L'ÉVERGÉTISME PATRONAL

L'évocation des mines de charbon à Mons peut être mise en parallèle avec l'importance de l'industrie lainière à Verviers. Le collège Saint-François-Xavier présente beaucoup de points communs avec Bruxelles et Mons mais aussi deux ou trois particularités remarquables. Passons rapidement sur les éléments déjà rencontrés et que l'on retrouve à Verviers. Une situation politique extrêmement défavorable aux jésuites : l'arrivée des premiers pères en 1844 pour y fonder une résidence a été précédée de manifestations que l'on peut presque qualifier d'émeutes [48]. Un soutien moral total mais matériellement limité de l'évêque de Liège, Mgr de Montpellier [49]. Un temps d'attente de 11 ans (1844-1855) entre l'ouverture de la résidence et celle du collège. Et une fois celui-ci créé, le paravent juridique de la société civile [50].

Le premier élément vraiment original à Verviers est constitué par l'origine des aides financières reçues : la résidence des jésuites et les premières démarches nécessaires à l'ouverture du collège seront essentiellement financés par trois familles - par ailleurs associées entre elles par mariage, les trois plus riches familles de

[46] En 1857, au moment du vote de la « loi des couvents », le collège de Mons a subi un assaut de la part d'émeutiers anticléricaux. Cet événement est sans doute un des plus violents parmi ceux qui ont marqué la Belgique à cette époque.

[47] ABML, Mons Communauté, Cahier Messes, Tableau des fondations, bourses d'études. Mme Antoine Criquelion (née Clara Bourlard) avait épousé, en 1846, un ingénieur de l'École des Mines de Mons qui publia une *Théorie atomique et loi des équivalents chimiques*. Femme d'une vie tellement édifiante qu'on a publié sa vie. Mère de Gaston Criquelion (rhétorique de Saint-Stanislas 1865). Entré dans la Compagnie en 1866. Ministre à Namur 1907-1908 et *operarius* (jésuite chargé d'œuvres sociales ou missionnaires).

[48] Une relation détaillée de ces événements se trouve dans le livre consacré à la presse verviétoise (Joris, *La presse verviétoise*). L'arrivée des jésuites à Verviers se situe à l'extrême fin de l'unionisme, les libéraux se structurent et adoptent un programme de lutte anticléricale. Le quotidien libéral *Le Journal de Verviers* sera au centre de l'opposition d'une bonne partie des habitants à l'installation des jésuites.

[49] Auparavant Mgr Van Bommel avait été lui aussi un chaud partisan de l'installation des jésuites (et d'un collège) à Verviers. Mgr Théodore-Alexis de Montpellier (Vedrin 1807-Liège 1879) fût le 85ème évêque de Liège à partir de 1852.

[50] ABML, (Verviers), V, 101-1, 1, Fonds de l'Économat, Actes notariaux : Acte de création de la Société civile par actions Collège Saint-François-Xavier à Verviers. Étude de Me Van Mons, notaire à Ixelles, 2 décembre 1859.

l'industrie textile verviétoise : les de Biolley, les Simonis et les de Grand-Ry [51]. Mais ces dons importants ne sont que peu de chose par rapport aux 820 000 francs que donnera l'un des membres de ces familles, Mme Laure de Biolley, veuve de l'héritier de la branche principale des de Biolley [52]. De ce fait, celle-ci recevra le titre de fondatrice du collège de Verviers. De tous les collèges dont nous avons parlé, Verviers sera le seul collège « fondé », au sens que la Compagnie de l'Ancien Régime donnait à cette expression, mais cette fondation sera permise, fait significatif, par une des industries les plus modernes de l'époque.

Grâce à sa fondation, Saint-François-Xavier sera donc un collège riche d'autant qu'il recevra aussi les minervals qu'il demandera à ses élèves [53]. Des cinq collèges étudiés, Verviers pourra donc se permettre le recrutement le plus démocratique (uniquement des externes, beaucoup d'élèves pauvres dispensés totalement ou partiellement du minerval). En outre, l'école devait être au départ une « école industrielle » sans section latine. Si celle-ci a finalement été créée, les classes latines seront, pendant une longue période surpassée par le nombre de classes primaires ou professionnelles [54]. Les jésuites verviétois pourront aussi s'acheter des bâtiments, ils en construiront de nouveaux et même, ils acquerront de vastes terrains encore vierges à la limite de la ville [55]. L'évocation de ceux-ci nous amène à parler de la deuxième particularité de l'établissement.

[51] Voir Zumkir, « Les dynasties politiques dans la province de Liège ». Zumkir souligne dans sa recherche que ces trois familles d'industriels subventionnaient presque toutes les institutions sociales ou culturelles de la ville, même si elles n'étaient pas catholiques. Cependant, les trois dynasties sont à la base du « parti » catholique à Verviers. Dans les années 1820-1840, leur représentant le plus éminent est Raymond de Biolley (Verviers 1789-1846) qui reçut le titre de vicomte en 1843. Il fut membre des États provinciaux de Liège de 1820 à 1830 avant de devenir sénateur catholique de Verviers de 1831 à 1846.

[52] ABML, (Verviers) V, 101-1, 4, Correspondances et documents : Promesse de don de la vicomtesse Iwan de Biolley, 28 juin 1855. Pour le collège : 20 000 francs sa vie durant plus 10 000 francs en 1855, 30 000 en 1856, 30 000 francs en 1857. Pour les achats de bâtiments (30 000 francs le 1 décembre 1855, 50 000 francs le 1 décembre 1856, 50 000 francs le 1 décembre 1857). Les autres années : 4 fois 5000 francs (trimestriel). Laure de Biolley (Verviers 1828-Schaerbeek 1884) épouse à Verviers le 30 août 1847 son cousin germain Jean-Henri dit Iwan de Biolley, fils de Raymond (voir note 51). Candidat catholique malheureux aux législatives de 1843, Iwan de Biolley passa au libéralisme modéré pour se faire élire conseiller provincial. Pour l'emporter, il devra d'ailleurs se porter candidat dans le canton de Limbourg, plus rural et plus conservateur que celui de Verviers. En 1854, Laure de Biolley perd en quelques mois son fils unique et son mari. Poussée par Mgr de Montpellier, elle effectue, quelques mois plus tard, les premiers dons en faveur des jésuites. Laure devint religieuse de la Visitation, l'année de sa mort, en 1884.

[53] Elèves uniquement externes ou demi-pensionnaires. La formule de l'internat n'était pas nécessaire à Verviers et elle commençait aussi à ne plus avoir très bonne presse au sein de la province belge de la Compagnie de Jésus.

[54] L'analyse du recrutement des élèves et de leur avenir socioprofessionnel a été faite, comme pour les autres collèges étudiés, dans le chapitre III de ma thèse (Dusausoit, Les collèges jésuites, 275-415).

[55] Comme le lecteur l'aura sans doute constaté, les archives du collège de Verviers sont particulièrement riches au niveau des actes notariés conservés auparavant par la communauté des religieux (ABML, Communauté des religieux de Saint-François-Xavier, V, 101-1, 1, Fonds de l'Économat, Actes notariaux).

Verviers est alors une ville au développement très rapide : les terrains des jésuites deviendront vite constructibles et ils intéresseront les spéculateurs immobiliers de la région. Pour effectuer des lotissements et pour construire de nouveaux quartiers, ceux-ci créeront, en 1870, une Société civile Immobilière de Verviers à laquelle les jésuites apporteront leurs terrains (rue Manguay et Chemin des Minières) tout en devenant actionnaires de la société, au coté de la fine fleur des industriels verviétois tant catholiques que libéraux [56]. Et pendant de nombreuses années, au gré des besoins du collège, ils pourront vendre ces actions, petit paquet par petit paquet jusqu'à épuisement du stock.

CONCLUSION

Très souvent, la Compagnie de Jésus insiste sur la force de ses traditions, sur la fidélité accordée aux principes instaurés par Ignace et ses successeurs. Très souvent, l'historien, qu'il leur soit favorable ou défavorable, ne peut que reconnaître l'exactitude de leur affirmation. Mais en ce qui concerne les pratiques financières et juridiques des collèges du XIXe siècle, force est de constater que la rupture a été presque totale. Toutefois, l'inculturation que la Compagnie veut pratiquer lorsqu'elle s'installe dans un pays n'est-elle pas aussi un principe essentiel qui les a conduits à s'adapter à une nouvelle époque, à la fois difficile mais pleine de nouvelles possibilités ?

Remarquons aussi que l'obéissance stricte et l'organisation hiérarchique, qui ont été tant de fois associées aux jésuites, semblent avoir été mises plusieurs fois de coté au profit du succès des initiatives prises au niveau local. Les responsables de terrain sont censés être les plus à même de déceler les opportunités et les moyens d'action adéquats. Face à cette possibilité de discerner la meilleure solution, le général de Rome s'inclinera plusieurs fois et, singulièrement, face aux changements voulus par le provincial pour la reprise du collège de Gand.

Nous rappellerons encore trois grandes ruptures par rapport à la tradition. Le consensus favorable, du moins au niveau local, semblait pouvoir être à nouveau atteint lorsque des collèges comme ceux d'Alost ou de Namur furent ouverts en 1831. Par la suite, le consensus disparut au profit d'une tolérance permise par les libertés constitutionnelles belges. Et enfin, vers 1845, seules ces garanties légales protégèrent les jésuites au milieu d'une franche hostilité d'une grande partie de l'opinion. Nous

---

[56] Le 3 août 1870, l'assemblée générale de la Société civile Collège Saint-François-Xavier marque son accord pour participer en tant qu'actionnaires aux activités de la Société civile Immobilière de Verviers. Pour prix d'une partie de leurs terrains, les jésuites se voient attribuer 248 actions de l'Immobilière de Verviers. Parmi leurs partenaires catholiques, citons surtout l'industriel Jules de Grand'Ry (Eupen 1805-Verviers 1876), citoyen français naturalisé belge en 1842. Membre du comité directeur du journal *L'Industriel* jusqu'en 1850 puis de *l'Union libérale*. Candidat catholique non-élu aux sénatoriales d'octobre 1851. Président de l'Association constitutionnelle de l'arrondissement de Verviers (1857) et membre du comité de l'Union constitutionnelle conservatrice (1870). Chez les libéraux, on trouve la famille Peltzer (en particulier Henri Peltzer, bourgmestre de Spa). ABML, (Verviers), V, 101-1, 1, Fonds de l'Économat, Actes notariaux : Société Saint-François-Xavier : délibération au sujet de la mise en exploitation de terrains sis à Verviers. Étude Me Van Mons à Ixelles, 3 août 1870.

l'avons vu pour Bruxelles, Mons et Verviers mais d'autres exemples auraient pu être évoqués comme Turnhout en 1848 [57]. Deuxième rupture : l'enseignement de la Compagnie à destination des externes cesse d'être gratuit. C'est une adaptation évidente aux pratiques du temps mais le débat sera vif au sein même de l'ordre ignatien. Troisième rupture mais par rapport au passé proche de la Compagnie : la solution-miracle du pensionnat s'avère très décevante et la règle générale redevient celle de grands collèges d'externes [58]. Bien sûr, il s'agit ici d'un retour à une tradition plus ancienne.

Pour le reste, les jésuites ont montré toutes leurs capacités d'adaptation à leur époque. Faut-il parler de trahison alors que les points de comparaison avec l'Ancien Régime n'existent pas ? L'adoption de la solution juridique de la société civile ne peut se comparer à rien d'existant avant 1773. L'implication dans des sociétés immobilières ou l'investissement en bourse sont typiques du XIXᵉ siècle. L'obtention d'une fondation financée par l'argent de l'industrie textile allie une pratique de l'ancienne Compagnie et la Révolution industrielle.

Au total, on peut cependant remarquer que les collèges correspondront quand même assez exactement à ce qu'annonce leur statut officiel de société civile. Ils devront être financièrement viables, donc bénéficiaires. Les apports des parents-clients seront vitaux pour ces établissements. Au-delà d'une question de confiance et de prestige, la fidélité de certains parents implique l'inscription d'autres familles et l'inscription des familles permet d'atteindre un chiffre d'élèves nécessaire à la rentabilité de l'école [59]. Dès lors, il faut leur plaire, il faut les séduire, les parents ne doivent pas être effrayés ou déçus. Ces nécessités financières vont au-delà de la simple intendance, elles détermineront tout un style d'école, elles influenceront même les valeurs privilégiées par celle-ci. Mais ceci est un autre aspect que nous ne pouvons pas développer ici.

[57] L'ancien monastère du Saint-Sépulcre, qui servait de caserne depuis 1830, avait été attribué par le conseil communal de Turnhout aux jésuites pour y créer un collège mais le gouvernement libéral refusa cette convention et y maintint une petite garnison pour empêcher la venue des jésuites. Ceux-ci durent s'installer dans l'hôtel particulier de la famille De Nef. Poncelet, *La Compagnie de Jésus en Belgique*, 98-103.

[58] À propos des attaques violentes dont feront l'objet les pensionnats, voir notamment ce qu'écrit le P. D'Hondt, préfet du collège Saint-Servais, à Liège (ARSI, Provincia Belgica. Epistolae 1004 (1872-1883), Belg. 4-V, 3 : P. D'Hondt (préfet de Liège) à Beckx, 18 avril 1874.

[59] Sur cette problématique du recrutement des collèges et, entre autres, de ses implications financières, voir le chapitre III de ma thèse de doctorat (Dusausoit, *Les collèges jésuites*).

Bibliographie

Parmi les sources et les travaux permettant de recueillir des renseignements sur le statut juridique et la situation financière des collèges des jésuites belges, les plus riches sont les suivants :

Sources

Tout d'abord les archives générales de la Compagnie de Jésus à Rome ou Archivum Romanum Societatis Iesu (en abrégé ARSI), Assistensia Angliae. Provincia Belgica. Registres-Minutes (regroupant la correspondance venant de Rome vers les maisons de Belgique) et les Provincia Belgica. Epistolae (correspondance venant de Belgique vers le Général).

Ensuite, les Archives de la province belge septentrionale à Heverlee (en abrégé ABSE), qui sont aujourd'hui gérées par le KADOC KU Leuven, contiennent des fonds consacrés à chaque collège flamand et à celui de Bruxelles.
Pour Alost, on verra notamment les dossiers C 100 : Sint-Jozef Aalst, Consultes de la maison d'Alost depuis le 26 septembre 1831 jusqu'au 12 août 1857. C 91 : *Catalogus benefactorum. Benefactorum collegii Alostani ab anno 1831;* C101 : *Diarium collegii Alostani inceptum anno 1831.*
Pour Gand, la documentation comptable est très abondante : Sint-Barbara-Gent, Finances 4, C 47/4 : Journal comptable du Collège Sainte-Barbe 1838-1858 ; Livre du mois 1900-1905 ; Journal 1858-1877. Il existe aussi un dossier sur la fondation du collège et ses statuts juridiques successifs : Sint-Barbara-Gent, Dossier Stichting van het college I.
Pour Bruxelles (ancien Saint-Michel), on consultera : Saint-Michel-Sint-Jan-Berchmans, carton n°34 : Registre des inscriptions, année 1840 et le carton Histoire du collège de Bruxelles, Acte de Constitution de la Société civile « collège Saint-Michel » (1843).

Les Archives de la province belge méridionale et du Luxembourg, à Woluwé-Saint-Pierre (en abrégé ABML), qui sont aujourd'hui aussi gérées par le KADOC KU Leuven, possèdent de riches archives sur les collèges wallons, voir notamment les diaires de la communauté montoise contenant les transactions financières et les achats de bâtiments : Mons Communauté, AMDG Diarium Residentiae Montensis et surtout un cahier ayant enregistré les différents dons faits pour l'ouverture du collège : Mons Communauté, Cahier Messes, Tableau des fondations, bourses d'étude.
Pour le collège de Verviers, les actes notariés sont nombreux, ils sont conservés dans Communauté des religieux de Saint-François-Xavier, Fonds de l'Economat, Actes notariaux ((Verviers) V, 101-1, 1). Voir aussi Correspondances et documents (Verviers) V, 101-1,4) au sujet des promesses de dons de la famille de Biolley.

En dehors des archives des jésuites, des traces du collège d'Alost, qui fut un collège communal, sont bien présentes dans le Stadsarchief Aalst (en abrégé SAA), Sint-Jozefscollege Bundel et Vergaderingen Gemeenteraad.

Littérature

Brouwers, Louis. *De jezuïeten te Gent, 1585-1773-1823-heden.* Gand : Sint-Barbaracollege, 1980.

Brouwers, Louis. *Le rétablissement de la Compagnie de Jésus en Belgique 1773-1832.* S.l., n.d. [Woluwé-Saint-Pierre].

De Brouwer, Jozef. *De Jezuïeten te Aalst.* 1 : *Stichting en opheffing 1620-1773* et 2 : *Herleving en nieuwe bloeitijd 1831-1981.* Alost : Genootschap voor Aalsterse geschiedenis, 1979-1980.

Delattre, Pierre. *Les établissements des jésuites en France depuis quatre siècles. Répertoire topo-bibliographique.* T. 1. Enghien-Wetteren : Institut Supérieur de Théologie, 1949.

Deneef, Alain et Dusausoit, Xavier. *Les jésuites belges 1542-1992. 450 ans de Compagnie de Jésus dans les Provinces belgiques.* Bruxelles : AESM, 1992.

Dusausoit, Xavier. « 'Voici la voix qui crie dans le désert (Mc 1,3)'. Les premières années d'existence de la Résidence de Mons et du collège Saint-Stanislas (1840-1870) » dans : *Les jésuites à Mons, 1584-1598-1998. Liber memorialis.* Mons : Association royale des anciens du Collège Saint-Stanislas, 1999, 251-279.

Dusausoit, Xavier. *Les collèges jésuites et la société belge du XIXe s. (1831-1914). Échanges, influences et interactions.* Thèse de doctorat UCL. Louvain-la-Neuve, 2005.

Dusausoit, Xavier. « L'implantation du collège et du pensionnat » dans : Bernard Stenuit, éd. *Les collèges jésuites de Bruxelles. Histoire et pédagogie (1604-1835-1905-2005).* Bruxelles : Lessius, 2005, 153-190.

Garcia Chavez, Guillermo. *Constant-Guillaume van Crombrugghe (1789-1865) : The Response of a Christian and an Educator to and Within the Historical Context of the 19th Century*. Diss. Ph. D. KU Leuven, 1980.

Gontard, Maurice. *L'enseignement secondaire en France de la fin de l'Ancien Régime à la loi Falloux (1750-1850)*. Aix-en-Provence : Edisud, s.d. [1984].

Haag, Henri. *Les origines du catholicisme-libéral en Belgique (1789-1839)*. Louvain : Bibliothèque de l'Université, 1950.

Joris, Freddy. *La presse verviétoise de 1818 à 1850*. Cahier Interuniversitaire d'Histoire Contemporaine 87. Paris-Louvain : Nauwelaerts, 1978.

Joset, C.-J. « L'origine des Facultés de Namur 1831-1845 » dans : *Études d'Histoire et d'Archéologie namuroises dédiées à Ferdinand Courtois*. T. 2. Gembloux : Duculot, 1952, 969-984.

Lamberts, Emiel. *Kerk en liberalisme in het bisdom Gent (1821-1857). Bijdrage tot de studie van het liberaal-katholicisme en ultramontanisme*. Louvain : Universitaire Uitgaven, 1972.

Les jésuites à Mons, 1584-1598-1998. Liber memorialis. Mons : Association royale des anciens du Collège Saint-Stanislas, 1999.

Liebaut, Hilaire. « De gezagsconcentratie in het arrondissement Aalst tijdens de 19e eeuw ». *Handelingen der Maatschappij voor Geschiedenis en Oudheidkunde te Gent*, n.s., 22 (1968), 1-108.

Pieraerts, Constant et Desmet, Adolphe. *Vie et œuvres du Chanoine van Crombrugghe*. Bruxelles : Éd. Universelle, 1937.

Pilette, Maurice. « Le collège et la ville partenaires emblématiques » dans : Bernard Stenuit, éd. *Les collèges jésuites de Bruxelles. Histoire et pédagogie (1604-1835-1905-2005)*. Bruxelles : Lessius, 2005, 85-91.

Poncelet, Alfred. *La Compagnie de Jésus en Belgique. Aperçu historique*. Bruxelles : Bulens, 1907.

Put, Eddy, éd. *Les jésuites dans les Pays-Bas et la principauté de Liège (1542-1773)*. Bruxelles : Archives générales du royaume, 1991.

Stenuit, Bernard, éd. *Les collèges jésuites de Bruxelles. Histoire et pédagogie (1604-1835-1905-2005)*. Bruxelles : Lessius, 2005.

Wellens, Robert et Cauchies, Jean-Marie. « L'établissement et les débuts de la Compagnie de Jésus à Mons au XVIe s. » dans : *Les jésuites à Mons, 1584-1598-1998. Liber memorialis*. Mons : Association royale des anciens du Collège Saint-Stanislas, 1999, 27-51.

Witte, Els. « De revolutiedagen van 1830 in Aalst ». *Handelingen der Maatschappij voor Geschiedenis en Oudheidkunde te Gent*, n.s., 21 (1967), 221-250.

Zumkir, André. « Les dynasties politiques dans la province de Liège à l'époque contemporaine » dans : *Annales du 3ème Congrès de la Fédération archéologique et historique de Belgique*. Gand, 1956, 261-289.

ACCOUNT BOOKS AND THE USE OF ACCOUNTING IN THE MONASTERY OF AROUCA, 1786-1825[*]

JOSÉ OLIVEIRA & MARIA DE FÁTIMA BRANDÃO

Monastic orders have long been drawing the attention of economic historians in Portugal, but no comprehensive survey is yet available on the formation, composition and management of their patrimony, which could provide an overall account of the role they played in the Portuguese economy until the 1830s when the liberal regime decreed their dissolution. The seminal work by Oliveira[1] has nonetheless been followed by several other case studies on the economy of monasteries belonging to orders of different denominations.[2] Account books and procedures have indeed received due attention, as sources for the characterization of the administrative ways and means designed to ensure the control of the patrimony entrusted to each monastery and the supervision of its management, or as sources for the measurement of monastic income and the calculation of indicators of agricultural

[*] Previous versions of this article have been presented to the 16th Accounting, Business and Financial History Conference (United Kingdom, Cardiff, 16-17 September, 2004), the 4th Accounting History International Conference (Portugal, Braga, 8-9 September, 2005) and the XXVI Encontro da Associação Portuguesa de História Económica e Social (Portugal, Ponta Delgada, 17-18 November, 2006). We are grateful to Salvador Carmona, Jorge Tua Pereda, Delfina Gomes, Garry Carnegie, Christopher Napier and Richard Macve for the helpful comments on earlier drafts of this article; any remaining errors are our own responsibility. We also gratefully acknowledge the encouragement received from the Real Irmandade da Rainha Santa Mafalda, Geraldo Dias and Hernâni Carqueja, and the financial support granted by PricewaterhouseCoopers and Faculdade de Economia, Universidade do Porto.
[1] See Oliveira, *A Abadia de Tibães 1630/80-1813*; Idem, *A Abadia de Tibães e o seu Domínio*.
[2] Among which we can single out Silva, *O Mosteiro de S. Vicente de Fora*; Mota, *O Senhorio Cisterciense da Santa Maria de Bouro*; Amorim, *O Mosteiro de Grijó*; Neto, *Terra e Conflito*; Castro, *O Mosteiro de Landim*; Amaral, *São Salvador de Grijó*; Silva, *O Mosteiro de Ganfei*; Maia, *O Mosteiro de Bustelo*; Costa, *Mosteiro de Pedroso*; Silva, "O Mosteiro e o Burgo de Celas".

production, but so far they have not been regarded as sources for the study of systems of accounting. This situation is consistent with the European pattern unveiled in the collective work *Accumulation and Dissolution of Large Estates of the Regular Clergy in Early Modern Europe* (ed. Fiorenzo Landi, 1999), where accounting records are used to elucidate several features of the monastic economy, rather than to reconstruct the respective accounting systems. In their turn, accounting historians have paid no attention to monastic orders,[3] bearing witness to a lack of academic interest in Portugal to a greater extent than is found in other countries.[4]

This article consists of a case study which presents an accounting-history perspective on religious orders and congregations. We focus our attention on the female Cistercian Monastery of Arouca, in view of the analysis of the available accounting documents, the rules pertaining to their preparation, presentation and use, the relationship between accounting and the governance of the monastery, and the role played by accounting as regards the monastery's long-term financial sustainability and the accountability of its officers. The evidence gathered for the Monastery of Arouca is analysed in the context of the history of the charge and discharge accounting systems[5] and the specific solutions adopted by monastic organizations,[6] rather than in the context of the history of monastic economies and the specific place they held in the agrarian economies of the European old regime.[7]

The obedience of the Monastery of Arouca to the Cistercian rule goes back to medieval times, but we restrict our study to the period from 1786-1825, for reasons pertaining to the availability of a particularly important set of primary sources, i.e. triennial accounts. This period covers the 1780s, when the patrimonial decline of reli-

[3] See Faria, "An Analysis of Accounting History Research in Portugal"; Conde, *A Evolução da Contabilidade em Portugal*; Gomes, *Contribuição para a História da Contabilidade*; Silva, "Bosquejo duma Sucinta História da Contabilidade em Portugal".
[4] See Carmona and Ezzamel, "Accounting and Religion"; Anderson, "An Analysis of the First Ten Volumes of Research in *Accounting, Business and Financial History*"; Boyns and Carmona, "Accounting History Research in Spain".
[5] See Edwards, "Financial Accounting Practice 1600-1970"; Idem, *A History of Financial Accounting*; Lemarchand, "Double Entry versus Charge and Discharge Accounting in Eighteenth-Century France"; Noke, "Accounting for Bailiffship in Thirteenth Century England"; Napier, "Aristocratic Accounting"; Littleton, *Accounting Evolution to 1900*.
[6] See Dobie, "The Development of Financial Management and Control in Monastic Houses and Estates in England"; Rodríguez, Fernández and Stolle, "Los flujos de efectivo en una economia monástica"; Prieto, Maté and Tua, "The Accounting Records of the Monastery of Silos"; Fernández, Rodríguez and Stolle, "La rendición de cuentas en la Orden del Cister de Castilla"; Guitart, "El Abad del Monasterio de Poblet"; Maté, Prieto and Pereda, "La actividade financiera del Monasterio de Silos"; Llopis, Fidalgo and Méndez, "The 'Hojas de Ganado' of the Monastery of Guadalupe".
[7] In this last regard, it is worth recalling that F. Landi considered the collective volume he edited on *Accumulation and Dissolution of Large Estates of the Regular Clergy in Early Modern Europe*, as "an example of what the use of accounting records in reconstructing the system of economic relationships that rotated around convents and congregations can yield" ("Introduction", 8).

gious orders and congregations was already well under way,[8] and the early 1820s, when the liberal revolution paved the way for the extinction of monastic orders in 1834 and the sale of their patrimony in the following decades.[9]

In the remaining sections of this article, we firstly present the characterization of the national congregation that grouped together Portuguese Cistercian monasteries and colleges after 1567, which highlights the hierarchical structure of its governance and the corresponding decision-making processes and mechanisms of internal control and reporting. Secondly, we present the sources of income and expenses of the Monastery of Arouca, which were an essential part of the agrarian old regime that prevailed in Portugal until the 1820s and the religious mission entrusted to monastic orders until the 1830s. Thirdly, we present the accounting books and procedures of the Monastery of Arouca, in the context of the administrative organization and the rules established by the Cistercian congregation, and the basic features and aims of the monastery's system of accounts. In the concluding remarks we underline the instrumental role of the accounting system in the promotion of the monastery's long-term financial sustainability.

THE CISTERCIAN ORDER, THE CONGREGATION OF ALCOBAÇA AND THE MONASTERY OF AROUCA

After the independence of the Kingdom of Portugal in 1143, the first Portuguese monarchs protected and endowed the Cistercian Order with lands, as part of efforts to colonize the territories won back from the Moors.[10] In 1567, all Cistercian houses were grouped together into a national congregation entirely separated from the rest of the order. The Monastery of Alcobaça was chosen as the headquarters of the new congregation, which consequently became known as the Congregation of Alcobaça.[11]

In the period considered here, the congregation exerted its control over 2 colleges and 23 monasteries - 12 male and 11 female, including in the latter group the Monas-

---

[8] As a result of the undermining of their patrimonial rights and privileges, following the legislation enacted by the Portuguese Crown since the 1750s, regarding, for example, the appropriation of common lands and the regulation of emphyteutical property. See Neto, *Terra e Conflito*, 189-201; Brandão, *Terra, Herança e Família no Noroeste de Portugal*, 118-127.

[9] No overall account is yet available of the actual process of the extinction and expropriation of monastic orders, in accordance with the law of 30 May 1834, except for the sales of lands and buildings in the following decade. Silva, "A desamortização"; da Silveira, "La desamortización en Portugal"; Idem, "A venda dos bens nacionais".

[10] On this subject, see Marques, *Estudos sobre a Ordem de Cister em Portugal*; Idem, "Os Mosteiros Cistercienses"; Cocheril, "Les Abbayes Cisterciennes Portugaises"; Mattoso, "Beneditinos", Idem, "Cister, Ordem de"; Idem, "Clero"; Oliveira, "Origens da Ordem de Cister em Portugal".

[11] The adoption of the congregational model was part and parcel of the wider reform promoted by the Council of Trent, which made itself felt among religious orders of all denominations in Portugal and other Catholic countries. Gouveia, "O Enquadramento Pós-Tridentino e as Vivências do Religioso"; Magalhães, "A Sociedade"; Marques, *O Mosteiro de Fiães*; Oliveira, *A Abadia de Tibães e o seu Domínio*, 6; Mattoso, "Beneditinos"; Landi, "Introduction"; Idem, "The Great Estates of the Regular Male Clergy"; Castelao, "El clero regular gallego en la edad moderna".

The monastery of Arouca.

tery of Arouca. For the full list and respective locations, see Figures 1 and 3. They all survived until 1834, when the liberal regime closed down all male monasteries and forbade the admission of new nuns, thereby postponing the definitive extinction of female monasteries until the death of the last surviving nun.

The Congregation of Alcobaça was governed by a set of rules codified in 1593, the so-called definitions,[12] drawn up in accordance with the observance of the rule of St Benedict.[13] This set of rules encompassed all questions pertaining to the secular and religious organization of all colleges and monasteries, including the tasks to be performed by their officers and the basic accounting records and reporting procedures to be observed in the handling of goods and money.

The administration of the Congregation of Alcobaça was entrusted to a group of people elected every three years by the representatives of each one of its 25 colleges and monasteries, assembled in the General Chapter held at the Monastery of Alcobaça. The selected people were responsible for the definition of new rules, as well as for the

---

[12] BN, Códice 143: *Definiçoens da Ordem de Cistel e Congregaçam de Nossa Senhora de Alcobaça.*

[13] Nascimento, *Cister: os Documentos Primitivos*. On the origins and history of the rule of St Benedict, see Tredget, "The Rule of Benedict", who also shows how this rule shaped the organizational structure and the daily running of abiding monasteries. Vinten, "Business Theology" and Kennedy, "Fayol's *Principles* and the *Rule of St Benedict*" provide evidence on relevance of the rule and other religious texts to contemporary management.

FIGURE 1
LOCATION OF THE MONASTERY OF AROUCA

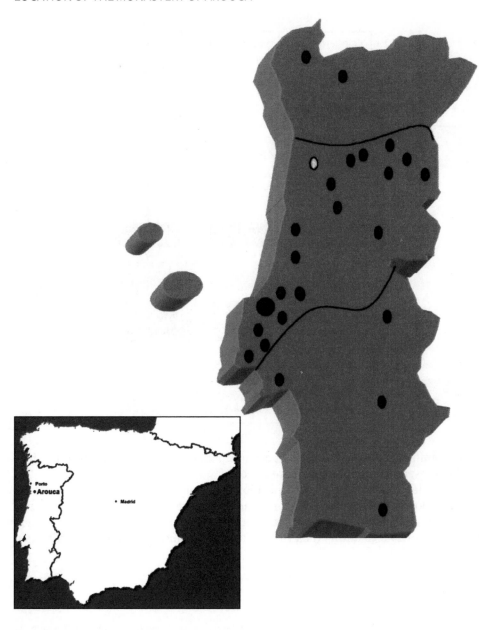

● Monastery of Alcobaça (Headquarters)
○ Monastery of Arouca
● Other monasteries and colleges

FIGURE 2
CONGREGATION OF ALCOBAÇA, ORGANIZATIONAL STRUCTURE, 1567-1834

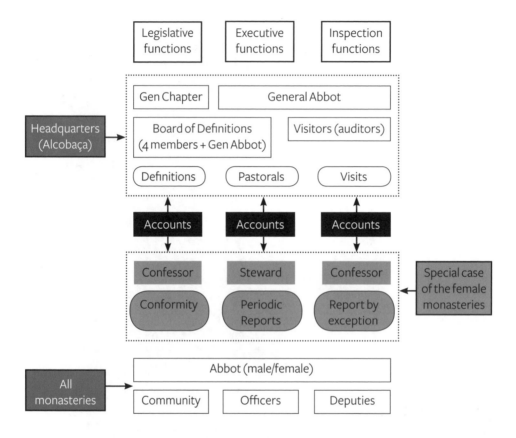

administration of the congregation as a whole and the inspection of each of the affiliated houses, as summarized in Figure 2 above.[14]

In order to enhance the communication between Alcobaça and the houses of the congregation, as well as to provide for the adequate supervision of each single house, the general abbot and the visitors were required to make at least two visits to each monastery or college during their three-year term of office. In addition, all affiliated

[14] Similar organizational structures were adopted by Benedictine, Augustinian, and Hieronymite monasteries. Prieto, Maté and Tua, "The Accounting Records of the Monastery of Silos"; Maté, Prieto and Pereda, "La actividad financiera del Monasterio de Silos; Llopis, Fidalgo and Méndez, "The 'Hojas de Ganado' of the Monastery of Guadalupe", 208-209; Amorim, *O Mosteiro de Grijó*, 85-89; Silva, *O Mosteiro de Ganfei*, 35-38; Oliveira, *A Abadia de Tibães 1630/80-1813*, 127-158; Idem, *A Abadia de Tibães e o seu Domínio*, 161-174.

FIGURE 3
HOUSES OF THE CONGREGATION OF ALCOBAÇA, LOCATION, FOUNDATION, RESIDENT
MEMBERS AND RECEIPTS, 1787* (MONETARY UNIT - THOUSAND *RÉIS*)

	Houses	Location	Year of foundation	Number of monks / nuns		Annual Receipts
				Theo-retical Max.	Actual	
Male						
1	Aguiar	Pinhel	1170	23	10	3,700
2	Alcobaça	Alcobaça	1153	130	108	32,956
3	Bouro	Viana	1169	36	32	5,150
4	Colégio da Conceição	Alcobaça	1648	-	31	1,000
5	Colégio de Coimbra	Coimbra	1554	30	24	2,950
6	Desterro	Lisboa	1591	4	-	2,000
7	Fiães	Viana	?	7	5	1,020
8	Maceiradão	Viseu	<1200	14	10	2,200
9	Reguengo de Odivelas	Odivelas	1356	6	6	800
10	S. Cristovão	Viseu	<1185	10	10	2,000
11	S. João Tarouca	Lamego	1132	37	31	6,250
12	S. Pedro das Águias	Trancoso	1145	14	11	2,500
13	Salzedas	Lamego	1144	40	27	8,312
14	Seiça	Figueira	1195	30	15	5,500
Sub-total				381	320	76,338
Female						
15	Almoster	Santarém	<1300	40	43	3,560
16	Arouca	Arouca	1222	100	90	12,200
17	Celas	Coimbra	<1223	48	45	4,900
18	Cós	Alcobaça	<1279	42	40	3,600
19	Lorvão	Coimbra	<1211	120	100	13,300
20	Mocambo	Lisboa	1652	27	34	2,435
21	Odivelas	Odivelas	1295	210	101	7,020
22	Portalegre	Portalegre	1518	70	48	4,900
23	S. Bento	Évora	1169	70	48	4,550
24	Tabosa	Lamego	1699	30	27	320
25	Tavira	Tavira	1530	80	30	1,690
Sub-total				837	606	58,475
Total				**1,218**	**926**	**134,813**

Sources: BN: Códice 143: Definiçoens, fl. 58-60; Códice 1493: Rendimentos dos Mosteiros da Ordem de Cister.
* For detailed information regarding the figures in this annex, see Oliveira, A Contabilidade do Mosteiro de
Arouca, 240.

houses were periodically required to deliver relevant information to the headquarters, namely full detailed accounts every three years.[15]

In each house, the members of the community elected the officers who would administer it also on a three-year basis, always in strict conformity with the rules defined by the congregation. In Arouca, the abbess was assisted by a prioress and a sub-prioress and had to consult a council formed by the prioress and four deputies in all major decisions.[16] As in all other female monasteries, the abbess was also assisted in her running of the house by male officers appointed by the congregation. Between three and five monks could be selected, in accordance with the size of the female monastery. Being one of the most important monasteries of the congregation, in terms of annual income as can be seen in Figure 3,[17] the Monastery of Arouca was allotted five monks. The father confessor was the main adviser of the abbess and the head of the other appointed male officers. The father steward supervised and co-ordinated the administrative tasks, the expenses and the presentation of accounts. The father archivist kept in good order and updated the register of all deeds and donations. Next, the father procurator watched over the legal protection of the monastery's rights and represented it before the congregation and the Portuguese Crown. Finally, the father sacristan was in charge of liturgical matters and the monastery church.

In accordance with the rulings of the definitions, officers serving in affiliated houses or in the head of the congregation itself were not allowed to remain at their posts after their three-year term of office had expired.[18] However, this rule was quite often neglected in the period between 1756 and 1831. The general rule was set aside only once in the case of the general abbot, but consecutive terms among the male officers appointed to the Monastery of Arouca were far from being an exception, with a single instance of three consecutive terms (in the case of the father steward) and another eight instances of two consecutive terms (two in the case of the father confessor, one in the case of the father steward and five in the case of the father sacristan). Selection to another post was made dependent upon good performance in previous assignments and the records suggest that successful terms of office in the affiliated houses paved the way to the Cistercian congregation's highest ranking post - that of the general abbot of Alcobaça, equivalent in the Portuguese clerical ranking to the dignity of bishop. Between 1756 and 1831, three general abbots previously held office in Arouca as stewards and another one as archivist. Likewise, in two instances the promotion to the higher-ranking posts of steward and confessor in Arouca came after serving there as sacristan and archivist.[19]

[15] BN, Códice 143: *Definiçoens*, fls. 4 ff., 12 ff., 17 vv., 22 ff.; BN, Códice 720: 4º *Livro das Actas*, 1757 fl. 14 ff., 1760 fl. 56 ff., 1762 fl. 59 vv., 1770 fls. 123 ff.-124 ff., 1779 fl. 180 vv., 1788 fl. 232 vv., 1789 fl. 244 ff., 1791 fl. 257 ff., 1796 fl. 284 vv., 1812 fl. 338 vv., 1813 fl. 344 vv.
[16] BN, Códice 143: *Definiçoens*, fl. 53 vv. and 55 ff.
[17] Marques, "Os Mosteiros Cistercienses", 366-367.
[18] BN, Códice 143: *Definiçoens*, fl. 6 vv.
[19] BN, Códice 720: 4º *Livro das Actas*, fls. 371-372, 382-383.

THE ECONOMY OF THE MONASTERY OF AROUCA

Figure 4 below presents the basic traits of the economy of the Monastery of Arouca.

Most of the monastery's income derived from land. The monastery collected tithes and other agrarian dues, on the basis of political privileges granted by the Portuguese Crown and of its own rights as an ecclesiastical landlord. The lands in close proximity to the seat of the monastery were cultivated under the direct administration of its officers, but difficulties of supervision determined that the remaining lands were cultivated under copyhold tenure and lease contracts, or as autonomous farms. Far from being confined to the Monastery of Arouca or Cistercian monasteries, this pattern was characteristic of religious corporations in Portugal, in the context of the agrarian economy that prevailed until the advent of the liberal regime after

FIGURE 4
MONASTERY OF AROUCA, ECONOMIC STRUCTURE, 1786-1825

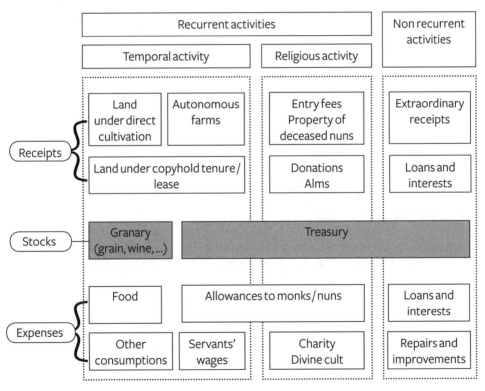

the 1820s.[20] Agrarian dues derived from land cultivated under copyhold tenure and lease contracts predominated over income derived from land cultivated under direct administration. The collection of most tithes and agrarian dues was leased under short-term contracts to the highest bidder, in an effort to minimize the costs and the risk inherent in their collection. At a time when most of the income came from a complex set of rights imposed on a diversified set of lands, the leasing of the collection of tithes and agrarian dues for a fixed price certainly contributed to securing a stable inflow of receipts. In view of this stability, monastic authorities also took good care in preserving and updating the record of all deeds, donations, rights or contracts, and in watching over the observance of the established accounting procedures.

Other sources of income derived from the religious mission inherent in monastic organizations, in the form of alms and donations. In addition, the choice to enter the monastic life by members of noble families[21] required the payment of considerable entry fees. The 600,000 *reis* commonly paid as a dowry in the late eighteenth century roughly corresponded to the expenses incurred in two and a half months by a medium-sized Cistercian monastery like Cós[22] and to the expenses incurred in half a month by a large-sized monastery like Arouca. Given the social origins of resident nuns, the cost of living in a monastery was undoubtedly high. Families had to provide the funds required to secure an annual allowance for their private expenses, such as the hiring of personal servants. When death came, the money from the sale of the belongings of deceased nuns accrued to the receipts of the monastery.[23]

Finally, there were the non-recurrent receipts from borrowed money or money lent at interest. In this regard, monastic officers were constrained by strict congregation rules designed to prevent indebtedness and preserve the basic principles underlying the religious mission of monastic corporations. On the one hand, detailed formal proceedings had to be undertaken in order to enable local officers to raise a loan needed for repairs, improvements or any other extraordinary circumstance. On the other hand, the congregation exerted strict control over the spending of surplus money balances. Contravening officers faced harsh penalties - in the most extreme cases even excommunication.[24]

---

[20] See Neves, *A Comunidade Rural de São João do Monte*; Neto, *Terra e Conflito*, 56-80; Amorim, *O Mosteiro de Grijó*, 73-84, 97-113; Amaral, *São Salvador de Grijó*, 61-143; Silva, *O Mosteiro de Ganfei*, 41-65, 149-160, 195-197; Marques, *O Mosteiro de Fiães*, 59-66; Oliveira, "O Clero em Portugal"; Idem, "Contabilidades Monásticas e Produção Agrícola"; Idem, "Rendas e Arrendamentos da Colegiada de Nossa Senhora da Oliveira de Guimarães"; Idem, *A Abadia de Tibães 1630/80-1813*, 38-69, 361-374; Idem, *A Abadia de Tibães e o seu Domínio*, 57-157; Almeida, *História da Igreja em Portugal*, 47-92; Madahil, "Relação e Mapa das Rendas do Mosteiro de Arouca". For the more diversified and complex pattern of the Jesuits, see Alden, *The Making of an Enterprise*, 402-429.

[21] The access to religious service was usually restricted to noble families, in accordance with congregation rules. BN, Códice 143: *Definiçoens*, fls. 31 ff.-32 vv.; Códice 720: 4º *Livro das Actas*, 1779, fl. 177 ff. and 1789, fl. 246 ff.

[22] See Sousa and Gomes, *Intimidade e Encanto*, 113-118.

[23] Monasteries carefully monitored the property belonging to its members, drawing up each year by Easter a detailed list of all goods in their possession, in order to enforce the rule that forbade them to dispose freely of their property, thus avoiding its dispersion among persons outside the community. BN, Códice 720: 4º *Livro das Actas*, 1779, fl.177 ff. and 1765, fl. 83 vv.-84 ff.

[24] BN, Códice 143: *Definiçoens*, fl. 26 vv.; Códice 720: 4º *Livro das Actas*, 1768, fl. 102 ff.-102 vv.

As regards the sources of expenses of the Monastery of Arouca, the most important item was related to the daily maintenance of resident members, on account of the
residual importance of the land under its direct administration. Nuns had to be fed
and sheltered. Various allowances in money and other goods had to be made available for personal expenses and amenities, in accordance with their individual standing in the community. On the occasion of particularly important events, such as Saint
Benedict's Festival or the election of the new abbess, the custom was to give each nun
a certain amount of money. Most of these expenses stood in close proportion to the
number of resident nuns, since they were determined by rules which defined individual allowances and rations, in view of securing homogeneity among monasteries,
as well as facilitating the budgeting of such kind of expenses.[25]

Servants and artisans had to be paid for tasks carried out in the buildings and on
the lands under the direct administration of local officers. Professional services were
required from medical doctors and lawyers. Money had to be set aside to buy goods indispensable to the daily running of the monastery, as for example wood or wax. Money and
goods were also needed to succour the local population and support the local clergy.[26]

Whenever receipts exceeded expenses, the surplus was used to pay off outstanding
debts. Conditions permitting, loans and money balances could be used to pay for repairs
and improvements in the seat of the monastery and adjoining properties and buildings.[27]

The Monastery of Arouca's economic dimension may be roughly conveyed by
the estimates in Figure 5.

FIGURE 5
MONASTERY OF AROUCA, ECONOMIC INDICATORS, 1786-1825

Indicators	Estimates
Receipts, annual average	15,022,310 réis
Expenses, annual average	14,890,041 réis
Receipts minus expenses, annual average	132,269 réis
Average number of nuns living in the monastery	71
Average number of servants, artisans and professionals on the monastery's payroll	38
Average number of servants sustained by the monastery, when they could no longer work on account of their old age	25
Average number of secular women living in the monastery	18
Average number of servants on nuns' private payroll	70

Sources: Oliveira, A Contabilidade do Mosteiro de Arouca, 91-93, 100-101, 118-133; IAN/TT, Livro da Desobriga;
BPMP, Códice 1325: Livro das Religiosas, Códice 1323: Livro da Folha, Códice 1326: Livro dos óbitos.

[25] Dias and Rodrigues, "A mesa conventual de Arouca" and Mota, O Senhorio Cisterciense da Santa
Maria de Bouro, 564.
[26] On these particular obligations, see BPMP, Códice 1324: Livro de Rezão, fls. 4-44; 86-91.
[27] On the restrictions imposed on such matters, see BN, Códice 720: 4º Livro das Actas, 1760, fl. 52
ff.-53 ff.

ACCOUNT BOOKS AND ACCOUNTING PROCEDURES

In order to reconstruct the principles and procedures underlying the accounting records of the Monastery of Arouca, we have taken into consideration the information contained in the books of the monastery itself, as well as in the book of definitions and in the book of the congregation's meetings. As will be argued next, the sources surveyed denote the existence of a charge and discharge accounting system,[28] which was explicitly referred to as a 'method of receipt and expense' by the congregation itself: "The General Abbot, as well as the Visitors, have noticed in their visits [to the monasteries] that stolen and missing goods and money were often concealed in the accounts, by means of diminishing the receipts and other improper procedures, which pervert the method of *receipt and expense*, usual among us".[29]

In accordance with the method adopted, single entries in the account books simply recorded inflows and outflows of money and goods, no trace having been found of the concepts of capital account or income statement.[30] At the beginning of each period, the officers in charge of the books of accounts recorded the initial cash balances and stocks of goods, as well as the standing debts and credits. Throughout the period, they recorded all inflows and outflows of money and goods and added the overall amount to the initial balances, in order to determine the final balances at the end of the period, which in turn became the initial balances for the following period.

Arouca's accounting books and procedures reflected the existence of centres of responsibility. The officer responsible for each centre was made accountable for the difference between the 'charges', i.e. the goods or money entrusted to him/her, and the 'discharges', i.e. the goods or money delivered by him/her to any other officer in the administrative chain. The accountability of each officer was established on the basis of the definition of administrative centres of responsibility, which corresponded to centres of economic activity. Each centre of economic activity was in fact an accounting centre of responsibility, which was manifested in an autonomous book of accounts that followed the officer in his/her daily duties at that centre. Thus there was no separation between the officer who performed a certain economic and administrative task and the officer responsible for the recording of the accounting effects of that task.[31] It is precisely this symbiosis of economic activities, administrative functions and accounting recordings that is represented in Figure 4 *supra*, and Figures 6 and 7 *infra*.

---

[28] On the origins, main characteristics, objectives, developments and relevance of the charge and discharge accounting system, see Edwards, "Financial Accounting Practice", 343-344; Idem, *A History of Financial Accounting*, 32-51; Lemarchand, "Double Entry versus Charge and Discharge Accounting in Eighteenth-Century France"; Noke, "Accounting for Bailiffship in Thirteenth Century England"; Vangermeersch, "Manorial Accounting"; Yamey, "Accounting in History"; Napier, "Aristocratic Accounting"; Littleton, *Structure of Accounting Theory*, 1-7; Idem, *Essays on Accountancy*, 40-46; Baxter, "The Account Charge and Discharge"; Hain, "Accounting Control in the Zenon Papyri" and Jack, "An Historical Defence of Single Entry Book-keeping".

[29] BN, Códice 720: 4º *Livro das Actas*, 1779, fl. 179 vv., our emphasis.

[30] This was also observed in the case of the Jesuits by Alden, *The Making of an Enterprise*, 619.

[31] This separation became more common with the diffusion of double-entry accounting systems, since they were more complex to learn. Carqueja, "Actividade Contabilística até Luca Pacioli", 735.

FIGURE 6
MONASTERY OF AROUCA, ADMINISTRATIVE ORGANIZATION, 1786-1825[*]

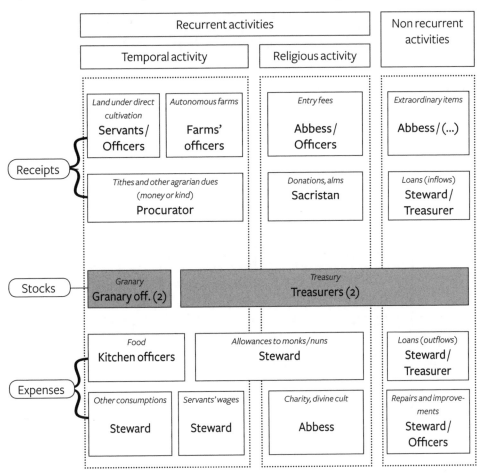

*In Figures 6 and 7, words in italics denote economic activities, words in bold designate local officers and accounting books, respectively.

The definitional rulings fully specified the tasks to be performed at each monastery by the officers in charge of the accounting records, committing them all to keep accounting books recorded in good order, according to the congregation proceedings, and in a timely manner.[32] However, no indication has been found as regards the actual learning and transmission of the knowledge required for performing those tasks. Out-going officers would certainly pass on their accumulated experience to their successors, but we are not aware of any kind of accounting classes or of any sort

[32] The most important accounting tasks were those done by the stewards, treasurers and granary officers, but equal care was taken to lay down the accounting tasks of other officers, such as the guest-house officer, the nurse, the bookkeeper, etc. BN, Código 143: *Definiçoens*, fls. 43 ff.-52 ff.

FIGURE 7
MONASTERY OF AROUCA, ACCOUNT BOOKS AND PROCEDURES, 1786-1825

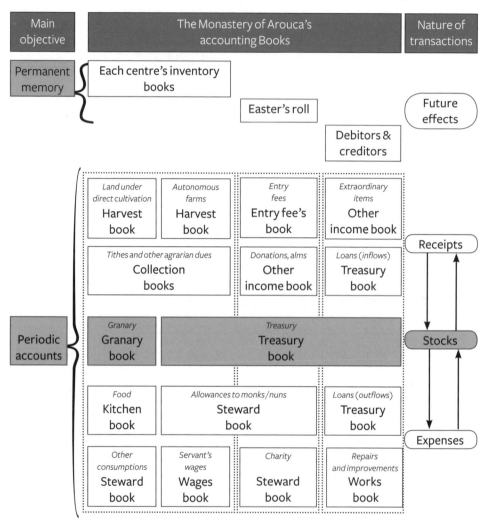

of manuals to this end in the congregation.[33] This transfer of knowledge was a matter of great relevance for the steward, since he was the officer in charge of the accounting system in each house and as such he had to supervise and coordinate the accounting procedures of all other officers.

The steward serving in the Monastery of Arouca had to report the situation of the treasury to the abbess every week and render summary four-monthly accounts and more detailed triennial accounts to the local community in Arouca and the congregation in Alcobaça. In addition he had to render accounts to the general abbot or, in the

---

[33] In the case of Jesuit bookkeepers, Alden observes "that such accountants were self-trained, that most of them had no special preparation for their jobs" (*The Making of an Enterprise*, 619).

event of a visitation by the congregation's officials, whenever requested to.[34] In order to present the accounts, the steward had to summarize and consolidate the charges and discharges recorded in the books used by all other accounting officers. The task of consolidation was made possible by the fact that all books were drawn up in such a way that charges and discharges of different origins and destinations were recorded separately. For example, the money delivered by granary officers to treasury officers, on account of the grain sold, was 'discharged' in a leaf in the granary book and was subsequently 'charged' in a leaf in the treasury book. An identical procedure applied in the case of the wine sold, which made the consolidation of charges and discharges of grain and wine in both books easier.

In the process of consolidating charges and discharges, any negative difference, between the cash balances and the stocks of goods recorded in the books and the existing money and goods in the treasury and the granary, was duly charged to the officer found responsible for it. Rules were very strict indeed in such circumstances: the officer in question had to pay the negative difference out of his own pocket.[35] The most critical of all the consolidations was that of the steward book and the treasury book, since the first provided a detailed record of most of the monastery's expenses and the second provided a detailed record of all cash inflows and outflows.

The Congregation of Alcobaça paid close attention to the performance of the treasurers' functions and the keeping of the treasury book, which was regarded as the most important book in Cistercian monasteries.[36] As in other monastic orders, two officers carried out treasury functions. One of them was responsible for the recording of all entries and the other was responsible for the physical movements of the money.[37] The treasury itself consisted of a coffer with three different locks. Each treasurer had a key to open two of the locks, while the abbess kept the key that opened the other lock. Consequently, all three had to be present when money entered or left the coffer. The objective was to prevent embezzlement and any sort of unauthorized outflows. The same concern is apparent in the rules that forbade treasurers to combine their office with other functions and prevented relatives from taking up these responsibilities within the same monastery.[38]

In the same vein, the congregation's rulings also prevented the direct compensation of balances between officers or between officers and third parties.[39] This was a basic premise to guarantee that the accounting system could be audited, since it was the only way to guarantee that all payments and receipts were recorded in the treasury book, and consequently to provide for the consolidation of the charges and discharges in different books. In addition, it ensured that the accounts prepared by

---

[34] BN, Códice 720: 4º *Livro das Actas*, 1771, fl. 135 ff.

[35] BN, Códice 720: 4º *Livro das Actas*, 1763, fl. 76 ff.; 1779, fl. 180 vv.; fl. 181 vv.

[36] Mota, *O Senhorio Cisterciense da Santa Maria de Bouro*, 542.

[37] BN, Códice 143: *Definiçoens*, fl. 43.

[38] Close relatives (brothers, sisters or cousins) were not allowed to remain in the same monastery and no more than six members of the same family were allowed into the congregation, even when dispersed over different monasteries (BN, Códice 143: *Definiçoens*, fl. 31 vv.). However, at least in the case of Arouca, such rules were not always strictly observed (BPMP, Códice 1325: *Livro das Relligiozas*).

[39] BN, Códice 143: *Definiçoens*, fl. 43 ff.

the steward included all the monastery's receipts and expenses, since those accounts were partially based on the records of the treasury book.

Goods were recorded in customary units of measure (for example, *alqueires* for grain, *almudes* for wine and *arrobas* for other consumables) and money was recorded in *réis*. In order to facilitate the calculation of arithmetic sums, the congregation tried to reduce the units of account to the minimum possible, but it always took into consideration the units of account that prevailed in the area where each monastery was located.[40] The conversion of the units of measure into money and vice versa only took place when it was required by the nature of the movements recorded. For example, if the wheat was collected from tenants and consumed as bread inside the monastery, the corresponding charge and discharge entries in the Granary and Kitchen Books were exclusively made in *alqueires*. However, if the wheat collected from tenants was sold in the local market, the corresponding entry of discharge in the granary book specified both the quantity sold in *alqueires* and the amount received in *réis*, whereas the corresponding entry of charge in the treasury book recorded the amount received in *réis*. The coexistence of different units of account did not jeopardize the control over the various centres of responsibility, because the systematic recording of the tables of conversion of the measurement units into money ensured it was possible to audit the accounting system at all times, as Figure 8 illustrates.

AIMS OF THE ACCOUNTING SYSTEM

After the presentation of the basic principles and procedures underlying the accounting records and books of the Monastery of Arouca it is necessary to go into further detail as regards the type of accounts they generated. The most interesting ones undoubtedly were the triennial accounts, which were an important source of information, both for the local community itself and for the head of the congregation.

Triennial accounts were drawn up on the basis of the 'partial accounts' prepared at each centre of accounting responsibility, which were subsequently consolidated and presented in such a way as to permit the very appraisal of the financial evolution of the monastery throughout the period. By simply adding on a separate sheet all the receipts and expenses recorded by each officer in the corresponding books, it was possible to obtain a general view of the monastery's financial situation, which was something more than the juxtaposition of the state of the various centres of accounting, as illustrated in Figure 8.

In broad terms the presentation of triennial accounts consisted of a description, first of the receipts and then of the expenses, by blocks of items usually in alphabetical order (almonds, codfish, pork, etc.). Individual items were recorded on the left side of the page, a brief explanation on the nature of the receipt or the expense was recorded in the middle of the page, and the value in *réis* was recorded on the right

---

[40] "The granary accounts will be drawn up only in *alqueires* or *fanegas*, in accordance with the custom of the province, in order to facilitate the accounts and avoid errors." BN, Códice 720: 4° *Livro das Actas*, 1779, fl. 181 vv.

FIGURE 8
MONASTERY OF AROUCA, CHARGE AND DISCHARGE CONSOLIDATION PROCEDURES,
1786-1825*

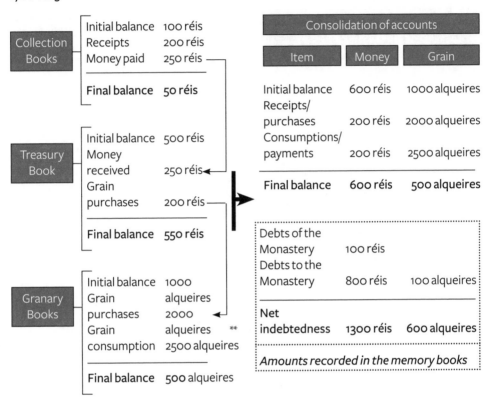

Illustrative figures.
*** Conversion from réis to alqueires recorded in both books.*

side of the page. Receipts and expenses were grouped together according to criteria that changed over time, as shown in Figure 9 (next page).

The changes in the presentation form do not reflect any significant change in the way the triennial accounts were designed, but derive instead from the need to aggregate receipts and expenses (mostly the latter) in such way as to place in evidence certain aspects of the running of the monastery. This is the case with the extraordinary expenses of the beatification of a former abbess in the period 1792-1795, which led local officers to separate them from the remaining 'current expenses'. This is also the case with the expenses for food, that were separated from the remaining expenses for the maintenance of the community after 1796.[41]

---

[41] We found no specific ruling determining this separation, although a similar change has been observed in the case of the male Monastery of Bouro. Mota, *O Senhorio Cisterciense da Santa Maria de Bouro*, 539.

FIGURE 9

MONASTERY OF AROUCA, PRESENTATION OF TRIENNIAL ACCOUNTS, 1786-1825*

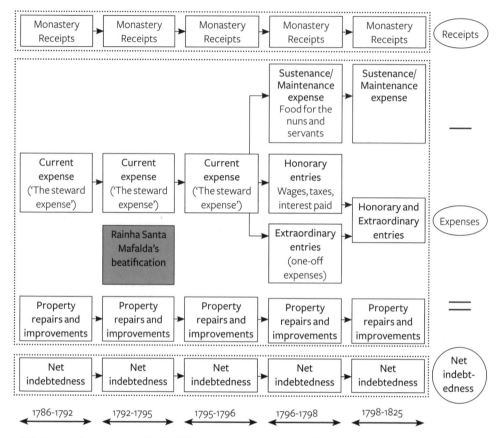

* 'Net indebtedness' calculated as the difference between 'Receipts' and 'Expenses', since 'Receipts' includes the cash balance carried over from the previous period.

Besides the listing of all receipts and expenses, triennial accounts included the summary consolidation of the initial and final cash balances and the initial and final stocks of goods. They also included the list of all standing debits and credits, which permitted a more accurate assessment of the monastery's financial situation, as is illustrated by the facsimile folio in Figure 10 (next page). This last piece of information had nothing to do with the usual control of the 'charges' and 'discharges' recorded by each officer. The purpose of enumerating the debts that were to be paid and received in the future was to make up for a deficiency of the charge and discharge accounting system, which is by definition blind to this kind of movement. Some other calculations and estimates were finally added to the accounts, such as the standing debts that were considered unrecoverable, the rents that had already been collected

FIGURE 10

MONASTERY OF AROUCA, FOLIO OF TRIENNIAL ACCOUNTS, 1795-1798

Summary		
Receipts		... *réis*
Expenses		
Feeding	... *réis*	
Ordinary expenses	... *réis*	
Extraordinary expenses	... *réis*	
Repairs and improvements	... *réis*	
Sum of all expenses		__*réis*
Difference between receipts and expenses		__*réis*
Debts of the Monastery :		
In money	... *réis*	
In goods	... *alqueires, almudes*, etc.	
Debts to the monastery		
In money	... *réis*	
In goods	... *alqueires, almudes*, etc.	
Demands in the court of law		
Stocks at the end of the period:		
Grain, wine, ...	... *alqueires, almudes*, etc.	
Animals	... units	
Tools and furniture	... units	

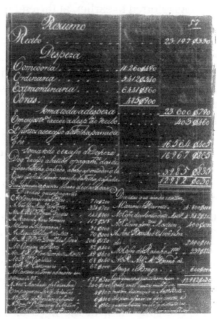

but belonged to the next period, or the amount to be paid later on as *quindénio*.[42] The adoption of such procedures allowed the Congregation of Alcobaça to be in possession of a document that showed the net indebtedness of each monastery and therefore provided for a rough measure of the performance of the administration of each local community during the period of reference.

The triennial accounts prepared by the steward were submitted for the approval of the abbess, confessor, deputies and the rest of the community, before they were sent to the congregation in Alcobaça to be read before the general chapter. The accounts of each monastery were closed around the last day of March and had to be received in Alcobaça before the 10th of April, in order to give time to the necessary verifications and analysis by the visitors. The general chapter appraised the financial situation of each monastery on the basis of the evidence presented in the accounts of the triennial under scrutiny, comparing them with the accounts of the preceding period. The rulings determined that "the [procurator] shall bring with him two [copies of the triennial accounts] to the General Chapter; one will remain with the General Abbot, and the other shall be delivered to the new Abbot, after being registered by the General Chapter secretary, who will also compare these accounts with those of the preceding triennium, which the procurator shall also bring with him. Shall the

---

[42] This consisted of a tribute that had to be paid to the Holy See every fifteen years.

procurator fail to bring these three sets of accounts, he will be punished, and his vote will not be taken into consideration [...] in the General Chapter."[43]

As referred to earlier, at the end of each triennial term, no officer was allowed to remain at his post, and selection for any other assignment was made dependent upon previous good performance(s). Among other things, performance was measured in terms of the contribution made to the situation of 'indebtedness' or 'enrichment' of the monastery served.[44] In case of bad performances, officers could be suspended for several years and in extreme instances even for life.[45] The balances shown in triennial accounts, especially money in the treasury, together with the outstanding debtor and creditor balances, were compared with those from previous periods, in order to determine if the situation of the monastery was better off (meaning enrichment) or worse off (meaning indebtedness) than before.

Local officers had to observe the strict rules prescribed in the books of definitions and meetings, as regards the recording of receipts, expenses, outstanding debts and credits. On the one hand, these rules facilitated comparison between different monasteries and consequently between the performance of their officers. On the other hand, these rules favoured the accurate calculation of the net indebtedness of each monastery, which constituted one of the variables most carefully monitored by the congregation, in view of the aim to reduce the indebtedness of monasteries and raise cash balances that would enable the congregation to face unexpected and urgent needs.[46]

The concern with the need to avoid and control indebtedness can be better understood in the light of the characteristics of the Cistercian economy in the period under observation. On the side of receipts, Cistercian monasteries mostly depended on the collection of tithes and other agrarian dues, which could no longer be expanded, because, in the same manner as the monasteries belonging to other congregations, they were faced with increasing resistance from the Crown, as well as from villagers and tenants, to the enforcement of their alleged patrimonial rights and privileges, since the middle of the eighteenth century.[47] On the side of expenses, the key variables were the number of monks/nuns that monasteries could support and the amounts to be set aside for the repairs and improvements of the fixed property. The decision to accept new members implied lifelong maintenance costs and the decision to undertake repairs and improvements might mean heavy expenses during long periods. Figure 11 bears witness to the monastery's efforts to balance receipts and expenses, in the context of the steady decline in the number of nuns after the late 1790s.

The pattern of decline observed in the period under observation is part of a wider process that can be traced back to the mid-eighteenth century, when monastic

---

[43] BN, Códice 143: *Definiçoens*, fl. 4 ff. Read Oliveira, *A Abadia de Tibães 1630/80-1813*, 153, for similar arrangements and procedures, in the case of the Benedictine Order.

[44] In accordance with the expression commonly used in congregation's rulings to characterize the actual state of the accounts of a particular monastery, i.e. a situation of '*empenho ou acréscimo*'. See, for example, BN, Códice 720: 4° *Livro das Actas*, 1760, fl. 52 ff.

[45] BN, Códice 143: *Definiçoens*, fls. 17, 22, 26.

[46] See, for example, BN, Códice 720: 4° *Livro das Actas*, 1765, fl. 83 vv.-85 ff.; 1779, fl. 182 ff. and 1788, fl. 231 vv.-234 vv.

[47] See Neto, *Terra e Conflito*, chapters II-V; Almeida, *História da Igreja em Portugal*, III, 47.

FIGURE 11
MONASTERY OF AROUCA, RECEIPTS, EXPENSES AND NUNS, 1786-1825

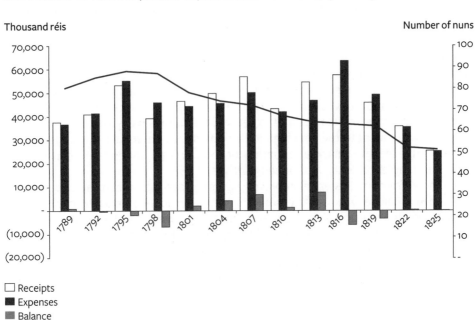

Sources: BPMP, Códice 1323: Livro da Folha; Códice 1325: Livros das Relligiozas; Códice 1326: Livro de óbitos.

orders came under the combined pressure exerted by the increasing assertiveness of the absolute monarchy and the slow disintegration of the agrarian economy based as it was on the political privileges of the Church and the nobility. The number of religious houses and of the people who lived in them increasingly came to be regarded as being far in excess of the country's needs and means, a circumstance that certainly contributed to reducing the number of professed members. In addition, the vast patrimony in lands and the tithes and other seigniorial dues collected all over the country came to be regarded as detrimental to the progress of agriculture, a circumstance that certainly contributed to enhance the movement in favour of the reform of monastic orders. In the early 1820s, the gradual elimination of seigniorial dues negatively affected the receipts of monastic orders. In the early 1830s, the severe financial difficulties experienced by the liberal government ultimately led to the abolition of monastic orders and the expropriation of their patrimony.[48]

[48] On the political and economic erosion of the power of Portuguese monastic orders since the reign of José I (1750-1777), see Neto, *Terra e Conflito*, 179-246, 251, 321-333, 391; Serrão, *História de Portugal*, 116-120. On the dismantlement of the agrarian old regime that underlay the economic power of monastic orders and the conditions behind the option in favour of their extinction see da Silva, "A desamortização", 340-341; Silbert, "O Feudalismo Português e a sua Abolição", 93-95 and Mattoso, "Clero".

In this context, the charge and discharge system of accounts of the Monastery of Arouca was not only a powerful instrument of accountability of the actions undertaken by each and every officer, but was also a powerful instrument of rational decision making, especially as regards (1) the decision to make major repairs or construct new buildings and (2) determining the ideal number of religious people per monastery. In the first case, documents were always required to demonstrate the need and usefulness of the proposed works, their approval by the local community and, most importantly, the actual situation of indebtedness or enrichment of the monastery in question. Even in the case of an existing positive treasury balance and a trend of positive balances between incomes and expenses, the rulings were that no works could be undertaken without the congregation's permission. Thereafter, the congregation closely surveyed the financial situation of monasteries undertaking construction until the completion of the authorized works.[49]

The accounting system also played an important role, when the congregation was called to decide on how many monks or nuns a particular monastery could accommodate. We find plenty of congregation rulings that aimed at forbidding or admitting new entrances, on the basis of the evaluation made of the actual state of the monasteries' accounts. In one such instance, the congregation ruled in favour of lowering the entry fees in a particular monastery, because "the present lack of novices [...] has been caused by dowries that are substantially higher than those required by other monasteries", and also because the monastery in question "is almost on the verge of balancing its own accounts".[50] In the case of persistent unbalanced accounts, excess resident members had to be reallocated inside the congregation, as it happened with the male Monasteries of Alcobaça and Desterro, which were so overwhelmed by debts that the congregation was forced to reduce the number of their members and send those found in excess of the available local means to more prosperous monasteries. In the case of the Monastery of Desterro, the ruling made it very clear that the displacing arrangements were to prevail "until the Monastery pays off its debts and provides better means for the subsistence of more members".[51]

As the evidence above indicates, the accounting system played a crucial role in the attempt to secure the self-sufficiency of each monastery in the long run and thus provide for the fulfilment of the religious mission of the congregation as a whole. The exact recording of the sources of the income earned and of the expenses incurred by each monastery were essential to establish the optimum number of resident members, as well as to decide whether to ameliorate or expand the existing facilities, in view of the congregation's overall concern not to compromise its religious mission by the insolvency of its affiliated houses.

The Monastery of Arouca's accounting system can be placed in the context of efforts undertaken in view of the development of accounting practices by the Portuguese Crown, during the premiership of the Marquis of Pombal (1755-1777). These efforts were part and parcel of a more comprehensive plan that aimed at reforming important state institutions, as well as providing for the education of merchants,

[49] BN, Códice 720: 4º *Livro das Actas*, 1759, fl. 35 vv. and 1760, fl. 52 ff., 54 vv.
[50] Ibidem, 1794, fl. 269 ff.
[51] Ibidem, 1779, fl. 187 vv. and 1760, fl. 53 vv.

manufacturers and public officers. The Marquis of Pombal took the initiative: (1) to impose minimum bookkeeping procedures on merchants and manufacturers, without which no bankruptcy protection could be granted by the courts of law; (2) to reform the accounting practices of the Public Treasury, the Mint and the municipalities; (3) and to establish a school of commerce.[52] In all these initiatives, double-entry bookkeeping was an overriding concern, prescribed to public institutions, merchants and manufacturers, as the most suitable accounting method.[53] However, there was no intention to further extend the prescription, namely to the holdings of the nobility and of the Church, or even to small businesses.

As far as the accounting practices of monastic orders are concerned, the Marquis of Pombal did not aim to reform them. In fact, when the opportunity arose to introduce double-entry bookkeeping in the administration of the banished Jesuits' goods, he decided otherwise and determined that public officers administering the confiscated Jesuit assets should keep on using the charge and discharge accounting system used by the Jesuits, which was similar to the one in use in the Monastery of Arouca.[54] In their turn, monastic orders apparently had nothing to gain in changing their accounting system of their own accord. The overwhelming dependence on tithes and agrarian dues, together with the limitations imposed on monastic orders by the religious nature of their mission, prevented the diversification of their economic activities and contributed to foreclosing the adoption of the more complex double-entry accounting system. In line with the argument developed by Y. Lemarchand, when explaining the prevalence of the charge and discharge system in France[55], the preeminence of land as a source of wealth and income in Portuguese monastic orders may help to understand the prevalence of the charge and discharge accounting system among the monasteries of the Congregation of Alcobaça until their dissolution in the 1830s.

---

[52] On the scale and scope of the reforms promoted by the Marquis of Pombal, see Gomes, *Contribuição para a história da contabilidade*, 63-92; Rodrigues, "Carta de Lei de 22 de Dezembro de 1761"; Sousa, *Moeda e Metais Preciosos no Portugal Setecentista*, 53-75; Pedreira, *Os Homens de Negócio da Praça de Lisboa de Pombal ao Vintismo*, 69-71, 447-453; Idem, "Os Negociantes de Lisboa"; Castro, "A Política Económica do Marquês de Pombal"; Martins, *A Aula do Comércio*; Rau, *A Casa dos Contos*, 399-417; Ratton, *Recordações de Jacome Ratton*, 195. On the claims regarding the creation in Portugal of the first state school specializing in the teaching of accounting, see Rodrigues and Craig, "English Mercantilist Influences on the Foundation of the Portuguese School of Commerce"; Rodrigues, Gomes and Craig, "The Portuguese School of Commerce"; Idem, "Aula do Comércio".
[53] J. Ratton, a contemporary observer, takes notice of the fact that the Marquis of Pombal himself used double entry in his private business accounting (*Recordações de Jacome Ratton*, 140). The consideration of accounting as a tool for economic development is also in evidence in the French Colbert Act of 1673, as well as in the Basque Bilbau Act of 1773, as further explored in Carqueja, "Do Saber da Profissão às Doutrinas da Academia". On this subject, see also Rocha and Gomes, "Um Contributo para História da Contabilidade em Portugal" and Hernández-Esteve, "Merchants' Organizations and Accounting Regulation in Eighteenth-Century Spain".
[54] Guerra, "A Administração e Contabilidade dos Colégios da Companhia de Jesus".
[55] Lemarchand, "Double Entry versus Charge and Discharge Accounting in Eighteenth-Century France".

CONCLUDING REMARKS

In its basic traits, the system of accounts of the Monastery of Arouca fits into the pattern seen so far for monastic orders.[56] As has been shown in the article, the charge and discharge accounting system of the Monastery of Arouca reflects the hierarchical and decentralized administrative organization characteristic of the Cistercian congregation, which was primarily designed to control and protect the patrimony of the monasteries. A considerable number of religious and lay people had daily access to the monastery's money, goods and properties, and it was necessary to ensure that no receipts failed to enter the coffer of the treasury, that no money or goods were wasted and that no movable or immovable property was damaged or lost. Arouca's account books and accounting procedures, regularly audited by the congregation, certainly provided an adequate answer to the primary concern of controlling and preserving its patrimony, but they did more than just that. They also provided information that contributed to rationalizing the administration of the monastery in the context of the whole congregation.

The system of accounts was designed in such a way as to provide information regarding the evolution of receipts and expenses, outstanding debits and credits, and the net indebtedness of the monastery. All this information was instrumental for the rationalization of fundamental management decisions, in view of the long-term financial sustainability of the monastery, namely as regards the control of debts, the admission of new members, the investment in new buildings and the undertaking of restoration works. It was also instrumental for the rationalization of fundamental management decisions at the level of the congregation itself, namely as regards the assessment of the performance of serving officers and ensuing prospects of promotion, and the reallocation of funds and resident members in case of need.

Bibliography

Archival sources

Lisbon, Biblioteca Nacional (BN, National Library)
  Códice 720: *4º Livro das Actas e Diffiniçoēs dos Capitolos Gerais e Juntas de nossa Congregação Cisterciense, que se celebrarão neste Real Archimosteiro de S.ᵗᵃ Maria de Alcobaça* (1756-1831) [Book of the Congregation's Meetings; gives account of the updating of definitions, by means of new rulings approved by the congregation when assembled in the form either of General Chapters or Definitions' Board].

Códice 1480: *Provizão para a Observancia da Vida Commua*, Documentos relativos aos conventos da Ordem de Cister em Portugal, sobretudo ao Mosteiro de Santa Maria de Alcobaça [Documents pertaining to Portuguese Cistercian convents].

Códice 1493: *Rendimentos dos Mosteiros da Ordem de Cister*, Papeis avulsos de Figueiredo, Tomo 1 (1763-1789) [Incomes of the colleges and monasteries of the Cistercian Order].

[56] Dobie, "The Development of Financial Management and Control in Monastic Houses and Estates in England"; Rodríguez, Fernández and Stolle, "Los flujos de efectivo en una economia monástica"; Prieto, Maté and Tua, "The Accounting Records of the Monastery of Silos"; Fernández, Rodríguez and Stolle, "La rendición de cuentas en la Orden del Cister de Castilla"; Guitart, "El Abad del Monasterio de Poblet"; Maté, Prieto and Pereda, "La actividad financiera del Monasterio de Silos"; LLopis, Fidalgo and Méndez, "The 'Hojas de Ganado' of the Monastery of Guadalupe"; Alden, *The Making of an Enterprise*.

Códice 143: *Definiçoens da Ordem de Cistel e Congregaçam de Nossa Senhora de Alcobaça* (1593) [Book containing the set of rules, *i.e.* of definitions, codified in 1593].

Lisbon, Instituto dos Arquivos Nacionais/Torre to Tombo (IAN/TT, Institute of National Archives) *Livro da Desobriga das madres seculares e creadas deste Mosteiro de Arouca ...* (1781-1798) [Book listing the secular women and servants living in the Monastery of Arouca who complied with the precept of the annual confession].

Porto, Biblioteca Pública Municipal do Porto (BPMP, Porto Public Municipal Library)

Códice 1323: *Livro da Folha do Real Mosteiro de Arouca* (1786-1826) [Book used to keep copies of the triennial accounts sent to Alcobaça].

Códice 1324: *Livro da Rezão deste Real Mosteiro de Arouca que principia em Mayo do anno de 1735* [Book designed to estimate and control the payments in money and in kind made to all the Monastery's servants, nuns and male officers, as well as to the local clergy. This book was also used to estimate and control, in very broad terms, the Monastery's rents].
Códice 1325: *Livro das Relligiozas que professarão neste Mosteiro de Arouca* (1717-1833) [Book listing the nuns who took their vows in the Monastery of Arouca]

Códice 1326: *Livro dos óbitos das religiosas deste Mosteiro de Arouca* (1717-1886) [Book listing the deaths of the nuns of the Monastery of Arouca].

References

Alden, Dauril. *The Making of an Enterprise: The Society of Jesus in Portugal, Its Empire and Beyond 1540-1750.* Stanford: Stanford University Press, 1996.

Almeida, Fortunato. *História da Igreja em Portugal.* Ed. D. Peres. Porto-Lisbon: Livraria Civilização Editora, 1970.

Amaral, Luís C. *São Salvador de Grijó na Segunda Metade do Século XIV. Estudo de Gestão Agrária.* Lisbon: Edições Cosmos, 1994.

Amorim, Inês. *O Mosteiro de Grijó. Senhorio e Propriedade: 1560-1720 (Formação, Estrutura e Exploração do seu Domínio).* Braga, 1997.

Anderson, Malcolm. "An Analysis of the First Ten Volumes of Research in *Accounting, Business and Financial History*". *Accounting, Business and Financial History*, 12 (2002) 1, 1-24.

Baxter, William T. "The Account Charge and Discharge". *The Accounting Historians Journal*, 7 (1980) 1, 69-71.

Boyns, Trevor and Carmona, Salvador. "Accounting History Research in Spain, 1996-2001: An introduction". *Accounting, Business and Financial History*, 12 (2002) 2, 149-155.

Brandão, Maria de Fátima. *Terra, Herança e Família no Noroeste de Portugal. O Caso de Mosteiro no Século XIX.* Porto: Edições Afrontamento, 1994.

Carmona, Salvador and Ezzamel, Mahmoud. "Accounting and Religion: A Historical Perspective". *Accounting History*, 11 (2006) 2, 117-127.

Carqueja, Hernâni O. "Actividade Contabilística até Luca Pacioli". *Revista de Contabilidade e Comércio*, 58 (2002) 231, 699-752.

Carqueja, Hernâni O. "Do Saber da Profissão às Doutrinas da Academia". *Revista de Contabilidade e Comércio*, 59 (2003) 234/235, 1-144.

Castelao, Ofélia R. "El clero regular gallego en la edad moderna: evaluación de su poder económico" in: Fiorenzo Landi, ed. *Accumulation and Dissolution of Large Estates of the Regular Clergy in Early Modern Europe.* Rimini: Guaraldi, 1999, 135-164.

Castro, Armando. "A Política Económica do Marquês de Pombal e a Sociedade Portuguesa do Século XVIII" in: *O Marquês de Pombal e o seu Tempo.* Special issue of *Revista da História das Ideias* (Coimbra: Instituto de História e Teoria das Ideias - Faculdade de Letras de Coimbra), 4 (1982) 1, 41-49.

Castro, Maria F. *O Mosteiro de Landim: Contributos para o Estudo da Propriedade Eclesiástica.* Prado, 1995.

Cocheril, Dom Maur. "Les abbayes cisterciennes portugaises du XIIe siècle". *Bracara Augusta,* 14-15 (1963) 1-2.

Conde, Maria F.T. *A Evolução da Contabilidade em Portugal nos Séculos XIX e XX.* M. Sc. Diss. Universidade Aberta. Lisbon, 2001.

Costa, Isilda M. S. B. da. *Mosteiro de Pedroso - 1560-1698 (Património, Gestão e Administração Jesuítas).* Unpublished M. Sc. dissertation, Universidade do Porto, 1989.

Dias, Geraldo and Rodrigues, Fernando M. "A mesa conventual de Arouca - valor gastronómico e significatividade social". *Rurália*, 3 (1994), 101-121.

Dobie, Alisdair. "The Development of Financial Management and Control in Monastic Houses and Estates in England c. 1200-1540". *Accounting, Business & Financial History*, 18 (2008) 2, 141-159.

Edwards, John. R. *A History of Financial Accounting*. London: Routledge, 1989.

Edwards, John R. "Financial Accounting Practice 1600-1970: Continuity and Change" in: John R. Edwards, ed. *The History of Accounting*. Vol. 2. London-New York: Routledge, 2000, 342-378.

Faria, Ana R. S. de S. "An Analysis of Accounting History Research in Portugal: 1990-2004". *Accounting History*, 13 (2008) 3, 353-382.

Fernández, Dolores R.; Rodríguez, Elena G. and Stolle, Asunción R. "La rendición de cuentas en la Orden del Cister de Castilla: el Libro de Estados del Monasterio de Oseira (1614-1832)". *De Computis. Revista Española de Historia de la Contabilidad*, 2 (2005) June, 181-198.

Gomes, Delfina. *Contribuição para a história da contabilidade. A Evolução dos Registos Contabilísticos e a Aplicação da Partida Dobrada em Portugal, Braga*. M. Sc. diss. Universidade do Minho, 2000.

Gouveia, Adelino C. "O Enquadramento Pós-Tridentino e as Vivências do Religioso" in: José Mattoso, ed. *História de Portugal. O Antigo Regime (1620-1807)*. Lisbon: Editorial Estampa, 1993, 290-299.

Guerra, Luís B. "A Administração e Contabilidade dos Colégios da Companhia de Jesus nos séculos XVII e XVIII". *Revista do Centro de Estudos Económicos*, 13 (1953), 167-196.

Guitart, Ricard M. "El Abad del Monasterio de Poblet como Limosnero Real y su rendición de cuentas". *De Computis. Revista Española de Historia de la Contabilidad*, 2 (2005) June, 154-180.

Hain, H. P. "Accounting Control in the Zenon Papyri". *The Accounting Review*, 41 (1966), 699-703.

Hernández-Esteve, Esteban. "Merchants' Organizations and Accounting Regulation in Eighteenth-Century Spain: The Ordinances of the Tribunal of Commerce of Bilbao". *Accounting, Business and Financial History*, 6 (1996) 3, 277-299.

Jack, Sybil M. "An Historical Defence of Single Entry Book-keeping". *Abacus*, 2 (1966) 2, 137-158.

Kennedy, Michael H. "Fayol's *Principles* and the *Rule of St Benedict*: Is There Anything New Under the Sun?". *Journal of Management History*, 5 (1999) 5, 269-276.

Landi, Fiorenzo, ed. *Accumulation and Dissolution of Large Estates of the Regular Clergy in Early Modern Europe*. Rimini: Guaraldi, 1999.

Landi, Fiorenzo. "Introduction" in: Fiorenzo Landi, ed. *Accumulation and Dissolution of Large Estates of the Regular Clergy in Early Modern Europe*. Rimini: Guaraldi, 1999, 5-14.

Landi, Fiorenzo. "The Great Estates of the Regular Male Clergy: Distinctive Characteristics of a Managerial and Accounting System" in: Fiorenzo Landi, ed. *Accumulation and Dissolution of Large Estates of the Regular Clergy in Early Modern Europe*. Rimini: Guaraldi, 1999, 269-279.

Lemarchand, Yannick. "Double Entry versus Charge and Discharge Accounting in Eighteenth-Century France" in: John R. Edwards, ed. *The History of Accounting*. London-New York: Routledge, 2000, 178-205.

Littleton, Ananias C. *Accounting Evolution to 1900*. New York: Russell & Russell, 1966.

Littleton, Ananias C. *Structure of Accounting Theory*. Menasha (Wisconsin): George Banta Publishing Company, 1985.

Littleton, Ananias C. *Essays on Accountancy*. Urbana (Illinois): University of Illinois Press, 1961.

Llopis, Enrique; Fidalgo, Esther and Méndez, Teresa. "The 'Hojas de Ganado' of the Monastery of Guadalupe, 1597-1784: An Accounting Instrument for Fundamental Economic Decisions". *Accounting, Business and Financial History*, 12 (2002) 2, 203-229.

Madahil, António G. R. "Relação e Mapa das Rendas do Mosteiro de Arouca". *Arquivo do Distrito de Aveiro*, 21 (1940), 71-78.

Magalhães, Joaquim R. "A Sociedade" in: José Mattoso, ed. *História de Portugal, No Alvorecer da Modernidade (1480-1620)*. Vol. 3. Lisbon: Editorial Estampa, 1993, 469-509.

Maia, Fernanda P.S. *O Mosteiro de Bustelo: Propriedade e Produção Agrícola no Antigo Regime (1638-1760 e 1710-1820)*. Porto: Universidade Portucalense, 1991.

Marques, José. *O Mosteiro de Fiães (Notas para a sua História)*. Braga: Edição do Autor, 1990.

Marques, José. "Os Mosteiros Cistercienses nos Finais do século XVIII" in: *Actas do IX Centenário do Nascimento de S. Bernardo. Encontros de Alcobaça e Simpósio de Lisboa*. Braga: Universidade Católica e Câmara Municipal de Alcobaça, 1991, 351-380.

Marques, Maria A. F. *Estudos sobre a Ordem de Cister em Portugal*. Lisbon: Edições Colibri, Faculdade de Letras da Universidade de Coimbra, 1998.

Martins, Everard. 'A Aula do Comércio' (1759) - (Na Comemoração do Segundo Centenário da sua abertura). Lisbon: Tipografia da E.N.P., 1960.

Maté, Lorenzo; Prieto, Maria B. and Pereda, Jorge T. "La actividade financiera del Monasterio de Silos en el siglo XVIII a la luz de sus libros de cuentas". De Computis. Revista Española de Historia de la Contabilidad, 1 (2004) December, 97-141.

Mattoso, José. "Beneditinos" in: Joel Serrão, ed. Dicionário de História de Portugal. Vol. 1. Porto: Livraria Figueirinhas, 1971, 326-328.

Mattoso, José. "Cister, Ordem de" in: Joel Serrão, ed. Dicionário de História de Portugal. Vol. 1. Porto: Livraria Figueirinhas, 1971, 586-587.

Mattoso, José. "Clero" in: Joel Serrão, ed. Dicionário de História de Portugal. Vol. 1. Porto: Livraria Figueirinhas, 1971, 590-594.

Mota, Salvador M. O Senhorio Cisterciense da Santa Maria de Bouro: Património, Propriedade, Exploração e Produção Agrícola (1570-1834). Ph.D. diss. Universidade do Porto, 2000.

Napier, Christopher J. "Aristocratic Accounting: The Bute Estate in Glamorgan 1814-1880". Accounting and Business Research, 21 (1991) 82, 163-174.

Nascimento, Aires A. Cister: os Documentos Primitivos. Lisbon: Edições Colibri, 1999.

Neves, Licínio G. A Comunidade Rural de São João do Monte: Propriedade e Relações sociais (1786-1820). M. Sc. diss. Universidade de Coimbra, 2002.

Neto, Margarida S. Terra e Conflito. Região de Coimbra (1700-1834). Viseu: Palimage Editores, 1997.

Noke, Christopher. "Accounting for Bailiffship in Thirteenth Century England" in: John R. Edwards, ed. The History of Accounting. Vol. 2. London-New York: Routledge, 2000.

Oliveira, Aurélio. A Abadia de Tibães e o seu Domínio (1630-1680). Porto: Publicações da Faculdade de Letras do Porto, 1974.

Oliveira, Aurélio. A Abadia de Tibães 1630/80 - 1813. Propriedade, Exploração e Produção Agrícolas no Vale do Cávado durante o Antigo Regime. Ph. D. diss. Universidade do Porto, 1979.

Oliveira, Aurélio. "Contabilidades Monásticas e Produção Agrícola Durante o Antigo Regime. Os Dízimos do Mosteiro de Santo Tirso 1626-1821" in: Actas do Colóquio de História Local e Regional. Santo Tirso, 1982.

Oliveira, Aurélio. "O Clero em Portugal. Património e Bens na Época Moderna" in: Fiorenzo Landi, ed. Accumulation and Dissolution of Large Estates of the Regular Clergy in Early Modern Europe. Proceedings of the Twelfth International Economic History Congress. Rimini: Guaraldi, 1999, 201-232.

Oliveira, Aurélio. "Rendas e Arrendamentos da Colegiada de Nossa Senhora da Oliveira de Guimarães (1684-1731)" in: Congresso histórico de Guimarães e sua colegiada. Guimarães, 1981.

Oliveira, José. A Contabilidade do Mosteiro de Arouca: 1786-1825. Maia: Edições RIRSMA, 2005.

Oliveira, Miguel de. "Origens da Ordem de Cister em Portugal". Revista Portuguesa de História, 5 (1951) 2, 317-353.

Pedreira, Jorge M. "Os Negociantes de Lisboa na Segunda Metade do Século XVIII: Padrões de Recrutamento e Percursos Sociais". Análise Social, 27 (1992) 116-117, 407-440.

Pedreira, Jorge M. Os Homens de Negócio da Praça de Lisboa de Pombal ao Vintismo (1755-1822): Diferenciação, Reprodução e Identificação de um Grupo Social. Ph. D. diss. Universidade Nova de Lisboa, 1995.

Prieto, Begoña; Maté, Lorenzo and Tua, Jorge. "The Accounting Records of the Monastery of Silos Throughout the Eighteenth Century: The Accumulation and Management of its Patrimony in the Light of its Accounts Books". Accounting History, 11 (2006) 2, 221-256.

Ratton, Jacome. Recordações de Jacome Ratton sobre Ocorrências do seu Tempo, de Maio de 1747 a Setembro de 1810. Ed. J. M. T. Carvalho. Coimbra: Imprensa da Universidade, 1920².

Rau, Virgínia. A Casa dos Contos. Coimbra: Faculdade de Letras da Universidade de Coimbra - Instituto de estudos históricos Dr. António de Vasconcelos, 1951.

Rocha, Armandino and Gomes, Delfina. "Um Contributo para História da Contabilidade em Portugal (Séculos XIV a XVII)". Revista de Contabilidade e Comércio, 58 (2002) 231, 591-634.

Rodrigues, Lúcia L.; Gomes, Delfina and Craig, Russell. "Aula do Comércio: Primeiro Estabelecimento de Ensino Técnico Profissional Oficialmente Criada no Mundo". Revista da Câmara dos Técnicos Oficiais de Contas, 34 (2003), 46-54.

Rodrigues, Lúcia L. and Craig, Russell. "English Mercantilist Influences on the Foundation of the Portuguese School of Commerce in 1759". Atlantic Economic Review, 32 (2004) 4, 329-345.

Rodrigues, Lúcia L.; Gomes, Delfina and Craig, Russell. "The Portuguese School of Commerce, 1759-1844: A Reflection of the Enlightenment". *Accounting History*, 9 (2004) 3, 35-91.

Rodrigues, Manuel J. B. "Carta de Lei de 22 de Dezembro de 1761 - sobre a Extinção dos Contos e a Criação do Real Erário". *Revista de Contabilidade e Comércio*, 57 (2000) 226, 361-414.

Rodríguez, Elena G.; Fernández, Dolores R. and Stolle, Asunción R. "Los flujos de efectivo en una economía monástica. Estúdio del Arca de la Comunidad del Monasterio de Santa Maria la Real de Oseira (1614-1698)". *De Computis. Revista Española de Historia de la Contabilidad*, 2 (2007) June, 3-31.

Serrão, Joel V. *História de Portugal. O Despotismo Iluminado (1750-1807)*. Vol. 6. Lisbon:Verbo, 1996[5].

Silbert, Albert. "O Feudalismo Português e a sua Abolição" in: Albert Silbert. *Do Portugal de Antigo Regime ao Portugal Oitocentista*. Lisbon: Livros Horizonte, 1972, 85-108.

Silva, António M. da. "A desamortização" in: José Mattoso, ed. *História de Portugal, O Liberalismo (1807-1890)*. Vol. 5. Lisbon: Editorial Estampa, 1993, 339-353.

Silva, Carlos G. *O Mosteiro de S. Vicente de Fora: A Comunidade Regrante e o Património Rural: Séculos XII-XIII*. Lisbon: Colibri, 2002.

Silva, Célia M. T. *O Mosteiro de Ganfei. Propriedade, Produção e Rendas no Antigo Regime (1629-1683 e 1716-1822)*. Lisbon: Editorial Fragmentos, 1994.

Silva, Fernando V. G. "Bosquejo duma Sucinta História da Contabilidade em Portugal". *Revista de Contabilidade e Comércio*, 47-48 (1984) 187/92, 503-514.

Silva, José M. "O Mosteiro e o Burgo de Celas nos Meados do Século XVIII. Estudo Económico e Social". *Revista Munda*, 2 (1981), 21-34.

Silveira, Luís Espinha da. "A venda dos bens nacionais (1834-1843): uma primeira abordagem". *Análise Social*, 16 (1980) 61-62, 87-110.

Silveira, Luís Espinha da. "La desamortización en Portugal" in: Germán Rueda, ed. *La Desamortización en la Pennsula Ibérica*. Madrid: Marcial Pons, 1993, 29-60.

Sousa, Cristina and Gomes, Saúl. *Intimidade e Encanto. O Mosteiro Cisterciense de Santa Maria de Cós*. Leiria: Co-edição de Magno, Ideias e Informação, Lda e IPPAR, 1998.

Sousa, Rita C. *Moeda e Metais Preciosos no Portugal Setecentista (1688-1797)*. Lisbon: Imprensa Nacional - Casa da Moeda, 2006.

Tredget, Dermot. "The Rule of Benedict and its Relevance to the World of Work". *Journal of Managerial Psychology*, 17 (2002) 3, 219-229.

Vangermeersch, Richard. "Manorial Accounting" in: Michael Chatfield and Richard Vangermeersch, ed. *The History of Accounting: An International Encyclopedia*. New York-London: Garland Publishing, 1996.

Vinten, Gerald. "Business Theology". *Management Decision*, 38 (2000) 3, 209-215.

Yamey, Basil S. "Accounting in History". *The European Accounting Review*, 3 (1994) 2, 375-380.

L'ÉCONOMIE DES INSTITUTS RELIGIEUX ITALIENS DE 1861 À 1929

DONNÉES POUR UNE RECHERCHE

GIANCARLO ROCCA

L'histoire de la gestion économique des instituts religieux italiens pendant la période des suppressions, qui s'étend de 1861 à 1929, doit encore être écrite. Nous vous proposons ici quelques données sur le sujet [1].

On connaît grâce à de nombreuses études la nature des lois de suppression, introduites en 1861, généralisées à tout le royaume en 1866 et élargies à la ville de Rome en 1873. Elles peuvent être résumées en deux points : tout d'abord, elles privaient les instituts religieux de la reconnaissance juridique qui garantissait à la fois leur biens en qualité de corporations religieuses (ainsi que les privilèges qui y étaient associés) face à l'État ; et, second point, elles leur laissaient la possibilité de continuer à vivre : les religieux en tant que citoyens libres face à l'État, les institutions comme associations soumises à toutes les lois de celui-ci [2]. Aucun institut religieux ne fut donc supprimé en tant que tel, mais beaucoup d'ordres anciens se virent confisquer

---

[1] Pour une première information, voir Rocca, « Le strategie anticonfisca degli istituti religiosi in Italia ». Pour quelques cas spécifiques : Rinaldi, « I beni fondiari di due congregazioni religiose femminili » ; Romano, « Risorse finanziarie e attività assistenziale » ; Idem, « Il caso delle Suore di Carità di Lovere » ; Colombo, *Congregazioni religiose e sviluppo in Lombardia* ; Salini, *Educare al lavoro* ; Gregorini, *Per i bisogni dei « non raggiunti »* ; Idem, « Le relazioni sociali ed economiche della famiglia religiosa 'Sacra Famiglia di Nazareth' » ; Bassani, « La gestione economica delle Dorotee di Vicenza » ; Kupka, « L'economia della Pia Casa di Carità di Roma » ; Falconi, « L'istituto delle Suore Ancelle della Carità di Brescia ».

[2] Voici le texte de la loi du 7 juillet 1866, n° 3036 : Art. 1 : « Ne sont plus reconnus par l'État les ordres, les corporations, les congrégations religieuses, régulières et séculières, ainsi que les conservatoires et les retraites qui pratiquent la vie commune et ont un caractère ecclésiastique. Les maisons et établissements appartenant aux ordres, corporations, congrégations et aux conservatoires et retraites susdits sont supprimés » (trad.). Texte intégral de la loi tiré de Bertola et Jemolo, éd., *Codice ecclesiastico*, 291-301.

par l'État de nombreux biens immobiliers (terrains, maisons, bibliothèques, œuvres d'art, etc.) [3]. Seulement quelques rares exceptions furent consenties en faveur de certains monastères considérés comme patrimoine national [4]. D'un point de vue économique, en revanche, les religieux étaient autorisés à effectuer à titre personnel tous les actes - achat et vente, testaments, héritage, etc. - que pouvait impliquer une activité économique et cela valait également pour les associations qu'ils jugeraient utile de fonder [5].

Pour donner une idée plus précise du séisme qui s'abattit sur les instituts religieux suite à l'introduction des lois de suppression, nous nous contenterons de rappeler qu'elles touchèrent au total 22 213 religieux (12 584 de sexe masculin et 9 629 de sexe féminin) [6] ; que les bibliothèques des instituts religieux allaient désormais constituer la base de nombreuses bibliothèques scolaires et municipales ou grossir le patrimoine des bibliothèques citadines ; que les 650 000 volumes réquisitionnés à Rome (après 1873) formeraient la base de la Bibliothèque nationale Vittorio Emanuele, et, que dans la même ville, les grandioses bibliothèques de l'Angelica des augustiniens, de la Casanatense des dominicains et de la Vallicelliana des oratoriens ne furent pas démantelées, mais qu'elles passèrent aux mains de l'État [7] ; qu'en outre, la vente des terrains confisqués porta sur 750 000 hectares [8] et rapporta, pour la seule période 1867-1877, 530 640 932 lires à l'État [9] ; et enfin, que de très nombreuses maisons d'instituts religieux furent transformées en instituts publics de l'État [10].

[3] À la bibliographie signalée par Rocca, « La storiografia italiana sulla congregazione religiosa », on peut ajouter, comme étude effectuée à l'étranger : Jacquemyns, « La question des biens de mainmorte ».

[4] La loi de suppression de 1866 (article 34) garantissait la conservation, à la charge du gouvernement, « des édifices avec leurs annexes, bibliothèques, archives, œuvres d'art, instruments scientifiques et assimilés des abbayes du Mont-Cassin, de la Cava dei Tirreni, de San Martino della Scala, de Monreale, de la chartreuse de Pavie et d'autres établissements ecclésiastiques similaires distingués par leur importance monumentale » (trad.).

[5] L'étude de Martina, « La situazione degli istituti religiosi in Italia » reste fondamental. On en trouve une synthèse dans Idem, « Soppressioni. 1866 ». Pour la quantification du patrimoine, on peut toujours partir de la thèse de doctorat de Laracca, *Il patrimonio degli Ordini religiosi in Italia*.

[6] Bertozzi, *Notizie storiche e statistiche*, 117.

[7] Laracca, *Il patrimonio degli Ordini religiosi in Italia*, 154. Pour plus de détails, voir Fiorentino, *Chiesa e Stato a Roma*.

[8] Riccardi, « La soppressione delle corporazioni religiose e la liquidazione dell'asse ecclesiastico » en particulier 236 : « Les opérations de vente portent sur 750 000 hectares » (trad.).

[9] Bertozzi, *Notizie storiche e statistiche*, 145, donne l'inventaire des ventes effectuées année par année de 1867 à 1877 et la précision suivante : « La vente de biens ecclésiastiques a débuté en octobre 1867 ; elle se poursuit et se poursuivra encore puisque à la fin 1877, le domaine public possédait encore pour 100 millions de biens, dont 82 et demi déjà disponibles à la vente » (trad.).

[10] Micali et Roselli, *Le soppressioni dei conventi a Firenze* ; Varni, éd., *Nuove funzionalità per la città ottocentesca* ; Picardi, *Il patrimonio artistico romano delle corporazioni religiose soppresse*.

Même si aucun institut religieux ne disparut et que le recensement de 1881 signale une nette diminution du nombre de religieux des deux sexes [11] - lors des recensements suivants, organisés tous les vingt ans, il sera en revanche en constante augmentation -, les religieux durent faire face à de nombreux problèmes. Il y avait tout d'abord la réaction à opposer aux lois de suppression, qui supposait de chercher quels moyens légaux pouvaient éventuellement être employés. Ensuite, puisque les lois permettaient aux religieux d'être propriétaires en tant qu'individus ou groupes de citoyens, il fallait chercher laquelle de ces formules possibles était la plus avantageuse. Face à la perte de bénéfices issus des terrains et des bâtiments, les religieux se devaient de valoriser au maximum les moyens de subsistance disponibles et, surtout, ceux qui leur étaient accordés par l'État. Enfin, s'il était possible de reconstruire un capital, pouvaient-ils encore se fier à un État qui s'était approprié leurs biens où était-il préférable qu'ils confient leurs épargnes à d'autres États européens, plus proches de l'Église ? Chacune de ces questions donna lieu à plusieurs réponses.

LA RÉACTION DES RELIGIEUX : VERS UNE INTERPRÉTATION RESTRICTIVE DE LA LOI DE SUPPRESSION

La première tactique de défense des religieux fut de tenter une interprétation restrictive de la loi de suppression, en se fondant sur le fait que, rédigée de façon assez confuse [12], elle privait de reconnaissance juridique toutes les corporations considérées comme « religieuses », mais non les laïques.

En fait, la Sacrée congrégation des Évêques et des réguliers nia constamment, jusqu'à la fin du XIXe siècle, le caractère « religieux » de toutes les nouvelles fondations ; mieux que cela, elle prohiba expressément l'usage des termes

---

[11] De 30 632 religieux et 42 664 moniales en 1861, on passe à 7 191 religieux et 27 172 moniales dans le recensement de 1881. Giacomo Martina observe toutefois que ces chiffres ne convainquent pas, car « de très nombreuses personnes consacrées à Dieu pouvaient légalement cacher leur qualification réelle lors des recensements, soit parce qu'ils figuraient effectivement devant l'État sous un autre titre (enseignants, chanoines), soit parce qu'à tort ou à raison, ils ne s'étaient pas sentis obligés de signaler à l'État laïcisateur leur véritable profession » (trad.) (Martina, « La situazione degli istituti religiosi in Italia », 272). Une confirmation de ce que le nombre de religieux indiqué dans les recensements ne correspond pas à la réalité nous est donnée par le nombre de pensions accordées par l'État. Aussitôt après la suppression de 1866, les religieux pouvant prétendre à la pension étaient au nombre de 53 862, dont 29 863 hommes et 23 999 femmes. En 1875, ce chiffre était tombé, en déduisant les défunts, à 49 069. Il faut toutefois y ajouter celui des religieux (quelques milliers) qui s'étaient soustraits à la suppression. Pour des détails supplémentaires, voir Bertozzi, *Notizie storiche e statistiche*, 94. Une diminution du pourcentage de religieuses italiennes s'observe à partir de 1931, donc bien avant le concile Vatican II. Pour d'autres détails à ce sujet, voir Rocca, *Donne religiose*, en particulier 55.

[12] L'imprécision de la loi fut aussitôt signalée. Celle-ci parlait notamment de « vœux solennels » pouvant être temporaires, chose qui n'avait aucun sens dans le système canonique ; voir Borghi, « Le associazioni religiose e lo Stato », en particulier 59 : « En comparant, de fait, le premier article de la loi du 25 mai 1855 et celui de la loi du 7 juillet 1866, on ne pourra nier que, autant l'expression est précise et franche dans le premier, autant elle est imprécise et confuse dans le second ; et l'on admettra que le législateur de 1855 savait mieux ce qu'il disait que celui de 1866 » (trad.).

« religieux » et « profession » dans leur constitution, considérant dès lors ces instituts comme pratiquement l'égal des pieuses unions alors même s'ils avaient obtenu une approbation papale [13].

Dans les faits, nombreuses furent les congrégations qui réussirent à se soustraire aux lois de suppression en faisant valoir leur caractère laïc. Ce fut le cas, dès 1866, des maîtresses pieuses de la Présentation de la Très Sainte Vierge (le Maestre Pie della Presentazione di Maria Santissima), de Gênes, aussitôt imitées par les sœurs dorothées et les ursulines, notamment de Parme et de Plaisance, ces dernières réussissant ainsi à sauver un patrimoine foncier de plus de 800 hectares reçu en don de la duchesse Marie-Louise d'Autriche en 1818 pour le financement de leurs tâches éducatives [14]. Un compte rendu de 1872 nous apprend que 156 instituts, considérés comme laïcs, avaient déjà réussi à se soustraire à la loi et à conserver leurs biens [15]. Au total, on dénombre en 1877 332 corporations qui ont trouvé moyen d'échapper aux suppressions de 1866 (57 masculines et 275 féminines), soit 4 648 religieux (680 religieux et 3 968 religieuses), et un revenu total de 2 234 370 lires (1 045 707 pour des biens immobiliers et 1 188 663 pour des biens mobiliers) [16].

Le deuxième moyen, limité celui-là aux instituts religieux implantés en Lombardie, consista à se réclamer du traité de Zurich. Prévoyant que la cession de la Lombardie au royaume de Sardaigne impliquerait la suppression des corporations religieuses, on avait - à l'initiative du préposé général des jésuites, le père Peter Johann Beckx [17] - inséré dans ce traité signé entre Autriche, France et Sardaigne le 10 novembre 1859 un article, le XVI, qui protégeait les congrégations religieuses dans le cas où le territoire passerait aux mains d'un gouvernement qui n'autorisait pas le maintien de leurs instituts [18].

Beaucoup d'instituts lombards firent appel au traité en question [19] - ursulines de San Carlo, Milan, filles de la Charité canossienne, Côme, etc. - avec des résultats favorables, fût-ce dans certains cas après une longue procédure, par exemple en ce qui concerne les dominicains du monastère de Matris Domini, à Bergame, qui, en 1881, obtinrent de la cour d'appel de Brescia que l'État leur restitue les taxes

---

[13] On trouve de nombreux détails à ce sujet dans Rocca, « Le costituzioni delle congregazioni religiose ».

[14] Rinaldi, « I beni fondiari di due congregazioni religiose femminili ».

[15] Borghi, « Le associazioni religiose e lo Stato », 85-88, lequel recense quelque 156 instituts qui, en 1872, avaient déjà été reconnus comme instituts publics d'éducation et d'instruction, et, de ce fait, avaient échappé aux lois de suppression.

[16] Bertozzi, *Notizie storiche e statistiche*, 116.

[17] Saitta, *Le conferenze e la pace di Zurigo*, en particulier le document n° 44, 86 : « Les plénipotentiaires de Sa Majesté ont été directement saisis d'une réclamation datée de Rome portant les signatures du Supérieur général de la Compagnie de Jésus et du Père provincial de la province de Paris ».

[18] Voici le texte de l'article XVI du traité conclu entre Autriche et France : « Les corporations religieuses établies en Lombardie pourront librement disposer de leurs propriétés mobilières et immobilières dans le cas où la législation nouvelle, sous laquelle elles passent, n'autoriserait pas le maintien de leurs établissements ». *Reichs-Gesetz-Blatt für das Kaiserthum Oesterreich*, 1859, LIX. Stück, 578.

[19] On trouve de nombreux détails à ce sujet dans Morchella, « I trattati di Zurigo e le corporazioni religiose lombarde », qui ne semble toutefois pas connaître les origines jésuites de l'article XVI du traité de Zurich.

réclamées en 1867 et paie aussi une partie des frais de procédure. En tout, on recense en 1877 53 corporations religieuses lombardes dont les biens sont passés au domaine public (37 masculines et 16 féminines), pour un total de 742 religieux (454 religieux et 288 religieuses) et un revenu total de 190 448,26 lires (159 008,03 pour les biens immobiliers, 31 440,23 pour les biens mobiliers) [20].

Enfin, une troisième possibilité de récupérer les biens confisqués fut de les racheter aux enchères dans la mesure où l'État reconnaissait ce droit aux religieux en tant qu'individus ou groupes de citoyens. La grosse difficulté était, dans ce cas, de trouver l'argent liquide permettant de participer aux ventes. Il ne semble pas que, sauf exception, les religieux aient entrepris de récupérer leurs terres - dans de nombreux cas, il s'agissait de biens considérables (qu'on songe aux bénédictins de Catane, par exemple, qui possédaient à Caltagirone un fief de 2 734 hectares, vendus aux enchères en 1869 ; ou aux plus de 1 000 hectares que les basiliens détenaient à Troina [21] et aux 669 hectares des lazaristes dans le Piémont [22]), mais ils le firent en partie pour leurs bâtiments. Les acquis ne furent jamais très importants, du moins dans les régions pour lesquelles nous possédons des données sûres. Dans le Piémont, sur les 15 193 lots mis aux enchères, seuls quelques-uns furent acquis par des religieux. Parmi ces derniers, on trouvait trois prêtres barnabites (qui avaient prononcé des vœux solennels) et quelques prêtres de la congrégation de la Mission (sans « vœux religieux » [23]). En Sicile [24], 11 000 lots furent mis aux enchères et l'on sait que 280 prêtres (dont certains étaient certainement des religieux, en l'occurrence des capucins et des jésuites), ainsi qu'un petit groupe de moniales participèrent aux ventes [25].

[20] Bertozzi, *Notizie storiche e statistiche*, 116.
[21] On trouve de nombreux détails à ce sujet dans Sindoni, « L'eversione dell'asse ecclesiastico », en particulier 213.
[22] Bogge et Sibona, *La vendita dell'asse ecclesiastico in Piemonte*, 161. Dans la liste des gros propriétaires, les lazaristes (dont les terrains avaient une valeur de 1 149 389 lires) étaient suivis des visitandines qui, toujours dans le Piémont, possédaient 533 hectares pour une valeur de 787 599 lires, et des barnabites, qui possédaient 266 hectares pour une valeur de 462 812 lires. D'autres ordres, dont les biens étaient moins importants, étaient ensuite cités.
[23] Les trois barnabites (le père Francesco Canobbio, alors recteur du Real Collegio di Moncalieri, Cesare Baretta et Fabio Vittori) acquièrent pour 66 000 lires le domaine de Montaldo Torinese (lot n° 14 778), jadis propriété de l'ordre, tandis que les lazaristes (dont le père Marco Durando) acquièrent une de leurs maisons à Turin pour 30 300 lires (lot n° 15 087). Pour plus d'information, voir Bogge et Sibona, *La vendita dell'asse ecclesiastico in Piemonte*, 573 et 660.
[24] Voir Cucinotta, *Sicilia e Siciliani*, qui affirme ne pas avoir pu publier l'inventaire complet des lots mis aux enchères parce que de nombreux documents étaient illisibles et incomplets. Pour l'acquisition de lots par des religieux, voir, en particulier, 168, où il est question du monastère Sainte-Thérèse de Chiaramonte (Syracuse), acquis en 1900 pour 3 886 lires par quatre moniales conjointement (lot n° 934) ; 172 et 682-683, où l'auteur cite les couvents capucins de Melilli (Syracuse) et Sortino (Syracuse), acquis, respectivement en 1879 (lot n° 739, 13 476 lires) et en 1882 (lot n° 785, 7 100 lires), tous deux au nom du prêtre capucin Scamporlino ; 185, pour le nombre de prêtres participants aux ventes publiques ; 196, où il est question du jésuite Ludovico Ferra, de Palerme, qui envoya en 1879 une demande d'absolution pour avoir acheté en toute bonne foi, c'est-à-dire sans la faculté requise accordée par le Saint-Siège, des biens de l'abbatiale de Regalbuto.
[25] On trouve d'autres mentions d'achats par des religieux dans Martina, « La situazione degli istituti religiosi in Italia », 266-268.

LES DIVERSES MODALITÉS DE L'ADÉQUATION AUX LOIS DU NOUVEL ÉTAT

Prémices

Pour l'ensemble des instituts, la meilleure façon de défendre ses biens fut encore de se mettre en adéquation avec les lois du nouvel État. En pratique, outre évidemment les acquisitions faites à titre personnel par des religieux en tant qu'individu ou par des amis laïcs - avec l'obligation, prescrite par le Saint-Siège, d'établir un testament en faveur des autres religieux (en ce qui concerne les premiers) ou, de déclarer (en ce qui concerne les laïcs) que les acquisitions étaient faites en faveur de religieux [26] -, les possibilités étaient les suivantes : création de sociétés tontinières, constitution d'instituts en personne morale, création de sociétés par actions, immobilières ou coopératives, création de sociétés diocésaines, dans lesquelles on pouvait regrouper à la fois les biens du diocèse et ceux des instituts religieux présents dans celui-ci et, enfin, constitution de caisses rurales ou de petits organismes de crédit et de banques.

Pour faire face aux difficultés pratiques et aux problèmes de conscience dans lesquels les religieux des deux sexes risquaient de se retrouver, la Sacrée Pénitencerie apostolique avait promulgué, dès le 28 juin 1866, c'est-à-dire avant même la promulgation des lois de suppression, un décret leur accordant de nombreuses facultés [27]. Parmi celles-ci, il y avait non seulement celle d'administrer des biens immobiliers - dans le cas, par exemple, où l'État nommerait un religieux comme administrateur d'un couvent supprimé -, mais aussi celle d'en acquérir au bénéfice exclusif de leur propre institut [28].

Ces lignes générales de défense se modifièrent vers la fin du XIXe siècle et au cours des premières décennies du XXe, lorsque la rumeur de possibles nouvelles lois de suppression des instituts religieux se répandit. À en croire quelques rapports d'experts (*voto*) sollicités par la Secrétairerie d'État du Vatican, il semblait en effet

---

[26] « Decimo : Similiter facultatem concedit, ut bona quaecumque proprii Ordinis, Congregationis, seu Instituti a Gubernio usurpata acquirere valeant per interpositas personas..., quae per syngrapham bonae fidei caute custodiendam declarent emptionem licet proprio nomine factam, attamen perfecisse pecuniis et favore Ordinis, Congregationis seu Instituti, ad quod eadem bona de iure pertinent, aliisque adhibitis cautelis in casu necessariis et opportunis...». *Collectio instructionum*, 5.
[27] L'inventaire des facultés accordées à des religieuses et à des religieux italiens pendant la période des suppressions a été publié plusieurs fois, mais jamais de manière exhaustive, pour la raison, notamment, que les dispositions émanaient de dicastères pontificaux différents (Sacrée Pénitencerie apostolique, S. C. de la Discipline régulière, S. C. des Évêques et des Réguliers) et que les archives de la Pénitencerie ne sont pour l'instant pas consultables, ce qui rend les vérifications impossibles. Voir *Il monitore ecclesiastico*, 1 (1876), 299-306 ; *Analecta juris pontificii*, 9 (1867), 765-767 ; *Collectio instructionum* ; *Il monitore ecclesiastico*, 9 (1895), 268-270 ; *Analecta ecclesiastica*, 4 (1896), 229-239 ; Vermeersch, *De religiosis institutis*, 309-311.
[28] Voici ce que prescrivait la faculté n° 10, accordée en 1866 par la Sacrée Pénitencerie apostolique : « Decimo : Similiter facultatem concedit, ut bona quaecumque proprii Ordinis, Congregationis, seu Instituti a Gubernio usurpata acquirere valeant per interpositas personas quascumque etiam religiosas... ». *Collectio instructionum*, 5.

qu'en 1889 le gouvernement italien s'apprêtât - sous la pression de la maçonnerie [29] - à voter de nouvelles lois contre les corporations religieuses, plus radicales que celles de 1866, destinées non seulement à bloquer leur prolifération, mais aussi et peut-être surtout à empêcher que, sous diverses formes, ces corporations reconstituent leur patrimoine.

Dans son vœu, consigné le 11 avril 1889 au cardinal Mariano Rampolla, secrétaire d'État, l'avocat Camillo Re résumait son opinion en trois points : a) étant donné les circonstances actuelles, le placement d'argent dans des titres ou des valeurs au porteur était, à défaut d'autres moyens d'échapper au poids des droits de mutation et de succession, préférable à la possession de bien immobiliers ; b) l'idée des acquisitions était abandonnée au profit du principe de location à long terme ; c) concernant les biens immobiliers détenus sous un autre nom, le mieux était de vendre réellement ceux qui n'étaient pas nécessaires, grevant les autres d'hypothèques [30].

Des suggestions analogues de vente de biens immobiliers furent émises par le Saint-Siège suite à l'enquête commandée par Francesco Crispi en 1895 pour connaître le nombre, l'activité et l'importance des instituts religieux présents dans l'État et tenter de les redimensionner [31] ; puis, à nouveau, par le pape Pie X, dont la position tenait en deux points : avant tout, vendre ce qu'il était possible de vendre ; ensuite, créer, si possible, des sociétés anonymes rassemblant les biens immobiliers des religieux.

Les premières tentatives d'adéquation aux lois de l'État

Le premier institut à se mettre en adéquation avec les lois du nouvel État italien fut, semble-t-il, l'Institut pontifical des missions extérieures de Milan. Prévoyant que le nouveau royaume d'Italie supprimerait les instituts religieux et en confisquerait les biens, l'institut avait légalement constitué, le 22 juin 1866, une association nommée « Société privée destinée à gérer le séminaire des relations extérieures », exemptée

[29] On trouvera de nombreux détails à ce propos dans un rapport anonyme intitulé *Della sincera e completa applicazione delle legge sulla abolizione delle corporazioni religiose* : « ...La loi du 7 juillet 1866 fut appliquée sans honnêteté ni exhaustivité, à commencer par son premier article ... » (49) ; « ... l'administration du Fonds pour le culte accordait une rente annuelle fondée sur une interprétation large et inconsidérée de l'art. 3 de la loi... » (51) ; « Le tempérament adopté pour les corporations de Lombardie était contraire à l'esprit de la loi et d'une exceptionnelle gravité [...] Partant de l'axiome inébranlable selon lequel aucune ingérence internationale n'est admissible dans les décisions d'ordre intérieur, la convention de Zurich ne peut en aucun cas avoir de valeur juridique. » (64-65) (trad.)

[30] Extrait du *Vœu* de l'avocat Camillo Re : « ... étant donné les circonstances actuelles, le placement d'argent en titres ou en valeurs au porteur est préférable, malgré tous les risques de dispersion, d'égarement, de vol, d'incendie et d'appropriation qu'il comporte, à la possession fictive d'immobiliers puisque... ces titres et valeurs échappent aussi au poids insupportable des droits de mutation ou de succession. » (trad.) ASV, Sacra Congregazione degli Affari ecclesiastici straordinari, pos. 1105-1107, fasc. 361, n° 1105 : Stati ecclesiastici, anno 1889. Tiré du dépouillement du cardinal M. Rampolla.

[31] L'enquête Crispi est souvent mentionnée dans les ouvrages qui traitent de l'histoire religieuse italienne de la fin du XIXe siècle, mais il n'en existe pas encore d'analyse détaillée. Les données relatives aux instituts religieux présents à Rome et dans le Latium ont été éditées par Casella, « Ordini religiosi, scuole e associazioni cattoliche a Roma »; Idem, « Per una storia della vita cattolica a Roma ».

comme telle de la suppression [32]. Les sœurs marcellines de Milan suivirent cet exemple puisqu'en 1866 elles fondèrent la « Société éducative » et répartirent leurs maisons - de Cernusco, de Vimercate et de Milan - entre de petits groupes de marcellines formant ensemble une société.

Ces initiatives ne soulevèrent aucune objection du côté ecclésiastique, probablement parce qu'elles ne furent connues que dans les limites du diocèse ambrosien. En revanche, lorsque les sœurs de la Charité des saintes Bartolomea Capitanio et Vincenza Gerosa fondèrent en 1870 la société civile « Sorelle della carità », elles se heurtèrent à une vive opposition. Recevant la copie des statuts, le cardinal protecteur de l'institut, Antonio De Luca, y vit un acte portant atteinte aux droits de l'Église - les religieuses s'étaient en effet, de façon autonome, déclarées « non religieuses » et l'étaient, de fait, aux yeux de l'Église - et demanda à la Sacrée congrégation des Évêques et des Réguliers comment se comporter. Déplorant vivement l'acte accompli, celle-ci exigea une rétractation, signée le 28 décembre 1871 des 456 religieuses qui avaient constitué la société civile [33].

Cette intervention ne freina toutefois pas la constitution de sociétés de divers types destinés à sauvegarder les biens des instituts religieux. Chacune des formules adoptées comportait des avantages et des inconvénients, clairement soulignés par les avocats de l'époque. Aucune - et il n'existe pas de statistiques disant laquelle fut la plus utilisée - n'était totalement exempte de risques, d'autant qu'il fallait également tenir compte des changements de législation possibles au fil des divers gouvernements. Le besoin était pressant et le choix en faveur de telle ou telle formule fut en fonction des spécificités de l'institut concerné et des hommes de loi sollicités.

La société tontinière

La société tontinière semble avoir été la formule la plus commune, du moins jusqu'aux premières années du XXe siècle. Elle permettait de léguer les biens à un groupe de personnes dont le nombre initial pouvait être maintenu - on avait en effet toujours la possibilité d'intégrer de nouveaux membres lors du décès d'autres, ce qui réduisait les taxes à payer à l'État [34].

Cette formule fut choisie par les sœurs de Sainte-Marthe, l'Institut des missions de la Consolata, les servantes des Pauvres ou « Boccone del Povero », les filles pieuses de la Sainte Famille (Pie Figlie della Sacra Famiglia), la Société Saint-Paul et une série d'autres instituts qu'il serait trop long d'énumérer.

---

[32] Tragella, *Le Missioni Estere di Milano*, 26-27.

[33] Archives CIVCSVA, Posiz. B 10 : Extrait de la lettre du cardinal De Luca à Mgr Salvatore Vitelleschi, secrétaire de la S. C. des Évêques et des Réguliers, 28 novembre 1871, où l'on peut trouver d'autres informations.

[34] Pour la préférence donnée au système tontinier, voir l'étude de Sagnori, *Consultazioni legali per alleviare gli Ordini religiosi*, 6-12. Voir aussi Boggiano, « La condizione giuridica delle congregazioni religiose in Italia », en particulier 391 : « Le système le plus connu et le plus couramment pratiqué non seulement à l'étranger mais aussi en Italie est la tontine, ou association tontinière... » (trad.). Pour des informations plus générales sur la tontine, voir Torriani, *Lorenzo* et Cuillieron, « Une institution hybride ».

Reconnaissance en tant que personne morale

La reconnaissance en tant que personne morale avait l'avantage de coller parfaitement à la loi italienne, avec l'inconvénient, en revanche, de la soumission au contrôle de l'État. Quoi qu'il en soit, la formule fut adoptée par certains instituts religieux, qui profitèrent sans se faire prier des deux possibilités alors existantes : les personnes morales « de bienfaisance » et les personnes morales « d'éducation » : les premières dépendaient du ministère de l'Intérieur (par l'intermédiaire des préfets), les secondes de celui de l'Instruction publique (par l'intermédiaire des proviseurs) [35].

Eu égard au fait que la maçonnerie exerçait au cours de ces années une influence dominante sur la vie italienne et en particulier sur le ministère de l'Instruction publique, les asiles des religieuses furent en bonne partie érigés en personnes morales de bienfaisance, toutes dépendantes du préfet, alors que la seconde formule ne fut utilisée que par quelques instituts, dont les sœurs de la Charité de Marie, de Turin, reconnues par le gouvernement italien en décembre 1887 et divisées en deux branches : d'une part la direction et son conseil, composé de personnalités civiles de haut rang, et d'autre part la directrice générale ainsi que la communauté des institutrices, c'est-à-dire les religieuses faisant partie de l'institut.

Sociétés anonymes, immobilières, coopératives

Les sociétés reconnues civilement ne répondaient pas toujours aux besoins des instituts. La société coopérative, par exemple, pouvait plus facilement être adoptée par ceux qui pouvaient se réclamer d'éléments d'activité industrielle ou commerciale, comme l'imprimerie, la gestion de théâtres ou d'infrastructures sportives, mais n'était pas approprié aux instituts de vie contemplative, comme les monastères. La société anonyme par actions, en revanche, présentait des caractéristiques qui la rendaient acceptables par à peu près tous les types d'instituts [36].

Avant tout, elle se présentait comme une société commerciale, apolitique, et était, pour ce motif, également utilisée par les partis politiques pour leurs initiatives diverses (imprimeries, patronages, caves coopératives, etc.). Elle présentait cependant quelques inconvénients, le premier étant d'impliquer l'établissement d'une comptabilité *pro forma*, qui ne répondait pas à la réalité : pour se conformer aux obligations de l'État, il fallait indiquer les entrées, les sorties, les payements etc., mais tout le monde savait que ces bilans n'étaient pas réels. Une autre difficulté résidait dans la nature nominative obligatoire des actions, qui faisait craindre des changements de personnes, y compris parmi celles qui semblaient parfaitement honnêtes et tout à fait favorables à l'institut. On craignit aussi, à l'origine, que la société par actions ne soit pas reconnue par les tribunaux - car considérée comme

[35] Sur les institutions publiques d'assistance et de bienfaisance, voir la loi Crispi du 17 juillet 1890 dans Bertola et Jemolo, éd., *Codice ecclesiastico*, 372-375 ; Scaduto, *Diritto ecclesiastico vigente in Italia*, I, 777-782.
[36] Roberti, « Come intestare i beni delle congregazioni », en particulier 371 : « Le choix de la société coopérative pourra être fait quand il s'agit d'initiatives d'importance limitée et comportant des bases ou des éléments d'activités industrielle et commerciale, du type imprimeries, théâtres, infrastructures sportives... » (trad.).

une « fraude pieuse » pour éluder les lois de suppression - et l'on proposa pour y pallier que les premiers associés ne soient pas des prêtres ou des sœurs, mais des laïcs, sachant très bien qu'après leur approbation, ces personnes pouvaient être remplacées par d'autres. Malgré ces limites, la formule collective de propriété connut un large succès. Nous citons ici deux exemples [37].

La « Società di industria e commercio », presque aussitôt renommée « Società agricola delle Tre Fontane », fut constituée pour un total de 485 hectares, en 1874, à Rome (zone de l'Esposizione Universale) par les trappistes, qui s'engagèrent à y planter en dix ans 120 000 eucalyptus, végétal alors considéré comme le meilleur remède contre la malaria [38].

La « Società anonima proprietà fondiarie », constituée en 1908 à la suggestion du pape Pie X, avec siège à Rome et capital initial de 500 000 lires répartis en 1000 actions de 500. Elle avait comme président Ernesto Pacelli - homme de confiance du Saint Père, personnage apprécié des milieux économiques vaticanes et italiens de l'époque - et administrait une partie des biens des salésiens [39]. En 1909, la Société augmenta son capital social à 2 000 000 lires et dans sa neuvième année d'exercice, c'est-à-dire en 1917, elle présenta un actif de 1 897 518,48 lires, avec un bénéfice net de 81 620,60 lires. Don Arturo Conelli, alors inspecteur des maisons salésiennes du Latium, d'Ombrie et des Marches, remercia Pie X pour ses suggestions concernant la constitution de la Société, ajoutant que l'existence de celle-ci n'était connue que du supérieur général et non des frères [40].

Société anonyme diocésaine

Même si certains juristes auraient préféré cette formule puisqu'elle pouvait apporter une plus grande cohésion aux biens du diocèse et des instituts religieux réunis en son sein, elle demeura en pratique une exception dans le paysage des centaines de sociétés anonymes fondées avant le concordat de 1929 [41]. Nous donnerons ici un seul exemple, celui de la Domus.

Créée en 1920 par le diocèse de Vicence avec un capital social de 100 000 lires réparti en 100 actions de 1000 lires chacune, la Domus avait pour but l'achat et la vente de biens immobiliers et la gestion de bâtiments destinés à des pensionnats, des internats, des écoles et des institutions auxiliaires. L'inventaire des actionnaires fondateurs ne comprend pas l'évêque de Vicence, Mgr Ferdinando Rodolfi, qui avait pourtant fourni la moitié du capital tandis que l'autre moitié avait été souscrite par la

[37] On trouve un inventaire plus complet dans Rocca, « Le strategie anticonfisca degli istituti religiosi in Italia ».

[38] *Relazione sull'andamento progressivo della bonifica della tenuta « Tre Fontane »* ; Martina, « La situazione degli istituti religiosi in Italia », 241-242.

[39] *Statuto approvato con gli atti costitutivo 30 aprile 1908 e modificato 19 maggio 1908.*

[40] Dieguez et Pagano, *Le carte del « Sacro tavolo »*, 670-673 : on y trouve la publication d'une lettre du 2 janvier 1910 et d'une autre du 23 mars 1914, toutes deux de don Arturo Conelli et adressées à Pie X. On peut ainsi préciser les affirmations de Lai, *Finanze e finanzieri vaticani*, 243, et de Pollard, *L'obolo di Pietro*, 130-131, qui parlent de la Società anonima proprietà fondiarie, mais ne font pas référence aux salésiens.

[41] Roberti, « Come intestare i beni delle congregazioni », 371 : « ... les congrégations régulières s'adaptent mal à une soumission, même limitée au domaine économique, au chef du diocèse » (trad.).

TABLEAU 1
PICCOLO CREDITO ALBA-BENEVELLO : DONNÉES DE BILAN (1922-1925)

	Nov. 1922	28.12.1923	Avril 1923	Oct. 1923	31.5.1925
Dépôts	383 669,23	462 529,24	514 123,94	459 856,14	343 469,11
Bilan total	619 148,28	650 160,91	702 679,46	648 990,13	381 916,56

Source : La SS. Annunziata, *bulletin de la paroisse de Benevello (Cuneo), au dates suivantes : 3 septembre 1922, 10 décembre 1922, 1er avril 1923, 27 mai 1923, 17 février 1924, 16 mars 1924, 5 juillet 1925, 3 janvier 1926, 22 août 1926. Voir Rocca, « La formazione della Pia Società San Paolo », en particulier 510. Reconstitution de l'auteur.*

Banca Cattolica Vicentina. La Domus gérait des biens d'instituts religieux [42], qui, pour une raison ou l'autre, ne pouvaient pas être mis au nom de sociétés ecclésiastiques et qui furent transmis à celles-ci après le concordat [43].

Instituts de crédit

Cette formule fut peu utilisée par les instituts religieux, notamment parce que le décret *Docente Apostolo Paulo*, promulgué par la S. C. consistoriale en 1910, avait fortement limité la présence du clergé dans les instituts de crédit et imposé, en cas de nécessité, l'obligation d'en demander la faculté au Saint-Siège [44]. Le dernier institut de ce type fondé pour soutenir les œuvres d'un institut religieux semble avoir été le « Piccolo Credito », voulu en 1922 par don Giacomo Alberione, fondateur (en 1914) de la société Saint-Paul. Il possédait deux filiales (la première à Alba, siège de l'institut, la seconde à Benevello, un petit village proche du centre du diocèse). Les seules informations dont nous disposons concernent les premières années de son existence, mais il est certain qu'elle contribua considérablement à soutenir les activités de l'institut, centré à ce moment sur la presse.

LES MOYENS DE SUBSISTANCE

Les religieux disposaient de nombreuses ressources économiques, même pendant la période d'application des lois de suppression. Certaines étaient traditionnelles

[42] La « Casa Buoni Fanciulli » de Longare (Vicence), propriété des pauvres serviteurs de la Divine Providence (don Calabria), était au nom de la Domus.
[43] « Domus », société anonyme d'un capital de 500 000 lires, siège Vicence. *Statuto approvato con decreto 12 agosto del R. Tribunale di Vicenza.*
[44] Texte du décret du 18 novembre 1910 dans : *Acta Apostolicae Sedis*, 2 (1910), 910. Toujours en 1926, la Sacrée Congrégation du Concile commanda une nouvelle enquête pour connaître la réalité des banques catholiques italiennes et vérifier si des prêtres étaient encore présents en leur sein (le matériel de cette enquête, non étudié à ce jour, se trouve intégralement dans les archives de la Congrégation du Concile, alors dite « du Clergé »).

Don Giacomo Alberione, fondateur de la Société Saint-Paul et du "Piccolo Credito".
[*Rome, Casa generalizia della Società San Paolo, Arcihvio fotografico*]

(célébrations de messes, quête, dons, etc.), d'autres étaient neuves, comme celles que l'État avait prévues dans ses lois de suppression, et - élément totalement inédit dans le système économique des religieux -, les rétributions accordées par les administrations civiles pour les services rendus par les religieux, et surtout les religieuses, dans les écoles, les asiles, les hospices et les hôpitaux : en d'autres mots, la pratique d'un travail rétribué de façon régulière faisait son entrée.

Ressources économiques accordées par l'État sur base des lois de suppression

Les pensions accordées par l'État italien

La loi du 7 juillet 1866 prévoyait d'allouer aux membres des instituts supprimés une pension, dont le montant était fixé proportionnellement aux classes dans lesquelles se trouvaient les religieux dans leur institut : il était plus élevé pour les prêtres et les choristes des ordres monastiques, moins élevé pour les membres des ordres mendiants, plus bas encore pour les laïcs et les convers des mêmes ordres. Toutes les pensions étaient fixées en fonction de l'âge sur base de trois grandes catégories : jusqu'à 40 ans, de 40 à 60 ans, au-delà de 60 ans [45]. La loi de suppression de 1873 prévoyait elle aussi explicitement une pension pour les religieux, mais avec des légères variantes par rapport à celle de 1866 [46].

La question des pensions posa problème à l'État, ainsi que le montrent les discussions publiées dans les revues de l'époque et, surtout, les nombreux procès intentés par les religieux au Fonds pour le culte afin de démontrer le droit à la recevoir et, si cela était prévu, à sa mesure maximale [47]. Le point litigieux était que la loi de 1866 fixait la pension de tous les religieux de vœux solennels à la date du 18 janvier 1864 et, pour Rome, à la date du 20 juin 1871. Or, la situation des religieux n'était pas homogène, d'une part parce qu'en vertu du *Neminem latet* de 1857, Pie IX avait introduit une période de vœux simples précédant les vœux perpétuels, de l'autre parce que le royaume de Naples n'avait pas accordé *d'exequatur* à ce décret, le jugeant en contradiction avec les directives de Trente. Par ailleurs, on sait que certains religieux

[45] Voici le texte de la loi du 7 juillet 1866 à l'art. 3 : « Aux religieux et aux religieuses, qui ont prononcé avant le 18 janvier 1864 leurs vœux solennels et définitifs dans l'État régulier et qui, à la publication de cette loi, appartiennent à des maisons religieuses représentées dans le royaume, est concédée une rente annuelle : 1° Pour les religieux prêtres et les religieux choristes d'ordres monastiques, de 600 lires si, au jour de la publication de la présente loi, ils ont 60 ans accomplis, de 480 lires s'ils ont entre 40 et 60 ans, de 360 lires s'ils ont moins de 40 ans ; 2° Pour les laïcs et convers des ordres monastiques, de 300 lires s'ils ont 60 ans ou plus, de 240 lires de 40 à 60 ans, de 200 lires s'ils ont moins de 40 ans ; 3° Pour les religieux prêtres et les religieux choristes d'ordres mendiants, de 250 lires ; 4° Pour les laïcs et convers des ordres mendiants, de 144 lires à partir de 60 ans et 96 lires s'ils ont moins de 60 ans » (trad.). Bertola et Jemolo, éd., *Codice ecclesiastico*, 291-292.

[46] « Art. 12. Les pensions destinées à des religieux et à des religieuses des corporations supprimées dans la ville de Rome sont fixées à 600 lires par an pour les prêtres et les choristes, à 300 lires pour les laïcs et les convers des ordres monastiques ; à 300 lires pour les prêtres et les choristes, à 150 lires pour les laïcs et les convers des ordres mendiants. Si ceux-ci peuvent prouver qu'ils sont frappés d'une infirmité grave et incurable qui les rend inaptes à toute activité, ils toucheront une pension de 400 lires s'ils sont prêtres ou choristes, de 300 lires s'ils sont laïcs ou convers » (trad.). Bertola et Jemolo, éd., *Codice ecclesiastico*, 361.

[47] Dans son rapport à la Commission de vigilance, le directeur général du Fonds pour le culte, Eugenio Forni, parlait de plusieurs centaines de procès intentés par des religieux. Voir *Il fondo per il culto*, 34.

TABLEAU 2
PENSIONS ACCORDÉES PAR L'ÉTAT ITALIEN AUX RELIGIEUX

Année	Nombre de pensions	Somme totale distribuée dans l'année
31.12.1875	49 069	16 356 364,84 lires
début 1876	39 896	13 120 548,39
30.6.1884	30 745	9 981 313,16
30.6.1886	27 884	9 .036 292,98

Source : Bertozzi, *Notizie storiche e statistiche*, 94 pour les années 1875-1876 ; *Il Fondo per il culto*, 18 pour les années 1884-1886.

des « nouveaux » instituts (c'est-à-dire sans vœux ou avec des vœux temporaires, en tout cas certainement pas avec des vœux solennels [48]) reçurent également la pension du gouvernement italien.

Le tableau 2 montre toute la complexité des montants globaux des pensions allouées aux religieux et aux religieuses.

Le fonds pour l'entretien des représentations des ordres religieux à l'étranger

La loi de suppression de 1873 prévoyait (art. 2, 4) [49] le prélèvement, sur les biens des corporations religieuses supprimées à Rome, d'une rente assignée au Saint-Siège pour l'entretien des représentations d'ordres religieux à l'étranger, à concurrence de 400 000 lires [50]. Il fallut attendre 1876 pour que le cardinal vicaire fasse savoir, après un refus initial de la part du Saint-Siège, qu'il était disposé à assumer l'administration de cette somme et 1878 pour qu'il demande par le biais d'une citation judiciaire (non poursuivie par la suite) que la somme de 60 000 lires initialement prévue en faveur des représentations soit portée à 400 000 comme le prévoyait la loi.

Les maisons mères concernées par la répartition étaient au nombre de 41. Chacune recevait une allocation trimestrielle, dont le montant variait selon l'ordre sur base de critères qu'il n'a jusqu'ici pas été possible de préciser. Une somme de 150 lires était prévue pour les frais de distribution, à laquelle s'ajoutait, chaque trimestre,

---

[48] Toujours en 1903, par exemple, les filles de Saint-Joseph, fondées par don Luigi Caburlotto, enregistraient dans les entrées la somme de 4 729,70 lires reçues des Finances royales pour la pension de 23 religieuses. Or, les filles de Saint-Joseph ne prononçaient pas de vœux solennels (informations envoyées par la maison mère des filles de Saint-Joseph, Venise).

[49] « Sur le reste des biens, [...], une rente de jusqu'à 400 000 lires sera assignée au Saint-Siège pour pourvoir au maintien de la représentation des ordres religieux présents à l'étranger. En attendant que le Saint-Siège dispose de cette somme, le gouvernement du roi pourra en confier l'administration à des entités ecclésiastiques juridiquement reconnues à Rome » (trad.). Bertola et Jemolo, éd., *Codice ecclesiastico*, 358.

[50] La question est abordée par Lai, *Finanze e finanzieri vaticani*, 219-220, et Pollard, *L'obolo di Pietro*, 131-132.

TABLEAU 3
RÉPARTITION DU DEUXIÈME TRIMESTRE (1907)

1	Aux	Mineurs observants	Lire	967
2	"	Mineurs conventuels	"	1 498
3	"	Mineurs capucins	"	967
4	"	Tiers ordre régulier franciscain	"	1 224
5	"	Augustiniens	"	1 530
6	"	Carmes chaussés	"	1 530
7	"	Carmes déchaux	"	1 530
8	"	Augustiniens déchaux	"	967
9	"	Servites de Marie	"	1 224
10	"	Minimes	"	967
11	"	Trinitaires déchaux	"	967
12	"	Girolaminiens	"	967
13	"	Ordre hospitalier de saint Jean de Dieu	"	1 498
14	"	Ordre de la Pénitence	"	967
15	"	Ministres des infirmes	"	1 530
16	"	Piaristes	"	1 530
17	"	Doctrinaires	"	1 530
18	"	Bufalini (congregazione dei Missionari del Preziosissimo Sangue)	"	1 498
19	"	Théatins	"	1 224
20	"	Pallottins	"	1 224
21	"	Barnabites	"	1 127
22	"	Clercs mineurs	"	970
23	"	Jésuites	"	967
24	"	Somasques	"	967
25	"	Passionistes	"	967
26	"	Lazaristes	"	967
27	"	Clercs réguliers de la Mère de Dieu	"	967
28	"	Chanoines réguliers du Latran	"	1 530

la somme totale de 49 394 lires. La même somme fut répartie au cours de tous les trimestres successifs jusqu'à la fin de 1910 [51].

Une ressource économique toute neuve : les salaires accordés par les administrations civiles

Les conventions passées entre les instituts religieux et les administrations hospitalières, communales (pour les écoles, les orphelinats, etc.) ou les entreprises (en ce qui concerne les nombreux internats pour ouvrières) sont d'un intérêt particulier, dans la mesure où elles initient dans les instituts religieux de vie active un nouveau type d'économie, non plus basée sur l'immobilier, comme dans le cas des monastères, ni sur la quête comme

[51] Pour d'autres détails à ce sujet, voir AVR, Segreteria Vicariato, Misc. 1900-1956, b. 222 : Sovvenzioni del Fondo per il culto alle case generalizie per il rappresentanze all'estero.

29	"	Camaldules de Saint Grégoire	"	1 530
30	"	Vallombrosains	"	1 498
31	"	Olivétains	"	1 498
32	"	Sylvestrins	"	1 224
33	"	Camaldules de Frascati	"	967
34	"	Camaldules de Toscane	"	967
35	"	Basiliens	"	967
36	"	Bénédictins du Mont-Cassin	"	967
37	"	Bénédictins de Subiaco	"	967
38	"	Cisterciens	"	967
39	"	Chartreux	"	967
40	"	Dominicains	"	1 932
41	Aux	Mercédaires	"	992
		Indemnité et frais d'encaissement du trimestre et de distribution de la somme (timbres, papier, enveloppes, voitures etc.)		150
		TOTAL	**L.**	**49 394**

Source : *AVR*, Miscellanea 1900-1956, *b. 222 : Sovvenzioni del Fondo per il culto alle case generalizie per le rappresentanze all'estero.*

dans les ordres mendiants. Elles constituaient un revenu stable qui permettait non seulement la subsistance des religieux de l'œuvre, mais offrait la possibilité d'envoyer, chaque année au terme de l'exercice, un « surplus » à la maison mère.

Les sommes provenant de ces services étaient considérables et de nature à influencer la gestion économique de tous les instituts, dépassant nettement les revenus générés par la collecte ou la location de maisons et des terrains, modestes dans le cas des instituts récents. Il faut mentionner ici les franciscaines élisabéthines de Padoue (uniquement pour les maisons présentes dans cette ville), qui dans les années 1921-1922 comptaient, dans le cadre des sœurs choristes, 561 professes perpétuelles et 55 novices, et, dans le cadre des converses, 49 professes perpétuelles et 3 novices ; ces religieuses étaient alors réparties en 52 communautés.

Les moyens de subsistance traditionnels

Divers revenus traditionnels : quête, charité publique, travaux faits dans la maison, services religieux, collecte pendant les offices, célébration de messes

Pour certains instituts, également féminins, la quête [52] constituait une source de revenus considérable, même s'il est difficile d'en mesurer le volume, en particulier quand elle se rapporte à des produits en nature (grain, pommes de terre, châtaignes, etc.). Les passionistes étaient en mesure de déclarer, pour la seule maison de Santi Giovanni e Paolo de Rome, que la quête effectuée en avril 1923 avait rapporté au couvent la somme de 1 007 lires et celle de mai 1923 561,75 lires [53].

[52] AA. VV., « Questua ».
[53] AMMP, Fondo « Resoconti economici ».

TABLEAU 4
FRANCISCAINES ÉLISABÉTHINES DE PADOUE (ANNÉE 1921). MAISONS DE PADOUE.

Maisons	Choristes			Converses		1921	
	P	N	A	P	A	Entrées	Sorties
Maison mère	101	46	19	15	2	570 310,04	541 721,43
Hospice	25	2	1	1	-	60 240,00	37 132,00
Patronage Carmine	6	-	1	-	-	2 700,00	2 700,00
Hôpital civil	76	-	-	2	-	185 104,00	154 262,00
Institut des enfants trouvés	12	-	-	1	-	12 850,00	5 980,30
Pensionnat universitaire	5	-	1	2	-	[?] 3 342,00	1 825,00
Conservatoires pieux S. Caterina	16	1	1	-	-	3 000,00	1 900,00
Polyclinique Morgagni	6	-	1	1	-	7 200,00	4 150,00
Asile pour enfants Meschini	3	1	-	1	-	8 757,00	8 500,00
Asile Principessa Elena	9	-	-	1	-	17 140,00	16 241,00
Asile Giustiniani	4	-	-	1	-	9 310,00	8 162,50
Asile Rossi	5	-	-	-	-	8 530,00	8 030,15
Prisons	2	-	-	-	-	[?] 5 160,00	4 910,00
Asile pour enfants Arcella	7	2	2	1	-	-	-
Patronage pour femmes	6	-	-	-	-	-	-
Maison de santé Teggì	15	-	-	-	-	-	-
Asile psychiatrique provincial Brusegana	15	-	-	-	-	18 186,61	7 560,00
Hospice Breda Ponte di Brenta	2	-	-	-	-	2 000,00	545,00
Institut Bettini	6	1	1	2	-	-	-
TOTAL	321	53	27	28	2	913 829,65	803 619,38

P = Professes perpétuelles ; N = Novices ; A = Aspirantes

Source : Archives CIVCSVA, posiz. 1043/23 : Relation des franciscaines élisabéthines à la S. C. des Religieux pour la période 1921-1922. Reconstitution de l'auteur. (Le point d'interrogation ajouté dans deux cas de la colonne des entrées indique que le chiffre reporté dans le manuscrit n'est pas clair. Le premier pourrait également être 3 312, le second 5 169.)

La charité publique pouvait également rapporter des sommes non négligeables puisque la société Saint Paul déclarait, pour les années 1924-1927, un revenu annuel d'environ 12 000 lires [54].

Les accompagnateurs funèbres, ces orphelins ou orphelines qui, guidées par deux religieuses, accompagnaient le cortège à l'église puis au cimetière, furent une source de revenu de tous les instituts féminins pendant toute la période considérée.

Le travail effectué au couvent (confection d'hosties, broderies, ornements, etc.) contribuait au bien-être des religieuses, même si toutes n'étaient pas en mesure de signaler, comme les adoratrices du Très Saint Sacrement, de Rivolta d'Adda, en 1927, une rentrée de 190 475,45 lires pour la confection d'ornements sacerdotaux, d'étoffes et de broderies [55].

Les fondations de messes étaient présentes dans pratiquement tous les instituts, et particulièrement nombreuses chez certains, par exemple les filles du Sacré-Cœur de Jésus, de Bergame, qui, en 1920, déclaraient à la S. C. des Religieux posséder un fonds d'offrandes de messes s'élevant à 304 112 lires [56].

Le fait que la célébration de messes pouvait également être rentable ressort clairement de l'histoire économique des servites de Marie, chez lesquels il fut décidé en 1895 que chaque membre devait célébrer un nombre déterminé de messes pour la construction du collège S. Alessio Falconieri.

Les dots

En vertu du droit canonique, une jeune fille qui entrait en religion devait apporter une dot, en biens immobiliers ou mobiliers, destinée à son entretien : plus élevée pour les choristes (qui provenaient en général de familles nobles, ou de familles bourgeois aisées), largement inférieure pour les converses. Cette dot pouvait être versée en argent comptant, en biens immobiliers, par mensualités moyennant paiement d'intérêts en cas de retard ou encore en cédant à l'institut (de la part de la famille de l'aspirante) la propriété de titres bancaires.

Dans le cas des instituts fondés au cours du XIXe siècle, il n'était pas rare que des fondatrices ou des bienfaiteurs offrent une somme considérable destinés aux jeunes filles désireuses de se faire religieuses mais incapables de payer une dot. Ces largesses profitèrent, par exemple, aux filles de Saint-Joseph, dont le fondateur, don Giuseppe Baldo, reçut en 1894 de la comtesse Giulia Caliari et de madame Eleonora Zorzi la somme de 100 000 lires [57] ; même chose pour les servantes de Marie Réparatrice, d'Adria, dont la fondatrice, Elisa Andreoli, apporta lors de sa profession (première profession en 1900) une dot de 6 000 lires [58].

[54] ASSP, Fondo « Resoconti economici »
(Società per azioni « Società San Paolo »).
[55] Archives CIVCSVA, posiz. 2310/28 : Extrait de la première relation envoyée par les adoratrices du Très Saint Sacrement à la S. C. des Religieux, 31 décembre 1927.
[56] AFSCJ : Extrait de la relation envoyée à la S. C. des Religieux pour les années 1910-1920.
[57] Malgeri, *Don Giuseppe Baldo prete di Ronco all'Adige*, 71: « L'avenir de l'institut repose sur la Providence de Dieu, et comme main de celle-ci, la noble comtesse Caliari Giulia et madame Zorzi Eleonora assurent depuis le début une dot d'un montant de 100 000 (cent mille) lires » (trad.).
[58] Branchesi et Veronese, éd., *Silloge di documenti dal 1891 al 1935*, 326-327.

TABLEAU 5
SERVITES DI MARIE. REVENUS LIÉS À LA CÉLÉBRATION DE MESSES

	1897	31.12.1910	31.12.1919
Messes (1895)	Lire 6 439,68	13 605,32	20 324,62
Avances de messes	90,00	2 625,00	33 211,43
Total	**Lires 6 529,68**	**16 230,32**	**53 536,05**

Source : Rome, Archives générales des servites de Marie, Économat général. Reconstitution de l'auteur.

En général, les instituts religieux demandaient une dot permettant à la religieuse d'être entretenue pendant quelques années. On sait que vers la fin du XIXe siècle et dans la première décennie du siècle suivant, la somme réclamée atteignait au maximum 1 000 lires. Considérant que les frais d'entretien journalier étaient inférieurs à une lire, on peut estimer que la dot garantissait l'entretien d'une religieuse pendant 3 à 5 ans, voire davantage.

Une chose est sûre, les nouveaux instituts des XIXe et XXe siècles devaient tenir compte des dispositions canoniques, qui rechignaient à accorder une réduction des dots. Soucieux de leur stabilité économique, le Saint-Siège exhortait constamment les instituts religieux à fixer le montant à apporter. Par exemple, en 1881, il insista auprès des filles de Sainte-Anne pour qu'elles fixent une dot supérieure à 500 lires [59], précisant que celle-ci ne pouvait faire l'objet d'exemption totale ou partielle sans son consentement dans le cas des instituts de droit pontifical ou celui de l'ordinaire local dans le cas des instituts de droit diocésain [60].

Soit parce que leurs aspirantes provenaient en majorité des classes populaires et n'étaient pas en mesure de payer une dot élevée, soit parce que le travail exécuté par les nouvelles recrues dans les hôpitaux, les écoles, les prisons était rétribué régulièrement, les nouveaux instituts finirent toutefois par considérer le diplôme éventuel avec lequel la jeune fille entrait au couvent comme l'équivalent de la dot.

[59] Cette disposition de la S. C. des Évêques et des Réguliers ne fut pas acceptée par les filles de Sainte-Anne, qui la repoussèrent, en 1881, avec d'autres dispositions de la congrégation vaticane. La fondatrice en personne signala la difficulté qu'il y avait à augmenter la dot pour ses postulantes et, en décembre 1881, écrivit à la S. C. des Évêques et des Réguliers pour expliquer sa perplexité : « Concernant le premier point, je me permets d'observer que, s'il exigeait une dot supérieure à 500 lires, l'institut s'éteindrait en un très court temps [...], très peu de familles peuvent ou sont disposées à donner plus d'un demi-millier de lires aux filles qui veulent se faire religieuses » (trad.). Pour le texte complet de la lettre, voir Convertini, éd., *Lettere, 1880-1881*, 614-617.
[60] Voici ce que prescrivait le code de droit canonique en 1917, can. 547, § 4 : « Dos praescripta condonari ex toto vel ex parte nequit sine indulto Sanctae Sedis, si agatur de religione iuris pontificii; sine venia Ordinarii loci, si de religione iuris dioecesani ». Voir aussi Fanfani, *Il diritto delle religio-se conforme al Codice di diritto canonico*, 123 : « Un diplôme d'enseignement, le fait de savoir peindre, jouer de l'orgue, etc. peuvent être un motif suffisant pour obtenir du Saint-Siège ou de l'évêque la dispense de la dot ; ces motifs ne peuvent néanmoins pas être considérés comme un équivalent [...]; juridiquement parlant, ce ne sont pas des *dots* ; la dispense est donc indispensable » (trad.).

Toujours sur base du droit canonique, la dot des religieuses ne pouvait en aucun cas être dépensée du vivant de celle qui l'avait apportée - disposition qui comportait des avantages notables pour les banques auprès desquelles elle était déposée - ; en cas de nécessité, elle pouvait l'être au bénéfice des œuvres de l'institut avec l'assentiment du Saint-Siège. Si la religieuse décidait de quitter la congrégation, la dot devait lui être restituée intégralement. Si elle y restait, la somme devenait propriété de l'institut à son décès.

Dans la période considérée ici, on trouve un éventail de toutes ces modalités et, quoique le montant des dots eût fortement diminué par rapport à celui qui était exigé par les monastères, il atteignait des sommes élevées. En voici une illustration, relative aux filles de Sainte-Anne, de Plaisance.

TABLEAU 6
FILLES DE SAINTE-ANNE (1889-1899)*

Année	Nombre de sœurs	Maisons	Surplus	Dots
1889	1 485	218	66 565,11	22 749,49
1890	1 541	228	50 901,30	18 801,81
1891	1 622	234	45 481,27	17 874,00
1892	1 723	240	61 699,11	19 020,00
1893	1 788	249	39 342,70	14 693,00
1894	1 857	270	49 031,03	8 368,00
1895	1 934	275	54 388,02	13 532,15
1896	2 017	285	48 674,36	14 149,63
1897	2 082	290	53 956,61	8 047,70
1898	2 187	301	57 405,14	13 858,90
1899	2 270	303	41 332,92	20 875,00
TOTAL			**568 777,57**	**171 969,68**

*Ces données sont susceptibles de variations, car il n'a pas été possible de contrôler avec précision ni le nombre de religieuses ni le nombre de maisons. Elles sont néanmoins assez proches de la réalité. Les surplus sont les sommes envoyées par les filiales à la maison mère. Le tableau ne comprend pas les maisons de Sicile, sauf pour les années 1898 et 1899, qui sont complètes.
Source : AFSA.

LA GESTION ÉCONOMIQUE DES BIENS : ENTRE BANQUES CATHOLIQUES, ÉTAT ITALIEN ET ÉTATS ÉTRANGERS

Pour les instituts religieux, qui étaient responsables de l'accroissement de leurs épargnes, il était naturel de s'adresser aux banques pour y déposer cet argent et de choisir la meilleure façon de gérer leur capital, soit en le confiant à l'État italien, soit en l'investissant auprès d'États étrangers. La gestion d'actions et de titres, en revanche, était interdite par le droit canonique au clergé et aux religieux. De là, la nécessité de dispenses, que la Sacrée pénitencerie apostolique concéda en 1866-1867 [61].

La préférence pour les banques catholiques

Il semble presque inutile de préciser que les instituts religieux préférèrent se tourner vers les banques catholiques. Au fil des années, le nombre des instituts de crédit ne cessa d'augmenter : Banco Ambrosiano, Banco San Paolo, Banco di Roma, Cassa di Risparmio di Roma, Credito Romagnolo, Banca Cattolica di Verona, Banco di San Marco di Venezia (qui avait parmi ses promoteurs le futur pape Pie X), Monte dei Paschi di Siena, Banco di Santo Spirito, etc., et, bien entendu, de nombreux instituts de crédit à caractère local, plus d'une fois fondés par des prêtres.

On sait que les sœurs de la Charité des saintes Bartolomea Capitanio et Vincenza Gerosa participèrent à la fondation de la banque ambrosienne et que leur supérieure générale, Ghezzi Maria, détenait un nombre élevé d'actions (450) de cet établissement [62]. Les sœurs dorothées de Cemmo di Capodiponte figurent aussi parmi les actionnaires de la banque ambrosienne pour un total (en 1896) de 113 actions [63]. Celles-ci augmentèrent au fil du temps. En 1922 elles étaient au nombre de 1978, produisant un dividende, en 1924, de 24 826 lires. Il y avait aussi parmi les actionnaires de la banque ambrosienne don Filippo Roncari, des oblats de Rho, qui possédait cinq actions [64]. En ce qui concerne la banque San Paolo, les livres comptables des dorothées de Cemmo signalaient, pour 1923, un dividende de 17 208 lires, descendu en 1924 à 13 320 lires [65].

La gestion économique

L'objectif consiste ici à voir comment les instituts religieux investirent leur argent et dans quelle mesure les intérêts perçus influaient sur leur vie et leurs programmes apostoliques, comme la construction de maisons, de collèges, d'églises, d'oratoires. Deux exemples permettent d'évaluer concrètement les choix posés pendant la période 1861-1929, avec ses hauts et ses bas liés aux fluctuations du marché.

[61] Voir, par exemple, ce qui est concédé en 1867 : « XVII. Facultatem concedit [...] non obstante solemni paupertatis voto, bona sibi legitimo iure spectantia, ac etiam haereditates [...] recipere, adire, ac retinere, deque iis nedum contractus inire, sed etiam in pios, honestosque usus [...] disponere valeant [...] ». *Collectio instructionum*, 11.

[62] Taccolini et Cafaro, *Il Banco Ambrosiano*, 155.

[63] Ibidem, 143-161. Dans l'inventaire des actionnaires de la banque ambrosienne, les dorothées porteuses d'actions étaient : Bosella Luigia (15 actions), Bulferetti Angelica (6), Caldinelli Rosa (12), Ferrari Maria (6), Franceschetti Teresa (9), Fumagalli Giuseppina (6), Panizza Maria (6), Panzerini Pierina (4), Prandini Bartolomea (6), Rivadossi Paolina (16), Robustelli Lucia (6), Tosetti Bartolomea (15) et Venosta Ester (6). J'ai pu identifier ces religieuses grâce à l'aide de la maison mère des dorothées de Cemmo di Capo di Ponte, que je remercie ici.

[64] Ibidem, 158.

[65] ASD.

Les servites de Marie

La clairvoyance avec laquelle les servites de Marie administraient leur patrimoine ressort de la variété remarquable de titres acquis. Il est question, concrètement, de « rente pontificale » pour les années 1862-1879, d'obligations ottomanes (qui rapportaient du 6%) dans les années 1874-1875, d'obligations tunisiennes dans les années 1873-1875, de rente turque dans les années 1871-1876, d'obligations foncières du Banco San Spirito de 1876 à 1882, ainsi que de titres autrichiens, d'obligations lombardo-vénitiennes, Ferrovie Meridionali, Empire russe, Ansaldo, couronnes hongroises, actions Molini Pantanella, d'obligations Gas, Ferrovie et Tramvie Padane, « Victorines », Adamello, Ferrovia Adriatica, et d'autres encore qu'il serait trop long d'énumérer. En 1896, leur capital productif était réparti de la façon suivante.

TABLEAU 7
SERVITES DE MARIE, ÉCONOMAT GÉNÉRAL : DISTRIBUTION DU CAPITAL INVESTI EN 1896

693 titres Blount de 500 lires pièce, évalués à Lire 100%, avec un rendement brut annuel de L. 17.325, représentant un capital de Lire	346 500,00
65 obligations S. F. Vittorio Emanuele qui, à L. 321,66 environ valaient	20 908,00
L. 2035 Rente italienne 5% (brut) estimée à 95,50	38 868,50
L. 5.000 Capital ecclésiastique estampillé à 95,25%	4 762,50
L. 70 Rente catholique, évaluée à 100%	1 400,00
10 Titres Crédit hypothécaire de la Cassa di Risparmio de Bologne, évalué à L. 500 par titre	5 000,00
5 Titres Prêt de la ville de Rome, estimés à 500 lires	2 500,00
1 titre (Northcote) Ferrovie Rio Grande del Sud Brasile, valeur nom. 250 L. sterl. (à 6%) , soit	6 500,00
Reste du capital Moreschini, à présent auprès du prince Chigi (5%)	25 000,00
Prêt consenti à l'Amérique [maison de Granville] à 5%	47 961,60
Dépôts sur sept livrets auprès de la Cassa di Risparmio de Rome	8 777,27
Total du capital productif	**508 177,87**

Source : ASM, Économat général. Reconstitution de l'auteur.

La masse de capital investi et sa dévaluation, en particulier après la Première Guerre mondiale suite à l'écroulement de très nombreux titres, surtout austro-hongrois, sont illustrés dans le tableau 8.

Les filles du Sacré-Cœur de Jésus

De caractère essentiellement éducatif, propriétaire d'écoles et de couvents, cet institut accrut sans difficulté son patrimoine grâce à la fois aux droits d'inscription payés par les élèves et aux dots apportées par un nombre élevé de religieuses. Le tableau 9 le montre clairement.

TABLEAU 8
SERVITES DE MARIE, ÉCONOMAT GÉNÉRAL : LES CAPITAUX INVESTIS ET LEUR
DÉVALUATION (1896-1928)

Année	Capital investi	Dévaluation	Perte
1896	508 177,87		
31.12.1897	523 485,49		
31.12.1907	491 400,11	411 191,91	80 208,20
31.12.1910	632 202,18	560 862,36	71 339,82
31.12.1912	674 416,97	545 278,75	129 138,17
31.12.1920	802 736,55	396 416,83	406 319,72
1922	Tous les titres sont en perte et on décide de ne plus indiquer les montants		
1.1.1929	661 478,95 = capital productif 236 700,00 = capital non productif 154 910,00 = prêts consentis aux maisons de l'ordre		

Source : ASM, Économat général. Reconstitution de l'auteur.

TABLEAU 9
FILLES DU SACRÉ-CŒUR DE JÉSUS : TABLEAU DU PATRIMOINE (1894-1930)

A	B	C	D	E	F	G	H
1894	1 231 575	-	1 559 814,00	667 329,25	-	-	760
1900	1 349 600	108 888	1 825 183,00	673 330,13	99 269,00	139 746,21	820
1906	1 942 065	123 888	1 875 532,00	851 763,00	95 700,00	150 073,98	864
1910	2 854 000	183 888	2 173 420,00	1 158 568,00	106 948,00	193 548,00	883
1919	3 139 000	163 888	2 809 470,00	1 013 693,00	185 188,00	225 857,00	896
1924[*]	3 139 000	133 888	3 805 986,79	1 085 440,82	228 544,34	328 206,30	930
1930[**]	12 165 000	208 888	7 018 140,25	1 317 369,00	407 051,52	767 258,22	941

A) Années   C) Passif   E) Passif   G) Charges
B) Actif non productif   D) Actif productif   F) Rente   H) Sœurs

[*] L'actif productif de 3 805 986,79 lires, de 1924, est constitué presque entièrement des dots et a été converti en titres.
[**] L'actif non productif de 12 165 000 lires, de 1930, provient de la forte augmentation de la valeur des immeubles au cours de ces années.
L'actif productif de 7 018 140,25 lires, de 1930, est constitué, pour 4 604 707,50 lires, des dots des religieuses.
Source : AFSCJ aux années indiquées.

L'énorme somme d'argent provenant des dots, immobilisée comme le prévoyait le Code de droit canonique dans les banques, n'avait pas manqué de susciter la perplexité auprès des filles du Sacré-Cœur de Jésus, qui soulignaient le maigre rendement des actions et, en regard, le bénéfice - à la fois économique et apostolique - qu'aurait procuré cet argent s'il avait été investi dans les œuvres de l'institut.

Pertes occasionnées par les faillites de banques, la dévaluation des titres et la Première Guerre mondiale

Il est difficile de dire combien les instituts religieux perdirent en raison des faillites de banques et des retombées de la Première Guerre mondiale (en particulier ceux qui détenaient des actions ou des dépôts dans les banques autrichiennes, hongroises, russes ou turques). Voici quelques données à titre d'exemples.

Dans leur bilan de 1910, les filles du Sacré-Cœur de Jésus, de Bergame, déclarent une perte sur le capital productif d'environ 50 000 lires suite à la débâcle des banques et à la baisse des actions [66]. En 1919 toujours la même congrégation déclare une perte d'environ 80 000 lires et, dans sa relation à la S. C. des Religieux, envoyée en 1920, une perte, au cours de la dernière décennie, d'environ 100 000 lires - des valeurs que l'institut avait en partie reçues sous forme de dots - due à la fois à la chute des titres autrichiens et à la débâcle des actions et des sociétés anonymes nationales [67].

Dans la relation biennale envoyée en janvier 1923 pour la période 1921-1922, les franciscaines élisabéthines de Padoue mentionnent une perte de 68 000 lires dans les capitaux investis en titres autrichiens [68]. Dans leur relation triennale, envoyée au Saint-Siège en septembre 1925, les filles de Santa Maria dell'Orto déclarent une perte d'environ 300 000 lires investies dans des titres bavarois et hongrois [69]. Dans la relation quinquennale envoyée à la S. C. des Religieux en 1927, les rosminiens signalent de lourdes pertes sans en donner le montant [70] et précisent que le capital du prince d'Aremberg - 500 000 lires - a presque entièrement disparu suite à son placement dans des actions de sociétés privées minières [71].

[66] AFSCJ.

[67] Ibidem.

[68] À la question n° 47, les franciscaines élisabéthines répondirent : « Depuis le dernier rapport, l'institut a subi une perte considérable dans les capitaux investis en titres autrichiens, dont seules 32 000 lires ont pu être sauvées sur 100 000 lires » (trad.). Archives CIVCSVA, Posiz. 1043/23 : Extrait de la relation de 1921-1922.

[69] En réponse à la question n° 47, les filles de Santa Maria dell'Orto écrivirent : « Depuis le dernier rapport, nous avons perdu environ 300 000 lires, cette somme ayant été investie dans des titres bavarois et hongrois » (trad.). Archives CIVCSVA, Posiz. 215/26 : Extrait de la relation triennale, années 1922-1923-1924.

[70] Voici ce que répondaient les rosminiens à la question n° 47 de la relation quinquennale : « L'institut n'ayant pas de biens propres, il ne peut avoir subi de tels biens de pertes ni de dommages. Des pertes et de graves dommages affectent les religieux propriétaires de la rente autrichienne, hongroise et russe. Ceux-ci ont également encouru de lourdes pertes ces dernières années à cause des énormes taxes prélevées sur les droits de succession, les biens patrimoniaux [...] » (trad.). Archives CIVCSVC, Relations quinquennales, posiz. 2387/27 : Extrait de la relation quinquennale envoyée à la S. C. des Religieux en 1926, 18.

[71] Il s'agissait du « Fonds du prince d'Aremberg de 500 000 lires pour la fondation d'une société de médecine expérimentale. La pieuse volonté du fondateur ne put être exécutée, car le Saint-Siège ne permit pas la création d'une école où des prêtres exerceraient l'art de la médecine. Le capital fut employé à la fondation d'un orphelinat à Sainghin, près de Lille, qui fut ensuite abandonné à cause de la guerre engagée contre les religieux en France » (trad.). Archives CIVCSVA, posiz. 2387/27 : Extrait de la relation quinquennale envoyée à la S. C. des Religieux en 1926, 21.

CONCLUSION

Le panorama brossé ci-dessus a permis de montrer comment les religieux avaient réagi aux lois de suppression et comment, progressivement, ils étaient parvenus à se reconstruire un patrimoine propre considérable. Rappelons seulement que, en réponse à une requête de la S. C. des Religieux, qui avait formulé des instructions spécifiques concernant l'application du concordat de 1929, demandant à chaque institut religieux d'envoyer un rapport détaillé de tous les biens immobiliers en leur possession, les salésiens répondirent (en date du 5 avril 1930) qu'ils possédaient en tout 9 sociétés anonymes, propriétaires au total de 120 bâtiments où résidaient les religieux, auxquels il fallait ajouter quelques autres appartenant à des membres de l'institut et quelques sociétés anonymes détenant des biens immobiliers non occupés par des religieux [72].

Après le concordat de 1929, une fois obtenue la reconnaissance civile, qui garantissait l'exemption de taxes aux instituts religieux de droit pontifical, les religieux transférèrent leurs biens - possédés précédemment sous diverses formes - à l'institut religieux. Ce pas ne fut toutefois pas franchi sans hésitations de la part des instituts, qui craignaient que le nouveau gouvernement puisse à nouveau s'approprier leurs biens, connus en détail grâce à la concession de la reconnaissance civile. Leur réticence à utiliser les possibilités offertes par le concordat, en particulier dans le cas des instituts religieux lombards, déplut au pape Pie XI, qui s'en entretint avec le cardinal Ildefonso Schuster, archevêque de Milan. En février 1931, celui-ci jugea bon d'exhorter les instituts milanais à passer à l'action et à demander la reconnaissance civile [73].

En définitive, grâce à leurs épargnes et à leur vie commune, qui finissait nécessairement par produire de la richesse, les religieux et les religieuses furent à même de reconstituer leur patrimoine ; ils élevèrent des églises, des écoles, des hospices et des oratoires dans lesquels accomplir leur apostolat, et, de manière indirecte, augmentèrent considérablement les possibilités d'emploi et contribuèrent à la croissance du bien-être national, finissant par constituer ce qu'il est permis d'appeler « l'autre mouvement catholique » [74], parallèle au « mouvement catholique »

---

[72] On trouve un inventaire complet des propriétés des salésiens dans les archives de la CIVCSVA, Ufficio Riconoscimenti giuridici, posiz. 184/30.

[73] On le vérifie dans la relation envoyée au chapitre général en 1937 par les sœurs de la Charité des saintes Bartolomea Capitanio et Vincenza Gerosa. En voici le texte : « L'institut se trouvait dans les conditions requises pour la demande de reconnaissance civile, mais étant donné l'importance de la chose, nous nous en sommes tenues pendant un long moment à l'observation, afin de voir la ligne de conduite qu'adopteraient les autres instituts ; dans le même temps, nous avons étudié le concordat et la loi qui en applique les normes. Nous avons consulté des personnes éclairées et attachées à l'institut, mais aucune n'a pris la responsabilité d'un conseil décisif. Nous avons également envoyé une demande à l'avocat Pacelli, de Rome, pour avoir des instructions. Le cardinal Schuster, lors de son retour de Rome, exposa, dans une séance tenue dans l'archevêché le 18 février 1931, le déplaisir de sa Sainteté en apprenant que les instituts lombards, à quelques exceptions près, n'avaient pas introduit de demande de reconnaissance, profitant des avantages fiscaux accordés par le concordat ; après avoir fait faire à la communauté plusieurs journées de prières spécialement dédiées à ce thème, nous avons finalement rassemblé les avis des M. M. R. R. conseillères sœur Firmina, sœur Teresa Soster, sœur Rosa D'Anna et de notre supérieure actuelle, et avons pris la décision définitive. La requête officielle a été présentée le 9 octobre 1931 [...] » (trad.). ASC.

[74] Taccolini, « L'altro movimento cattolico ».

proprement dit, de nature sociopolitique celui-ci, qui marqua l'histoire de l'Italie après l'unification. La quantification de cette contribution relève en revanche d'une autre recherche.

Bibliographie

Archives

Cemmo di Capo di Ponte, Archives de la maison mère des sœurs dorothées (ASD).

Cité du Vatican, Archives de la Congrégation pour les Instituts de vie consacrée et les sociétés de vie apostolique (CIVCSVA).

Cité du Vatican, Archives secrètes du Vatican (ASV) Sacra Congregazione degli Affari ecclesiastici straordinari, Stati ecclesiastici, anno 1889, pos. 1105-1107, fasc. 361, n° 1105. Tiré du dépouillement du cardinal M. Rampolla.

Milan, Archives de la maison mère des sœurs de la Charité des saintes Bartolomea Capitanio et Vincenza Gerosa (ASC).

Rome, Archives de la maison mère de la société Saint-Paul (ASSP).
Fondo « Resoconti economici » (Società per azioni « Società San Paolo »).

Rome, Archives de la maison mère des filles de Sainte-Anne (AFSA).

Rome, Archives de la maison mère des filles du Sacré-Cœur de Jésus (AFSCJ).

Rome, Archives de la maison mère des passionistes (AMMP)
Fondo « Resoconti economici ».

Rome, Archivio Storico del Vicariato di Roma (AVR) Segreteria Vicariato, Miscellanea 1900-1956, b. 222 : Sovvenzioni del Fondo per il culto alle case generalizie per le rappresentanze all'estero.

Rome, Archives générales des servites de Marie (ASM).
Économat général.

Littérature

AA. VV. « Questua » dans : *Dizionario degli istituti di perfezione*, 7 (Rome, 1883), 1154-1160.

Bassani, Albarosa Ines. « La gestione economica delle Dorotee di Vicenza. Appunti per una ricerca » dans : Giovanni Gregorini, éd. *Religiose, religiosi, economia e società nell'Italia contemporanea*. Milan : V&P, 2008, 105-141.

Bertola, Arnaldo et Jemolo, Arturo Carlo, éd. *Codice ecclesiastico*. Padua : Cedam, 1937.

Bertozzi, Giulio Cesare. *Notizie storiche e statistiche sul riordinamento dell'asse ecclesiastico nel Regno d'Italia*. Annali di statistica, série 2, vol. 4. Rome : Tipografia Eredi Botta, 1879.

Bogge, Alfonso et Sibona, Modesto. *La vendita dell'asse ecclesiastico in Piemonte dal 1867 al 1916*. Milan : Banca Commerciale Italiana, 1987.

Boggiano, Antonio. « La condizione giuridica delle congregazioni religiose in Italia ». *La Scuola cattolica*, 34 (1906), 381-396.

Borghi, Ruggero. « Le associazioni religiose e lo Stato ». *Nuova Antologia*, 7 (1872) 1, 48-88.

Branchesi, Pacifico M. et Veronese, M. Renza, éd. *Silloge di documenti dal 1891 al 1935*. Institutum historicum Fratrum Servorum Mariae, Scrinium historiale 14. Rome : Curia generalizia S.M.R., 1978.

Casella, Mario. « Ordini religiosi, scuole e associazioni cattoliche a Roma in una inchiesta governativa del 1895 ». *Ricerche per la storia religiosa di Roma*, 1 (1977), 257-300.

Casella, Mario. « Per una storia della vita cattolica a Roma e nel Lazio tra Ottocento e Novecento ». *Archivio della Società Romana di storia patria*, 106 (1983), 115-283.

Collectio instructionum et declarationum Sacr. Romanarum Congregationum pro Italiae regularibus suppressis. Rome : Tipografia poliglotta di Propaganda Fide, 1882.

Colombo, Alessandro. *Congregazioni religiose e sviluppo in Lombardia tra Otto e Novecento. Il caso delle Suore di Maria Bambina*. Milan : Università Cattolica del Sacro Cuore, 2004.

Cucinotta, Salvatore. *Sicilia e Siciliani. Dalle riforme borboniche al 'rivolgimento' piemontese. Soppressioni*. Messine : Edizioni Siciliane, 1996.

Cuillieron, Monique. « Une institution hybride : la tontine ». *Revue historique de droit français et étranger*, 71 (1993), 185-209.

« Della sincera e completa applicazione delle legge sulla abolizione delle corporazioni religiose » dans : *Atti ufficiali della Conferenza massonica di Milano*. Rome : le Grand Orient d'Italia, 1895, 43-76.

Dieguez, Alejandro M. et Pagano, Sergio. *Le carte del 'Sacro tavolo'. Aspetti del pontificato di Pio X dai documenti del suo archivio privato*. T. 2. Cité Vatican : Archivio Segreto Vaticano, 2006.

Falconi, Paolisa. « L'istituto delle Suore Ancelle della Carità di Brescia » dans : Giovanni Gregorini, éd. *Religiose, religiosi, economia e società nell'Italia contemporanea*. Milan : V&P, 2008, 167-181.

Fanfani, Lodovico G. *Il diritto delle religiose conforme al Codice di diritto canonico*. 5ᵉ édition revue par le père Antonino M. Abate. Rovigo : Istituto Padano di Arti Grafiche, 1965.

Fiorentino, Carlo M. *Chiesa e Stato a Roma negli anni della Destra storica, 1870-1876. Il trasferimento della capitale e la soppressione delle Corporazioni religiose*. Rome : Istituto per la Storia del Risorgimento italiano, 1996.

Gregorini, Giovanni. *Per i bisogni dei « non raggiunti ». L'istituto Suore delle Poverelle tra Lombardia orientale e Veneto (1869-1908)*. Milan: V&P, 2007.

Il fondo per il culto (negli esercizi finanziari 1884-85 e 1885-86) e l'Asse ecclesiastico di Roma (nell'esercizio 1885-1886 e sino al 30 settembre 1886). Rapport à la Commission de vigilance du directeur général Eugenio Forni. Rome : Tipografia Eredi Botta, 1886.

Jacquemyns, G. « La question des biens de main-morte. Suppression des corporations religieuses et liquidation des biens ecclésiastiques en Italie 1866-1867 ». *Revue belge de philologie et d'histoire*, 42 (1964), 442-494 et 1257-1291.

Kupka, Jan. « L'economia della Pia Casa di Carità di Roma (1838-1938) » dans : Giovanni Gregorini, éd. *Religiose, religiosi, economia e società nell'Italia contemporanea*. Milan: V&P, 2008, 143-165.

Lai, Benny. *Finanze e finanzieri vaticani tra l'Ottocento e il Novecento. Da Pio IX a Benedetto XV*. Milan: Mondadori, 1979.

Laracca, Italo Maria. *Il patrimonio degli Ordini religiosi in Italia. Soppressione e incameramento dei loro beni (1848-1873)*. Diss. doct. Pontificia Università Gregoriana. Rome, 1936.

Lettere. T. 6: *1880-1881 / madre Rosa Gattorno*. Éd. Sr. A. Maria E. Convertini. Rome : Casa generalizia delle Figlie di S. Anna, 2000.

Malgeri, Francesco. *Don Giuseppe Baldo prete di Ronco all'Adige*. Turin : Società Editrice Internazionale, 1995.

Martina, Giacomo. « La situazione degli istituti religiosi in Italia intorno al 1870 » dans : *Chiesa e religiosità in Italia dopo l'Unità (1861-1878). Atti del quarto Convegno di storia della Chiesa. La Mendola, 31 agosto-5 settembre 1971*. T. 1. Milan : Vita e Pensiero, 1973, 194-335.

Martina, Giacomo. « Soppressioni. 1866. Italia: soppressioni liberali » in : *Dizionario degli istituti di perfezione*, 8 (1988), 1872-1876.

Micali, Osanna Fantozzi et Roselli, Piero. *Le soppressioni dei conventi a Firenze. Riuso e trasformazioni dal sec. XVIII in poi*. Florence : Libreria Editrice Fiorentina, 1980.

Morchella, Mario. « I trattati di Zurigo e le corporazioni religiose lombarde ». *Il diritto ecclesiastico*, 109 (1998), 538-572.

Picardi, Paola. *Il patrimonio artistico romano delle corporazioni religiose soppresse. Protagonisti e comprimari (1870-1885)*. Rome : De Luca Editori d'Arte, 2008.

Pollard, John F. *L'obolo di Pietro. Le finanze del Papato moderno: 1850-1950*. Milan : Corbaccio, 2006 (trad. de l'anglais).

Relazione sull'andamento progressivo della bonifica della tenuta 'Tre Fontane' fuori Porta S. Paolo, Roma. Rome, [1922?].

Riccardi, Andrea. « La soppressione delle corporazioni religiose e la liquidazione dell'asse ecclesiastico » dans : *Il Parlamento italiano, 1861-1988. 2 : 1866-1869. La costruzione dello Stato da La Marmora a Menabrea*. Milan : Nuova CEI, 1988, 217-238.

Rinaldi, Ivano. « I beni fondiari di due congregazioni religiose femminili. Le Orsoline di Piacenza e le Maestre Pie di Rimini » dans : AA.VV. *La proprietà fondiaria in Emilia-Romagna. 4 : Storie di patrimoni terrieri*. Bologne : Zanichelli, 1984, 119-149, 165-171.

Roberti, Melchiorre. « Come intestare i beni delle congregazioni e in generale i beni delle fondazioni a scopo pio ». *L'Amico del clero*, 7 (1925) 12, 369-372.

Rocca, Giancarlo. « La formazione della Pia Società San Paolo (1914-1917). Appunti e documenti per una storia ». *Claretianum*, 21-22 (1981-1982), 475-690.

Rocca, Giancarlo. *Donne religiose. Contributo a una storia della condizione femminile in Italia nei secoli XIX-XX* (extrait de *Claretianum*, 32 (1992), 5-320). Rome : Edizioni Paoline, 1992.

Rocca, Giancarlo. « Le costituzioni delle congregazioni religiose nell'Ottocento : storia e sviluppo fino al *Codex Iuris Canonici* del 1917 » dans : Alejandro Dieguez, éd. *Le costituzioni e i regolamenti di don Luigi Guanella. Approcci storici e tematici.* Rome : Nuove Frontiere Editrice, 1998, 13-97.

Rocca, Giancarlo. « Le strategie anticonfisca degli istituti religiosi in Italia dall'Unità al Concordato del 1919 : appunti per una storia » dans : Roberto Di Pietra et Fiorenzo Landi, éd. *Clero, economia e contabilità in Europa. Tra Medioevo ed età contemporanea.* Rome : Carocci, 2007, 226-247.

Rocca, Giancarlo. « La storiografia italiana sulla congregazione religiosa » dans : Giovanni Gregorini, éd. *Religiose, religiosi, economia e società nell'Italia contemporanea.* Milan : V&P, 2008, 29-101.

Romano, Maurizio. « Risorse finanziarie e attività assistenziale : la congregazione delle Suore di Carità a Bergamo e Brescia dal 1914 al 1932 ». *Bollettino dell'archivio per la storia del movimento sociale cattolico in Italia*, 36 (2001), 317-382.

Romano, Maurizio. « Il caso delle Suore di Carità di Lovere » dans : Giovanni Gregorini, éd. *Religiose, religiosi, economia e società nell'Italia contemporanea.* Milan : V&P, 2008, 183-216.

Sagnori, Carlo. *Consultazioni legali per alleviare gli Ordini religiosi dall'enorme tassa di successione.* Rome : Tipografia Perseveranza, 1899².

Saitta, Armando. *Le conferenze e la pace di Zurigo nei documenti diplomatici francesi.* 3.a : *1848-1860.* Rome : Istituto storico italiano per l'età moderna e contemporanea, 1965.

Salini, Andrea. *Educare al lavoro. L'Istituto Artigianelli di Brescia e la Colonia agricola di Remedello Sopra tra '800 e '900.* Milan : Franco Angeli, 2005.

Salini, Andrea. « Le relazioni sociali ed economiche della famiglia religiosa « Sacra Famiglia di Nazareth » tra la fine dell'Ottocento e la prima guerra mondiale » dans : Guido Alfani, éd. *Il ruolo economico della famiglia* (= *Cheiron*, 23 (2007) 45-46), 261-283.

Scaduto, Francesco. *Diritto ecclesiastico vigente in Italia.* T. 1. Turin : Bocca, 1892².

Sindoni, Angelo. « L'eversione dell'asse ecclesiastico » dans : Rosario Romeo, éd. *Storia della Sicilia.* T. 9. Naples-Rome : Società Editrice Storia di Napoli e della Sicilia, 1977, 201-220.

Statuto approvato con decreto 12 agosto del R. Tribunale di Vicenza, dall'Assemblea 7 gennaio 1922 e con successivo decreto 25 gennaio 1922 pure del R. Tribunale di Vicenza. Vicence : Officina Tipografica Vicentina, 1922.

Statuto approvato con gli atti costitutivo 30 aprile 1908 e modificato 19 maggio 1908, omologato con decreto del tribunale civile di Roma 22 maggio 1908. Rome : Forzani e C. Tipografi del Senato, 1909.

Taccolini, Mario. « L'altro movimento cattolico : le congregazioni religiose tra Otto e Novecento » dans : Cesare Mozzarelli, éd. *Identità italiana e cattolicesimo. Una prospettiva storica.* Rome : Carocci, 2003, 309-329.

Taccolini, Mario et Cafaro, Pietro. *Il Banco Ambrosiano. Una banca cattolica negli anni dell'ascesa economica lombarda.* Bari : Laterza, 1996.

Torriani, Tullio. *Lorenzo Tonti, geniale avventuriero italiano del '600.* Nova Historia 2. Verona, [1950].

Tragella, Giovanni Battista. *Le Missioni Estere di Milano nel quadro degli avvenimenti contemporanei. 2: Dalla morte del fondatore all'appello ai vescovi d'Italia per le vocazioni 1862-1882.* Milan : Pontificio Istituto Missioni Estere, 1959.

Varni, Angelo, éd. *Nuove funzionalità per la città ottocentesca. Il riuso degli edifici ecclesiastici dopo l'Unità.* Atti del convegno, Bologna, 16 marzo 2001. Bologne : BUP, 2004.

Vermeersch, Arthur. *De religiosis institutis et personis tractatus canonico-moralis.* Louvain : Bibliothèque S.J., 1962⁴.

THE ORGANIZATION AND ECONOMICS OF RELIGIOUS CONGREGATIONS IN NORTHERN ITALY, 1861-1929

GIOVANNI GREGORINI

BETWEEN TOPICS, SOURCES AND HISTORIOGRAPHY

The economics of the religious institutes in Italy in the modern period is becoming ever more central to the multi-faceted interests of historiography. These interests deal with the important topics of regional economic and social development linked to the so-called intermediate institutions, the relationship between the State and the Church, at the centralized level but above all at the regional level, and assistance and official charity in the various regions of Italy. The assets of these institutions and the ways in which they were run and managed and how they influenced the territory around them in an increasingly important way are also being studied.[1] The study of the economic and social history of the religious congregations whose members, both male and female, took simple vows, and which grew in numbers throughout the country but especially in Northern Italy between the 19th and 20th centuries, is getting more attention, as was hoped for by Pietro Stella, Nicola Raponi, Giancarlo Rocca and Fulvio De Giorgi.[2]

Over recent years a number of strictly scientific monographic studies have appeared specifically within this field of interest[3], as well as several essays published

---

[1] Taccolini, "Chiesa ed Economia".
[2] Stella, *Don Bosco nella storia economica e sociale*; Raponi, "L'état de la recherche sur les congrégations religieuses en Italie"; Rocca, "La storiografia italiana sulla congregazione religiosa", 50-53; Idem, *L'economia degli istituti religiosi in Italia*; De Giorgi, "Sviluppi e prospettive della storiografia sulle congregazioni religiose italiane", 28-30; Idem, "L'immagine dei religiosi nella storiografia italiana contemporanea".
[3] Colombo, *Congregazioni religiose e sviluppo in Lombardia*; Salini, *Educare al lavoro*; Gregorini, *Per i bisogni dei 'non raggiunti'*; Idem, *Un po' di bene*.

in edited volumes and journals,[4] and papers presented at regional and national conferences.[5] These studies, which have generally focused on an analysis of the situation in the north of Italy, have all played an important part in enriching and completing the approach used until recently in the study of the history of the religious congregations present in Italian society. This development in research was partly made possible by the availability of first-hand archive material, preserved in the internal archives of the religious institutions themselves that dealt with areas of economic, financial, organizational and social interest.[6]

This essay aims to give a concise account of the results obtained in the studies cited, concerning the spheres in which the religious congregations operated, especially in Northern Italy, as well as the relations developed with local systems, the main aspects of their internal economy and their effect on the economic and social development of the region during the period between the unification of Italy in 1861 and the Concordat of 1929 (the agreement stipulated by the Holy See and the Italian State to regulate relations between civil and ecclesiastical powers). I will thus make reference not only to the historical literature indicated, but also to my own most recent research.

AREAS OF INVOLVEMENT

It is immediately evident that these research papers provide an in-depth description of the activities performed by both nuns and monks at a local level in the period under consideration. Research no longer focuses on a systematic and chronological definition of periods of evolution within the national context, but rather on the attempt to classify the work undertaken by the institutes at a local level, on the basis of homogeneous categories, which often involved many different activities pursued at the same time within the communities involved. The emphasis has thus shifted towards the actual way in which the services were provided. This includes a description of

---

[4] As in the case of the contributions made by M. Romano, A. Salini and G. Gregorini in the volume of Taccolini, ed., *A servizio dello sviluppo*; in addition, reference is made to the studies published in Motto, ed., *L'Opera salesiana*, I (see especially the essays by M. Wirth, S. Sarti, G. Loparco and E. Rossana), as well as the following titles: Taccolini, "L'altro movimento cattolico"; Gregorini, "Le invenzioni della carità e il movimento sociale cattolico"; Idem, "La gatta e il lardo"; Idem, "Le nuove congregazioni religiose"; Romano, "Risorse finanziarie e attività assistenziali"; Butturini, Cona and Gecchele, *Storia dell'Opera don Calabria*.

[5] In addition to the considerable work presented at conferences by Giancarlo Rocca, see the following articles: Gregorini, "Carità, sviluppo dei sistemi locali e congregazioni religiose tra Bergamo e Brescia"; Idem, "Uomini e istituzioni di fronte alle sfide dello sviluppo locale"; Idem, "I Pavoniani a Brescia"; Idem, "Economia e gestione di un istituto d'istruzione".

[6] The studies of the latest archives analysed are collected in the following essays: Bassani, "La gestione economica delle Dorotee di Vicenza"; Kupka, "L'economia della Pia Casa di Carità di Roma"; Falconi, "L'Istituto delle Suore Ancelle della Carità di Brescia", 178-179. On this subject, see also Taccolini, "Le fonti ecclesiastiche per la storia economica", as well as Rocca, "Rassegna bibliografica per lo studio della congregazione religiosa".

Dormitory of women-workers run by the Suore Sacramentine in Melzo (Milan), 1891.
[Historical archives of the congregation of the Suore Sacramentine of Bergamo]

the agreements, regulations, negotiations, understandings, executive proceedings, organizational elements and accounting records.

In this context, the first and foremost commitment undertaken by religious congregations in Italy was in the area of education, in institutions set up by ecclesiastical and civil bodies at the local level. In most cases, this involved the provision of pre-school education, teaching within the municipal and state primary schools of the time, and the introduction of completely new forms of professional training.[7] Frequently the educational tasks, especially for nuns, would involve a three-way commitment involving nursery-school/work-oriented schools/female oratories. In the least studied area, that of the work-oriented schools for 'young girls', the schooling was generally provided "in well-aired rooms that were adequately heated in winter", as laid down in the detailed regulations that set out the way they were to be organized. The main subjects taught were "hand and machine sewing, darning, patching, cutting out and sewing of linens and of the most commonly-worn clothes, and knitting". Depending on the size of the school, sometimes "drawing for work purposes and white, coloured and gold embroidery" were added. The schools were open to girls "that had finished compulsory education or passed the required examinations and were over 12 years of age, and were presented by their parents at the beginning of November of each year". The pupils were each given "a booklet for their marks" and their commitment included "compulsory attendance for the entire school year, that is from November to August, and the payment of a small fee".[8] Another less well-known chapter is that of the management of reformatories, such as that carried out by the

---

[7] Salini, *Educare al lavoro*, 175-190.
[8] Gregorini, *Un po' di bene*.

Sacramentine nuns of Bergamo on the basis of an agreement signed with the city's prefect on 23 February 1894, and followed by the approval by the Interior Ministry and formalized in a decree dated 19 March. This decree envisaged the housing of a maximum of 30 under-age girls who "had been earmarked for forced internment", with the added obligation to provide food, clothing and a "fitting education and literary, moral and occupational instruction". The experiment, which lasted until 1919, proved to be particularly demanding above all economically due to the inadequate 'allowance' provided by the State, but also because of the bureaucratic demands that the daily running of such a service implied.[9]

The second area of activity involved a response to the forms of extreme poverty of the times. For example, the problem of female workers, as it manifested itself in Northern Italy in the last quarter of the nineteenth century, was perceived by the religious congregations, above all by the nuns, as an expression of not only moral, but also social exclusion, and therefore as a practical problem. It concerned individuals and families and indeed the whole community, in a way that was both disruptive and pressing. The issue concerned above all the work of women, who were at the time becoming rapidly and consistently involved in the manufacturing processes sprouting up in the area, especially in the textile industry (silk and cotton production).[10] Given the situation, and choosing different solutions, the religious congregations accepted to take over the running of the crowded dormitories for women workers. The problem here was to discipline, tend and oversee the female workers, and in some cases to train them, in a sort of "spatial and temporal cloistering" that had not hitherto existed.[11] An extreme example was that of the Sacramentine nuns of Bergamo who, in October 1900 at the initiative of Cardinal Andrea Ferrari, archbishop of Milan, began a not wholly successful attempt to systematically introduce nuns from the institute into the factories of Milan. The nuns were to be employed "in the tasks of assisting and managing the factory workers, as head workers and instructors, but also in the accounts' offices" and even wanted to set up "a school for nuns working in factories".[12] Another area in which nuns were present was in the running of orphanages, directly or indirectly, with the nuns being in charge only of 'the kitchens and cloakrooms'. Furthermore, nuns managed hospitals and 'refectories for the poor' in periods of famine, especially in the medium-sized and larger cities. Recently research has been directed also into the 'war-time charity', which took the form of numerous refugee camps "organized to shelter the many people forced to flee during the periods of war in which Italy was involved".[13] In addition, the difficult periods following wars led to a series of initiatives some of which were extremely effective and long-lasting, such as the housing projects set up by monks belonging to apostolic fraternities, for example the cooperative 'La Famiglia' established by Father Ottorino Marcolini.[14]

The third area in which the religious congregations of the times were active was in providing services to the local and universal Church. These activities involved

[9] Gregorini, *Un po' di bene*.
[10] Kelikian, "Convitti operai cattolici e forza lavoro femminile".
[11] Maifreda, *La disciplina del lavoro*, 89.
[12] Zanchi, *Geltrude Comensoli*, 496-497.
[13] Romano, "Per guadagnare tutti a Dio", 153.
[14] Gregorini, "La cultura e i problemi dell'industrializzazione bresciana".

evangelization in the strictest sense, such as the provision of catechism and the preparation for the Christian sacraments, and the organization of female oratories, but also in a wider sense it involved their humble work in 'the kitchens and cloak-rooms' of the seminaries of the diocese and in episcopal boarding schools in different areas of the country. Part of this activity involved the opening up of convents in urban areas near the mother house, or further away in other parts of Italy. Sometimes these congregations opened a convent in Rome, the much-desired destination of many of the congregations considered here.[15] At the same time these institutes were becoming increasingly aware of the opportunities in becoming involved in initiatives overseas, i.e. missionary work, in Africa, China and later on in South America. However, much of the research now being undertaken is focusing on the religious congregations' involvement in the oratories, including their practical commitments, and how a stable educational system was set up and how it enhanced development.[16]

THE EMBEDDING OF CONGREGATIONS IN THE LOCAL COMMUNITY

The interest in how, rather than when and why, the religious congregations were active in Northern Italy necessarily involves the theme of the complex relationship with the local systems at the economic, social and institutional levels.

In this light, historically the first question to arise was the need for a more detailed knowledge of the origins of the institutes, given the considerable financial resources required to start up the, often pioneering, initiatives proposed by the founders. These resources were raised in some cases from the estates of the families of the founders themselves (for example, the Palazzolo[17] and Di Rosa[18] families), or from large external contributions (for example, in the cases of the Capitanio and Gerosa[19] or the Piamartini[20] monks). However, where the financial backing was not solid or definitive, there was the risk of serious difficulties that could threaten the very existence of the new institutes, which were sometimes of more humble origins (as in the case of the bankruptcy of the Institute of the Adorers of the Blessed Sacrament of Bergamo[21], but also in the events surrounding the Worker Sisters of the Holy

---

[15] Idem, *Un po' di bene*.
[16] Maccabelli and Sforzi, "Totalità e cambiamento", 262; Barzaghi, *Don Bosco e la chiesa lombarda*.
[17] Gregorini, *Per i bisogni dei 'non raggiunti'*, 19-23.
[18] Concerning the properties of Clemente Di Rosa see: Taccolini, "Mutamenti economico-sociali e iniziative assistenziali nel Bresciano"; Idem, "Da Clemente a Paola Di Rosa".
[19] Colombo, *Congregazioni religiose e sviluppo in Lombardia*, 151-153; Romano, "Risorse finanziarie e attività assistenziale".
[20] For the setting up of the institute, in this case, "the early supporters of the work played a fundamental role, as it was they who were essential to settling the debts accrued for the first purchases made and also for enlarging the foundling institutes as the necessity arose". Salini, *Educare al lavoro*, 71.
[21] Zanchi, *Geltrude Comensoli*, 205-266; Camozzi, Morelli and Zanchi, eds, *Gaetano Camillo Guindani*.

House of Nazareth of Botticino, in Brescia[22]). It was generally commonplace - among the second-generation foundations as chronologically classified by Raponi - to seek credit both from private and institutional sources, thus running the risk of being confronted by creditors if things went wrong.[23] As additional convents were opened, an important role could very often be played by either members of the local nobility, or certain priests of the diocese who were particularly close to the congregations' founders or sensitive to their needs.[24] However, when the importance of this type of relationship began to diminish, as the houses spread throughout the territory, it was the formal contacts and agreements stipulated between independent bodies (local authorities, associations, foundations, firms) and the religious congregations that guaranteed the expansion of convents into different provinces further afield.

Recent research shows a certain continuity and affinity in the social interventions taken on by the religious congregations and the Catholic movement[25] at the local level as regards the actual services provided, despite the considerable independence of the institutes in their connections with the Church. A greater degree of overlap between the institutes and the Catholic movement would, in fact, have emerged when examining the attention of Luigi Maria Palazzolo (founder of the Poverelle Sisters) for the emerging Catholic associations, or the interest of families such as the Counts Fé d'Ostiani (aristocratic benefactor between Brescia and Bergamo) for the same Poverelle Sisters, or the relation between Clemente Di Rosa and his daughter Paola in the founding of the Handmaidens of Charity.[26] We should also note the close relationship between the Piamartina Foundation and a man of the importance of Giuseppe Tovini (one of the most dynamic personalities of the Italian Catholic movement in the second half of the nineteenth century).[27] Further evidence emerges from the active way in which the Sisters of the Child Mary were involved in the institutional activities of Tovini himself, even going so far as to underwrite a considerable number of the shares necessary to help support the Banco Ambrosiano in Milan, which was facing difficulties.[28]

The study of the growth of Italian religious institutes also brought to light the rapidly developing collaboration between different dioceses in the advance of indi-

---

[22] Del Rio, *Il tessitore di Dio*.

[23] On the basis of studies made by Andrea Salini it may be stated, for example, that "in addition to the donations, which were undoubtedly the principal source of funding in support of their activities, the Artigianelli Institute exploited internal sources, such as retained earnings used in the institute's activity, which ranged between 10% and 20% according to the financial state of the company, as well as external sources, such as debts towards suppliers or to banks. In particular, in the running of the Artigianelli Institute more use was made of the former type of external source, to the extent that this form of financing was rather abused from the point of view of a balanced management of the institute. By contrast, the banks were relied on less, with relations being short and sporadic." Salini, *Educare al lavoro*, 14, 80.

[24] Gregorini, *Per i bisogni dei 'non raggiunti'*, 70.

[25] For the history of Italian social Catholicism, organized into 'Opera dei congressi e dei comitati cattolici in Italia' in the period 1874-1904, see Traniello and Campanini, eds, *Dizionario storico del movimento cattolico in Italia*.

[26] Fappani, "La società religiosa e civile bresciana", 68-72.

[27] Salini, *Educare al lavoro*, 59-69.

[28] Colombo, *Congregazioni religiose e sviluppo in Lombardia*, 173.

vidual institutes. The mobility between eastern Lombardy and Veneto, i.e. towards the north-east of the peninsula, that was clearly apparent in the fortunes of the Poverelle Sisters, but which would be equally valid when analysing the development of the Handmaidens of Charity[29], revealed a largely implicit dialogue between local churches that were initially very close, and often between neighbouring provinces, however, without a structured institutional dialogue. The geographical spread of the religious congregations considered in this chapter, that continually cross and overlap (between Bergamo, Brescia, Milan, Verona and Vicenza, i.e. over eastern Lombardy and Veneto), suggests a network of contacts and assistance, of resources earned, accumulated and reinvested, that all too often escapes consideration in the regional economic and social history of the modern period. In this context, moreover, it should be specified that the evolution of the different religious institutes was similar, and was undoubtedly an expression of shared values. They did not, however, actively interact and therefore could not be represented with the interpretative tool of the network.

The second question identified, concerning the relationships between the congregations and the local systems, involves the dialogue with organizations, leading figures and the local social groups to bring about the expansion of the congregations. In this context, the fundamental unit of presence and action was that of the branch convent where a community of nuns or monks lived and worked each day under the supervision of a superior, having only periodic contacts with the mother house. It has been rightly observed that, especially at the beginning of its history, the growth and spread of an institute was often "in no way connected to preconceived plans or projects of enlargement: the communities appeared without predetermined strategies, resulting rather from the spontaneous, and ever more frequent, requests of nuns who wished to run or manage charitable organizations. These requests were addressed to the religious congregations, moreover, by private individuals or public bodies who had learnt casually that there were welfare activities runned or administered in a certain way" by nuns.[30] However, as a number of people were required to give or withhold approval of these requests, gradually a basic orientation and pattern of behaviour emerged within the congregations, and among those responsible for taking decisions concerning the actions of the superiors of the convents and monasteries, though this model was subject to change over time.

It was, in fact, the superiors of the religious houses who played a fundamental role in the opening of new houses, and not only in this. Indeed, "in a period in which there was little female emancipation, these women undertook a demanding and delicate task, and had to cope with demands and situations that were not always favourable to them, and were often openly hostile, in which it was necessary to meet the commitments of their institutes but also to work with public and ecclesiastical

---

[29] Nobili, "L'impegno religioso e caritativo delle Ancelle della Carità", 173-174.
[30] Colombo, *Congregazioni religiose e sviluppo in Lombardia*, 126. Zaninelli agrees with Colombo on this point. Zaninellli, "Postfazione", 104. According to this publication the original actions of the religious congregations were not instigated by "'plans' or 'projects', there was no conscious or unconscious intention to 'write history': here it is the clearly evident 'need' that counts, but that no-one wants to consider".

institutions while respecting precise legislative constraints and attending to individuals who made offers or claims that became ever more important as the religious families grew. The task of these mother superiors was not so much to draw up a general strategy as to establish priorities and then decide on the most prudent course of action."[31] Thus, they were directly required to take on important responsibilities, which bordered on situations of risk. It was above all the mother superiors who would build and maintain a series of demanding relations that inevitably involved an active opening up to external dealings, a weaving of contacts with individuals and institutions that actually created a sort of 'social entrepreneurship'. This public role of the mother superiors was practically unique in a context of 'unhidden paternalism' and of political and bureaucratic hostility.[32] Against this backdrop of responsibility, considerable help could be offered by the priests designated by the bishop as the chaplains or superiors of the congregations, though this was not always the case. Assistance could also be found among the relations (formal and informal) with other priests or with important and respected lay figures, with whom the mother superiors gradually built up a relationship of mutual trust and who could be consulted on problems, often of a professional nature.

Once the congregation had become active within a local community, there inevitably followed a regular dialogue with the institutions and more generally the figures of reference within that community. This dialogue was bound to become formalized, especially when it concerned important economic and legal issues.[33] The first fundamental tool of this dialogue was the agreement, i.e. the legal framework that regulated the relations between the religious institutes and the interlocutor of a specific community, whether this was an individual or an association, public or private, lay or ecclesiastical.[34] It was this person, or persons, who generally "took on the expenses of maintaining the works and the nuns themselves and provided a modest salary that was often given as a 'reimbursement for clothing'. Quite often it was the local authorities themselves that provided board and lodging, while at other times they put aside a certain annual supplement for board"; in other cases "the guiding principle for the nuns was the lack of charge: they did not work for profit or self-interest, but out of a spirit of service to others and attention to their fellow men's needs. Yet, it is interesting to note that for this very reason they were absolutely inflexible as regards the minimum conditions required to provide a service in a dignified, free and efficient way. The mother superior devoted much of her time to meetings with the heads of the local authorities in order to ensure these conditions were met, and on this point would prove firm and uncompromising. The nuns never demanded more than was necessary, but were not prepared to accept less: it could be stated that their commitment to offer a free service went hand in hand with a strong sense of profes-

---

[31] Colombo, *Congregazioni religiose e sviluppo in Lombardia*, 127.

[32] Zaninelli, "Postfazione", 105.

[33] Salini, "Le relazioni sociali ed economiche della famiglia religiosa 'Sacra famiglia di Nazareth'".

[34] This procedure was a real paradox legally, given that "the religious congregations [...] were denied the right to possess stocks and shares, revoking the required legal ability to do so, but at the same time they were allowed to underwrite juridical financial transactions; this implied the same ability that was then denied for them to be completely valid, but which was overall recognized within the same acts". Gregorini, *Per i bisogni dei 'non raggiunti'*, 63.

sionalism. [...] The agreement was almost always the result of a series of negotiations in which the mother superior set out the indispensible conditions for the presence of her sisters: conditions regarding both the provision of sufficient economic funds and the logistics of the activity. Her position was essential for the institute, that was often forced to deal with a certain lack of preciseness, more than direct hostility, among the local authorities who tended to deal with the issues in a way that was certainly less 'professional' than the needs of the institutes required."[35]

The agreement was therefore an institutional and working tool that could be flexible and adaptable and that was particularly suited to the changing needs of a body like a religious congregation that was weak at both civil and ecclesiastical levels, not only because of its social status but also because it enjoyed little legal protection. In fact, these agreements generally lasted for a short period (a few years) and were periodically renewed by tacit consent or with the addition of clauses for withdrawal that could be easily put into practice, especially where the conditions in the community failed to give sufficient assurance or guarantee that the services offered could continue over time. Furthermore, these agreements were extremely vague from the point of view of the economic content and regarding the reciprocal obligations of the parties involved, relying more on precedent in relations and the ability of those involved in the arrangement to adapt to the potential difficulties that could arise periodically or unexpectedly. Since the layout or model of agreement could change according to the type of activity carried out by the convents, the administrative procedures of the congregations tended to standardize them so they could cover the requirements of the institutes in any circumstance.

THE INTERNAL ECONOMY OF THE CONGREGATIONS

The detailed attention directed towards the economic and social practices of the religious congregations has led to a clearer focus on their internal economy. In fact, another of the significant results of the research carried out in recent years is the discovery that the assets accumulated over time by the institutes generally originated from revenue. Hence, it was fundamental that the different institutes reduced their expenditures and consolidated the overall savings in the central accounts, which drew resources from each of the institutes spread over the country. The subsequent management of these accumulated assets was characterized by caution, order and balance in order to guarantee at least a minimum annual income.

We will now consider a concrete example from among those available from the research carried out up to now. The year 1909 was the first date in which the income and finances of the Sacramentine Sisters of Bergamo clearly showed the dynamics of the relationship between the mother house and the other branch convents, i.e. between the centre and the periphery. In fact, the 'administrative report' of that year includes the balance sheets from 27 branch houses in addition to that of the mother house in Bergamo, the consolidated 'cash account' of the branch houses presented separately from that of the mother house, the 'general summary of branch houses and

35 Colombo, *Congregazioni religiose e sviluppo in Lombardia*, 165-168.

mother house', and lastly the general 'state of the assets of the entire congregation'.[36] It goes without saying that each of these documents provided interesting information on the economic functioning of the institute and therefore, of its very life. It is therefore undoubtedly worth including here the ledger summarizing the overall accounts of the income and expenses for the whole congregation with the relative figures for each heading (figure 1). In order to understand these accounts it is necessary to add an overall report of the institute's assets, as reported in figure 2.

As far as the expenses are concerned, the most important expenditure was for the nuns' food and clothing, accounting for 79% of total expenses. It should also be noted that the various taxes amounted to 4.1% of the annual budget. Another interesting figure is the 0.8% of total expenses paid for the schooling of the five postulants. A summary of the expenses considered here, divided into homogenous groups and expressed as percentages of the total is displayed in figure 3.

It is equally interesting to note that roughly 82.3% of the revenue was derived from work carried out by the nuns, as apparent from the headings under receipts: 'fees and salaries' (48.5%), board (20.2%, when we add the figures for the income from putting up the nuns themselves and the income from the lodgers who were provided with a service), 'products of work' (11.1%), and 'produce of the land and vegetables' (2.5%). Also worthy of note are the 'rents from property and land', which account for 7.5% of income and the 'revenue from public shares', which is 7.4% of the total. This last item gives some further information as to the dynamics of the financial investment undertaken by the institute under consideration. In fact, a comparison between the revenue from the public shares in their possession and the amount of shares they had, as explicitly stated under the heading 'Current Assets', indicates an annual profit of 4.7%, which is in line with the investment rates of the time. The availability of these shares was largely the result of investment choices freely made by the congregations to strengthen their economic standing, but a certain amount came also from the nuns' dowries, which were occasionally paid in shares instead of cash. Together these items accounted for 40.5% of total assets, with the remaining part being the property owned. On the other hand, when external funds were required for day-to-day activities, as against the accumulation of wealth, the accepted method was to obtain credit from banks, in particular two credit institutes (for a total of 26,000 lira), while other smaller amounts were put aside in deposit to protect the sums donated by the novitiates in the years immediately preceding. The overall surplus registered for the year 1909 was 16% of the total revenue, which may be considered a highly positive economic result. Adding together the cash deposits in the branch houses on 31 December 1909 (3,423.09) with those of the mother house itself at the same date (811.26) the overall total is 4,234.35 lira, registered under the heading 'Current Assets'.

Generally speaking, the annual surplus was accumulated to gradually strengthen the institute. However, this was only possible once the income was considerably greater than the overall expenses, i.e. once the congregation had been growing for a number of years. In the case of the Sacramentine Sisters of Bergamo this growth followed the trend illustrated in figure 4.

---

[36] Gregorini, *Un po' di bene.*

FIGURE 1
OVERALL ACCOUNTS OF THE INCOME AND THE EXPENSES OF THE CONGREGATION
OF THE SACRAMENTINE SISTERS OF BERGAMO (1909)

RECEIPTS

Produce from land and vegetables	L 1996.81
Revenue from public shares	5897.00
Novitiates' boarding	4501.00
Lodgers' boarding	11,575.80
Products of work	8817.30
Fees and salaries	38,591.29
Church alms	522.30
Alms from the sacred masses	710.00
Other receipts (donations)	883.84
Total receipts	**79,464.29**
Total expenses	**66,721.36**
Balance surplus	**12,742.93**

EXPENSES

Taxes, duties, rent, water	2735.67
Expenses for lands	453.40
Rents payable	130.00
Repairs to buildings and furniture	2047.60
Payable pensions, salaries etc.	1121.00
Expenses for food, clothing, fuel, lighting	51,368.61
Medical expenses (doctor and medicines)	1696.62
Administrative and travelling expenses	2186.75
Church, services, sacred mass, funeral expenses	2545.30
Other daily expenses	1706.19
Insurance against fire	164.37
School for five postulants	565.85
Total expenses	**66,721.36**

Source: Gregorini, Un po' di bene.

FIGURE 2
OVERALL REPORT OF THE ASSETS OF THE CONGREGATION OF THE SACRAMENTINE
SISTERS OF BERGAMO (1909)

Current Assets	
Mother house, value of*	L 74,900.00
Lavagna house	14,000.00
Castelnuovo Bocca d'Adda house	12,000.00
Stezzano house	20,284.25
House in via S. Antonino n. 6, 8, 10, 12	58,035.35
Public shares	124,982.00
Money present in cash box of mother house and other houses	4234.35
	308,435.95
Debts to various, as specified on following page**	35,373.00
Net residual assets on 1 January 1910	**273,062.95**
Explanation of assets accrued during the year 1909:	
For nuns' dowries £ 2654.00***	
Accounting surplus 12,742.93	
Total net gain in 1909	15,396.93
Net assets on 1 January 1909	**257,666.02**

The £ 9900 spent for the new factory increased the assets under the heading of buildings
** *The debt of £ 35,373 is divided into 2000 owed to the 'Piccolo credito', 24,000 to the 'Cassa di risparmio', 5257 novitiates' deposits in 1909 and 4116 novitiates' deposits in 1908*
*** *Of the £ 2654 from nuns' dowries 360 were in shares and 2294 in cash*
Source: Gregorini, Un po' di bene.

FIGURE 3
EXPENSES OF THE CONGREGATION OF THE SACRAMENTINE SISTERS OF BERGAMO
(1909)

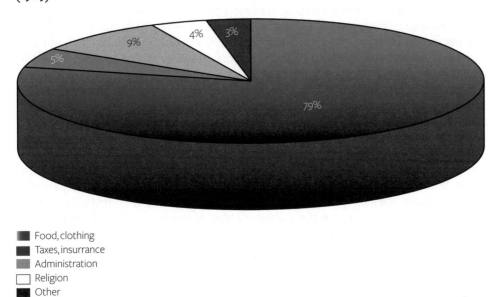

■ Food, clothing
■ Taxes, insurrance
■ Administration
□ Religion
■ Other

Source: Gregorini, Un po' di bene.

FIGURE 4
INCOME AND EXPENSES OF THE CONGREGATION OF THE SACRAMENTINE SISTERS OF
BERGAMO (1908-1930)

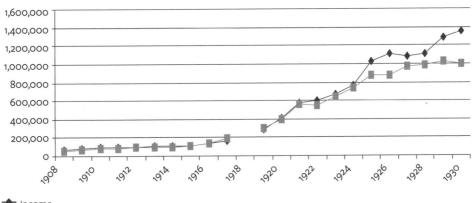

◆ Income
■ Expenses

Source: Gregorini, Un po' di bene.

Thus, as this institute grew over time, like the other congregations studied, "it found itself faced with the absolute necessity to create a solid apparatus to administer its resources, whose efficiency would guarantee an adequate optimization of the means available, and improve their distribution between the periphery and the centre and avoid unnecessary waste. Thanks to this careful administration, the congregation became an institute that was substantially able not only to finance itself, but also to achieve important results as regards the accumulation and re-investment of the income coming from the work it did."[37]

It should also be noted that, especially among the larger and older more solid institutes, the management of their assets that followed their foundation and early development often involved a form of investment in shares that was cautious but decidedly dynamic. The congregations that were founded later, and had smaller numbers and were less stable, however, preferred to opt for a programme of investment of their available resources in property. The Sisters of Charity of Lovere are an example of the larger and more solid congregations with large investments in bonds and shares, as showed in the summary of shares in which they invested in 1899 (figure 5). Even this short summary gives an idea of the complexity of the financial portfolio presented, which included both investments in Italian and foreign bonds as well as the investment in bonds issued at a regional level to raise funds for the development of infrastructures, sometimes in individual cities.[38]

To give an example of the younger and smaller congregations, we will look again at the case of the Sacramentine Sisters of Bergamo, where from the 1920s onwards the investment choices were clearly oriented towards property, especially in Rome but also in Cantù in Lombardy. Here, the number of shares possessed was much smaller, and limited to 'public shares' as registered in the accounts ledger of 1909 printed above (figure 1).[39]

In the case of the Sacramentine Sisters, an analysis could also be made of the relationship between the consistent cash surplus deriving from the management of the branch houses and the almost chronic deficit which characterized the administration of the mother house. The results of this analysis are summarized in figure 6.

It is quite clear that the strategic financial role of the branch houses with respect to the consolidated financial statement of the congregation grew in size and importance over the period considered. Thus, the contribution provided by the branch houses to the solidity of the institute was decisive; they were constantly and increasingly able to make up for the deficits of the mother house. It should be noted, however, that these deficits were fundamentally the result of outlays made for the good of the whole congregation. Hence, we are considering a logic that could be defined as one of double solidarity: firstly, solidarity towards the world outside the institute, i.e. expressed in the different areas of involvement discussed earlier, and secondly, an internal solidarity whereby all the nuns spread throughout the various communities contributed to the existence of a central mother house working for the good of all, and

---

[37] Romano, "Risorse finanziarie e attività assistenziali", 356.
[38] Similar assessments may be made for the Dorotee of Vicenza: Bassani, "La gestione economica delle Dorotee di Vicenza", 121-123.
[39] Gregorini, *Un po' di bene.*

FIGURE 5
INVESTMENTS IN SHARES OF THE SISTERS OF CHARITY OF LOVERE (1899)

Investments in shares expressed in lira, 1899	
Cassa di risparmio Mortgage Bonds 5%	12,500
1854 Bond of the City of Milan	9,874
1871 Bond issued by Livorno	10,843
Provincial Bond issued by Mantua	3,500
1863 Bond issued by Pavia	9,640
Banca agricola of Pavia	10,464
Southern railways	23,320
Southern Austrian railways	67,143
1861 Premium Bonds issued by Milan	103
1866 Premium Bonds issued by Milan	10
Premium Bonds issued by Naples	18
1868 Premium Bonds issued by Bari	55
Mortgage Bonds Cassa di risparmio 4%	276,904
Italian National debt 5%	126,107
Mortgage Bonds 4%	111,580
National Bank Mortgage Bonds 4.5%	20,090
Unified Bonds (1886-1897) 4% Milan	561,407
1874 Bond issued by Lecco	27,050
Austrian public debt	173,405
Italian Company of Sicilian Railways	12,800
Istituto italiano mortgage bonds 4%	60,270
Italian Company of Mediterranean Railways	24,000
Italian Company of Adriatic Railways	12,800
Mutual association for cleaning of black wells	516
Total	**1,554,399**

as a stable point of reference for the survival of the original spiritual role. It should be further noted that this latter form of solidarity grew in efficiency as the institute grew in size. In fact, while the surplus of the branch houses was in constant growth (at a time when the institute was expanding both in size and in tasks performed), the deficit of the mother house increased to a considerably lesser extent, and was therefore more under control and proportionately less of a burden for the final financial statement of the congregation as a whole.

These results substantially confirm the comments made by Maurizio Romano, who suggested that "each house of the congregation was in fact a small community which, thanks to a strong inclination to avoid useless waste, had a truly considerable capacity for accumulating savings which flowed into the coffers of the mother house, and which the mother superior could use to cover expenses as they arose or invest or amass in the most favourable way. The solidity of the finances of the congregation

FIGURE 6
CASH SURPLUS/DEFICIT OF THE BRANCH HOUSES AND THE MOTHER HOUSE
OF THE SACRAMENTINE SISTERS OF BERGAMO (1913-1930)

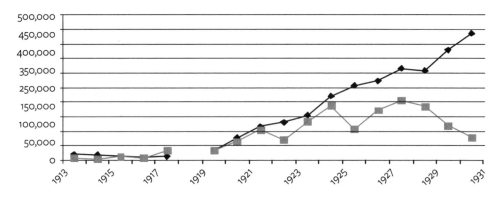

Source: Gregorini, Un po' di bene.

thus revolved around the ability of each individual nun to contribute through self-sacrifice and selflessness to the cause of the religious family to which she belonged. The main source of revenue for the institute came, indeed, from the surplus saved by the communities operating throughout the country, which made it possible to create the tried and trusted mechanism of accumulation that would in turn enable the institute to accept new commitments. The nuns were thus able to finance their charitable activities absolutely on their own, hence maintaining complete independence from outside, which in turn played a part in strengthening the congregation's ability to intervene."[40]

Finally, it should be considered that for a prolonged period of time, in certain cases from the foundation of the institutes up to the middle of the twentieth century, the accounts of the religious congregations were based on a precise analytical measurement of the day-to-day receipts and expenditure, both of the mother house and of the branch houses spread throughout the territory.[41] These were the 'accounting ledgers' or 'daily accounts' which were sometimes accompanied by the registers of the nuns who were in charge of the finances of the institutes. A number of scholars have used these documents as the basis for their detailed analyses.[42]

[40] Romano, "Il caso delle Suore di carità di Lovere", 216.
[41] Colombo, Congregazioni religiose e sviluppo in Lombardia, 149-151.
[42] Bassani, "La gestione economica delle Dorotee di Vicenza", 118-120; Gregorini, Per i bisogni dei 'non raggiunti', 63.

CONCLUSION: RELIGIOUS CONGREGATIONS AND REGIONAL DEVELOPMENT

Given the combined activities managed by nuns as described in detail above, together with the social relations built up at the local level thanks to the founding of numerous branch houses and the ever-more-efficient economic management of the internal economy of the congregations, we can only conclude that the direct relationship between the religious institutes and changes in local social and economic systems must have been increasingly significant. It is thus possible to suggest certain considerations based on the specific contribution of religious congregations towards regional development.

Through their very presence and the works they performed, the new institutes that began to appear in the early decades of the nineteenth century guaranteed a system of assistance that would not have otherwise been available in such a structured and widespread manner at that time. It is reasonable to talk, therefore, of an ante litteram welfare system, spread over the territory but part of an institutional network.[43] These institutes not only aided development, but more importantly thanks to the combined elements that promoted economic as well as social growth, they can be considered a driving force in regional development.

A further contribution made by the religious congregations, equally important though impossible to quantify, was that of protecting and improving social cohesion. That is to say, they promoted values and models of behaviour that were part of the local tradition and which acted as a stabilizing element in the period of industrial change in communities that were deeply influenced by this change. Furthermore, the nuns and monks who devoted themselves to the varied social work of their times not only were expressing their vocation but also offered qualified professionalism and skills that were an integral part of their background; they provided low-cost wage workers that were both productive and important human resources.

As we have seen, the logic of accumulating assets from the annual revenue generated by the congregations themselves, as well as the investment strategies involving both human and actual financial capital, meant that in the areas of property, capital and to a lesser extent shares, these congregations were concretely putting resources into the regional and national circuits. These resources were sometimes of considerable dimensions and were mostly managed wisely. The presence and actions of the ecclesiastical bodies considered were extremely pragmatic as they were flexible and could adapt to local opportunities as they arose, and were thus better able to support regional trends of development.[44]

The contribution that these congregations made to the modernization of the Catholic culture of the times was also considerable. This is true both for relations within ecclesiastical circles and with the Catholic movement, but also with regard to their interpretation of the social reality and an historical and practical view of

---

[43] Gregorini, *Per i bisogni dei 'non raggiunti'*, 67-74.
[44] Idem, "Carità, sviluppo dei sistemi locali e congregazioni religiose", 131-132.

an overall system that was rapidly changing at the turn of the century. Thus, in the debate, fought more with actions than theories, on the appearance and growth of industrial capitalism in Italy and elsewhere, the contrast provided by their actions made it possible to encourage reflection on the model of development. Both the institutes, and the individual nuns, bore witness with their lives to the efficiency of a system of economic relations that went against the dominant mechanisms of the times and therefore represented a sort of implicit social criticism. However implicit this criticism may have been, it nevertheless took root over a wide area and served as a stimulus and incentive to the review or reform of the prevailing market values.

It is also useful to remember that all this occurred through actions that were carried out discreetly yet were extremely popular both within and outside the congregations. This approach made it possible to have an informal relationship with the communities in which the institutes were involved, that appreciated the assistance offered for its human value. Hence, the institutes and nuns themselves came into direct contact with hardship, seeing it from below and experiencing directly the local social inequalities that were widespread. In fact, the nuns quite quickly became "an integral part of the social fabric, both in the larger cities that were set on the path towards pervasive and frenetic industrialization, but also in the isolated mountain communities or small rural villages, that were to remain for a long time tied to the simple and often impoverished life of the countryside".[45]

To summarize, we can say that the nuns and monks of the congregations considered placed themselves outside the market logic, even while providing it with a margin for working that it would not otherwise have had. Hence, when times changed and the market was able to impose its own rules, both as regards repayment of capital and the rising importance of professional lay workers, it did not hesitate to expel the religious presence that up to a short time before had ensured the efficiency of the services considered.

The religious institutes, which had a conception and pragmatic model of development that contrasted with the prevailing one, managed to find the motivation and courage to come through the all too frequent phases of repression against them. In this sense, their accumulation of assets was actually a path strewn with obstacles as they had to cope repeatedly with the "precautionary syndrome of confiscation" by the State of goods that legitimately belonged to them.[46] This last consideration should not be underestimated, as these actions gave rise to real personal suffering both at an individual and collective level. Moreover, the occurrence of events of this type created serious difficulties for the religious congregations that, as we have seen, invested their resources, including financial resources, wisely and efficiently. They played their part in a "capitalism without capital" that is characteristic of Italy, and their actions went well beyond the mere "cushioning against the costs engendered by the modern world".[47]

---

[45] Romano, "Risorse finanziarie e attività assistenziali", 319.
[46] Rocca, "Le strategie anticonfisca degli istituti religiosi in Italia".
[47] Rumi, "Amici di Dio", 49.

Bibliography

Barzaghi, Gioacchino. *Don Bosco e la chiesa lombarda. L'origine di un progetto.* Milan: Glossa, 2004.

Bassani, Albarosa Ines. "La gestione economica delle Dorotee di Vicenza. Appunti per una ricerca" in: Giovanni Gregorini, ed. *Religiose, religiosi, economia e società nell'Italia contemporanea.* Milan: Vita e Pensiero, 2008, 105-141.

Butturini, Emilio; Cona, Rino and Gecchele, Mario. *Storia dell'Opera don Calabria.* I/1: *Il contesto storico e le case di San Zeno in Monte, Costozza ed Este (1907-1932).* Verona: CCSC, 2007.

Camozzi, Ermenegildo; Morelli, Rosetta and Zanchi, Goffredo, eds. *Gaetano Camillo Guindani vescovo di Bergamo e la questione della mensa vescovile 1868-1891.* Milan: Glossa, 2005.

Colombo, Alessandro. *Congregazioni religiose e sviluppo in Lombardia tra Otto e Novecento. Il caso delle suore di Maria Bambina.* Milan: Vita e Pensiero, 2004.

De Giorgi, Fulvio. "Sviluppi e prospettive della storiografia sulle congregazioni religiose italiane di fondazione ottocentesca" in: *Lodovico Pavoni. Un fondatore e la sua città.* Milan: Ancora, 2000, 21-30.

De Giorgi, Fulvio. "L'immagine dei religiosi nella storiografia italiana contemporanea". *Annali di scienze religiose,* 7 (2002) 7, 321-334.

Del Rio, Domenico. *Il tessitore di Dio. Storia di don Arcangelo Tadini e delle Suore operaie della Santa casa di Nazareth.* Brescia: Queriniana, 1999.

Falconi, Paolisa. "L'Istituto delle Suore Ancelle della Carità di Brescia" in: Giovanni Gregorini, ed. *Religiose, religiosi, economia e società nell'Italia contemporanea.* Milan: Vita e Pensiero, 2008, 178-179.

Fappani, Antonio. "La società religiosa e civile bresciana dell'800" in: Alberto Monticone, Antonio Fappani and Augusta Nobili. *Una intuizione di carità. Paola Di Rosa e il suo Istituto tra fede e storia.* Milan: Ancora, 1991, 47-78.

Gregorini, Giovanni. "La gatta e il lardo. Amministrazioni comunali, finanza locale e donazioni in Val Camonica nel XX secolo: il caso di Bienno" in: Sergio Onger and Mario Taccolini, eds. *Studi di storia moderna e contemporanea in onore di monsignor Antonio Fappani.* Brescia: Grafo, 2003, 57-72.

Gregorini, Giovanni. "La cultura e i problemi dell'industrializzazione bresciana: Giulio Bevilacqua e Ottorino Marcolini" in: Mario Taccolini, ed. *A servizio dello sviluppo. L'azione economico-sociale delle congregazioni religiose in Italia tra Otto e Novecento.* Milan: Vita e Pensiero, 2004, 191-249.

Gregorini, Giovanni. "Le invenzioni della carità e il movimento sociale cattolico" in: Università Cattolica del Sacro Cuore. *Dizionario di dottrina sociale della Chiesa. Scienze sociali e Magistero.* Milan: Vita e Pensiero, 2004, 836-850.

Gregorini, Giovanni. "Le nuove congregazioni religiose" in: Mario Taccolini, ed. *A servizio del Vangelo. Il cammino storico dell'evangelizzazione a Brescia.* 3: *L'età contemporanea.* Brescia: La scuola, 2005, 185-205.

Gregorini, Giovanni. *Per i bisogni dei 'non raggiunti'. L'Istituto Suore delle Poverelle tra Lombardia orientale e Veneto (1869-1908).* Milan: Vita e Pensiero, 2007.

Gregorini, Giovanni. "Carità, sviluppo dei sistemi locali e congregazioni religiose tra Bergamo e Brescia nel XIX secolo". *Civiltà bresciana,* 3 (2008), 121-132.

Gregorini, Giovanni. "I Pavoniani a Brescia tra Ottocento e Novecento" in: Ermenegildo Bandolini, ed. *L'eredità del beato Podovico Pavoni.* Milan: Ancora, 2009, 173-209.

Gregorini, Giovanni. "Uomini e istituzioni di fronte alle sfide dello sviluppo locale. Il mutuo soccorso e la cooperazione di credito nell'azione dei cattolici italiani tra XIX e XX secolo: il caso di don Angelo Bertasi" in: *Un Angelo accanto all'uomo. Don Angelo Bertasi parroco di Volta Mantovana 1889-1907.* Mantova, 2010, 179-196.

Gregorini, Giovanni. *Un po' di bene. L'Istituto delle Suore Sacramentine di Bergamo dalle origini al secondo dopoguerra (1882-1950).* Milan: Vita e Pensiero, 2010.

Gregorini, Giovanni. "Economia e gestione di un istituto d'istruzione nella prima metà del XIX secolo: il caso del Collegio d'arti 'San Barnaba' a Brescia tra ascesa e declino". Forthcoming.

Kelikian, Alice. "Convitti operai cattolici e forza lavoro femminile" in: Ada Gigli Marchetti and Nanda Torcellan, eds. *Donna lombarda 1860-1945.* Milan: Franco Angeli, 1992, 180-186.

Kupka, Jan. "L'economia della Pia Casa di Carità di Roma (1838-1938)" in: Giovanni Gregorini, ed. *Religiose, religiosi, economia e società nell'Italia contemporanea.* Milan: Vita e Pensiero, 2008, 143-165.

Maccabelli, Terenzio and Sforzi, Fabio. "Totalità e cambiamento: il paradigma dei distretti industriali. Intervista a Giacomo Becattini" in: Carlo Marco Belfanti and Terenzio Maccabelli, eds. *Un paradigma per i distretti industriali. Radici storiche, attualità e sfide future.* Brescia: Grafo, 1997, 256-268.

Maifreda, Germano. *La disciplina del lavoro. Operai, macchine e fabbriche nella storia italiana*. Milan: Bruno Mondadori, 2007.

Motto, Francesco, ed. *L'Opera salesiana dal 1880 al 1922. Significatività e portata sociale.* 1: *Contesti, quadri generali, interpretazioni*. Rome: LAS, 2001.

Nobili, Augusta. "L'impegno religioso e caritativo delle Ancelle della Carità (1840-1990)" in: Alberto Monticone, Antonio Fappani and Augusta Nobili. *Una intuizione di carità. Paola Di Rosa e il suo Istituto tra fede e storia*. Milan: Ancora, 1991, 83-229.

Raponi, Nicola. "L'état de la recherche sur les congrégations religieuses en Italie" in: Jan De Maeyer, Sofie Leplae and Joachim Schmiedl, eds. *Religious Institutes in Western Europe in the 19th and 20th Centuries: Historiography, Research and Legal Position*. Leuven: Leuven University Press, 2004, 117-133.

Rocca, Giancarlo. "Le strategie anticonfisca degli istituti religiosi in Italia dall'Unità al Concordato del 1929: appunti per una storia" in: Roberto Di Pietra and Fiorenzo Landi, eds. *Clero, economia e contabilità in Europa. Tra medioevo ed età contemporanea*. Rome: Carocci, 2007, 226-247.

Rocca, Giancarlo. "La storiografia italiana sulla congregazione religiosa" in: Giovanni Gregorini, ed. *Religiose, religiosi, economia e società nell'Italia contemporanea*. Milan: Vita e Pensiero, 2008, 29-101.

Rocca, Giancarlo. "Rassegna bibliografica per lo studio della congregazione religiosa" in: Giovanni Gregorini, ed. *Religiose, religiosi, economia e società nell'Italia contemporanea*. Milan: Vita e Pensiero, 2008, 72-101.

Rocca, Giancarlo. *L'economia degli istituti religiosi in Italia dall'Unità al 1929. Appunti per una storia*. Forthcoming.

Romano, Maurizio. "Risorse finanziarie e attività assistenziali: la congregazione delle Suore di carità a Bergamo e Brescia dal 1914 al 1932". *Bollettino dell'Archivio per la storia del movimento sociale cattolico in Italia*, 36 (2001) 3, 317-382.

Romano, Maurizio. "'Per guadagnare tutti a Dio': la carità operosa delle Suore di Carità nell'Italia settentrionale tra Ottocento e Novecento" in: Mario Taccolini, ed. *A servizio dello sviluppo. L'azione economico-sociale delle congregazioni religiose in Italia tra Otto e Novecento*. Milan: Vita e Pensiero, 2004, 101-189.

Romano, Maurizio. "Il caso delle Suore di carità di Lovere" in: Giovanni Gregorini, ed. *Religiose, religiosi, economia e società nell'Italia contemporanea*. Milan: Vita e Pensiero, 2008, 183-216.

Rumi, Giorgio. "Amici di Dio, amici dell'uomo" in: *Dopo 2000 anni di cristianesimo*. Milan: Mondadori, 2000, 35-49.

Salini, Andrea. *Educare al lavoro. L'Istituto Artigianelli di Brescia e la Colonia agricola di Remedello Sopra tra '800 e '900*. Milan: Franco Angeli, 2005.

Salini, Andrea. "Le relazioni sociali ed economiche della famiglia religiosa 'Sacra famiglia di Nazareth' tra la fine dell'Ottocento e la prima guerra mondiale". *Cheiron*, 23 (2007) 45-46, 261-283.

Stella, Pietro. *Don Bosco nella storia economica e sociale (1815-1870)*. Rome: LAS, 1980.

Taccolini, Mario. "Mutamenti economico-sociali e iniziative assistenziali nel Bresciano tra XVIII e XIX secolo: la personalità e l'opera di Clemente Di Rosa" in: Vera Zamagni, ed. *Povertà e innovazioni istituzionali in Italia. Dal medioevo all'età contemporanea*. Bologna: Il Mulino, 2000, 469-485.

Taccolini, Mario. "Da Clemente a Paola Di Rosa: mutamenti economico-sociali e iniziative assistenziali a Brescia tra XVIII e XIX secolo" in: Marco Bona Castellotti et al., ed. *Cultura, religione e trasformazione sociale. Milan e la Lombardia dalle riforme all'Unità*. Milan: NED, 2001, 409-428.

Taccolini, Mario. "L'altro movimento cattolico: le congregazioni religiose tra Otto e Novecento" in: Cesare Mozzarelli, ed. *Identità italiana e cattolicesimo. Una prospettiva storica*. Rome: Carocci, 2003, 309-329.

Taccolini, Mario. "Le fonti ecclesiastiche per la storia economica" in: Sergio Onger and Mario Taccolini. *Studi di storia moderna e contemporanea in onore di monsignor Antonio Fappani*. Brescia: Grafo, 2003, 211-222.

Taccolini, Mario, ed. *A servizio dello sviluppo. L'azione economico-sociale delle congregazioni religiose in Italia tra Otto e Novecento*. Milan: Vita e Pensiero, 2004.

Taccolini, Mario. "Chiesa ed Economia" in: *Nuovi percorsi della Storia economica*. Milan: Vita e Pensiero, 2009, 133-148.

Traniello, Francesco and Campanini, Giorgio, ed. *Dizionario storico del movimento cattolico in Italia*. Casale Monferrato: Marietti, 1981-1984, 5 vols.

Zaninellli, Sergio. "Postfazione" in: Giovanni Gregorini. *Per i bisogni dei 'non raggiunti'. L'Istituto Suore delle Poverelle tra Lombardia orientale e Veneto (1869-1908)*. Milan: Vita e Pensiero, 2007.

Zanchi, Goffredo. *Geltrude Comensoli. 'L'abbandono in Colui che tutto può' (1847-1903)*. Milan: Glossa, 2005.

MANAGEMENT STRATEGIES OF ECCLESIASTICAL PATRIMONIES IN SPAIN, 1900-1936[*]

F. JAVIER FERNÁNDEZ ROCA

S pain has always been a land of contrasts. In the last two centuries a Catholic basis, strongly rooted in the social spectrum of the nation, coexisted with anti-clerical streams. Among them, we can distinguish a liberal stream that aimed at the separation of Church and State but did not pursue the disappearance of Catholic religion in the country; instead, it promoted a clear definition of the function and pre-eminence of the civil power over the ecclesiastical. But we can also differenti-ate another stream - deeply antireligious and ever-increasing over the years as its agents' political and social positions became more radical - which played a major role during the Second Republic and the Spanish Civil War. Against this background, the history of Spain's government during the nineteenth century was a continuously swinging pendulum that alternatively led to anticlerical positions - more or less zeal-ous depending on the ruling party - and to positions clearly favourable to the Catholic Church when the cabinet was more conservative.

The aim of this article is not to complete a detailed inventory of the properties of Spanish religious orders but to show how these orders adapted themselves to the institutional and political changes in the relationship between Church and State in Spain during the first three decades of the twentieth century. In the first section we offer a brief overview of the changes in national policies regarding religious congre-gations, from the 1837 confiscation and uncloistering to the Second Republic and the Civil War. The history of those years helps the reader to understand the motives behind the orders' strategies, studied in the following sections in this article, in rela-tion to their patrimonies during the very delicate Republican years; the starting point

* I would like to thank James Simpson, Cesar Hornero and Fernando Ramos for their comments on previous versions of this article. The usual disclaimer applies. Funding was provided by the Span-ish government (SEJ 2006-08188/ECON).

of those strategies was always the deep mistrust accumulated by religious institutes against the Spanish liberal state. The core of this article is therefore the analysis of the strategies implemented by religious institutes to safeguard their patrimony against possible attempts by the State to expropriate them. The management of ecclesiastical goods by the orders aimed at maximizing the security of their properties rather than increasing their benefits. The latter was a secondary objective which could have been more easily obtained with a purely entrepreneurial management. That is, the conservative strategies established and developed by the orders permeated the properties' daily management. In section 2, the two orders selected as case studies, Benedictines and Piarists, are presented. Then section 3 focuses on the strategy of the Benedictines, which allowed them to safeguard and improve the management of the order's patrimony, while section 4 deals with the actions of the Piarists to defend and maintain the patrimony associated with their educational work during the Second Republic.

RELIGIOUS ORDERS IN SPAIN

Spanish nineteenth-century history alternated between anticlerical and pro-clerical positions. Scientific literature has established a chronological framing of the evolution of religious orders in Spain.[1] During the first phase (1808-1837), religious orders still lived in an Ancien Régime environment that pivoted on the power of His Catholic Royal Majesty, a figure who did not hesitate to start the first confiscations of ecclesiastical goods once the Royal Treasury found itself in a predicament. Very soon, though, the orders had to sail through the troubled waters of the Ancien Régime crisis, finally to find themselves in a period of radical liberalism. In 1835 the Jesuits were expelled from the country and their goods taken over, while all convents and monasteries having less than twelve members were suppressed, "exception made of the missionary schools in the Asian provinces and of the Piarist houses".[2] Mendizábal, as Head of the Government, implemented the main anticlerical measures: the February 1836 Decree furthered the confiscation policy of the Cadiz Cortes (1812) and put up for sale all the goods seized from the abolished religious corporations.[3] Uncloistering followed confiscation after the March 1836 Decree which "suppressed monasteries, convents, schools, congregations and other community houses belonging to masculine religious institutions, including those of the regular clergy and the four military orders".[4]

---

[1] Of the six phases indicated, the last two exceed the chronological framework of this article. The fifth one covers the times of the new restoration under Franco's regime (1940-1970), while the sixth includes the renewal and crisis following the social, religious and political changes after 1970. Revuelta, *La Iglesia española*, ch. 5.

[2] Carcel, "El liberalismo en el poder", 135.

[3] Mendizábal was appointed minister of the Treasury in June 1835 and he held the position of head of the Spanish Government from September 1835 to May 1836.

[4] Carcel, "El liberalismo en el poder", 139. This is not the place to analyse the effects, mechanisms used or patrimony affected by the ecclesiastical confiscation considering the overwhelming amount of available literature on the topic. Read for instance: Callahan, *Church, Politics and Society in Spain*; Bernecker, *España entre la tradición y la modernidad*; Cuenca Toribio, *La Iglesia española ante la revolución liberal* and Idem, *Aproximación a la historia de la Iglesia contemporánea*.

A second 'intermediate' phase started with the recomposition of moderate liberalism coinciding with the reign of Isabella II (1843-1868). During this phase, the orders progressively - though slowly - returned to Spain after 1844. The 1845 Constitution, in its 11th article, declared Catholicism the religion of the Spanish nation and assumed that the State must economically sustain the Catholic Church and faith. Subsequently, the 1851 Concordat allowed for the restoration of certain orders. The period of ecclesiastical tranquillity was interrupted to some extent in 1855 with the well-known Madoz confiscation, also called 'civil confiscation', which affected some properties of the Catholic Church as well as those of the municipalities. However, despite these isolated scares the Spanish Church and its religious orders lived quietly during the reign of Isabella II, eventually becoming the last bastion of the Isabeline monarchy.[5]

The 1868 Revolution put an end to this phase, bringing about the expulsion of the Bourbon dynasty, the ephemeral reign of Amadeo I of Savoy and the late proclamation of the even more ephemeral First Republic, coinciding with the second greatest anticlerical reaction of the nineteenth century. The so-called 'Glorious Revolution' meant the empowerment of the most progressive social groups (Democrats and Republicans), all of them characterized by their strong anticlericalism.[6] Filled with anticlerical zeal, the members of the *Junta* of Sevilla, for example - the most progressive one in Spain on these matters - acted expeditiously when they decided, at the beginning of October that year, on "the expulsion of the Jesuits, Philippians and any other (of the) established orders, and the seizure in the name of the State of the buildings they occupied and the effects contained in them".[7]

The decades around the turn of the century were a high point in the process of restoration of the religious congregations.[8] This third phase (1875-1931) coincides first with the Bourbon Restoration and the political 'rotation' system, through which Conservatives and Liberals alternated in the government, and then with the dictatorship of General Primo de Rivera. The 1876 Constitution confirmed the Catholic character of the State, establishing that "the Catholic, Apostolic and Roman religion was that of the State". The objective pursued by the political architect of the Restoration system, Cánovas del Castillo, was to achieve a balance between satisfying the Church and ensuring support for the recently founded political system of the political and social groups that had carried the 1868 Revolution, while at the same time weakening the traditionalist parties. During the Restoration period, the Church recovered a significant part of its lost leading role but it did not manage to fully connect with the most progressive political sectors, despite its more sensitive attitude towards the great social movements of the period.[9] Therefore, as time went by, tensions and

[5] Moliner, "Anticlericalismo y revolución liberal", 104.

[6] The main measures taken by the Revolutionary government were the usual for Spanish anticlericalism: suppression and forbidding celebrations of community meetings for the Society of Jesus, educational freedom, religious freedom, restraint on the religious communities' buying and possessing goods, extinction of all religious communities founded after 1837 - the Piarists being an exception.

[7] Ros, *Historia de la Iglesia de Sevilla*, 670.

[8] Callahan, "Los privilegios de la Iglesia bajo la Restauración".

[9] Carcel, *Historia de la Iglesia en la España contemporánea*; Verdoy, *Los bienes de los jesuitas*, ch. 1.

chronic problems were generated and anticlericalism increasingly permeated Spanish society, while the Restoration system relied on the Church to survive and overwhelmed it with privileges.

Nevertheless, the third phase was not a period of permanent tranquillity. The first decade of the twentieth century brought a strong anticlerical reaction that reached its apogee in 1909-1910.[10] At the beginning of the century, the Liberal Party demanded drastic measures to control the expansion of the religious orders, increase State supervision of religious schools and start the renegotiation of the 1851 Concordat; in fact, many of their proposals were quite prudently expressed.[11] But despite this moderate attitude of the Liberal Party, altogether this decade was marked by continuous negotiations between the consecutive Spanish governments and the Vatican, different juridical controversies between the Spanish State and the Catholic Church and the passing of constrictive laws regarding the Catholic Church.[12] In 1909, the events of the Tragic Week in Barcelona caused the burning of churches, convents and schools during a popular revolt that was severely repressed.[13] Closing this decade, in 1910, Canalejas' government undertook the parliamentary proceeding and later passing of the so-called Padlock Law (law of 23 December 1910)[14] which added pressure on the Church after previous detrimental legislation on civil marriages and cemeteries.[15] With the Padlock Law, which was never actually implemented but which heavily worried the Spanish Church, the legislator aimed to limit the number of religious orders established in Spain.[16] A secularizing movement came out of this intense anticlerical mobilization which later on crystallized in a potent anticlerical collective identity.[17]

The fourth phase is that of the great crisis and persecution during the Second Republic and the Civil War (1931-1939).[18] The Second Republic followed the death throes of the Restoration: the dictatorship of General Primo de Rivera. Some authors

[10] Andres-Gallego, *La política religiosa en España*; De la Cueva, "Anticlericalismo e identidad anticlerical en España".

[11] Callahan, "Los privilegios de la Iglesia bajo la Restauración", 30-31.

[12] Montero, "La Restauración", 354-362 and 472-477.

[13] During the Tragic Week in Barcelona 21 churches and 40 convents were assaulted and burnt. Bernecker, *España entre la tradición y la modernidad*, 207-209.

[14] Díaz, "La 'Ley del Candado' en Álava", 145-146.

[15] There had been some previous attempts. "For example, in 1906 it was proposed to deprive religious orders of juridical personality to prohibit their receiving gifts or legacies [...] to prohibit minors from joining orders without consent of their parents and to give liberty to dissolve orders which included foreigners". Branden, *Church and State in Spain*, 212.

[16] In reality, however, the fear-inspiring law was a compromise solution negotiated by Conservatives and Liberals. It closed the door to new orders wishing to settle in Spain while almost all the existing orders were already active in the country. The law actually amounted to nothing because a clause added at the end of the negotiations stated that the Padlock Law would expire in a period of two years if in the meantime a Law of Associations was not enacted. Tusell, *Historia de España*, 93.

[17] De la Cueva, "Anticlericalismo e identidad anticlerical en España", 166.

[18] The Second Republic and the Civil War have generated a high number of publications. The reader can look up the references to specialized literature in the classic texts on the history of the Church in Spain: Carcel, "El liberalismo en el poder"; Idem, *Historia de la Iglesia en la España contemporánea*; Andres-Gallego, *La Iglesia en la España contemporánea*.

have questioned the traditional assumption that the seven-year long dictatorial regime provided the Church with special privileges, but it is true that the regime's rhetoric and society's general perception of it allow us to think of the existence of a considerable degree of understanding between the Catholic world and the dictator's rule. This perception certainly claimed its lot when passions overflowed after the Republic was proclaimed in 1931.[19] Two basic questions provoked confrontations between Republican politicians and the Catholic Church: the Constitution and education. The Republican Constitution, in its 26th article, stated that religious orders could neither accumulate properties nor develop industrial, commercial or educational activities, being subject to general fiscal legislation.[20] Also, those orders which, in addition to the three canonical vows, imposed a special fourth vow of obedience to an authority other than the legitimate one of the Spanish State were abolished; this was the reason for the abolition and expulsion of the Jesuits. Regarding education, the discussion focused on multi-grade schools and on the possibility for religious orders to preserve their schools.[21] At the end of the parliamentary debates, "the existence of private educational institutions" was explicitly accepted, because the amendment proposing to exclude teachers belonging to religious orders was not passed. This means that, even if religious orders were not allowed to own and manage educational institutions, the members of these orders could teach in the surviving Catholic schools.

The Second Republic was confronted with a disoriented Catholic hierarchy. It took the Church many months to reach a consensus and to decide on the best actions to undertake regarding its properties.[22] The relationship between the government and the Church was affected by the government's confiscation of a series of documents related to Cardinal Segura (the cardinal primate of Spain) in which parish priests were invited to sell the goods and valuable objects of their parishes. This caused the indignation of the anticlericals and precipitated the decision of the government to forbid those sales.[23] The interception of some documents from the bishop of Vitoria did not help either: among them, there was a report that advised to feign the selling of ecclesiastical properties to third persons not related to the Church and, to any possible extent, to locate all properties in foreign countries.[24] The content of these documents confirmed and accelerated the government's procedures that led to the publication of the 20 August 1931 Decree which suspended the selling, transferring and levying taxes on personal properties, real estate or real rights of the Church, religious orders, institutes and houses.

[19] Callahan, *La iglesia católica en España*, 181.
[20] Bernecker, *España entre la tradición y la modernidad*, 254.
[21] On multi-grade schools, legislation on them and the position adopted by the hierarchy, see Frias, *Iglesia y Constitución*, 393 ff.
[22] "[...] in particular regarding the protection and defence of ecclesiastical properties" said Cardinal Segura. Frias, *Iglesia y Constitución*, 6.
[23] Cabrera, "Proclamación de la República", 16.
[24] For the confiscation of documents belonging to the general vicar of Vitoria in 1931, see Verdoy, *Los bienes de los jesuitas*, 85.

TWO ORDERS, TWO STYLES[25]

It is impossible in this article to tackle all the religious orders active in Spain during the first third of the twentieth century. The archives that need to be consulted for research of this scope are too scattered geographically, while the documents of many religious orders were unpardonably destroyed in the assaults on and fires set in convents and monasteries between 1931 and 1939. In this article, we therefore focus our attention on the patrimonial strategies of two religious orders, clearly different according to their origin, dedication and objectives: the Order of Saint Benedict (the Benedictines) and the Order of the Poor Clerics Regular of the Mother of God of the Pious Schools (the Piarists). Based on the prolific literature and some archival research, additional comparisons will be made with the Society of Jesus.[26]

Benedictine monks do not form a hierarchically structured monastic order, although some monasteries were grouped into congregations (e.g. the congregation of Beuron). However, the Monastery of Montserrat was always independent of any type of hierarchically superior organization. The author of the rule, Saint Benedict (480-547), did not intend to found a religious order, but was simply trying to regulate one monastery (Montecasino) and, even if he foresaw that other institutions would adopt his monastic code, he did not establish any link or federation among them. Thus, it is not strange that the Benedictines did not form a homogeneous, unified and centralized monastic order and that they have only recently created some minimal cohesion between their monasteries. Benedictine communities lived in their isolated monasteries, dedicated to study, praying and work. This is why the documents of the order are so widely scattered: each monastery holds and preserves its own archives and there is no hierarchical system to safeguard and watch over them. For this study, we have selected the most relevant example of all Benedictine centres in Spain: the Monastery of Montserrat (Catalonia).

The second order researched in this article are the Piarists, which is the most representative educational order among those settled in Spain. In 1867, 31 out of 62 religious houses belonged to the Piarists and they counted 548 members out of the 1,506 living in Spain.[27] Together with the Jesuits the Piarists were the most important educational congregation in Spain. There were, however, many differences between them concerning their philosophies, their foundations, their student bodies and their different behaviours conditioned by their origin and accumulated history. Thus, while the Jesuits educated the upper and upper-middle classes in Spain, the Piarists

[25] For this research we have enjoyed all the facilities kindly provided by the archivists of the two orders. To mention them all would take too long and there would always be someone missing. Not being an archivist himself, Father Josep-Enric Parellada (the rector of the Monastery of Montserrat) put us on our way; his name was a key that opened the most fascinating doors for us.

[26] On the Society of Jesus, see Revuelta, *La compañía de Jesús*, I and II; Idem, *Los colegios de jesuitas*; VV.AA., *Memorias del P. Luis Martín*; Soto, *Los jesuitas en Andalucía*; Idem, *El colegio jesuita de San Estanislao en Málaga*; Verdoy, *Los bienes de los jesuitas*. We have also used primary documents from the Society of Jesus, in particular the documents from the archives in Alcalá de Henares (Province of Castile) and Granada (Province of Andalusia, once it was segregated from Castile).

[27] That year the Jesuits only had 5 religious houses and 221 members. Carcel, "El liberalismo en el poder", 222.

concentrated their work in neighbourhoods populated by artisans and workers.[28] The abilities of each order to gather the essential resources to found schools were determined by the social origins of the pupils registered in them. The Jesuits profited from the contributions made by their pupils' families and used a model based on *sociedades anónimas*[29], created by the pupils' parents, which took care of building the school and later on transferred it to the Society of Jesus, once the latter had paid for it in comfortable instalments.[30] Meanwhile, the Piarists had to wait for the sponsorship of a local top-man who called on them to found a school or for the funds and sites offered by local authorities, or for a combination of both possibilities, and they were always dependant on the local patrons who managed the foundation that maintained the school. Those local patrons obviously were the local political authorities, and this therefore implied dependence on the ever-changing political situation.

Unlike the Benedictines, the Piarists (and the Jesuits) are a structured order and their archives are organized into ecclesiastical provinces. Each educational centre, religious house or seminar has its own archives but, at least, there has been a process of centralization of a considerable number of collections into provincial archives. We have consulted those of the Province of Castile, which covered the Spanish regions of Galicia, Asturias, Cantabria, Vasconia, Old Castile, New Castile, Andalusia and Murcia; those archives are kept in Madrid.[31]

In the following sections we focus on how the religious orders administered their patrimony in order to preserve it, as their primary objective, and to improve their income or to reach more citizens, as secondary objectives. The management of ecclesiastical properties was determined by a series of crossed variables: the type of patrimony to be preserved; whether the property was rural or urban, or if it had an economic use or not; the historical memory of each order, which determined present decisions according to how the order had sorted out similar situations in the past and

[28] The founder, Saint Joseph of Calasanz, opened the first popular, public and free school known in Europe as early as 1597. On the other hand, the Jesuits enjoyed more support from their benefactors to the point that "it can be stated that among their worries in that time, economics was not the main one". Verdoy, *Los bienes de los jesuitas*, 41.

[29] The Spanish term *sociedad anónima* is similar to the French *société anonyme*, the Belgian *naamloze vennootschap/société anonyme* or the English *public limited company*. In this article, we refer to *sociedades anónimas* whose capital is divided into shares privately held outside the stock exchange.

[30] The mechanism for creating schools had been tremendously useful to the Society of Jesus during the 1868 Revolution. This way, for example, the school in El Puerto de Santa María (Cádiz) was under the name of the *sociedad anónima* formed by the founding associates of the school, something which allowed them to claim the property of the building and all the material inside. But they also introduced the position of 'legal director' of the school, which was occupied not by a Jesuit but by someone from the Owners Committee so that he could relate to the political power, while the Jesuits were in charge of the academic direction of the centre. The cost of the schools was prorated in comfortable instalments. Revuelta, *La compañía de Jesús*, 478-481.

[31] Vasconia became a Piarist Province in 1933.

to the success obtained before; and the origin of the property to be preserved (private donation, purchase, usufruct inherited from benefactors, local patrons, etc.).[32]

MONTSERRAT AND ITS PROPERTIES: PRECAUTION AND NIMBLENESS

The first fact differentiating Benedictines, on the one side, from Piarists and Jesuits, on the other, is the relative isolation in which the Benedictine monastic community lived. The disconnection with the daily evolution of Spain together with the conservative and fearful character of Abbot Deàs, elected in 1885, made the Benedictine community live in permanent fear regarding governmental intentions, always perceived as malicious and aimed against religious people. Years before, the community had been authorized by Rome to sell some personal estate in order to avoid forced transfers or burglary.[33] During the nineteenth century, the feeling of siege did not subside and around 1890 Abbot Deàs demanded permission from the ecclesiastical authorities to hide jewels and money, thus avoiding undetermined future dangers.[34] In 1906, in the middle of the anticlerical turmoil, the monks were allowed by Rome to transfer all the properties that the Monastery of Montserrat still possessed.[35] The transfer was done as 'a lay and private' procedure in the benefit of trustworthy monks who became full owners of the goods, now registered under their name: the vineyards of El Bruch were transferred to Brother Pelegrín Bosch[36]; 'Manso Estruch', a 138-hectare estate was registered under the name of Antonio Marcet i Poal (later abbot); a 13-hectare estate called 'Castell del Mas' and some adjacent 17 hectares were under the name of Josep Deàs (the abbot).[37] Nevertheless, this procedure left the strategy of hiding and safeguarding the community's patrimony incomplete since, first of all, it did not prevent all risks - the government could disentail the properties of the members of religious orders as much as those of the orders themselves - and, secondly, it generated heavy costs, among them the transfer tax (20% of the property value) to be paid each time one of the monks died.

The apprehension of the Benedictines, especially of their abbot, increased in a parallel manner to anticlericalism during the first decade of the twentieth century

---

[32] The congregations rebuilt their patrimonies thanks to private donations. These patrimonies were mostly urban and not at all insignificant, considering the concentration of orders in the cities and their major dedication to teaching, an activity that forced them to purchase buildings on which to establish their schools. Andres-Gallego, *La Iglesia en la España contemporánea*, 285.

[33] AM: Council Book, 30 March 1883.

[34] Ibidem, 30 January 1890.

[35] AM: Letter of Abbot Deàs. The authorities in Rome must have worried about the governmental attitude towards the clergy and the Concordat. Thus, the cardinal primate addressed the king with the following words "in the articles referring to the Religious Associations and Institutions, the project above mentioned is notoriously bad and contrary to the sanctions of the Church", quoted in Díaz, "La 'Ley del Candado' en Álava", 146.

[36] AM: Council Book, 9 June 1892.

[37] AM, Fons LARSA, box 2, file 4.4: List of properties of La Agrícola Regional, S.A.

The Benedictine Monastery of Montserrat.
[*Photograph by the author*]

and was exacerbated by the events of the Tragic Week in Barcelona. These, along with the passing of the Padlock Law, pushed Abbot Deàs to search for the necessary mechanisms to prevent the Spanish State from confiscating the community's properties. In 1911, aiming to find a definite solution for the problem, the abbot asked for technical help from trustworthy jurists who drew the main lines of a camouflage operation for the community's rural properties. The plan consisted in creating a *sociedad anónima*, preferably located abroad, capitalized with bearer shares, as a perfect smokescreen to hide the estates. Bearer shares would allow the community to permanently keep the ownership of the *sociedad anónima*: they could transfer it to other owners and recover it quite easily according to the moment's situation without incurring expenses, because the Spanish Commercial Code acknowledged the bearer's ownership of the share as long as the contrary was not proved. The *sociedad anónima* thus created would acquire the Benedictines' rural properties and exploit them on its own. The ideal situation would include the hiring of those properties to the community in exchange for the corresponding fee, this way holding up the fiction of the properties' transfer.

Once the anticlerical storm of the 1910s was over, the mercantile constitution of the *sociedad anónima* was postponed. It was not until 1913, with Abbot Marcet already at the head of the monastery, when 'La Agrícola Regional S.A. - LARSA' (The Regional Agrarian Plc. - LARSA) was created with a capital of 300,000 pesetas represented by 300 bearer shares. According to the title deeds, the commercial objects of the company were land purchase and sale (rural and urban estates), the exploitation of agricultural products and other legal business to be agreed upon by the shareholders.[38] The name chosen for the company meant to avoid raising suspicions about its possible bond with the Benedictine congregation.[39] To increase the distance, an Administration Board was designated which was alien to the order, though at the same time controlled by it: most of the members were family of the monks or trusted laypersons. The founder shareholders were Francisco Cabot i Rovira, Juan Marcet i Palet (the abbot's cousin), Juan Colomé i Trayté (trustworthy lawyer of abbots Deàs and Marcet), José Marcet i Poal (the abbot's brother), Francisco Suñol i Baulenas (brother to a Benedictine monk), Francisco Mundó i Fló (the abbot's brother-in-law).[40]

The first step, after the pertinent permission of the community, was to transfer the estates owned by the monks.[41] The operation was executed by feigning a bill of sale with a price of 127,100 pesetas paid in exchange for all the estates, the area of which amounted to 185 hectares.[42] The following step, according to the plan, was to rent those properties, and it was settled in 1914 that they would be let at a price of 100,000 pesetas per year. And last but not least, LARSA kept on increasing and consolidating the Benedictine patrimony through new purchases. Thus, a small property in Collbató, 1 hectare in size, was bought for 500 pesetas and this allowed finalizing the estate of Manso Estruch. In 1924, the estate of Can Martorell - about 27 hectares - was bought after the community was granted a loan of 25,000 pesetas - redeemable in five years - which they executed in favour of LARSA. In 1931 a small estate, adjacent to that of Can Estruch, was acquired at a price of 600 pesetas. In order to improve the patrimonial situation of the recently acquired plots, LARSA engaged in the purchase of *rabassas*, ground rents and emphyteusis, still existing in those areas, so that in January 1919 128,025 pesetas had been put into this activity.[43]

However, LARSA did not cover all the economic activities of the monastery. It was necessary to decide what to do with the rooms annexed to the monastery, where different services were offered to the pilgrims arriving to worship Our Lady of Montserrat. The use of those buildings was not defined from a juridical point of view, a situ-

---

[38] AL: LARSA's title deeds.

[39] The decisions of the Benedictines were more effective than those of the Jesuits. The latter had *sociedades anónimas* from the last third of the 19th century. However, as they acknowledged themselves in 1931, "those created in the past were badly constituted and they gave themselves away". Verdoy, *Los bienes de los jesuitas*, 63.

[40] AM, Fons LARSA, box 2: Copy of the Record Book of LARSA.

[41] "Considering the difficulties to constitute a company in the way agreed by the Council on the meeting of 4 March 1913, the Rev. Father, following the instructions given by the Council and the Community on 6 December 1906 and with the permission of the Superiors, decided to sell the properties that he, Rev. Father Abbot Deàs, and Brother Pelegrín Bosch owned, respectively, in the municipalities of Collbató and Esparraguera, and of Esparraguera, Monistrol and El Bruch, to the *sociedad anónima* La Agrícola Regional S.A., founded and located in Barcelona.". AM: Council Book, 19 June 1914.

[42] Manso Estruch was sold for 62,300 pesetas (32,500 pesetas for the part in Esparraguera and 29,800 pesetas for that in Collbató), an estate on the mountain of Montserrat for 2,800 pesetas, Manso Castell for 45,500 pesetas, an adjacent rural estate for 11,000 pesetas, another adjacent rural estate for 500 pesetas, one vineyard in El Bruch for 500 pesetas. AM, Fons LARSA, box 2, file 4.4: List of properties of La Agrícola Regional, S.A.

[43] The records of LARSA's Administration Council reflect all the purchases of the company as well as the liberation of taxes (*rabassas*, ground rents and others). AL and AM.

ation from which everyone profited. Built in the mountain, which actually belonged to the diocese of the bishop of Barcelona, the annexes could not be registered by the Benedictines under their name. But the bishop did not claim them as his. For this reason, when the Second Republic was proclaimed in Spain in April 1931, the fears and anxieties emerged again, stronger than ever, inside the community.[44]

The Benedictines showed nimbleness and reflexes before the new political scenario. In May 1931 the community adopted a series of decisions, the first of which was to change the current account holders, who now were to be, under a lay and personal concept, the abbot and the treasurer of the monastery. Also, they purchased land in Andorra - under the umbrella of a second *sociedad anónima* called 'Cultural Andorrana' - in order to have a place in which "to seek refuge in case the expulsion of religious orders should happen" ("refugiar-se la Comunitat en cas de venir l'espulsió de les ordes religioses", in Catalonian). A third decision was to transfer to La Agrícola Regional all the goods and services managed by the community: the grocery store, the liquor factory, the rooms, the hotel and restaurant, the garage and the different restaurants. This was complemented with the sale or mortgage of the religious house in Barcelona. All of it together allowed the raising of funds for the purchases in Andorra.[45] Since the parliamentary debates about the Constitution, which would ban all economic activities by religious institutes, were advancing, in July 1931 the different services were leased - not transferred (something cannot be sold that does not belong to anyone) - to LARSA.[46]

The agreement included the lease of the buildings - 200,000 pesetas per year - and the purchase of personal estate by LARSA. The contract was signed in August, just a few days before the publication of the 20 August 1931 Decree. In other words, the monks were monetizing all the personal estate used for their different businesses, since it was preferable to have liquidity in case they were expelled from the country.

The fourth decision, which had long-term effects, affected the community's investments, which had already for some time been focused on liquid assets that could be easily transported and hid away in fear of the government's actions. For example: "in the same session the Father Treasurer [...] was given the task, trusting his good sense, of investing a certain amount of State or Railway titles, as it had been done other times before, although it may not be noted in this book, as it was neither noted that permission was granted to him, as it was reminded in the reunion mass, to invest in titles whatever is earned from the debt of Santa Clara, because from the 16,000 *duros* owed to us, 9,000 were already in titles for the Choir."[47]

This way, in 1933, most Benedictine properties consisted of personal estate easily transportable or convertible, and this matched the fact that the monastery's

---

[44] The burning of churches and convents in Madrid, Málaga and Seville increased the worry of the Benedictines and accelerated all formalities.

[45] AM: Council Book, 1 May and 10 September 1931.

[46] The transfers were done just in time since the Republican Constitution stated that "religious orders could neither accumulate goods nor develop industrial, commercial or educational activities, being subject to general fiscal legislation". Bernecker, *España entre la tradición y la modernidad*, 254.

[47] AM: Council Book, 9 February 1892.

management quickly invested all excess liquidity.[48] The nominal value of the port-folio in 1933 amounted to 458,775 pesetas, 39,705 Chilean dollars and 18,300 Italian lire. Of the part valued in pesetas, 36.35% (166,800 pesetas) was invested into public debt while 63.65% (291,975 pesetas) had been put into company bonds. The Chilean currency was almost totally invested into company bonds, thus balancing the invest-ment into Italian public debt.[49]

Finally, in relation to the management of LARSA as a company, we can see how during the years of the Second Republic, the Benedictines, through the Administra-tion Board of the *sociedad anónima*, started a decapitalization process by paying high dividends that were charged both on each year's profits and on the accumu-lated reserves. In short, the managers of LARSA decapitalized the company aiming to increase the community's liquidity, so that it could be used either for the purchases in Andorra, to diversify investments (especially abroad) or to provide the monks with money before they were possibly expelled from the country.

THE PIARISTS: TRUST IN THEIR OWN HISTORY

The good treatment given by the Spanish Liberal governments to the Pious Schools Order during the nineteenth century, due to their dedication to education among the neediest classes, allowed the order to avoid the series of anticlerical decrees. Thus, the Piarists dodged the 1835 Decree that meant the closing of all monasteries with less than twelve members, as well as the 1836 Decree that put up for sale the real estate of all religious communities. And when the 1837 Decree was passed, they managed to save almost all the Piarist houses since the government allowed the Piarist General to decide which houses should be closed and which could maintain their teaching activities. Therefore, after the restoration of the activity of religious orders in Spain in 1845, the Piarists still stood in the same position as at the beginning of the century. Around 1846, the order was completely established and active in 31 houses, while 548 members worked across the whole territory of Spain. The Piarists came out from the 1868 Revolution and the Revolutionary Six-Year Period undamaged thanks to a special order from the Ministry of Grace and Justice which excluded them from the abolition sentence of all the religious communities re-established or created after 1835.[50] During the Bourbon Restoration period, the order was strengthened to the point where in 1909 it had 1,383 members.[51]

---

[48] For example, there are references in the Council Book (5 July and 16 September 1913, and 17 January 1914) of agreements reached by the community to invest into *Riegos del Ebro* (25,000 pesetas), into public debt at 4% (25,000 pesetas), and 10,000 *reales* into the 'Turkish loan' that were finally reduced to 5,000, the other 5,000 being destined to bonds for the railway of San Juan de las Abadesas.

[49] AM, Fons LARSA, box 1: Legalization of LARSA according to the laws of the Republic (*Legalització de LARSA segons les llei de la República*), 26 August 1933.

[50] "an Order of 11 November 1868, dictated by the Minister of Grace and Justice, had settled that all Piarist schools, taking into account their history, the need of schools and the impossibility of the Provincial Councils to provide them, could continue their work as public education institutions." Bandrés, *Diccionario enciclopédico escolapio*, 260.

[51] Ibidem, 44 ff.

Only when the anticlerical wave at the beginning of the twentieth century was about to occur, the Piarists first suffered from grave difficulties, which were geographically circumscribed to the city of Barcelona. During the Tragic Week, the school in Balaguer was only saved thanks to the intervention of the Civil Guard, while the Royal School of San Antón was set on fire. The building and the provincial and collegial archives it contained was totally lost in the incident. The fire in this school in Barcelona should have meant a breaking point in the strategy of the Spanish Pious Schools. Never before had the order been under attack, and the situation should have made it aware of the political fault line that was increasingly dividing Spanish society. But there was no reaction whatsoever from the order and its members have never been able to understand the meaning of what happened during those fateful days, actually the beginning of the end of the popular support they had always enjoyed.[52] During the Second Republic, the Piarists continued to believe they were under protection due to their exemplary trajectory, the favourable disposition of the Spanish political elites towards them - they had received preferential treatment in all previous occasions - and the high regard for their work treasured by the most popular classes in Spanish society. In a word, the Piarists trusted that their history would help them solve difficulties, and it was exactly this confidence which prevented them from getting ready to adapt themselves to the new political scenario brought on by the Second Republic and to the cruelest reality of the later Civil War.

The Jesuits were much more active than the Piarists at the end of the nineteenth and the beginning of the twentieth century, even if Verdoy accuses them of being resistant to transformation and inflexible in what concerns politics, so that they did not adapt themselves to the changes imposed by the Second Republic.[53] This author, however, admits that the provincial head of León, six months before the advent of the Republic, already called for the goods to be concealed and the properties disguised, while in Madrid the religious house Superior was already preparing escape routes out of the country for his Jesuits at the end of 1930. Just after the new regime had been proclaimed (14 April 1931), the provincial fathers held a meeting (27 April) meant to define the way to secure the order's personal estate and to decide what to do with their *sociedades anónimas*.[54] They agreed to ask Rome for permission to transfer, mortgage or pledge their properties (the permission was granted on 30 April) and to improve the model of *sociedades anónimas*. Those created before the Republic were

---

[52] "The reason for this arson is a question that has been answered in several ways. The collective memory still remembered what had happened in the so-called 'friars killing' during the 1835 Revolution, when a picket tried to set fire to the school, and a voice rose among its members detaining them with its cry: "not to these, they teach the people". According to some witnesses, the fire was provoked by the impassioned speeches of Ferrer i Guardia, founder of the anarchist 'Modern School'; according to others, the school was an accidental objective, not being a pre-fixed intention; and finally, others think the cause was the existing differentiation in the school between pupils that paid for their studies and pupils from poorer families who were granted scholarships." Bandrés, *Diccionario enciclopédico escolapio*, 319.

[53] "The paradox was that, seeing and suffering in their own body and in their works the situation that was about to come, they did not know and could not react. It was certainly difficult to change overnight [...]." Verdoy, *Los bienes de los jesuitas*, 52.

[54] Ibidem, 53-54; 62 ff.

generally badly constituted and managed, so that it was quite easy to know who was their real owner, also because their names clearly showed their belonging to a religious institute.[55]

In a different line, more up-to-date than the one maintained until then with the *sociedades anónimas*, on 24 December 1931 the Superior of the Jesuits in Madrid carried out a fake sale of the order's ecclesiastical properties in Madrid (the residence, seminar, church and some plots) that were already detached from the schools, and functioned as if they belonged to *sociedades anónimas*. The buyer was a Mr Edmondo Quattrocchi (a Frenchman married to the North American Flora Crockett), who lived in Paris.[56] In order to conceal these buildings and plots, several mortgages were signed by the new owner (Mr Quattrocchi) and different people, all of them living in Madrid. In this case, the strategy had excellent results since not one of the segregated properties was lost during the Republic or the Civil War, while the religious buildings in the Republican area were all occupied. The success of the operation is proved by the fact that, despite the Jesuits being dispossessed of all their properties (including those apparently concealed under *sociedades anónimas*), these were not confiscated by the Republican government, the buildings were not occupied during the war and in 1940 the Jesuits recovered them once their stratagem was brought to light.[57]

To analyse the economic evolution and the strategies used to manage the patrimony of the Pious Schools, we have used the archives of the Province of Castile, which was the most important of all Piarist provinces in Spain, given its extension and the number of centres and religious members in it (table 1). As an educational and urban order, the Pious Schools considered that their primary and secondary education schools, founded during the last third of the nineteenth century and the beginning of the twentieth century (three of them), were the essential segment of their patrimony. In the buildings and plots devoted to their educational work lay both the raison d'être of the Piarists and the core of their economic activity, so that defending them was their main worry.

[55] The names chosen by the Jesuits for their *sociedades anónimas* showed their origin: La Educación, S.A., La Instrucción, S.A., La Instrucción Católica, S.A., o La Enseñanza Católica, S.A. (Education Plc., Instruction Plc., Catholic Instruction Plc. or Catholic Education Plc.).

[56] The properties, with their sale prices, were: an urban property in Isabel la Católica Street (984 m²) for 440,000 pesetas; another urban property in Isabel la Católica Street (2,883.33 m²) for 1,557,400 pesetas including a Catholic church and rooms for the members of the congregation; an urban property in San Bernardo Street (412.95 m²) for 177,700 pesetas; a plot of land in San Bernardo Street (573 m²) for 175,000 pesetas; another plot in San Bernardo Street (591.02 m²) for 100,000 pesetas; and an urban property in San Bernardo Street (588.1 m²) for 250,000 pesetas. ASJAH, Box 81.

[57] Verdoy, *Los bienes de los jesuitas*, dedicates his book to the confiscation of Jesuit properties by the Republican governments without mentioning if they actually were in the register of confiscated properties. "In the deed number one hundred fifty seven, bestowed before me on 19 January 1940 by the parties appearing in the same concept as that on which they intervene, it was declared at all the effects included in the Law of 30 December last year that the sale expressed in the deed of 31 May 1931 was celebrated only to avoid that the estates to which it refers were confiscated for being the property of the Society of Jesus and in consequence, Mr Edmondo Quattrocchi was but an interposed person since the Society of Jesus had always been the owner and had owned and possessed them through the power conferred to the appearing party Mr Muguruza by designation of the Society of Jesus itself." ASJAH, Box 81. APT. Section of foundations IV: Sale deed of 1 May 1940.

TABLE 1
EVOLUTION OF THE PIARIST PROVINCE OF CASTILE

Year	Houses*	Religious members	Novices	Pupils
1899	14	316	35	6,724
1903	15	349	39	5,642
1915	15	370	16	6,814
1922	16	370	23	7,698
1928	17	379	20	10,746

*The word 'houses' includes the schools, residences and seminars that the Piarists had in the Province.
There were fourteen schools: Granada (1860), Alcalá de Henares (1862), Úbeda (1861-1920), Yecla (1858-1931),
Celanova (1868-1930), Sanlúcar de Barrameda (1868), Toro (1870), Monforte de Lemos (1873), El Escorial
(1872-1875), Bilbao (1893), Seville (1888), Linares (1920), Calasancio in Madrid (1922) and Santander (1926).
The one in Almodóvar was closed (1856).
Source: Bandrés, Diccionario enciclopédico escolapio, 145.

The information collected is that provided by the records of the provincial meetings celebrated every three years, with some interruptions. The Council's documents almost always include the economic report that the Provincial Father had to present to be sanctioned in the meeting. The records, with an unequalled wealth of data, provide the main economic information of the Province and the schools integrated in it. The information is presented like the profit and loss statement - extremely aggregated - of a firm, and includes incomes, expenditures and balances. Quite often, the Provincial Father's report contained the amounts the schools owed each other, as well as partial information on the debts to external entities and the amounts invested in State securities from which some income was drawn for the schools. The value of the provincial patrimony is also known since the insurance company, 'Seguros Covadonga S.A.', did a valuation in 1935 which estimated the buildings at 18,185,200 pesetas and their contents at 3 million pesetas.[58]

From these data, we can reconstruct the economic situation in the Province and introduce some tools, typical of accounting analysis, to consolidate the hypothesis according to which the economic-financial situation of the Province of Castile in the years prior to the Second Republic was quite solvent (figure 1). The numbers show a financially flourishing Piarist order: the Province accumulated fixed assets valued at more than 21 million pesetas, and completed its assets with available assets - the positive balance on closing every three-year period - fluctuating between 5 and 9 million pesetas, as well as with realizable assets - treasury securities at a 4% interest rate and some incomes stipulated by the benefactors - that reached a peak of 3 million

[58] The valuation was done at the moment that the contract with the insurance company was signed for a policy against fire, deterioration and ransacking due exclusively to mutiny or popular revolt. PA, Box 669-4: Letter from SADEL to the Provincial Father of Castile.

FIGURE 1

INCOMES, EXPENDITURES, REALIZABLE (IN MILLIONS OF PESETAS) AND AVAILABLE
ASSETS (IN THOUSANDS OF PESETAS) OF THE PIARIST PROVINCE OF CASTILE

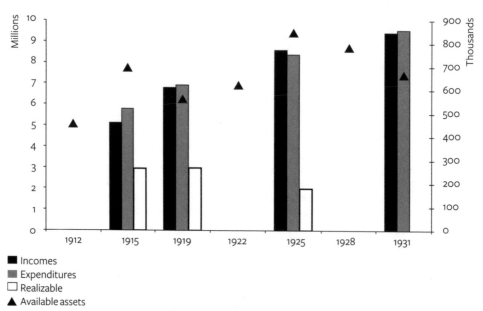

■ Incomes
■ Expenditures
□ Realizable
▲ Available assets

Source: PA, Box 17: Capitulum Provinciale Castellae. Piarist archive, box 17. Own calculations.

pesetas between 1915 and 1919 and which, even diminishing, added up to 2 million in
1925.[59] This means the Province of Castile enjoyed a liquidity which meant 12% to 14%
of its total assets; these were definitely very high values. The debts of the Province
amounted to 839,121.15 pesetas in 1919, but in 1925 they had increased to 1,711,863.07
pesetas. Obviously enough, the Piarist Province was not a firm and did not determine
its social capital and reserves, thus reducing the possibility to calculate an accounting ratio. The best image of their financial horizon was the treasury ratio which in
1919 was 4.2. By 1925 it went down to 1.6.[60] Despite this, the values are incredibly high
when compared with those of most Spanish firms in the same period.[61]

Behind the economic results, it is easy to see that the financial strategy that
guided the Province of Castile matched that of the Spanish family firms: reinvestment

[59] The Piarists' availability of liquidity contrasted with the lack of liquidity of the Jesuits, especially
in the Provinces of Aragón and León. Verdoy, *Los bienes de los jesuitas* and Andres-Gallego, *La
Iglesia en la España contemporánea.*
[60] The ratio aims at measuring the capacity of the firm to confront its short-term debts with those
assets available in the short term and shows us the degree of the firm's financial soundness.
[61] The values of the treasury ratio for Spanish cotton producers, in the same period, fluctuated
between 0.5 and 0.8, and were the highest among Spanish companies in those years. Fernández
Roca, "Managerial Strategies".

of the profits, strong cash availability, and internal indebtedness within the family.[62] In this particular case, the Province functioned like a family firm because the schools in the Province loaned money to each other, so that those with better results helped finance the smaller ones or those with lower incomes. The great lenders were the schools of San Antón, Villacarriedo, Getafe and San Fernando, while two stood out as demanding the most funds: the schools of Bilbao and the new Our Lady school in Logroño.[63]

The economic situation, which had been reasonably dealt with during the first three decades of the twentieth century, suffered much after the local elections of 1931 which elected the left-wing parties to rule the town councils. Local representatives sat on the boards of the foundations created to run the Piarist schools. The municipal subsidies which had initially been intended to attract the order to a town were removed everywhere. There were cases in which the Piarists were expelled from the buildings they had in usufruct, as, for example, in Alcalá de Henares (Madrid), where the owners of the building offered it to the State to create a secondary school, or in Daroca (Zaragoza), where only the neighbours' intervention stopped the Piarists from being expelled from the school they ran. We do not know what the economic evolution of the order was during the Republican period since the economic report presented at the 1934 meeting has not been preserved. It is to be suspected that in those years, after the transfer of schools - the main financial source - to SADEL (see infra), the incomes were seriously reduced.

Severe economic restrictions were not the main worry of the Piarists. For them, the objective to be achieved, whatever the sacrifice it meant, was to guarantee the functioning of schools and to continue the educational task of the order without restrictions. The possibility to remain at the head of the schools diminished as the consecutive anticlerical laws of the Second Republic (see supra) were passed. In the new political constellation after 1931, what was the strategy of the Piarists to secure their properties and the opening of schools? Which were their main goals? Once the teaching activity became prohibited for religious congregations, the Piarist order followed two alternate paths in order to keep their schools open.

In the Province of Catalonia, they chose the formula of transferring the ownership of the schools and of buildings they occupied to mutual insurance companies that were founded ad hoc by the parents' associations.[64] This way, the school in Balaguer was transferred to the 'Mutua Maragall' in 1933; the school in Igualada was sold to the 'Mutua Escolar Igualadina' (1934) which gave its name to the new centre[65]; the Royal School of San Antón became the 'Mutua Docente Padre Eduardo Llanas' in 1933, while the school in Sabadell became the 'Mutua Félix Amat'; in Calella they

---

[62] Idem, "The Adaptive Strategies of Spanish Cotton Industry Companies"; Idem, "Managerial Strategies".

[63] PA, box 17: *Capitulum Provinciale Castellae*.

[64] For more information on the Piarist Province of Catalonia, see Bandrés, *Diccionario enciclopédico escolapio*.

[65] In this case, we know the names of the managers of the Mutua: the president was Mr Morera y Mestre; the Council was formed by Mr Francisco Ribalta, Mr Manuel Mateu, Mr José Lladó, Mr Salvador Cuadras, Mr Antonio Gabarró and Mr Jaime Ortínez. All of them belonged to local middle-class families.

created the 'Mutua Escolar Arzobispo Costa y Fornaguera', and for the new school named Our Lady of the Pious Schools (Barcelona), founded after the fire in the school of San Antón in 1909, the 'Mutua Escolar Bernat Muge' was created. The School of Balmes in Barcelona was transferred to its parents' association. The Royal School of Sarrià is the only one of which we have no information regarding the possibility of it being covered by an institution.

The second option was to transfer the schools to any of the national Catholic associations that vigorously emerged during the Second Republic.[66] Most Piarist schools in the Provinces of Castile and Valencia chose to be integrated into the 'Sociedad Anónima de Enseñanza Libre - SADEL' (Public Limited Company of Free Education - SADEL), which had been founded in 1933 by the Catholic Parents' Confederation (CONCAPA) with the aim of promoting and developing Catholic education in Spain while, at the same time, bringing together and offering legal protection to all the schools previously run by religious orders.[67] SADEL profited from the electoral victory of the right-wing parties and expanded its functions during the two years from 1934-1936. In these years the educational reform undertaken in previous years was paralysed, while the policy of ousting the religious from their position as teachers was suspended, and both facts were useful to SADEL. During the Conservative two-year period, the Catholics had up to 1,519 fully functioning schools in the whole national territory. In September 1934 SADEL managed 52 of them - 34 were boarding schools - and offered Catholic education to 16,318 pupils. Nevertheless, the main difficulty in really knowing how SADEL functioned is the lack of sources. Schools hardly kept any documents since SADEL insisted on them destroying whatever papers could prove the link between the schools and the *sociedad anónima*, trying thus to preserve itself from Republican legislation and to show the maximum independence from religious institutions.

The functioning of SADEL was actually quite simple. The orders and congregations which included their schools in the *sociedad anónima* endorsed a certain part of the capital and paid the company to manage the centres. Thus, the Piarist Province of Castile endorsed 3,820 bearer shares equivalent to 191,000 pesetas. The amount corresponded exactly to the amount which SADEL had committed to buy the furniture of all the schools (San Antón, Calasancio, San Fernando, Getafe, Villacarriedo [Santander], Santander, Linares and Granada).[68] The sale included the segregation of the building (or buildings) occupied by the school, the Piarist houses and the churches in order to grant the school greater security when confronted to Republi-

---

[66] Among them were the 'Centro de Estudios Universitarios-CEU' (University Studies Centre, founded in 1933 by the Catholic Propaganda Association in Madrid) or the 'Cruzados de la Enseñanza' (Teaching Crusaders, an organization created by the diocese of Madrid-Alcalá for the training of catechists, and which had up to 24 schools).

[67] The presence of important right-wing politicians like Martínez de Velasco, who was the president of the Administration Council, Joaquín de Satrústegui, who was its secretary, or Antonio Royo as one of its members, was crucial. Gil, *El partido agrario español*, 617.

[68] The furniture in the centres was of the type needed to accommodate the boarders - bedrooms, kitchen, bathrooms, etc. - and to teach - desks, seats, blackboards, laboratories, etc. For example, SADEL paid 35,000 pesetas for the material inside San Fernando School, including the kitchens and the boarders' bedrooms. PA, Box 514-3.

can regulations and to prove that the sale of the school had been effective and that it was not linked to the Piarist order anymore. For example, in the Royal School of San Antón (Madrid) the ground and first floors of the building facing the street of Hortaleza, the church and its adjacent rooms, a dining-room and the bedrooms used by the members of the community were segregated and only the part of the building occupied by the school itself was thenceforward owned by SADEL.[69] The transfer was effective to the extent that when the time came to undertake some major works in the buildings, it was SADEL, as the owner, that signed the contracts with the suppliers.[70] All transactions, of buildings and furniture, were just fake sales - in exchange for shares and with money that was never actually paid - executed according to the clause of 'suspensive condition' so that, once the motives that had provoked the sale were not valid anymore, the operation had a retroactive effect.[71] This is why, in November 1939, just five months after the end of the Civil War, SADEL got in touch with the Provincial Father of Castile to inform him that the Piarists had preserved, despite the disturbances and the war, "the titles of ownership and other documents relative to the building where that School was established".[72]

In exchange for the endorsement, the Piarist Province accepted not to receive the dividend that might correspond to it at the end of each year (we do not know if this clause was only for the Piarists or if it was applied to other orders as well), to transfer whatever representation was associated with the bearer shares to a person in SADEL's Administration Council and to assume that the shares were inalienable.[73] To complete the capitalization of the *sociedad anónima*, SADEL located some of its shares in the hands of the pupils' parents in those schools it began to manage.[74] This possibility was seen quickly since some pupils' parents had already taken initiatives that could help them get round the Republican legislation. Thus, a group of parents of San Fernando School in Madrid had prepared informative surveys to find out how many of them would be ready to participate in creating some type of society, "a mutual, collective, partnership limited or *sociedad anónima*, or to accept the offers made by some financial entities to help", as well as to admit, in the Piarist spirit, pupils for free.[75]

The list of Piarist schools associated with SADEL included all the existing ones in the Province of Castile plus most of the schools in Valencia. Two important exceptions were the school in Logroño, which after a while ended its alliance with SADEL, and the school in Sevilla, which initially preferred to stay on its own, but changed its

[69] PA, Box 546-2: Letter to SADEL.
[70] PA, Box 514-3: Contract signed by 'Schools SADEL-Scio' S.A. from Getafe (Madrid) and S.R.C. Seifert y Bienzobas (boiler and heating installers).
[71] PA, Box 669-4.
[72] PA, Box 681-3: Letter from SADEL to the Provincial Father.
[73] PA, Box 669-4: Letter from SADEL to the Provincial Father of Castile.
[74] Ibidem: Circular from SADEL to the pupils' parents.
[75] PA, Box 292-3: Parents' Association's circular.

Collection of Natural Sciences at the Piarist college of Seville, c 1910.
[PA]

mind after the 1936 elections and the triumph of the Popular Front, which increased the fear of all Catholic congregations.[76]

The withdrawal of the school in Logroño, together with some letters of protest written by the Piarist Provincial Father, show us that the relationship between the Catholic *sociedad anónima* and the congregations went through some ups and downs. On several occasions, SADEL and the Piarist order could not reach an agreement on how the company should manage the schools and on the costs this implied for the order. It is true that the company was in charge of all the economic and political formalities related to the school. It was responsible for the management and payment of taxes, the management of the personnel - in those years of heavy labour conflicts - and, in certain cases, it even paid the mortgages that lay upon the schools. In exchange, SADEL received a fixed income equivalent to 2% of the schools' yearly income. The amount was a source of discussion between the Piarists and the company. At the end of the 1933/34 school year, SADEL stated that the Piarists had to pay the company 30,614.37 pesetas out of the 1,530,708 pesetas the schools had earned; the Provincial Father argued that they were faced with a long list of payments which

---

[76] The school in Seville had other particularities since it was the only one founded as a civil company under the name of 'Manuel Pérez y Compañía'. This company donated the school buildings to the General Institute of Pious Schools the very moment it purchased them. PA, Box 600.

were actually SADEL's responsibility. The dispute got to the point that SADEL pointed out to the Father, in relation to the school in Albacete, that "if it had not been for their intervention assuming the mortgage on the school, the building would be now publicly auctioned and lost forever".[77] The amount invested in this school was 50,351 pesetas, more money than all the Piarist schools had jointly paid that year. Despite this, SADEL allowed a reduction of 29,348 pesetas on the instalment.

CONCLUSIONS

In the previous pages we have showed the strategic behaviour of the religious congregations in Spain, especially underlining the decisions adopted by them during the Second Republic. All three religious institutes discussed - Jesuits, Piarists and Benedictines - resorted to the creation of *sociedades anónimas*, but there were differences between them as well. On the one hand, the Jesuits were the first to adopt this formula to hide their schools from the eyes of those in power. Their *sociedades anónimas*, as they acknowledged themselves, were badly managed and too easily discoverable, and they produced a calamitous outcome: all the order's properties were confiscated after the expulsion of the Society of Jesus in 1931. On the other hand, the Benedictines of Montserrat proved to have wonderful reflexes considering how quickly they reacted (it took them only two weeks to transfer all their business to a firm, LARSA) by adopting a more modern *sociedad anónima* model. The name of the company, which did not provoke any suspicions, the bearer shares leaving no trace of their owners, the separate management of the company, the properties and the business, the lease of properties, etc., made the fiction of actual separation seem more plausible. Finally, the Piarists - like other orders, including some Jesuit schools - decided to transfer their schools to a *sociedad anónima* (SADEL) which managed them and instated the fiction of separation between education and properties. The system was successful during the Second Republic and the schools remained open, supported by the Conservative governments of the 1934-1936 two-year period. Because the Popular Front government was abruptly interrupted by the Civil War, we do not know if Piarist schools would have managed during the 1936/37 school year. The mechanisms of LARSA and SADEL coincided in that they were both based on bearer shares, but the Piarist Province of Castile endorsed 3,820 bearer shares while the Benedictines, at least theoretically, did not have a share, despite the 1933 inventory of goods registering 140 shares worth 70,000 pesetas.[78]

But there were more similarities. For example, both SADEL and LARSA followed the same strategy regarding buildings and furniture. In both cases, the Piarists and Benedictines sold their personal estates to the companies in order to avoid having fixed assets, which they could not use in an emergency; they preferred to have liquidity. There was just one difference: while the Benedictines did achieve monetary liquidity by transferring money from their company to the Monastery, the Piarists - with

---

[77] PA, Box 669-4: Letter from SADEL to the Provincial Father of Castile.
[78] AM, Fons LARSA, box 1: 1933 Properties inventory. Legalization of LARSA according to the laws of the Republic (*Legalització de LARSA segons les llei de la República*), 26 August 1933.

fewer resources - exchanged their goods for the compulsory contribution to SADEL, thus preventing their liquidity from diminishing as it had done in previous years.

There is a third resemblance between the three orders: the segregation of their strictly religious buildings (church, residence, seminars) from the buildings dedicated to other functions (especially the schools). The strategy aimed to draw the attention to the main part of their urban patrimony (the schools), and away from the rest of the properties, which were very difficult to hide and which could drag the schools along in their fall. Thus, the three orders segregated their properties - the houses and church of the Jesuits in Madrid from the schools, the service buildings from the Monastery of Montserrat, the Piarist schools from their churches and residences - all of them quite successfully.

To conclude, we would like to point out that the orders acted with flexibility and promptitude in the face of the profound political and institutional changes brought by the Second Republic. It is true that precautions had already been taken during the first third of the twentieth century, especially by Jesuits and Benedictines - less so by the trustful Piarists. The orders responded quickly to the proclamation of the Republic. The Jesuits gathered their provincial fathers to analyse the new situation and concluded that the order was poorly prepared to face the new political environ-ment. They barely had time to hide the properties that had not been yet transferred to the *sociedades anónimas*, but they were successful and managed to reorganize them. The Benedictines were swift and knew how to use the wonderful tool (LARSA) they had created years before, an umbrella to protect their rural properties, and now they concealed their businesses and personal estates. Finally, the Piarists, trusting the fact that governments - including the most anticlerical ones - had always respected them because of their dedication to the working classes, did not worry about the future of their properties. However, they finally had to use external resources in order to safeguard their goods: SADEL (a *sociedad anónima* created by the parents of their Catholic pupils) and the different mutual insurance companies founded by parents in the region of Catalonia. The degree of success differed for the three orders. Generally speaking, the new tools created in the 1910s (LARSA) or *ex professo* before the Repub-lic was proclaimed (SADEL or the transfers done by the Jesuits in 1931) worked out well during the Republican years (the Civil War years must be considered separately). By contrast, the 'old' Jesuit *sociedades anónimas*, established to protect the order from the Liberal governments of the nineteenth century, clumsily named and poorly managed, could not withstand the attacks of a profoundly anticlerical and furiously anti-Jesuit regime. All these companies were confiscated and their goods seized.

Bibliography

Archives

Alcalá de Henares (Madrid), Archives of the Society of Jesus (ASJAH).

Barcelona - Montserrat, Archives of Montserrat (AM)
Council Book, March 30th 1883.
Fons LARSA.

Barcelona - Montserrat, Archives of LARSA (AL).

Madrid, Piarist Archives (PA).

References

Andres-Gallego, José. *La política religiosa en España, 1889-1913*. Madrid: Editora Nacional, 1975.

Andres-Gallego, José. *La Iglesia en la España contemporánea*. Madrid: Ediciones Encuentro, 1999, 2 vols.

Bandrés Rey, Luis Maria, ed. *Diccionario enciclopédico escolapio*. 1: *Presencia de Escuelas Pías*. Madrid: Publicaciones ICCE, 1990.

Bernecker, Walther L. *España entre la tradición y la modernidad: política, economía, sociedad (siglos XIX y XX)*. Madrid: Siglo XXI, 1999.

Branden, Charles S. "Church and State in Spain". *Church History*, 3 (1934) 3, 207-221.

Cabrera, Mercedes. "Proclamación de la República, constitución y reformas" in: R. Menéndez Pidal, ed. *Historia de España*. Vol. 40. Madrid: Espasa Calpe, 2004, 3-57.

Callahan, William J. *Church, Politics and Society in Spain, 1750-1874*. Cambridge: Harvard University Press, 1984.

Callahan, William J. *La iglesia católica en España, 1875-2002*. Barcelona: Critica, 2002.

Callahan, William J. Los privilegios de la Iglesia bajo la Restauración, 1875-1923" in: Carolyn P. Boyd. *Religión y política en la España contemporánea*. Madrid: Centro de Estudios Políticos y Constitucionales, 2007, 17-32.

Carcel Ortí, Vicente. "El liberalismo en el poder (1933-1968)" in: Ricardo Garcia-Villoslada. *Historia de la Iglesia en España*. Madrid: BAC, 1979, 115-226.

Carcel Orti, Vicente. *Historia de la Iglesia en la España contemporánea*. Madrid: Ediciones Palabra, 2002.

Cuenca Toribio, José M. *La Iglesia española ante la revolución liberal*. Madrid: Rialp, 1971.

Cuenca Toribio, José M. *Aproximación a la historia de la Iglesia contemporánea*. Madrid: Rialp, 1978.

De la Cueva Merino, Julio. "Anticlericalismo e identidad anticlerical en España: del movimiento a la política (1910-1931)" in: Carolyn P. Boyd. *Religión y política en la España contemporánea*. Madrid: Centro de Estudios Políticos y Constitucionales, 2007, 165-186.

Díaz Hernández, Onésimo. "La 'Ley del Candado' en Álava". *Sancho el Sabio. Revista de cultura e investigación vasca*, 11 (1999), 143-160.

Fernández Roca, F. Javier. "The Adaptive Strategies of Spanish Cotton Industry Companies, 1939-1970". *Business History*, 49 (2007) 1, 75-97.

Fernández Roca, F. Javier. "Managerial Strategies in a Context of Uncertainty: Loss of Markets and Political Insecurity. The Textile Cotton Spanish Companies in the First Third of the 20th Century". Paper 12th Annual Conference EBHA (European Business History Association), Bergen (Norway), 21-23 August 2008.

Frias Garcia, Mª. Carmen. *Iglesia y Constitución. La jerarquía católica ante la II República*. Madrid: Centro de Estudios Políticos y Constitucionales, 2000.

Gil Cuadrado, L.T. *El partido agrario español (1934-1936): una alternativa conservadora y republicana*. Diss. doct. Madrid, 2006.

Moliner Prada, A. "Anticlericalismo y revolución liberal (1833-1874)" in: E. La Parra Lopez and M. Suarez Cortina, eds. *El anticlericalismo español contemporáneo*. Madrid: Biblioteca Nueva, 1998, 69-126.

Montero, F. "La Restauración" in: *Manual de Historia de España*. Vol. 5. Madrid, 1990, 307-507.

Revuelta González, Manuel. *La Compañía de Jesús en la España Contemporánea*. 1: *Supresión y reinstalación, (1868-1883)*. Madrid: Sal Terrae, 1984.

Revuelta González, Manuel. *La Compañía de Jesús en la España Contemporánea*. 2: *Expansión en tiempos recios (1884-1906)*. Madrid: Sal Terrae, 1991.

Revuelta González, Manuel. *Los colegios de jesuitas y su tradición educativa (1868-1906)*. Madrid: Universidad Pontificia de Comillas, 1998.

Revuelta González, Manuel. *La Iglesia española en el siglo XX*. Madrid: Universidad Pontificia de Comillas, 2005.

Ros, Carlos. *Historia de la Iglesia de Sevilla*. Sevilla: Ed. Castillejo, 1992.

Soto Artuñedo, Wenceslao. *El colegio jesuita de San Estanislao en Málaga (1882-2007)*. Málaga: Fundación Loyola, 2007.

Soto Artuñedo, Wenceslao, ed. *Los jesuitas en Andalucía. Estudios conmemorativos del 450 aniversario de la fundación de la provincial.* Granada: Universidad de Granada, Facultad de Teología, 2007.

Tusell, Javier. *Historia de España: Siglo XX.* Vol. 6. Historia 16. Madrid, 1994.

Verdoy, Alfredo. *Los bienes de los jesuitas.* Madrid: Ed. Trotta, 1995.

VV.AA. *Memorias del P. Luis Martín. General de la Compañía de Jesús.* 2: *1892-1906.* Madrid: Universidad de Deusto, 1988.

ABBREVIATIONS / ABRÉVIATIONS

AALi: Archdiocesan Archives of Liverpool
AALu: Archives de l'Archidiocese de Luxembourg
AAM: Archiepiscopal Archives Mechlin / Archives de l'Archevêché de Malines
ABG: Archief bisdom Gent
ABML: Archives de la Province belge méridionale et du Luxembourg de la Compagnie de Jésus (Leuven)
ABR: Archives bénédictines, Rouen
ABSE: Archivum Provinciae Belgicae Septentrionalis (Flemish Jesuits) (Leuven)
ACT: Administration du Cadastre et de la Topographie (Luxembourg)
ADA: Archives diocésaines, Ajaccio
ADE: Archives départementales de l'Eure (Évreux)
ADR: Archives départementales du Rhône (Lyon)
AFSA: Archives de la maison mère des filles de Sainte-Anne (Rome)
AFSCJ: Archives de la maison mère des filles du Sacré-Cœur de Jésus (Rome)
AGP: Archives générales des Passionistes (Rome)
AL: Archives LARSA (Barcelona - Montserrat)
ALA: Archives Loreto Abbey, Rathfarnham (Dublin)
AM: Archives of Montserrat (Barcelona - Montserrat)
AMJ DC: Archives Ministry of Justice, Department of Cults (Brussels)
AML: Archives municipales de Lyon
ANF: Archives nationales de France (Paris)
ANL: Archives nationales de Luxembourg
AP: Archives privées de congregations françaises
ARSI: Archivum Romanum Societatis Iesu (Rome)
ARSS: Archives des religieuses de Sainte Sophie (Luxembourg)
ASC: Archives de la maison mère des sœurs de la Charité des saintes Bartolomea Capitanio et Vincenza Gerosa (Milan)
ASD: Archives de la maison mère des sœurs dorothées (Cemmo di Capo di Ponte, It.)
ASJAH: Archives of the Society of Jesus in Alcalá de Henares (Madrid)
ASM: Archives générales des servites de Marie (Rome)
ASSP: Archives de la maison mère de la société Saint-Paul (Rome)
ASV: Archivum Secretum Vaticanum (Vatican City)
AVL: Archives de la ville de Luxembourg
AVR: Archivio Storico del Vicariato di Roma (Rome)
AZKJ: Archief Zusters Kindsheid Jesu (Ghent-Oostakker)
BN: Biblioteca Nacional (Lisbon)
BPMP: Biblioteca Pública Municipal do Porto
CAHA: Community of All Hallows Archives (Ditchingham, Norfolk)
CIVCSVA : Congrégation pour les Instituts de vie consacrée et les sociétés de vie apostolique (Vatican City)
CPA: Church Penitentiary Association
DDA: Dublin Diocesan Archives

GSA:	Good Shepherd Archives (Dublin)
IAN/TT:	Instituto dos Arquivos Nacionais/Torre to Tombo (Lisbon)
LARSA:	La Agrícola Regional S.A. (Barcelona - Montserrat)
l.t.:	livres tournois
M.C.:	Minutier central of the Parisian notaries
Ms:	manuscript
NRO:	Norfolk Record Office (Norwich)
PA:	Piarist Archives (Madrid)
RAG:	Rijksarchief Gent
RSC:	Religious Sisters of Charity, Generalate (Dublin)
SAA:	Stadsarchief Aalst
SAE:	Stadsarchief Eeklo
SHA:	St Helens Local History and Archives Library
SMG:	Central Congregational Archives of the Poor Servants of the Mother of God (Brentford, Middlesex)

AUTHORS/AUTEURS

Bernard Bodinier est professeur émérite, Université de Rouen, France. Il est spécialiste de la répartition de la propriété et de ses transferts au XVIIIᵉ siècle et sous la Révolution, notamment des biens nationaux en France et dans les pays annexés. Il est auteur, avec Éric Teyssier et François Antoine de *L'Évènement le plus important de la Révolution. La vente des biens nationaux en France et dans les territoires annexés (1789-1867)*. Il s'intéresse également à de nombreux aspects de l'histoire de la Normandie sous l'Ancien Régime et la Révolution (la seigneurie, la propriété de l'Église et de la noblesse, les officiers, émeutes de la faim...) et de la ville de Louviers du XVIIIᵉ au XXᵉ siècle (industrie textile, maires, notables, Mendès France, écoles...).

Maria de Fátima Brandão is associate professor at the Faculdade de Economia, Universidade do Porto, Portugal, where she teaches economic history and history of economic thought. She has done research and published in the fields of economic history and history of economic thought.

Michel Casta enseigne l'histoire contemporaine à l'Université de Picardie Jules Verne - IUFM. Ses recherches portent principalement sur l'histoire religieuse des XIXᵉ-XXᵉ siècles, plus précisément de la Corse. Il est directeur de la revue pluridisciplinaire *Études corses* depuis 2000.

Jan De Maeyer is professor of church and religious history at the KU Leuven and director of KADOC - Documentation and Research Centre for Religion, Culture and Society. He is a member of the editorial board of the *Low Countries Review* and director of the Belgian Historical Institute in Rome. His main publications concern Belgian religion, society and art in the nineteenth and twentieth centuries.

Xavier Dusausoit est professeur d'histoire au Centre Scolaire du Sacré-Cœur de Jette. De nombreux articles de sa main, consacrés à l'histoire de la Compagnie de Jésus en Belgique, ont été publiés notamment dans *Les Jésuites belges 1542-1992. 450 ans de Compagnie de Jésus dans les Provinces belgiques*. Il a défendu en 2005 une thèse de doctorat en histoire (UCL) traitant des interactions sociales, politiques et pédagogiques existant entre les collèges des jésuites et la société belge du XIXᵉ siècle (1831-1914).

F. Javier Fernández Roca has a PhD in History (Universidad de Seville, 1996). He is professor at the Pablo de Olavide University in Sevilla. His main research topics are Spanish economic history, business history and religious history.

Joy Frith is lecturer at CAPA International Education in London. She was previously lecturer in modern British history for the University of Connecticut in London and at Middlesex University, London. She received her PhD from Queen's University (Kingston, Canada) in 2004. Her dissertation analysed the cultural meaning of the establishment of female religious orders within the nineteenth-century Church of England. Her research interests include nineteenth- and twentieth-century British social and cultural history, gender and monasticism, consumerism and national identity in Britain, and public history.

Giovanni Gregorini is researcher in economic history at the Catholic University of Brescia, Department of Historical and Philological Sciences. His research interests, as well as his main publications, concern public finance in the eighteenth-century State of Milan, the history of the Lombard banking and finance sector in the nineteenth and twentieth century and Italian and European economic history in the second half of the twentieth century. He has edited the proceedings of several national congresses as well as many works concerning the development of local systems, regarding the area of Brescia and Bergamo in particular. He published widely on the economic history of religious institutes.

Jimmy Koppen has a Master's degree in History and is a PhD student at the Free University Brussels (VUB). Furthermore he is researcher at the Archives and Centre for Research into Freethought (VSAD 'Karel Cuypers'), partner of the University Archives of the VUB. He is a member of the Interdisciplinary Research Group Freemasonry at the VUB. His research concentrates on political history of Belgium in the nineteenth and twentieth century and on the history of Freemasonry and liberalism. He currently lectures at Vesalius College Brussels.

Maria Luddy is professor and head of the History Department at Warwick University. She specialises in the social and political history of nineteenth- and twentieth-century Ireland, examining in particular the history of women. She has published on women and philanthropy, 'outcast' women in Irish society, women's involvement in religious communities, the role of nuns in workhouse nursing and biographies of Isabella M. S. Tod and Hanna Sheehy Skeffington.

Carmen M. Mangion is researcher on the Birkbeck Pain Project and lecturer at Birkbeck, University of London. Her research interests focus on the history of modern Britain and Ireland, concentrating on gender, religion and the medical marketplace. Her current research looks at nineteenth-century English Catholic women religious, health care and social welfare. She has published several essays and book reviews on women and religion in nineteenth-century England and Wales. Her book *Contested Identities: Catholic Women Religious in Nineteenth-Century England and Wales* was published by Manchester University Press in 2008. She is also co-organiser of the Historians of Women Religious of Britain and Ireland (H-WRBI).

Preston Martin Perluss was born in San Francisco California and studied mathematics and philosophy at San Francisco State University. He obtained his PhD in History in December 2003 on the role of the Parisian Left Bank's men's religious houses and their role in eighteenth-century Parisian economy/society. Since 1988 he has taught at various French university institutes as well as at private schools. As of 2000, his teaching has concentrated on political economy, financial markets, US business history and global business strategy. In 2004 he became associate professor at the Grenoble University Graduate Business Institute, part of University Pierre Mendes France. His present research concerns the reconstruction of urban neighbourhoods drawing upon mortmain archives as well as using monastic property development as a means of understanding overall economic growth.

José Oliveira is a PhD student at the Faculdade de Economia, Universidade do Porto, Portugal. Accounting history is his main area of interest, specifically monastic accounting and Port wine accounting in the eighteenth and nineteenth century.

Robert L. Philippart est docteur en philosophie et lettres (UCL). Sa thèse était sur Luxembourg, de l'historicisme au modernisme, de la ville forteresse à la capitale nationale. Il était collaborateur scientifique au département d'histoire de la Faculté de Philosophie et Lettres (UCL). Maintenant il est directeur de l'Office National du Tourisme du Grand-Duché de Luxembourg et membre de la Commission Nationale pour la Coopération avec l'UNESCO. Ses recherches concernent l'urbanisme et l'architecture à Luxembourg (1850-1940) et l'activité industrielle de l'ingénieur Eugène Ruppert en Chine (1894-1911).

Giancarlo Rocca is guest professor at the Istituto di teologia della Vita Consacrata of the Pontificia Università Lateranense. He is director of the *Dizionario degli Istituti di Perfezione*. He has published widely on theology and religious history.

Bernadette Truchet est agrégée d'histoire et docteur en lettres. Elle est professeur retraitée à Lyon. Elle est vice-présidente du CREDIC (Centre de recherche et d'échange sur la diffusion et l'inculturation du christianisme) et responsable du Centre de documentation et d'archives des OPM (Œuvres Pontificales Missionnaires). Son doctorat était sur le patrimoine des congrégations à Lyon. Elle a étudié le recrutement, les œuvres sociales et la spiritualité de quelques congrégations. Dès lors ses recherches ce sont orientées vers l'étude des missions catholiques, plus particulièrement le retour des jésuites en Chine au XIXᵉ siècle.

Jeffrey Tyssens studied history and international and European law at the Free University of Brussels (VUB). He is professor of contemporary political history at the VUB and is director of the Interdisciplinary Research Group on Freemasonry (FREE). He is a member of the editorial board of the *Journal for Research into Freemasonry and Fraternalism* and of the board of the Belgian Historical Institute in Rome. In 2009 he was Pieter Paul Rubens professor at the University of Berkeley, California. He has published on educational politics in Europe, on the history of liberalism, free-thinking and freemasonry and on funeral culture.

Maarten Van Dijck studied history and international politics at the University of Leuven (KU Leuven). He is researcher at the Flemish Heritage Agency and guest lecturer at the Economics Department of the University of Hasselt. His main research interests are the influence of economic ideas in public discourse and politics, the history of political economy and nineteenth-century trade policy. He has also worked on the history of a financial co-operative and the finances of religious institutes. He is a member of the editorial board of the journal *M&L - Monumenten, landschappen en archeologie*.

COLOPHON

FINAL EDITING
Luc Vints

COPY EDITING
Lieve Claes

LAYOUT
Alexis Vermeylen

KADOC-KU Leuven
Documentation and Research Centre for Religion, Culture and Society
Vlamingenstraat 39
B - 3000 Leuven
www.kadoc.kuleuven.be

Leuven University Press
Minderbroedersstraat 4
B - 3000 Leuven
www.lup.be

Previously published in the series KADOC-Studies on Religion, Culture and Society

Gender and Christianity in Modern Europe
Beyond the Feminization Thesis
Patrick Pasture, Jan Art (eds)
ISBN 978 90 5867 912 3, paperback, 240 p., English

Loci Sacri
Understanding Sacred Places
Thomas Coomans, Herman De Dijn, Jan De Maeyer, Rajesh Heyninckx, Bart Verschaffel (eds)
ISBN 978 90 5867 842 3, paperback, 284 p., English

Christian Masculinity
Men and Religion in Northern Europe in the 19th and 20th Centuries
Yvonne Maria Werner (ed.)
ISBN 978 90 5867 873 7, 324 p., paperback, 324 p., English

The Maritain Factor
Taking Religion into Interwar Modernism
Jan De Maeyer, Rajesh Heynickx (eds),
ISBN 9789058677143, paperback, 240 p., English

The Transformation of the Christian Churches in Western Europe (1945-2000)
La transformation des églises chrétiennes en Europe occidentale
Leo Kenis, Jaak Billiet Jaak, Patrick Pasture Patrick (eds)
ISBN 978 90 5867 665 8, paperback, 352 p., English/French

Towards an Era of Development
The Globalization of Socialism and Christian Democracy
Peter Van Kemseke
ISBN 978 90 5867 560 6, paperback, 324 p., English

Religion, Children's Literature and Modernity in Western Europe 1750-2000
J. De Maeyer, H.-H. Ewers, R. Ghesquière R., M. Manson, P. Pinsent, P. Quaghebeur P. (eds)
ISBN 978 90 5867 497 5, paperback, 535 p., English

The Papacy and the New World Order. La papauté et le nouvel ordre mondial (1878-1903)
Vatican Diplomacy Catholic Opinion and International Politics at the Time of Leo XIII.
Diplomatie vaticane opinion catholique et politique internationale au temps de Leo XIII
Vincent Viaene (ed.)
ISBN 978 90 5867 518 7, paperback, 516 p., English

Religious Institutes in Western Europe in the 19th and 20th Centuries
Historiography, Research and Legal Position
Jan De Maeyer, Sofie Leplae, Joachim Schmiedl (eds)
ISBN 978 90 5867 402 9, paperback, 381 p., English

Visit www.lup.be for full title information.

About LEUVEN UNIVERSITY PRESS

Leuven University Press, established in 1971 under the auspices of KU Leuven, is an ambitious academic press of international standing.

Today the press has over a thousand books in print, in a broad range of fields including music, art & theory, text & literature, history & archaeology, philosophy & religion, society, law & economics.

All LUP publications are published with care and attention to detail. Prior to publication, all manuscripts are assessed by an independent editorial board and external specialist readers to ensure the highest academic standards. Combined with a service-oriented and personal this peer review process defines our publishing policy.

Leuven University Press is a full member of the Association of American University Presses and a founding member of the Association of European University Presses.

Visit www.lup.be for more information about the titles and publishing policy of Leuven University Press.

Contact
Leuven University Press
Minderbroedersstraat 4
3000 Leuven
Belgium
T +32 (0)16 32 53 45
F +32 (0) 16 32 53 52
E info@lup.be
W www.lup.be